陈云与当代中国

第三辑

CHEN YUN
AND
CONTEMPORARY
CHINA

中国社会科学院陈云与当代中国研究中心 编
朱佳木 主 编
武 力 陈东林 副主编

当代中国出版社
Contemporary China Publishing House

图书在版编目(CIP)数据

陈云与当代中国.第三辑/中国社会科学院陈云与当代中国研究中心编;朱佳木主编;武力,陈东林副主编.-- 北京:当代中国出版社,2022.12
ISBN 978-7-5154-1236-8

Ⅰ.①陈… Ⅱ.①中… ②朱… ③武… ④陈… Ⅲ.①陈云(1905-1995)—人物研究—文集 Ⅳ.① K827=7

中国版本图书馆 CIP 数据核字(2022)第 229143 号

出 版 人　冀祥德
责任编辑　姜楷杰
责任校对　贾云华
印刷监制　刘艳平
封面制作　马　帅
出版发行　当代中国出版社
地　　址　北京市地安门西大街旌勇里 8 号
网　　址　http://www.ddzg.net
邮政编码　100009
编 辑 部　(010)66572264
市 场 部　(010)66572281　66572157
印　　刷　北京润田金辉印刷有限公司
开　　本　787 毫米 × 1092 毫米　1/16
印　　张　36.5 印张　3 插页　576 千字
版　　次　2022 年 12 月第 1 版
印　　次　2022 年 12 月第 1 次印刷
定　　价　128.00 元

目　录

领导讲话及特邀论文

研讨会论文

历届研讨会新闻报道

领导讲话及特邀论文

陈云在中国革命、建设、改革关键时刻*

陈　元

非常高兴来到上海参加第九届陈云与当代中国学术研讨会。今年是我的父亲陈云诞辰110周年。父亲出生在上海青浦，从上海商务印书馆的小学徒一步步成长为中国革命、建设、改革的卓越领导人。今天，又回到父亲出生、成长、战斗过的地方，我的心情十分激动。借此机会，我首先代表陈云的家人，对第九届陈云与当代中国学术研讨会的召开表示热烈祝贺！对中国社会科学院当代中国研究所、陈云纪念馆、中华人民共和国国史学会的精心组织，以及各位专家学者多年来为研究、宣传陈云思想所付出的辛勤努力表示衷心感谢！

陈云与当代中国学术研讨会至今已经召开九届，取得了丰硕的成果。研讨会围绕陈云的历史贡献、重要思想、工作方法、精神风范进行了深入研究，评选出近600篇高质量的论文，出版了两辑《陈云与当代中国》论文集，为有志于陈云研究的学者提供了学术交流平台，为促进陈云生平、思想研究和宣传的社会化、常态化，起到了积极的推动作用。

我的父亲陈云是伟大的无产阶级革命家、政治家，中国社会主义经济建设的开创者和奠基人之一，党和国家久经考验的卓越领导人。在中国革命、建设、改革的若干关键时刻，都作出了重要贡献。

——遵义会议是我们党生死攸关的转折点。在这次会议中，父亲坚决拥护毛泽东的正确主张。会后，父亲亲笔撰写了会议传达提纲，并受中央派遣远赴苏联，向共产国际汇报遵义会议和中共中央战略转移的情况，得到共产国际的认可，为确立毛泽东在党和红军中的领导地位，推动第一代中央领导集体的形成发挥了重要作用。

---

* 这是2015年作者在第九届陈云与当代中国学术研讨会上的讲话。

——长征结束后，共产党员从 30 万人锐减到 4 万人，革命力量受到严重削弱，形势十分严峻。1937 年，父亲奉命从新疆返回延安，担任中共中央组织部部长。他坚决打破关门主义和在统一战线中忽视党的发展的错误倾向，创造性地构建了一整套适应当时斗争实际的组织体系。七年间，党员数量迅速扩大到 121 万人，党组织遍布大江南北，为夺取全国胜利奠定了坚实的组织基础。

——新中国刚成立时，满目疮痍、百废待兴。父亲临危受命，组建中央财政经济委员会。短短一年时间，他先是在上海连续指挥了银元、棉纱、粮食“三大战役”，迅速扭转经济混乱局面，随后又初步构建起以集中统一为基础的财经管理体制，为国民经济恢复起到了决定性作用。毛泽东主席对此给予高度评价，认为其意义“不下于淮海战役”。

——新中国成立初期，中国工业十分落后，用毛主席的话说，“一辆汽车、一架飞机、一辆坦克、一辆拖拉机都不能造。”为迅速发展国民经济，奠定工业化基础，1951 年起父亲领导编制了第一个五年计划，提出合理安排国民经济比例关系、宏观经济必须实行计划平衡、微观经济运行不应排除市场机制等许多创新思想，为社会主义建设积累了宝贵经验。

——粉碎“四人帮”后，党的各项工作一度徘徊不前。在这个关键时刻，父亲第一个在中央工作会议上提出恢复邓小平的领导职务，坚决支持全面拨乱反正，支持实践是检验真理的唯一标准，为党的十一届三中全会的召开、重新确立我们党实事求是的思想路线、把党和国家的工作重心转向社会主义现代化建设以及推行改革开放扫清了思想障碍。

——党的十一届三中全会后，随着改革开放的全面展开，党的建设面临许多新情况新挑战。也正是在这时，父亲担任中央纪委第一书记，他提出了“执政党的党风问题是有关党的生死存亡的问题”“党性原则和党的纪律不存在‘松绑’问题”等论断，丰富和发展了党风廉政建设理论，为在新的历史条件下加强反腐倡廉建设提供了重要遵循。

总结回顾父亲的一生，他之所以能屡次在历史关键时刻发挥重要作用，与他崇高的品格和精神风范密不可分，这也是他留给我们的宝贵精神财富。

一是坚贞不渝的理想信念。父亲对党和人民的事业无比忠诚，无论在顺境还是逆境，无论面对何种艰难挫折，他都不动摇、不消沉、不退缩，表现出共产党人的坚定信念和坚强党性。

二是实事求是的工作作风。“不唯上、不唯书、只唯实，交换、比较、反复”是父亲对唯物辩证法和马克思主义哲学的独到理解，也是父亲几十年如一日秉持的工作方法。

三是勤政为民的崇高风范。父亲常说，我们共产党员、政府工作人员是人民的公仆，是为人民服务的，不应凌驾于人民群众之上，更不应利用工作之便攫取自己的私利。

四是坚持真理的非凡胆识。为了党和人民的事业，父亲敢于坚持真理，凡是看准了的事，不论情况多么复杂、代价多么大，他总能仗义执言、勇往直前。1959 年毛主席曾表扬他：“真理有时在一个人手中”，“陈云这个人坚持真理是很勇敢的”。

五是淡泊名利的高尚情怀。父亲一生光明磊落，不居功、不自恃，在使用权力方面从不搞特殊化。他一生克己奉公，经手的钱财无数，自己却两袖清风，生活异常俭朴。他不但严于律己、慎独慎微，还教育我们几个子女和身边工作人员也要严格要求自己。“个人名利淡如水，党的事业重如山”就是他最真实的写照。

当前，我们党正在进行具有许多新的历史特点的伟大斗争，正在推进“四个全面”战略布局，中华民族伟大复兴展现出前所未有的光明前景。站在新的历史起点上，我们党担负着历史的重任和人民的重托，同时也面对着新的历史条件和考验。我们要继承和发扬陈云等老一辈革命家的优良传统、高尚品格和精神风范，坚定理想信念，始终保持共产党人的政治本色；增强宗旨意识，始终把人民放在心中最高位置；增强责任意识，始终保持奋发有为的精神状态，积极应对前进道路上的各种困难和挑战，坚定不移地把老一辈革命家开创的中国特色社会主义事业推向前进，这是我们的历史责任，也是对老一辈革命家最好的纪念。

实事求是地研究和宣传党史国史*

张全景

陈云同志是伟大的马克思主义者，是第一代、第二代中央领导集体的核心成员之一，他是党史国史上许多重大事件、重大决策的亲历者、参与者，他的一生与党史国史密不可分。陈云同志的光辉思想不仅是党史国史研究的重要内容，同时也是研究党史国史的活的灵魂。本次会议以“陈云与党史国史研究”为主题，我认为，其中最为重要的一点就是，陈云同志把实事求是的精神贯彻到党史国史研究中，并用实事求是的精神总结党史国史的经验。

陈云同志是实事求是的典范，他一以贯之地坚持和弘扬实事求是的优良作风，鲜明地提出了“不唯上、不唯书、只唯实，交换、比较、反复”等一系列重大原则。实践证明，只有坚持这些原则才能把问题把握得更全面、更准确。

实事求是与调查研究是紧密联系在一起的，离开调查研究，实事求是就是一句空话。陈云同志非常重视调查研究工作。他有一句名言：我们做工作，要用 90% 以上的时间研究情况，用不到 10% 的时间决定政策。他处理重大问题，事先总要进行认真周密的调查研究。20 世纪五六十年代，他围绕经济工作做了大量调查研究，提出了增产、精减、两种价格等措施，对经济好转起了重大作用。陈云同志还深刻指出，实事求是从根本上讲是个党性问题。有的人犯错误不是因为不了解实情，而是因为“立场不正”“心术不正”，是人生观、价值观出了问题。在重大原则问题上他历来敢于承担负责。例如相关人员编写大百科全书军事卷，觉得林彪不好写。陈云同志说，要坚持历史唯物主义观点，功是功，过是过，实事求是。审判“四人帮”时，有的同志主张对江青等人判死刑，陈云同志说党内斗争，

* 这是 2014 年作者在第八届陈云与当代中国学术研讨会上的讲话。

不能开杀戒。这种旗帜鲜明的精神，充分体现了他坚定的党性。如果没有全心全意为人民服务的思想，前怕狼后怕虎，怕个人利益受损失，就不可能做到实事求是。陈云同志的实事求是精神，值得我们认真学习，而且要永远学习；不仅要运用于各项工作，而且要运用于党史国史研究。

一、只有实事求是，不唯上、不唯书、不盲从，才能洞察历史事实

党史国史是资政育人、治党治国的大道，关系党和国家的前途命运。编写党史国史一定要像陈云同志那样坚持实事求是的原则。首先要把实际情况搞清楚，不仅要研究档案，而且要研究实际，到群众中做调查。只有做到情况明、研究透、表述清，才能做到准确可靠。决不可人云亦云，随波逐流，更不能主观臆断，胡编乱造。要对历史负责，对党负责，对人民负责。现在在党史国史问题上，有一些模糊甚至错误的认识。例如，有人否定新中国前30年，说什么“经济到了崩溃边缘”。而事实上，1949年中国钢铁只有15.8万吨，1978年达到3178万吨；原煤从0.32亿吨增加到6.18亿吨；原油从12万吨增加到1.04亿吨；粮食由11318万吨增加到30477万吨；棉花由44.4万吨增加到216.7万吨。在此期间我国还自力更生搞出了“两弹一星”、大型计算机、核潜艇，等等。新中国的国际地位大大提高，胜利进行了抗美援朝、援越抗美、中印边界反击战、西沙海战等，这些都是伟大而光辉的成就。还有些人否定毛泽东、否定毛泽东思想、否定中国共产党的领导，这是国际敌对势力分化、西化我们的图谋，根本目的就是要改变中国特色社会主义道路，这完全是徒劳的。有的人鼓吹历史虚无主义、宣扬“普世价值”、民主社会主义，以回顾历史、研究学术为名，歪曲党史国史，甚至凭空编造“历史事件”，歪曲新中国前30年的历史。我们要认真贯彻中央关于意识形态领域工作两个通知的精神，对社会上某些似是而非的言论，要严肃认真地对待，不能人云亦云。现在所谓的“揭秘”“真相”很多，不要轻信。总之，要把尊重事实放在第一位，不能主观片面，不能随意化，更不能胡编乱造。

二、只有实事求是，坚持唯物辩证法，才能对重大历史事件、历史问题有正确的把握

研究分析党史国史上的重大问题，评价重要历史人物，一定要坚持唯

物辩证法，处理好全局与局部、个别与一般、普遍性与特殊性等的关系。只有这样，才能得出正确的结论。分析研究历史问题要善于通过现象看本质，不能简单地就事论事。例如，怎样评价电影《武训传》？从1951年到现在六十多年了，有的人把这一伟大的思想教育运动，简单理解为批判武训这个人，这是片面的。毛泽东当年讲得很清楚：武训这个人并不重要，他已经死了几十年了，武训办的学校也不重要，几经变迁已经成为人民的学校，重要的是我们共产党人对武训的改良主义采取什么态度，是歌颂呢？还是反对？可见，毛泽东发动批判电影《武训传》的本质问题是通过这一典型向党员干部进行唯物史观的教育，树立正确的世界观、人生观。这对我们很有教育意义，我们看问题要把现象作为入门的向导，一入了门就要抓住它的本质。

要把思想方法、工作方法上的问题和制度问题、体制问题区别开来。新中国成立后，我们党在领导社会主义革命和建设的过程中，确实出现过一些失误。造成这些失误的原因多种多样，其中之一就是思想方法、工作方法出了问题。比如，片面强调多、快，不顾好、省。但有的人为了达到否定新中国、否定社会主义制度的目的，硬是把思想方法、工作方法中的问题说成是体制问题、制度问题，这就违背了实事求是的原则。研究党史国史，要客观、公正，是什么问题就是什么问题。

要把局部问题和全局问题、一般问题与个别问题区别开来。不能以偏概全，用个别极端的例子来说明普遍的情况，更不能攻其一点不及其余。有的人完全违背了历史研究应该具有的严肃、务实、辩证的态度。我看到某报刊上一个讲“信阳事件”的材料，按照里面的说法，新中国差不多就是“恐怖”和“饥饿”的代名词。“信阳事件”确实很严重，但只是个别事件，没有代表性。就当时的信阳地区来说，也有没饿死人的县。中央发现后，采取了有效的救灾措施，严肃处理了信阳地委领导人。这些都应当讲清楚，不能形而上学，用个别的特殊的情况代替一般的普遍的情况。列宁说过：“在社会现象方面，没有哪种方法比胡乱抽出一些个别事实和玩弄实例更普遍、更站不住脚了。”“如果不是从整体上、不是从联系中去掌握事实，如果事实是零碎的和随意挑出来的，那么它们就只能是一种儿戏，或者连儿戏也不如。”

要把政策性失误和执行中的问题区别开来。有些问题是执行中的问题。

同样是合作化、“大跃进”、人民公社，许多地方刮浮夸风、“共产风”，放“卫星”，结果生产下降，人民生活受到影响。而有的地方实事求是，不刮风、不跟风、顶歪风，实事求是谋发展，生产条件和群众生活逐步改善。相同的政策带来了不同的结果，差别就在具体执行上。

陈云同志是运用辩证法的大师，他反复强调“学好哲学，终身受益”。学哲学学什么？主要就是学辩证唯物主义和历史唯物主义。他倡导的十五字诀，就是辩证唯物主义和历史唯物主义的具体运用。他始终坚持用唯物辩证法分析问题、指导工作，总结出了许多充满辩证智慧的思想方法、工作方法，比如要“两只眼睛看干部”，“讲真理，不讲面子”，“不怕人家说错话，就怕人家不说话”，“实事求是不是小脚女人”，“没有农民不得了，有了农民了不得”等，言简意赅，发人深省。我们要学习陈云同志全面、客观、辩证地看问题，一是一、二是二，实事求是。只有这样，才能把历史现象的个别性、特殊性与历史发展的规律性统一起来，正确把握历史发展的主流和本质，得出客观、公正、全面的结论。

三、只有实事求是，坚持唯物史观，才能正确总结历史的经验教训

实事求是地研究和宣传党史、国史，必须坚持唯物史观。恩格斯说马克思一生有两大发现，一是唯物史观，一是剩余价值学说。唯物史观是观察和研究历史问题的“金钥匙”。只有坚持唯物史观，才能看清历史真相，把握历史发展的规律。现在有人说，共产党之所以能够由小到大、由弱到强，是因为日本侵华，共产党发展起来了。说这种话的人根本不懂历史发展的规律性，不懂唯物史观。我们党之所以胜利，是因为我们坚定地和人民群众站在一起，始终为人民群众的利益而奋斗。当年国民党留在后方的军队比八路军、新四军多得多，他们多数不抗日，专与我们搞摩擦，甚至投降日军当汉奸，与人民为敌，怎能不失败呢？事实证明，只有代表人民群众利益的党，才是不可战胜的党。这是历史唯物主义的必然结论。

坚持唯物史观，关键就在于如何对待群众。陈云同志对人民群众的历史作用有深刻、清醒的认识，他说：只有党与群众密切的联系着，才是一个巩固的党；没有一个脱离群众的党组织是巩固的；一切脱离群众的党部，都是最不巩固的党部。他总是站在人民群众的立场上想问题、作决

策，因而总能把握事物发展变化的本质，作出正确的选择。这对于我们总结历史经验教训是有重要指导意义的。世界观决定人的立场、观点和方法，对同一历史人物、历史事件，不同的人站在不同的立场上，得出的结论是不一样的。只有站在党和人民群众的立场上，正确认识人民群众在历史上的作用，才能对重大事件、重要人物作出实事求是的分析，把握历史规律，认清历史形势，正确总结经验教训。剥削阶级用唯心史观分析研究历史，纯粹是缘木求鱼、南辕北辙，怎么能正确地总结历史经验教训呢?

总结历史经验教训还要有正确的出发点。不管是总结成功的经验，还是失败的教训，都要立足于正确反映党和人民的伟大事业，给今天的改革和建设提供有益的借鉴。那种借研究党史、国史之名，而行否定我们党、否定新中国之实的做法，完全背离了党史、国史研究的正确方向。党史、国史工作者要坚持用马克思列宁主义、毛泽东思想和中国特色社会主义理论体系武装头脑、指导工作，使党史、国史研究工作更好地为贯彻党的基本理论、基本路线、基本纲领、基本经验服务，为坚持和发展中国特色社会主义服务。要严格遵守党的纪律和国家有关法律法规，旗帜鲜明地反对研究党史、国史问题上的错误倾向。

四、只有实事求是，才能凝聚党心民心，不断坚定全党全国各族人民为建设中国特色社会主义伟大事业而奋斗的信心和决心

研究和宣传党史、国史，不仅要真实地记录历史，而且要发挥历史的教育功能，要让广大人民群众从我们党领导革命、建设和改革开放的辉煌历史中，深切体会党的伟大、光荣和正确，深切体会马列主义、毛泽东思想和中国特色社会主义理论体系是指导中国革命和建设不断取得胜利的根本保证，深切体会中国特色社会主义道路是适合我国国情的正确选择，进一步坚定理想信念，不断增强为中国特色社会主义事业而奋斗的信心和决心。要从历史环境、现实基础、目的以及对待所犯错误的态度等多方面，全面、综合地分析历史问题。如果我们的研究不能给全党全国各族人民增添正能量，甚至还给党的历史、新中国的历史抹了黑，那么我们就走到错误的道路上去了。改革开放初期，面对社会上大肆否定新中国历史，否定毛主席、否定毛泽东思想的错误思潮，陈云同志强调要实事求是地对待历史，要看到党中央和毛主席为中国革命和建设所作出的丰功伟绩。《关于建

国以来党的若干历史问题的决议》的第一部分就是陈云同志建议写上的。他还指出，在延安时我们哪一个人不是毛主席的学生。这就是实事求是的态度。我们党在领导人民进行革命、建设和改革开放的过程中，取得了举世瞩目的伟大成绩。这是主流，是主要的方面。当然，在探索的过程中也发生了各种失误，甚至发生了像“文化大革命”那样的严重错误。但与我们的成绩相比，那是支流，是次要的方面。成绩同错误相比，是九个指头和一个指头的关系。不能妄自菲薄、自我否定。对那些别有用心、故意诋毁我们历史的人，要理直气壮地进行批驳，用事实说话，消除他们在社会上特别是在青少年中间造成的思想混乱。只有这样，才能让全党和全国各族人民从我们的胜利中体会社会主义制度的优越性，增强道路自信、理论自信和制度自信，不断激励广大人民群众沿着中国特色社会主义道路奋勇前进，达到团结、鼓劲的目的。

党的十八届三中全会作出了全面深化改革的重大决定。认真学习、贯彻党的十八届三中全会精神，是当前各行各业、各条战线的首要任务。我们党史、国史工作者要立足本职，找准结合点，抓好全会精神的落实，努力为实现中华民族伟大复兴的中国梦作出新的贡献！

陈云在历史关键时期的七大贡献*

张全景

我们今天召开这个会议，以“陈云在历史关键时期”为主题进行学术研讨，以此纪念陈云同志诞辰 110 周年不仅很有意义，而且会议在陈云的家乡举办，也使人感到非常亲切。

陈云在 20 世纪 30 年代初就担任中共中央的领导工作，当时只有 25 岁。他在 70 多年的革命生涯中，经历了我们党领导人民进行革命、建设、改革各个历史时期几乎所有重大事件，参与了中共中央在不同历史时期一系列重大决策的制定和实施，多次在党和人民事业发展的关键时刻、艰难时期发挥了不可替代的作用。只要翻开党史，我们就不禁为陈云波澜壮阔、荡气回肠，却又举重若轻、低调谦和的一生而赞叹和景仰。由于他心胸豁达，始终把自己放得很低，反对宣传自己，使他的一些历史功绩鲜为后人所知。为了深入学习研究、大力弘扬陈云的精神思想和崇高风范，我们有必要追寻他的光辉足迹，回顾他那些令人叹为观止的过往。

一、临危受命领导中央特科，保卫了中共中央和大批领导干部

1931 年，中央特科负责人顾顺章和总书记向忠发先后叛变，形势万分危急。此时，陈云担负起了重建中央特科的重任，协助周恩来应对危机。

他一方面果断地对中央特科的工作方式进行了调整，根据方便、安全、隐蔽的原则，要求一切工作人员的社会职业必须是真实的、有着落的。为此，他筹办了多种小店铺，有效地避开了敌人的怀疑和搜查。陈云常常打扮成商人、账房先生，灵活机智地给各秘密联络点下达任务和布置工作。另一方面，陈云迅速地重建情报系统，利用各种机会，派我们的同志打入

---

* 这是 2015 年作者在第九届陈云与当代中国学术研讨会上的讲话。

敌人内部，这些同志在关键时刻发挥了非常重要的作用。长期在中央特科工作的陈养山回忆说："在陈云同志亲自筹划下，集中一切力量，千方百计利用社会关系，终于在（上海）警备司令部、法英巡捕房等机构重新建起反间情报关系。这个阶段虽仅一年时间，但各项工作很快恢复，成效很显著。"毛泽东曾非常感慨地说："我们这些人能活着出来，做情报工作的同志是立了功的。"

二、为确立毛泽东的领导地位发挥了重要作用

在遵义会议上，陈云在发言时坚决支持毛泽东等人的正确主张。在张闻天、陈云、周恩来、朱德、刘少奇等绝大多数与会者的努力下，会议决定增选毛泽东为中央政治局常委，确立了以毛泽东为代表的新的中央的正确领导，结束了王明"左"倾冒险主义在中央的统治，在最危急的关头挽救了党，挽救了红军。尤其值得一提的是，陈云撰写的《遵义政治局扩大会议传达提纲》，是现今保存下来的反映遵义会议情况最为完整的资料，为后人研究遵义会议留下了珍贵的史料。长征途中他奉命去了莫斯科，向共产国际汇报了红军长征和遵义会议情况，使共产国际对中国共产党和毛泽东有了进一步了解，对中共领导的长征有了全面正确的认识。

三、迅速壮大党的队伍，为中国革命胜利提供了组织保证

1937 年 12 月至 1944 年 3 月，陈云担任中共中央组织部部长长达 7 年之久，是新中国成立前任这一职务时间最长的一位。当时，由于第五次反"围剿"的失败，经过艰难的长征，党的组织和红军都遭受了严重损失，党员只有 4 万人左右，干部只有 3 万人左右。陈云担任中组部部长不久，即围绕抗日战争的需要建立党组织、发展党员、培养干部，主持起草了中央《关于大量发展党员的决议》，作出了"大量的，十百倍的发展党员"，以及既要大胆发展又要防止坏分子混入，高度重视党员思想教育，保持党组织的先进性和纯洁性的指示。同时，他对党的组织建设进行了调整，明确了分工，针对根据地、敌占区、国统区的不同情况，开展党的活动。这个时期是抗日战争最为艰难的时期，也是党成立以来发展壮大最快的时期，是组织工作走向规范化的时期。到 1938 年底，全国的党员人数就从 4 万人发展到 50 万人，到抗日战争结束前夕，党员人数已发展到 121 万人，干部发

展到40万人，为抗日战争及以后解放战争的胜利提供了坚强的组织保证。

四、坚持南满斗争，为建立巩固的东北根据地和辽沈战役的胜利创造了有利条件

1946年10月19日，蒋介石调动10万大军对我南满根据地大举进犯，企图独霸东北。在危急时刻，陈云主动请缨到南满主持工作。当时党内对退到北满还是坚持南满，分歧很大。陈云经过对敌我形势的深入分析和反复比较，决定坚持南满。他形象地说："东北的敌人好比是一头牛，牛头牛身子是朝着向北满去的，在南满留了一条牛尾巴。如果我们松开牛尾巴，那就不得了，这条牛就要横冲直撞，南满保不住，北满也危险。如果抓住牛尾巴，那就了不得，敌人就进退两难。因此，坚持南满，抓住牛尾巴，使南北满形成犄角之势，是东北全局的关键。"① 形势的发展证明了陈云的分析是正确的。四保临江战役，与三下江南战役密切配合。三下江南、四保临江战役历经108天，在极其艰苦的条件下，共歼敌4.3万余人，收复城市11座，彻底粉碎了敌人"先南后北"的作战图谋，扭转了东北战局，为建立巩固的东北根据地和辽沈战役的胜利创造了有利条件。

五、打赢了上海金融保卫战，稳定了经济秩序

新中国成立初期，上海的一些投机商人兴风作浪，操控物价，谋取暴利，一时间物价飞涨，经济秩序极为混乱。主管全国财经工作的陈云充分认识到这一问题的严重性，指挥开展了三次金融保卫战，迅速稳定了经济秩序。

第一仗是控制银元风波。由于投机资本家的操纵，开始人民币与银元的比值是10∶1，后来猛涨到20∶1、30∶1，人民币几乎站不住脚。关键时刻，陈云指示上海市人民政府动用军事力量，查封了投机分子的大本营"证券大楼"，逮捕、法办首要投机分子238名，沉重打击了破坏经济秩序的投机商，使得人民币逐步占领了上海市场，对稳定市场起到了重要作用。

第二仗是控制纱布涨价风。上海的资本家为牟取暴利，大量地买进纱布，使纱布价格不断上涨。1949年11月13日，陈云给各地下达了12条指

① 《陈云年谱（修订本）》上卷，中央文献出版社2015年版，第593页。

令，集结了大量的纱布，不断抛售，越抛价格越低，给资本家以惨痛教训。

第三仗是控制粮食抢购风。一些资本家趁上海解放后的第一个农历新年，搞了一次粮食抢购风。针对这种情况，陈云分别从上海周边、东北、华东和西南地区源源不断地调粮运往上海，掌握的周转粮食有十几亿斤，集中抛售后使粮价下跌，让囤积粮食的资本家又吃了一次大亏。

经过这三次较量，不法投机资本家遭到沉重打击，从此一蹶不振。到1950年底，全国物价基本趋于稳定。毛泽东对陈云领导的上海经济战役评价很高，认为它的意义“不下于淮海战役”。

六、领导国民经济调整，为摆脱经济危局做了极大努力

1958年开始的“大跃进”运动，给中国的国民经济发展带来了严重损失。陈云受命领导国民经济的调整工作。毛泽东主席说：“国乱思良将，家贫思贤妻。陈云同志对经济工作是比较有研究的，让陈云同志来主管计划工作、财经工作比较好。”①

在调整经济的过程中，陈云提出了一系列正确主张，比如，力主进口粮食，来解决中国粮食不足的问题；动员2000万城镇人口下乡，减少城市粮食的销量；实行两种价格，出售部分高价商品，回笼货币；大力发展生产等。这些措施很快显现出了成效。

1962年召开的“七千人大会”，初步总结了“大跃进”运动以来的经验教训，系统分析了工作中的主要缺点和错误，明确指出了全党当前的工作是调整。在这次会议上，陈云没有讲话。经过进一步的调查研究，半个月后他在“西楼会议”上详细地阐述了中国经济的形势以及走出困境的办法。

七、领导中央纪委工作，打开党风廉政建设新局面

在党的十一届三中全会上，陈云当选为中央纪委第一书记。他提出了一系列具有深远影响的思想，指出：“抓党风。中央纪委的工作指导方针是维护党规党法，整顿党风问题”。

1980年，陈云又指出：“执政党的党风问题是有关党的生死存亡的问题。因此，党风问题必须抓紧搞，永远搞。”第一次把党风问题上升到生死存亡

---

①《毛泽东年谱（1949—1976）》第4卷，中央文献出版社2013年版，第78页。

的高度，阐述了执政党必须搞好党风建设的重要性。

中央纪律检查委员会成立初期面临的最大问题，是存在众多的冤假错案。陈云明确指出：要“坚持有错必纠”的方针。刘少奇、彭德怀、陶铸、瞿秋白等冤案的平反，推动了全国平反冤假错案的开展。

改革开放初期，针对一时流行的“经济要搞活，纪律要松绑”观点，陈云明确指出：党的纪律不存在松绑的问题。1982 年陈云在一份反映广东一些党员干部参与走私、贪污腐化的信访简报上批示：“对严重的经济犯罪分子，我主张要严办几个，判刑几个，以至杀几个罪大恶极的，并且登报，否则党风无法整顿。”几位中央领导人阅后均表示同意，邓小平还特意在他的评语中间加了八个字：“雷厉风行，抓住不放”。打击经济领域的违法犯罪活动由此拉开了帷幕。

陈云值得大书特书的功绩还有很多，比如我军占领沈阳后，他创造了顺利接管大城市的经验；在“文化大革命”结束后的徘徊时期，他解决了国民经济结构比例失调问题，宝钢建设问题；特区建设问题，他提出了实现新老干部合作与交替，大力培养接班人问题等，都对党的建设和经济社会发展产生了深远影响。

陈云在关键时刻所进行的关键性工作，取得的关键性胜利，源于他坚定的理想信念，为人民服务的思想，实事求是，注重调查研究的作风，坚持原则，严于律己，严格要求的品格，这些高贵品质永远值得我们学习，值得我们继承和发扬光大！

陈云在艰巨复杂的形势和艰难困苦的条件下，把许多任务完成得很好，我觉得最重要的一条就是他善于运用马克思主义哲学的立场观点方法，分析问题，解决问题。

他始终认真学习马列主义毛泽东思想，特别是认真学习马克思主义哲学，运用马克思主义哲学思想观察和处理中国革命问题。他多次对人讲，在延安那段学习对他帮助很大，自从学习哲学以后，讲话做事才有了唯物论、辩证法。新中国成立后，他仍旧大力倡导学习和掌握马克思主义哲学。1957 年 1 月，他在中共商业部党组会议上指出：“学习理论，最要紧的，是把思想方法搞对头。因此，首先要学哲学，学习正确观察问题的思想方法。如果对辩证唯物主义一窍不通，就总是要犯错误。”十一届三中全会后，在起草历史决议的过程中，他又指出：“建国以后，我们一些工作发生失误，原因还是离开了实事求是的原则。”他说：“在党内，在干部中，在青年中，提倡学哲学，有根本的意义”。1987 年 7 月，他在同中央负责同志谈话时再一次提出：“要把我们党和国家领导好，最要紧的是使领导干部的思想方法搞对头，这就要学习马克思主义哲学。”他强调：“学习哲学，可以使人开窍。学好哲学，终身受用。”他还买了很多套艾思奇主编的《辩证唯物主义历史唯物主义》和韩树英主编的《马克思主义哲学纲要》，分别送给中央领导同志。他根据自己的学习体会，总结做到实事求是的 15 个字：“不唯上、不唯书、只唯实，交换、比较、反复”。这十五字诀是对辩证唯物主义和历史唯物主义世界观和方法论的生动概括，对于端正全党的思想方法、工作方法有重要的指导作用。

现在，我们的条件比过去强了许多，但一些同志的学习状态没有跟上去。我看过一个材料，说 72.6% 的干部对学习基本理论不感兴趣，认为学习中存在形式主义的占 72.9%，认为没有时间学习的占 64.2%，还有学习效果不明显的占 52.9%，几项指标都是 50% 以上，这应引起高度重视，努力改变这种不愿学、学不透、不肯钻的状况，把我们的学习搞上去。

陈云始终坚持实事求是，注重开展深入的调查研究。他十分重视调查研究工作。我们都知道他的一句名言：要用 90% 以上的时间研究情况，用不到 10% 的时间决定政策。他是这样说的，也是这样做的。在指导中国革命和建设事业的过程中，每逢作出重要决策，他总要做大量的调查研究，听取多方面的意见，特别是反面的意见。他批评有的同志天天忙于决定这个，决定那个，很少调查研究实际情况，指出：“这种工作方法必须改变。要看到，片面性总是来自忙于决定政策而不研究实际情况。”现在，我们许多干部不会做调查研究，不会做群众工作，不会做思想工作，这是许多社会矛盾、群体性事件发生的一个重要原因。

我们学习陈云的精神和思想，就要认真学习马克思主义哲学，坚持实事求是，掌握好辩证法这个武器，学会运用辩证唯物主义和历史唯物主义的立场、观点、方法分析解决现实中的各种矛盾和问题。要树立正确的思想方法、工作方法，坚持解放思想，反对因循守旧；坚持实事求是，反对弄虚作假；坚持联系群众，反对脱离群众；坚持全面性，反对片面性；坚持具体情况具体分析，反对简单化、绝对化。要提高明辨是非的能力，尤其面对社会上出现的否定我们党的历史、否定毛泽东和毛泽东思想的种种谬论，要理直气壮地予以批驳。苏东剧变的惨痛教训说明，如果我们否定了党的历史、否定了毛泽东和毛泽东思想，必然造成全党全国人民的思想混乱，最终导致亡党亡国的悲剧。

我们要以这次会议为契机，系统总结陈云在历史关键时期展现出的坚定信念、担当精神、为民情怀、领导艺术和科学的思想方法工作方法等，为“四个全面”战略布局的实施、实现伟大的中国梦提供思想智能和经验借鉴。

努力提高干部的思想水平和领导能力*

张全景

今天，我们以“陈云与新中国的治国理政经验”为题进行学术研讨，纪念陈云同志诞辰112周年，我认为很有意义。陈云同志在70多年的革命生涯中，经历了我们党领导的革命、建设、改革各个历史时期，参与了党中央一系列重大决策的制定和实施，发挥了不可替代的作用，建立了卓越功勋，尤其是他在长期领导财政经济工作中，积累了丰富的经验和智慧。我们学习和继承他的宝贵思想和经验，对于做好当前的工作，赢得新的伟大胜利具有重大意义。

一、学习陈云同志坚定的理想信念、坚强的党性原则，始终坚持党的领导，坚持社会主义道路不动摇

陈云同志是一位坚定的马克思主义者，无论面对怎样严峻的考验和复杂的情况，他对社会主义、共产主义的信念都坚如磐石。延安时期陈云同志就说过：“共产党是为人类的彻底解放，为共产主义和无产阶级事业而奋斗的政党”[①]，共产党员要活到老、学到老、干到老，一直干到“翘辫子”（上海俗语，死亡），共产党员在思想上不存在离休退休的问题。1983年在党的十二届二中全会上，陈云同志坚定地说：“资本主义必然要被共产主义所代替，这是无可改变的法则”，“我们可以充满信心，高呼：社会主义万岁！共产主义万岁！”陈云同志勇于挑重担，敢于担当，他坚定的理想信念同样充分地体现在其领导的财经工作中。1949年，上海市解放后，通货膨胀，人心不稳，经他治理很快得到了解决。毛主席赞扬说：“不亚于一场淮海战役”。20世纪80年代，面对经济体制改革中遇到的问题，他一针见血地指

---

* 这是2017年作者在第十一届陈云与当代中国学术研讨会上的讲话。

① 《陈云文选》第1卷，人民出版社1995年版，第137页。

出："现在有些人，包括一些共产党员，忘记了社会主义和共产主义的理想，丢掉了为人民服务的宗旨。""在党中央领导下，我们国家现在进行的经济建设，是社会主义的经济建设，经济体制改革也是社会主义的经济体制改革。任何一个共产党员，每时每刻都必须牢记，我们是搞社会主义的四个现代化，不是搞别的现代化；我们进行的事业，是社会主义事业。""我们是共产党，共产党是搞社会主义的。"①他的讲话如洪钟大吕，振聋发聩，对扼制资产阶级自由化思潮发挥了重要作用。

现在来看，这个警示并没有过时。在举什么旗、走什么路等大是大非的问题上还没有完全解决，斗争有时还很激烈。前一段时间有一本小说《软埋》受到热捧，还获得了"大奖"，很能说明问题。这部小说无视我们党领导的土地改革运动的本质方面，歪曲历史，给土改泼了一大盆脏水，是历史虚无主义在文艺领域的典型表现，是"和平演变"与反"和平演变"斗争的具体表现。《软埋》这本书的出现不是偶然的，它是新形势下意识形态领域阶级斗争的反映，从它所受到的热捧可以看出，意识形态领域的阶级斗争将是长期的、复杂的，有时还是很尖锐的。革命要靠"枪杆子""笔杆子"，建设社会主义也要靠这"两杆子"。要教育广大党员干部和人民群众明辨是非，筑起牢固的思想防线，在举什么旗、走什么路的问题上绝不能含糊、动摇。

二、学习陈云同志深切的爱民情怀，把坚持党的宗旨作为一切工作的出发点和落脚点

陈云同志始终把为人民群众谋利益放在最高位置，指出，"革命就是为了改善最大多数人民的生活"②，"人民群众要看共产党对他们到底关心不关心，有没有办法解决生活的问题。这是政治问题。"③当经济建设与民生发生冲突时，他把解决民生问题放在首位，鲜明地指出："一要吃饭，二要建设。"④对于损害群众利益的事情，他毫不留情地指出："当权的党容易只是向群众要东西，而忘记也要给群众很多的东西。如果真是那样，群众就会把我们看成强迫摊派的命令机关。所以，我们不应该只知道向群众要东西，

---

① 《陈云文选》第3卷，人民出版社1995年版，第332—333、352、347、350页。
② 《陈云文选》第2卷，人民出版社1995年版，第194页。
③ 《陈云文选》第3卷，人民出版社1995年版，第209—210页。
④ 《陈云文选》第3卷，人民出版社1995年版，第323页。

更应该时刻注意为群众谋福利。”[①] 他时刻把群众的冷暖放在心上，提出在困难时期要使城市居民“平均每人每月有半斤鱼吃”，“每人每天供应一两豆子”，争取“增加半斤肉”，[②] 指出：“解决这些实际问题就是为人民服务，不解决实际问题谈为人民服务，则是空话一句。”[③] 从中可以看到，陈云同志把全心全意为人民服务的宗旨完全融入每一项工作、每一项决策，多么令人感动。

经过艰苦奋斗，我国实现了由一穷二白到经济总量居世界第二的历史性飞跃，这是了不起的成就。但我们也不能忽视发展中遇到的问题，尤其是损害群众利益的事情还时有发生。比如一些地方搞强行拆迁、征地，导致群体性事件的发生；一些贫困地区的政府办公大楼建得像“白宫”一样，人民群众怎么会没有意见？还有多年来群众反映的买不起房、看不起病、上不起学、贫富差距拉大等问题，都需要我们下大气力解决。产生这些问题的原因是多方面的，其中领导干部的“政绩观”问题是非常重要的一个方面。“政绩观”说到底是“当官为什么”的问题。在河南内乡县衙有一副楹联写得很好：“吃百姓之饭，穿百姓之衣，莫道百姓可欺，自己也是百姓；得一官不荣，失一官不辱，勿说一官无用，地方全靠一官”，指出了怎样做官和怎样待民的深刻道理。共产党人的政绩观只能是“立党为公，执政为民”，如果为了捞政绩，得好处，就背叛了党的宗旨，就会与群众对立起来，“鱼”和“水”的关系就会成为“水”和“火”的关系，长此以往就会削弱我们党的执政根基，这是非常危险的。还要处理好“显绩”与“潜绩”的关系，要有习近平总书记提出的“功成不必在我”的胸怀，不能“朝令夕改”，“新官不理旧账”。山西省右玉县 20 多任书记，持续接力，把一张蓝图绘到底，植树造林，改造当地生态环境，全县森林覆盖率由不到 0.3% 提高到 52% 以上，创造了令人惊叹的奇迹，有力地促进了全县经济社会发展，赢得了群众的广泛赞誉。还有焦裕禄、谷文昌、廖俊波等同志都是我们学习的好榜样。

三、学习陈云同志综合平衡、按比例协调发展的思想，坚持稳中求进，协调发展

在陈云同志的经济思想中，坚持“综合平衡、按比例协调发展”是一

---

① 《陈云文选》第 1 卷，人民出版社 1995 年版，第 173 页。
② 《陈云文选》第 3 卷，人民出版社 1995 年版，第 209 页。
③ 《陈云文选》第 2 卷，人民出版社 1995 年版，第 128 页。

个十分重要的成果，是对马克思主义政治经济学的创新和发展。这一思想是陈云同志对长期实践经验的科学总结。早在抗日战争时期，他就在陕甘宁边区提出了统筹贸易、金融、财政的观点。新中国成立后，他主持了全国财政、现金、外汇、物资的统一管理和调度，迅速遏制了长期战争形成的严重通货膨胀。在制定和实施第一个五年计划的过程中，他注意各个方面合理的比例关系，及时纠正了不符合实际的高指标。1957 年，陈云同志从理论上对“综合平衡、按比例发展”作了系统阐述。他特别注重各方面的平衡和比例关系，强调部门、行业之间要平衡；基本建设与人民生活要平衡；长线建设与短线建设要平衡；精神文明建设与物质文明建设要平衡等。他深刻指出：“从长期来看，国民经济能做到按比例发展就是最快的速度。”[①]“合比例就是平衡的；平衡了，大体上也会是合比例的。”[②]这一思想蕴含着深刻的辩证思想，对于我们搞好当前的经济工作，尤其是完成好“去产能、去库存、去杠杆、降成本、补短板”的任务，具有重要的启示和借鉴意义。比如，产能过剩问题就是不平衡导致的。所谓“过剩”是局部性、结构性的过剩，实际上是“过剩”与“不足”同时存在。低端的钢材产能过剩，而高端的特种钢材却需要进口；一些百姓宁可花更多的钱买国外生产的奶粉、食品等，恰恰说明了优质产品的供应不足。再比如，有的地方建钢厂、铝厂，从本地看可能是合理的，但从全国来看就是过剩的，一旦受到经济形势的影响就陷入了困境，等等。这些教训是深刻的，同时也印证了“综合平衡、按比例协调发展”的思想并没有过时，应结合新的实践很好地研究学习，从中汲取经验智慧，处理好“快”与“慢”、数量与质量、局部与全局、当前与长远等辩证关系，坚持稳中求进，协调发展。

四、学习陈云同志辩证唯物主义的思想方法，注重调查研究，坚持实事求是的作风，全面正确地处理问题

陈云同志在艰巨复杂的形势和艰难困苦的条件下，之所以能够把许多任务完成得很出色，最重要的一条就是他善于运用马克思主义哲学的立场观点方法分析问题、解决问题。他指出：“最要紧的，是要使领导干部的思想方法搞对头，这就要学习马克思主义哲学”，“如果对辩证唯物主义一窍不通，就

① 《陈云文选》第 3 卷，人民出版社 1995 年版，第 248 页。

② 《陈云文选》第 2 卷，人民出版社 1995 年版，第 242 页。

总是要犯错误。”[①] 他根据自己的学习体会，总结出“不唯上、不唯书、只唯实，交换、比较、反复”的十五字诀，这是对辩证唯物主义和历史唯物主义世界观和方法论的生动概括，对于端正党员干部的思想方法、工作方法有重要的指导作用。

陈云同志始终坚持实事求是的思想路线，一切从实际出发，从群众中来，到群众中去。他指出，领导机关制定政策，要用 90% 以上的时间做调查研究，最后讨论作决定用不到 10% 的时间就够了。每逢作出重要决策，他总要做大量的实际调查，听取多方面的意见，特别是反面的意见。他在 20 世纪 50 年代对猪肉等副食品产销情况、公粮征收、统购统销的调查以及 60 年代初的青浦农村调查等，都是值得我们学习的生动教材。党的十一届三中全会后，在起草历史决议的过程中，他又指出：“建国以后，我们一些工作发生失误，原因还是离开了实事求是的原则。”[②]

当前，我国的改革进入攻坚期，新旧矛盾叠加，错综复杂，如何统揽全局，“弹好钢琴”，把握主要矛盾和矛盾的主要方面，有针对性地开展工作，对各级领导干部提出了新的更高的要求。习近平同志指出，要“不断接受马克思主义哲学智慧的滋养”[③]，“更好认识国情，更好认识党和国家事业发展大势，更好认识历史发展规律，更加能动地推进各项工作”[④]。“不闻大论，则志不宏；不听至言，则心不固”[⑤]，我们要像陈云同志那样学好哲学、用好哲学，把马克思主义哲学作为自己的看家本领，努力提高辩证思维、系统思维、战略思维、底线思维等能力，正确处理改革中的各种重大关系，精准高效地推进各方面工作的开展。要教育广大党员干部坚持一切从实际出发，高度重视调查研究，虚心听取各方面意见，了解真实情况，努力使主观和客观相统一，反对脱离实际，切忌主观随意性，防止“一刀切”和片面性。

五、深入开展“两学一做”教育，加强党的作风建设，严格党的纪律

陈云同志高度重视党员思想政治素质问题，延安时期，他一方面抓党

---

① 《陈云文选》第 3 卷，人民出版社 1995 年版，第 360、46 页。
② 《陈云文选》第 3 卷，人民出版社 1995 年版，第 285 页。
③ 《人民日报》2015 年 6 月 13 日。
④ 《人民日报》2013 年 12 月 5 日。
⑤ （汉）荀悦：《申鉴·杂言下》。

员的思想政治教育，一方面认真贯彻“积极慎重地发展党员”的方针，既大胆发展，又严防坏分子进入，在适应了革命任务需要的同时，保证了党员队伍素质的稳定。现在我们党是全世界最大的党，年底党员总数可能达9000万人。如何处理好质量与数量的关系，列宁曾做过一个生动的比喻，“宁要好梨一个，不要烂梨一筐。”[①] 一个党是否有坚强的战斗力，最终取决于党员的质量。苏共在有30多万党员时取得了十月革命的胜利，有300多万党员时打败了进攻到莫斯科城下的德国法西斯侵略者，而在有2000多万党员时，党垮了、国亡了，这很值得我们深思并引以为戒。陈云同志十分关心党风廉政建设和反对腐败，提出“执政党的党风问题是有关党的生死存亡的问题”，“党性原则和党的纪律不存在‘松绑’的问题”，[②] 这些论断对于在市场经济条件下推进全面从严治党仍具有重要的指导意义。党的十八大以来，以习近平同志为核心的党中央坚持“老虎”“苍蝇”一起打，取得了显著成绩，通过“刮骨疗毒”，进一步提高了我们党自我净化、自我完善、自我革新、自我提高的能力。从应吸取的经验教训角度来看，有一条经验十分重要：在市场经济条件下，党员干部如果脱离了群众的监督，很容易产生腐败。对此应认真总结研究，有针对性地采取防范措施。作风建设永远在路上，要坚定不移地把反腐败斗争进行到底，把“两学一做”搞深搞透，坚持好党的群众路线，密切联系群众，自觉接受群众的监督，始终保持党的先进性、纯洁性、战斗性，为实现新的历史任务而奋斗！

---

① 《列宁全集》第34卷，人民出版社1959年版，第129页。

② 《陈云文选》第3卷，人民出版社1995年版，第273、275页。

念兹在兹 学用无穷

许永跃

陈云同志讲“要学哲学”，“学习哲学，可以使人开窍。学好哲学，终身受用”。他是这么讲的，自己也是这么做的。这是他的切身体会和实践经验。这些话，他不仅讲给他的子女们和身边工作人员听，还常常讲给来看望他的一些领导干部和负责同志听，并同他们一块交流学哲学的感受。

1982 年 12 月底，中央组织部下调令，调我到陈云同志办公室任秘书。从那以后，我在他老人家身边工作十余年。这期间，我收获最多、受益最大且至今回想起来仍历历在目的，就是他老人家的言传身教，特别是关于学习马克思主义哲学的言传身教。他教我逐步懂得了做好一位领导干部，并且是担负了一定责任的党员领导干部，非常重要的是要提高马克思主义、毛泽东思想的理论水平，政治觉悟和思想认识的站位要高，要使自己时刻做到坚持真理、修正错误，那就必须认真学习马克思、恩格斯、列宁和毛泽东同志的哲学经典著作，掌握、运用好马克思主义的认识论和方法论，并用以认识事物和指导工作。几十年的革命斗争实践中，他反复强调的“不唯上、不唯书、只唯实，交换、比较、反复”，“有钱难买反对自己意见的人”，“能够听到不同声音，决不是坏事”，“要讲真理，不要讲面子”，“要用百分之九十以上的时间研究情况，用不到百分之十的时间决定政策”等名言警句，在全党的领导干部层面上，都是非常熟悉的。他要求领导干部务必要多思考问题、研究问题、调查讨论制定任何事物的方案和做决策之前，要多注意听取各方面意见，尤其要格外注意耐心细致地听取反对方面的意见；对这点，他老人家不管是在听取工作汇报或日常谈话聊天中，强调得最多、最突出、最严肃。使我感受最深刻的是，老人家多次强调，当领导干部务必要做到耐心听取反对意见、特别是激烈的反对意见，千万注意一定要耐心让人把话讲完。注意倾听和研究那些反对意见中的合理部分，特别是合理部分中又为多数人没有关注到的道理。老人家怕我没有真弄懂、弄通这个道理，他还举了以往他工作中遇到的许多实例。

20 世纪 80 年代初改革开放的起步阶段，党内不少同志很想把经济搞快些搞好些，想要尽快改变我国经济发展特别是工业发展中的落后状况，尤其是解决钢铁工业上短缺制约经济总体发展的问题。所以，根据 70 年代末的实际情况，那时的国务院负责同志决定，要在上海上宝山钢铁厂的项目。国家那时的外汇储备有限，总共才几十亿美元。对要拿出几亿美元从国外进口钢铁生产线，党内一些同志有些担心，用那么多钱买国外设备，在上海宝山县投资建大型现代化钢铁厂是否值得？在决策过程中，人们求胜心切，想早点解决钢铁工业上的短板，尽快上马见效。事后，也有许多同志对拿出很多外汇从国外买设备搞“洋跃进”有意见，提出暂停已上马的宝钢项目。讨论中意见分歧较大时，受中央委托，陈云同志过问此事，在北京听取一些同志的意见后，他又专赴上海，进一步听取相关方面意见。在听取意见过程中，有同志说要算算账，比较一下效益，看哪种做法划算。老人家说：老汉我是要算账的！有同志主张下马、暂停执行原计划。但宝钢的同志指出，停止原草签的合同属违约，是要赔付违约金的。如果暂停上马、当时不建，以后还要另外建别的钢厂。既误了解决钢铁短板问题的时间，还要付违约金，可能消耗的资金不一定比最初设想的花费少，甚至有可能还超过原方案的费用。在听取上述意见后，陈云同志特别强调，大干快上搞“洋跃进”，不好，但是不能在批评“洋跃进”时，又一窝蜂地匆忙决定下马，反而要付出更多费用，造成另外的损失。由此一反一正算来，从长远计算，总开支数上比下更有利，利大于弊，可能上宝钢项目还是值得的。陈云同志几次谈到宝山钢铁厂上马与下马的反复时，都突出强调作决策务必要特别注意听取不同意见，尤其是要听反对的声音，千万要防止匆忙作决定。由此，比较、反复了一下，产生了新的认识，有了正确的决策。为验证那时决策正确与否，后来在 1985 年 5 月 18 日，他老人家顶着大太阳专程到上海宝山钢厂的炼钢炉前，目睹出钢的场景。宝钢党委书记兼厂长黎明同志向陈云同志介绍汇报宝钢生产情况时，非常突出强调上宝钢项目的正确性，除学到了国外新的炼钢设备的使用方法，提高了出钢的技术水平和质量外，更感到宝贵的是，从数年工业生产过程中，以进口这条生产线为契机，锻炼了一大批我们国家自己的管理干部和技术人员，掌握了先进技术，这点非常重要。陈云同志仔细听完黎明书记介绍后，又特别强调：在研究讨论问题过程中，要允许多方面充分表达意见。看来当初注意听了反对声音是对的，老人家深刻地讲了一句："有钱难买反对自己的人"，"能够听到不同声音，决不是坏事！"

陈云同志还多次谈到研究讨论过程中，即使没有反对意见，作为领导干部，也要自己提出一些相反意见，要主动去引导参会人员自觉地设置对立面，并反复商议、反复研讨、相互进行反驳，在驳倒错误的过程中，吸取其正确的部分，从而完善自己的认识。老人家很感慨地讲，延安整风运动开始前的学习运动中，毛主席几次同我谈过学哲学的重要性，几次谈话，都说到思想方法的正确与否，与学不学、学好学不好哲学关系很大。我照毛主席要求，在延安学习运动中，专门请人当老师，组织成立了学习小组，系统学习了哲学。所以，我多次对你讲，要"学好哲学，终身受用"。伟人虽逝，言犹在耳，他老人家这些至理名言仍时时刻刻警示着我，在分析和解决问题时，要更慎重些、稳妥些、全面些、准确些。

记得是 1983 年秋，时任陈云同志办公室负责人的朱佳木同志在一次午饭后散步时说，老人家要求咱们几位秘书，再找几位同龄人成立一个小组，专门学习马克思主义哲学。最后商定由我们办公室的几位秘书加外单位的几位同志，共六人组成了学习小组。学习方法是，业余时间先由个人自学，每两周后的周四晚上，集体交流讨论，各自汇报学习体会，同时布置下次自学内容和讨论的题目。每隔一段时间，我们就向陈云同志汇报学习讨论的情况。

通过那些年坚持学习马克思主义哲学，我受益匪浅，不仅初步掌握了马克思主义哲学的基础知识，而且也尝试着运用马克思主义的唯物辩证法去观察形势、分析事物、处理问题。这是我终生难忘的。

大约是 1985 年底的一天，陈云同志让我将恩格斯《在马克思墓前的讲话》找出来。我把文章送去时，他问我：恩格斯讲马克思一生对人类最大的贡献是什么？我说：恩格斯讲马克思有两个重大发现：一是发现了人类历史的发展规律，即人们首先必须吃、喝、住、穿，然后才能从事政治、科学、艺术、宗教等，由此确立了唯物史观；二是发现了现代资本主义生产方式和它所产生的资产阶级社会的运动规律，由此创立了剩余价值学说。听我说完后，陈云同志意味深长地说：是啊！辩证唯物主义和历史唯物主义是马克思主义的世界观和方法论，不能只是一般说说、讲讲，或字面上用用，然后就束之高阁。关键是要真的从思想上弄懂、搞清它的意义和作用，真正运用它去学会认识事物、处理问题、指导工作。我讲的“不唯上、不唯书、只唯实，交换、比较、反复”那15个字，是合乎辩证唯物主义的，既体现了唯物论，又体现了辩证法。只有按照唯物辩证法想问题、作决策、办事情，才能做到实事求是。“实事求是”这四个字，看起来很简单，平常说着容易，但要真的去做，而且是要能做到、做好，可不是那么容易呀！以后你们到实际工作中去时，就会越来越多地感受到，什么叫“说着容易，做到难哟！”老实说，陈云同志这番话，我当时听了还谈不上有什么深刻的感悟，处在似懂非懂之间。

为了让我能切实感受到真正做到“实事求是”的不容易，一向非常重视调查研究的陈老人家，特意指示我于1990年秋、冬季和1991年冬、春两季，到浙江省、江苏省和上海市郊农村，去做实地调查研究。出去调研之前，老人家为我开出的题目是，去杭嘉湖地区、苏南地区，深入了解那里的乡镇企业发展情况，要重点了解乡镇企业在发展过程中是如何促进农业生产的，特别是对农业生产中的养殖、种植业的发展，是如何促进的？农民群众实际感受怎样？要重点调研乡镇企业实现“以工补农”“以工养农”“以工促农”的实际做法和作用；“补、养、促”的实际效用是如何体现的。我1990年秋季在浙江省杭嘉湖地区，用了大约两个半月的时间，以参观、访问、座谈、听课等不同形式深入各种类型的乡镇、社办企业、个体承包企业、镇办企业、民营个体企业。这些企业所在领域包括服装、纺织、建材、种植、养殖、小手工业等。我大约先后看了有上百家乡镇企业。我将调研了解到的这些企业的技术水平档次，补农业的方法、途径，补农业的具体做法和实际效果，农民群众的实际感受和意见等情况，每周都当面向陈云同志口头汇报，老人家每次都听得都非常仔细认真，对一些先进技术的水平程度、作用，老人都极感兴趣。特别使我难忘的是，1990年11月初到浙江省的杭嘉湖地区调研中，我到过浙江杭州市余姚县康桥镇的一个养鸭的社办企业。我向陈云同志介绍了康桥镇党委，组织康桥镇农民集体致富的做法。老人家听得极有兴趣，也非常仔细。康桥镇养鸭企业的办法是：由康桥养鸭企业集中办孵化鸭仔厂，孵出的鸭仔由镇上按自然村（该镇下辖四个自然村）的农户数分发各村。各村农户根据自家能力认领鸭仔数，农户只负责鸭子的育肥饲养，饲养中鸭子的防疫、场地消毒、饲料配送和鸭子育肥之后的收购，以及到市场的销售、价格谈判均由镇里的公司去办。解决了农户在饲养、收购、销售、环保上的一切难题。每户只按自身饲养数量、质量获取报酬。更特别的是，对于那些困难农户在饲养中遇到的特殊困难，镇党委要求镇企业指派技术人员挨家挨户上门提供帮助辅导，使困难户遇到的难题能及时解决，在回购育肥鸭子的价格上也给予适当照顾。在 20 世纪 90 年代初，每家农户通过养鸭一项的年收入户均可达 7 万至 8 万元人民币，多的甚至可以达到 10 万元，这在那时的农村已是个相当大的数字了。陈云同志听了这个镇办企业补农的做法，非常肯定地说，这才是基层党组织真正该做的事，这才说明要加强基层党组织和基层政权组织建设的重要性，使基层党组织真正能发挥农村走共同致富的有效作用。你可以去向李泽民同志（时任浙江省委书记）介绍这个康桥的办法，让他们多注意发现和培养宣传这类好的典型。

在我 1991 年秋冬到苏南、浦东和上海市郊的乡镇企业调研的两个月中，陈云同志特别要我认真了解浦东新区的开发情况，在那半个多月时间里，老人家几乎每天都听我汇报关于浦东开发的调研情况，他非常关注浦东开发试点使用土地批租情况，并且谈了自己的看法。根据他的指示，他谈的一些重要意见的内容，及时报告给上海市领导同志。今天回想起那段极有意义的乡镇企业调研经历，我感受非常深刻，从中学习到很多生产、科技、农业、工业知识，丰富了自己的实践经验。老实讲，我们目前讲的社会主义新农村建设的实际发展，在 90 年代初浙江省杭嘉湖地区、上海浦东及市郊、江苏南部的苏锡常地区，可以说已见雏形了。最令我终生难忘和感受深刻的是：1992 年 3 月至 5 月，受陈云同志指派并在他的指导下，我赴广东省的珠三角地区、福建闽东南地区进行了为期 1 个月 25 天的调研，到广州、深圳、汕头及福建省的漳州、厦门、福州等改革开放先行先试的前沿地区进行调研，了解当地的先进做法和宝贵实践经验。近两个月的实地调研，使我个人从解放思想、开阔视野、增长知识、学习先进科学技术等诸多方面，从理论与实践相结合的角度，接受了一次洗礼。调研结束后，我在详尽整理和充分准备的基础上，如实地向老人家报告了珠三角、闽东南改革开放的一系列试点情况和实践做法，老人家用三个半天的时间仔细听取我的汇报介绍。从这几次调查研究的实践中，我从中学到了许多

“实事求是”的真知识、真实践，初步感知或感受到，陈云同志讲的“实事求是”平时说着容易，但要真的去做，而且是要能做到、做好，可真的不那么容易。

1993年初，我到中共河北省委工作，任省委政法委书记。刚开始接触省里的实际工作时，顿感自己的知识、能力、水平与实际工作需要差得太远，在许多方面不适应。面对一些具体的事件、事故、案件，不知从何下手解决处理，特别是遇到群众因征地拆迁、移民安置、区划调整、地域纠葛、涉法涉诉、经济诈骗、邻里纠纷、民族宗教等问题与矛盾引发的群体性事件和突发事件时，深感自己正确认识、区分和处理这些社会矛盾的能力着实不够，缺点子、少办法。怎么办？古人说“纸上得来终觉浅，绝知此事要躬行”①，只有在实践中边干、边学、边悟。经过与省、市、县、乡的一些干部一起摸爬滚打两年多后，我逐渐了解到农村、乡镇、街道居委会、贫困高寒山区存在的许多实际问题和困难，尤其是通过广泛接触基层干部、民警、学生、工人、农民、牧民、少数民族等不同群体，深切体会到他们工作生活上的酸甜苦辣。到这时，我对老人家那番耐人寻味的话，才开始有了些较深的感受。1995年底，在一次全省政法部门负责人座谈会上，我对与会同志说：到省里工作两年多，我一直默默地向大家学说话、学吃饭、学干活！这是真心话，绝不是客气。

1998年3月我被调到国家安全部工作，在后来的一次部党委生活会上，我向党委同志汇报思想时说：没有接触地方和部门的实际工作以前，自己觉得还是注意用心想问题的，有时也有些想法；到河北省工作了五年，才深深感到自己知识贫乏、才疏学浅，开始感悟到了“事非经过不知难”的滋味；到部里工作两年多后，又感悟到自己虽然学过一点有关隐蔽工作的知识，但要不是在河北省沉下去那五年，跟人家学着干了那么些年，现在让我主持部党委会都主持不了，更不要说当好一部之长！前人说：“知之愈明，则行之愈笃；行之愈笃，则知之益明。”② 斯言是矣！

陈云同志提出的“不唯上、不唯书、只唯实，交换、比较、反复”的十五字诀，其中的深意与真谛，我现在的体会是念兹在兹，学用无穷。他说：前九个字是唯物论，后六个字是辩证法，总起来是唯物辩证法。用这

① （宋）陆游：《冬夜读书示子聿》。
② （宋）黎靖德编：《朱子语类》卷十四。

么简明扼要、通俗易懂的15个字，来概括和阐释唯物辩证法思想，在马克思主义的哲学典籍中还从未看到过。陈云同志是伟大的无产阶级革命家、政治家、杰出的马克思主义者。“不唯上、不唯书、只唯实，交换、比较、反复”是他的共产主义世界观的体现，是他总结自己一生革命经历和丰富的社会实践经验，对唯物辩证法的具有创造性的独特表述，是他留给党和人民的宝贵精神财富，也是他帮助人们特别是领导干部比较便捷地掌握和运用唯物辩证法的要领作出的一大贡献。

“不唯上、不唯书、只唯实”，要害在一个“实”字，实事、实际、实践，就是要一切尊重客观事实，一切从实际出发，一切经过社会实践来认识和检验真理。通过“不唯上、不唯书、只唯实”来达到认识上和工作上的唯物求实，而防止脱离实际的主观唯心主义。“交换、比较、反复”，要害在一个“全”字，全面、全体、全局，就是要有全面眼光，要有全体意识，要有全局观点。通过“交换、比较、反复”来达到认识上和工作上的辩证全面，而防止形而上学的片面性。

在河北省五年政法工作的实践，对自己学会客观地认识实际，根据客观实际处理好分管工作中的重点、要害，这里确实有个“唯实”的工作作风问题。初到省里，很难实地遇到一个如何才能正确处理好改革、发展、稳定三者之间的关系的突出矛盾的问题。这里确实有个“只唯实”的实际掌握和摆布运用的问题。实践使我认识到，基层领导干部要能抓住主要矛盾，调动同志们的主动性和积极性，摆正改革和经济发展的推进速度要服从服务于社会稳定关系的认识。在处理河北省保定地区地下天主教非法势力的问题中，我受到了深刻的教育，从中增长了知识和才干。河北省保定市清苑县、徐水县的天主教地下非法势力活动十分猖獗，直接影响环京津地区的社会政治稳定。具体表现是，河北省保定市的地下天主教非法势力的极个别头目，妄图摆脱我国天主教三自爱国会的管理，摆脱我国政府宗教部门的管理，私下直接与罗马教廷非法取得联系，在罗马教廷远程指挥下，全国有23个省、市的地下天主教非法势力，假借纪念圣母玛利亚生日的名义，于每年的5月24日聚集到河北省清苑县东闾村举行大型非法聚会，每次长达20天左右，搞得社会上人心惶惶、民不安宁，严重影响清苑县及周边农村农业生产和社会政治稳定，且消耗了大量的物资用品，仅食用盐一项在5月份一个月内就消耗达两吨多。更严重的是，由于大量人员在短时间内迅速聚集在一偏僻小村庄里，严重影响了当地的农业生产和乡村企业运营，给当地农民群众的衣食住行都带来了极坏影响。当地的党政干部、人民群众对此深深厌恶，但在改革开放初始阶段，大家对这类宗教问题比较忌讳，虽有不满，但没人敢于担当解决，客观上造成聚会年复一年举行，规模越来越大，一定程度上有失控迹象。1993 年初，我到河北省委任政法委书记，到任月余即赶上当年的 5 月 24 日这个关口。省政法委的同志详细向我介绍了这一事件的历史发展演变过程、突出问题、社会影响等。特别是河北省民族宗教厅的同志向我介绍情况时说了一句令我深感震惊的话，他们讲："全国的地下天主教非法势力、地下非法活动的网络已经形成，河北省地下天主教非法势力指挥全国地下天主教非法势力活动的指挥部已经形成！"因此，与会的同志们形成了共识，都一致认为这是河北省社会政治稳定的一大毒瘤，是搞好河北省政法工作一件无法回避的大事。情况明了，事实清楚，接下来就是如何下决心用什么态度和正确方法来处理了。

我向省委主要负责同志沟通了保定市清苑县东闾村每年 5 月 24 日地下天主教势力非法聚会的历史情况、影响以及可能对全国社会政治稳定产生威胁的情况，同时又汇报了江主席的指示精神后，由我牵头负责与省政法委就治理工作提出方案报省委常委会讨论。会上，省委一致认为保定地区地下天主教非法势力和活动，严重影响到河北省的社会政治稳定。省委决定，要将处理好、解决好这一问题，作为 1994 年河北省政法工作的重中之重，要用两至三年的时间全力以赴重点做好此项综合治理工作，并将此问题作为全省政法工作的主要矛盾，据此部署 1994 年及今后几年的政法工作。那时，省里的一些干部尤其省政法委的干部们怕处理不好这项工作，有思想顾虑，有同志甚至个别对我说，书记，你要有思想准备啊！历史上搞"教案"的都没有好结果、好下场啊！针对这些，我首先认识到政治稳定压倒一切。由此，我便同长期从事这方面工作、有实际工作经验的老同志一起进一步细化办法措施，提出政治问题以非政治理由的方式解决，由省政法委牵头负责，组织了由河北省乡镇企业办、科技扶贫办、省教委、省工会、工商联、省团委、省军直、省民兵等多家单位参加的综合治理工作领导小组，经领导小组讨论，统一提出"加快农村乡镇脱贫致富步伐"的口号，省、市两级干部到县，县、乡两级干部进村，镇干部进户，工作细化，落实到人头，由干部一对一地对地下天主教非法活动参与者的骨干及信众进行人包人的教育、劝导。这一举措最终取得了很好的治理效果。

历史事实证明，我们在认识上和工作中所发生的一些失误或错误，无非表现在两个方面：一是由于不懂得唯物论，不懂得按实事求是原则办事，只会“唯上”“唯书”，而不会把上级的指示和书上的东西同实际情况有机地结合起来，找有实践工作经验的老同志商议、请教，去创造性地开展工作并接受社会实践的检验，习惯于搞“本本主义”，因而造成各种主观脱离客观、认识脱离实际的唯心主义的失误或错误；二是由于不懂得辩证法，不懂得按对立统一法则办事，因而不善于认识矛盾、分析矛盾、解决矛盾，不善于与别人交换各种看法包括交换不同的甚至对立的看法而集思广益，不善于对不同的矛盾和解决矛盾的不同方法、方案进行比较，不善于在实践中对事物进行反复认识，结果，给工作带来了损失。这种交换、比较、反复作为方法论，正是对辩证法的根本规律即对立统一规律的具体运用，掌握好它们是达到认识上和实践上的全面性而避免片面性的必然要求。相反，如果不能运用这样的方法论去认识问题、指导工作，就会造成各种形而上学的片面性的失误和错误。总之，从在陈云同志身边十余年的工作学习中，我时刻牢记他反复强调的“唯实”的要求，只有真正懂得并善于运用既唯物又辩证的认识论和方法论去认识问题、指导工作，才能防止和少犯主观唯心主义错误与形而上学的片面性错误。在河北省委正确领导下，用陈云同志十五字诀的教导去指导自己工作实践，那次治理保定清苑县地下天主教非法势力的实践效果是理想的，实效是明显的。在省委各部门通力合作下，从 1994 年开始的治理行动，持续到 1995 年底，1995 年 5 月的东闾村地下天主教非法活动被迫取消停止。到 2020 年，已过去 25 个年头，河北省保定市清苑、徐水等县的地下天主教的非法活动没有任何反复，至今尚未发现有复活的迹象。

陈云同志在长期从事党和国家领导工作的实践中，既善于运用十五字诀中前九个字的唯物论思想，又善于运用后六个字的辩证法思想，来认识各种问题和指导各项工作，真正体现了唯物辩证法的科学要求，真正做到了毛泽东同志一贯倡导的实事求是。我想这是他在领导工作中，无论是思考问题还是考虑决策，无论是宏观上的战略谋划还是微观上的战术运筹，能比较准确地运用马克思主义哲学思想，来认识、分析和处理事物；善于用马克思主义哲学思维，去对待他所从事的各项领导工作和处理每件事情，实践中既不超越于客观实际，又不落后于客观实际，既能注意防止“左”，又能注意防止右，工作做得务实谨慎、稳当可靠的奥妙之根本所在。

党的十八大以来，习近平总书记多次强调领导干部要把马克思主义哲学作为看家本领，这是非常及时、非常重要的。这使我又回想起陈云同志要求我学习马克思主义哲学的往事及其蕴含的深意。

“要学习马克思主义哲学”，“学好哲学很重要”，努力做到“活到老，学到老，改造到老”。我虽已年逾古稀，但仍将照此去做，仍决心继续学习和领悟马克思主义哲学的无穷妙用。汇编这本《陈云谈学哲学》的书，一来是纪念老人家诞辰 110 周年，二来也是为了激励自己和有志于学习和运用马克思主义哲学的人们。

深入研究陈云的治国理政经验*

朱佳木

陈云作为党的第一代和第二代中央领导集体重要成员，在新中国成立和改革开放初期，积累了大量治国理政的宝贵经验。研究他的这些经验，无论对于我们进一步总结社会主义建设的历史经验，还是深入理解、贯彻以习近平同志为核心的党中央治国理政的新理念新思想新战略，都具有重要促进作用。

一、认清基本国情是治国理政的首要条件

凡要治国理政都要先弄清国情，陈云对此有过大量论述。他说："我们搞四个现代化，建设社会主义强国，是在什么情况下进行的。讲实事求是，先要把'实事'搞清楚。这个问题不搞清楚，什么事情也搞不好。"① "首先弄清事实，这是关键问题。"② 一个国家的实际情况中有基本情况，即较为稳定的情况；也有动态情况，即根据形势发展会发生变化的情况。陈云认为，中国的基本国情是人口多、耕地少、底子薄、灾害频。他指出：过去总说我们地大物博、人口众多，"把自己放在苏联型和美国、加拿大、澳大利亚型上"③，这是一种错觉，因为我们国土面积虽然大，但耕地少，"是人多地少的国家，是属于日本型和德国、丹麦、荷兰型的国家。这是一个很大的前提，要把它搞清楚。"④

另外，陈云反复强调，近代中国遭受了帝国主义上百年的侵略和连续 40 年的战争，经济基础十分薄弱，是"一个经济落后和贫困的国

---

* 这是 2017 年作者在第十一届陈云与当代中国学术研讨会开幕式上的讲话基础上修改而成的文章。

① 《陈云文选》第 3 卷，人民出版社 1995 年版，第 250 页。

② 《陈云文选》第 3 卷，人民出版社 1995 年版，第 235 页。

③ 《陈云文集》第 3 卷，中央文献出版社 2005 年版，第 206 页。

④ 《陈云文集》第 3 卷，中央文献出版社 2005 年版，第 207 页。

家”[①]，“新式工业的生产总值仅占全部国民生产总值的百分之十左右”[②]，我们就是“在这样一个旧基础上进行新中国的建设。”[③] 尤其要看到，我国虽然是农业国，但旧中国还要进口粮食、棉花，新中国虽然实行自力更生，但一来要重点发展工业，二来农业由于灾荒多而“很不稳定”[④]，因此“粮食不充足，是我国较长时期内的一个基本状况”[⑤]。改革开放开始时，我们仍然存在“百分之八十的人口是农民”的问题。“一方面我们还很穷，另一方面要经过二十年，即在本世纪末实现四个现代化。这是一个矛盾。人口多，要提高生活水平不容易；搞现代化用人少，就业难。我们只能在这种矛盾中搞四化。这个现实的情况，是制定建设蓝图的出发点。别的国家没有这么多人，没有这么多农民。”[⑥] 他强调，“我们必须认识这一点，看到这种困难。现在真正清醒认识到这一点的人还不很多。”[⑦]

二、为人民谋福利是治国理政的根本目的

古今中外，凡是执政者都有一个为什么人治国理政的问题。新中国是工人阶级领导的、以工农联盟为基础的人民民主专政的社会主义国家，中国共产党的宗旨是全心全意为人民服务，因此，我们党治国理政，当然是为绝大多数人民谋福利。然而，一些人往往处理不好人民长远利益与当前利益的关系，要么只顾长远而忽视当前，要么只顾当前而忽视长远。凡是遇到这种情况，陈云总是说，不要为了搞建设而搞建设，不要忘记我们搞经济建设的最终目的。他指出：“搞经济建设的最后目的，是为了改善人民的生活。”[⑧] 之所以强调这一点，是因为在他看来，能否处理好人民长远利益与当前利益的矛盾，归根结底，取决于对搞建设的最终目的是为了改善人民生活的这个观点，究竟认识得深刻不深刻，树立得牢固不牢固。

旧中国给新中国留下的是一个经济基础十分落后的烂摊子，要从根本上改善人民生活，不能不从优先发展重工业、进行大规模工业化基础建设

---

① 《陈云文集》第 2 卷，中央文献出版社 2005 年版，第 593 页。
② 《陈云文集》第 2 卷，中央文献出版社 2005 年版，第 281 页。
③ 《陈云文集》第 2 卷，中央文献出版社 2005 年版，第 282 页。
④ 《陈云文集》第 3 卷，中央文献出版社 2005 年版，第 313 页。
⑤ 《陈云文选》第 2 卷，人民出版社 1995 年版，第 217 页。
⑥ 《陈云文选》第 3 卷，人民出版社 1995 年版，第 250、250—251 页。
⑦ 《陈云文选》第 3 卷，人民出版社 1995 年版，第 281 页。
⑧ 《陈云文选》第 3 卷，人民出版社 1995 年版，第 280 页。

开始。然而，由于“中国是个农业国，工业化的投资不能不从农业上打主意。”① 比如，卖给工人和城市居民的商品粮和用于出口换工业设备的农副产品收购价格都要比较低，而卖给农民的农用机械和轻工业消费品的价格则要比较高。就是说，要在一定时间内维持一定比例的工农业产品价格剪刀差。对此，陈云解释说：缩小剪刀差“是我们的目标，共产党的政权必须这样做，不能忘记。革命就是为了改善最大多数人民的生活，但是由于我们的工业品少，也不要以为很快可以做到。这个问题我有责任说清楚，因为还要积累资金，扩大再生产。”② 但与此同时，他坚决反对继续提高剪刀差，从农民那里再多拿钱来扩大基本建设。他说：“征购要采取公道的价格。”要“既对农民合适，也对我们有利。”③ 而我们“这个政府不是别的政府，是一个以共产党人为领导的全心全意为人民服务的政府。”④ 所以，这里说的对我们有利，归根到底还是对人民有利。

为了讲清楚正确处理基本建设与人民生活相互关系的道理，陈云在改革开放后把人民生活形象地比喻为“吃饭”。他说：“一要吃饭，二要建设。”⑤ “饭不能吃得太差，但也不能吃得太好。吃得太好，就没有力量进行建设了。”⑥ “吃了之后，还有余力搞建设，国家才有希望。”⑦ 什么叫不能吃得太差呢？纵观陈云的论述，可以看出他划的几条“红线”：第一，要保证“人民的最低生活需要。”⑧ 比如，要满足每人每天最低蛋白质的需要，要使孩子有袜子穿，等等。第二，在吃和穿的供应发生矛盾时，要“先吃后穿。在吃方面，先粮食后副食品。”⑨ 第三，要优先关心低收入人群，“他们的收入，用在吃的方面的占百分之六十到七十”⑩。因此，他强调要保证粮食和蔬菜价格的稳定。他指出：“蔬菜、猪肉和鸡蛋等，价格统统是跟着粮价走的。

---

① 《陈云文选》第 2 卷，人民出版社 1995 年版，第 97 页。
② 《陈云文选》第 2 卷，人民出版社 1995 年版，第 194—195 页。
③ 《陈云文选》第 2 卷，人民出版社 1995 年版，第 212 页。
④ 《陈云文集》第 2 卷，中央文献出版社 2005 年版，第 172 页。
⑤ 《陈云文选》第 3 卷，人民出版社 1995 年版，第 323 页。
⑥ 《陈云文选》第 3 卷，人民出版社 1995 年版，第 306 页。
⑦ 《陈云文选》第 3 卷，人民出版社 1995 年版，第 323 页。
⑧ 《陈云文选》第 3 卷，人民出版社 1995 年版，第 203 页。
⑨ 《陈云文选》第 3 卷，人民出版社 1995 年版，第 156 页。
⑩ 《陈云文选》第 2 卷，人民出版社 1995 年版，第 207 页。

粮价涨了，物价就要全面涨。”[①] “购买力愈低的人，对这个问题就愈关心。”[②]

三、把握综合平衡、按比例发展的原则是治国理政的客观要求

综合平衡、按比例发展是陈云经济思想的核心，也是他治国理政经验中最富有价值的内容。所谓综合平衡，是指财政收支、银行存贷、物资供应、外贸进出口都要平衡；所谓按比例，是指国民经济各主要部门的发展要相互协调、彼此衔接。陈云说：“合比例就是平衡的；平衡了，大体上也会是合比例的。”[③] “按比例是客观规律，不按比例就一定搞不好。”“搞经济不讲综合平衡，就寸步难移。”[④] 他认为，我国经济落后，又要在短时间内赶上去，决定了我们要实现的平衡只能是紧张的平衡，“样样宽裕的平衡是不会有的，齐头并进是进不快的。但紧张决不能搞到平衡破裂的程度。”[⑤] 怎样才能使平衡不破裂呢？他提出了两大原则：一是平衡要从短线搞起而不是从长线搞，二是平衡要从定指标时搞起而不是从生产开始时搞。

从以上两大原则出发，陈云进一步提出了经济工作必须注意的六个要点。第一，“搞建设，真正脚踏实地、按部就班地搞下去就快，急于求成反而慢”[⑥]。“按比例发展是最快的速度。”[⑦] 要探索“不再折腾的条件下有较快的发展速度。”[⑧] 第二，“建设规模的大小必须和国家的财力物力相适应。适应还是不适应，这是经济稳定不稳定的界限。”[⑨] 第三，“在财力物力的供应上，生活必需品的生产必须先于基建，这是民生和建设的关系合理安排的问题。”[⑩] 第四，“所谓建设与民生的平衡问题，实际上是工业建设与其他建设和农业建设的平衡问题，是工业、交通与农业的平衡问题。”[⑪] “搞建设，必须把农业考虑进去。所谓按比例，最主要的就是按这个比例。”[⑫] “农业问题，

① 《陈云文选》第 2 卷，人民出版社 1995 年版，第 207 页。
② 《陈云文选》第 3 卷，人民出版社 1995 年版，第 64 页。
③ 《陈云文选》第 2 卷，人民出版社 1995 年版，第 242 页。
④ 《陈云文选》第 3 卷，人民出版社 1995 年版，第 311 页。
⑤ 《陈云文选》第 2 卷，人民出版社 1995 年版，第 242 页。
⑥ 《陈云文选》第 3 卷，人民出版社 1995 年版，第 311 页。
⑦ 《陈云文选》第 3 卷，人民出版社 1995 年版，第 251 页。
⑧ 《陈云文选》第 3 卷，人民出版社 1995 年版，第 268 页。
⑨ 《陈云文选》第 3 卷，人民出版社 1995 年版，第 52 页。
⑩ 《陈云文选》第 3 卷，人民出版社 1995 年版，第 53 页。
⑪ 《陈云文集》第 3 卷，中央文献出版社 2005 年版，第 202 页。
⑫ 《陈云文选》第 3 卷，人民出版社 1995 年版，第 251 页。

市场问题，是关系五亿多农民和一亿多城市人口生活的大问题，是民生问题。解决这个问题，应该成为重要的国策。"[①] 第五，要"正确处理建设中的'骨头'和'肉'的关系。"[②] 就是说，在新建工业城市、工业基地时，要同时考虑生活配套设施的建设，即使对企业的设计，也"必须特别注意安全和卫生部分的设计。"[③] 第六，"在实现四个现代化建设中，除了要上若干个大项目以外，着重点应该放在国内现有企业的挖潜、革新、改造上。"[④] 做到"先生产，后基建；先挖潜、革新、改造，后新建。"[⑤]

四、防止片面性是治国理政的重要方法

无论抓经济工作还是其他工作，陈云的一个重要经验是防止片面、力求全面，这主要体现在他对一些重大关系的处理上。例如，在对待产量、产值和质量、效益的关系上，他一方面关注产量和产值；但另一方面，总是强调要把质量、效益放在第一位。他针对钢铁生产说，不能光看钢铁产量有多少，"要把重点放在钢铁的质量、品种上"[⑥]，"要把注意力集中到提高经济效益上来。"[⑦]

在对待计划与市场的关系上，陈云一方面强调要搞活经济，充分发挥市场的积极作用；另一方面又强调，"搞好宏观控制，才有利于搞活微观，做到活而不乱。"[⑧] 在对待按价值规律办事和财政补贴的关系上，他既肯定按经济规律办事，说"这是一种好现象"；同时又指出："对许多方面，在一定时期内，国家干预是必要的。"他说："从微观经济看，这是不合理的，似乎是不按经济规律办事。但我国是低工资制，如国家不补贴，就必须大大提高工资。"那样，"经济上会乱套。"因此，国家补贴，从"大的方面还是按经济规律办事的。"[⑨]"八九"风波之后，他再次指出："国家财政补贴取消不了。暗补、明补，都是补贴。在我国，还是低工资、高就业、加补贴

① 《陈云文选》第 3 卷，人民出版社 1995 年版，第 210 页。
② 《陈云文选》第 3 卷，人民出版社 1995 年版，第 57 页。
③ 《陈云年谱（修订本）》中卷，中央文献出版社 2015 年版，第 242 页。
④ 《陈云文选》第 3 卷，人民出版社 1995 年版，第 267 页。
⑤ 《陈云文选》第 3 卷，人民出版社 1995 年版，第 268 页。
⑥ 《陈云文选》第 3 卷，人民出版社 1995 年版，第 254 页。
⑦ 《陈云文选》第 3 卷，人民出版社 1995 年版，第 380 页。
⑧ 《陈云文选》第 3 卷，人民出版社 1995 年版，第 350 页。
⑨ 《陈云文选》第 3 卷，人民出版社 1995 年版，第 278 页。

的办法好。这是保持社会安定的一项基本国策。即使是发达的资本主义国家，对某些产品也是实行补贴的。当然，通过改善经营管理，提高经济效益，可以逐步减少一些不合理的补贴，例如某些企业的亏损补贴，但要从根本上取消补贴是不可能的。”①

在对待集中与分散的关系上，陈云强调新建工厂要“力求适当分散”，这样有利于国家长远利益和消灭城乡差别，也可避免造成城市运输紧张、居民生活必需品供应困难、供水、供电压力增大；同时又强调“不要分得过散”，这样用水用电比较方便、合理。特别是在建立比较完整的工业体系的问题上，他强调这只能是就全国和各大区范围来讲，不能每个省都搞，否则“会把材料、设备都分散了”②。在对待中央与地方的关系上，他一方面指出，“扩大地方的职权是完全必要的”③，“要给各省市一定数量的真正的机动财力”④；但另一方面他又强调：“在经济活动中，中央应该集中必须集中的权力。”“中央的政治权威，要有中央的经济权威作基础。”⑤

对于诸如经济发展与生态环境、物质文明建设与精神文明建设、改革与党建等关系，陈云也总是强调要全面抓、抓全面。新中国工业化建设初期，污染问题不突出，但随着建设规模的扩大，特别是冶金、化工企业的增加，问题逐渐显现。对此，他 1979 年初在中央政治局会议上提出：“防止污染，必须先搞”⑥。1981 年，在给一位老同志的信中他又说：“像植树造林、治理江河、解决水力资源、治理污染、控制人口这类问题，都必须有百年或几十年的计划。”⑦1988 年，他把关于工业污染的两个材料批给中央负责同志，指出：“治理污染、保护环境，是我国的一项大的国策，要当作一件非常重要的事情来抓。”⑧他还对一位中央负责同志说：“现在无论是农业生产，还是工业生产，都相当普遍地存在着一种掠夺式的使用资源的倾向，应当引起重视。”⑨后来，他又将两位科学家的文章批送中央负责同志，指出：“要

---

① 《陈云文选》第 3 卷，人民出版社 1995 年版，第 376 页。
② 《陈云文集》第 3 卷，中央文献出版社 2005 年版，第 247、248 页。
③ 《陈云文选》第 3 卷，人民出版社 1995 年版，第 75 页。
④ 《陈云文选》第 3 卷，人民出版社 1995 年版，第 237 页。
⑤ 《陈云文选》第 3 卷，人民出版社 1995 年版，第 366 页。
⑥ 《陈云文选》第 3 卷，人民出版社 1995 年版，第 254 页。
⑦ 《陈云年谱（修订本）》下卷，中央文献出版社 2015 年版，第 310 页。
⑧ 《陈云文选》第 3 卷，人民出版社 1995 年版，第 364 页。
⑨ 《陈云文选》第 3 卷，人民出版社 1995 年版，第 366 页。

从战略高度来认识水的问题的严重性。”“应该把计划用水、节约用水、治理污水和开发新水源放在不次于粮食、能源的重要位置上”。①

针对改革开放初期存在的忽视精神文明建设和思想政治工作带来的问题，陈云更是大声疾呼：社会主义建设包含物质文明建设和精神文明建设，“两者是不能分离的。”“不可能先进行物质文明建设，然后再来进行精神文明建设。”②“当前比较普遍存在的忽视精神文明建设的现象，绝不是一个小问题”③。“‘一切向钱看’的资本主义腐朽思想，正在严重地腐蚀我们的党风和社会风气。”④“全党同志务必高度重视。”⑤

针对一些人把党的理想信念、组织纪律与改革开放对立起来的现象，陈云尖锐指出：“党性原则和党的纪律不存在‘松绑’的问题。没有好的党风，改革是搞不好的。”⑥“要使全党同志明白，我们干的是社会主义事业，最终目的是实现共产主义。”“我们国家现在进行的经济建设，是社会主义的经济建设，经济体制改革也是社会主义的经济体制改革。”⑦“我们是共产党，共产党是搞社会主义的。现在进行的社会主义经济体制改革，是社会主义制度的自我完善和发展。”⑧“应当把共产主义思想的教育、四项基本原则的宣传，作为思想政治工作的中心内容。”⑨“严肃党纪、政纪，党风才能根本好转。”⑩“无论是谁违反党纪、政纪，都要坚决按党纪、政纪处理”⑪。

五、正确总结经验是提高治国理政水平的可靠途径

陈云在领导新中国经济建设和党的纪律检查工作的长期实践中，不仅形成了丰富的治国理政经验，而且对于总结治国理政的经验提出了许多行之有效的方法。例如，总结经验一要随时，二要不断。他说：“随时总结经

① 《陈云文选》第3卷，人民出版社1995年版，第375页。
② 《陈云文选》第3卷，人民出版社1995年版，第354页。
③ 《陈云文选》第3卷，人民出版社1995年版，第355页。
④ 《陈云文选》第3卷，人民出版社1995年版，第356页。
⑤ 《陈云文选》第3卷，人民出版社1995年版，第355页。
⑥ 《陈云文选》第3卷，人民出版社1995年版，第275页。
⑦ 《陈云文选》第3卷，人民出版社1995年版，第347页。
⑧ 《陈云文选》第3卷，人民出版社1995年版，第350页。
⑨ 《陈云文选》第3卷，人民出版社1995年版，第351页。
⑩ 《陈云文选》第3卷，人民出版社1995年版，第357页。
⑪ 《陈云文选》第3卷，人民出版社1995年版，第356页。

验，这是提高自己的重要方法。"[①] 在"一五"建设时期，他提醒大家："经验不是一朝一夕可以积累起来的，……摸索革命的规律，我们花了二十多年的时间；建设的经验，也必须有两三个五年计划的时间，才可积累下来。"[②] 在改革开放初期，他又告诫大家：广大干部对体制改革还不很熟悉，"因此，必须边实践，边探索，边总结经验。"[③] "改革固然要靠一定的理论研究、经济统计和经济预测，更重要的还是要从试点着手，随时总结经验，也就是要'摸着石头过河'。"[④]

再如，总结经验要注意从错误和失败中总结。陈云说："要从成功的经验中学习，特别要从失败的经验中学习。这是使我们减少错误的好办法。……有一种人，犯了错误只是觉得不好意思；另一种人，却把失败当作成功之母，从失败中吸取经验教训。后一种态度，显然是正确的。"[⑤] "犯错误，碰钉子，当然不好，但是从错误中能得到经验，练出本领。"[⑥]

陈云对于总结经验时端正指导思想和搞对思想方法也十分重视，认为如果指导思想和思想方法不端正，经验是总结不好的。他指出：1958 年以后，"左"的错误严重起来，"错误的主要来源是'左'的指导思想。在'左'的错误领导下，也不可能总结经验。"[⑦] 他说："要把我们的党和国家领导好，最要紧的，是要使领导干部的思想方法搞对头"。对于怎样才能把思想方法搞对头的问题，他强调了三点。"首先要学哲学，学习正确观察问题的思想方法。""我们观察、分析和解决问题的方法，是唯物辩证法，也就是毛主席说的实事求是，从实际出发。从实际出发的关键是，从片面的实际出发，还是从全面的实际出发？"[⑧] 为此，他总结出了 15 个字的体会，即"不唯上、不唯书、只唯实，交换、比较、反复。"[⑨] 其次，"要讲真理，不要讲面子。"[⑩] "论事不论脸。"[⑪] 他说："事物是很复杂的，要想得到比较全面的正确

---

① 《陈云文选》第 3 卷，人民出版社 1995 年版，第 108 页。
② 《陈云文选》第 3 卷，人民出版社 1995 年版，第 50 页。
③ 《陈云文选》第 3 卷，人民出版社 1995 年版，第 338 页。
④ 《陈云文选》第 3 卷，人民出版社 1995 年版，第 279 页。
⑤ 《陈云文选》第 2 卷，人民出版社 1995 年版，第 185—186 页。
⑥ 《陈云文选》第 3 卷，人民出版社 1995 年版，第 107 页。
⑦ 《陈云文选》第 3 卷，人民出版社 1995 年版，第 282 页。
⑧ 《陈云文选》第 3 卷，人民出版社 1995 年版，第 360、46 页。
⑨ 《陈云文选》第 3 卷，人民出版社 1995 年版，第 371 页。
⑩ 《陈云文选》第 1 卷，人民出版社 1995 年版，第 296 页。
⑪ 《陈云文选》第 1 卷，人民出版社 1995 年版，第 346 页。

的了解，那就必须听取各种不同的意见”[①]。“对于提出不同意见的人，决不要生气。他们的意见，对的或者错的，都有益处。正确的东西，是在否定错误的东西中生长起来的。”[②]“领导干部听话要特别注意听反面的话。相同的意见谁也敢讲，容易听得到；不同的意见，常常由于领导人不虚心，人家不敢讲，不容易听到。所以，我们一定要虚心，多听不同意见。”[③]最后，要把立场站对、站稳。他说：“真要做到实事求是，必须有无产阶级的立场。大家如果都能站在无产阶级立场上，方法就容易一致，对问题的看法就容易一致，事情就好办了。”[④]财经战线的老同志常说，陈云同志大错误没犯过，小错误也很少。之所以如此，我认为与他总结经验的方法对头有很大关系。

陈云的治国理政经验，主要形成于20世纪50年代至80年代，而现在无论社情、国情、政情、党情还是世情，都发生了很大变化，许多当年突出的问题，现在已经不突出甚至反过来了。但是，只要认真学习习近平总书记关于五大发展理念、以人民为中心的发展思想，以及“四个全面”战略布局等问题的系列论述，我们就不难发现，陈云治国理政经验中的许多基本理念、主要思想、重大原则，在今天仍然有着重要的现实意义。

习近平总书记在纪念陈云同志诞辰110周年座谈会上指出：“在社会主义革命和建设时期，陈云同志为确立社会主义基本经济制度、建立独立的比较完整的工业体系和国民经济体系做了大量卓有成效的工作，为探索我国社会主义建设道路作出了杰出贡献。”“在改革开放和社会主义现代化建设时期，陈云同志为我们党开创中国特色社会主义道路作出了卓越贡献。”[⑤]他号召我们，要学习陈云同志坚守信仰的精神、党性坚强的精神、一心为民的精神、实事求是的精神、刻苦学习的精神。我们要以习总书记这一讲话精神为指导，把陈云思想、生平研究持续深入地开展下去，把陈云的治国理政经验更好地梳理和总结出来，努力为党中央在新形势下的治国理政提供智力支持。

---

① 《陈云文选》第3卷，人民出版社1995年版，第188页。
② 《陈云文选》第3卷，人民出版社1995年版，第46—47页。
③ 《陈云文选》第3卷，人民出版社1995年版，第188页。
④ 《陈云文选》第1卷，人民出版社1995年版，第346页。
⑤ 《人民日报》2015年6月13日。

陈云与我国独立、完整工业体系基础的建立*

朱佳木

中国作为世界上人口最多且近代以来不断遭受列强欺辱和战乱频仍的落后农业国，自从1949年新中国成立后，经过至今70年接力奋斗，一跃成为经济总量位居世界第二、工业化处于中等程度的工业国。这一人间奇迹，固然得益于20世纪70年代末启动的改革开放，但其基础无疑是50年代初开始的那场以建立独立、完整工业体系为目标的大规模工业化建设奠定的。

搞工业化建设需要有充裕的资金、物资和技术支撑，然而旧中国缺少的恰恰是这三样东西。正因为如此，新中国成立前夕和初期，毛泽东等中央领导人曾考虑先实行一段较长时间的新民主主义，用以发展轻工业和农业，待工业化所必要的资金、物资和技术人才积累到一定程度后，再重点发展重工业，并相应进入社会主义。然而，此后不久的国际形势变化促使中国迫切需要尽快发展重工业，而当时苏联又表示答应全面援助中国优先发展重工业的大规模工业化建设。毛泽东敏锐地抓住了这一对于中华民族千载难逢的历史机遇，提议并经党中央研究决定，从1953年起连续开展以重工业为重点的五年计划建设，并提前由新民主主义向社会主义过渡。但是，这样做，并不等于资金匮乏、物资不足、技术薄弱等问题就不存在了，正相反，矛盾变得更加突出更加尖锐。面对举世罕见的困难和无比艰巨的任务，作为以毛泽东同志为核心的第一代中央领导集体重要成员和全国财经战线主要领导人的陈云，创造性地执行党中央关于社会主义工业化的路线、方针、政策，在主持制定和组织实施第一个五年计划及后来的经济建设中，殚精竭虑，正确解决了一系列矛盾，为奠定我国独立、完整的工业

---

* 这是2019年作者向第十三届陈云与当代中国学术研讨会提交的论文。

体系和国民经济体系的基础，作出了独特的、不可磨灭的贡献。这个贡献，概括地说，主要体现在以下六个方面。

一、在主持“一五”计划编制中始终把建立独立、完整工业体系摆在中心位置

建立独立的、比较完整的工业体系和国民经济体系作为一个表述规范的口号，是1964年三届全国人大一次会议正式提出的，但作为我国工业化建设的目标，则早在“一五”计划制定之始就明确了。

“一五”计划的编制前后共历经五次。最早一次是1951年5、6月间由周恩来牵头、陈云具体负责的试编，第四次是国家计委编制的，其余三次，即1952年6月至8月，1953年1、2月间，1954年2月起到1955年7月计划草案在一届全国人大二次会议上正式通过，都是陈云主持编制的。第一次试编期间，他在政务院讨论重工业部方针、任务时就指出：重工业建设要争取用两三个五年计划，“做到万事不求人”①。所谓“做到万事不求人”，就是指建成独立、完整体系的工业体系。1952年4月，他在给各大区财委并报周总理、毛主席的一份电报中又指出：“钢铁、有色金属、汽油、汽车、飞机、坦克、拖拉机、发电机、滚珠、化学等等是工业化的基础，没有这些工厂，我国的工业化是不可能的”②。同年7月1日，他就“一五”计划拟办工厂一事致信毛泽东，附了25本小册子。其中，工业方面有12本，包括钢铁、有色金属、机器、汽车、船舶、电器、化学、建材、电力、煤矿、石油、纺织、轻工业、矿产。当时苏联答应援建的骨干工程，前后加在一起共有156项，实际施工的是150项。这些项目，正是按照我们的上述指导思想所决定的。其中，钢铁工业7项，有色金属工业13项，化学工业7项，机械加工工业24项，煤炭工业25项，电力工业25项，石油工业2项，电子工业10项，船舶工业4项，航空工业12项，航天工业2项，兵器工业16项，轻工业和医药工业3项，后来又加上了核工业。不难看出，所有这些项目都是建立独立、完整的工业体系必不可少的。正如陈云1955年所指出的：“一五”计划的基本任务，“概括地说来就是：集中主要力量进行以苏联帮助我国设计的一百五十六个单位为中心的、由限额以上的

① 《陈云文集》第2卷，中央文献出版社2005年版，第260页。
② 《陈云文集》第2卷，中央文献出版社2005年版，第399页。

六百九十四个建设单位组成的工业建设，建立我国的社会主义工业化的初步基础”[①]。

在此后的经济建设中，建立独立、完整工业体系的目标始终高悬在陈云的心中。改革开放后，他仍然强调，我们不能同南朝鲜比，不能与台湾地区比，它们“主要是搞加工工业，我们是要建设现代化的工业体系。”[②]他总是告诫经济战线的干部，搞建设不要一味追求产量，尤其要反对单纯追求钢产量，一定“要把重点放在钢铁的质量、品种上”[③]，并且语重心长地说：美、英、德、日和苏联，“钢产量在五百万吨到一千万吨的时候，各种工业就比较齐全，把工业基础打下来了。”我们也应当这样做，“争取在一定的时间内，使工业产品品种齐全，质量良好，技术先进，适应需要。有了这样一个基础，再前进就比较快了。”[④]

二、为把有限力量集中用于建设独立、完整的工业体系而大力推动计划经济体制的确立

陈云较早认识到我国人口多、底子薄、农业落后的特点，认为要在这样的国情下开展工业化建设，如果不能集中使用力量，势必一事无成。

“一五”计划中，经济与文教建设的总支出概算是766亿元，其中基本建设投资约占55%，而工业建设又约占基本建设投资的60%。并且，在开始建设时，朝鲜战争尚未结束，蒋介石集团还在骚扰大陆沿海地区。这些情况要求我们各方面力量要首先顾及国防需要。因此，财政收支计划满打满算，只能勉强做到基本平衡，稍有放松就将造成赤字和通胀。另外，“一五”时期要新建和改建大量工矿企业，要从农村大量招收工人，因此，大幅度增加了城市人口和商品粮供应的负担。在这种情况下，如果不实行主要农产品的统购统销，粮价就会大涨，物价跟着全面上涨，不仅冲击财政预算，还会影响农产品的出口换汇，使原本用来进口设备的外汇改为进口粮食，“一五”计划就有落空的危险。再有，“一五”时期仅工业和交通运输两项就需要新增技术人员39.5万人，但高等院校和中等技术学校五年的

---

① 《陈云文集》第2卷，中央文献出版社2005年版，第590页。

② 《陈云文选》第3卷，人民出版社1995年版，第237页。

③ 《陈云文选》第3卷，人民出版社1995年版，第254页。

④ 《陈云文选》第3卷，人民出版社1995年版，第213页。

毕业生加起来只有近 28.6 万人，缺口近 11 万人，其中大学毕业生还只占三分之一。面对这种情况，如果毕业生不能统一分配，“一五”计划也要落空。

正是以上这一切，决定了要优先发展重工业就不能不把有限的力量集中起来；要把有限的力量集中起来，就不能不实行计划经济体制。陈云指出：“在落后贫困的经济基础上前进，必须尽可能地集中物力财力，加以统一使用。……只要我们把力量集中起来，用于必要的地方，就完全可以办成几件大事。”[①] 这就是后来人们常说的，社会主义有集中力量办大事的优越性，是其他社会制度没有也不可能有的。为了发挥这一优越性，陈云指导中财委在全国范围从上到下建立了计划工作机关和计划经济制度。1952 年 1 月，中财委制定并下发了《国民经济计划制暂行办法》，对计划程序、计划系统、基层计划单位和计划的编制、送审要求等，一一作出了明确规定，从而确立了我国系统的计划工作体制。实践说明，这一体制虽然有重视经济效益不够、反应不够灵活等缺点，陈云也曾相应提出过“三为主三为辅”的改革设想，但总体说来，正是这一体制而不是别的体制，起到了建立独立、完整工业体系的保证作用。所以，陈云在 1957 年说过：“一五”时期，“我国的基本建设取得了很大成绩，苏联帮助设计了一百五十六项，我们自己搞了八百多项，不是社会主义制度是办不到的。”[②]

三、为解决建设独立、完整工业体系所产生的种种问题而提出和坚持综合平衡的原则

对于“一五”计划中存在的问题，陈云曾有一个精辟论述。他指出：“中国土地少，人口多，交通不便，资金不足。因此，农业生产赶不上工业建设的需要，将是一个长期的趋势，不要把它看短了。这是在革命胜利后用突击方法发展工业的国家必然要发生的现象。我国工业化与资本主义工业化不同，资本主义工业化是长期的过程，我们是突击；资本主义可以去掠夺殖民地，我们要靠自己；资本主义开始是搞轻工业，我们一开始就搞重工业；资本主义在盲目中依靠自然调节，能够相当地按比例发展，而我们说要按比例发展是以长时间算的，在短时间内，只是力求建设与消费、重工业与轻工业之间不要脱节太远，实质上并不是按比例的发展。吃穿的供

① 《陈云文选》第 2 卷，人民出版社 1995 年版，第 61 页。
② 《陈云年谱（修订本）》中卷，中央文献出版社 2015 年版，第 559 页。

不应求，实质上是工农业矛盾的反映。”[①] 他还讲过：“计划中最薄弱的部分是农业生产，能否按计划完成，很难说。”[②]

尽管“一五”计划中存在这样那样的问题，但陈云仍然坚定地主张，作计划必须遵守按比例发展的法则。至于几比几合适，他认为“唯一的办法只有看是否平衡。合比例就是平衡的；平衡了，大体上也会是合比例的。”[③] 并且，这种平衡不能是单打一的，必须是综合的。所谓综合平衡，在他看来，主要是财政收支、物资供需、购买力与商品供应、信贷存放、外汇收付等反映国民经济稳定指数的重大比例关系，都必须平衡。后来，他把这种平衡理论进一步概括为：建设规模必须和国力相适应。他说：“适应还是不适应，这是经济稳定或不稳定的界限。”[④] 他同时指出：“我国因为经济落后，要在短时期内赶上去，因此，计划中的平衡是一种紧张的平衡。……但紧张决不能搞到平衡破裂的程度。”[⑤] “所谓紧张的平衡，就是常常有些东西不够。”[⑥] 针对计划如何才能做到综合平衡的问题，他又提出了两个原则：一是从制定计划开始时就要搞综合平衡，二是要按照短线搞综合平衡。他说：“按短线搞综合平衡，才能有真正的综合平衡。所谓按短线平衡，就是当年能够生产的东西，加上动用必要的库存，再加上切实可靠的进口，使供求相适应。”[⑦] 正因为“一五”建设是在这一思想指导下进行的，所以，各方面供求关系尽管都很紧张，但国民经济运行却总体比较平稳、顺利。正如 1981 年《关于建国以来党的若干历史问题的决议》对“一五”建设所评价的：那一时期，“经济发展比较快，经济效果比较好，重要经济部门之间的比例比较协调。市场繁荣，物价稳定。人民生活显著改善。”

四、从始至终紧紧扭住对于建立独立、完整工业体系具有决定意义的骨干项目

陈云说过：“如果抓不住工作重点，那就如同在大海航行中把握不住方

① 《陈云年谱（修订本）》中卷，中央文献出版社 2015 年版，第 317—318 页。
② 《陈云文选》第 2 卷，人民出版社 1995 年版，第 237 页。
③ 《陈云文选》第 2 卷，人民出版社 1995 年版，第 242 页。
④ 《陈云文选》第 3 卷，人民出版社 1995 年版，第 52 页。
⑤ 《陈云文选》第 2 卷，人民出版社 1995 年版，第 242 页。
⑥ 《陈云文选》第 3 卷，人民出版社 1995 年版，第 29 页。
⑦ 《陈云文选》第 3 卷，人民出版社 1995 年版，第 211 页。

向。”[1]“一五”计划涉及的内容很多，既有经济，也有文化教育；既有重工业，也有轻工业、农业；既有工业生产，也有基本建设。但重点是由694个限额以上建设单位组成的重工业，而苏联援助设计的156个建设单位又是重中之重。对于其中146个在“一五”期间施工的项目，陈云从项目选择、设备订货、资金保障、布点选址到初步设计等各个环节，几乎都亲自把关或过问，有的还去实地勘察，动笔撰写审查初步设计议定书的报告。从他1952年2月9日就恢复、改建、新建工厂的设计情况和意见一事给毛主席并党中央的报告中就可以看出，对于1950年以来我国聘请苏联帮助设计的42个项目，他不仅一直密切关注进度，而且针对暴露出的问题及时采取切实可行的措施。就拿鞍钢项目来说，他在中财委给各大区财委并报周总理、毛主席的电报中指出：鞍钢建设能否如期完成，关系到我国财力和建设的进度。“集中全国力量首先完成鞍钢的建设，是我国工业化首要的步骤。”[2]为此，他要求各地和各工业部门抽调包括公营、私营工厂在内的技术工人，全力支持鞍钢，并要求限期调齐，从而确保了鞍钢改建、扩建项目的完成。为了给新建工厂的设计工作作出示范，他还亲自代中财委向党中央写出了关于审查哈尔滨铝合金加工厂、抚顺制铝厂等工厂的初步设计议定书等报告，详细说明了这些工厂的作用，主要车间和设备状况，工厂人员、用电、用水、厂址面积的设计，以及所需投资和外汇等事项。

除了自己亲力亲为，陈云还十分注意在引进苏联的援建项目上对有关人员给予具体指导。例如，为了满足对骨干项目进口设备的外汇需要，他要求外贸部门的对苏谈判人员把出口换汇物资的种类、数量、规模等先在国内确定，并写成公函、译成俄文，然后派少数人赴苏接洽，待原则敲定后，再派正式代表团前往签约，以便提高效率、节省时间。为了使外贸部门进口设备的谈判更加顺利，他要求“一切工业部门必须抽出一批熟悉器材的干部和可靠的技术人员给进口公司，组成该公司的各个部（或组）。”[3]他提醒参与计划编制工作的同志，一定要高度重视骨干项目的布局和选址。他指出：“搞工业要有战略眼光。选择地点要注意资源条件，摆在什

① 《陈云文选》第2卷，人民出版社1995年版，第138页。
② 《陈云文集》第2卷，中央文献出版社2005年版，第398页。
③ 《陈云文集》第2卷，中央文献出版社2005年版，第347页。

么地方，不能不慎重”[1]，并举了第一汽车制造厂选址的例子。他说，最初有的人主张设在北京，有的人主张设在石家庄、太原、西安，争论很厉害。后来才知道，建这样规模的汽车厂，需要有足够的电力、钢铁、木材和铁路运力，因此只能设在东北。他强调：“搞基本建设，事前一定要设计。一般的工厂设计工作要一年以上，要看这个地方的地层怎么样，水够不够，水的化学成分对锅炉有什么损害，等等。我们是从乡村出来的，往往不大懂这一套。……过去我们在农村中搞一个纺纱厂，搞一个兵工厂，那是小规模的，是小手工业的办法。现在是办大工厂，不学会经济核算不行。”[2]

在纷繁复杂的事务中牢牢抓住重点，既是陈云面对“一五”计划建设重重矛盾采取的工作方法，也是他一贯倡导的思想方法。20 世纪 80 年代初，他批评各地争上项目、要把 90 年代的任务提前拿到 80 年代来做的倾向，指出：“为了给后十年比较快的发展创造条件，由中央适当集中一笔资金，加强能源、交通运输和科学、教育等薄弱环节，保证重点项目的建设，是完全必要的。这是大革命、大建设，是从全局利益出发的。……不分大小，齐头并进，国家吃不消。”“只有把国家的大革命、大建设搞好了，各地的小革命、小建设才有切实的保障。”[3]那时，他已年逾七旬，但为了解决从国外引进的特大项目宝钢在国民经济调整中上马还是下马的问题，依然亲自主持调研，反复权衡利弊，并前往上海召开座谈会，最后终于拍板“干到底”。这一过程给财经战线的同志留下了深刻印象。

五、为建设独立、完整的工业体系而想方设法解决人才缺口问题

前文已经说到，新中国成立之初，我们党之所以决定先重点发展轻工业、农业，主要原因之一就在于严重缺少发展重工业所需要的技术力量，其中包括技术和管理人才，也包括技术工人。陈云说：“建设一个工厂，修筑一条铁路，并不像开一个手工作坊、买一匹毛驴那样容易。这是巨大复杂的工作，没有必要的技术力量，就算有了资金，也不能建成工厂和铁

---

① 《陈云文选》第 2 卷，人民出版社 1995 年版，第 98 页。
② 《陈云文选》第 2 卷，人民出版社 1995 年版，第 132 页。
③ 《陈云文选》第 3 卷，人民出版社 1995 年版，第 318—319 页。

路。”[①]然而，我们当年不仅缺少大企业的设计人员，而且缺少地质勘探人员，指导厂房建筑和设备安装、生产运转的技术人员，以及城市建设中水电、交通、市政的管理人员和铁路修筑的勘察设计人员。尤其地质勘探人员不足，导致矿藏资源不清，一时成为编制“一五”计划首先要解决的问题。另外，“一五”初期中国工厂中的技师在工人中的比例仅为3%—5%，也是“一五”建设中很大的制约因素。

怎么办呢？能不能等到技术力量增加了再重点发展重工业呢？陈云斩钉截铁地回答：不行。以地质工作为例，旧中国留给我们的地质系毕业生只有两百多人，但他认为不能按照现有技术力量规定地质工作任务。因为，“地质事业在国家经济建设中已成了一项最重要的事业”，需要“根据钢铁工业、有色金属工业和燃料工业等建设的需要，在一定时间以内，探明一定的储量。”[②]为此，他提出通过办学校和训练班的方法增加新的人力，大学生、高中生不够，就招收初中生，训练一两年，使他们能参加简易的工作；另外，采用专业人员带徒弟的办法，大量培养干部；同时，对地质人员实行全国范围的统一调度、合理分配，并使他们边工作边提高本领。

陈云格外重视发挥现有技术力量的作用。他在1949年12月的一次会议上指出，现有的30万技术和管理人员是我们的国宝，“是实现国家工业化不可缺少的力量，要很好地使用他们”，对他们“要采取信任的态度”。[③]为了适应基本建设的需要，他提出要从现有生产部门迅速抽调技术干部和技术工人，以充实基建部门的设计机构、施工机构，保证骨干项目的建设。与此同时，他还不断为加快培养重点建设的急需人才出主意、想办法。他提出，“培养技术干部，应以举办短期（一年左右）专科学校为主。”[④]要将一些普通中学改为职业学校，“靠工厂多办技术学校和训练班”[⑤]。他还主张，根据建设需要，对现有高等院校的院系设置进行适当调整。例如，为了给石油勘探和采油、炼油培养急需人才，他建议政务院文教委员会在天津大学内设一个石油学院，并将西安石油学校改为速成性质的石油干部学校，将学生规模由300人扩大至1200人。

---

① 《陈云文集》第2卷，中央文献出版社2005年版，第603—604页。
② 《陈云文选》第2卷，人民出版社1995年版，第182页。
③ 《陈云文选》第2卷，人民出版社1995年版，第46页。
④ 《陈云文集》第2卷，中央文献出版社2005年版，第296页。
⑤ 《陈云文选》第2卷，人民出版社1995年版，第241页。

尤其值得一提的是，为充分利用一切可以利用的人才，陈云一方面强调对资本主义工商业改造是进行大规模工业化建设、实行计划经济体制的必然要求，另一方面强调“在中国的封建地主阶级、官僚资产阶级、民族资产阶级、农民阶级和工人阶级中，民族资产阶级是文化程度高，知识分子多的一个阶级。”他说，公私合营后的资本家大多数是财富而不是包袱，应当适当安排，充分使用。“过去苏联出美元和洋房请美国专家。现在我们不需要出美元、洋房，资本家还敲锣打鼓来向我们要求工作，给他们工作就很高兴，我们为什么不用他们？不用他们就是傻瓜，这不能说是懂政治。这笔财富究竟有多大呢？我看至少不低于他们生产资料那一笔财富。”① 针对一些干部怕资本家精明强干，搞不赢他们，让他们坐“冷板凳”的偏向，他指出：“公私合营以后，一切都是按照社会主义企业的章程办事，上有国家计划委员会、中央各部，下有工人群众，中间夹着资本家，怕什么？”② 针对一些工人不满意仍然安排资本家在原企业当经理的思想，他指出：“现在资本家与过去有所不同，过去为利润工作，现在为国家工作。他们中有的人有技术，有业务经验，国家也需要他们。”“他们的技术和业务经验，对人民、对国家、对社会主义建设是很有用的。”③

高度重视技术力量对于工业化建设的作用，是陈云一以贯之的思想。改革开放后，他一再呼吁发挥现有技术力量的积极性，说：“七十年代、八十年代的技术水平，应该来之于这些五十年代、六十年代水平的技术骨干。”④ 针对当时中年知识分子生活、工作负担重的问题，他致信中央政治局常委，指出：“生产、科研、教育、管理部门的知识分子，是任何一个工业化国家最宝贵的财富。”“改善他们的工作条件和生活条件，应该看成是基本建设的一个‘项目’，而且是基本的基本建设。”⑤

六、为早日建成独立、完整的工业体系而高度重视对引进技术的学习、吸收、消化和掌握

旧中国留给我们的近代工业和技术力量都十分薄弱，所以，“一五”计

① 《陈云文选》第 2 卷，人民出版社 1995 年版，第 337、337—338 页。
② 《陈云文选》第 2 卷，人民出版社 1995 年版，第 287—288 页。
③ 《陈云文选》第 2 卷，人民出版社 1995 年版，第 302、303 页。
④ 《陈云文选》第 3 卷，人民出版社 1995 年版，第 281 页。
⑤ 《陈云文选》第 3 卷，人民出版社 1995 年版，第 312 页。

划的骨干项目及其设备，不能不请苏联帮助设计和制造。陈云指出，在中国自己的高级技术人员未成长起来之前，聘请苏联设计组是一种迅速、省钱又十分稳当的办法。然而，他从一开始就强调，“丝毫不应放松对自己设计人才的培养”[①]，“力争外援和自力更生要结合起来。”[②]他通过苏联驻华经济顾问征得苏联政府同意，凡由苏方设计的工厂，中方均可派人参加设计，进行学习。他还提出，各工业部门也应当逐步成立自己的设计机构，聘请苏联专家带徒弟，以此培养人才。针对一些干部中存在的“等、靠、要”的依赖思想，他指出，在请苏联制造的工厂装备中，“凡我能自制者力求自制”，以“增加自制的能力”。[③]同时，为了使我方技术人员尽快掌握苏联援建工厂的管理和操作，他要求有关企业在工厂建成前，“必须派出由政治人员率领的技师、技工组成的三四十人至百人的实习组，在苏联实习半年或一载”，以“熟悉操作过程和操作技术”。[④]他说：“要建设好我们的国家，提高广大人民的生活水平，需要发展工业，这就需要技术。我们有勇敢战斗的精神，这很好，但还不够，还要掌握科学技术”[⑤]。在“一五”建设即将结束和“二五”计划开始制定时，他又致信周恩来，指出“一五”计划中新建的工厂是一种模型，以后可以仿造；只要自己能设计制造的设备，在“二五”计划中都可以大干。“这样做又省外汇，成本又低，速度比向外国订货快得多。”[⑥]他提议要抓住两个关键点，即一要让冶金、煤炭、电力和一切需要设备的部门领导去看看我们已有的制造能力，今后除确需必要，不准再向外国订货；二要鼓励机器制造部门大胆设计，自己制造，不怕开头几次制造中发生缺点和毛病，只要取得教训，进步会很快。他说：这样做，“十五年后在许多重要产品方面超过英国，完全有把握。”[⑦]

从那时起直到八九十年代，只要涉及进口设备的事，陈云总是提醒有关方面注意“买设备，同时也要买技术，买专利”，并且“要更多地买技术，买专利。”[⑧]60 年代初，为了解决粮食增产问题，陈云曾集中精力抓了一

---

① 《陈云文集》第 2 卷，中央文献出版社 2005 年版，第 358 页。
② 《陈云文集》第 2 卷，中央文献出版社 2005 年版，第 406 页。
③ 《陈云文集》第 2 卷，中央文献出版社 2005 年版，第 345 页。
④ 《陈云文集》第 2 卷，中央文献出版社 2005 年版，第 358 页。
⑤ 《陈云文选》第 2 卷，人民出版社 1995 年版，第 46 页。
⑥ 《陈云文集》第 3 卷，中央文献出版社 2005 年版，第 222 页。
⑦ 《陈云文集》第 3 卷，中央文献出版社 2005 年版，第 222 页。
⑧ 《陈云文选》第 3 卷，人民出版社 1995 年版，第 260、262 页。

下大型氮肥厂的建设。他要求有关部门认真吸收、消化“一五”时期苏联援建的化肥厂技术，努力掌握生产合成氨成套设备的本领，做到依靠自己的力量，每年建成4到5个年产5万吨合成氨的工厂。1984年4月，他在听取关于沿海部分城市座谈会纪要的汇报时，还特别谈到了通过吸收、消化国外先进技术来发展自己制造业的问题。他说：“对国内工业，保护落后我不赞成，但是，要使自己的东西一步一步地进步，达到先进的水平，这还是应该提倡的。”他以我国发电机组通过吸收、消化国外先进技术而不断发展为例说明：“解放初期我们连一万千瓦的也不会造，只能搞几千千瓦的，以后搞成了一万二的、二万五的、五万的，现在是二十万的，听说三十万的也有了。这就是一步一步地进步。”[①]接着，他满怀深情地说：“苏联是社会主义国家，那时他们对我们的援助是真心诚意的。比方说，苏联造了两台机器，他们一台，我们一台。”[②]可见，这个进步就是最初靠学习苏联的技术，以后自己逐步吸收、消化，最后做到完全掌握并有所发展。他以此说明，不学习先进技术不行，学习而不注重吸收、消化、掌握也不行。

陈云对建立我国独立的、完整的工业体系所作出的贡献是多方面的，以上涉及的仅是其中几个方面。通过“一五”建设，我国基本结束了不能生产钢轨、无缝钢管、合金钢、薄板等钢材的历史，改变了有色金属工业体系残缺不全互不配套的状况，使机械设备的自给率由20%左右提高到60%以上，制造出了载重汽车、蒸汽机车、喷气式战斗机，在电讯和仪表仪器领域也逐渐实现了国产化；并形成了以鞍钢为中心的东北工业基地，以哈尔滨三大动力厂为中心的电站设备基地，以上海机床厂为中心的精密机床基地，以洛阳拖拉机厂为中心的农业机械基地，以西安开关整流、电子电容器厂为中心的高压输变电设备基地；还开始了以武汉、包头钢铁公司等项目为中心的华中、华北、西南和西北等工业基地的建设，从而初步建立了门类比较齐全、布局基本合理的现代工业体系，不仅为此后的第二、第三个五年计划建设打下了基础，也为中国工业化建设、为建立独立完整的工业体系和国民经济体系打下了基础。显然，这一切无不凝聚着陈云的心血，是与他的竭诚努力分不开的。

1955年3月，陈云在《关于发展国民经济的第一个五年计划的报告》

---

① 《陈云传》(下)，中央文献出版社2005年版，第1674页。

② 薄一波：《若干重大决策与事件的回顾》上卷，中共中央党校出版社1991年版，第300页。

中讲过一段十分精彩的话，他说：“美、英、德、法、日本这些国家，它们工业发展的历史已有一百多年，少者也有近百年，我国工业发展的历史比它们落后了上百年，仅仅在人民掌握了国家政权以后，才有可能计划国家的建设。我们没有《封神榜》上那种呼风唤雨的本领，哪能用五年时间就能赶上它们？但是，我们可以确定无疑地说，赶上它们，或者赶过它们的工业水平，决不需要一百年，有几十年时间就够了。”[①] 现在，新中国刚好走过70年历程，我们在某些高端领域虽然还落后于少数几个发达国家，但一个不争的事实是，我们在全世界200多个国家和地区中，是迄今为止唯一一个拥有联合国产业分类中全部工业门类（41个大类、191个中类、525个小类）的国家。毫无疑问，这个基础正是“一五”时期所着手布局和奠定的。改革开放以来，党中央和中央领导人的决议、报告、讲话，每当回顾改革开放前的历史性成就，总要提到建立了独立的比较完整的工业体系和国民经济体系这个事实。今天，当我国正在由制造大国向制造强国迈进并将制造业辐射到“一带一路”沿线国家时，当世界各国都在羡慕我国工业门类的齐全并争相和我们进行贸易往来、经济合作时，当个别霸权主义国家妄图阻挡我国工业化、信息化的前进步伐而显得力不从心、无可奈何时，我们不能不由衷地钦佩以毛泽东同志为代表的老一辈革命家们的高瞻远瞩、雄才大略，不能不发自内心地感激当年广大工人、农民、知识分子和干部的艰苦奋斗和奉献牺牲，不能不满怀自豪地为我们伟大祖国70年的辉煌成就而点赞。

2015年在纪念陈云同志诞辰110周年座谈会上，习近平总书记指出：“陈云同志为确立社会主义基本经济制度、建立独立的比较完整的工业体系和国民经济体系做了大量卓有成效的工作，为探索我国社会主义建设道路作出了杰出贡献。”[②] 我们今天回顾和缅怀陈云为建立独立、完整的工业体系作出的贡献，就要沿着他和老一辈革命家们开辟的道路，在以习近平同志为核心的党中央带领下，为把我国早日建成伟大的社会主义现代化强国而继续奋斗。

---

① 《陈云文集》第2卷，中央文献出版社2005年版，第607页。

② 习近平：《在纪念陈云同志诞辰110周年座谈会上的讲话》，人民出版社2015年版，第3页。

学习陈云同志坚持实事求是和敢于担当的精神 *

李殿仁

今年是陈云同志诞辰 111 周年，从时空角度讲，他离我们越来越远了，但是站在历史和现实的交汇点，我深深地感到，陈云的宝贵思想堪称经典。今天，我从实事求是的角度谈一谈陈云的担当精神。

一、勇于任事，担“事”不避的崇高风范

担当，首先是对职责、使命和任务而言的，就是要勇于任事，担“事”不避，在担“事”中担“责”。具体来讲，就是要在工作中负得起责任，扛得住大事，完得成任务，做到在压力面前不躲闪，困难面前不推脱，挑战面前不畏惧，能主动请命，敢挑重担，做到守土有责，守土负责，守土尽责。这种担当来源于对党忠诚，来源于家国情怀，来源于民族大义，更来源于实事求是、求真务实的精神。

陈云亲历了党和国家革命、建设及改革各个关键时期几乎所有重大历史事件，参与了党中央在重大历史关头一系列重大决策的制定和实施。不管困难多大、任务多重、矛盾有多少，他始终知难而进不言难，迎难而上不畏难。正是因为如此，“国有难事念陈云”在党内传为佳话。毛主席曾几次用“国难思良将，家贫思贤妻”来形容陈云的担当。新中国成立初期，如何接管城市、恢复经济、发展生产，是我党“进京赶考”的首个重大执政考验，攸关新生政权的前途命运。在党和国家危难之际，党中央把陈云从东北调进中央，挂帅中央财政经济委员会。面对涉及 4.7 亿人的全局性工作，陈云说：“我现在是挑着一担‘炸药’，前面是‘黑色炸药’，后面是‘黄色炸药’……两个中间要选择一个，都是危险家伙。”他没有因难而退，而是

---

* 这是 2016 年作者在第十届陈云与当代中国学术研讨会上的讲话。

扛起重担，激流勇进。陈云立足国情，从调查研究入手，以上海市这个经济中心为切入点，打了三大仗，通过银圆之战、米棉之战，打击投机，稳定了物价，抑制了恶性通货膨胀，为巩固新生政权奠定了坚实的经济基础。我体会，陈云之所以在关键时期有关键之为，发挥了关键作用，除了具有超凡能力之外，主要源于他勇于任事、担“事”不避的担当精神。

随着中国走向世界舞台的中央，我党面临的挑战和风险前所未有，肩负的历史重任世所罕见。党内没有大批勇于任事、敢于担当的干部，我们拿什么讲“四个自信”？拿什么讲社会主义的优越性？新形势下，我们要学习陈云“赴百仞之谷而不惧”的超凡勇气，学习他“明知山有虎，偏向虎山行”的无畏精神，学习他遇到困难不回避，关键时刻敢出面，处理问题能决断的崇高风范。

二、为党进言，担“险”不畏的忠心义胆

担当精神不能仅体现在平时，更应体现在关键之时、非常之时、决断之时。特别是在重大历史转折时期，在一些事关党和国家全局性的重大问题上，大家不能预见到结果、意见不统一的时候，甚至是反对意见占上风的时候，个人可能因此要付出一定代价的时候，要敢于顶住压力，赴汤蹈火，担“险”不畏，敢于进言。行动的自觉来源于理论的清醒。真正的共产党人是无所畏惧的，道理在哪里？就是因为我们从理论上掌握了唯物论和辩证法，能自觉做到一切从实际出发，实事求是地分析问题、研究问题和解决问题。

陈云“不唯上、不唯书、只唯实”的九字唯物论，“交换、比较、反复”的六字辩证法，丰富和发展了实事求是。在决定重大问题之前，他总是深入实际，亲自做调查研究，这是他勇于决策，敢于进言，担“险”不畏的根本原因。这塑造了陈云无把握不言，无底气不语，只讲真理，不讲得失，对真理负责到底，对得失超然物外的独特品质。粉碎“四人帮”之后，“左”的错误思潮并没有随着“文化大革命”的结束而消失，尤其是“两个凡是”思想依然是前进道路上最大的“拦路虎”。在这个重大问题上，他没有考虑个人政治风险，第一个站出来讲真话、闯“禁区”。1977 年 3 月 13 日，陈云在中央工作会议上作了三百多字的书面发言，主要内容有两条：一是邓小平与天安门事件无关，呼吁邓小平复出；二是对一些重大历史事件和人

物作出实事求是的结论。陈云的发言触及了“两个凡是”的要害，会议工作人员奉命要他修改发言，遭到陈云拒绝。在多方努力下，党的十届三中全会终于作出决定，恢复了邓小平的职务。会后，陈云撰写了《坚持实事求是的革命作风》一文，为恢复实事求是的思想路线，为我们党实现从以阶级斗争为纲向以经济建设为中心的转变，为开启建设中国特色社会主义的新征程作出了重大贡献。

新形势下，我们要学习陈云担“险”不畏的精神，多一分“闯”“冒”“试”的劲头，要少一分“等”“靠”“要”的思想。对于该做的事，顶着压力也要做；对于该负的责，冒着风险也要担。决不做四平八稳的“太平官”，不做矛盾面前的“推诿官”，不做无所作为的“平庸官”，为党和国家的事业献智献力！

三、敢于负责，担“责”不推的无私情怀

担当精神既体现在认真负责干好本职工作上，更体现在有了问题、出现失误、犯了错误不回避，不遮掩，不推诿，敢于站出来，主动担责，保护部属，及时纠正和改正错误，从而达到实事求是的境界。这一点是最难能可贵的，最能体现一个人的无私情怀。

陈云对待自己的缺点错误从不隐讳，一旦发现错误，哪怕是很小的失误，都是立即检查，毫不留情，坚决改正。他在两人谈话中可以承认错误，在小组会上可以承认错误，在大一点的会上可以承认错误，在千万人面前可以承认错误。陈云在1961年农村干部座谈会上讲：“共产党领导人民闹革命的目的，就是要改善人民的生活，使大家有饭吃，有衣穿。现在老百姓的肚子还吃不饱，生活还那么困难，说明我们的工作还没有做好，还存在不少问题。应该说主要责任在中央，是我们中央的几个同志工作没有做好，我就是其中之一。”在当时的情况下，敢于实事求是地提出批评，而且主动承担责任，这需要极大的政治勇气，体现了一个真正的马克思主义者求真务实的科学态度以及中国共产党人敢于负责、超然物外的无私情怀。

新形势下，我们要担负起中华民族伟大复兴的历史重任，党的各级干部特别是高级干部要学习陈云心底无私天地宽的高尚情怀，学习他敢于承担责任的宽广胸襟，激发和带动部属更大的现实担当，为我们事业的发展汇聚起磅礴之力。

四、终身学习，担“学”不辍的治学态度

对领导干部来讲，担“事”、担“责”、担“险”是担当，终身学习，担“学”不辍，自觉做到为党和国家的事业终身学习，增强破解难题的能力，这也是一种担当。

我常想，一个人也好，一种职业也好，如果达到了“家”的境界，这是最高的褒奖。陈云文化不高，为什么他后来能成为我党杰出的政治家、革命家、理论家、经济学家，成为新中国经济建设的开创者与奠基人？我体会，关键在一个“学”字上，就是他终身学习、担“学”不辍，勤于思考、善于总结。1937—1945 年，陈云发表的重要文章有 25 篇，其中，《怎样做一名共产党员》首次提出了共产党员的六条标准，第六条就是学习。这期间，他还通读了毛主席的全部文章、著作、讲稿、电报，得出的结论就是四个字——实事求是。这是他敢于担当的思想基础。陈云的一生是革命的一生，也是学习的一生。从中央领导岗位退下来之后，他还在家组织了学习小组，不光自己学习，还带动大家学习，带动身边人学习。即使在病重的最后岁月，他仍然让秘书每天给他讲国内外重大事件，真正做到了“活到老，学到老”，生命不息，战斗不止，学习不辍。

从党的十八大召开到 2016 年 5 月，中央政治局集体学习达到 31 次。我体会，这也是习总书记从陈云等老一辈无产阶级革命家身上得到的重要启示和镜鉴。在新形势下，我们要增智提能，胜任本职工作，就要以小学生的姿态虚心学习陈云终身学习、担“学”不辍的精神。既要向书本学习，也要向实践学习；既要向人民群众学习，也要向一切内行学习，努力使自己成为履职尽责的行家里手。

一代人有一代人的使命，一代人有一代人的担当。实现中华民族伟大复兴的中国梦，是时代赋予中国共产党人的历史大担当。我们常说：共产党人是中华民族的优秀子孙。我们有没有实事求是的态度，有没有强烈的担当精神，考验着谁是优秀子孙，谁是不肖子孙。古人讲：“夫物之不齐，物之情也。”[①] 新形势下，我们要增强看齐意识，向中央基准看齐，紧密地团结在以习近平同志为核心的党中央周围，像陈云那样，在非常时期尽非常

---

① （战国）《孟子·滕文公上》。

之责，举非常之智，谋非常之策，用非常之功，作非常之为，我们一定能在实现中华民族伟大复兴中国梦的征程中来一个伟大进军！我想，这也是对陈云最好的纪念！

学习陈云同志 践行“三严三实”*

王庭大

为贯彻落实全面从严治党要求，巩固和拓展党的群众路线教育实践活动成果，持续深入推进党的思想政治建设和作风建设，县处级以上党员领导干部正在开展“三严三实”专题教育。“三严三实”是习近平总书记在2014年3月参加十二届全国人大二次会议安徽代表团审议时提出的。他指出：“各级领导干部都要树立和发扬好的作风，既严以修身、严以用权、严以律己，又谋事要实、创业要实、做人要实。”① 总书记提出的“三严三实”，把准了作风建设的命脉，抓住了改进作风的关键。这些要求是共产党人最基本的政治品格，也是党员干部的修身之本、为政之道、成事之要。专题教育要认真学习总书记系列重要讲话，紧密联系思想和工作实际，对照先进典型，解决“不严不实”的突出问题。我觉得老一辈革命家就给我们作出了榜样，他们也正是我们这次专题教育中的学习典范。陈云就是其中杰出的代表。正如江泽民在中央纪念陈云同志诞辰90周年座谈会上所说的，陈云的“思想、品德和风格，属于我们伟大的党，属于我们伟大的国家和民族。他永远是我们学习的楷模。”② 胡锦涛说，陈云的“崇高思想、品德和风格，为我们树立了光辉的榜样。”③

“三严三实”突出的就是“严”和“实”。陈云的最大特点就是理想坚定、实事求是、严肃认真。他这方面的特点在全党是有口皆碑的。

学习陈云，严以修身。学习他对党忠诚，重视党性修养，坚定理想信念，提升道德境界，追求高尚情操。陈云无论斗争如何艰巨、情况怎样复

---

* 这是2015年作者在第九届陈云与当代中国学术研讨会上的讲话。

① 《习近平关于党的群众路线教育实践活动论述摘编》，中央文献出版社2014年版，第41页。

② 《人民日报》1995年6月14日，第1版。

③ 胡锦涛：《在陈云同志诞辰100周年纪念大会上的讲话》，人民出版社2005年版，第7页。

杂，无论是顺境还是逆境，对社会主义、共产主义的信念始终坚贞不渝，表现出共产党人不可动摇的意志和坚定的无产阶级党性。他对崇高理想的追求体现在他对人民的无限忠诚上，体现在他对人民的深切关注中。他有一句名言："不解决实际问题谈为人民服务，则是空话一句。"他强调，我们共产党必须天天关心人民群众的切身利益。陈云不管是领导经济工作还是做其他工作，切实为人民谋利益都是他遵循的一贯原则。他说，我们花了几十年的时间把革命搞成功了，千万不要使革命成果在我们手里失掉。现在我们面临着如何把革命成果巩固和发展下去的问题，关键就在于要安排好人民的生活，真正为人民谋福利。他反复告诫全党，要防止脱离群众，鲜明地提出了执政党的党风问题是有关党的生死存亡的问题的著名论断。践行"三严三实"，就是要学习陈云对崇高理想的执着追求和为人民利益而不懈奋斗的精神。

学习陈云，严以用权。学习他坚持用权为民，依规则、制度行使权力，任何时候都不搞特权、不以权谋私。陈云作为党和国家的领导人，深感自己责任重大。他说，全国人民把希望寄托于我们党的身上，我们有这样的责任，不能搞坏，搞坏了不是一个人、几个人的事，而是关系全国人民的得失。他强调："所有正确的政策，都是根据对实际情况的科学分析而来的。"他善于调查研究，脚踏实地工作，反对虚夸浮躁、急功近利。他从不发表空泛的议论，每讲一个问题，必定经过深入调查和周密思考，算大账高瞻远瞩，算小账明察秋毫。他相信群众、依靠群众，他总是强调："解决群众切身问题的办法，必须在群众中去讨论，到群众中去找寻"，"充分发动群众是开展一切工作的关键。"他坚持发扬民主作风，十分注意广泛听取各方面意见特别是不同意见，反复权衡利弊，慎重决策，力求稳妥。同时，他勤于思考，从不墨守成规，总是从中国国情出发，从当时的实际出发，边实践，边探索，边总结，创造性地提出开展工作的思路和解决问题的办法。践行"三严三实"，就是要学习陈云求真务实的科学态度、埋头苦干的革命精神和生机蓬勃的创造精神。

学习陈云，严以律己。学习他心存敬畏、手握戒尺，慎独慎微、勤于自省，遵守党纪国法，做到为政清廉。陈云在我们党内清正廉洁、艰苦朴素是出了名的。他始终严格要求自己，坚持节俭的优良作风。出国时做的两套中山装一穿就是多少年，一件棉坎肩穿了 38 个春秋，20 世纪 30 年代的刮胡刀一直用到去世，就连使用的铅笔也等到拿不住了才肯放弃。他一直坚持一荤两素的伙食标准，他在北长街 71 号的老房子一住就是 30 年。他坚决退回配给的“吉斯”轿车，一直乘坐国产红旗轿车。他从来不请人吃饭，也不接受别人的宴请。他最反对铺张浪费，他在延安担任中央组织部部长时就提出过，吃饭要“光盘”，不要浪费。他为减轻国家负担精减了身边的工作人员，还主动把国家给他的一级工资改成二级，等等。我们践行“三严三实”，就要学习陈云严以律己、清正廉洁、艰苦奋斗，反对享乐主义和奢靡之风。

学习陈云，谋事要实。学习他从实际出发谋划事业和工作，制定的政策方案符合实际情况和客观规律。陈云是全党公认的求真务实、实事求是的榜样。他强调，实事求是是马克思主义的根本思想路线，是区别真假马克思主义的根本标志之一。他在长期实践和切身体验中总结出来的“不唯上、不唯书、只唯实，交换、比较、反复”，这 15 个字是一个充满唯物辩证法的思想方法、工作方法和领导原则，是对马克思主义哲学和党的思想路线的重要贡献。他强调，每个共产党员，都要把革命的和党的利益放在第一位，要讲真理不讲面子，怎样对于老百姓有利，怎样对于革命有利，就怎样办。为了党和人民事业的发展，他敢于坚持真理，仗义执言，勇往直前。在遵义会议上，他坚定地支持毛泽东的正确主张，支持会议确立以毛泽东为代表的正确领导。粉碎“四人帮”以后，他坚决支持邓小平重新参加中共中央的领导工作，支持邓小平对“两个凡是”的批评，支持关于真理标准问题的讨论，主张正确认识与评价天安门事件和平反冤假错案。凡是认定的真理、看准了的事情，陈云从不轻易放弃，只要党和人民需要，不论情况多么复杂，也不论形势多么险峻，他都会下大决心，坚定不移地干下去。践行“三严三实”，就是要学习陈云坚持真理、坚持原则的非凡胆识、坚定立场和无私无畏的精神。

学习陈云，创业要实。学习他脚踏实地、真抓实干，敢于担当责任，勇于直面矛盾，善于解决问题，努力创造实绩。陈云深感作为党和国家领导人责任重大。他说，全国人民把希望寄托在我们党的身上，我们有这样的责任。“所有正确的政策，都是根据对实际情况的科学分析而来的”①，“我

① 《陈云文选》第 3 卷，人民出版社 1995 年版，第 34 页。

们应该用百分之九十以上的时间去弄清情况，用不到百分之十的时间来决定政策。”[①] 他指出，“摸着石头过河”，“步子要小，缓缓而行”[②]。毛泽东说，陈云看问题有眼光，能抓到要点。践行“三严三实”，就是要学习陈云求真务实的科学态度、埋头苦干的革命精神。

学习陈云，做人要实。学习他对党忠诚，做老实人、说老实话、干老实事，襟怀坦白，公道正派。陈云具有坚强的党性，坚持原则，光明磊落，不居功，不自恃，始终能够摆正个人和党的位置。他在革命生涯中也遇到过曲折，但他始终顾全大局，维护团结，既不随波逐流，也不消沉退避。他说过：“一个人最愉快的事，就是参加革命，为人民的利益而斗争。”[③]他为党和人民作出了卓越贡献，但从来都把一切功劳归于党和人民。他说，任何人离开了人民，离开了党，一件事也做不出来；一个人为党做好工作，这是应该的，有了成绩，头一个是人民的力量，第二是党的领导，第三才轮到个人。他说，我们是党员，在党的领导下，适合老百姓的要求，做了一点事，如此而已，一点不能骄傲。践行“三严三实”，就是要学习陈云严格要求自己、克己奉公、一心为民的高风亮节。

学习陈云对正在开展的“三严三实”专题教育有着极大的现实意义。学习陈云的思想和精神、学习陈云的品德和风格，对我们存在的“不严不实”问题来一次大排查、大扫除，切实解决“三严三实”方面存在的问题是十分必要和紧迫的。只有这样，才能保持党的先进性和纯洁性，才能提高党的执政能力，才能协调推进“四个全面”战略布局，为实现中华民族伟大复兴的中国梦提供坚强的组织保证。

① 《陈云文选》第3卷，人民出版社1995年版，第46页。

② 《陈云文选》第3卷，人民出版社1995年版，第279页。

③ 胡锦涛：《在陈云同志诞辰100周年纪念大会上的讲话》，人民出版社2005年版，第10页。

以陈云同志为榜样 落实“四个全面”战略布局 *

李洪峰

陈云伟大光辉的一生，几乎贯通了20世纪。20世纪是波澜壮阔的世纪。这个世纪，发生了两次世界大战，几十个国家、十几亿人口卷入战争，近亿人死于战争。这个世纪，中国结束了延续两千多年的封建帝制，在中国共产党的领导下，中国人民夺取了抗日战争和解放战争的伟大胜利，完成了新民主主义革命，建立、巩固和发展了社会主义制度，开始了改革开放和社会主义现代化建设的伟大历史进程。

陈云作为我们党第一代、第二代中央领导集体的重要成员，为中国革命、建设和改革作出了巨大贡献，为毛泽东思想的创立、邓小平理论的创立，作出了巨大贡献。特别是他提出的“不唯上、不唯书、只唯实，交换、比较、反复”十五字决，影响深远，具有恒久的意义。

特别值得敬佩的，陈云一生谨慎、本色如一，淡泊宁静、波澜不惊，坚如磐石、稳如泰山，他的坚定信念、坚强党性、优良作风和优秀品德，做到治党、治国、治家、修身的完美统一，伟大与平凡的完美结合，使他成为一座光辉的人格丰碑。

毛泽东说过，人民，只有人民，才是创造世界历史的动力。马克思主义的唯物史观，既毫不动摇地坚持人民群众在历史上的主体地位和决定作用，也实事求是地承认伟大人物在历史上的重要地位和重要作用。归根到底，人民是历史舞台的真正主角。有了人民的劳动和创造，有了人民的形象和声音，历史才丰富多彩、气象万千、厚重坚实、连绵不断。古今中外的每一个伟人都是在人民中生长起来的。如果不顺应人民的意愿和要求，不体现人民的意志，不依靠人民的力量，不从人民中汲取智慧和营养，伟

---

* 这是2015年作者在第九届陈云与当代中国学术研讨会上的讲话。

人就会失去其光芒四射的色彩和魅力，就不成其为伟人。

陈云的一生之所以伟大，最根本的一点，就是他言行一致地做到了永远不脱离实际，永远不脱离群众，把人民摆在了心中最高位置。这也是陈云品格中最宝贵也最值得学习的地方。

人类社会的发展前进，主要有三种推动力量。一种是物质力量，一种是精神力量。马克思讲，批判的武器不能代替武器的批判，就是讲这两种力量。武器的批判就是物质的力量，批判的武器就是精神的力量。这两种力量是不可替代的。第三种力量，就是榜样的力量。列宁讲，榜样的力量是无穷的。人类的进步，总是一代带动一代，一代学习一代，一代突破一代。我们突破前人，后人也突破我们。

"'高山仰止，景行行止。'虽不能至，然心向往之。"①我们纪念陈云，就要学习陈云，着眼于党和国家正在做的事情，面向世界、面向未来、面向现代化，不断从陈云留下的巨大实践财富、理论财富和精神财富中汲取营养和智慧，使之转化成为落实"四个全面"战略布局、推动中国特色社会主义伟大事业发展前进的巨大力量，紧密团结在以习近平同志为核心的党中央周围，万众一心，为实现"两个一百年"目标，为实现中华民族伟大复兴中国梦，而努力奋斗！

---

①（汉）司马迁：《史记·孔子世家》。

陈云留给我们治党治国的宝贵财富 *

齐德学

陈云同志是以毛泽东同志为核心的中国共产党第一代中央领导集体和以邓小平同志为核心的中国共产党第二代中央领导集体的重要成员。新中国成立后，他先后任政务院副总理和国务院副总理，长期主管国家的财政经济工作，党的十一届三中全会后又担任中共中央纪律检查委员会第一书记，中共中央顾问委员会主任，为党和国家建设作出了多方面的巨大贡献，为我们治党治国留下了大量宝贵财富，在这里，仅谈以下几点。

一、关于治党

陈云在 1937 年 11 月至 1944 年 3 月担任中共中央组织部部长期间，就为中国共产党的组织建设作出了重大贡献。党的十一届三中全会后，作为以邓小平同志为核心的党的第二代中央领导集体的重要成员，陈云为新时期党的建设和治理作出了新的重大贡献。

（一）必须成千上万地提拔培养中青年干部

党的十一届三中全会以后，中国进入改革开放和社会主义现代化建设新时期，陈云比较早地注意到党的干部队伍年龄偏大、青黄不接的状况，对培养选拔接班人这一战略任务给予高度关注，并倾注了大量心血。

为使党和国家的事业后继有人，在 1978 年 12 月党的十一届三中全会前的中央工作会议上，陈云提议重新设立中央书记处，希望比较年轻一点的干部走上第一线。从 1979 年 3 月到党的十二大召开的 1982 年 9 月，陈云多次提出要大批提拔培养中青年干部问题。他指出："从现在起，就成千上万地提拔培养中青年干部，让德才兼备的中青年干部在各级领导岗位上锻炼。老干

* 这是 2017 年作者在第十一届陈云与当代中国学术研讨会上的讲话。

部对他们实行传帮带，使大量的中青年干部成为我们各级党政工作强大的后备力量，随时可以从中挑选领导干部。”这对我们的事业是最有利的办法。陈云对提拔中青年干部提出了标准和原则：一是年龄标准。“不仅是年龄在五十岁左右的人，而且在数量上占多数的应该是四十岁左右的人、四十岁以内的人。”二是德才标准。德才兼备，没有才工作做不好，影响决策的制定和实施，有了才还必须有德来统率。德管立场和方向，如果德不好，一旦出问题，就是方向性的、全面性的。“德才相比，我们要更注重于德，就是说，要确实提拔那些党性强，作风正派，敢于坚持原则的人。”[①]也要培养像胡乔木那样既能写又有德的人。“有才缺德的人，一个也不能提拔”[②]，“文化大革命”中造反起家的、派性骨干分子、打砸抢分子一个也不能提拔。[③]陈云还提出“干部队伍的革命化、年轻化、知识化、专业化、制度化”是我们干部政策上的大政方针。三是五湖四海的原则。提拔干部，要有大视野、大胸襟，坚持公道正派，任人唯贤，“我们用干部，要五湖四海，平常不熟悉的干部也要用。就地取材是很重要的一条原则”[④]，等等。这些主张得到了邓小平等党内老同志的大力支持。

据此，1980 年 2 月下旬，党的十一届五中全会决定重新设立中央书记处，作为中央政治局及其常委会领导下的经常工作机构。1982 年 9 月党的十二大选举产生的中央委员会，从组织上实现了中共最高领导机构新老干部的合作和交替，中央委员中年龄最小的 38 岁，并将“实现干部队伍的革命化、年轻化、知识化、专业化”方针写入这次代表大会通过的党章。

（二）必须坚持民主集中制

民主集中制是毛泽东领导创立的中国共产党的根本制度，是维护和巩固党的团结统一、增强党的凝聚力和战斗力的根本准则。从 20 世纪 50 年代后期开始，民主集中制逐渐遭到破坏，党内生活不正常。“文化大革命”中，民主集中制遭到更为严重的破坏。鉴于以往的教训，在党的十一届三中全会后，陈云与邓小平一样十分重视民主集中制，强调“坚持民主集中制，是党章规定的原则”[⑤]，全体党员都必须无条件遵守。“我过去说过，不

---

① 《陈云文选》第 3 卷，人民出版社 1995 年版，第 293、294、317 页。

② 《陈云文集》第 3 卷，中央文献出版社 2005 年版，第 498 页。

③ 《陈云传》（下），中央文献出版社 2005 年版，第 1710 页。

④ 《陈云文选》第 3 卷，人民出版社 1995 年版，第 359 页。

⑤ 《陈云传》（下），中央文献出版社 2005 年版，第 1739 页。

怕人家讲错话，就怕人家不说话。讲错话不要紧，要是开起会来，大家都不说话，那就天下不妙……当然，有了不同意见，要在党内说……按照组织程序和组织原则严肃地提出来。提第一次，我们欢迎；提第二次，我们也欢迎；提第三次，我们还是欢迎。这样，我们这个党就会立于不败之地，就会兴旺发达，大有希望。”“民主集中制，是既要有民主，又要有集中”，党的任何一级组织，允许不同意见存在，允许有不同意见的辩论，这是好事，可以把我们的事业做得更好。宁可争论，而不要形式上的一致通过。但是，又必须要有集中，个人服从组织，少数服从多数，下级服从上级，全党服从中央，这“四个服从”一个都不能少。没有民主不好，没有集中也办不了事。①陈云主持制定的《关于党内政治生活的若干准则》，就突出地强调了民主集中制问题。

（三）必须重视执政党的党风建设

1978 年 12 月，在党的十一届三中全会上，陈云当选中央纪律检查委员会第一书记，次年 1 月初，中央纪委常务书记黄克诚、副书记王鹤寿请示中央纪委和各级纪检机构的工作方针，陈云当即答复：“抓党风。中纪委的工作指导方针是维护党规党法，整顿党风问题。”②1980 年 11 月，在中央纪委召开第三次贯彻《关于党内政治生活的若干准则》座谈会上，陈云针对党风没有根本好转的状况，严肃指出：“执政党的党风问题是有关党的生死存亡的问题。因此，党风问题必须抓紧搞，永远搞”。“执政党的党风问题是有关党的生死存亡的问题”③，是陈云的著名论断，提出后立即得到邓小平等中央领导的赞同，并将这一论断写进了这次座谈会纪要。中共中央批转了这个纪要，将陈云的意见和邓小平有关讲话作为搞好党风建设的基本指导思想。1981 年又将陈云这一论断写进《关于建国以来党的若干历史问题的决议》。此后，陈云多次强调，抓党风好转，是全党的一件大事，不可掉以轻心。1986 年 1 月，陈云在中央纪委报送的一份材料上写下批语，指出实现党风和社会风气根本好转，“做表率首先从中央政治局、书记处和国务院的各位同志做起。”④中央将陈云

---

① 《陈云文选》第 3 卷，人民出版社 1995 年版，第 270 页。

② 《陈云年谱（修订本）》下卷，中央文献出版社 2015 年版，第 262 页。

③ 《陈云文选》第 3 卷，人民出版社 1995 年版，第 332 页。

④ 《陈云文集》第 3 卷，中央文献出版社 2005 年版，第 543 页。

的指示印发中央各部门和各省市自治区、大军区贯彻执行。

二、关于治国

陈云是中国共产党内公认的经济专家，是中国社会主义经济建设的开创者和奠基人之一。新中国成立伊始，他即从经济方面为治理国家作出了巨大贡献，留下了丰富的思想财富。

（一）中国的经济建设必须从国情出发

清醒地认清中国的国情，这是中国共产党正确制定路线、方针、政策的基本依据，是解决一切中国问题的基本前提。正如毛泽东所指出的："认清中国的国情，乃是认清一切革命问题的基本的根据。"[①]这也是陈云领导新中国经济建设一贯的指导思想。早在1950年6月召开的党的七届三中全会上，陈云就明确指出，中国经济的基本特点是农业国，但基本的农产品却不能满足国内的需要，还需从国外购买，这就是中国的基本国情，中国的经济建设只能从这个基本国情出发，即"要先解决棉花、粮食的问题"[②]，省下钱来买机器搞工业建设。改革开放开始后，1979年3月，陈云在中央政治局讨论1979年国民经济计划和对国民经济进行调整问题的会议上，强调指出"我们搞四个现代化，建设社会主义强国，是在什么情况下进行的。讲实事求是，先把'实事'搞清楚。这个问题不搞清楚，什么事情也搞不好"，"九亿多人口，百分之八十在农村，革命胜利三十年了还有要饭的，需要改善生活。我们是在这种情况下搞四个现代化的"，"人口多，要提高生活水平不容易；搞现代化用人少，就业难。我们只能在这种矛盾中搞四化。"[③]

在这个前提下，陈云从20世纪50年代后期开始，就明确提出"建设规模要和国力相适应"的思想，指出"建设规模的大小必须和国家的财力物力相适应"，"建设的规模超过国家财力物力的可能，就是冒了，就会出现经济混乱；两者合适，经济就稳定"。他明确提出了综合平衡的思想，指出"所谓综合平衡，就是按比例；按比例，就平衡了"，"按比例是客观规律，不按比例就一定搞不好"，"搞经济不讲综合平衡，就寸步难移"。[④]

---

① 《毛泽东选集》第2卷，人民出版社1991年版，第633页。

② 《陈云文选》第2卷，人民出版社1995年版，第98页。

③ 《陈云文选》第3卷，人民出版社1995年版，第250、251、250页。

④ 《陈云文选》第3卷，人民出版社1995年版，第48、52、211页。

他还明确提出了经济建设和人民生活必须兼顾的思想，指出无农不稳，无粮则乱，经济建设必须摆在老百姓有吃有穿的基础上才能稳固。国家只有那么多钱，必须做到一要吃饭，二要建设。吃光用光，国家没有希望；吃了之后，还有余力搞建设，国家才有希望，等等。这些为我们国家经济建设发展发挥了重要指导作用。

（二）中国的建设必须具有长远的战略眼光

陈云领导财经工作，总是着眼全局解决局部问题，着眼长远解决眼前问题。在新中国成立之初的1950年，陈云就要求做财经工作的人员“做经济工作要有战略眼光”[①]，“财经干部要有政治观点、群众观点，搞工业要有战略眼光。”[②]陈云要求要有战略眼光十分重要的一个方面，就是可持续发展的思想，就是要为子孙后代着想。1981年3月29日，陈云在一封信中讲到国家计委的工作时指出：“像植树造林、治理江河、解决水力资源、治理污染、控制人口这类问题，都必须有百年或几十年的计划。”[③]对这些问题的重视，陈云是党和国家领导人中预见较早、提得较高的人。

关于水资源问题。陈云在20世纪50年代起就十分重视水资源问题，他指出：“水在农业里头非常重要”，“据估算，全国水量平均起来并不多，还缺水，有些地方就经常干旱。从总的看，从长远看，要以蓄为主，蓄泄兼顾。以后我们要重视蓄水，许多地方要修水库、筑塘堰，山区更要注意种树种草、保持水土，对水一定要好好利用。在华北、西北有些地方，还要多打水井，保证在发生旱灾时水量基本上够用。”“水利建设是治本的工作，是百年大计”。[④]陈云还提出，“治理河流，必须干流和支流一起治理，发电和防洪相互结合，进行整个流域的规划。”[⑤]1960—1978年，他又多次指出，北方水不够，需从南方借水，南水北调，是造福子孙后代的大事。1990年6月，已经退出领导岗位的陈云，将水利专家张光斗、陈志恺合写的《我国水资源问题及其解决途径》一文，批送江泽民等中央领导阅，并在批语中指出：“水的问题始终是一个大问题。要从战略高度来认识水的问题的严重性。各级领导部门，尤其是经济、科技领导部门，应该把计划用

---

① 《陈云文选》第3卷，人民出版社1995年版，第158页。
② 《陈云年谱（修订本）》中卷，中央文献出版社2015年版，第79页。
③ 《陈云年谱（修订本）》下卷，中央文献出版社2015年版，第310页。
④ 《陈云文选》第2卷，人民出版社1995年版，第141页。
⑤ 《陈云年谱（修订本）》中卷，中央文献出版社2015年版，第386页。

水、节约用水、治理污水和开发新水源放在不次于粮食、能源的重要位置上，并列入长远规划、五年计划和年度计划加以实施，以逐步扭转目前水资源危机的严重状况。”[①] 国家“八五”计划终于将水资源问题提到重要的战略高度。经过数十年的研究论证，至2002年底，中共中央政治局常务委员会审议通过，国务院正式批准《南水北调总体规划》，同时首批工程开工。

关于治理环境污染问题。陈云在制定和实施“一五”计划时，就开始注意环境、资源问题。1975年7月，陈云在江苏高邮视察石油钻井时指出：“要注意环境污染问题，在生产设计的同时就要做好防止污染的设计，不要等到事后再解决。”[②] 改革开放开始后，从1979年至1988年，陈云更是有预见性地多次提出保护环境、治理污染问题，指出：“防止污染，必须先搞，后搞要多花钱”，“今后办厂必须把处理污染问题放在设计的首要位置，真正做到防害于先，这是重大问题。”[③] 对环境污染的“治理费要放在前面。否则后患无穷”[④]，“治理污染、保护环境，是我国的一项大的国策，要当作一件非常重要的事情来抓。”[⑤]1988年8月，陈云为环境保护工作题词：“治理污染，保护环境，造福子孙后代。”[⑥] 陈云的这些意见和建议均得到当时中央和国务院领导人的重视，之后采取了一些措施治理环境。当时环境破坏和污染的程度远不似后来的严重，这更表明陈云对这个问题的敏感性和预见性，更表明防治污染、治理环境的重要性。

总之，陈云关于治国特别是经济建设的思想十分丰富，这里不再一一列举。

三、关于治党治国的基本思想方法和工作方法

陈云关于治党治国的思想方法和工作方法，就是著名的十五字诀：“不唯上、不唯书、只唯实，交换、比较、反复”。陈云自己对这15个字有明确详细的解释，他说：“不唯上，并不是上面的话不要听。不唯书，也不是说文件、书都不要读。只唯实，就是只有从实际出发，实事求是地研究处理问

① 《陈云文选》第3卷，人民出版社1995年版，第375页。
② 《陈云年谱（修订本）》下卷，中央文献出版社2015年版，第218页。
③ 《陈云文选》第3卷，人民出版社1995年版，第254、263页。
④ 《陈云年谱（修订本）》下卷，中央文献出版社2015年版，第354—355页。
⑤ 《陈云文选》第3卷，人民出版社1995年版，第364页。
⑥ 《陈云年谱（修订本）》下卷，中央文献出版社2015年版，第468页。

题，这是最靠得住的。交换，就是互相交换意见。比方说看这个茶杯，你看这边有把没有花，他看那边有花没有把，两人各看到一面，都是片面的，如果互相交换一下意见，那末，对茶杯这个事物我们就会得到一个全面的符合实际的了解。过去我们犯过不少错误，究其原因，最重要的一点，就是看问题有片面性，把片面的实际当成了全面的实际，作为一个领导干部，经常注意同别人交换意见，尤其是多倾听反面的意见，只有好处，没有坏处。比较，就是上下、左右进行比较。抗日战争时期，毛主席《论持久战》就是采用这种方法。他把敌我之间互相矛盾着的强弱、大小、进步退步、多助寡助等几个基本特点，作了比较研究，批驳了‘抗战必亡’的亡国论和台儿庄一战胜利后滋长起来的速胜论。毛主席说，亡国论和速胜论看问题的方法都是主观的和片面的，抗日战争只能是持久战。历史的发展证明了这个结论是完全正确的。由此可见，所有正确的结论，都是经过比较的。反复，就是决定问题不要太匆忙，要留一个反复考虑的时间。这就是毛主席的办法。他决定问题时，往往先放一放，比如放一个礼拜、两个礼拜，再反复考虑一下，听一听不同的意见。如果没有不同的意见，也要假设一个对立面。吸收正确的，驳倒错误的，使自己的意见更加完整。并且在实践过程中，还要继续修正。因为人们对事物的认识，往往不是一次就能完成的。这里所说的反复，不是反复无常、朝令夕改的意思。”陈云概括这 15 个字说：“前九个字是唯物论，后六个字是辩证法，总起来就是唯物辩证法。”[①] 这 15 个字，是陈云反复倡导的思想方法和工作方法，也是陈云作为党和国家领导人治党治国身体力行的基本方法，是陈云的一贯作风和品格。

这 15 个字的核心是“只唯实”，也就是毛泽东说的“实事求是”。陈云指出：“重要的是要把实际看完全，把情况弄清楚，其次是决定政策，解决问题。”“交换、比较、反复”是做到“只唯实”的具体方法。陈云说：“弄清‘实事’并不容易。为了弄清‘实事’，我把它概括为六个字，就是：交换，比较，反复。”[②] 毛泽东说过，“没有调查，没有发言权。”调查就像“十月怀胎”，解决问题就像“一朝分娩”。[③] 真正做到“只唯实”，就必须深入实际调查研究。陈云治党治国尤其注重调查研究，他指出：“难者在弄清情况，

---

① 《陈云文选》第 3 卷，人民出版社 1995 年版，第 371、372 页。

② 《陈云文选》第 3 卷，人民出版社 1995 年版，第 46、235 页。

③ 《毛泽东选集》第 1 卷，人民出版社 1991 年版，第 109、110 页。

不在决定政策。只要弄清了情况，不难决定政策。”他多次指出：“要用百分之九十以上的时间研究情况，用不到百分之十的时间决定政策。所有正确的政策，都是根据对实际情况的科学分析而来的。”[①] 毛泽东曾赞扬说：“陈云同志，特别是他，懂得较多。他的方法是调查研究，不调查清楚他就不讲话。”[②] 习近平总书记在纪念陈云同志诞辰 110 周年座谈会上的讲话中也指出：“依靠调查研究作决策，是陈云同志坚持实事求是的思想方法和工作方法。每逢重大决策之前，陈云同志总要做大量调查研究，听取多方面意见。”[③] 陈云所说的“交换”，就是调查研究的一种方法。对重大问题作出决策，只要可能，陈云总是在认真听取各方面意见的同时，都亲自到当地看一看，直接接触和了解实际情况，然后，再经过比较和反复，作出决策。正是因为如此，陈云作为党和国家领导人极少犯错误。

陈云治党治国思想是一座十分丰富的宝库，不但在新中国近 70 年的历史中发挥了重要指导作用，而且在今天和今后贯彻落实习近平治国理政思想，实现“四个全面”战略布局和“五位一体”总体布局，不断推进国家治理现代化进程，全面建设社会主义现代化强国，仍具有重要的现实价值和深远的历史价值。

① 《陈云文选》第 3 卷，人民出版社 1995 年版，第 46、34 页。

② 《陈云年谱（修订本）》下卷，中央文献出版社 2015 年版，第 120 页。

③ 《人民日报》2015 年 6 月 13 日。

深化陈云生平和思想研究 坚定不移将改革进行到底*

张星星

2018年是全面贯彻党的十九大精神和习近平新时代中国特色社会主义思想的开局之年。党的十九大作出了“中国特色社会主义进入新时代”的重大政治判断，确立了习近平新时代中国特色社会主义思想的指导地位，提出了新时代坚持和发展中国特色社会主义的基本方略，对实现伟大梦想、进行伟大斗争、建设伟大工程、推进伟大事业作出了全面部署。2018年，我们将迎来改革开放40周年。党的十一届三中全会作出的改革开放战略决策，是决定当代中国命运的关键抉择，是当代中国发展进步的必由之路，是实现中华民族伟大复兴中国梦的动力之源。本届陈云与当代中国学术研讨会确定以“陈云研究与改革开放的新时代”为主题，一方面旨在从新时代的高度把陈云生平和思想研究进一步引向深入，另一方面也是为了更好地学习宣传贯彻党的十九大精神和习近平新时代中国特色社会主义思想，隆重庆祝改革开放40周年。

下面，我围绕会议主题和与会论文，主要从五个方面作一个总结。

一、深入学习陈云的党建思想，全面落实新时代党的建设总要求

陈云曾长时间担任党的组织工作和纪检工作的主要领导，高度重视党的自身建设，对党的政治建设、思想建设、组织建设、纪律建设、作风建设、制度建设和反腐倡廉建设做了富有创造性的实践和理论探索，对党的建设各个方面都提出了许多重要思想和观点，为毛泽东建党思想、邓小平新时期党建理论的形成和发展作出了重要贡献。党的十八大以来，以习近

---

* 这是2018年作者在第十二届陈云与当代中国学术研讨会上作的学术总结。

平同志为核心的党中央针对党的建设面临的考验、风险和突出问题，把推进全面从严治党提到“四个全面”战略布局的高度，以维护党中央权威和集中统一领导为首要任务加强党的政治建设，以坚定理想信念为核心加强党的思想建设，以强化党的纪律为中心加强党的组织建设，以落实中央八项规定、反对“四风”为抓手加强党的作风建设，以强化全面从严治党责任制为重点加强党的制度建设，以加大反腐败斗争力度为突破口推进反腐倡廉建设，在管党治党方面取得了显著成效。深入学习研究陈云的党建思想，对坚持党的领导、加强党的建设，全面落实党的十九大报告提出的新时代党的建设总要求具有重要现实意义。

在本届会议的论文中，当代中国研究所李正华的《陈云的核心意识与邓小平理论的形成》，分三个时段论述了陈云坚定维护邓小平在中央领导集体中的核心地位和党中央权威，及其对邓小平理论形成作出的重要贡献。陈云纪念馆范莎莎的《陈云维护和加强党中央权威的思想》，从维护党的领导核心、维护党中央经济权威、维护党的纪律、坚持民主集中制等方面阐述了陈云维护党中央权威的思想和实践及其现实意义。唐山师范学院李阎的《陈云党建思想的特点、历史贡献和时代价值》，从坚持马克思主义理论、注重实践磨炼、加强党性修养、端正思想方法等方面分析了陈云党建思想的特点，重点围绕改革开放新时期和中国特色社会主义新时代阐述了其历史贡献和时代价值。福建师范大学赵宇的《陈云对从严治党思想的探索及启示》，着重阐述了陈云在党的思想建设、组织建设特别是民主集中制建设、纪律建设、干部队伍建设、党风廉政建设等方面从严治党作出的理论和实践探索。中共江西省委党校江泰然的《论陈云社会主义政治建设思想》和中国井冈山干部学院丁仁祥的《陈云党内政治生活思想的特点及启迪》，主要从坚持党性原则、严格遵守党纪、坚持民主集中制、开展批评和自我批评等方面阐述了陈云关于党内政治建设和政治生活的思想。福建师范大学吕政龙的《论改革开放后陈云制度治党思想》，从健全民主集中制和集体领导制度、完善会议制度、改革干部制度、强化党内监督制度等方面概括阐述了陈云的制度治党思想。中共淮南市委党校苏秀珍的《陈云党风建设思想对新时代全面从严治党的启示》和中共株洲市委党史工作办公室王启才的《试论陈云关于执政党党风建设的思想》，概括梳理了陈云对党风建设的重要论述，探讨了执政党党风建设的基本内容、基本要求和具体路径，及其对新时代全面从严治党的启示。中共吉林省委党校刘金福的《陈云党风廉政建设思想探析》、南开大学徐行和魏鹏的《试论陈云的党风廉政建设思想及其现实启示》、当代中国研究所周红的《论陈云对我党反腐倡廉工作的历史贡献及现实启示》，系统阐述了陈云对党风廉政建设和反腐败斗争作出的重要贡献，探讨了陈云党风廉政建设思想和实践的现实意义。中共广东省委党史研究室叶浩豪的《陈云干部队伍建设思想探析》、中共上海市青浦区委党校李秀元的《陈云的干部队伍建设思想及其当代价值》、陈云纪念馆江丹的《新时期陈云的接班人思想探析》、当代中国研究所博士后吴绮雯的《陈云关于技术人员培养使用思想及启示》，分别从不同视角研究和阐述了陈云的干部队伍建设思想，以及在识别干部、选拔干部、使用干部、培养干部等方面作出的积极探索和贡献。陈云纪念馆王震风的《陈云的支部建设思想及其现实意义》，集中研究了陈云领导基层党支部建设的思想和实践，探讨了陈云在党支部的地位和作用、支部建设的基本内容和任务等方面作出的重要贡献。

二、深入学习陈云的改革开放思想，坚定不移将改革进行到底

陈云是中央领导集体中较早思考和探索经济体制改革的领导人，并提出了比较完整的、富有创见的改革构想。党的十一届三中全会后，陈云积极支持邓小平倡导的改革开放，支持从农村到城市的经济体制改革、从沿海到内地不断扩大的对外开放。他提出，在社会主义经济中要有意识地发挥和扩大市场调节作用，改革要不断总结经验，脚踏实地向前推进，支持探索符合实际、充满活力的社会主义经济新体制。党的十八大以来，以习近平同志为核心的党中央高举改革开放旗帜，把全面深化改革作为推进“四个全面”战略布局中具有突破性和先导性的关键环节，以更大的政治勇气和政治智慧推进改革，用全局观念和系统思维谋划改革，着力增强改革的系统性、整体性、协同性，各领域改革不断提速，呈现全面发力、多点突破、蹄疾步稳、纵深推进的良好态势。深入学习研究陈云的改革开放思想，对贯彻落实新时代全面深化改革的各项部署，加快完善社会主义市场经济体制和建设现代化经济体系，坚定不移把改革进行到底，具有重要借鉴意义。

在本届会议的论文中，华东师范大学商孝才的《陈云改革开放思想的

鲜明特色及其时代意义》，从坚持马克思主义的指导地位、强调计划和市场“两种经济”并存、坚决抵制和反对经济活动的丑恶思想和行为、不断改善人民的生活四个方面，概括和阐述了陈云改革开放思想的鲜明特色。江汉大学刘明钢的《陈云与改革开放的新时期》，着重从倡导经济体制改革、自觉地运用辩证唯物论、在党内有崇高威望、与邓小平心灵相通等个人特质，分析和阐述了陈云在改革开放新时期作出的特殊而重要的贡献。当代中国研究所吴超的《陈云与改革开放时期的社会主义现代化建设》，集中研究了陈云在推动实现伟大历史转折、正确认识和把握中国国情、建设什么样的社会主义现代化和如何实现现代化等方面，为开创中国特色社会主义道路作出的卓越贡献。安徽大学李嘉树的《略论陈云对农村改革的贡献》，以丰富翔实的资料系统研究了陈云在 1961 年和党的十一届三中全会后两次对安徽“责任田”“大包干”的关注和支持，真实反映了陈云积极推动农村改革作出的重要贡献。中共上海市委党史研究室严爱云的《陈云与上海改革开放事业的发展》，主要从关心上海干部队伍建设、支持宝钢建设、强调综合平衡和循序渐进、关注人口与环境协调发展、倡导两个文明一起抓等方面，阐述了陈云对上海改革开放事业的关怀和指导。陈云纪念馆徐建平的《试论陈云关于发展的哲学思考》，系统研究了陈云坚持从国情出发确定发展规模、坚持从实际出发总结实践经验、坚持从全局出发强调综合平衡，以及发展要以人民群众为价值主体和价值归宿等哲学思考，深化了对陈云发展思想和哲学思想的研究。当代中国研究所邱霞的《论陈云的改革方法论》，以文本和实践相结合的研究方法，从“要坚持实事求是”“摸着石头过河”“改革的步子要稳”三个方面，概括和阐述了陈云的改革方法论及其重要意义。陈云纪念馆陶蕾的《陈云改革开放思想的辩证关系研究》，着重从正确处理计划与市场的关系、积极推进与稳步前进的关系、微观搞活与宏观控制的关系、调动积极因素与防止消极因素的关系，分析了陈云改革开放思想的鲜明特色和现实意义。中央党史和文献研究院王达阳的《陈云：改革要“摸着石头过河”》，以丰富的史料考证了“摸着石头过河”的提出和广泛采用，深刻阐述了“摸着石头过河”作为改革开放重要方法的实践指导意义。陈云纪念馆杜娟的《从三大宽广视角论陈云对外开放思想》，着重从历史和现实相贯通、国际和国内相关联、理论和实际相结合的三个视角，系统分析和阐述了陈云对外开放思想的形成和发展，及其对积极稳妥推进对外开放的指导意义。当代中国研究所魏立帅的《陈云与转折时期党的思想路线、政治路线、组织路线的恢复》和中共驻马店市委李国胜的《试论陈云在中国革命历史几个转折点上的重要作用》，重点阐述了陈云在党的十一届三中全会前后的伟大历史转折中发挥的重要作用和作出的突出贡献。陈云纪念馆郭金雨的《改革开放时期陈云党的形象观论析》，阐述了陈云在维护党的领袖形象、重塑党的安定团结形象、恢复党的清正廉洁形象、树立党的集体领导形象等方面作出的重要贡献。辽宁省社科院张洪军的《从“看不见”到“看不够”——陈云与治理本溪环境污染》、当代中国研究所徐轶杰的《陈云与改革开放初期的环境保护工作》和山东大学胡伟的《陈云生态文明思想研究》，分别从不同视角阐述了陈云在治理环境污染、关注环境保护和加强生态文明建设方面作出的积极探索和贡献。

三、深入学习陈云的经济思想，积极贯彻习近平新时代中国特色社会主义经济思想

陈云是中国社会主义经济建设的开创者和奠基人之一，为新中国迅速恢复国民经济、安定人民生活，为实行对粮食、棉花等主要农产品统购统销，为确立社会主义基本经济制度、建立独立的比较完整的工业体系和国民经济体系，做了大量卓有成效的工作，为探索中国社会主义建设道路作出了杰出贡献。党的十八大以来，以习近平同志为核心的党中央积极适应和引领经济发展新常态，对发展思路及时作出重要调整，坚持稳中求进工作总基调，对推进经济建设作出正确决策，成功驾驭我国经济发展大局，五年来中国国内生产总值从 54 万亿元增至 82.7 万亿元，年均增长 7.1%，结构不断优化，活力不断释放，韧性不断增强，对世界经济增长贡献率超过 30%，成为世界经济增长的主要动力源和稳定器。特别是在指导经济工作实践中形成了以创新、协调、绿色、开放、共享的新发展理念为主要内容的习近平新时代中国特色社会主义经济思想。深入学习研究陈云的经济思想，对深刻领会和贯彻落实习近平经济思想具有重要借鉴作用。

在本届会议的论文中，中国社科院经济研究所董志凯的《探索质量与管理体制、发展速度的辩证关系——从陈云思想学习习近平新时代中国特色社会主义经济思想》，深入研究了陈云在制造领域、基建领域、文教领域对质量问题的高度关注，以及对质量与管理、质量与速度辩证统一关系的

不懈探索，分析了陈云经济思想对学习习近平新时代中国特色社会主义经济思想和推进高质量发展的启示意义。河南大学何云峰的《试论新中国成立初期陈云在经济工作中的大局意识》、当代中国研究所叶明勇的《试论新中国建立前后陈云解决经济问题的方法及特点》、陕西延安精神研究中心高慧琳的《陈云综合平衡思想在发展市场经济中的意义》、中共株洲市委党史工作办公室吴志平和王胜华的《试述陈云晚年的光辉思想及其历史贡献——重温〈当前经济工作的几个问题〉》，分别从不同时段和不同主题深入研究了陈云的经济思想和实践，阐述了陈云在新中国经济工作中作出的杰出贡献。深圳大学杨海波的《陈云经济思想的哲学透析——基于方法论视角》，从破与立、内与外、点与面、上与下四个方面，分析和阐述了陈云经济思想的哲学意义，及其对当前我国经济社会发展提供的借鉴和启示。东北师范大学刘文健、刘景岚的《陈云在全行业公私合营前后对资本家与国家、公股代表及工人关系的认识与处理》，集中围绕在全行业公私合营中如何对待资本家的问题，深入研究了陈云在妥善安排资本家的职务和工资、积极调节公股代表与资本家关系、提高工人地位和待遇等方面采取的正确态度和政策。当代中国研究所张金才的《邓小平、陈云与20世纪60年代初的国民经济调整》和中国社科院研究生院张林鹏的《陈云经济调整思想的几个核心观点研究》，分别阐述了陈云在两次国民经济调整中作出的重要贡献，以及在调整中提出的“有退有进，稳中求进”，“综合平衡，按比例发展”和“一要吃饭，二要建设”等重要观点。江西井冈山大学黄惠运的《中央苏区时期陈云的粮食经济思想及当代启示》、河北大学王涛和刘秉龙的《新中国建立初期陈云对粮食增产问题的思考与实践》、山东菏泽学院董传岭的《新中国成立初期陈云发展农业生产的方略及现实价值》、中南财经政法大学许天成和瞿商的《陈云与20世纪60年代前后解决中国粮食问题战略构想的演进及其实践》、福建江夏学院严圣明的《陈云的农村建设思想与启示》、河南大学范刻心和当代中国研究所王瑞芳的《简论陈云工业支持农业的思想》，分别对陈云发展农业生产、提高粮食产量、加强农村建设、工业支援农业等思想做了比较深入和系统的研究。当代中国研究所钟瑛的《陈云财政金融思想与实践及其现实启示》，系统概括和研究了陈云的财政金融思想与实践，深入探讨了陈云的财政金融思想对当前防控化解财政金融风险的现实启示。陈云纪念馆张秋震的《改革开放初期陈云金融思想及其现实启示》，主要从货币发行、外汇管理和金融人才培养三个方面概括了陈云在改革开放初期的金融思想，探讨了陈云金融思想的现实启示。中国社科院经济研究所姜长青的《陈云三次成功预判货币走势》，重点研究了陈云在抗日战争后期、东北解放战争时期和"文化大革命"中，对国民党法币、金元券和美元走势作出的成功预测和采取的有效措施。当代中国研究所王蕾的《陈云外贸安全的思想和实践及其现实意义》，系统研究了陈云在外贸结构安全、外贸资产安全和建立健全外贸机制等方面进行的深入思索和有效实践，以及对发展具有中国特色的国际贸易理论体系作出的独特贡献。

四、深入学习陈云的宣传文化工作思想，大力加强党对意识形态工作的领导

陈云高度重视党的思想政治工作、宣传文化工作和社会主义精神文明建设，深刻阐明了在改革开放的新时期坚持两个文明一起抓的重要意义。他指出："我们是社会主义国家，我们既要有高度的物质文明，也要有高度的社会主义精神文明，这是我们永远要坚持的奋斗方向。""忽视社会主义精神文明建设，我们的整个事业就可能偏离马克思主义，偏离社会主义道路。"[①] 党的十八大以来，以习近平同志为核心的党中央把意识形态工作摆上极端重要的位置，强调意识形态工作事关党的前途命运，事关国家长治久安，事关民族凝聚力和向心力，大力加强党对意识形态工作的领导，巩固马克思主义在意识形态领域的指导地位，夯实全党全国人民团结奋斗的共同思想基础，把培育和弘扬社会主义核心价值观作为凝魂聚气、强基固本的基础工程，弘扬中华优秀传统文化，增强全民族文化创造活力，不断增强文化整体实力和竞争力。深入学习研究陈云的宣传文化工作思想，对加强党的意识形态工作、建设社会主义文化强国具有重要的指导意义。

在本届会议的论文中，中央党史和文献研究院王浩的《陈云的社会主义意识形态斗争思想初探》，系统梳理了陈云关于意识形态领域斗争的相关论述和实践，深入分析了陈云在意识形态问题上以大无畏精神敢于斗争、以高超政治艺术善于斗争等鲜明特点，探讨了陈云意识形态斗争思想的当

---

① 《陈云文选》第 3 卷，人民出版社 1995 年版，第 338—339、355 页。

代价值和启示。海军大连舰艇学院阚延华、冯天骕的《陈云关于宣传思想工作的论述及现实意义》，从理论与实践的结合上系统阐述了陈云对宣传思想工作的地位作用、宣传思想工作必须坚持党的领导、宣传思想工作的方式方法、宣传思想工作的队伍建设等方面的论述，深入研究了陈云关于宣传思想工作的论述对做好当前宣传思想工作的重要现实意义。当代中国研究所周进的《陈云论马克思主义：真学真信真用的光辉典范》，系统而深入地阐述了陈云对马克思列宁主义真学、真信、真用的光辉一生，生动展现了陈云在勤学、善学和言传身教，始终保持坚定的马克思列宁主义理论信仰，紧密联系中国实际运用和发展马克思列宁主义等方面，为全党树立的光辉典范。福建龙岩学院马春玲的《民主革命时期陈云的党员理想信念教育思想论析》，重点研究了陈云对党员理想信念教育的高度重视，以及对党员理想信念教育的基本内容、主要原则和方法等方面作出的积极探索和贡献。陈云纪念馆余薇的《改革开放新时期陈云的党性教育思想》，概括阐述了陈云关于党风、党纪、党性原则等重要论述，从坚持以德为先、注重制度建设、纠正不正之风、严厉惩治腐败等方面，分析了改革开放新时期陈云党性教育思想的时代特点和现实意义。福建宁德社科联邱树添的《学习精神照耀新时代——试论陈云学习精神对新时代中国特色社会主义之重要意义》，从考证习近平在担任宁德地委书记期间即以陈云为学习的楷模、倡导陈云的学习精神入手，论述陈云的学习精神与习近平新时代中国特色社会主义思想的内在联系。

五、深入学习陈云的哲学思维和人民情怀，把党的群众路线贯彻到治国理政全部活动中

陈云是学习和运用马克思主义哲学、加强党性修养的楷模，对共产主义崇高理想和伟大事业始终坚贞不渝，对党和人民无限忠诚，坚持原则，顾全大局，一心为民，脚踏实地，严于律己，清正廉洁，深得全党全国人民的尊敬和爱戴。习近平高度评价陈云“始终坚守对马克思主义、共产主义的信仰不动摇”，要求“全党同志一定要坚守共产党人精神家园，把改造客观世界和改造主观世界结合起来，切实解决好世界观、人生观、价值观问题，练就共产党人的钢筋铁骨，铸牢坚守信仰的铜墙铁壁，矢志不渝为

中国特色社会主义共同理想而奋斗”。[①]党的十八大以来，以习近平同志为核心的党中央先后组织开展“三严三实”“两学一做”学习教育，引导广大党员按照“讲政治、有信念，讲规矩、有纪律，讲道德、有品行，讲奉献、有作为”的要求，增强党内政治生活的政治性、时代性、原则性、战斗性，积极营造风清气正的良好政治生态。深入学习研究陈云的哲学思维、人民情怀和加强党性修养的思想与实践，对坚持以人民为中心的发展思想、永葆共产党人的政治本色有重要指导意义。

在本届会议的论文中，陈云纪念馆陈麟辉的《陈云的唯物辩证思维及其当代价值》，系统阐述了陈云以马克思主义认识论和唯物辩证法为指导，紧紧抓住“把思想方法搞对头”这一马克思主义哲学精髓，树立“学好哲学，终身受用”的哲学思维范式，坚持理论联系实际和求真务实作风等唯物辩证思维，及其在中国特色社会主义新时代的重要思想价值。中国社科院研究生院崔钧的《陈云“十五字诀”由来与形成探析》，从马克思主义理论信仰的确立、对毛泽东实事求是思想的深刻领会、中国革命和建设实践经验的科学总结等方面，分析阐述了陈云十五字诀的形成和发展。中共中央党校燕翔的《陈云的党性修养》，结合陈云的思想和实践，集中阐述了陈云在马克思主义理论信仰、共产主义的理想信念、全心全意为人民服务、严守党的纪律等方面表现出的党性修养。东北大学樊丽明、李彦儒的《陈云家风建设思想及现实启示》，研究和阐述了陈云在家庭和睦、子女教育、廉洁持家等方面形成的良好家风，及其对新时代家风建设的现实启示。上海市中共党史学会陈挥的《试论陈云的人民观》和陈云纪念馆方芳的《陈云指导评弹工作中人民性思想及其现实意义》，从不同角度阐述了陈云维护人民利益、听取群众意见、尊重人民意愿、关注民生改善等高尚而朴素的人民情怀。福建龙岩学院林妹珍的《中央苏区时期陈云工会工作的思想与实践》和廖雅珍的《中央苏区时期陈云在汀州纠正劳动合同探析》，分别从宏观和微观两个视角阐述了陈云在健全工会组织、发动工人群众、维护工人利益、克服“左”倾错误等方面作出的努力和贡献。北京化工大学吴应贤的《浅析陈云调查研究思想的主要特点》，着重概括了陈云在调查研究中尊重事实、是非分明、勇于反思、敢于纠错、善于总结等显著特点和优秀品

① 《人民日报》2015年6月13日。

格。当代中国研究所牛冠恒的《陈云读书的五个时期》和江西省委党校刘瑜的《陈云的读书方法》，重点研究了陈云的读书生活，挖掘了陈云在读书方面的科学方法和宝贵经验。广东海洋大学苗体君的《青年陈云升任中央政治局常委原因探析》、中共深圳市委党校王定毅的《陈云与中共中央书记处》、中央党史和文献研究院迟爱萍的《论第二届中顾委主任陈云的历史担当》，分别从不同时段拓展和深化了陈云生平和思想研究。

大家在研讨交流中一致感到，陈云的宝贵思想是党和人民的精神财富，有着长久的生命力和深刻的历史启示，对深入学习贯彻党的十九大精神和习近平新时代中国特色社会主义思想具有重要的借鉴意义。党的十九大精神和习近平新时代中国特色社会主义思想，同陈云生平和思想研究在许多方面高度契合，既为深化陈云生平和思想研究提供了新的理论指导，也提出了许多值得深入开掘的重大研究课题。习近平在全国宣传思想工作会议、党的新闻舆论工作座谈会、哲学社会科学工作座谈会等会议上的重要讲话中，反复强调要坚持以马克思主义为指导、坚持以人民为中心的研究导向、坚持问题意识和问题导向。有志于陈云研究的同志，应当以习近平新时代中国特色社会主义思想为指导，站在新的时代高度和理论高度，紧紧围绕党和国家工作大局，以宣传阐释、贯彻落实党的十九大精神和习近平新时代中国特色社会主义思想为着眼点，以人民群众普遍关注的理论和实践问题为落脚点，把陈云生平和思想研究进一步提高到新的水平。

父亲与党史、国史研究*

陈伟力

父亲的一生是伟大而光辉的一生，他经历了我们党领导人民进行革命、建设、改革各个历史时期几乎所有重大事件，参与了党中央在不同历史时期一系列重大决策的制定和实施，多次在党和人民事业发展的关键时刻、在党和国家的重大决策中发挥十分重要的作用。他始终坚持并善于把马克思主义基本原理同中国实际相结合，为中国人民解放事业的开展和成功，为中国社会主义制度的建立和巩固，为中国特色社会主义道路的开辟和推进，奉献了毕生精力，建立了不朽功勋。

父亲与浙江有着不解之缘。他多次说："杭州的环境好，气候好，山水好，这里真是工作、休息的好地方。"

新民主主义革命时期，在 1927 年 2 月上海第二次工人武装起义失败后，父亲就乘船来到浙江宁波地区的余姚，指导当地盐民组织起来，建立盐民协会，同盐霸作斗争，在当地播下了革命的火种。此后，由于受到敌人的通缉，父亲又到浙江嘉善隐蔽，继续领导革命斗争。

社会主义革命和建设时期，父亲多次来到杭州视察和休养。他先后视察了杭州钢铁厂、浙江大学等地方，主持召开了全国基本建设工程质量杭州现场会议、中央化肥小组座谈会等重要会议，观看了《野火春风斗古城》《林海雪原》等评弹演出。

改革开放后，父亲几乎每年都到杭州视察、工作和疗养。在杭州，父亲关心人民群众的生活，提出要逐步改善农民的生活，这是头等大事；在杭州，父亲撰写了《提拔培养中青年干部是当务之急》一文，呼吁全党都要重视干部的交接班问题；在杭州，父亲数次接见评弹演员、深入评弹书场、

---

* 这是 2014 年作者在第八届陈云与当代中国学术研讨会上的讲话。

作出重要指示，为评弹艺术的发展指明了方向；在杭州，父亲辨认了《遵义政治局扩大会议传达提纲》，为解决遵义会议这一历史难题作出了重要的贡献。

父亲十分重视党史、国史的学习、研究与宣传。延安时期，父亲就强调："要研究中国的历史和时事政治的情况，不然也就不能规定当前的革命工作的任务和方法。"新中国成立后，父亲又指出："我们不能割断历史看问题"。改革开放后，父亲清醒地指出："青年人不知道我们的历史，特别是中国革命、中国共产党的历史，这件事情现在要抓，以后也要抓，要一直抓下去。"父亲还要求我们学习中国共产党的历史，他在给我妹妹伟华的信中说：要"学习中国近代史（从鸦片战争到全国解放），没有历史知识，连《毛泽东选集》也看不懂"。在父亲的带领下，我们家组织了学习小组，学习《毛泽东选集》和相关的历史知识。

在实际工作中，父亲总是坚持以实事求是的态度对待党史、国史，要求把真正的历史面目写出来，不能带有个人的感情色彩。20 世纪 80 年代中期，锦州辽沈战役纪念馆搜集整理了有关辽沈战役的一些回忆文章汇集成册，拟编写《辽沈战役》一书。对于林彪的评价，成为编写这本书的敏感问题之一。父亲明确说："战役参加者的作用，战役的组织、指挥，这些对于战役的胜利无疑都是十分重要的。林彪作为四野的司令员，在当时正确的地方，我们也不必否定。但是不能只看到这一方面的作用，还必须看到其他方面的作用。只有这样看待辽沈决战，才是全面的，符合历史唯物论的。"父亲的这一观点为这本书的编辑和出版指出了明确的方向。

"以史为鉴，可以知兴替。"在新的形势下，学习党史、国史，有助于了解中国共产党与中华人民共和国的苦难史、奋斗史和发展史，并从历史中吸取经验、教训和力量，从而进一步坚定中国道路自信、理论自信和制度自信。因此，习近平同志指出：学习党的历史，是坚持和发展中国特色社会主义、把党和国家各项事业继续推向前进的必修课。这门功课不仅必修，而且必须修好。回顾和学习父亲关于党史、国史的论述，关于党史、国史研究的指导思想和方法，对于学好这门功课具有重要的意义。面对中华民族伟大复兴的征程，学习和宣传好父亲等老一辈无产阶级革命家的党史、国史思想，就是对伟人精神的最好缅怀和传承。

研讨会论文

陈云民生哲学思想及其当代价值

徐建平

一、陈云民生思想的形成条件

（一）青少年时期的学习和生活经历，树立了经世济民的理想抱负

陈云出生在半殖民地半封建社会的旧中国，自幼失去父母，家中既无田地又无房产，由舅父母收养，童年的艰辛与不幸让他对百姓的生活疾苦深有体会。因为家境贫寒，陈云的求学经历时断时续。从1913年至1919年，他先后在私塾、贻善小学、青浦县立乙种商业学校和颜安国民小学等学校接受正规教育，前后共计六年。陈云在颜安国民小学读书学习期间，除了接受传统文化的熏陶外，也开始接触新思想新文化。通过学习新文化知识，陈云知悉近代中国先进知识分子开展的各种爱国主义运动，如康有为、梁启超等人发起的维新运动，孙中山领导的辛亥革命等，这些知识大大开阔了他的视野，让他对人民群众生活的困苦有了更深了解，这不断激发他的爱国热情，使他思想上更加进步、行动上更加坚定。

1919年五四运动爆发，轰轰烈烈的爱国主义洪流将陈云内心的爱国之情，凝聚成坚定的报国之志。颜安小学高小部毕业后，陈云到上海商务印书馆做学徒。当时的商务印书馆不仅仅是图书出版机构，也是各类新思潮荟萃的单位；既“是工人阶级比较集中的一个单位”，同时“也是中国共产党成立后开展活动的一个重要基地”。在那里陈云开始接触并大量阅读进步书籍，如《共产党宣言》《马克思主义浅说》等，逐步认识到“无产阶级的运动是绝大多数人的、为绝大多数人谋利益的独立的运动”[①]，由此在思想上逐渐向共产主义靠拢。1925年“五卅”运动期间，陈云参加领导

① 《马克思恩格斯选集》第1卷，人民出版社1995年版，第283页。

全馆职工的大罢工运动，同年8、9月间由董亦湘、恽雨棠介绍加入中国共产党。在商务印书馆工作、生活的八年时间，陈云不仅积累了丰富的文化知识、经济知识和革命知识，而且进一步了解了底层民众的疾苦。这一难得的环境，对陈云民生观的形成起了非常重要的作用，自此奠定了他“今后不是做‘成家立业’的一套，而要专干革命”的经世济民的理想抱负。晚年陈云曾回忆道：“从青浦到上海，这是我人生中间，非常重要的一段，这步迈出去以后，才有机会接触到共产党，才有这一生。”

（二）马克思主义群众史观是陈云民生思想的理论渊源

从理论上看，马克思主义群众史观是陈云民生思想的理论基石。马克思主义群众史观认为，人民群众是社会物质财富和精神财富的创造者，人民群众的实践活动是推动社会历史发展的动力，人民群众是英雄人物发挥历史作用的决定力量。商务印书馆当年出版过陈溥贤翻译的《马克思的经济学说》，范寿康、施存统翻译的《马克思主义与唯物史观》等介绍马克思主义的书籍。据陈云自己回忆说，当时他读了很多革命知识方面的书，“在入党前看了《马克思主义浅说》、《资本制度浅说》、《共产主义ABC》等”，通过阅读这些进步书籍，他对马克思主义唯物史观有了更深的了解，逐步树立了“相信群众、依靠群众”“人民群众是历史的创造者”的观点。

从实践上看，莫斯科的学习生活对陈云民生观的形成与发展具有重要影响。1935年9月上旬，陈云第一次到苏联，进入列宁学院学习，并在东方劳动者共产主义大学任副教授。在此期间，他系统阅读了马恩列斯原著、学院编写的辅导教材，以及世界其他国家无产阶级革命历史的有关文献，还包括一些无产阶级经典作家对工农运动、阶级分析与阶级斗争等方面内容的论述。在学习期间，陈云在共产国际代表团组织下，参观了许多苏联工厂企业，实地了解苏联社会主义工业、农业、文化教育事业的发展情况。在苏联的学习和工作经历，不仅使陈云大开眼界，而且也有了横向了解国外民众状况的机会，丰富了其民生哲学的资源。

（三）多年实践活动经验的总结

陈云的民生哲学根植中国历史文化、源于马列主义。他所倡导的“民生”，既吸收了古今中外思想文化的优秀成果，又同封建社会的“民本”思想、资本主义社会的“人文主义”有本质的不同，陈云的民生哲学是为民所思为民所想，是“俯首甘为孺子牛”的共产党人的情操。陈云在处理经济建设中的各种关系时认为："保证必需的民生（当然不是大吃大喝），有余再搞建设。"[①]"第一是吃饭，第二要建设。""建设规模的大小必须和国家的财力物力相适应。""经济建设和人民生活必须兼顾、必须平衡。""搞经济建设的最后目的，是为了改善人民的生活。"[②]早在土地革命时期，陈云就提出党和工会要在改善工人生活、领导工人的经济斗争中，提高工人群众的积极性。群众工作千丝万缕，首先要"从维护群众自己的利益出发，从群众内部去发动群众斗争"[③]。因为，要"使各方面工作都能进步，都能发展，都能健全，基本的环子就是开展群众工作。"[④]民生问题是人民的大事。民生问题最集中地表现在人民群众日常生活中的衣食住行、生老病死等问题上，"这是人民的大事"。

人心向背，是决定一个政党、一个政权盛衰的根本因素。马克思主义政党的理论路线和方针政策以及全部工作，只有顺民意、谋民利、得民心，才能得到人民群众的支持和拥护，才能永远立于不败之地。"群众的切身问题，不只是减租减息、废除苛捐杂税等事，还有许多日常的生活问题。"[⑤]陈云把马克思主义关于人民群众创造历史的观点运用于自己的实践中，集中表现在他切实关心人民群众的实际利益，把提高人民生活水平作为社会主义革命和社会主义建设时期的战略任务。陈云把马克思主义关于人民群众创造历史的观点运用于自己的实践，集中表现在他切实关心人民群众的实际利益，把提高人民生活水平作为社会主义革命和社会主义建设时期的战略任务。所有这些对民生问题的思想提炼，都为陈云民生哲学的最后形成提供了条件。

二、陈云民生思想的主要内容

（一）民生问题就是政治问题

民生改善不仅是经济问题，也是政治问题，关系社会的稳定与发展。民生问题，自古以来就是一个重要的社会问题；但不同的社会和政党对此有着完全不同的认识和态度。陈云作为亲历民主革命的中国共产党重要领

① 《陈云文集》第 3 卷，中央文献出版社 2005 年版，第 134—135 页。
② 《陈云文选》第 3 卷，人民出版社 1995 年版，第 309、52、29、280 页。
③ 《陈云文选》第 1 卷，人民出版社 1995 年版，第 164 页。
④ 《陈云文选》第 1 卷，人民出版社 1995 年版，第 164 页。
⑤ 《陈云文选》第 1 卷，人民出版社 1995 年版，第 167 页。

导人之一，始终关心民生问题，把民生与政治相联系，从政治高度认识民生问题，认为“老百姓不仅在军事上、政治上看我们，他们还透过经济看我们，看物价能不能稳定，还饿不饿死人。这些问题是老百姓关心的，也是对我们的考验。”[①] 所以，民生问题不仅是经济问题，也是政治问题，关系到社会稳定与否，民生问题“是国家大事”，“是政治问题”，解决民生问题“应该成为重要的国策”，[②] 在革命与民生关系方面，陈云强调革命就是为了民生。

新民主主义革命时期，陈云就指出：“群众工作千头万绪，究竟应该从哪一点做起呢？”“不是别的，就是在党的领导之下，从维护群众自己的利益出发”[③]。这里所指的“利益”，就包括群众的经济生活利益。1956 年 9 月在党的八大上，陈云针对猪肉等农副产品供应紧张、老百姓吃肉难的问题发言指出，“我认为，现在猪肉供应问题已经不单纯是一个普通的商品脱销问题，而是影响党和人民关系的一个重要问题。……如果不采取有效的措施加以解决，矛盾会越来越尖锐。”[④] 陈云在这里说的重要问题，就是政治问题。很显然，陈云已经把民生问题提到政治高度来认识。1962 年 3 月，在中央财经小组会议上的讲话中，陈云再次把解决老百姓日常生活必需的吃饭问题同政治联系起来，他语重心长地指出，“同志们，我们花了几十年的时间把革命搞成功了，千万不要使革命成果在我们手里失掉。现在我们面临着如何把革命成果巩固和发展下去的问题，关键就在于要安排好六亿多人民的生活，真正为人民谋福利。”[⑤]

改革开放时期，陈云仍然一以贯之地强调民生的重要性，指出我们党的经济方针，首先要让人民有饭吃。陈云向来把农业问题特别是粮食问题看得很重，针对农民吃饭困难的问题，他说：“建国快三十年了，现在还有讨饭的，怎么行呢？要放松一头，不能让农民喘不过气来。如果老是不解决这个问题，恐怕农民就会造反，支部书记会带队进城要饭。”[⑥] 把民生问题作为政治问题和重要的国策，既是陈云对长期领导经济工作经验的总结，也是建立在长期以来他对人民群众与党的事业关系重要性的深刻认识基础

① 《陈云文选》第 2 卷，人民出版社 1995 年版，第 60—61 页。
② 《陈云文选》第 3 卷，人民出版社 1995 年版，第 209、210 页。
③ 《陈云文选》第 1 卷，人民出版社 1995 年版，第 164 页。
④ 《陈云同志文稿选编（1956—1962）》，人民出版社 1980 年版，第 16 页。
⑤ 《陈云文选》第 3 卷，人民出版社 1995 年版，第 210 页。
⑥ 《陈云文选》第 3 卷，人民出版社 1995 年版，第 236 页。

上的。

（二）共产党人应始终关注改善民生

中国共产党自成立之日起，就处于激烈的阶级斗争之中，革命的主要任务是推翻压在中国人民头上的“三座大山”，党将主要精力集中于关系到党的生死存亡的政治斗争、经济斗争和军事斗争。因而，党内不少同志认为，革命时期主要精力不应该放在民生改善问题上，甚至认为这一问题无须关注。较之上述思想，陈云在革命实践中则逐渐认识到，无论是革命的爆发，还是革命的高涨，或多或少和民生状况有关。凭着对民生与革命关系的深刻认识，他认为，党在革命时期更应该关注民生和改善民生。土地革命时期，陈云在分析江苏农民运动发展时就指出：“目前江苏农民运动是一种发展的趋势。这是有客观原因的，主要是地主阶级的剥削和压迫加重了。”①地主阶级沉重的剥削和压迫，致使民不聊生，从而在一定程度上催生革命。因此，他要求各级党组织利用这种形势，加强对运动的领导，帮助群众解决实际困难，尤其是通过改善群众的生活来激发群众进行革命的积极性，只有这样才有可能取得革命的胜利。

新中国成立后，针对1953年以来我国市场上出现的若干种日用品消费品供不应求的现象，1954年9月陈云指出：“若干消费品供不应求的根本原因，是因为人民购买力增长的速度日益超过这些消费品生产增长的速度。”②为此，陈云提出对粮食、油料、棉布采用计划收购和计划供应的办法。他强调说：“对粮食、油料、棉花、棉布的计划收购和计划供应无疑是一种重大的措施，它关系到全国人民生活中最重要的吃饭和穿衣的问题，也关系到我国城乡经济生活的许多方面。”“只有采用这种办法，才能保证我国人民生活日益增长的需要，才能制止投机活动，保证市场物价的稳定”。③1957年1月，陈云在讲到国家的建设规模和国力之间的关系时，强调指出：“在财力物力的供应上，生活必需品的生产必须先于基建，这是民生和建设的关系合理安排的问题。”④长期的革命和建设实践使陈云清楚地认识到：关注民生、改善民生，始终是我们党的群众工作的重要内容。中国共产党领导

---

①《陈云文选》第1卷，人民出版社1995年版，第4页。

②《陈云文选》第2卷，人民出版社1995年版，第258页。

③《陈云文选》第2卷，人民出版社1995年版，第255—256页。

④《陈云文选》第3卷，人民出版社1995年版，第53页。

人民搞革命，其根本目的，就是为了改善人民的生活，把改善民生作为党的一项重要任务。

（三）关心民生重在解决群众切身利益问题

陈云认为，关心民生就要解决群众的实际问题。因为群众的实际问题，往往直接关系群众的切身利益。群众的切身利益得到解决，没有了后顾之忧，就能一心一意地扑在党领导的革命和建设事业上，中国革命和建设才有群众基础，才有力量之源，才能够取得成功。1939 年 12 月，在中国共产党陕甘宁边区第二次代表大会上，陈云强调指出："我们要注意群众的切身问题，帮助他们解决困难，这是发动群众的关键。""群众有了土地，实行了民主，生活得到了改善，老百姓都有了吃的穿的，可以说大的问题解决了。"① 在陈云看来，提出并解决群众迫切需要解决的问题，这是党在革命年代的一个重要问题，也是革命能否成功的关键。

新中国成立后，陈云依然十分重视和关心人民群众的切身利益。他在《一九五一年财经工作要点》中指出，"中国现在有几万万农民，有几千万手工业者，有几百万产业工人，这就是中国经济的实际情况。我们每件工作都要对他们有利益。如果没有廉价的工业品供应农民，并且把他们的土产推销出去，那么工农联盟就不能巩固，农民就会说：'打倒帝国主义、封建主义、官僚资本主义都很好，但是鸡蛋卖不出去，桐油跌价，那就不好。'……解决这些实际问题就是为人民服务，不解决实际问题谈为人民服务，则是空话一句。"②

十一届三中全会后，陈云再次当选为中共中央副主席，他仍然一如既往地把解决人民群众的切身利益放在工作的首位。1978 年 12 月 10 日，他在中央工作会议上发言，针对我国人民生活贫困的实际状况，果断地提出，赶快进口一批粮食，解决人民的吃饭问题，"这是大计，这是经济措施中最大的一条。"③ 随着经济体制改革的不断深入，他强调指出"经济体制改革，是为了发展生产力，逐步改善人民的生活。"④ 人民群众的吃饭穿衣问题既是经济问题，也是政治问题，这是人民群众最关心最直接最现实的问题，解

① 《陈云文选》第 1 卷，人民出版社 1995 年版，第 172 页。
② 《陈云文选》第 2 卷，人民出版社 1995 年版，第 128 页。
③ 《陈云文选》第 3 卷，人民出版社 1995 年版，第 236 页。
④ 《陈云文选》第 3 卷，人民出版社 1995 年版，第 350 页。

决得顺利与否，直接关系到社会稳定。

三、陈云民生哲学思想的时代价值

（一）有利于丰富党的执政理论和深化党的宗旨内涵

陈云的民生思想始终强调在发展经济中一定要注意改善民生问题，对丰富和创新中国特色社会主义理论体系有着重要的指导意义。改善民生是我们党全心全意为人民服务的宗旨和社会主义本质要求的具体体现，加强以民生建设为重点的社会建设是中国特色社会主义建设的题中之义。将改善民生列为中国特色社会主义理论体系重要组成部分，体现了党的民生思想与陈云主张经济工作应该“首先考虑民生”的思想一脉相承。陈云民生思想是马克思主义中国化的具体表现。陈云民生思想的核心是：经济发展才能“解决人民的吃饭穿衣问题”，人民生活水平的提高必须建立在生产发展的基础上。

陈云的民生思想始终贯穿为民谋利的价值内涵。陈云民生思想的最大特点就是扣住民生，从老百姓的生活小事谈起。“中国几百年来受人欺侮，从根本上说，是由于经济落后。现在全国解放了，人民民主政权建立了，如果还不进行大规模的经济建设，则中国革命的胜利是没有保障的。”① 陈云积极支持改革开放和经济体制改革，认为只有迅速发展社会生产力，才能在发展生产的基础上不断提高人民的生活水平，这是由社会主义生产的最终目的所决定的。陈云的认识是深刻的，其中蕴涵着他对我国经济社会发展历史经验的总结，同时也为我们指出了经济社会发展中必须遵循的一条重要原则：人民生活和经济建设必须兼顾与平衡，任何疏忽与偏颇都可能造成失误。

（二）为构建社会主义和谐社会提供理论指导

“民生为本”是构建社会主义和谐社会的核心。陈云民生哲学的价值目标始终围绕保障和实现最广大人民群众的根本利益，并将之作为党和国家一切工作的出发点和落脚点，在经济发展的基础上不断满足人民群众日益增长的物质文化需要。把民生问题作为考虑一切问题的着力点，“从全局看，第一是吃饭，第二要建设。”② 发展生产力是构建社会主义和谐社会的物质

---

① 《陈云文选》第 2 卷，人民出版社 1995 年版，第 183 页。

② 《陈云文选》第 3 卷，人民出版社 1995 年版，第 309 页。

基础，马克思主义唯物史观认为，生产力是社会历史发展的最终决定力量。通过发展生产力来不断增强构建和谐社会的物质基础，是经济社会和谐发展的前提性条件，“工业占重要的地位，但老百姓要吃饭穿衣，是生活所必需的，经济不摆在有吃有穿的基础上，我看建设是不稳固的。”①

协调好社会大多数人的利益，是构建社会主义和谐社会的本质要求。陈云在长期主持经济工作中，总是自觉遵循为人民谋利益的价值原则，并始终坚持为大多数人民谋利益。1949 年 8 月 15 日，陈云在上海财经会议上说：“我们究竟是为大多数之民呢，还是为少数之民？当然首先要为大多数之民。”②1953 年 8 月 6 日，他在《对财经工作的几点意见》中说：“革命就是为了改善最大多数人民的生活”③。坚持把改善人民生活作为正确处理社会各阶层利益矛盾的起点，正确反映和兼顾不同方面群众的利益，高度重视和解决人民群众最关心最直接最现实的利益问题。

（三）有助于推进全面建成小康社会

党的十八大将全面建成小康社会写入大会政治报告，并将其作为“四个全面”战略布局的重要一环。自改革开放以来，我国小康社会建设取得了巨大进步，人民生活水平迈上了新的台阶，由最初“三步走”到“新三步走”战略的转变，温饱问题基本得到切实解决。不过经济发展也带来了诸多新问题，如城乡二元经济结构，造成贫富差距拉大和区域经济发展不平衡等社会民生问题，如何在全面深化改革和全面建成小康社会征程上，进一步改善人民的生活，解决人民的生活问题，在人民生活与经济建设中兼顾平衡，是摆在全党面前亟待解决的现实问题。陈云认为搞经济建设的基本原则，是不能影响人民现有的生活水平，“如果只注意工业建设，不注意解决职工的生活问题，工人就可能闹事，回过头来还得解决。”④

“三农”问题是制约着全面建成小康社会的难题。陈云始终把解决农村问题作为解决全国人民温饱问题的突破点，把发展农业和粮食生产作为解决民生问题的首选路径，作为时时刻刻挂在心头的大事来抓。陈云晚年时看到无工不富、重工轻农、弃农经商的现象普遍存在，他中肯地告诫大家：

---

① 《陈云文选》第 3 卷，人民出版社 1995 年版，第 86 页。
② 《陈云文选》第 2 卷，人民出版社 1995 年版，第 15 页。
③ 《陈云文选》第 2 卷，人民出版社 1995 年版，第 194 页。
④ 《陈云文选》第 3 卷，人民出版社 1995 年版，第 64 页。

“现在有些农民对种粮食不感兴趣，这个问题要注意。”他严肃地提醒大家：“十亿人口吃饭穿衣，是我国一大经济问题，也是一大政治问题。”[①] 保障粮食安全是最大的政治，也是最大的民生，如不能保障粮食自给，那么全面建成小康社会的目标就如镜中花水中月。陈云对农村、农业、农民长期发展的担忧和提出战略性应对措施，都是必要和正确的，这些思想对我国现阶段改善农村民生问题仍然具有指导意义。

总而言之，陈云的民生哲学思想内容丰富，是中国特色社会主义理论体系的重要组成部分，与当前“促改革调结构惠民生”的改革发展理念高度契合。继承和发扬陈云的民生哲学思想，有助于夯实实现“两个一百年”奋斗目标的经济基础，促进社会公平正义和巩固党的执政基础，对实现中华民族伟大复兴的中国梦，有着重要的理论价值和现实意义。

（作者单位：陈云纪念馆）

① 《陈云文选》第 3 卷，人民出版社 1995 年版，第 350 页。

十五字诀浅析
——以陈云在浙江对唯物辩证法的运用与思考为例

王祖强

“不唯上、不唯书、只唯实，交换、比较、反复”这十五字诀，既是陈云学习和运用唯物辩证法和实事求是思想的最深切体会，也是他对唯物辩证法的简明概括。陈云认为，要把我们的党和国家领导好，最要紧的是要使领导干部的思想方法搞对头。因此他反复倡导领导干部要学好哲学，始终坚持并娴熟运用唯物辩证法参与领导经济建设和改革开放。这其中，有大量的实践与思考发生在浙江。本文以陈云在浙江主持的两次全国性会议为例，浅析他对唯物辩证法的简要概括。

一、十五字诀源自实践活动

“大跃进”和国民经济调整时期，陈云在浙江主持召开过两次全国性会议，突出强调了要实事求是、要调查研究、要开展“交换、比较、反复”。

（一）实事求是，调查研究，找准问题

对现实问题的强烈关注是马克思主义理论与其他理论的根本区别。陈云在浙江主持召开的这两次会议都包含着强烈的问题意识，并用“唯实”的要求，实事求是，调查研究，找准问题所在。

1958 年 12 月 22 日至 26 日，陈云主持召开的全国基本建设工程质量杭州现场会议需要解决的根本问题是，由于单纯图快、严重违反操作规程和管理混乱，发生了许多工程质量事故，倒塌不少新建的厂房，事故的数量、伤亡的人数都比往年多得多。特别是这年的 11 月 13 日，杭州半山钢铁厂合金钢车间又发生七榀拱型屋的倒塌事故，砸死 18 人、伤 19 人。事故发生时，陈云正要赴武昌参加中共中央政治局扩大会议和中共八届六中全会。会议期间，他就一再嘱咐建筑工程部要抓一下质量问题。11 月下旬，建筑工程部专门在杭州召开了全国工程质量安全生产现场会议。武昌会议一结束，陈云即转赴杭州。到达杭州后，便亲自开展了深入的调查研究。他在浙江省、杭州市以及建筑工程部调查研究的基础上，深入了解了事故发生的有关情况，并关切地询问了事故抢救和善后工作处理情况。通过调查，陈云了解到：当时，杭州半山钢铁厂合金钢车间为了力争在 11 月 20 日前竣工，车间里有 93 名工人在紧张忙碌，其中屋面上 42 名工人在紧张地粉刷，车间里 39 名土建工人正在起劲地挖炉坑，12 人在化石灰。这天上午 9 时 40 分左右，随着一声巨响，正在紧张施工的南端 8 间屋架如同多米诺骨牌，从南到北，瞬间全部倒塌，造成重大恶性事故，这是浙江新中国成立后工业建设的一次重大事故。这些来自生产一线的实际情况，对陈云指导解决当时严重存在的工程质量问题起到了重要作用。

解决氮肥厂建设问题同样需要先做调查研究的工作。当时，氮肥厂建设杭州座谈会要解决的主要问题是，粮食增产需要多搞、快搞化肥。1961 年 4 月 4 日至 10 日，陈云主持召开了建设大型氮肥厂杭州座谈会。这次会议召开之前，他一如往常，首先对所要解决的问题进行了大量实事求是的调查研究。1960 年 9 月至 12 月，陈云集中对河北、山东、河南、安徽、江苏、浙江、上海的氮肥厂进行了实地调查；1961 年 3 月，他又在北京召集有关部门对氮肥生产一个问题一个问题展开讨论，特别是分别分析了大、中、小型三种规模的合成氨厂的状况，从而了解到此前他把发展化肥工业的重点放在建设一批年产 800 吨和年产 2000 吨合成氨的小型氮肥厂上的设想，与实践的要求存在明显的距离，缺乏充分的根据。通过调查，他了解到：到 1960 年底，年产 800 吨的厂已经建成投产 20 多个，其中 5 个生产比较正常；年产 2000 吨的厂已经建成投产 7 个，其中 3 个生产比较正常。即使这几个生产比较正常的小型氮肥厂，由于设备质量不好，技术操作很难掌握，事故比较多，到 1961 年春生产仍不稳定，实际产量并未达到设计要求，而且原料和动力的消耗都很大。而同这些小型和中型氮肥厂相比，在大连、南京、吉林、兰州、太原、成都建成的年产 2.5 万吨或 5 万吨合成氨的大型氮肥厂，不论建设还是生产，在技术上都是成熟的。这些大厂都已稳定地进行了比较长时间的生产，一直很正常。经过这样详细的调查研究后，到氮肥厂建设杭州座谈会召开时，陈云已经对整个化肥工业发展的主要问题基本上摸透了，他下决心要以主要力量来发展大型氮肥厂。

（二）充分交换，集思广益，分析问题

找准问题之后，就要采取集思广益的办法，充分进行交换，对存在的问题进行细致入微的分析，这是陈云主持两次杭州会议的共同特征。

工程质量杭州会议开了四天。陈云认真倾听了与会者的意见，对杭州半山钢铁厂等严重事故的原因进行了实事求是的分析。陈云认为，之所以发生这样的严重事故，主要原因在于：第一，注意了“多”“快”“省”，注意“好”不够。“注意了数量，忽略了质量，对‘多快好省’没有完整的理解。”第二，“反对保守思想以后，出现了片面节约材料和不适当地使用代用材料的倾向。”第三，注意打破不合理的规章制度，“但有些地方把必要的规章制度也打掉了。”第四，注意在基本建设中开展群众运动，“但是业务机关放松了必要的管理工作，特别是技术管理工作”。第五，“不少地方的施工力量同其担负的基本建设任务很不适应，力量小，任务大，技术工人不够，某些必要的设备不足。”对事故原因的这些分析都很中肯。他提醒大家：在解放思想、破除迷信时，“不能把科学当成迷信去破。”在发挥积极性和创造性时，“我们的头脑必须清醒，要清醒地认识到我们自己的本领不大”，“应该小心谨慎地前进。”①陈云的上述意见，不仅对开好全国基本建设工程质量杭州现场会议起了重要的指导作用，而且也触及整个“大跃进”中相当普遍地出现的问题，有很强的针对性。

氮肥厂建设杭州座谈会召开时，陈云的身体十分虚弱，因而会议每天只能开半天，一共开了六次。这次会议讨论了组织特殊材料进口、氮肥设备指定专厂制造、氮肥设备成套供应、氮肥厂今后建设规模等四个问题。陈云请大家畅所欲言，并认真听取不同意见。他说：“真正增产粮食还要靠化肥和水，因此中央一致意见是多搞、快搞化肥。”②会上，化工部部长彭涛汇报化工部几年来在化肥工业发展上进行的一些工作，分析了化肥工业上不去的原因，提出进口材料的品种、数量和外汇等意见。第一机械工业部汪道涵副部长汇报氮肥设备生产及试制的情况，定点制造的范围、原则及定点厂数，关键设备制造的现有能力，提出了氮肥设备生产制造中加强管理的办法和措施。上海市生产委员会副主任顾训方汇报上海市氮肥设备制造情况，争取 1962 年生产 6 套 5 万吨合成氨设备所需要采取的措施。在讨

① 《陈云文选》第 3 卷，人民出版社 1995 年版，第 106、106—107 页。
② 《陈云传》（下），中央文献出版社 2005 年版，第 1247 页。

论研究进口材料时，陈云要求汪道涵实事求是地说出国内的生产能力。他指出："这次病好重新工作后感觉有些人讲话不痛不痒，怕犯错误。""讨论问题一边倒是不行的，不要怕'左'和右，汪道涵同志你尽量讲好了，看你们的能力有多少，如有人说你们右了，我来承担。"[①] 由于陈云善于采取交换意见、集思广益地分析问题，这次座谈会取得了重要的成果。

（三）不断比较，切中要害，解决问题

运用矛盾的观点认识和解决问题是马克思主义理论的重要内容。陈云在浙江主持的这两次会议均对各种解决方案进行综合比较，然后提出切中要害的解决办法。

工程质量杭州会议上，陈云综合与会者的意见，针对当时全国基本建设中存在的突出问题和倾向，切合实际，从厂房建筑结构、设计、施工、建筑材料、安全作业、地方党委领导和发动群众等六个方面，提出了明确具体的要求。他指出：第一，"建筑结构在厂房建设中占有头等重要的地位。"针对全国建筑工程中存在的不适当的节约和因陋就简、降低结构质量的问题，规定："凡是应该用钢筋混凝土结构的，就应该用钢筋混凝土结构，不能用砖木结构来代替。""要求全国各省、自治区、直辖市党委对新建的厂房进行一次全面的检查。"对于有危险的厂房，"应该补救的必须补救，不要犹疑；必须调换结构的就要调换"。第二，"设计是基本建设的关键部分。""提倡设计中的创造性，同时又要提倡实事求是的精神。"针对单纯图快、没有勘察设计就施工以及随便套用设计而出现的质量问题，规定："没有勘察不能进行设计，没有设计不能进行施工，这仍然应该是基本建设的程序。""套用设计必须经过切实的计算，必须切合实际。""设计图纸不能过分的简化。""设计必须经过适当部门的批准。"为提高设计工作水平，必须采取党政领导、设计人员、工人群众相结合，新老技术人员相结合，设计工作与生产相结合，设计工作必须交流经验、总结经验。第三，"施工必须有准备"，不能取消施工的技术人员和工人对图纸的会审，不能随便修改影响工程结构的重要设计。针对有些必要的规章制度被废除的问题，提出："恢复和建立保证工程质量的各种制度"；"不能因为有了群众的检查，就取消了专业检查机构的检查"；"凡是已经取消了工程验收制度的地方，应该把

---

① 《陈云传》（下），中央文献出版社 2005 年版，第 1294 页。

它恢复起来”。为提高施工力量，提出：“要加强职工的培训工作，首先是培训技术工人”；要正确理解快速施工的内容；“增加必要的施工机械设备”。第四，“今后在主要工地上必须恢复和建立材料的检验机构，设置必要的试验设备。”“生产建筑材料的工厂，必须负责地检查产品的质量。”在设计和使用材料时必须保证有必要的安全系数，“施工部门不能在设计的安全系数内再去挖潜力”。“在关键性的工程上，如果没有合格的材料，宁可停工待料，决不马虎。”第五，“恢复安全作业的各种制度。”“规定建筑工人合理的劳动和休息时间。”“必须配备足够的安全作业所必要的设备，如安全带等等。”第六，“请求各省、自治区、直辖市党委对基本建设工作加强领导”。“注意工程质量”，“注意设计工作”。“对于新建工程要进行一次全面的质量大检查。应该补救的工程，要迅速加以补救。”在群众中“进行一次提高工程质量的运动”，“进行一次讨论建立各种技术管理制度的运动”，“进行一次学习技术、提高技术的运动”，“进行一次安全教育的运动”。最后，陈云说：“所有上面讲的六个问题中的各项工作，目的是为了减少基本建设中的质量事故、作业安全事故，完成明年基本建设任务，提高我们的工作水平。这些工作，都必须在当地党委的领导之下，充分地开展群众运动才能办到。我们希望这次基本建设工程质量杭州现场会议，成为一个重要的转折点，使基本建设工程质量和安全作业从此向好的方面发展。”①

氮肥厂建设杭州座谈会在陈云的主持下，形成一致意见：在 1962 年到 1964 年这三年内，氮肥厂的规模应该搞大型的，建设部署应该是集中力量，每年建成年产 20 万到 25 万吨合成氨的生产能力。陈云在发言和插话中指出：中小型合成氨设备的制造应继续抓紧试验，我对搞小氮肥厂是积极分子，现在是被迫搞大的。先发展大的，这同小的加紧过关丝毫不矛盾。大的里面，一定要搞年产 5 万吨的，每年建成 5 个。这样，一年之内就要同时建 10 个厂，当年新增 25 万吨生产能力。厂子要建在有煤矿的地区和谷物高产区、经济作物区。发展合成氨厂的制造工业主要要解决三大问题，即材料、设备和成套问题。提出进口材料是一大发明，是很重要的措施。由化工部负责提进口计划，在中央化肥小组领导下组织一个出国订货小组。外汇在 8 月份之前主要用于进口 500 万吨粮食，8 月份之后，你们需要多少

① 《陈云传》(下)，中央文献出版社 2005 年版，第 1153—1154 页。

给多少。中央的一致意见是，多搞快搞化肥，对此是下了决心的。只要搞成功一个厂，不要说要 1000 万美元，要 2500 万美元也不难。建合成氨厂，三年顶多需要 4500 万美元。6 亿人每人少进口一尺布，就可省出 3500 万美元。对需要从国内市场上采购的三类物资，要由商业部包下来，小五金等由五金交电公司负责供应。要使计划供应和市场供应相结合，将市场供应部分列入计划。设备定点制造和专业化生产大有好处，否则，老生、青衣、黑头一齐唱，一定唱不好。[①]

实事求是的态度与作风，唯物辩证的观点与方法，使得陈云在杭州主持召开的这两次全国性会议对于解决当时所面临的急迫问题，都起到了较好的效果。

二、十五字诀总结实践经验

1990 年 1 月 24 日，陈云在杭州与浙江省委书记李泽民等人交谈时，根据长期的实践经验，系统阐述了“不唯上、不唯书、只唯实，交换、比较、反复”这十五字诀。他认为：“这十五个字，前九个字是唯物论，后六个字是辩证法，总起来就是唯物辩证法。”[②]

陈云说：“不唯上，并不是上面的话不要听。不唯书，也不是说文件、书都不要读。只唯实，就是只有从实际出发，实事求是地研究处理问题，这是最靠得住的。”[③] 按照陈云的观点，我们不难理解，在贯彻执行上级指示和把理论的指导转化为实践的时候，就必须从具体实际出发，结合实际情况贯彻执行，而不是不根据实际情况盲目地执行上级指示，也不是从某一理论原则出发，生搬硬套去剪裁现实。从唯物论的原则来说，上级的指示、文件，书本上的原理、原则，如果是来源于实践，并经过实践检验它是正确的，那么它对新的实践就可以起指导作用，成为人们行动的指南，避免工作中的盲目性。但是理论、方针、政策的运用和执行又必须和当地的具体实际相结合，而不是机械地照搬。书本、理论、文件、方针、政策，对实践有重要的指导作用，但不是研究处理问题的出发点。研究处理问题的出发点只能是实际。

---

① 《陈云年谱（修订本）》下卷，中央文献出版社 2015 年版，第 80—81 页。

② 《陈云文选》第 3 卷，人民出版社 1995 年版，第 372 页。

③ 《陈云文选》第 3 卷，人民出版社 1995 年版，第 371 页。

陈云说："交换，就是互相交换意见。比方说看这个茶杯，你看这边有把没有花，他看那边有花没有把，两人各看到一面，都是片面的，如果互相交换一下意见，那末，对茶杯这个事物我们就会得到一个全面的符合实际的了解。过去我们犯过不少错误，究其原因，最重要的一点，就是看问题有片面性，把片面的实际当成了全面的实际。作为一个领导干部，经常注意同别人交换意见，尤其是多倾听反面的意见，只有好处，没有坏处。""比较，就是上下、左右进行比较。抗日战争时期，毛主席《论持久战》就是采用这种方法。他把敌我之间互相矛盾着的强弱、大小、进步退步、多助寡助等几个基本特点，作了比较研究，批驳了'抗战必亡'的亡国论和台儿庄一战胜利后滋长起来的速胜论。毛主席说，亡国论和速胜论看问题的方法都是主观的和片面的，抗日战争只能是持久战。历史的发展证明了这个结论是完全正确的。由此可见，所有正确的结论，都是经过比较的。""反复，就是决定问题不要太匆忙，要留一个反复考虑的时间。这也是毛主席的办法。他决定问题时，往往先放一放，比如放一个礼拜、两个礼拜，再反复考虑一下，听一听不同的意见。如果没有不同的意见，也要假设一个对立面。吸收正确的，驳倒错误的，使自己的意见更加完整。并且在实践过程中，还要继续修正。因为人们对事物的认识，往往不是一次就能完成的。这里所说的反复，不是反复无常、朝令夕改的意思。"①

陈云的这些论述，是在实践的基础上，对马克思主义哲学精髓的科学概括，也是对实际工作中如何贯彻实事求是原则的创造性发展。

三、十五字诀指导浙江实践

陈云在浙江概括出来的准确反映唯物辩证法精神实质的十五字诀，精辟透彻，语重心长，使李泽民等省委领导深受教益。当时，浙江省委理论学习组刚刚建立，制订了学习马克思主义哲学的计划，重点是学习原著。听了陈云的教诲后，省委理论学习组就把学习陈云的指示，与学习毛泽东的哲学著作和邓小平的有关著作结合起来，着重在如何坚持实事求是、实现主客观相统一，以及如何用辩证的观点和方法观察事物、分析形势、总结经验、指导工作的问题上，理论联系实际，进行认真的学习和思考。

① 《陈云文选》第3卷，人民出版社1995年版，第371、372页。

根据“只唯实”的精神，省委领导认识到，一定要在实践中取得认识和经验，就是要亲自投身到建设和改革的实践中去，在改革中学习探索，积累经验，增长才干，以取得驾驭建设和改革的主动权。要把中央的大政方针与浙江的省情结合起来，因地制宜地加以贯彻落实，不能搞照抄照搬，也不能搞“大呼隆”和“一刀切”。要在建设和改革中坚持主观和客观的具体的历史的统一，注意防止一种倾向掩盖另一种倾向，切忌从一个极端走到另一个极端。建设规模要与省情省力相适应，量力而行，综合平衡。

根据“交换、比较、反复”的精神，省委领导认为，每一个人的认识能力受到种种主客观条件的限制，难于穷尽事物的一切方面、部分、环节和特点，这样就产生了认识的全面性的要求与个人认识能力的有限性之间的矛盾，而要解决这个矛盾，交换便是一个好办法。所谓交换，就是指人们互相交流认识，取长补短，拾遗补阙，目的是减少片面性，尽可能做到全面地看问题。大家在学习中指出，陈云强调比较观，完全符合毛泽东强调矛盾特殊性的思想。有比较才有鉴别，有比较才有能决定取舍。经过比较以后提出的方案和作出的决定，往往更能符合客观实际，更能反映群众的要求，从而也能够得到较为顺利的贯彻落实。同时，省委领导还认识到，人们对事物的认识，往往不是一次就能完成的，因此决定问题不要太匆忙，要留一个反复考虑的时间，要经历一个从现象到本质、从片面到更多的方面、从不甚正确到比较正确的过程。

以后的历届省委都十分重视理论学习，尤其是马克思主义哲学的学习与运用，深入学习贯彻中国特色社会主义理论，按照中央的方针政策，结合浙江工作实际，运用“不唯上、不唯书、只唯实，交换、比较、反复”的唯物辩证法，总结浙江干部群众的创造，系统提出了一些行之有效的工作方法。比如“十个指头弹钢琴”的统筹兼顾法：分清任务的轻重缓急，讲究工作的先行后续，找准节奏、分配力度，避免抓点丢面、抓小丢大、抓枝节丢大局、抓小势丢大势。比如“伤其十指不如断其一指”的重点突破法：坚持问题导向，形成强大声势，找准矛盾的主要方面，主攻关键环节，集中力量抓住牛鼻子。比如“从最坏处准备，向最好处努力”的底线思维法：把工作想在前、做在前，做到有备无患、遇事不慌，牢牢把握主动权。比如“具体问题具体分析”的因地制宜法：根据各地不同的优势劣势，善于扬长避短、取长补短，创造性地落实好省委、省政府的决策部署。比如

“解剖麻雀、以点带面”的典型引路法：调查研究研究典型，推动工作运用典型，改革试点复制典型，努力形成“一花开后百花香”的可喜局面。比如“一锤一锤钉钉子”的一抓到底法：以“功成不必在我”的胸襟和咬定青山不放松的韧劲，对认准了的事紧抓不放、一抓到底，做到一张蓝图绘到底、一任接着一任干，步步为营、久久为功。比如“蹄疾步稳、急而不躁”的循序渐进法：善于掌握形势和气势，善于把握节奏和步骤，善于分配力量和力度，尊重规律、讲究章法，把握节奏、走稳步子。比如“跟着群众跳火坑”的群众工作法：群众工作要有的放矢、要做在平时、要实实在在，切实体现教育实践活动的成果。比如“抓具体、具体抓”的亲力亲为法：悟透抓具体的“理”，掌握抓具体的“法”，把每一项工作都落实到具体行动中，落实到具体的事情上。比如“干着指挥、带头冲锋”的以上率下法：领导干部要敢担当、勇奋斗，善于带头、善于率下。

这些体会与举措，充分体现了马克思主义的唯物辩证的世界观与方法论，有力地推动了浙江的改革开放伟大事业。在陈云等老一辈无产阶级革命家的关心下，在勤劳的浙江人民的共同努力下，改革开放以来，浙江实现了从资源小省向经济大省的历史性跨越，1978 年到 2014 年，全省生产总值由 124 亿元增加到 40154 亿元，首次突破 4 万亿大关，由全国第 12 位上升到第 4 位。城乡居民人均收入已分别连续 13 年和 29 年居各省区首位，城乡居民人均收入比缩小到 2.09∶1，是全国城乡收入差距最小的省区之一。浙江三次产业构成调整为 4.4∶47.7∶47.9，第三产业比重首次超过第二产业，已进入工业化中后期阶段。

学习研究陈云在浙江对唯物辩证法的运用与思考，目的就是要加强调查研究，坚持发展地而不是静止地、全面地而不是片面地、系统地而不是零散地、普遍联系地而不是单一孤立地观察事物，准确把握客观实际，真正掌握规律，妥善处理各种重大关系，努力提高解决我国改革发展基本问题的本领。

（作者单位：中共浙江省委党史研究室）

陈云的学习精神与新时代中国特色社会主义

邱树添

从个人刻苦学习成就辉煌人生，到指导全党学习，带领全国各族人民从一个胜利走另一个胜利，陈云的学习精神影响广泛而深远，得到了忠实的传承，也折射出习近平新时代中国特色社会主义思想的一个重要特征，对于实现“两个一百年”奋斗目标和中华民族伟大复兴的中国梦具有重大的现实意义。本文试从三个方面进行论述，抛砖引玉。

一、陈云是全党全国上下爱学习、善读书的典范，其精神影响广泛而深远

陈云一生勤奋好学，贯穿在其成长、革命、建设和改革发展各个时期，且特征非常显著，堪称楷模，成为他独特人生的一道亮丽风景线。

陈云出身贫苦，自幼父母双亡，由舅舅、舅妈抚养长大。他从小就十分向往学习知识。他入私塾、进初小、上高小，聪明好学。但因经济困难高小毕业就忍痛告别了课堂。1916 年 6 月，刚满 14 岁的陈云经人介绍到商务印书馆当学徒谋生。从此他在这座知识的海洋里如鱼得水，如饥似渴吮吸着知识的乳汁。除了劳动谋生的时间外，陈云把其余时间全都投入刻苦学习中。每天天还未亮就起床读书写字学英语。收工后，不是回宿舍看书学习，就是到夜校听课，手不离册。在这里，他平生第一次接触到了马列主义思想，对《共产党宣言》《唯物史观》《辩证唯物论》等书更是爱不释手，反复研读、反复琢磨，并结合所见所闻对社会现实进行深入思考，思想进步很快。通过不断的苦学和积累，陈云的学识、才干与日俱增，在青年同行中崭露头角。1925 年，陈云的命运发生重大转折，他光荣地加入了中国共产党，走上了为共产主义事业奋斗终身的革命道路。

在炮火纷飞的革命战争年代尤其是延安时期，陈云的学习热情更高。

1935 年 5 月底，陈云作为中共中央政治局委员、军委纵队政委，到苏联首都莫斯科向共产国际汇报红军长征中发生的重大事件特别是遵义会议情况，并寻求共产国际支持和帮助。在圆满完成党中央的绝密使命之后，陈云接到通知，继续留在莫斯科，参加中共共产国际代表团的工作，不久进入列宁学院中国部学习。陈云在那里学习了马列主义理论、国际共运史、俄国革命史、工会运动、政治斗争及武装斗争的策略，并对中国革命进行了回顾和总结，充分认识到革命理论的重要性。回延安后，陈云担任中共中央组织部部长，虽然肩上的担子更重，工作更忙了，但他学习劲头非但没有减弱，反而进入了人生另一个非常重要的学习与收获季节。据有关史料记载，陈云组织中央组织部机关干部系统学习马克思主义基本理论和毛泽东哲学著作，规定每周要看几十页书，每星期六用半天时间进行学习讨论。陈云边工作边学习，前后不中断地坚持了近两年时间。其间他带头刻苦攻读，为此他曾在纸上写下“从我做起，从现在做起”。工作再忙，即使他有时开会回来天已蒙蒙亮，第二天照旧参加机关的学习讨论。平时则白天处理公务，上山搞生产，晚上在油灯下学习。陈云曾坦言，延安七年多时间，是他工作最紧张也是学习收获最大的时期之一，使他对马克思主义基本理论、毛泽东著作的精神实质以及立场、观点、方法有了更深切的感悟和更深刻的把握，进而从理论上对中国革命许多重大问题的认识得到了进一步升华。

在社会主义革命、建设和改革时期，不论是顺境还是逆境，不论是领导工作繁忙与否，不论身体状况如何，也不论是否年事已高，陈云初心不改，始终如一勤奋好学。新中国成立后，陈云作为第一代中央领导集体的重要成员，一直强调“要下决心学习经济建设，不学习，经济建设一窍不通，那就搞不成”。他是这样要求干部的，也是这样身体力行的。即便是在“文化大革命”期间“靠边站”“下放”那样的日子里，他也不放松学习。1969 年下半年，陈云在离京前往千里之外的江西省之前，就计划充分利用这段时间抓紧学习。他连日常生活用品都少带，却带了满满的三木箱书。在江西期间，他除了去工厂蹲点和外出搞社会调查之外，其他时间都是在居所里孜孜不倦地看书。《资本论》《马克思恩格斯选集》《毛泽东选集》《列宁全集》《斯大林文选》《鲁迅全集》都摆上他的案头。阅读中，陈云把凡是自己认为重要、精辟或者值得认真领会、研究和反复看的地方，都用铅笔仔细勾画出来，并记下心得体会。因此，陈云对这段难得“赋闲”的学习生活收获难以忘怀。他曾经非常高兴地告诉身边的工作人员说，《资本论》在延安时已经看过一遍，全国解放后很想再看一遍，但是由于工作实在太忙，一直没有时间看，这次到江西来才有机会看了一遍。他在领导我国经济工作中，坚持不懈地学习和钻研经济，提出并逐步形成他的注重综合平衡等一系列经济理论观点和注重调查研究等一整套经济工作方法。党的十一届三中全会以后，陈云作为第二代中央领导集体的主要成员，他特别强调且自己也十分注意做到，在改革开放的新形势下，努力学习新的东西，不断探索和解决新的问题。离休后，陈云虽患多种疾病，仍然坚持看报或早晚收听广播电台新闻。有时因工作或医疗上的事耽误了，事后也要坚决补上。

长期以来，陈云坚持不懈学习，总结出不少学习经验。对为什么要学习、学习什么、怎样学习等有关学习的基本问题有一套鲜明而深刻的见解。《陈云文选》有许多专门论述学习的篇章，形成了鲜明科学、后人可仿效的学习观。有些故事家喻户晓，有些观点论断为很多人耳熟能详。如陈云强调，学习理论，最要紧的是把思想方法搞对头。因此，首先要学哲学，学习正确观察问题的思想方法。如果对辩证唯物主义一窍不通，就总是要犯错误。这句话陈云讲了一辈子，也坚持了一辈子，他认为这是学习的根本方法。“只有掌握了马克思主义哲学，思想上、工作上才能真正提高。”如陈云指出，我们观察、学习和解决问题的方法，是唯物辩证法，也就是毛主席说的实事求是，从实际出发。怎样才能做到实事求是呢？就是“不唯上、不唯书、只唯实，交换、比较、反复”，他认为：这十五个字，前九个字是唯物论，后六个字是辩证法，总起来就是唯物辩证法。因此，从实际出发，实事求是，这就是陈云所说的“对头”的思想方法。再如，陈云提出，领导干部要成为学习的模范。陈云曾多次要求党内的老干部、高级干部首先要努力学习，成为学习的模范。他说，党要培养大批理论联系实际的干部，也首先寄托在老干部、高级干部身上。因为你是老干部，因为你常常担负着独当一面的工作，你更有责任而且更有必要提高自己的理论水平。陈云自己就是带头学习的模范。他在延安时期，从不打扑克，也不跳舞，一有空就看书学习，学习起来很认真。认真地读原著，认真地读参考书籍，认真地做笔记。学习中有不理解的地方，就虚心向理论界的同志请教。每当学到一些经典性的著作时，他就亲自带领大家一起学，且每学习一段，就结合心得讨论一段，还鼓励大家提问，提倡“打破砂锅问到底”，力求彻底搞清所学内容。陈云还在党内首倡学习是共产党人的责任的观点，等等。

在这方面业界专家学者已多有研究论述，在此不再赘述。总之，在中国革命和建设的特殊环境下，这些在长期革命建设中亲身实践的精彩论断与总结以及刻苦学习精神、思想方法等，形成了陈云科学丰富的学习观，历久弥新，成为我党宝贵的精神财富，影响广泛而深远。

二、陈云学习精神是习近平有关学习理论的思想的重要源头

习近平爱学习、好读书除了他从小好学多思和在梁家河插队期间环境处境所致外，与他深受陈云学习精神影响不无关系。不论是早期从政，还是当选中共中央总书记、国家主席、军委主席，习近平始终毫不掩饰对老一辈无产阶级革命家陈云的赞美与推崇，把他当作学习的楷模，忠实传承了他的学习精神。

本文作者 2017 年 11 月 30 日在中央党校《理论动态》上发表《习近平新时代中国特色社会主义思想探源》一文中指出，习近平在宁德工作期间就高度重视理论武装工作，重视学习马列主义理论。他首先强调学习的重要性：要有“一物不知，深以为耻”的精神，加强理论学习。其次他强调学习的紧迫性：“正在从事的振兴闽东的宏伟大业，一刻也不能离不开理论的指导。”① 要求广大干部群众认真学习理论，用科学理论来指导闽东脱贫致富的实践。再次他在宁德反复强调：“我们一定要反复学习马克思列宁主义的经典原著，反复琢磨、深刻领会。当前应该特别注意学好马克思主义哲学，因为马克思主义哲学是科学的世界观和方法论。正如陈云同志所说‘学好哲学，终身受用’。学好哲学，掌握分析、解决问题的科学方法，能使我们在错综复杂的革命建设实践中不迷失方向。”② 这段话记载在习近平首部著作《摆脱贫困》中。且从现有资料论证，这应是习近平从政以来公开讲话中有关陈云学习精神的最早论述。从中不难看出，习近平很早以前就把陈云当成学习的榜样。他率先垂范，学哲学、谈体会、写文章，对宁德全区党员

① 习近平：《摆脱贫困》，福建人民出版社 1992 年版，第 156 页。
② 习近平：《摆脱贫困》，福建人民出版社 1992 年版，第 156—157 页。

干部的理论学习起到了带头和推动作用。

“读书是我的一种生活方式。”这句话是习近平2014年2月7日在俄罗斯接受专访时说的。一如他在宁德工作时所说的，他最大的爱好是读书学习，读书学习已成为他的一种生活方式。他特别喜欢看马克思主义原著，看毛泽东、邓小平的著作。曾与习近平搭班子、时任宁德地区行署专员的陈增光接受媒体记者采访时说：习近平外出开会和调研都带着书，休息时一有空就拿出来潜心研读，见到有新书、好书便立刻买下来读。有一次他到寿宁下乡回来都晚上10点多了还上街找书店，习近平一路走一路问，终于找到了一家书店，发现一本自己喜爱的书，赶紧买下来，回到宾馆细细品读。对读书学习，他就是这样入迷。1990年4月底，在给宁德地直机关领导干部的临别赠言中，习近平不无感慨地说，马列主义是我们观察一切现象、处理一切问题的武器，特别是观察一切社会现象、处理一切社会问题的武器。作为一个共产党员，一个领导干部，如果不努力学习马列主义的理论和方法，如果不用马列主义指导自己的思想和行动，他要在革命斗争中坚持无产阶级的立场，增强无产阶级的思想意识，是不可能的。

1997年和2001年习近平分别发表了“论《〈政治经济学批判〉序言》的时代意义”和“略论《关于费尔巴哈的提纲》的时代意义”两篇学习马列主义的论文。

学有所成，学以致用，推动发展。多年来，习近平在繁忙政务之余读书学习，学有所成，并结合自己在闽东的实践与思考撰写了29篇重要讲话和文章，汇编成他的首部著作《摆脱贫困》一书。全书围绕闽东地区如何脱贫致富、加快发展这一主题，涉及经济建设、政治建设、文化建设、社会建设、生态文明建设和党的建设等重要内容，思想丰富深刻，文风生动亲切，具有很高的理论价值和长远的指导意义。书中提出的许多富有创见的思想、观点和方法，凝聚着他作为一个马克思主义者在实践中的哲学思考。这本书是学习和运用科学的思维方法和工作方法的鲜活读本。他在浙江工作期间还以哲欣为笔名在《浙江日报》“之江新语”专栏上发表文章发表短论232篇，汇集成《之江新语》一书。书中鲜明提出了浙江经济社会科学发展的正确主张，及时回答了现实生活中人民群众最关心的一些问题，是坚持“从群众中来，到群众中去”这一科学的领导方法和工作方法的生动体现，是运用马克思主义立场、观点和方法观察问题、分析问题、解决问题的光辉篇章。

2015 年 6 月 12 日习近平在中共中央纪念陈云同志诞辰 110 周年座谈会上发表重要讲话。他回顾了陈云一生的丰功伟绩，并强调指出“陈云同志身上表现出来的坚定理想信念、坚强党性原则、求真务实作风、朴素公仆情怀、勤奋学习精神，永远值得我们学习”。“学习精神”是习近平五点高度评价中的重要一点。他再次重提：陈云同志一直倡导党员干部要学习哲学，认为学哲学是共产党员树立正确的思想方法、工作方法和少犯错误的关键。他说：“要把我们的党和国家领导好，最要紧的，是要使领导干部的思想方法搞对头，这就要学习马克思主义哲学。”“学习哲学，可以使人开窍。学好哲学，终身受用”。

30 年过去了，习近平对陈云的格言妙语仍然记忆犹新，可见陈云对他影响之深，印象之久远，且历久弥新。陈云出身贫寒，只读过小学，但他靠在长期实践中坚持不懈的刻苦学习，具备了很高的思想理论水平和解决问题能力。这给习近平触动很大。因此，习近平在座谈会上专门强调，我们纪念陈云同志，就要学习他刻苦学习的精神。习近平还复述陈云“学习是共产党员的责任”，“一天到晚工作而不读书，不把工作和学习联系起来，工作的意义就不完整，工作也不能得到不断改进”等精彩论断。

由此可见，不论在哪个岗位，习近平始终喜好读书学习，把陈云当成学习楷模和榜样，著书立说，许多做法观点和个人学习品格也正是陈云当年所倡导的。纵观其清晰脉络、线路图，不难找到契合点、共同点，这无疑是忠实的传承与弘扬。

三、陈云学习精神、学习观对于实现“两个一百年”奋斗目标和实现中华民族伟大复兴的中国梦具有重要的现实意义

理论是指引方向的旗帜，是指导实践的利器。习近平新时代中国特色社会主义思想是马克思主义传播到中国以来和马克思主义中国化的又一项极具开创性的最新重大理论成果，被写入《党章》，必须长期坚持。习近平对陈云十分崇敬，尤其对其学习精神、学习观推崇备至。这已从以上论述中得到确认。

习近平鼓励领导干部读书，“领导干部读书学习水平在很大程度上决定着工作水平和领导水平。”2006 年 2 月 17 日，时任浙江省委书记的习近平

以笔名哲欣在《浙江日报》“之江新语”专栏谈《多读书，修政德》。他说，我们国家历来讲究读书修身、从政以德。广大党员干部要养成多读书、读好书的习惯，使读书学习成为改造思想、加强修养的重要途径，成为净化灵魂、培养高尚情操的有效手段。2009 年 5 月 13 日，习近平在中央党校 2009 年春季学期第二批进修班暨专题研讨班开学典礼上说，“我讲三个观点：一是领导干部要爱读书，二是领导干部要读好书，三是领导干部要善读书。”系统阐释了他关于读书的观点。

习近平在纪念陈云同志诞辰 110 周年座谈会上发表重要讲话时指出，在陈云同志身上，学习和创新是紧密相连的。改革开放以后，陈云同志不断提醒要解决好创新问题，他说：“现在我们国家的经济建设规模比过去要大得多、复杂得多，过去行之有效的一些做法，在当前改革开放的新形势下很多已经不再适用。这就需要我们努力学习新的东西，不断探索和解决新的问题。”

党的十八大提出了建设学习型、服务型、创新型的马克思主义执政党的重大任务。把学习型放在第一位，是因为学习是前提，学习好才能服务好，学习好才有可能进行创新。习近平强调，全党同志一定要把学习作为一种政治责任、一种精神追求、一种生活方式，不断接受马克思主义哲学智慧的滋养，自觉坚持和运用辩证唯物主义世界观和方法论，广泛学习各方面知识，做到学以益智、学以励志、学以立德、学以修身。

举世瞩目、具有里程碑意义的党的十九大提出要全面增强八方面的执政本领，其中头一项就是学习本领，可见学习何其重要。

实践证明，学习是文明传承之途、人生成长之路、政党巩固之基、国家兴盛之要。依靠学习才能走向未来。我们党历来重视抓全党特别是领导干部的学习，这是推动党和人民事业发展的一条成功经验。在每一个重大转折时期，面对新形势新任务，我们党总是号召全党同志加强学习；而每次这样的学习热潮，都能推动党和人民事业实现大发展大进步。改革开放伊始，党中央就强调，实现四个现代化是一场深刻的伟大的革命。在这场伟大的革命中，我们是在不断地解决新的矛盾中前进的。因此，习近平总书记强调，全党同志一定要善于学习，善于重新学习。同过去相比，我们今天学习的任务不是轻了，而是更重了。这是由我们面临的形势和任务决定的。

学习与创新是新时代的关键热词和深化改革开放的主要内核，正是在这种情况下习近平强调了陈云学习精神的重要性。弘扬陈云学习精神对于新时代建设学习型、服务型、创新型马克思主义政党无疑具有重要意义。

（作者单位：福建省宁德市社科联）

论陈云对新中国积累与消费关系的认识与贡献

武　力

中国是一个人口多、底子薄、经济落后、发展不平衡的社会主义国家，因此如何处理好积累与消费的关系，至关重要，也是新中国成立65年来，中国共产党始终在全力探索和需要处理好的重大经济关系之一。陈云作为新中国成立后党和国家的领导人，长期领导经济工作，始终高度关注这个问题，他在认识和处理积累与消费关系方面给我们留下了宝贵的思想财富和历史经验，对于我们今天在市场起决定性作用的市场经济条件下，如何更好发挥政府作用，处理好积累与消费的关系，有效扩大内需、跨越“中等收入”陷阱，都有重要的借鉴和启示作用。

一、积累与消费关系的重要性

新中国成立之前，我国不仅是一个人口众多、人均耕地少的传统农业国家，而且遭受列强侵略、封建主义和官僚资本主义的压迫掠夺，以及长期战乱的破坏，处于发展经济学所说的“贫困陷阱”。所谓的“贫困陷阱”，实际上就是由于经济落后而没有资本积累，从而不能实现发展和产业结构升级。新中国建立后，就是要加快工业化，摆脱这个“陷阱”。

中国由于人口多、底子薄、人均资源少，新中国成立初期80%以上的人口在传统农业里，温饱问题尚未解决，因此人均剩余很少。1952年国民经济恢复任务完成后中国的经济总量超过了旧中国最高年代，但是中国大陆的人均国民收入，只相当于美国的2.3%，苏联的10.3%，英国的5.2%，法国的4.7%，联邦德国的6.9%，日本的22.2%。从主要工业产品产量来看，就更落后了，当时煤炭产量仅相当于同期美国的7.4%，苏联的18.9%，英国的14.6%。至于发电量，总量只相当于同期美国的1.6%，苏联的6.1%，英国的9.7%，法国的18%，联邦德国的12.9%，日本的14.1%，人均发电量则仅为美国的0.4%，苏联的2.2%，英国的8.4%，日本的20%。[①]毛泽东曾形象地说，现在我们能造什么？能造桌子椅子，能造茶碗茶壶，能种粮食，还能磨成面粉，还能造纸，但是，一辆汽车、一架飞机、一辆坦克、一辆拖拉机都不能造。[②]

新中国成立之初是一个典型的农业国。早在清朝后期，人口与耕地的矛盾已经十分尖锐。当时就有人形象地说："人多之害，山顶已植黍稷，江中已有洲田，川中已辟老林，苗洞已开深箐，犹不足养，天地之力穷矣。种植之法既精，糠核亦所吝惜，蔬果尽以助食，草木几无孑遗，犹不足养，人事之权殚矣。"[③]美国国务卿艾奇逊在1949年7月30日关于送呈《美国与中国的关系》白皮书致总统杜鲁门的信中即说："在形成现代中国之命运中，有两个因素起了重要的作用。（第一个因素）是中国的人口，在十八、十九世纪增加了一倍，因此对于中国成为一种不堪重负的压力。（近代史上）每一个中国政府必须面临的第一个问题，是解决人民的吃饭问题，到现在为止，没有一个政府是成功的。国民党曾企图用制定许多土地改革法令的方式，以谋解决这个问题。这些法律中有的失败了，另外则遭忽视。国民政府今日所面临之难境，大部分正为了它不能以充分的粮食供给中国民食，中共宣传的大部分，就是由他们将解决土地问题的诺言所组成。"[④]

再从当时的农业来看，形势更为严峻。1952年，不仅我国第一产业就业人员占总经济活动人口的比例高达83.5%，而且农业人均生产资料非常缺乏。据1954年国家统计局的调查，全国农户土地改革时平均每户拥有耕畜0.6头、犁0.5部，到1954年末也才分别增加到0.9头和0.6部。加上人多地少，农业能够为工业化提供的剩余非常少。

当时的工业非常薄弱，1952年工业产值仅占国内生产总值的17.6%，其自我积累的能力也非常有限[⑤]。1952年国民经济恢复任务完成时，中国大陆的人均国内生产总值仅为119元人民币，人均储蓄存款仅为1.5元人民币，国家外汇储备仅为1.39亿美元。财政总收入183.7亿元，用于经

① 参见《国外经济统计资料》编辑小组：《国外经济统计资料（1949年—1976年）》，中国财政经济出版社1979年版。

② 《毛泽东文集》第6卷，人民出版社1999年版，第329页。

③ 戴金珊：《中国近代资产阶级经济发展思想》，福建人民出版社1998年版，第3页。

④ 美国国务院：《美国与中国的关系》上卷，中国现代史资料委员会1957年翻印，第4页。

⑤ 资料来自国家统计局网站公布的年度统计数据。

济建设的资金尚不足 100 亿元。[①] 而严峻的国际形势又需要我国加快工业化步伐。因此如何解决积累与消费的矛盾，既为工业化提供必要的资本积累，又保证人民的基本生活以及逐步有所改善，是新中国面临的重大问题。

工业化主要是以国家为单位推进的，因此在世界范围内，工业化的推进必然伴随着资源配置向先行工业化国家倾斜，即落后的传统经济国家和地区处于被动的低端，利润流向新兴工业国家。从历史上看，这种流动主要有两种方式，一是政府依靠战争、不平等条约等强制手段，直接或间接掠夺殖民地、半殖民地以及经济落后国家（即看得见的手）；二是通过投资、贸易等经济手段（即看不见的手），依靠资本、技术和垄断来完成的。在 1945 年第二次世界大战胜利以前，工业化国家的竞争主要表现为第一种方式，这就是马克思所概括的资本主义原始积累和对外扩张，列宁所概括的帝国主义战争性质。第二次世界大战结束以后，世界格局发生了根本性的变化，一方面出现了与帝国主义阵营相抗衡的强大社会主义阵营，另一方面，在国家独立和民族解放浪潮中形成了一大批不容忽视的发展中国家，但是战争的阴霾并没有散去，冷战格局的形成和朝鲜战争、越南战争等都对中国的国家安全和统一构成了威胁。“落后就要挨打”是中国人民一百多年来的惨痛教训。正如毛泽东亲自修改审定的《关于党在过渡时期总路线的学习和宣传提纲》所指出的：“因为我国过去重工业的基础极为薄弱，经济上不能独立，国防不能巩固，帝国主义国家都来欺侮我们，这种痛苦我们中国人民已经受够了。如果现在我们还不建立重工业，帝国主义是一定还要来欺侮我们的。”[②]

二、计划经济条件下陈云处理积累与消费关系的思想

国家有限的财力与即将开始的经济建设所需要的巨额资金之间存在着巨大的缺口，而抗美援朝、抗美援越以及第一次台海危机促使新中国必须加快工业化的步伐。此时苏联答应全面援助中国经济建设，特别是尖端科技和国防工业，也是一个难得的历史机遇。于是为了将极为有限和非常分散的农业剩余集中到国家手中以加快工业化，中国就需要建立起一个既保

① 武力主编：《中华人民共和国经济简史》，中国社会科学出版社 2008 年版，第 67 页。

② 《建国以来重要文献选编》第 4 册，中央文献出版社 2011 年版，第 606—607 页。

证高积累又保证社会稳定的体制，而单一公有制和计划经济体制正好能够满足这个要求。因此从 1953 年起，新中国开始向社会主义过渡。单一公有制和计划经济确实保障了剩余索取和投资达到了最大限度。根据发展经济学和“贫困陷阱”假说，一个国家经济起飞的重要条件之一是投资超过国内生产总值的 11%。旧中国经济最好的 1931—1936 年，资本积累率 6 年中有 4 年为负数，最高的 1936 年也仅为 6.0%。[①] 而新中国 1978 年以前的资本积累率远远高于 11%，最低为 1963—1965 年的 22.7%，最高为“四五”计划时期的 33.27%，被认为最合理的“一五”计划时期则为 24.2%。

1956 年高度集中的计划经济体制建立以后，虽然使得国家拥有强大的资源动员和配置能力，保证了“一五”计划的顺利完成，但是计划经济体制所产生的“投资饥渴”也如影随形，始终成为干扰正确处理积累与消费关系的关键因素。[②] 因此，在改革开放之前，作为长期主管经济工作的陈云，高度关注积累与消费的关系。他在 1953 年制定农产品统购统销政策时形象地说：“我现在是挑着一担‘炸药’，前面是‘黑色炸药’，后面是‘黄色炸药’。如果搞不到粮食，整个市场就要波动；如果采取征购的办法，农民又可能反对。两个中间要选择一个，都是危险家伙。”[③] 虽然这里讲的是统购统销，但是实际上反映的是积累与消费的关系。

早在 1954 年陈云负责起草“一五”计划草案时，就注意到了积累与消费的平衡问题。1954 年 7 月，针对“一五”计划编制中的问题，陈云提出了中国经济计划中需要遵循四大平衡——物资平衡、财政收支平衡、购买力与商品供给平衡、信贷平衡——的思想，并强调，“各生产部门之间的具体比例，在各个国家，甚至一个国家的各个时期，都不会是相同的。一个国家，应根据自己当时的经济状况，来规定计划中应有的比例。”“我国因为经济落后，要在短时期内赶上去，因此，计划中的平衡是一种紧张的平衡。”[④] 中国需要快速地进行经济建设，但同时经济发展计划的制定也必须符合中国的国情国力。

1957 年 1 月，陈云系统地总结了新中国成立以来有关综合平衡的经验

---

① 巫宝三主编:《中国国民所得（1933 年）》上册，中华书局 1947 年版，第 20 页。

② 参见武力:《论建设型财政时期陈云对遏制投资饥渴的贡献》,《武陵学刊》2010 年第 4 期。

③ 《陈云文选》第 2 卷，人民出版社 1995 年版，第 208 页。

④ 《陈云文选》第 2 卷，人民出版社 1995 年版，第 241—242 页。

教训，提出："建设规模的大小必须和国家的财力、物力相适应"的平衡发展理论。陈云还结合当时的实际情况，提出了五条防止建设规模超过国力的制约方法：（1）财政和信贷都必须平衡，而且应略有节余；（2）物资要合理分配，排队使用；（3）人民购买力的提高必须同消费品的可供量相适应；（4）基建规模与财力物力之间的平衡，不单要看当年，而且必须瞻前顾后；（5）重视农业对经济建设规模的约束力。

"大跃进"造成国民经济严重失衡，我国经济从 1961 年开始进入调整时期。陈云受命于危难之际，为了尽快走出经济困境，他领导中央财经小组于 1962 年首先从调整积累与消费关系入手，大力压缩基本建设投资规模，以使积累率降下来。1961 年基建投资比上一年压缩 23%，1962 年又比上一年再压掉一半；相应的积累率也降下来，1962 年积累率下降到 10.4%，到了 1964 年经济回升后，才回到比第一个五年计划（24.2%）还要保守的 22.2%。[①]

三、改革开放以后陈云处理积累与消费关系的思想

针对 1976 年粉碎"四人帮"以后全国出现的"大干快上"、基本建设居高不下、高积累加剧了国民经济结构失衡和人民生活改善的情况，1976 年积累率为 31%，1977 年为 32.3%，1978 年更高达 36%，仅次于 1959 年和 1960 年，成为新中国成立以来投资率的第三个高峰年。针对这种情况，陈云倡导降低积累率以满足人民衣食之需的政策。他在 1978 年 12 月中央工作会议上针对生产和基本建设材料供给问题说："各方面都要上，样样有缺口，表面上好看，挤来挤去，胖子挤了瘦子，实际上挤了农业、轻工业和城市建设。"针对"文化大革命"结束后国民经济过快的发展势头，陈云提出，"实现四个现代化是我国史无前例的一次伟大进军，必须既积极又稳重"，工业引进项目必须"循序而进"，不能"一拥而上"，否则，"欲速则不达"。[②]此后，陈云还让中共中央办公厅研究室搞了个材料，题目是《从历史经验中探讨我国合理的积累率》，认为积累占国民收入的 25% 比较合适。这个建议得到中央的认可。

---

① 参见《陈云与新中国经济建设》编辑组编：《陈云与新中国经济建设》，中央文献出版社 1991 年版，第 390 页。

② 《陈云文选》第 3 卷，人民出版社 1995 年版，第 237、235、237 页。

由于实行高积累政策和计划经济对农民限制过多，农民生活水平长期以来改善不明显，农村贫困人口很多，1978 年农村绝对贫困人口有 2.5 亿。对此，陈云在中央工作会议上指出："我们不能到处紧张，要先把农民这一头安稳下来。农民有了粮食，棉花、副食品、油、糖和其他经济作物就都好解决了。摆稳这一头，就是摆稳了大多数，七亿多人口稳定了，天下就大定了。建国快三十年了，现在还有讨饭的，怎么行呢？要放松一头，不能让农民喘不过气来。如果老是不解决这个问题，恐怕农民就会造反，支部书记会带队进城要饭。……粮食进口多一些不要紧。农民稳住了，事情就好办了。如果感到粮食进口多了，下一年少进一点就是了。进口粮食的时间，不只是三五年，时间还可能长些，数量则可能少些。"①

改革开放以后，以"放权让利"为特点的改革的推行，特别是农村家庭联产承包责任制的实行，调动了人民群众的积极性，农业连年大幅度增产，加上调整经济、压低积累率，激发了广大人民群众迅速提高生活水平的愿望和迫切心情，加上经过"文化大革命"十年的破坏使许多人对社会主义的优越性产生怀疑，党的领导干部也希望通过迅速提高人民群众生活水平来凝聚人心。因此在调整期间，强调消费、强调生活水平的现代化又成为主要倾向，出现滥发奖金、补贴，消费基金增长过快的现象。真可谓"过犹不及"。针对这种倾向，陈云开始从另一个方面来调整积累与消费的关系，即强调适度积累的必要性。1981 年 9 月 2 日，陈云在中央政治局会议上提出：人民生活改善的幅度不能大于生产增长的幅度。工资也好，奖金也好，对农民的补贴也好，都要有一定的幅度。每年国家增加的收入，分给人民生活多少，用于建设多少，要有通盘的筹划。一要吃饭，二要建设。饭可以吃得好一点，特别是现在吃得差的人，总要慢慢让他们吃得好一点。但吃得太好也办不到，总还要有钱搞建设。

陈云在 1981 年 12 月召开的省、自治区、直辖市党委第一书记座谈会上再提出：我们经济工作的一个大方针就是，"一、要使十亿人民有饭吃；二、要进行社会主义建设。只顾吃饭，吃光用光，国家没有希望。必须在保证有饭吃后，国家还有余力进行建设。因此，饭不能吃得太差，但也不能吃得太好。吃得太好，就没有力量进行建设了。这里就包含着一个提高

① 《陈云文选》第 3 卷，人民出版社 1995 年版，第 236 页。

人民生活水平的原则界限：只有这么多钱，不能提高太多，必须做到一能吃饭、二能建设。”[①]1982 年 1 月 25 日，陈云邀请姚依林、宋平等国家计委负责人来住所举行春节座谈会，他指出：“人民的生活需要改善，可以改善，但改善的幅度要很好研究。还是那句话：从全局看，第一是吃饭，第二要建设。吃光用光，国家没有希望。吃了之后，还有余力搞建设，国家才有希望。”[②]1983 年 6 月 30 日，在中央工作会议上，陈云又一次提出：“这几年人民群众的生活比过去有了较大的改善，今后也还需要进一步改善。但是，人民生活改善的幅度不能大于生产增长的幅度。工资也好，奖金也好，对农民的补贴也好，都要有一定的限度。还是那句话：一要吃饭，二要建设。吃光用光，国家没有希望；吃了之后，还有余力搞建设，国家才有希望。”[③]

1984 年以后，城市经济体制改革全面启动，受农村改革成功和农民生活水平大幅度提高的鼓舞，加上通货膨胀的影响，城市居民对提高收入的预期目标也空前高涨。1988 年 10 月，陈云在同中央负责同志谈当前经济工作的几个问题时，又强调：“提高人民生活水平，要掌握一定的幅度，不能过高、过快。还是那两句老话：一要吃饭，二要建设。好事要做，又要量力而行。”[④]

四、陈云的认识和实践对我们今天经济工作的启示

众所周知，合理的积累与消费关系，或者说投资与消费的比例，不是固定不变的，在不同时期、不同发展阶段，需要因时、因地、因事制宜，及时调整。一般来说，在国民收入一定的情况下，积累和消费存在着此多彼少的关系。积累本质上是为了扩大未来的消费，但积累比重过大，必然损害现期消费，从而挫伤劳动者的生产积极性，并造成需求不足和产能过剩，即资本主义国家普遍发生的生产过剩危机。投资率过低，利于经济的发展和满足人们日益增长的物质和文化需求，但不利于扩大就业。中国作为一个人口多、底子薄的发展中国家，在工业化前期和中期阶段，适度抑

① 《陈云文选》第 3 卷，人民出版社 1995 年版，第 306 页。
② 《陈云文选》第 3 卷，人民出版社 1995 年版，第 309 页。
③ 《陈云文选》第 3 卷，人民出版社 1995 年版，第 323 页。
④ 《陈云文选》第 3 卷，人民出版社 1995 年版，第 367 页。

制消费扩张，提倡节俭和扩大积累，是完全必要的，这也就是陈云所说的“一要吃饭，二要建设”的思想。实际上，在计划经济时期，由于是完全的政府主导型发展，主要的问题是抑制投资率过高的问题，因此陈云在改革开放前始终强调平衡问题和不要因为过度投资而影响人们生活；在改革开放后的20世纪80年代，由于基本上是在公有制下的“放权让利”，以及人们对前30年低消费的“补偿”心理，以及周边国家和地区生活水平的压力，对提高消费的预期过高，因此陈云在这一时期反复强调要抑制消费的过度扩张是合理的。这种变化反映出陈云实事求是、因时制宜，既不墨守成规又不随大流的可贵精神。

经过36年的改革开放和国民经济的高速发展，我国不仅已经建立起社会主义市场经济体制，而且人均收入已经突破7000美元，达到世界中等收入偏上水平。应该说，20世纪的50年代，甚至80年代，与今天相比，无论经济体制还是发展水平，都不可同日而语。今天积累与消费的关系，更多的是由市场决定的，因此在资本的主导下，积累率自90年代中期以来呈现出长期居高不下的局面，而消费需求则自1997年经济首次出现买方市场后，居民之间的收入差距扩大，基尼系数自21世纪以来一直在0.46以上的高位徘徊，消费需求成为制约经济增长的主要因素。但是我们国家的性质没有变，中国共产党的性质和宗旨没有变。因此，在市场经济基础上，在市场起决定性作用的条件下，尤其是在我国居民收入差距过大和经济发展进入新常态以后，如何通过政府这只“看得见的手”来调控积累与消费的关系，通过政府的财政转型和二次分配职能，来缩小收入差距，提高人民群众的有效消费需求，至关重要。而陈云处理积累与消费关系的思想和实践则具有深刻的启示。

首先，我国的经济发展水平已经进入了工业化的中后期阶段，目前经济发展的瓶颈或者说主要制约因素，已经不是资本稀缺和投资不足的问题，而是消费需求不足和产能过剩的问题。在各级政府长期将提高国内生产总值价作为第一追求目标和资本主导分配的情况下，目前主要的问题是投资率过高和工资在分配中占比过低的问题。因此，我们应该学习陈云因时制宜、实事求是地对待积累与消费关系，不能刻舟求剑、胶柱鼓瑟，继续维持前20年所形成的高积累比率。

其次，陈云始终站在人民和国家的立场上来认识和处理积累与消费的关系，全面考虑如何兼顾人民群众长远利益与眼前利益。而在今天，除了国家的财政支出体现了惠及全体人民的公共服务功能外，就微观经济来说，70% 以上的从业人员是在混合所有制、私营企业或外资企业工作的。这些企业除了纳税外，其内部的分配机制基本上是按照市场的规则来的，资本处于主导地位。换句话说，在计划经济时代和改革开放初期，即陈云领导经济工作的年代，新增社会财富在积累与消费之间的分配，是完全的人民群众的长远利益与眼前利益的关系，是国家、集体、个人之间的关系。然而，今天我们要处理的积累与消费的关系，就不仅仅是人民群众的长远利益与眼前利益的关系，也不仅仅是国家与人民群众的关系，已经包含了私人资本与雇佣劳动者在分配中的关系，包含了资本与劳动如何分享新创财富的问题。因此，我们在处理这个关系时，就必须考虑到这种变化，更好发挥政府的调控作用，在资本主导分配的机制下，充分保护雇佣劳动者的利益。

（本文写于 2014 年，作者单位：中国社会科学院当代中国研究所）

如何理解陈云关于计划与市场关系的思想

杨明伟

自改革开放以来，计划与市场的关系，一直是理论界和决策层思考的一个重要问题。如何正确认识和处理这对既矛盾又统一的关系，是既困扰现实经济社会运行方式也困扰着人们思想观念的一个难题。在社会生活和理论研究中，流行过这样一类认识模式：计划属于社会主义的，市场属于资本主义的；主张计划经济的人，属于思想的左派，而主张市场经济的人，属于思想的右派。我国建立社会主义市场经济体制后，由于对计划与市场的辩证关系理解上的偏差，仍然有部分人在这个问题上陷入困惑。由此，一些人形而上学地、想当然地以谁对计划或市场关注得多一点，来划分思想上的左与右、保守与改革。陈云，就曾经被一些人机械地甚至别有用心地误读过。在社会主义市场经济深度发展和全面深化改革的今天，有必要再次从如何理解陈云关于计划与市场关系的思想出发，厘清这一问题。

一、在党内最早关注和研究计划与市场关系

在党内领导层，在主持全国性的经济工作中，最早懂得资本主义制度、了解资本主义经济是怎么回事的人，应该是陈云。除了早年在上海地下工作中亲身体会资本主义的制度和运转模式以外，自新中国成立后，他就一直在关注和研究资本主义的经济制度。他不仅从实际工作需要出发与资本家打交道，而且从理论上对资本主义问题尤其是资本主义市场问题进行了深入的思考。突出表现在以下几个方面：

（一）20世纪五六十年代，陈云在党内率先提出“三个主体，三个补充”思想，率先提出要在计划经济条件下建立“社会主义市场”

1956年9月，随着社会主义改造的基本完成，资本主义工商业和个体

农业、手工业等“大量的原来的非社会主义经济成分如此迅速地转变为社会主义经济成分”，给党和政府领导和管理经济带来了一系列新的问题和新的任务，尤其是如何对待那些非社会主义的经济成分。陈云在9月20日的党的八大会议上，作了一篇题为《关于资本主义工商业改造高潮以后的新问题》的报告，提出一些颇有新意和胆识的想法：在社会主义改造完成以后，我们应该采取正确的方针指导企业的生产和经营，把我国资本主义工商业和个体农业、手工业，改造成为一种有利于人民的社会主义经济。①

资本主义的东西怎么才算对社会主义有利呢？陈云当时就抓了“市场”这一概念，他提出的办法是要建立“社会主义的市场”，他说：“对一部分商品采取选购和自销，让许多小工厂单独生产，把许多手工业合作社划小，分组或按户分散经营，把许多副业产品归农业合作社社员个人经营，放宽小土产的市场管理，不怕有些商品的价格在一定范围内暂时上涨，改变对某些部门计划管理的方法”。他认为采取这些措施的结果，不会使我国的市场退回到资本主义的利伯维尔场，“而是适合于我国情况和人民需要的社会主义的市场。”②

对即将建立的社会主义经济体制，陈云也作了这样的描述：“在工商业经营方面，国家经营和集体经营是工商业的主体，但是附有一定数量的个体经营。这种个体经营是国家经营和集体经营的补充。至于生产计划方面，全国工农业产品的主要部分是按照计划生产的，但是同时有一部分产品是按照市场变化而在国家计划许可范围内自由生产的。计划生产是工农业生产的主体，按照市场变化而在国家计划许可范围内的自由生产是计划生产的补充。因此，我国的市场，绝不会是资本主义的自由市场，而是社会主义的统一市场。在社会主义的统一市场里，国家市场是它的主体，但是附有一定范围内国家领导的自由市场。这种自由市场，是在国家领导之下，作为国家市场的补充，因此它是社会主义统一市场的组成部分。”③

这就是陈云早在1956年就提出的“三个主体，三个补充”的思想。在当时情况下，能够实事求是地、深刻地提出将“个体经营”“按照市场变化的自由生产”和“自由市场”这些发端于资本主义制度下的东西引入社会主

① 参见《陈云文选》第3卷，人民出版社1995年版，第12—13页。
② 《陈云文选》第3卷，人民出版社1995年版，第13页。
③ 《陈云文选》第3卷，人民出版社1995年版，第13页。

义经济体制中作为补充，应该说，这在共产党内，是陈云的创造。在当时党内单一计划经济思维模式占主导的情况下，陈云的这些想法和措施是非常富有胆识的。即便到了改革开放初期的20世纪80年代，无疑也是超前的。按陈云的设想，实施上述思想，“必须慎重从事，稳步前进，经过试验，逐步推行。”①

（二）20世纪70年代，陈云受周恩来总理委托，主抓国家对外贸易工作，提出“不研究资本主义，我们就要吃亏。不研究资本主义，就不要想在世界市场中占有我们应占的地位。”② 主张要利用资本主义交易所，开辟多个国际市场

20世纪70年代初，国际市场上美元与黄金脱钩且不断贬值，出现金融动荡。接着又发生了石油危机，美国等西方资本主义国家陷入严重的经济衰退与危机之中。熟谙经济工作的陈云十分关注这场资本主义经济危机及其产生的影响，从1972年下半年开始，他参加周恩来担任组长的国务院业务组，受总理委托对资本主义社会的系列问题展开具体而深入的研究。在1973年5月到1974年8月间，他通过听汇报、谈话、书信、起草请示报告、撰写研究提纲和视察广交会等方式，发表了不少重要的看法和观点，其中明确提出：要研究当代资本主义的问题，不研究资本主义，我们就要吃亏；不研究资本主义，就不要想在世界市场中占有我们应占的地位；资本主义市场的商品交易所有两重性，对于商品交易所，我们应该研究它，利用它，而不能只是消极回避，利用交易所做买卖，有一定风险，但在一定条件下，可以试做；我们的进出口贸易，不要集中在一两个市场，要分散，过于集中会被人垄断，受到控制时，我们就被动了，要开辟新的市场。③

在当时中国还是实行单一计划经济体制的大背景下，陈云大胆地提出要关注、研究和利用资本主义市场，不要被老框框束缚住，不要怕接触资本主义市场，而要在大风大浪中学会游泳，等等。④ 可以说，当时在党内决

---

① 《陈云文选》第3卷，人民出版社1995年版，第13页。

② 《陈云文选》第3卷，人民出版社1995年版，第218页。

③ 参见《陈云文选》第3卷，人民出版社1995年版，第218、221、222页；《党的文献》2015年第3期，第44—46页。

④ 熊亮华：《“我们做工作不要被那些老框框束缚住”——解读陈云1973年关于对外经济工作的两则文献》，《党的文献》2015年第3期，第48页。

策层，没有谁比陈云更了解当代资本主义；在研究和利用资本主义方面，也没有谁比陈云思想解放的程度更高。

（三）改革开放初期，为改革“计划工作制度中出现的主要缺点”，突破旧的经济体制模式，陈云写出影响甚远的《计划与市场问题》提纲，明确提出社会主义经济中有“市场经济”部分

对新中国在社会主义改造完成后根据自身实际实行和完善计划经济体制，陈云有着丰富的经验；同时，对计划经济体制在运行过程中存在的缺点和问题，陈云同样感受深切。因此，改革开放以后，陈云便不断地思考如何克服计划体制的缺点，并提醒人们反思计划经济的弊端。这种反思的深度和解决问题的思路，在当时的党内决策层，应该说是比较超前和深刻的。

有例为证：1979 年 3 月 8 日，陈云拿出了经过反复思考后的《计划与市场问题》的写作提纲。这份提纲全文不到 2000 字，却包含了陈云一段时期以来对中国经济体制改革方向的深刻思考，解决的主要矛盾就是计划与市场的关系问题。其中有这样一些主要意思：（1）有计划按比例的计划工作的规则的思想，来源于马克思。在社会主义革命还没有在一个国家胜利以前，马克思就设想过社会主义经济将是有计划按比例发展的，这个理论是完全正确的。（2）1917 年后苏联的经济计划和 1949 年后中国的经济计划，都是按照马克思所说的有计划按比例办事的。当时苏联和中国这样做是完全对的，但是没有根据已经建立社会主义经济制度的经验和本国生产力发展的实际状况，对马克思的原理（有计划按比例）加以发展，这就导致现在计划经济中出现的缺点。60 年来，无论苏联或中国的计划工作制度中出现的主要缺点：只有“有计划按比例”这一条，没有在社会主义制度下还必须有市场调节这一条。所谓市场调节，就是按价值规律调节，在经济生活的某些方面可以用“无政府”、“盲目”生产的办法来加以调节。现在的计划太死，包括的东西太多，结果必然出现缺少市场自动调节的部分。因为市场调节受到限制，而计划又只能对大路货、主要品种作出计划数字，因此生产不能丰富多彩，人民所需日用品十分单调。

陈云在提纲中大胆地提出：“整个社会主义时期必须有两种经济”，一种是计划经济部分（有计划按比例的部分）；一种是市场调节部分（即不作计划，只根据市场供求的变化进行生产，即带有盲目性调节的部分）。当

然，他认为：“第一部分是基本的主要的；第二部分是从属的次要的，但又是必需的。”他批评说：“问题的关键是，直到现在我们还不是有意识地认识到这两种经济同时并存的必然性和必要性，还没有弄清这两种经济在不同部门应占的不同比例。”他还批评说：“忽视了市场调节部分的另一后果是，同志们对价值规律的忽视，即思想上没有‘利润’这个概念。这是大少爷办经济，不是企业家办经济。”

有两点值得注意，在这份提纲中，陈云对“计划经济”和“市场经济”两个概念是同时运用的；“市场经济”与“市场调节”是在同等含义上使用的。

对于今后中国经济体制改革的方向，陈云也提出了自己的设想：“在今后经济的调整和体制的改革中，实际上计划与市场这两种经济的比例的调整将占很大的比重。不一定计划经济部分愈增加，市场经济部分所占绝对数额就愈缩小，可能是都相应地增加。”①

陈云的这份提纲，至少在以下几个方面突破了长期以来人们对社会主义经济体制认识上的旧的思想模式：

第一，从马克思主义理论的源头上说清了计划经济的正确性但并非单一性，批评了“没有根据社会主义经济制度的经验和本国生产力发展的实际状况”，与时俱进地发展马克思主义的做法，并指出自苏联建立计划体制以来六十多年间单一计划经济模式的缺点，大胆地清算了原有计划体制的弊端。

第二，从马克思主义的题中应有之义出发，说明社会主义社会中计划与市场的辩证关系，明确“整个社会主义时期必须有两种经济”：“基本的主要的”部分——有计划按比例的计划经济；“从属的次要的，但又是必需的”部分——根据市场供求的变化进行生产即带有盲目性调节的市场经济，并指明了“这两种经济同时并存的必然性和必要性”，从而在理论上确立了市场经济在社会主义经济制度中的应有地位。

第三，对源于资本主义制度下的市场经济进行新的认识：将“市场调节”或“市场经济”引入社会主义经济体制中，为“市场经济”概念正名；还特别强调，在整个社会主义时期存在“市场经济”，“基本上是无害的”；指出如果忽视市场调节和价值规律，会带来严重的后果，那是“大少爷办

---

①《陈云文选》第3卷，人民出版社1995年版，第245—247页。

经济，不是企业家办经济”；提出随着计划经济部分增加市场经济部分也相应增加的经济体制改革思路。从而也明确了中国经济体制改革的走向。

上述突破，无论在党内还是党外，无论是领导层还是理论界，当时能够达到这一认识层面的人，并不是很多；不同意见的争论甚至相当激烈。尤其是对计划体制的弊端，许多人并没有完全认识到。正如陈云在提纲中点明的：“计划机关和工业、商业部门的同志对此没有深刻的认识。”[①] 应该说，陈云是最早从理论和实践两个层面严肃批评计划体制弊端的高层领导人之一。

陈云写作这份提纲的最初打算，是试图通过阐述计划与市场的关系，对中国经济体制改革的方向作出进一步的探索。这份提纲，大体囊括了他有关计划与市场关系的主要思想。提纲写作前后，他曾将其主要意思在中央领导和思想理论界小范围里讲过，征求过一些人的意见。作为党内比较早地以文字形式留存下来的有关充分重视市场经济和市场调节作用的思想结晶，这份提纲的出台，成为新时期中国经济体制改革的一个重要文献。后来有经济学家这样说：这份提纲是新的历史时期关于计划与市场问题讨论的最初的重要文献。这篇重要文献，从一个重要方面，剖析了原有经济体制的弊端，提出了经济体制改革的思路。

二、率先倡导经济体制改革，最早公开谈论“市场经济”

以陈云为代表，中央领导层对经济体制改革的思考从 20 世纪 70 年代末 80 年代初逐渐展开，主要成果是突破了单一计划经济模式的禁锢，“充分重视市场调节的辅助作用”开始成为人们的共识。

尽管陈云是中国经济体制改革的倡导者和先驱者，但在如何改革的问题上，陈云的态度是慎重稳进的。他遵从实事求是、水到渠成、瓜熟蒂落的原则，主张从中国实际出发进行改革，决不能照搬照抄别国的模式。这种认识态度和思想取向，与邓小平是完全一致的，他们把这种改革的态度称为“实事求是派”。但是，在社会上，一些人习惯以“保守派”或“改革派”来简单划分决策层的思想倾向。对社会上的这些议论，后来邓小平是这样回应的：“中国改革遇到的困难并不算多，还比较顺利。有些人对改革的

① 《陈云文选》第 3 卷，人民出版社 1995 年版，第 246 页。

某些方面、某些方法不赞成，但不是完全不赞成改革。中国不存在完全反对改革的一派。你们过去把我看作是‘改革派’，把别人看成是‘保守派’。我是‘改革派’，不错。如果要说讲四个坚持是‘保守派’，我又是‘保守派’，所以，我既不是‘改革派’，也不是‘保守派’，比较正确地说，我是‘实事求是派’。”①

了解陈云的人们都知道，陈云就是这样的“实事求是派”。他始终从中国的实际出发，推进着中国的经济体制改革。在改革需要突破的时候，陈云往往态度果断，正如他自己所说：“体制改革势在必行。现在要进行研究，先改什么，后改什么，怎么改。”②当然，陈云也强调，经济体制改革并不是不要国家计划，因为有计划、按比例是任何一个社会都必须遵从的规律，资本主义社会也是如此。他进一步说：“按比例发展是任何社会的普遍规律，区别在于有的可以自觉做到，有的是不自觉地做到。”③在经济体制改革的具体步骤上，陈云主张采取稳步推进的办法，他多次交代：“我们要改革，但步子要稳。因为我们的改革，问题复杂，不能要求过急。改革固然要靠一定的理论研究、经济统计和经济预测，更重要的还是要从试点着手，随时总结经验，也就是要‘摸着石头过河’。开始时步子要小，缓缓而行。”④

在改革过程中，陈云特别强调要尊重实际、尊重规律、尊重辩证法。他指示中央财经领导小组和国务院有关部门，要搞一个设想，主导方向是要尽快“把计划调节和市场调节结合起来，把市场搞活”⑤。

根据陈云的这一指示，对计划调节和市场调节的研究和实践不断得到展开，人们也逐渐接受了市场调节的理念。1981 年 6 月通过的《关于建国以来党的若干历史问题的决议》中，根据陈云的意见，写入了“必须在公有制基础上实行计划经济，同时发挥市场调节的辅助作用”的意思，同时还点明，“社会主义生产关系的发展并不存在一套固定的模式”。随后，“以计划经济为主，市场调节为辅”的提法在党内外正式确定下来，成为中国改革开放初期实行“对外开放和对内搞活”所必须坚持的根本原则。正确处理计划与市场的关系问题，也成为经济体制改革中的一个根本性问题。

---

① 邓小平会见美国国务卿舒尔茨时的谈话，1987 年 3 月 3 日。

② 《陈云传》（下），中央文献出版社 2005 年版，第 1633 页。

③ 《陈云年谱（修订本）》下卷，中央文献出版社 2015 年版，第 274—275 页。

④ 《陈云文选》第 3 卷，人民出版社 1995 年版，第 279 页。

⑤ 《陈云传》（下），中央文献出版社 2005 年版，第 1634 页。

也就在这个时期，随着改革的推进，社会上又出现了一些乱象。一些人否认计划工作，不要国家干预，一切依赖市场。还有一些人产生了思想上的疑惑和行动上的偏差。在思想上，有一部分人误认为，改革就是不要国家宏观管理，一切由市场需求决定；在行动上，自党的十一届三中全会以来，在对内搞活和对外开放的同时，也不可避免地带来一些问题，如严重的走私贩私、投机诈骗、贪污受贿等经济领域中的违法犯罪活动，扩权、搞活以后的本位主义、分散主义以及自由化的倾向，不顾国家整体利益而削弱和摆脱国家统一计划、干扰和分割社会主义统一市场、影响“全国一盘棋”的行为，等等。这是与体制改革的正确导向相违背的。对此，陈云也予以坚决纠正。一方面，他反复强调，对计划经济体制中的弊端，必须改革，要坚决地改革。[①]另一方面，他更担心的是，在改革开放的情况下，如果不能正确地处理搞活经济与规范国家经济秩序的关系，如果不能正确地处理市场经济（市场调节）与计划经济的关系，改革只会走弯路。

借1982年春节之机，陈云对国务院和国家计委的有关领导同志表明态度：“现在计划不受欢迎”，“还是要脚踏实地”，“急于求成反而慢”。他强调，经济计划问题实际上是“战略性问题”，“我们要有这样的战略家。”[②]这个谈话是在1月25日即大年初一，第二天新华社以通稿形式在各大媒体发表。以《人民日报》为例，在头版报头的显要位置，发表了耀眼的大标题《坚持计划经济为主，市场经济为辅》。尽管强调的是“计划经济”，但是在这之前，还没有哪个领导人公开在报刊上使用“市场经济”的概念。在这篇报道中，凡涉及“计划经济为主”时，与之相配的都有“市场经济为辅”。应该说，这无论在理论上还是在概念上，都是一个重大的突破。尽管五天后《人民日报》在不太显眼的位置发表了一小段《新华社更正》称：“本社1月25日播发《陈云同志约请国家计委负责人座谈加强计划经济问题》一稿（见本报1月26日第1版），标题和第三段、第五段中的‘市场经济为辅’均系‘市场调节为辅’之误”。[③]但据新华社专为陈云采发新闻的记者李尚志后来回忆，为陈云发报道消息，从来就不会出现这样的“失误”，“凡要发消息的，都是把记者、秘书和有关同志叫到身边，亲自商量着修改报

---

① 参见《陈云传》（下），中央文献出版社2005年版，第1638页。

② 《陈云文选》第3卷，人民出版社1995年版，第309、311页。

③ 《新华社更正》，《人民日报》1982年1月31日，第4版。

道稿”，“自己修改定稿后打印出来发给记者，而且明确规定：记者发稿时，引用他的话就以此稿为准，可以删减，但不能增加内容”。[①] 那么这篇提到“市场经济”的重要报道为什么会更正其“误”呢？笔者认为，主要原因是考虑到中央领导层和理论界还有不同的看法。从一些文献中可以看到，这一时期，邓小平在内部讲话时，也与陈云一样，使用的是“市场经济”一词。当然，他们讲的“市场经济”，与“市场调节”是一个意思。

在改革开放初期，陈云关于计划经济与市场经济关系的一些重要讲话，都以中央文件形式下发到全党学习。他在这方面的思想，对中国经济体制改革的历史进程产生了极为重要的影响，也为后来人们探索市场经济的问题提供了重要的理论先导。遗憾的是，后来有一些不明究竟的人，割裂历史发展，只看到陈云强调计划经济，并以此歪曲说陈云是不主张市场经济的。应该说，这的确冤枉或误会了陈云。在党内领导层或决策层中，率先倡导经济体制改革的，恰恰是陈云；而最早提倡市场经济并公开谈论“市场经济”概念的，恰恰也是陈云。

三、力主搞活经济，提出“笼子该多大就多大，可以跨国跨洲”

20 世纪 80 年代以后，社会上曾经有一种“鸟笼经济”的提法，这主要是针对陈云用“鸟”与“笼子”的关系来比喻市场与计划关系而出现的。在很长一段时间内，一些所谓学者从负面去误读这种“鸟笼关系”，只关注“鸟在笼中”，不关心“笼子”的大小；只在乎“鸟”之“自由”，不在乎飞在空中也有规则。这个问题的核心，其实也是如何认识和处理计划与市场的关系问题。“鸟”与“笼子”的关系问题，实际上是在突破计划经济弊端的大背景下提出来的；它的思想取向，恰恰是打破单一的计划经济模式，倡导充分发挥市场的作用，把经济搞活。“这一比喻，是陈云同志关于计划与市场一贯思想的一个新的表述。”[②]

最早以“笼子”与“鸟”的关系来比喻计划与市场关系的人，应该是黄克诚。1982 年 8 月 25 日，中央纪委常务书记黄克诚在向陈云汇报有关工作时提出：“要把经济搞活，不能再像过去那样搞死，但搞活不能没有秩序。这

---

① 有关这次报道出现更正的原因，详见杨明伟：《陈云晚年岁月》，人民出版社 2005 年版，第 155—157 页。

② 朱佳木：《谈谈陈云对计划与市场关系问题的思考》，《党的文献》2000 年第 3 期。

就好比一只鸟，不能捏在手里，捏在手里它就死了，要让它飞。但要让它在笼子里飞，否则它就飞跑了。”[①] 黄克诚的这种生动形象的比喻，启发了陈云的思考，计划与市场的关系、计划指导与搞活经济的关系，恰好类似于“笼子”和“鸟”的关系，关键问题在于把握“笼子”大小。了解陈云的人认为：“所谓‘笼子’，就是人们常说的宏观控制。鸟要在笼子里飞，就是说经济搞活不能没有宏观控制。”[②] 这以后，陈云多次用“笼子”与“鸟”的关系来比喻计划与市场的关系，并对“笼子”的问题作出明确的说明。

在陈云关于“鸟”与“笼子”关系的论断中，核心是要在有计划、按比例、综合平衡的基础上搞活经济，让“鸟”在合适的天空飞翔。至于“笼子”的存在，只是为了让“鸟”有序地飞翔。对“笼子”的大小，并没有限定，只要“合适”“适当”就行；“该多大就多大，不一定限于一个省，一个地区，也可以跨省跨地区，甚至不一定限于国内，也可以跨国跨洲。”[③] 从陈云的多次阐述中可以得知，关于“笼子”的定义，主要包括下面几个意思：

一是“笼子”就是国家对经济的宏观调控，就是国家经济运行的规则和秩序，社会主义国家不能搞自由主义的无序经济。

二是“笼子”大小是为了搞活经济而设定的，只要有利于经济搞活，“笼子”可以到极大，不一定是一个省，也可以大到跨省跨地区，甚至不一定限于国内，也可以跨国跨洲。

三是“笼子”是动态的，它本身也要经常调整，只要适合“鸟”飞、适合搞活经济，该多大就多大，并不是一成不变的。

应该说，陈云的思想是非常清晰的，论述也是非常严谨的。态度客观和明理的人，能够体会出其中的科学、辩证含义；只是个别有意歪曲的人，才会曲解“笼子”的含义，也有“境外一些别有用心或望文生义的人借机鼓噪，说这是要走回头路，是反对改革，是保守”[④]。

正是在陈云的上述思想指导下，中国在经济体制改革方面走出了社会主义国家突破性的一步。其标志就是 1984 年 10 月党的十二届三中全会通过的《中共中央关于经济体制改革问题的决定》。这个《决定》稿是在陈云

---

① 朱佳木：《谈谈陈云对计划与市场关系问题的思考》，《党的文献》2000 年第 3 期。

② 朱佳木：《谈谈陈云对计划与市场关系问题的思考》，《党的文献》2000 年第 3 期。

③《人民日报》1982 年 12 月 3 日。

④ 朱佳木：《谈谈陈云对计划与市场关系问题的思考》，《党的文献》2000 年第 3 期。

亲自指导和亲自修改下完成的。这个《决定》是在十一届三中全会以后城乡经济体制改革取得经验的基础上，顺应加快以城市为重点的整个经济体制改革步伐的要求而作出的，它试图在理论上突破马克思主义的传统观念。正如《决定》所说："改革计划体制，首先要突破把计划经济同商品经济对立起来的传统观念，明确认识社会主义计划经济必须自觉依据和运用价值规律，是在公有制基础上的有计划的商品经济。商品经济的充分发展，是社会经济发展的不可逾越的阶段，是实现我国经济现代化的必要条件。只有充分发展商品经济，才能把经济真正搞活，促使各个企业提高效率，灵活经营，灵敏地适应复杂多变的社会需求，而这是单纯依靠行政手段和指令性计划所不能做到的。同时还应该看到，即使是社会主义的商品经济，它的广泛发展也会产生某种盲目性，必须有计划的指导、调节和行政的管理，这在社会主义条件下是能够做到的。因此，实行计划经济同运用价值规律、发展商品经济，不是互相排斥的，而是统一的，把它们对立起来是错误的。"[①] 应该说，这个《决定》为后来在中国彻底把计划与市场两种手段统一在社会主义经济运行中，以及建立社会主义市场经济体制，奠定了重要的理论基础。当时作这个《决定》的目的非常明确，就是要"进一步解放思想，走自己的路，建立起具有中国特色的、充满生机和活力的社会主义经济体制，促进社会生产力的发展"[②]。

这个《决定》通过后，邓小平对之作了很高的评价。他认为《决定》"写出了一个政治经济学的初稿，是马克思主义基本原理和中国社会主义实践相结合的政治经济学"，"解释了什么是社会主义，有些是我们老祖宗没有说过的话，有些新话"，"写出来，也很不容易通过，会被看作'异端'。我们用自己的实践回答了新情况下出现的一些新问题。"[③]《决定》通过后，经济学界也给予了高度的评价。有经济学家认为，"第一次明确提出社会主义经济是公有制基础上的有计划的商品经济。这是在计划与市场问题上，社会主义经济理论的一次重大突破，它对此后我国以市场为取向的改革实践，起了积极的推动作用"[④]。还有经济学家认为，社会主义有计划的商品经济也

① 《中共中央关于经济体制改革的决定》，人民出版社 1984 年版，第 17 页。
② 《中共中央关于经济体制改革的决定》，人民出版社 1984 年版，第 10 页。
③ 《邓小平文选》第 3 卷，人民出版社 1993 年版，第 83、91 页。
④ 刘国光：《略论社会主义市场经济》，《人民日报》1992 年 10 月 26 日。

是一种市场经济。[1]

这份被党内称为“指导中国经济体制全面改革的纲领性文件”，饱含了陈云的心血。因此，有经济学家实事求是地评价说：在我国，陈云同志是最早主张进行经济体制改革和发挥市场作用的党和国家领导人之一。

（作者单位：中共中央党史和文献研究院）

① 吴敬琏等在《经济参考》上发表文章阐述了这一观点，另见 1988 年 7 月 15 日《人民日报》。

党的八大前后陈云关于计划与市场关系的探索

梁敬明

1949年中华人民共和国成立后，陈云作为国家财政经济工作的主要领导人之一，为国家的经济建设，为探索适合中国国情的建设道路作出了重要的贡献。在长期领导经济工作的实践中，陈云注重关于计划与市场关系的探索，在党的八大召开前后一个时期，基于恢复国民经济和社会主义改造的实践，以及对国家开始大规模经济建设的理论思考，将计划与市场的关系从具体的微观经济活动层面提高到整个国家宏观经济体制的高度，提出了意义重大、影响深远的建设性方案，即"三个主体，三个补充"的核心表述。

1956年9月，党的八大召开。作为中国共产党取得全国政权后举行的第一次全国代表大会，作为历史转折时期的重要会议，八大以其关于中国社会主要矛盾的正确论断、把工作重心转移到社会主义经济建设上来的决策和加强执政党的建设的认识等，为探索中国的社会主义建设道路作出了重要的贡献。八大前后一个时期，在当时复杂的国际和国内形势下，党和国家领导人重视从中国实际出发，探寻中国的发展道路，开展了大量富有成效的调查研究工作。作为中央财政经济工作的主要负责人之一，陈云结合实践着重对计划和市场的关系进行了思考和探索。

新中国成立后，如何组织与管理全国性的经济，以求促进生产、保障供需、稳固政权，成为执政的中国共产党面临的全新的课题。国民经济恢复时期，在多种经济成分并存的经济结构中，非社会主义性质的经济数量、比重较大，因此市场机制实际上仍然发挥着一定的基础性作用。但是，基于从新民主主义向社会主义转变的发展方向，国家逐步建立起强大的国营经济和政府管理经济的机构。1953年过渡时期总路线提出以后，随着以"第一个五年计划"为核心的工业化建设和对农业、手工业、资本主义工商业社会主义改造的开展，国家开始大力加强对国民经济的集中和计划管理。[①]

与此历史进程相一致，其间陈云主要着眼于宏观层面的计划性经济的探索和实践。深入解读新中国成立后几年陈云有关财政经济工作的讲话和文稿，可以梳理出如上所述思考的脉络和实践的轨迹。

1950 年 3 月 3 日，陈云为政务院起草了《关于统一国家财政经济工作的决定》，具体内容包括：成立全国编制委员会；成立全国仓库物资清查调配委员会；厉行节约；全国各地所收公粮，除地方附加粮外，全部归中央人民政府财政部统一调度使用；除批准征收的地方税外，所有关税、盐税、货物税、工商税的一切收入，均归中央人民政府财政部统一调度使用；为了调节国内供求，组织对外贸易，有计划地供售物资和回笼货币，各地国营贸易机构业务范围的规定和物资的调动，均由中央人民政府贸易部统一负责等十条。[②]

1950 年 6 月 6 日，陈云在党的七届三中全会上的发言中指出："我们要搞经济计划，如果只计划公营，而不把许多私营的生产计划在里头，全国的经济计划也无法进行。"[③]

1951 年 4 月 4 日，陈云在中国共产党第一次全国组织工作会上介绍了财经工作的要点，提出"现在要组织一个计划委员会，预先把各方面的建设规划一下"，"要计算我们的财力，同时计算经济、文化、国防的需要，人民生活的需要"，"中国开始建设时，计划的线条是粗的，将来由粗到细。"[④]

1951 年 7 月 20 日，陈云在中共中央统战部讨论工商联工作会议上的总结中强调："加强领导就是加强国营经济和国家计划的领导。同志们注意，我过去只说国营经济的领导，现在第一次说到国家计划的领导。今后国家计划很可能是公私斗争中我们手里的一个重要武器。将来生产、价格、加工、订货都要根据国家计划办事。"[⑤]

1953 年，在实施统购统销政策的过程中，陈云阐述了计划收购和计划供应的重要性和具体办法等。

1955 年 11 月 16 日，陈云在中共中央召开的关于资本主义工商业社会

---

① 庞松：《建国初期党在处理计划与市场关系问题上的认识演变》，《党史天地》1996 年第 7 期。

② 参见《陈云文选》第 2 卷，人民出版社 1995 年版，第 63—68 页。

③ 《陈云文选》第 2 卷，人民出版社 1995 年版，第 93 页。

④ 《陈云文选》第 2 卷，人民出版社 1995 年版，第 137 页。

⑤ 《陈云文选》第 2 卷，人民出版社 1995 年版，第 149—150 页。

主义改造问题会议上的报告中指出："现在可以讲，我们已经用各种国家资本主义的方法，把资本主义工业纳入了国家计划的轨道，消除了生产无政府状态。同样，在国营商业掌握了货源的主要行业，已经把私商纳入了国家资本主义或者合作化的轨道，制止了私商的投机倒把。"① 同时强调，"要对各行各业的生产进行全国范围的统筹安排。统筹安排就是全面计划。如果只是国营这一部分有计划，私营部分没有计划，那就不能说是有了全面的计划。而且国营这一部分的计划，最后也要被生产无政府、无计划的私营那一部分冲破。历次调整工商业，调节公私关系，总是要把我们的生产和经营，让出一部分给私营，来维持它们，这不就是变动了国营的计划吗？所以，不预先安排好，不可能实行全面的计划。在资本主义国家，是不可能统筹安排的。只有在社会主义国家，才能实行统筹安排，不但是有问题的行业需要安排，就是现在正常生产的行业也要安排。"②

这一时期，陈云也注意到计划与市场的关系。③ 当然，其间他更多的是从当时经济运行的问题和矛盾出发，在微观层面上对市场进行分析并提出思路和解决方案。1950 年 6 月 15 日，在中国人民政治协商会议第一届全国委员会第二次会议上关于经济形势、调整工商业和调整税收诸问题的报告中，陈云从微观市场层面谈到了工农业产品的流通和价格问题。④ 同年 11 月 15 日、27 日，陈云在第二次全国财政会议的报告和讲话中，也分析了城乡交流、物价波动和市场稳定等问题。⑤1952 年 6 月 11 日，陈云在全国统战工作汇报会上的讲话中，着重谈了"市场还没有完全活跃起来""中间市场脱节"等情况。⑥1954 年 7 月 13 日，陈云为中共中央起草了《加强市场管理和改造私营商业》的指示。⑦ 综上所述，这里关于市场的讨论，主要是指市场交易、市场价格、市场流通和市场管理等。

在国民经济恢复和过渡时期总路线实施过程中，陈云逐步积累起在所有制变革完成、社会主义制度确立后的社会主义道路探索过程中，如何处

---

① 《陈云文选》第 2 卷，人民出版社 1995 年版，第 282 页。

② 《陈云文选》第 2 卷，人民出版社 1995 年版，第 283—284 页。

③ 参见林浣芬、邓雨：《建国头七年陈云对计划与市场关系的探索》，《党史研究与教学》1995 年第 4 期；庞松：《陈云与二十世纪五十年代中国的经济转型》，《中共党史研究》2005 年第 3 期。

④ 参见《陈云文选》第 2 卷，人民出版社 1995 年版，第 104—105 页。

⑤ 参见《陈云文选》第 2 卷，人民出版社 1995 年版，第 111—120 页。

⑥ 参见《陈云文选》第 2 卷，人民出版社 1995 年版，第 167—181 页。

⑦ 参见《陈云文选》第 2 卷，人民出版社 1995 年版，第 245—253 页。

理好宏观的、整体的、资源配置意义上的计划和市场关系的理论和思想。

首先反映在 1956 年 7 月 21 日陈云在全国各省、自治区、直辖市商业、农产品采购厅局长和供销合作社主任会议上的讲话中。陈云指出，随着资本主义工商业社会主义改造的顺利进行，过去那种对资本主义工商业采取利用、限制、改造的办法的消极因素开始反映出来，就商业工作来讲，当时的问题主要是：实行加工订货、统购包销以后，产品质量普遍下降；工业品的品种规格减少；货不对路；市场卡得太死，没有活动的余地。为了改变这种情况，克服统购包销中的弊病，陈云设想在巩固的社会主义公有制基础上，实行一定程度的自由推销和自由选购，也就是在计划许可范围内的利伯维尔场。他主张放宽市场管理，重要物资如粮食、布匹等还需统购统销，实行计划分配，有些供不应求的热销货也要实行计划分配，其余的可以自由选购。他说："市场管理办法应该放宽。现在从大城市到小集镇大部分都管得太死，放宽后，害处不大，好处很多。但这并不是说完全不要市场管理，不要社会主义计划经济的领导，而是说要改变过去对资本主义工商业利用、限制、改造的那一套办法。"他指出："所以能实行以上这些办法，是因为社会主义成分在工商业方面都占了绝对优势。"总之，"既要实行计划经济，管好市场，反对投机倒把，又不要把市场搞死。"①

这种思考和探索的成果，集中反映在 1956 年 9 月党的八大上陈云所作的大会发言中。②

陈云分析了社会主义改造基本完成后的实际情况。他指出，"我国的社会主义改造事业已经取得了伟大的决定性的胜利。无论资本主义工商业和个体农业、手工业，都已经改造成为社会主义经济。但是，大量的原来的非社会主义的经济成分如此迅速地转变成为社会主义经济成分，当然会带给我们一些新的问题和新的任务。"③就问题而言包括：首先，国家对工业企业实行加工订货、统购包销的办法，使一部分工厂不像原来自销的时候那样关心产品的质量，因此妨碍了一部分工业品质量的提高；其次，在实行加工订货、统购包销的情况下，由于国营商业内部实行派货制度，基层商店不能根据消费者的需要直接向工厂进货，因而在生产和流通过程中发生

① 《陈云文选》第 2 卷，人民出版社 1995 年版，第 335 页。

② 《陈云同志文稿选编（1956—1962）》，人民出版社 1980 年版，第 1—13 页。

③ 《陈云文选》第 3 卷，人民出版社 1995 年版，第 1 页。

或积压、或脱销，供求不一的现象，以至工业部门生产的并不一定为社会所需求，而社会所需要的工业部门却不一定生产；最后，由于对市场管理过严过死，农副产品基本上是由国营、合作社商业独家经营，限制私营商的采购和贩运，缺乏必要的竞争，因而在某种程度上限制了农副产品的发展。还有，由于对农业、手工业和资本主义工商业的改造过快，指导工作跟不上，手工业合作化过程中过多地实行了合并和统一经营，不利于手工业的经营和人民生活。资本主义工业在改造高潮中也发生了一些盲目合并的现象。农业合作社中对社员家庭副业注意不够，一部分农副产品生产有所下降，等等。①

那么，应该采取哪些措施来改变过去为限制资本主义工商业所采取的办法，并有效地纠正在社会主义改造过程中由于缺乏经验而发生的一些错误？陈云提出：第一，应该改变工商企业之间的购销关系。应该把商业部门对工厂所实行的加工订货的办法，改为由工厂购进原料、销售商品的办法。商业部门对工业品的采购除关系国计民生或规格简单的某些产品继续实行统购统销外，对其他产品逐步改为选购的办法。上级商业批发公司不准向下面派货，下级商店可以向全国任何批发机构自由选购，也可以向工厂直接选购。第二，工业、手工业、农业副产品和商业的很大一部分必须分散生产，分散经营，纠正从片面观点出发的盲目的集中生产、集中经营的现象。第三，必须取消市场管理中那些原来为了限制资本主义工商业投机活动而规定的办法。除对于粮食、经济作物、重要的农副产品仍需要由国家统购或者委托供销合作社统一收购外，对一部分农副产品应允许自由收购、自由贩运，禁止互相封锁。第四，改革价格政策，使价格政策有利于生产。必须纠正把稳定物价简单地看成是“统一物价”或“冻结物价”的错误观点，实行按质论价，优质优价，允许某些商品的价格上下浮动。这样才能促进生产，提高产品质量。第五，适当变更某些产品的国家计划管理的办法，把国家计划中对这些产品的各项指标只作为一种参考指标，让生产这些日用百货的工厂，可以按照市场情况，自定指标，进行生产，而不受国家参考指标的束缚。②

采取以上措施，是否将使我国的市场退回到资本主义的自由市场？对

---

① 参见《陈云文选》第3卷，人民出版社1995年版，第4—5页。

② 参见《陈云文选》第3卷，人民出版社1995年版，第6—12页。

此，陈云进一步阐述并作出明确回答：决不会这样，采取上述措施的结果，在我国出现的决不会是资本主义的市场，而是适合于我国情况和人民需要的社会主义的市场。

陈云关于计划与市场关系的精辟论述，以及对我国经济体制改革的总体设想，集中体现在以下“三个主体，三个补充”的概括中：“在工商业经营方面，国家经营和集体经营是工商业的主体，但是附有一定数量的个体经营。这种个体经营是国家经营和集体经营的补充。至于生产计划方面，全国工农业产品的主要部分是按照计划生产的，但是同时有一部分产品是按照市场变化而在国家计划许可范围内自由生产的。计划生产是工农业生产的主体，按照市场变化而在国家计划许可范围内的自由生产是计划生产的补充。因此，我国的市场，绝不会是资本主义的自由市场，而是社会主义的统一市场。在社会主义的统一市场里，国家市场是它的主体，但是附有一定范围内国家领导的自由市场。这种自由市场，是在国家领导之下，作为国家市场的补充，因此它是社会主义统一市场的组成部分。”①

党的八大以后，陈云在实践中坚决贯彻他在大会上提出的关于在社会主义改造完成后经济体制改革的总体设想，在理论上又继续对计划与市场的关系进行探讨。这些，1956 年 11 月他在商业部扩大的部务会议上的讲话，② 还有他 1957 年 1 月在全国省市自治区党委书记会议上的讲话 ③，都有反映，总的思想仍然是“三个主体，三个补充”。

探索中国发展道路的一项重要内容，就是如何建立一套适合中国国情以及生产力发展要求的经济体制。而作为经济体制的核心问题，计划与市场的关系更是社会主义经济发展具有全局性的问题。

中华人民共和国成立后，随着国民经济的迅速恢复，特别是“一五”计划的顺利实施，逐步建立起一套以生产资料公有制为基础，以高度集权型的计划经济为中心的经济体制。毫无疑问，这种经济体制为社会主义制度在中国的确立发挥了重要作用。但是，到了 20 世纪 50 年代中期，在社会主义改造即将完成和经济建设规模日益扩大的情况下，这种高度集中的经

---

① 《陈云同志文稿选编（1956—1962）》，人民出版社 1980 年版，第 15 页。

② 参见《陈云同志文稿选编（1956—1962）》，人民出版社 1980 年版，第 23—31 页。

③ 参见《陈云同志文稿选编（1956—1962）》，人民出版社 1980 年版，第 40—51 页。

济体制已不能适应新的形势而暴露出许多问题，问题的核心就在于社会主义改造完成、社会主义制度确立后如何合理配置资源，如何正确处理计划与市场的关系。①

如前所述，新中国成立后从主持财政经济工作开始，陈云就注意到计划与市场的关系问题，这在实际工作中也已有反映。对上述社会主义改造完成后的新情况，他较早地发现并给予充分的关注，他意识到单一的计划体制难以保证国家经济的正常有效运行。他在分析了产生问题的原因后，又尝试着提出解决的办法，这就是既要实行计划经济，又不要把市场搞死，“不走这条路，我们又找不到其他更好的路。我看要试一下子，摸索一个时期，也许可能从中找出一条好的出路来”②，这既表明他解决问题的迫切心情，也反映了他严肃谨慎的态度。陈云在党的八大上关于经济体制的发言，集中剖析了我国经济体制中存在的弊端，提出了经济体制改革的总体设想和一系列具体措施，丰富了八大关于经济体制改革的思想，得到了大会的一致赞同，并被写入了八大决议。他关于社会主义所有制结构问题、经济运行的调节机制问题，特别是计划与市场关系问题的一系列探索，以及最后形成的关于经济体制整体构想的“三个主体，三个补充”的论断，无疑是一种重要的创新。

纵观党的八大前后陈云关于计划与市场关系的探索，归纳起来就是：计划经济为主，市场调节为辅。陈云的这一经济思想，实际上已开始突破原有的经济模式，寻找一种新的适合中国国情的社会主义经济模式，是中国共产党探索社会主义建设道路的重要组成部分。陈云是最早主张进行经济体制改革和发挥市场作用的党和国家领导人之一，可以称得上是“我国经济体制改革的嚆矢”。③但是，后来由于“左”的指导思想的冲击，他的这些意见在一段时间内被摒弃了。在“文化大革命”结束后的拨乱反正中，陈云于 1979 年写了一份题为《计划与市场问题》的提纲，重新阐述了整个社

① 诚如研究者所指出的：“纵观 20 世纪的计划经济，可以看出，它实际上是政府主导型经济发展最极端化的模式。与其说它是生产社会化与私人占有制矛盾不可调和的产物，不如说它是社会主义国家为了在经济上追赶发达资本主义国家而采取的手段。”武力：《论陈云同志对计划经济向市场经济转型的贡献》，《中国延安干部学院学报》2009 年第 6 期。

② 《陈云文选》第 2 卷，人民出版社 1995 年版，第 335 页。

③ 王梦奎：《我国经济体制改革的嚆矢——读〈陈云文选〉（1949—1956 年）》，《经济研究》1984 年第 8 期。

会主义时期必须有计划经济又有市场调节而以计划经济为主的观点，并且批评了计划管理上该严的不严、该宽的不宽两种倾向，以及忽视价值规律的观点。

毋庸讳言，由于历史的和时代的因素，当时不可能把商品经济提高到社会主义经济性质的高度，也不能把市场提高到资源配置的基础的高度，因而在实践上就不会有社会主义市场经济的命题，并使之成为我国经济体制改革的目标。因此，陈云在党的八大前后提出来的关于计划与市场关系的“三个主体，三个补充”的观点，同社会主义市场经济之间无疑有很大的距离。它实际上是介于传统的计划经济和现代市场经济之间的过渡性模式。

计划与市场、计划经济与市场经济，作为资源的配置方式，是一对相关联的、相对的概念。尤其需要注意的是，在学理上这对概念不应该简单地被认为是相对立的、相斥的概念。即便在当下，从历史的角度或历史的视野去讨论计划与市场的关系问题，重新审视 20 世纪 50 年代党的八大前后，直至 20 世纪 70 年代末 80 年代初，乃至终其一生陈云关于计划与市场关系的思考与探索，仍具重要的价值和意义。

（作者单位：浙江大学）

陈云可持续发展思想述论

曹前发

早在20世纪80年代初，陈云就指出："像植树造林、治理江河、解决水力资源、治理污染、控制人口这类问题，都必须有百年或几十年的计划。"①这个思想是十分宝贵的，它集中反映了陈云的可持续发展思想。同时对植树造林、治理江河、解决水力资源、治理污染、控制人口等五个问题提出要有百年计划，在我们党的历史上，陈云是第一人。在我国改革开放之初，就能提出这个思想，是多么宝贵啊！综观陈云一生，他尊重实践、热爱人民、放眼世界、勤奋学习，他是全党公认的实事求是的楷模。在20世纪50年代初，他就认识到人口问题的重要性，提出节制生育。以后，他又提出解决林业问题的根本出路在于造林和正确的林业工作方针，提出把水资源放在不次于粮食、能源的重要位置上，提出要注意环境污染问题、对于环境污染要防害于先。他较早地把经济建设与人口、环境、资源首先是水资源的协调问题提高到战略和国策的高度，这个思想是他综合平衡思想的延伸和扩大。把握陈云这一思想的发展历程，会更加深刻地认识到他的可持续发展思想的科学性。

一、在经济建设中注意防止污染

在社会主义现代化建设过程中，怎样对待污染问题，反映出不同的发展观。陈云提出在经济建设中，要防害于先。这是非常有远见的。1979年3月21日，陈云在中央政治局会议上指出："防止污染，必须先搞，后搞要多花钱。"②同年6月17日，陈云致信李先念、姚依林，提出经济建设必须尽早注意两个问题：一是水资源问题，二是工业污染问题。关于工业污

---

①《陈云年谱（修订本）》下卷，中央文献出版社2015年版，第310页。

②《陈云文选》第3卷，人民出版社1995年版，第254页。

染问题，陈云指出："现已办了的工厂，哪些还未处理污染问题的，我们应该心中有数，逐步加以改变。今后办厂必须把处理污染问题放在设计的首要位置，真正做到防害于先，这是重大问题。"[①] 信中请姚依林商请经济研究机构或有关单位收集资料，准备出意见书，以便讨论。1983 年初，陈云对国务院领导人说，要注意保护环境问题，这个钱总是要花的，晚花不如早花。这一年的 6 月 30 日，陈云在中央工作会议上把防治污染作为建设中的重点之一提了出来。他说："建设要有重点。""什么是重点？现在看，农业、能源、交通是重点，一批骨干企业的建设和改造是重点，科技教育事业的发展、环境污染的防治以及知识分子生活待遇的提高等等也是重点。"[②] 早在 1979 年 3 月 14 日，陈云和李先念关于财经工作联名给中央写信。信中说："钢的发展速度，要照顾到各行各业（包括农业、轻工业、其他重工业、交通运输业、文教、卫生、城市住宅建设、环境保护等）发展的比例关系。"[③] 说明陈云在考虑经济建设时始终注意环境保护。

陈云在"文化大革命"期间协助周恩来工作时，对环境问题备加关注，提出了防害于先的思想。1975 年 7 月 19 日，陈云赴江苏高邮视察石油钻井时指出："要注意环境污染问题，在生产设计的同时就要做好防止污染的设计，不要等到事后再解决。"[④]

新华社记者写的《上海出现酸性雨污染环境》这份内部材料，受到陈云的高度关注。1982 年 10 月 26 日，陈云将这份材料批转胡耀邦等，并在批语中指出："治理费要放在前面。否则后患无穷。"[⑤]

陈云对防止污染问题，提出要有百年计划。这在我们党的领导人中是不多见的。1981 年 3 月 29 日，陈云在复陆定一信中指出："像植树造林、治理江河、解决水力资源、治理污染、控制人口这类问题，都必须有百年或几十年的计划。"[⑥] 同年 9 月 2 日，陈云在中央政治局会议上作关于经济问题的讲话，他指出："建设要有长期计划，对水力、轻重工业的比例、城市

① 《陈云文选》第 3 卷，人民出版社 1995 年版，第 263 页。
② 《陈云文选》第 3 卷，人民出版社 1995 年版，第 323 页。
③ 《陈云文选》第 3 卷，人民出版社 1995 年版，第 248 页。
④ 《陈云年谱（修订本）》下卷，中央文献出版社 2015 年版，第 218 页。
⑤ 《陈云年谱（修订本）》下卷，中央文献出版社 2015 年版，第 354—355 页。
⑥ 《陈云年谱（修订本）》下卷，中央文献出版社 2015 年版，第 310 页。

污染、外资利用等问题都要考虑。”[①]

陈云在考察中时刻不忘提醒地方领导人注意防止污染问题。1986 年 5 月 18 日，陈云视察宝钢，关切地询问宝钢工业污水处理情况。他对上海市委书记芮杏文说，随着工业进一步的发展，尤其是乡镇企业的发展，要注意环境保护，一定不要使黄浦江水系受到污染。

陈云为纪念第一次全国环境保护工作会议召开和我国环境保护工作开创 15 周年题词：“治理污染，保护环境，造福子孙后代。”[②]

晚年的陈云，不顾年事已高，仍然勤奋学习，关注现代化建设，关注环境保护事业。有两个材料引起了他的深深思索，一个材料是新华社记者写的《卫星看不见的城市——本溪市环境污染情况调查》，另一个材料是《人民日报》记者写的《四川排放污物总量约占全国十分之一》。

1988 年 8 月 22 日，陈云看过反映本溪环境污染的录像片和内参清样后，心情久久不能平静。再加上已经被人口问题困扰的四川省又面临日趋严重的环境污染的挑战，陈云以一位无产阶级革命家的高度责任感，于 8 月 27 日提笔给李鹏、姚依林等同志写信。在信中，陈云情真意切地指出：“治理污染、保护环境，是我国的一项大的国策，要当作一件非常重要的事情来抓。这件事，一是要经常宣传，大声疾呼，引起人们重视；二是要花点钱，增加投资比例；三是要反复督促检查，并层层落实责任。”最后，他还指出：“请告诉有关部门，这方面的材料，以后注意送我看看。”[③]陈云把环境保护提高到国策的高度，这是前所未有的。陈云对环境保护提出的三点意见，切中了我国环境保护工作的要害，对于认真总结环境保护的历史经验，推动环境保护事业的进一步发展，意义十分重大。

在陈云的高度关注下，国务院环境保护委员会第十四次会议通过了《关于治理本溪市环境污染的决定》，轰轰烈烈的治理本溪污染的战斗拉开了序幕。之后，全国人大环资委又派出小组赴四川考察环境污染情况，四川省治理污染的行动也迅即展开。

---

① 《陈云年谱（修订本）》下卷，中央文献出版社 2015 年版，第 321 页。
② 《陈云年谱（修订本）》下卷，中央文献出版社 2015 年版，第 468 页。
③ 《陈云文选》第 3 卷，人民出版社 1995 年版，第 364 页。

二、从战略上关注水资源问题

我国是一个水资源贫乏的国家，拥有水资源总量为27200亿吨，居世界第六位，但人均水资源占有量不足世界平均水平的四分之一。全国一半以上的城市严重缺水；北京已被列入世界十大缺水城市之中。水资源问题成为我国面临的重大问题。

陈云一向关心水的问题。他认为，从人均看，我国水量并不多，有些地方还存在缺水甚至干旱的现象。强调解决农业问题，水很重要，提出水利建设是百年大计。早在20世纪50年代，陈云就指出："水在农业里头非常重要"，"据估算，全国水量平均起来并不多，还缺水，有些地方就经常干旱。从总的看，从长远看，要以蓄为主，蓄泄兼顾。以后我们要重视蓄水，许多地方要修水库、筑塘堰，山区更要注意种树种草、保持水土，对水一定要好好利用。在华北、西北有些地方，还要多打水井，保证在发生旱灾时水量基本上够用。""水利建设是治本的工作，是百年大计"。[①]1955年5月下旬，陈云在上海青浦县练塘区调研时提出要拦水、筑坝、挖塘、修小型水库解决降雨量分布不平均的问题。同年7月18日，陈云在国务院第十五次会议讨论《关于根治黄河水害和开发黄河水利的综合规划的报告》时指出："开发黄河是件大事，如何把水资源充分利用起来，具有重大意义。根据水利部门几年的工作经验，治理河流，必须干流和支流一起治理，发电和防洪相互结合，进行整个流域的规划。根治黄河，需要科学和群众工作相结合。水土保持要依靠群众，移民也要依靠群众。"[②] 1956年初，陈云又指出，提高粮食的单位面积产量，从全国看，要解决的基本问题是水、肥料和人力的合理使用，其中关键问题是水。1960年10月，他进一步指出：解决中国农业问题，水很重要，要研究水的来源问题。北方水不够，需要从南方借水。

陈云积极主张南水北调。1975年7月16日，陈云在扬州视察江都抽水站（江都抽水站位于大运河北段与长江的交汇处，是南水北调工程东线的水利枢纽工程。）时指出：南水北调是造福子孙后代的大事，在条件允许时应当进行。这是一个大工程，要有长期规划。由于我国目前财力有限，工程只能

---

① 《陈云文选》第2卷，人民出版社1995年版，第141页。

② 《陈云年谱（修订本）》中卷，中央文献出版社2015年版，第386页。

分段进行。1978 年 2 月 19 日，陈云在党的十一届二中全会东北组会上提出要搞南水北调。

陈云十分关注水资源问题，多次强调要从战略高度来认识水的问题的严重性。1979 年 6 月 17 日，陈云在写给李先念、姚依林的信中，把全国各地水资源情况作为经济建设必须尽早注意的两个问题中的头一个问题提了出来。他指出："农业要用水，工业要用水，人民生活要用水。有些地区水资源已很紧张，如天津、北京等地。今后工厂的设立必须注意到用水量。有些工厂因为矿藏关系只能在当地开办，有些工厂可以而且应该在有水的地方办。即使有水资源的工厂，也应该有节约用水的办法。"①

陈云的工作作风有一个显著特点，那就是认为重要的事情，都要列入规划（长远规划、五年计划和年度计划），不使重要思想因不能落实而落空，体现了他的求真务实作风。对水资源问题，他也提出要列入长远规划。

1990 年 6 月 6 日，陈云在张光斗、陈志恺合写的《我国水资源问题及其解决途径》一文上的批语中指出："水的问题始终是一个大问题。要从战略高度来认识水的问题的严重性。各级领导部门，尤其是经济、科技领导部门，应该把计划用水、节约用水、治理污水和开发新水源放在不次于粮食、能源的重要位置上，并列入长远规划、五年计划和年度计划加以实施，以逐步扭转目前水资源危机的严重状况。"②

江泽民认真阅读了这份陈云转送来的材料，提笔批示邹家华（时任国务委员兼国家计委主任）："在考虑'八五'计划时得认真研究一下水的问题。人无远虑，必有近忧。是应该未雨绸缪。"③在"八五"计划中，水资源问题终于被提到了一个重要的高度。

陈云在对水资源关注的同时，也十分关注其他方面的资源问题。他提出要节约资源，反对浪费资源的不良现象。1988 年 10 月 8 日，陈云在同中央负责人谈话时指出："要看到，现在无论是农业生产，还是工业生产，都相当普遍地存在着一种掠夺式的使用资源的倾向，应当引起重视。"④

总体上资源紧缺是我国的一个基本国情。我国经济增长在很大程度上

---

① 《陈云文选》第 3 卷，人民出版社 1995 年版，第 263 页。

② 《陈云文选》第 3 卷，人民出版社 1995 年版，第 375 页。

③ 江泽民对陈云来信的批语，1990 年 6 月 10 日。见《陈云传》（下），中央文献出版社 2005 年版，第 1819 页。

④ 《陈云文选》第 3 卷，人民出版社 1995 年版，第 366 页。

是靠物质资源的高消耗来实现的。资源紧缺和资源浪费并存。陈云批评的那种“掠夺式的使用资源的倾向”，再也不能继续下去了。我们要在全社会大力提倡节约一切资源的良好风气，建设一个节约型社会。

三、把控制人口问题作为一项国策来考虑

早在 20 世纪 50 年代，陈云就看到了我国人口多的严峻现实以及由此带来的严重问题。陈云以马克思主义政治家的眼光，大声疾呼，要搞好计划生育、提倡节制生育，认为这是有关经济建设的大问题。1954 年 5 月 10 日，陈云指出：“中国土地少，人口多，交通不便，资金不足。”① 我国经济建设是建立在这一国情基础上的。1955 年上半年，他在同马寅初谈话时说，人口对国家经济的压力实在太大了。1957 年 8 月 9 日，陈云出席中共辽宁省、市、地委书记和省直机关党员负责干部大会并讲话，他指出：解决农业问题，一靠增加化学肥料和化学纤维；二靠兴修水利，抓好治涝和灌溉；三靠搞好计划生育。同年 8 月 20 日，陈云在国务院常务会议上指出：中国人多，必须提倡节制生育。这是有关经济建设的大问题。现在粮食、布匹、学校等紧张，都与人口多而且增长快有关系。要号召共产党员不生第三个孩子。避孕药具还可以再降价，甚至可以白送。节制生育的措施，要 10 年、20 年以后才能见效。

进入改革开放新时期，陈云更加关注人口问题。他强调指出，人口问题解决不好，将来不可收拾。1978 年 2 月 19 日，陈云在党的十一届二中全会东北组会上发言指出：中国的特点是人口多，耕地少，耕地中还要有一部分种植经济作物。美国人口少，土地多，气候好。苏联的土地也比我们多。1979 年 5 月 18 日，陈云在一次谈话中指出：想办法发挥中国人口多的优点，但一定要控制人口。同年 6 月，陈云在上海考察宝钢建设问题时，在与上海市部分负责人的谈话中专门谈到控制人口问题，他指出人口是个爆炸性的问题，要采取五条措施：一是大造舆论，造三五年的舆论；二是制定法令，明确规定只准生一个；三是加强避孕药物的研制、发放和相应的医疗工作；四是对独生子女实行优待政策，如在招工时先安排等；五是实行社会保险，解决“养儿防老”问题。并强调指出，人口问题解决不好，

① 《陈云年谱（修订本）》中卷，中央文献出版社 2015 年版，第 317 页。

将来不可收拾。1980 年 4 月 4 日，陈云就长期计划的制定问题给姚依林打电话，指出：人口问题要有个规划。这个问题不解决，许多事情不好办。1980 年 8 月 14 日夜，陈云在复陈慕华 6 月 13 日来信中指出：提倡只生一个孩子是眼前第一位的工作，至于由此而产生的一些问题则属于第二位的问题。次日晨，他又致信陈慕华，指出：限制人口、计划生育问题，要列入国家长期规划、五年计划、年度计划。这个问题与国民经济计划一样重要。在陈云的推动下，中共中央、国务院 1980 年 9 月发出关于控制人口增长问题致全体共产党员、共青团员的公开信，号召大家带头实行计划生育，提倡一对夫妇只生育一个孩子。1981 年 3 月 29 日，陈云在复陆定一的信中指出：控制人口，必须有百年或几十年的计划。1982 年 11 月 16 日，陈云指出：我国人口多，耕地少，在相当长的时间内不会好转。1983 年 1 月 4 日，陈云在一份内部材料上批示指出："计划生育这件事，必须办，照顾的钱应该用在哪里，要研究。" 1987 年 6 月 24 日，陈云为《中国计划生育报》题词："控制人口增长，提高人口素质。" ①

陈云在 1957 年就提出，节制生育的措施，要 20 年以后才能见效。十一届三中全会后，陈云一再强调，人口问题要有个规划，甚至提出必须有一百年或几十年的计划。这里，可以看出，陈云的眼光是多么的深远。

四、大力提倡植树造林

新中国成立初期，陈云任政务院副总理，兼任财政经济委员会主任，又分管林业。1950 年下半年，林垦部刚刚开始工作不久的一天下午，陈云打电话给林垦部的副部长李范五，请他见面谈谈林业情况。一见面，陈云就说："中央决定我分管林业，我林业工作很生疏，想学习学习。这次请你来，把你知道的林业情况给我讲讲。"② 李范五向陈云汇报了我国森林资源的概况、森林的分布、树木的种类、森林和木材对国民经济的巨大作用。陈云听得津津有味。他说："林业搞不好，要影响到社会主义、共产主义建设。" ③ 最后，陈云对李范五说："你回去找一本关于林业方面的书给我看看。

---

① 《陈云年谱（修订本）》下卷，中央文献出版社 2015 年版，第 455 页。

② 李范五：《我对林业建设的回忆》，中国林业出版社 1988 年版，第 67 页。

③ 李范五：《我对林业建设的回忆》，中国林业出版社 1988 年版，第 68 页。

林业也是一门科学，我要学习学习。”[①] 后来，李范五把我国著名林学家陈嵘主编的《林学概论》送给陈云。林垦部遇到一些重大问题解决不了的时候，都向陈云请示汇报，如飞机航测大兴安岭、派飞机参加护林防火航空巡逻，等等，都得到陈云的有力支持。1950 年 4 月 1 日，陈云同薄一波致电毛泽东并中共中央，报告关于全国林业会议的情况。电文指出：林业工作方针，应以普遍护林为主；在风沙水旱灾害严重地区选择重点造林。同时，在各森林区制订合理的采伐计划。

陈云善于调查研究，摸准情况。对比中苏两国的森林覆盖率，他有着很重的紧迫感。1950 年 4 月 14 日，陈云在政务院第二十八次政务会议讨论造林问题时指出：林业与农业有密切关系。苏联森林面积占全部国土面积的 27%，我国只占 5%。去年苏联作出了大量造林以保持水土的计划，我们也要对造林做点准备。要搞一个详细的法令，第一是方针任务，第二是工作计划，第三是不准乱砍滥伐，第四是干部训练，第五是组织机构。

为了发展新中国的林业，林垦部提出办林业大学，为此先后找政务院的陈云、李先念、薄一波、李富春等领导同志，其中找陈云的次数最多。陈云很重视林垦部提出的办学方案，一些具体问题他都要亲自过问。在陈云等的大力支持下，1952 年 7 月，教育部决定在华北、东北、华东三个大区成立北京、南京、东北三所林学院。

陈云认为，林业与农业有着密切的关系。1955 年 11 月 10 日，陈云签发中共中央就批发甘肃省委《关于农业增产规划的报告》致甘肃省委并转各省委、市委、自治区党委电。电报指出：请甘肃及各省委制订计划时注意列入造林、育林、护林规划这一项。在整个经济建设中，农业发展与林业发展是不可分割的。1957 年 9 月 13 日，陈云会见南斯拉夫客人时说，我们以提高单位面积产量作为发展农业的方针，并把兴修水利、大搞化学肥料、生产人造丝和合成纤维、大量造林作为解决农业问题的办法。同年 9 月 18 日，陈云在修改《中共中央、国务院关于今冬明春大规模地开展兴修农田水利和积肥运动的决定》稿时加写了一条：“开展造林运动对于水土保持和保护农田水利关系甚为密切。各地务须抓紧季节，采取必要步骤，在同时保证数量和质量的条件下，做好今冬明春的造林工作。”[②] 1961 年 9 月

① 李范五：《我对林业建设的回忆》，中国林业出版社 1988 年版，第 68 页。
② 《陈云年谱（修订本）》中卷，中央文献出版社 2015 年版，第 565—566 页。

27 日，陈云在主持中共中央工业支持农业小组会议的讲话中指出：造林是国家百年大计，它既与农业增产有关，又与工业建设有关，工农业生产都离不开它。

陈云重视护林防火，提出要像防汛那样去防火。1956 年 1 月 18 日，陈云在林业部《关于加强护林防火的紧急指示》的电报稿上批示邓子恢：年年森林起火，人命与木材损失极大，很难说这是一定不可避免的。防火似乎还没有像防汛那样的有效措施。此指示发出后，林业部与林区各省委要议出几条根本办法，力求避免今后森林火灾。

陈云认为对林业等有关重大决策，必须发扬民主，集中民智。1957 年 7 月 16 日至 20 日，陈云和李先念主持全国粮食会议。在会议过程中陈云插话指出：要吸取过去治淮、在海南岛和雷州半岛种植橡胶、建设三门峡水电站等工作中的教训。今后，凡是有关农业、林业、水利建设方面的重大问题，都应该事先在报纸上公布草案，并在全国范围内展开讨论，然后再作决定，以免因为考虑不周而造成工作上的被动。

造林方式上不拘一格。陈云从实际出发，提倡多种方式一起上，具有非凡的胆识。1957 年 7 月 17 日，陈云出席国务院常务会议。在会议讨论国有林区实行“以林养林”的财务制度时指出：林业是个大问题，根据我国情况，解决林业问题的出路主要靠造林。个体造林、合作造林、国家造林的方法都可以用。同年 10 月 7 日，陈云出席国务院召开的中共省、市、自治区党委书记座谈会并发言指出：发展山区经济应把改善人民生活和适应国家需要结合起来。一是种树，个体造林、合作造林、国家造林一齐上；二是发展木本油料，种油茶树、桐树、核桃树。

造林要有长远计划。陈云提出要搞 50 年 100 年的计划，这恐怕在中共领导人中也是不多见的。1961 年 11 月 24 日至 12 月 17 日，陈云分 12 次主持冶金工业座谈会。陈云在听取汇报时插话说：“生产建设有十年八年为周期，也有五十年一百年为周期的，植树造林就是以五十年一百年为周期。植树造林既可提供工业原料，又可改变气候。美国大部分地方常年降雨量在五百至七百毫米，全国平均气温在十度以上。苏联像这样的地方只有国土的百分之五。”[①] 陈云知识面宽，又善于运用比较的方法，对美国和苏联的

---

① 《陈云年谱（修订本）》下卷，中央文献出版社 2015 年版，第 115 页。

地理情况很熟悉。

早在 1981 年 3 月 29 日，陈云在复时任中央宣传部顾问的陆定一的信中指出："像植树造林、治理江河、解决水力资源、治理污染、控制人口这类问题，都必须有百年或几十年的计划。"[①] 这个思想十分珍贵，集中体现了陈云的可持续发展思想。

晚年陈云不顾年高体弱，亲自参加植树活动。1987 年 4 月 4 日，陈云同浙江省和杭州市党政负责人及干部群众在杭州市郊参加植树活动，亲手种下一棵香樟树。

陈云对开荒一直持慎重态度，不主张开荒，以免造成水土流失。在当时"开荒以增产粮食"为主流的氛围下，为了说服更多的人，他常常从比较效益的角度来谈自己的考虑。实践证明，陈云反对开荒的主张对保持水土、保护环境是很重要的。

历史向后人昭示着这样一个真理：没有森林，就没有人类；没有绿色，人类文明终将沦落。陈云所说的造林是国家百年大计，林业搞不好，要影响到社会主义、共产主义建设，这些极富远见的思想之光会穿越时空，光照永远。

（作者单位：中共中央党史和文献研究院）

① 《陈云年谱（修订本）》下卷，中央文献出版社 2015 年版，第 310 页。

学习陈云“四个传统”的思想

董志凯

一、发扬“四个传统”的提出与实施

1958年“大跃进”运动开展以后，手工业合作社在转厂过渡、经济改组时，没有接受1956年全面合作化以后集中过大、撤点过多和不适当地实行统一核算的经验教训，片面地追求“高精大”产品，忽视了“低粗小”大众化产品的生产。在供产销和劳动力等方面缺乏统筹安排。特别在1958年第三季度以后，在各地大搞钢铁和大办地方工业中，有些生产小商品行业的劳动力、技工和机具设备被抽走了。干部、技工改行转业，东调西调，奉命差遣，概不由己。许多地区片面地追求产值，忽视品种和质量。如北京市著名的王麻子刀剪厂，从9月份起，300多人转为生产产值大的炼钢用具和翻砂工具，只留下20人生产刀剪，产值计划虽然超额完成，但是刀剪产量却从月产3.5万把降到0.3万把，原有200多种剪子，只剩下11种；原有360种刀子，只剩下7种。杭州张小泉剪刀厂的情况也同北京王麻子一样。由于小商品的减产、停产，手工业品的供应十分紧张。河北唐山是瓷器产地，1958年冬天还要上北京买饭碗。各地大中城市和广大农村，木盆、菜篮、竹床、木桶、拖把、小锅、小勺、鞋钉、鞋眼、顶针等日用品严重供应不足。农村中的小农具如镰刀、锄头等也十分缺乏。不少地区把农村的农具修配站、修配组集中合并成较大的机械制造工厂，影响了农具的及时修配。修理服务行业人员减少，撤点过多，进行不适当的集中，使居民感到极大不便。缝纫业是突出的例子。有些补鞋、修自行车的单位，不适当地实行了统一核算，共负盈亏，严重影响了员工为居民服务的积极性。有的单位还机械地执行了工厂式的上下班制度，而且价格提高、质量下降，群众很不满意。

1959年4月，陈云曾写信给中央财经小组，提出：为了缓和市场紧张状态，“在安排工业生产的时候，应该专门拨出一部分原料和材料，安排日用必需品的生产。”[①]

1959年上半年，各地党委和政府采取了一些措施，恢复了一些减产或停产的小商品。如杭州市在2月间，在铁器、木器、竹器、剪刀等4个主要行业中，有251种产品恢复了生产，占原来减产、停产产品的40%左右，张小泉剪刀厂已经从184人恢复到370人，5月份产量已经恢复到11.3万把。北京市王麻子刀剪厂也在着手恢复原有的品种和产量。上海市邑庙区5月份生产的小商品比1958年12月份增加一倍。其他如苏州、武汉、南宁等地，许多小商品目前也在逐步增加。尽管如此，小商品的生产还远远不能适应社会需要，还有不少小商品的生产安排和市场供应没有落实。许多手工业合作社在转为人民公社工厂以后，没有单独建立核算制度，生产不计成本，原料使用无数，有的公社随便取用产品不计价格，个别厂发生了股金抽光和生产停顿的情况，甚至散了伙。原材料的困难没有及时得到解决。废品废料本来是手工业原料材料的一个重要来源，成本低，售价廉，可以因材利用，节约社会资源。但是，由商业部门统一收购的废品，有一部分适合于手工业部门需要的，并没有分配给手工业使用，加重了手工业原材料的困难。

1959年庐山会议之后继续“跃进”，使得1959—1961年国民经济出现严重困难。手工业的上述问题也越发严重。

1961年1月初，毛泽东号召全党“大兴调查研究之风”，并指示对手工业要到群众中做调查，要搞个条条，制订出一系列具体的工作条例，使大家有明确的遵循。1960年3月，毛泽东在广州会议上专门讲了要对手工业进行调查的问题。

国务院财贸办公室于1961年4月组织调查组，由姚依林、孔祥桢、邓洁带队，分别到苏州、武汉、天津等城市对轻工业、手工业做调查。4月5日，刘少奇到湖南、辽宁、黑龙江等省调查手工业生产情况。

6月7日，陈云对恢复和发展手工业生产进一步作出重要指示，提出手工业发展要得到保证，要发扬“四个传统”，即传统产区、传统产品、传统

---

① 《陈云文选》第3卷，人民出版社1995年版，第126页。

经营方法和传统市场。[①]6月召开的中共中央工作会议作出了以调整手工业所有制为中心的决定。6月19日，中共中央颁发了《关于城乡手工业若干政策问题的规定（试行草案）》，强调要保持发扬优良传统经营方式。企业的规模不宜过大，行业不宜混杂，规模过大的，应该坚决分小，行业混杂的，应该坚决划开。手工业行业复杂，小而灵活，经营方式多种多样，可以集中生产，可以分散生产；可以固定设点，可以流动服务，可以在当地串街串巷，可以到外地串街串巷。提倡师傅带徒弟，提倡尊师爱徒，培养手工业的新生力量。手工业部门要有计划地安排青年学艺，鼓励手工业工人带自己的子女进厂进社学艺，师傅带徒弟，应该给师傅一定的津贴。手工业产品的生产安排，要特别注意发挥传统产区的生产基地作用，保持和发扬传统名牌产品的特色，迅速恢复传统的合理的供销关系和经营方式，适应市场的需要。手工业的技术革新和技术革命，必须注意提高和保证产品的质量，不减少品种、花样，并且注意继承和发扬一切传统的优良的生产方式。1961年7月19日，邓小平听取焦若愚关于城市人民公社问题的汇报时指出：现在市场商品品种减少，这几年来只搞大路货，把许多优秀的东西搞掉了，脱离了消费者。传统产品、名牌货，无论如何要保持和恢复。挑担子，修修补补的服务业，主要搞个体所有制。……企业要与公社坚决分开，搞正常的协作关系，这样对双方的经济核算都有好处。市政与企业也可以搞些协作关系，但要等价交换，不能无偿调拨。[②]

8月5日，中共中央颁发了《关于迅速恢复和进一步发展手工业生产的指示》。其中指出：迅速恢复并且力求进一步发展手工业生产，是当前的一个重要经济任务和政治任务。并要求：（1）将手工业产品的品种和质量迅速恢复到上年8月以前的状况，并且根据市场需要积极增加产量。（2）原来从事手工业的干部和人员除了绝对不能离开现在工作岗位的以外，应当有计划地迅速归队。（3）手工业合作社在1958年，约有37%过渡为全民所有制，其中能够办好的（指品种、数量、质量），就不再退回来。但有些转为全民所有制后，对生产不利、对居民不便的，应该采取适当的步骤再退回来。（4）手工业合作社在1958年，约有35%转成公社工业，这些公社工业，仍然应当按手工业合作社的办法来办，实行集体所有制，单独经济核

① 中国轻工业联合会、中华全国手工业合作总社编：《中国轻工业辉煌60年》，2009年，第73页。
② 《邓小平文集（1949—1974年）》下卷，人民出版社2014年版，第102页。

算。（5）由小并大的企业，其中凡是能够按照社会需要保持和恢复原有品种和数量的、对人民便利的，就不再分散。但是，如有合并得不当的，就应该适当划小。（6）家庭手工业对于供应社会的需要，有重要的作用。在社会主义制度下，家庭手工业的性质已经发生了根本的变化，即由资本主义的附属品变为社会主义的补充和得力助手。这是社会主义性质的家庭手工业，应该在社会主义经济的领导下，在不妨碍农业生产的条件下，特别是在保证产品质量的要求下，经过商业部门或手工业联社采用加工订货的办法，充分发挥它的积极作用。（7）要提倡手工业师傅带徒弟。（8）要扭转社会上有些人轻视手工业的风气。（9）手工业要产品多样化、服务方式多样化、所有制形式多样化（全民、集体、允许部分必要的个体经营）。（10）手工业所需要的原材料，必须很好安排。多数原材料基本上依靠地方统筹安排，有一些主要原材料，还需要中央统一安排。①

1961 年 9 月 15 日，中共中央在《关于当前工业问题的指示》中对于加强工业领导、调整工业计划、整顿管理体制、改善协作关系和改进企业工作等方面的问题，作了八项规定。其中关于手工业问题的规定进一步指出：工业的每一步调整工作，都要围绕“加强对农业的支援，增加农业的生产资料的生产”“加强轻工业和手工业的生产，增加市场日用品的供应”等基本任务进行。文件明确汲取了陈云关于发挥“四个传统”的思想。要求“手工业的传统产区，必须根据需要和可能，采用优良的传统生产方法和经营方式，通过合理的传统供销渠道，迅速地恢复和发展生产。”并提出逐步改进物资的分配体制和分配方法。“不属于国家统一分配的三类物资，不可能通过一个渠道供应，需要采取多种方式解决。可以由工业企业、手工业企业、农村人民公社相互之间自行挂钩，议订合同；可以由商业部门（包括供销合作社）或者物资管理部门组织生产和供应；还可以由当地有关部门组织物资交流，互相调剂。”②

为了及时改变轻工业、手工业产品的生产和供应状况，文件还列出了 40 种轻工业、手工业产品目录。

据大致计算，1961 年社会商品购买力为 650 多亿元，可供应的商品为 600 多亿元，不足 50 亿元。对市场来说，这是一个很大的问题，必须继续

① 参见《建国以来重要文献选编》第 12 册，中央文献出版社 2011 年版，第 418—420 页。
② 《建国以来重要文献选编》第 14 册，中央文献出版社 2011 年版，第 531、539、541 页。

采取措施，尽可能缩小供求之间的差额。1961 年 10 月 6 日，在中共中央批转的《国家计委党组关于第二个五年计划后两年补充计划（控制数字）的报告》中要求：努力发展轻工业和手工业生产，增加商品供应。

情况表明，传统集中产区、传统名牌产品、传统的供销渠道、传统的灵活经营方式，是手工业历史上形成的优良传统。在手工业等传统经济遭到“左”倾错误影响的背景下，面临国民经济严重失衡、市场供应严重不足、人民生活严重困难的状况下，陈云明确提出注重发挥“四个传统”对经济的促进作用，具有强烈的针对性和紧迫的时效性；体现了他对中国经济的历史与现实具有深刻的认识，对于在克服经济困难中发挥历史传统的作用具有独到的见解与期盼。

二、当年陈云提倡“四个传统”的积极作用

经过陈云的提倡，国务院文件的推动，不少传统产区和传统名牌产品在调整中得到迅速恢复和发展。如上海市 1962 年底已恢复到 5900 个品种、12 万多个规格、34 万多种花色，比 1957 年底净增 1000 多种。著名的杭州张小泉剪刀和北京王麻子刀剪，1962 年产量分别比 1957 年增加 20%和 1.38 倍，产品质量也保持了原有特色。阳泉铁锅，1960 年产量一度减到 3800 口，1961 年开始恢复，1962 年达到 129 万口，超过了历史上最高年产量。边疆少数民族地区手工业也出现了新气象。如吉林省延边朝鲜族自治州 1962 年专为朝鲜族的需要生产了大车、稻镰、锄头、铁锅、饭桌、碗柜、陶瓷缸、顶水罐、风火炉、油炕纸、民族乐器等 70 多个品种，新增加的有木梳、草帽等 12 个品种。传统手工业的恢复和发展当时对于国民经济的恢复和发展发挥了重要作用。

（一）支援了农业生产

农业是国民经济的基础，中国手工业同农业有着极其密切的关系。手工业需要的原材料有相当一部分来自农村，手工业产品大部分销往农村。一些传统农具产区还生产出许多适应农业生产的新农具。据北京、上海、河北等 24 个省、市的不完全统计，1961 年行销专区、县以上的名牌农具已经恢复生产的有 382 种。支援农业产品共生产铁制农具 4.1 亿件，比 1957 年 1.6 亿件增加 2.5 亿件，增长一倍半。此外，还生产农用船 7.6 万只、大车 71.5 万辆、水车 44 万部、风车 14.9 万部。1965 年山东省仅济南、青岛、

潍坊三市即增加了1000多种手工业的新花色、新品种，其中挂锁、镜子各增加16个花样。江苏省泰州市试销了一批阔脚型布鞋、低档毛笔、捻线绳等农民喜爱乐用的产品。有些地区还专为农民生产了塑料雨衣。

（二）支持和带动了乡镇工业的发展

1961年12月29日，财政部、中央手工业管理总局、中华全国手工业合作总社、中国人民银行总行发出《关于手工业调整所有制中资财退赔和处理办法联合通知》。根据财政部部长李先念的建议，在国家财政还十分困难的情况下，决定由财政部拿出1亿元资金退赔给中华全国手工业合作总社。这一举措对地方各级政府解决"大跃进"中平调退赔问题是一个有力的促进。调整了所有制以后，手工业集中产区得到恢复，名牌产品陆续上市。如福建省1957年生产名牌货的有571家，涉及产品569种，"大跃进"中大部分停产，调整后恢复到404家、涉及产品442种。

（三）有利于城乡就业

中国人口众多，就业岗位一直是国民经济持续稳定发展的重大核心问题。传统产业与传统市场是我国城乡容纳就业的重要行业和场所。1957年城镇集体所有制单位就业职工占城镇就业职工总数的21%，1962年增加至23.4%，1965年进一步增加至24.7%。就业人数由1957年的650万人增加至1962年的1012万人，1965年进一步增加至1227万人。[①]农村集体和个体工业劳动者1957年为315万人，"大跃进"后的1962年陡降至59万人，至1970年达到210万人，1975年突破历史最高水平达到524万人，此后呈继续增长状态。[②]

（四）扩大了外贸出口和中外经济技术合作

经过恢复和调整，1965年手工业为出口贸易服务方面的产值14.2亿元，比上年增长63.2%。增加较多的主要是玩具、服装和工艺美术品等，换取外汇2.05亿美元，比上年增长5.6%。当年秋季广州商品交易会上成交额近6300万美元。此后继续发挥越来越大的作用。从1972年开始，我国陆续恢复了工艺美术品和农副产品出口基地，并实行国家投放资金和给予优

① 国家统计局社会统计司编：《中国劳动工资统计资料（1949—1985）》，中国统计出版社1987年版，第13页。

② 国务院全国工业普查领导小组办公室、国家统计局工业交通物资统计司编：《中国工业经济统计资料（1986）》，中国统计出版社1987年版，第166页。

惠贷款等扶持措施。如抽纱是刺绣工艺品。我国农民利用空余时间在家中手工生产，成本低、质量高，在国际市场上有卖点。1973 年 12 月，陈云在听取中国纺织品进出口总公司负责人汇报时特别就出口抽纱工艺品指出，抽纱的生产和出口，是有关国计民生的事情，国家可以拿到外汇，老百姓可以增加收入。一个月有几元钱的现钱收入，对一个农民来说是件大事。

（五）便利与丰富了城乡人民的物质和文化生活

人民生活用的小商品得到迅速恢复和发展。1961 年日用手工业品可供商品额 82.2 亿元，比 1957 年增长 21.7%，约占社会日用商品零售额的 16.9%。经过调整生产布局，“前店后厂”、修理服务网点恢复并有所扩大。在经营方式上，不少地区恢复了边产边销边修边换的“四合一”门市部，挑担下乡、串街、串巷，以及实行包退、包换、包修和开保险单等好的传统经营方式恢复以后，群众称便。苏州的工艺美术品历史悠久，独具特色，闻名国内外，主要产品有上百种。五金小商品多而全，质优价廉，如指甲钳、小开刀等受到国内外人民的欢迎。塑料小商品生产逐步形成了按产品工艺专业分工各具特色的 12 个专业工厂，以塑代木、代竹、代纸、代各种金属原料，生产花色繁多的塑料制品、人造革、纽扣、盆景等商品，美化了人民生活。苏州眼镜行业历史悠久，除生产一般镜片外，还研制了无形双光、一线双光镜片，填补了中国双焦点镜片空白；生产的镜架有赛璐珞、塑料、醋酸纤维、半金属和全金属架，适应了不同层次人们的需要。

三、重视“四个传统”在新时期世界舞台上的作用

在国际交流频繁、世界市场发展迅猛的时代，陈云所提倡的发扬“四个传统”——传统产区、传统产品、传统经营方法和传统市场对于中国走向世界具有新的积极意义。

（一）传承中华文明、继承优良美德的需要

文化有着极其丰富的内涵和广泛的外延，传统习俗、文学艺术、生活方式、思想观念等根植于一个民族的历史与传承中，其中有许多内容就根植于传统产区、传统产品、传统经营方法和传统市场之中。因此，发扬“四个传统”，有助于加强对中华优秀传统文化的挖掘和阐发。在此基础上，进一步促进创造性转化、创新性发展中华传统美德，把那些跨越时空、富有永恒魅力、具有当代价值的文化精神弘扬起来，有助于中华民族一代接

着一代追求美好崇高的道德境界。

（二）展示民族文化自信的标签

“四个传统”与现代性之间绝不是相互对立的关系，而是存在着一定张力。我们所追求的现代文明，完全可以和传统文化相融合，演绎出时尚气息浓厚的传统文化之美。

譬如，对民族服饰的态度，就从一个侧面反映出一个民族对传统文化的心理状态。能不能自信地展示民族服饰，往往关系到对传统文化的认同与自信。在服饰这一外化的表现形式之下，是一个国家和民族对自我的认识。

“文化自信”是我们当前亟须的精气神。这种自信，来源于对传统文化的深入了解，更来源于对本民族优秀文化的热爱。传统产区、传统产品、传统经营方法和传统市场是传统文化的载体和标签。我们应当向世界骄傲地展现中华传统文化的独特魅力。

（三）文明交流对话的载体

当前，中国人民正在全力以赴为实现中华民族伟大复兴的中国梦而奋斗。坚持文明多样性，引领文明互容、文明互鉴、文明互通的世界潮流，为人类文明共同进步作出贡献。数不尽的先贤哲人在“传统”之中体现的深邃的思想哲理、丰富的文化艺术，是取之不尽、用之不竭的智慧源泉。传统产区、传统产品、传统经营方法和传统市场也是我国与世界文明交流对话的载体，不仅有利于“走出去”，而且促进着“引进来”，成为旅游产品、旅游市场的丰富资源。“四个传统”与新型工业革命所带来的网络工艺与信息技术结合，在由机械化、流水线、自动化变为生产信息化、个性化、人性化的过程中，传统产业、产品的开发与发展有了新的机遇。

（作者单位：中国社会科学院经济研究所）

陈云对国家资本主义问题的理论认识和解决方案

迟爱萍

如何正确认识并利用国家资本主义推进新民主主义经济向社会主义经济过渡，是新中国成立前七年，中国共产党人必须认真对待的一个重大课题。本文拟从陈云思想研究的角度，展示党的第一代中央领导集体在处理多种所有制中公私关系问题上的思想和智慧。

一、新中国成立前中国共产党对国家资本主义问题的初步探索

陈云对国家资本主义问题的理论认识和解决方案，是中国共产党利用国家资本主义推进社会进步有益探索的重要组成部分，也是这一探索过程的延续。中国共产党对国家资本主义的认识和利用，起始于中国人民解放战争的历史进程中。

1940 年，毛泽东在《新民主主义论》中指出，新民主主义经济形态是由国营经济、私人资本主义经济、合作经济、农民个体经济四部分构成。1945 年人民军队进入东北，占领了哈尔滨、长春等城市，在没收敌伪企业的过程中，创办了真正具有近代生产力水平的社会主义性质的公营企业，并和私人企业合资，创办了公私合营企业，这就是中国共产党管理的国家资本主义性质的企业。随着解放区的扩大，特别是工商业城市的相继解放，在城市接管和恢复中，公私合营经济与新民主主义经济的其他四部分一起成长起来，国家资本主义成分在解放区经济结构的比重逐步加大。

根据情况的变化，1948 年 9 月 15 日，中共中央东北局常委张闻天在向中央提交的《关于东北经济构成及经济建设基本方针的提纲》中提出，东北经济在彻底消灭封建主义、官僚资本主义及取消帝国主义在东北的经济特权后，由国营经济、合作社经济、国家资本主义经济、私人资本主义经

济、小商品经济五种经济成分构成。这一观点在1949年3月党的七届二中全会上得到确认。

1949年6月，刘少奇撰写了关于新中国经济建设方针的党内报告提纲。这是中国共产党向苏联正式通报的文件，具有重要意义。在提纲中，刘少奇再次明确了新中国的国民经济由五种经济成分构成；并进一步明确了国家资本主义在新中国经济中的地位、作用和形式，明确了国家资本主义是帮助国家利用、限制自由资本主义经济的手段。①

新中国成立前夕，中国人民政治协商会议第一届全体会议通过的《共同纲领》第三十一条，以国家大法的形式对国家资本主义作了规定，“国家资本与私人资本合作的经济为国家资本主义性质的经济。在必要和可能的条件下，应鼓励私人资本向国家资本主义方向发展，例如为国家企业加工，或与国家合营，或用租借形式经营国家的企业，开发国家的富源等。”② 这个规定为以后的探索指明了基本方向。陈云作为主管全国经济的政务院副总理兼财政经济委员会主任，依据《共同纲领》制定的这一基本原则，在新旧政权交替的历史动荡中，凭着自己的经验和睿智，引导各级干部正确认识并积极稳妥地运用国家资本主义所有制形式，协调了各种复杂的经济关系，妥善解决了国家资本主义在新中国成立初期发展中存在的诸多问题。

二、陈云对国家资本主义中公私关系处理原则的探索

新中国成立初始如何处理好多种经济成分中的公私关系，始终是国家资本主义在发展中具有全局意义的问题，对国民经济的恢复与发展有着至关重要的作用。陈云抓住这个主要问题，对运用国家资本主义所有制形式处理好公私关系进行积极探索。

陈云对新民主主义经济形态中五种所有制之间的关系有一个总体认识，认为五种经济成分要统筹兼顾，但地位有所不同，是在国营经济领导下的统筹兼顾。以此为前提，“大家夹着走，搞新民主主义，将来进到社会主义。”③ 要把《共同纲领》第二十六条，作为处理五种经济成分中公私关系的总方针，即“国家应在经营范围、原料供给、销售市场、劳动条件、技术

① 参见《刘少奇论新中国经济建设》，中央文献出版社1993年版，第144—149页。

② 《建国以来重要文献选编》第1册，中央文献出版社2011年版，第7页。

③ 《陈云文选》第2卷，人民出版社1995年版，第93页。

设备、财政政策、金融政策等方面，调剂国营经济、合作社经济、农民和手工业者的个体经济、私人资本主义经济和国家资本主义经济，使各种社会经济成分在国营经济领导之下，分工合作，各得其所，以促进整个社会经济的发展。”① 在这个总方针指导下，陈云对国家资本主义中公私关系处理的探索，在国民经济恢复时期大致分为三个阶段：

（一）通过稳定物价，统一财经，巩固和壮大国营经济，促使私人资本走向国家资本主义的发展道路

新中国成立第一年前后，国内出现四次物价风波。在党中央、政务院正确方针指导下，陈云领导中财委，四次取得打击投机资本和稳定物价斗争的胜利，使投机资本基本失去操纵市场的能力。1950 年 3 月 3 日，政务院发出由陈云起草的《关于统一国家财政经济工作的决定》。这个决定的实施，不仅彻底结束了旧中国通货膨胀和物价飞涨的局面，为安定人民生活、恢复和发展生产创造了条件，并彻底使国家之外的经济力量失去控制市场的可能性。

通过稳定物价、统一财经，以及国营经济内部的民主改革和生产改革，确立新的管理制度，国营经济的力量和领导地位进一步巩固，无论在生产力还是生产关系方面，都显示出绝对优势，有实力通过国家资本主义逐步对私营资本进行融合、改造，引导其向有利于国计民生的方向发展。与此同时，新民主主义经济发展的大势，也使部分资本家意识到，与国家经济联合发展的必要。

（二）在第一次工商业调整中，主要通过加工订货的国家资本主义初级形式，将私人资本主义经济纳入国家计划中

全国财经统一后，工商业普遍遇到困难，社会经济萧条。要扭转这种局面，必须协调好公私关系。1950 年 4 月 12 日，陈云在中财委党组会上提出，从预算内划出一部分，叫作“合作费”，给资本家一点“油水”，税收放宽；国家计划也要把私营包括进去。② 同日，陈云在全国政协一届常委四次扩大会的报告中又提出，处理公私关系，要产权明晰，待遇平等。公私合营企业中有公股和私股要划分清楚；公、私企业在内地买原料应该有

① 《陈云文选》第 2 卷，人民出版社 1995 年版，第 103 页［注］101；《建国以来重要文献选编》第 1 册，中央文献出版社 2011 年版，第 6 页。

② 参见薄一波：《若干重大决策与事件的回顾》上卷，中共中央党校出版社 1991 年版，第 103 页。

同等便利条件，在税率方面亦应同等。[①]在七届三中全会及随后召开的全国政协一届二次会议上，陈云对如何调整公私关系作出进一步的部署，明确指出，调整公私关系最重要的措施就是实行国家资本主义，私人要和国家要长期合作。在工业方面，要通过加工订货，有步骤地组织私营工厂的生产和销售；在商业方面，要通过价格政策调整公私关系，使私商有利可图。在这些方针政策指导下，中财委指导各经济职能部门跟进出台具体管理政策和措施。在税收方面，确定公私企业要共同遵守"依法办事、依率计征"的方针。在贸易方面，国内要求零售价格必须根据零售成本及合理利润比例来确定；对外贸要加强统一管理，采用国际贸易研究会、同业公会专业小组、联合经营三种形式，把进出口商组织起来，以避免盲目竞争。在金融方面，确定"团结、领导、运用、改造"的方针，引导私营金融业走联营合作以扶助生产的道路，明确了国家银行与私营行庄业务范围的分工。在产权管理方面，政府加强了对公股产权的管理，确定公股公产清理办法；公私合营企业各主管机关不直接管理，而由公股代表、董事和监察人行使管理权，等等。这些措施，环环相扣、完整系统、明晰具体，政策效应十分显著，仅半年私营工商业即脱离困境，进入了国家资本主义经济发展的快车道。

（三）在第二次工商业调整中，遵循客观经济规律，注重以各种经济手段协调公私关系，使国家资本主义成为私人资本经济发展的最佳选择

1952年1月，中共中央发动的"五反"运动，旨在打击不法资本家"五毒"行为，但客观上对经济也有一定影响，造成社会经济出现新的萧条。根据这一情况，党中央再次决定由陈云领导进行第二次工商业调整，调整的重点仍是工商业中的公私关系。与前次调整相比，陈云更加注重运用经济手段，顺应经济规律去引导拟订解决公私关系的措施，同时在宏观上完善政府管理。一是要求按照生产成本、市场价格和社会需要确定加工订货的合理利润。二是因地制宜、多方协商确定加工订货规格。三是照顾私商利益，促成公私商业与合作社共同参加城乡交流。四是降低银行利息，加强对私营工商业的扶持力度。五是严格税收。上述政策的实施，很快缓和了紧张的公私关系，扭转了市场萧条局面，促进了资本主义工商业的发

① 参见《陈云文集》第2卷，中央文献出版社2005年版，第109—110页。

展；在调整中，私营企业与国营企业的联系和合作日益密切，对政府的依赖进一步加强，“国家资本主义已经是我们有需要、资本挣不掉的一种稳定的经济成分”[①]，从而为私营工商业通过国家资本主义向社会主义过渡奠定了基础。

另外，在两次工商业调整中，陈云都强调在生产上，“要鼓励竞争，提高质量，要让人民用上质量好的东西。”[②]“有一些落后的中小厂是要倒台的”，这是生产力发展过程中客观必然的现象。“对名牌货不应该打击，应该鼓励。”[③]这些思想在引导国家资本主义健康发展的同时，也对整个社会生产发展质量的提高起了指导作用。

三、国家资本主义在中国消亡的历史必然性

从1953年到1955年，中国发生一系列促进社会变革的大事。在历史的发展中，国家资本主义逐步完成使命，同其他经济成分一同融入社会主义公有制。

（一）随着国民经济的恢复和发展，新民主主义经济结构发生变化，党中央适时提出了过渡时期总路线，明确国家资本主义是推进资本主义经济向社会主义经济过渡的必经之路

经过国民经济的恢复和建设，新中国成立之初的经济结构发生了深刻变化。到1952年，“工业中，私营占32.7%，国营占67.3%，是三七开；商业零售是倒四六开。”[④]这种变化使资本主义所有制与生产社会化之间的矛盾日益凸显，客观上要求国家在大力推进社会主义工业化的同时，对生产资料私有制进行改造。

中共中央决策层经过一段时间的酝酿，下决心把解决资产阶级和资本主义的问题提上日程。1953年6月在中央政治局会议上，毛泽东对过渡时期总路线作了比较完整的表述。[⑤]此后，对如何利用国家资本主义改造私营资本主义经济，毛泽东提出明确的战略指导方针：“国家资本主义是改造资本主义工商业和逐步完成社会主义过渡的必经之路。”“这种资本主义经济

① 《建国以来重要文献选编》第4册，中央文献出版社2011年版，第191页。

② 《陈云文集》第2卷，人民出版社2005年版，第159页。

③ 《陈云文选》第2卷，人民出版社1995年版，第174页。

④ 薄一波：《若干重大决策与事件的回顾》上卷，中共中央党校出版社1991年版，第213页。

⑤ 参见《毛泽东年谱（1949—1976）》第2卷，中央文献出版社2013年版，第116页。

已经不是普通的资本主义经济，而是一种特殊的资本主义经济，即新式的国家资本主义经济。它主要地不是为了资本家的利润而存在，而是为了供应人民和国家的需要而存在。”①1954 年 2 月 10 日，党的七届四中全会正式通过党的过渡时期总路线。会后，为加强对资本主义工商业改造的领导，国务院成立第八办公室，协助周恩来、陈云主持这项工作。

过渡时期总路线的实施，标志着党对民族资产阶级和资本主义的认识及政策发生重大变化：由团结资产阶级，转到用和平方法，为消灭资产阶级而改造资产阶级分子；由保护和发展资本主义工商业，转到采取国家资本主义各种形式，改造资本主义工商业，逐步消灭资本主义私有制。

（二）实施“一五”计划，大规模的经济建设引起社会供需矛盾紧张，中共中央决策实施统购统销政策，使国内市场发生根本性变化，加速了国家资本主义的发展

1953 年，经济建设全面展开，基本建设投资规模迅速扩大，导致就业人数、社会工资量大增，而社会供给远不能满足需求。全国粮食严重紧缺，粮食供求矛盾十分尖锐。中央委托陈云解决这一复杂棘手又十分紧迫的难题。陈云向中央建议实行统购统销政策，得到毛泽东及中央政治局扩大会议的赞同。这一政策的实行加速了对资改造步伐。

国内市场关系发生质的变化。国营商业在批发环节逐渐排挤私营批发商，私营零售商必须依靠国营商业、合作社商业进货，以维持营业。我国旧的自由市场活动范围大大缩小，国营商业对整个市场的统一管理和对私营商业的领导及监督日益加强与巩固。随着统一市场的形成，对生产环节的统一管理要求也加强了。1954 年 9 月，国家成立地方工业部管理私营工业，工业原料、成品基本由国家控制。陈云要求：“根据党在过渡时期的总路线，有计划地发展社会主义、半社会主义工业，利用、限制、改造资本主义工业，在国营经济的领导下，在保证社会主义成分不断稳步增长的条件下，对国营、合作社营、公私合营、私营工业实行统筹兼顾、各得其所的方针，进行合理安排。”②

按照这一方针，国营让出一部分原料和生产任务给私营；把对个别私营企业的合营和按行业改造结合起来；加强了国家对私营企业的业务领导，

---

① 《毛泽东文集》第 6 卷，人民出版社 1999 年版，第 291、282 页。
② 《陈云文选》第 2 卷，人民出版社 1995 年版，第 267 页。

除地方工业部外，成立新的领导机构，原则上按行业和产品来管理等。[①]这些措施为公私矛盾的解决，为加快对资本主义工业的改造提供了路径；使人民政府“用各种国家资本主义的方法，把资本主义工业纳入了国家计划的轨道，消除了生产无政府状态。同样，在国营商业掌握了货源的主要行业，已经把私商纳入了国家资本主义或者合作化的轨道，制止了私商的投机倒把。”[②]

（三）全国合作化运动的兴起，割断了城乡资本主义的联系，资产阶级在经济上完全丧失了独立存在的条件，使私人资本主义经济通过国家资本主义公私合营形式，融入社会主义经济形态成为历史必然

1955年7月开始的全国农业合作化高潮，切断了资产阶级的原料来源和产品销路，使私营资本主义经济无法继续生存，客观上要求对资本主义工商业的社会主义改造早些完成，以适应农业发展需要。10月，党的七届六中全会专门讨论农业合作化同资本主义工商业改造的关系。毛泽东认为，农业合作化和改造资本主义工商业的关系，就是农业合作化和资产阶级的关系。“我们对农业实行社会主义改造的目的，是要在农村这个最广阔的土地上根绝资本主义的来源。”[③]

到1955年6月底止，工业方面，实行加工订货、公私合营的工厂有1900多个，产值相当于资本主义工业总产值的58%。在商业方面，四分之三是社会主义和半社会主义的，纯粹私营的只有四分之一。[④]客观形势的变化，要求把对资改造从原来在私营企业中实行的由国家加工订货、为国家经销代销和个别地实行公私合营阶段，推进到在一切重要的行业中分别在各地区实行全部或大部公私合营的阶段，以使私营工商业充分集中于国家和社会主义经济控制下。这种变化“不是哪个人空想出来的，是经济发展的结果”，“既然按整个行业来安排生产、实行改组，那末，整个行业的公私合营也就是不可避免的。”[⑤]为加强对资改造的领导，中央成立了以陈云为组长的十人小组。

在全行业合营过程中，公私关系的适当处理仍是关键问题。陈云对此

① 1955年4月，中央成立了第三机械工业部管理私营工厂，1956年5月该部撤销。
② 《陈云文选》第2卷，人民出版社1995年版，第282页。
③ 《建国以来重要文献选编》第7册，中央文献出版社2011年版，第260页。
④ 参见《陈云文选》第2卷，人民出版社1995年版，第281页。
⑤ 《陈云文选》第2卷，人民出版社1995年版，第286页。

提出许多有远见的观点：（1）原有私营工厂和店铺的招牌不要改掉，要保存下来。（2）“所有的资方实职人员，应该全部安置。”不应该让有经营能力的资方实职人员坐“冷板凳”，要尽可能使用。公私合营企业里的公股代表，要提高本领，不懂就要学习，否则站不住脚。公私双方代表要学会合作共事。过去旧商人中，有一种头戴瓜皮帽、手拿水烟袋，专门考虑“战略性问题”，我们也应该有踱方步专门考虑“战略性问题”的人。（3）定息的办法要推广。以此保持私股在一定时期内的定额利润，企业可以基本上由国家按照社会主义原则经营管理。（4）个人所得税和遗产税，“可以成为政府手里的一种约束资本家收入过多和对他们实行社会主义改造的手段。”（5）专业公司是政府组织私营工商业的一个重要方式。它是“国家的公司，不是资本家的托拉斯”。“它将来要承担对地方国营工厂、公私合营工厂和私营工厂发放原料、分配任务、收购成品的责任。”（6）要重视公私合营企业工资标准的逐步调整。公私合营企业职工的工资同当地同类国营企业职工的工资相比，高的不降低，低的要根据生产情况和企业可能，分期逐步增加。①

在指导和推动资本主义工商业改造过程中，陈云特别强调要统筹领导，全面规划。不仅要有生产规划，而且要把私营企业的生产能力和生产设备，列入各行各业国家计划内；社会主义改造也要有规划，要分行业，分先后缓急，分地区，分进度，“不要一声号令，就立刻全面铺开。”②陈云还强调，所有制的改造一定要促进生产水平的提高。公私合营后“不论工业、商业，都要想尽一切办法保持原来好的品种和质量。”③“要把企业办得比合营前更好。”④陈云还提出了五种“提高质量、增加品种”的办法。⑤

四、研究的几点结论

从以陈云为主要视角，对中共第一代领导人在利用国家资本主义处理公私关系、推动中国社会经济发展的历史简要回顾中，我们至少可以得出以下三点认识：

---

① 《陈云文选》第 2 卷，人民出版社 1995 年版，第 287、289、290 页。

② 参见《陈云文选》第 2 卷，人民出版社 1995 年版，第 291—292 页。

③ 《陈云文选》第 2 卷，人民出版社 1995 年版，第 296 页。

④ 《陈云文选》第 2 卷，人民出版社 1995 年版，第 300 页。

⑤ 参见《陈云文选》第 2 卷，人民出版社 1995 年版，第 300—301 页。

第一，新中国成立初期的国家资本主义是新民主主义经济制度向社会主义经济制度过渡的一种所有制形式，是党在领导新民主主义革命走向全国胜利的特殊历史条件下产生的。党通过革命没收帝国主义、封建主义、官僚资本主义的财产，建立了具有社会主义性质的国营经济，又依靠人民政权的力量，通过国家资本主义所有制形式，对私人资本主义经济进行限制、利用和改造。随着社会主义经济制度的确立，国家资本主义作为新民主主义经济形态中的五种所有制之一也逐步消亡了。

当代中国的“公有制为主体、多种所有制经济共同发展，是我国社会主义初级阶段的一项基本经济制度”①，“是中国特色社会主义制度的重要支柱，也是社会主义市场经济体制的根基”②；它无论在所处的社会阶段、所发挥的历史作用、要达到的社会目标，以及公私合作的形式等方面，都与新中国成立初期的国家资本主义有着本质的不同，绝不是新民主主义经济时期的国家资本主义简单的重复。如果说，经过国家资本主义达到消灭资本主义所有制，把资产阶级由剥削者改造成为自食其力的劳动者，是中国共产党在世界历史及国际共产主义运动史上的创举；那么，通过公有制为主体、多种所有制经济共同发展的基本经济制度，以发展生产力，激发全社会劳动者的积极性和创造热情，则是党在经过社会主义建设曲折发展后，总结历史经验教训，推进马克思主义中国化的又一个全新创举。

第二，公私关系是多种所有制结构中关系全局的问题，公私关系是否协调，将影响整个多种所有制经济形态的健康发展，最终影响到经济的发展和社会的进步。这不是一个单纯的经济问题，而是政治与经济相互作用，对社会发展方向产生本质影响的问题。上层建筑建立在经济基础之上；经济基础就是生产关系，生产关系的基础就是所有制。只有公有制经济在多种所有制经济结构中的领导和优势地位不变，才有可能坚持中国共产党执政、人民当家作主、实现依法治国方略，完成无产阶级政党的历史使命。陈云不止一次表达过这样的思想：新民主主义经济形态中的五种经济成分的统筹兼顾，是在国营经济领导下的统筹兼顾。这是对新中国政治经济发展规律的深刻揭示。1951 年 7 月 1 日，他在为纪念中国共产党成立 30 周年撰写的《中国共产党领导着国家建设》中，提出了协调新民主主义国家五

① 《十五大以来重要文献选编》（上），人民出版社 2000 年版，第 20 页。
② 《十八大以来重要文献选编》（上），中央文献出版社 2014 年版，第 515 页。

种经济成分的两个基本条件：一是政权的性质决定国营经济处于五种经济成分的领导地位，并有力量协同其他经济成分服从国家总的建设计划。二是要使私人资本主义感到在人民政权下，有发展空间，愿意和政府合作。[①]国营经济处于领导地位并占绝对优势，是国家能够利用国家资本主义形式，限制、利用、改造私人资本主义经济，推进社会经济发展和进步的基本条件。随着历史的发展，情况的复杂，协调公私关系的原则会有变化，但只要是中国共产党领导的人民政权性质不变，陈云所述两点依然是协调公私关系的基本条件。

第三，在多种经济成分共存的经济形态中，政府要善于遵循经济规律，利用各种经济杠杆去协调公私关系。在两次工商业调整、对资本主义企业进行社会主义改造中，陈云领导中财委从生产、贸易、金融、税收、产权等各个方面提出许多具体的政策和措施，为引导中央与地方各级政府处理好各个环节的公私关系，提供了可操控的办法，从而推动了国家资本主义经济的健康发展。在政府管理方面，陈云尤为注意领导方法的科学化。其中“统筹兼顾，各得其所”的方针；全面规划、因地制宜、因企制宜的方法；在国家经济制度中公营经济处于领导地位，在经营范围内要注意公私平等、将私营经济纳入国家整体经济的发展计划中的指导原则；在推动政策落实中，循序渐进、不“一刀切”、不一拥而上、召开各类专业会议深入研究实施规则等做法，都为我们今天坚持和完善社会主义初级阶段的基本经济制度，推动国企混合所有制改革，处理好公有制经济和非公有制经济的关系，留下深刻启示。

（作者单位：中共中央党史和文献研究院）

① 参见《陈云文集》第2卷，中央文献出版社2005年版，第287—288页。

陈云与中国特色社会主义经济发展道路的探索形成

郑有贵

一、在经济建设方式的选择上，陈云从落后的农业国实现工业化、现代化的目标出发，探索以全国一盘棋和集中力量办大事的方式推进经济建设，为改革开放以来中国特色社会主义经济发展道路的形成和经济的持续高速发展奠定了坚实的思想基础、实践基础和物质技术基础

中国特色社会主义道路，以经济建设为中心是其要义。以往对陈云经济建设思想的研究，主要集中在陈云关于经济建设要有利于人民利益、从国情出发、量力而行、综合平衡、打牢农业基础思想等方面。本文在以往研究基础上，从新中国经济建设道路开辟和中国持续高速发展原因的新视角，对陈云的经济建设方式作一探索。笔者认为，陈云对中国特色社会主义经济建设方式的探索和中国经济持续高速发展的贡献是独特的和重大的。具体而言，陈云作为第一代中央领导集体成员和负责财经工作的领导人，面对在工业化、现代化落后状况下如何实现赶超发展的难题，从实施以156个工业建设项目为核心的“一五”计划起，在实践中探索出充分发挥社会主义的制度优势，发挥政府的作用，从国家和人民长远利益出发，全国一盘棋，集体力量办大事，组织实施了大规模的事关国计民生战略意义的重点经济建设项目。改革开放初期，陈云根据长时期领导经济建设的亲身体验和国家发展的需要，对新中国经济建设进行了深刻的思考，提出了重要的观点。

一是建设要有重点，不分轻重缓急，势必因小失大，处处被动，现代化就没有希望。我国是一个发展中国家，面对与发达国家的差距，只能迎头赶上，不能停滞不前，否则就难以摆脱落后挨打的厄运。然而，我国与

其他发展中国家一样，面临如何突破“贫困陷阱”的问题。从新中国成立到改革开放前，我国通过计划经济的实施，集中力量完成了一系列关系国家长远发展的重大经济建设项目。1982 年 1 月 25 日，陈云在与国家计委负责同志谈话时说：“人民的生活要提高，但国家只有那么多钱，这里摆多少，那里摆多少，都要有一个计划。人民的生活需要改善，可以改善，但改善的幅度要很好研究。还是那句话：从全局看，第一是吃饭，第二要建设。吃光用光，国家没有希望。吃了之后，还有余力搞生产建设，国家才有希望。只要把握住这一条就好。”①1983 年 6 月 30 日，陈云在中央工作会议上特别告诫说：“建设要有重点。财力物力只有那么多，不分轻重缓急，大家一齐上，你挤我，我挤你，势必因小失大，处处被动。”② 他进一步指出：“重点确定之后，就要动员全党全民集中财力物力保重点。这几年，有些地方和部门打乱仗，乱上基本建设项目，乱涨价，乱摊派，乱发奖金，把资金分散了。中央手里的钱，除去行政、科研、文教、国防的经常费用，剩下的可以说办不了什么大事。什么几个核电站，什么三峡工程，什么增加港口、铁路，通通办不成就是了。所以，这次有劳在座的‘各路诸侯’跑一趟，把口袋里的钱再拿一些出来，并说服企业、部门的干部和工人、农民从全局和长远观点看问题，大家一齐来支援重点建设，支援骨干项目。否则，像现在这样下去，四化没有希望。”③1988 年 10 月 8 日，陈云同中央负责同志谈话中，在总结建设经验时说：“在历史上起过作用的办法，现在不应该全部照搬，但也不能一概否定。”“从‘一五’到现在近三十六年，中间虽有曲折，但发展也不算太慢。在过去这些年里，我们搞的一百五十六项、尖端科学技术、石油自给、武钢一米七轧机、十三套大化肥、宝钢以及铁路、电力、农田水利等建设，它们的作用不能低估。”④

二是集中力量办大事推进重点建设时，要从整个国家的全局利益和长远利益出发，要全国一盘棋。1980 年 12 月 16 日，在中央工作会议上的讲话上，针对权力过于分散，地方主义发展，中央由于财力不足导致中央权

① 《陈云文选》第 3 卷，人民出版社 1995 年版，第 309 页。
② 《陈云文选》第 3 卷，人民出版社 1995 年版，第 323 页。
③ 《陈云文选》第 3 卷，人民出版社 1995 年版，第 323—324 页。
④ 《陈云文选》第 3 卷，人民出版社 1995 年版，第 366 页。

威有被削弱的危险，陈云提出，“像我们这样的国家没有这样一个集中是不行的，否则就会乱套，也不利于改革。”[①]1981 年 12 月 20 日，陈云在省、自治区、直辖市党委第一书记座谈会上指出，“国家建设必须全国一盘棋，按计划办事。”“全国建设的进度，必须有先有后，有重有轻，按全国计划办事。”[②]1983 年 6 月 30 日，陈云在中央工作会议上指出：“现在看，农业、能源、交通是重点，一批骨干企业的建设和改造是重点，科技教育事业的发展、环境污染的防治以及知识分子生活待遇的提高等等也是重点。这些是从整个国家的全局利益和长远利益出发考虑的。重点只能由中央根据全局的长远的利益，经过综合平衡来确定。”[③] 陈云不仅强调搞经济建设要从全局利益和长远利益出发，还强调不能急于求成。1982 年 1 月 25 日，陈云在与国家计委负责同志谈话时说：“搞建设，真正脚踏实地、按部就班地搞下去就快，急于求成反而慢，这是多年来的经验教训。”[④]

一些人把党的十一届三中全会以来我国经济的持续高速发展完全归功于改革开放，无视改革开放前所奠定的物质和技术基础的作用，甚至根据“新自由主义”而脱离历史条件来否定发挥政府推进集中力量办大事的建设方式。如果改革开放前不从国家和人民长远利益出发，不通过发挥社会主义的制度优势而集中精力办大事，我国作为积弱积贫的农业国，在很短时间内建立起独立的工业体系和国民经济体系是难以想象的，突破“贫困陷阱”是难以想象的，到 2010 年我国跃居全球第一制造大国和世界第二大经济体也就没有基础。我国发挥政府作用实行集中力量办大事的经济建设实践无疑是成功的，也为发展中国家突破“贫困陷阱”和实现赶超发展提供了经验。我们需要看清，“新自由主义”否定政府作用，实际上是为发展中国家设的一个陷阱，正如林毅夫所说，如果发展中国家的政府不发挥积极作用就等于是自废武功，不可能赶超发达国家。[⑤] 实践证明，发挥社会主义制度优势集中力量办大事，是中国特色社会主义经济发展道路成功的重要因素，其中陈云倾注大量精力推进 156 个工业项目等经济建设，为在较短时期内建立起独立的工业体系和国民经济体系作出了重大

---

① 《陈云文选》第 3 卷，人民出版社 1995 年版，第 279 页。
② 《陈云文选》第 3 卷，人民出版社 1995 年版，第 307 页。
③ 《陈云文选》第 3 卷，人民出版社 1995 年版，第 323 页。
④ 《陈云文选》第 3 卷，人民出版社 1995 年版，第 311 页。
⑤ 林毅夫：《新结构经济学与中国发展之路》，《中国市场》2012 年第 50 期。

贡献。

二、在经济制度的选择上，陈云从生产力落后的实际出发，主张在公有制主体地位下发展个私经济，为公有制为主体、多种所有制经济共同发展的基本经济制度的形成奠定了实践和思想基础

改革开放以来，我国形成了公有制为主体、多种所有制经济共同发展的基本经济制度。它是一整套相互衔接、相互联系的中国特色社会主义制度体系的重要组成部分。陈云基于我国生产力落后的实际，提出了“三个主体，三个补充”的经济体制设想及具体的政策主张，如在社会主义改造时期建议保留一些小商贩和有经营特色的小商店、夫妻店，主张农村人民公社搞自留地、家庭副业和包产到户，在改革初支持家庭承包经营改革等。笔者认为，从社会主义改造基本完成后，陈云把马克思主义关于生产力决定生产关系的理论与中国的实际情况结合，主张在公有制主体地位下发展个私经济，支持家庭承包经营的发展，成为我国确立社会主义初级阶段基本经济制度的思想基础。

第一，在生产力水平较低的情况下，不能盲目搞集中大生产，很大一部分必须分散生产、分散经营。1956 年 8 月 23 日，陈云在国务院有关部门参加的关于工商业改造的组织形式问题座谈会上指出：“不论是工业、商业和手工业，盲目搞集中，搞统一计算盈亏是错误的。我们要勇敢地大胆地来设想一番，最低限度是大多数不应该搞大的。手工业绝大多数（百分之七十至百分之八十）不应该搞大社，不要统一计算盈亏；地方工业一般也不要搞大的，就是重工业也不一定都要搞大的。资本主义国家大小都有，我们一搞都是大的，这是错误的。在公私合营中，采取‘先联后并，联而不并’的方针是对的。在手工业中，不仅服务性行业不能集中，就是制造性行业绝大多数也不能集中，已合并了的要退出来，已统一计算盈亏的要分出来。中国手工业应该多搞合作小组，自负盈亏，发挥其积极性，以适应市场千变万化的需要。即使个别制造性行业可以集中生产，统一计算盈亏，但是百分之七十至百分之八十的手工业社应该分散经营，各负盈亏。这样便能做到小巧玲珑，适应市场的需要。”[①]9 月 11 日，陈云主持国务院第

① 《陈云文集》第 3 卷，中央文献出版社 2005 年版，第 100—101 页。

三十七次全体会议讨论《中共中央国务院关于加强农业生产合作社的生产领导和组织建设的指示》时分析了盲目追求大工厂存在的问题，指出，“现在，大工厂是牺牲了很多产品才获得产量提高的。”[①]9月20日，陈云在党的八大上的发言中指出：“工业、手工业、农业副产品和商业的很大一部分必须分散生产、分散经营，纠正从片面观点出发的盲目的集中生产、集中经营的现象。”“手工业的制造性行业中，有一部分是可以适当合并的，但是绝大部分服务行业和许多制造行业不应该合并。为了克服由于盲目合并、盲目实行统一计算盈亏而来的产品单纯化、服务质量下降的缺点，必须把许多大合作社改变为小合作社，由全社统一计算盈亏改变为各合作小组或各户自负盈亏。这种改变不但适合于绝大部分服务行业，而且适合于许多制造行业。”[②]

第二，在农业集体经营中可以搞分散经营、自负盈亏、自留地、家庭经营。1956年9月20日，陈云在党的八大上的发言中指出：“农业生产合作社的粮食、经济作物和一部分副业生产是必须由合作社集体经营的，但是许多副业生产，应该由社员分散经营。不加区别地一切归社经营的现象必须改变。许多副业只有放开手让社员分散经营，才能增产各种各样的产品，适应市场的需要，增加社员的收入。在每个社员平均占地比较多的地方，只要无碍于合作社的主要农产品的生产，应该考虑让社员多有一些自留地，以便他们种植饲料和其他作物来养猪和增加副业产品。”[③]陈云在以“一大二公”为导向的背景下，在包产到户面临何去何从的关键时刻，挺身而出，于1962年和1979年先后两次明确表示支持包产到户、家庭承包经营，为家庭承包经营制度在我国的普遍实行和农户经济的发展作出了重大贡献，也成为基本经济制度形成的思想和实践基础。

第三，从适应小生产和小私有发展的实际出发，不能事无大小统统搞计划。1956年9月11日，陈云主持国务院第三十七次全体会议讨论《中共中央国务院关于加强农业生产合作社的生产领导和组织建设的指示》时指出：“事无大小，统统计划不行。个体生产是集体所有制的补充。这种自由市场只有百分之二十五，百分之七十五都是国家统购。如果没有这个百分

① 《陈云文集》第3卷，中央文献出版社2005年版，第103页。

② 《陈云文选》第3卷，人民出版社1995年版，第6、7页。

③ 《陈云文选》第3卷，人民出版社1995年版，第8页。

之二十五的自由就搞死了，这个百分之二十五的自由是必要的。现在，就是要在社会主义经济基础上，恢复一九五三年的情况，搞死了不行。应该是大的方面计划，小的方面自由。”①

第四，在国有经济和集体经济为主条件下的个体经营和私人资本主义经济存在不影响整个社会主义制度。1956 年 9 月 20 日，陈云在党的八大上的发言中指出，“在工商业经营方面，国家经营和集体经营是工商业的主体，但是附有一定数量的个体经营。这种个体经营是国家经营和集体经营的补充。”②1979 年 3 月 8 日，陈云在《计划与市场问题》中说：“解放初期，只掌握了第一部分（指公有制经济部分——引者），私人资本主义经济还存在，但我们仍然是社会主义国家。”③

三、在经济体制的选择上，陈云从搞活和尊重价值规律出发，提出社会主义时期必须有两种经济的论断，突破了社会主义排斥市场调节的认识，为引入市场手段的改革和最终确立社会主义市场经济的改革方向奠定了思想基础

我国成功地实现了社会主义与市场经济的有机结合，社会主义市场经济成为中国特色社会主义道路中最为鲜明的特色。在这一实践和认识发展进程中，陈云的重大贡献可大致分为递进的三个阶段：

第一个阶段，陈云于 1956 年形成了计划经济也要有自由市场补充的思想。在社会主义改造完成后，当时负责全国财经工作的陈云发现，单一统一计划导致经济运行出现了一些问题，并从解决这些问题出发，提出了实行国家市场领导下的自由市场等政策主张。1956 年 8 月 23 日，陈云在国务院有关部门参加的关于工商业改造的组织形式问题座谈会上分析指出：“过去只有国家市场，没有自由市场，现在要有国家市场，也要有在国家市场领导下的自由市场。如果没有这种自由市场，市场就会变死。”④9 月 11 日，陈云主持国务院第三十七次全体会议讨论《中共中央国务院关于加强农业生产合作社的生产领导和组织建设的指示》时，专门对“计划和自由的问

① 《陈云文集》第 3 卷，中央文献出版社 2005 年版，第 103 页。
② 《陈云文选》第 3 卷，人民出版社 1995 年版，第 13 页。
③ 《陈云文选》第 3 卷，人民出版社 1995 年版，第 245 页。
④ 《陈云文集》第 3 卷，中央文献出版社 2005 年版，第 99 页。

题”进行了阐述，提出实行“大计划，小自由”的政策主张。9月20日，陈云在党的八大上的发言中指出：“至于生产计划方面，全国工农业产品的主要部分是按照计划生产的，但是同时有一部分产品是按照市场变化而在国家计划许可范围内自由生产的。计划生产是工农业生产的主体，按照市场变化而在国家计划许可范围内的自由生产是计划生产的补充。因此，我国的市场，绝不会是资本主义的自由市场，而是社会主义的统一市场。”[①]陈云之所以能够早在1956年就提出要实行国家市场主体地位下的自由市场，主要有三个方面的原因：第一，从我国社会主义改造已经基本完成、适应小生产和小私有发展的要求、满足人民群众需要的实际出发。第二，吸收了苏联的经验教训。1956年8月23日，陈云在国务院有关部门参加的关于工商业改造的组织形式问题座谈会上指出：“商业方面是国家一家垄断。这种垄断商业，过去用来对付资本主义是对的，但是到社会主义改造高潮之后就不适应了。不要商业，工业就要停产。苏联十月革命后，市场完全死了。我们今天也把市场搞得很死，若不注意解决这一问题，天下就会大乱。”还指出：“如果全部集中起来，统一计算盈亏，产品必然会减少。苏联也有过这方面的教训。”[②]第三，在以国家市场为主体前提下，允许一定范围内国家领导的自由市场不会影响社会主义。1956年9月20日，陈云在党的八大上的发言中指出：“在社会主义的统一市场里，国家市场是它的主体，但是附有一定范围内国家领导的自由市场。这种自由市场，是在国家领导之下，作为国家市场的补充，因此它是社会主义统一市场的组成部分。”[③]陈云关于计划经济也要有自由市场补充的政策主张，在改革开放前的很长时期内得到了实施，对于搞活经济和促进经济发展起到了重要作用，也为改革开放以来引入市场调节奠定了实践和思想基础。

第二个阶段，提出了社会主义时期必须有两种经济的论断。陈云关于计划经济也要有自由市场的政策主张与当时的社会主义经济理论相悖而遭受排斥，在20世纪60—70年代自由市场与自留地、自负盈亏、包产到户一并被当作“资本主义尾巴”而加以严厉批判。然而，这并没有阻碍陈云的思考。1979年，陈云在所写的《计划与市场问题》中，明确提出整个社

① 《陈云文选》第3卷，人民出版社1995年版，第13页。

② 《陈云文集》第3卷，中央文献出版社2005年版，第98、100页。

③ 《陈云文选》第3卷，人民出版社1995年版，第13页。

会主义时期必须有两种经济的论断：（1）计划经济部分（有计划按比例的部分）；（2）市场调节部分（即不作计划，只根据市场供应的变化进行生产，带有盲目性调节的部分）。第一部分是基本的主要的；第二部分是从属的次要的，但又是必需的。既掌握了政权，又有了第一部分经济，就能够建设社会主义。第二部分只能是有益的补充（基本上是无害的）。[①] 陈云之所以提出社会主义必须实行市场调节，一个重要原因是由于长期实行单一计划经济实践中存在忽视价值规律的问题。陈云指出："所谓市场调节，就是按价值规律调节，在经济生活的某些方面可以用'无政府'、'盲目'生产的办法来加以调节。""忽视了市场调节部分的另一后果是，同志们对价值规律的忽视，即思想上没有'利润'这个概念。这是大少爷办经济，不是企业家办经济。"[②] 陈云关于社会主义时期必须有两种经济的论断，是"三个主体，三个补充"思想的深化和发展，突破了社会主义只能实行单一计划经济而不能实行市场调节的认识，为引入市场调节改革实践的推进和中央最终明确要发展中国特色社会主义市场经济，奠定了思想基础。

第三个阶段，在社会主义市场经济改革进程中，陈云强调不能脱离实际完全按照西方市场经济，强调不能离开计划，要加强政府的权威。1988年10月8日，陈云同中央负责人谈话时直截了当地说："在我们这样一个社会主义国家里，学习西方市场经济的办法，看来困难不少。"[③] 他进一步分析指出："我在一九七九年三月说过，六十年来，无论苏联或中国的计划工作制度中出现的主要缺点：只有'有计划按比例'这一条，没有在社会主义制度下还必须有'市场调节'这一条。所以，我们需要改革。但在改革中，不能丢掉有计划按比例发展经济这一条，否则整个国民经济就会乱套。"[④] 他在这次谈话中，不仅强调计划，还强调加强中央的经济权威，指出："中央的政治权威，要有中央的经济权威作基础。没有中央的经济权威，中央的政治权威是不巩固的。在经济活动中，中央应该集中必须集中的权力。搞活经济是对的，但权力太分散就乱了，搞活也难。"[⑤] 从陈云的这些谈话中我们可以清晰地看出，陈云反对搞西方市场经济，态度是非常明确的。在

① 《陈云文选》第3卷，人民出版社1995年版，第245页。
② 《陈云文选》第3卷，人民出版社1995年版，第245、246页。
③ 《陈云文选》第3卷，人民出版社1995年版，第365页。
④ 《陈云文选》第3卷，人民出版社1995年版，第367页。
⑤ 《陈云文选》第3卷，人民出版社1995年版，第366页。

党的十四大明确“我国经济体制改革的目标是建立社会主义市场经济体制”后，陈云于 1994 年 2 月 9 日同上海市负责同志谈话时，进一步强调加强中央的经济权威问题，“如果没有中央的权威，就办不成大事，社会也无法稳定。”[①] 陈云主张在推进社会主义市场经济改革发展中加强中央的经济权威，就是要确保中央政府能够充分发挥其职能，这样才能实现全国一盘棋和弥补市场的缺陷。

（作者单位：中国社会科学院当代中国研究所）

① 《陈云文选》第 3 卷，人民出版社 1995 年版，第 380 页。

陈云关于对资本主义工商业改造中如何正确对待原资方人员的思想简述

左腾飞

中国的无产阶级成为执政党之后，对民族资本主义经济采用和平的手段进行“消灭”。企业可以用钱赎买过来，但如何解决资本家的问题则是一项复杂的工程。对于他们能否妥善处理，直接关系到社会主义改造的最终成败。从当时中国的实际情况来看，中国的民族资产阶级具有两面性，虽有阶级缺点，但他们可以接受改造。他们本身对于社会发展也有不可或缺的作用。所以，应该对这一部分人进行合理改造，但关键是如何改造才能使效果最优。从 1954 年开始，陈云开始主持资本主义工商业改造的具体工作，并针对如何改造资本家和资方人员，提出了许多新的观点，为资本主义工商业者的改造作出了重要贡献。

一、资本家是财富

在社会主义改造过程中，对于民族资本主义及资本家，不少人采取了隔绝避让的态度。全行业公私合营后，有人把资方人员当作“包袱”，认为公私合营后的企业没有必要把资本家吸收进来参与工作，或者安置在中央，地方和企业不要。陈云认为，资本家长期在工商业中从事生产经营活动，有自己的一技之长，安置、利用资本家可以让他们在工作中发挥出自身的作用，因此“所有的资方实职人员，应该全部安置”。[①]

（一）资方人员多数具有智力优势，作为一笔财富，必须保留、吸收

旧社会的民族资产阶级多数有受教育经历，掌握一定的技术和管理经验。据北京、天津、广州、西安、沈阳、武汉 6 个城市统计，在 10.9 万在

① 《陈云文选》第 2 卷，人民出版社 1995 年版，第 287 页。

职私方人员中，有管理经验的占90%，有一定技术能力的有9420人，占8.6%。[①] 陈云非常重视资方人员的这种优势，认为这是一笔财富，必须保留和吸收。当时正处于国家建设初期，人才智力方面非常匮乏，需要大量有知识、懂技术的人员，资本家正是具有这些经验的人，通过保留和吸收这部分人员，既能让工人阶级在工作中学习他们的技能，也能通过资方人员的技术特长促进企业生产效率的提高，为社会建设作出贡献。同时，在冷战的大环境下，意识形态严重对立，美国等资本主义国家对中国进行敌对封锁，中国在当时无法大量引进国外人才，利用本国资本家的技术和经验也在一定程度上缓解了这一部分问题。“过去苏联出美元和洋房请美国专家。现在我们不需要出美元、洋房，资本家还敲锣打鼓来向我们要求工作，给他们工作就很高兴，我们为什么不用他们？不用他们就是傻瓜，这不能说是懂政治。”[②] 鉴于此，必须“团结资本家和他们的知识分子积极参加社会主义建设”[③]。

（二）资本家能够作为“反对派”，提出正确的意见

陈云认为革命胜利后，如果没有“反对派”提出不同的意见，工作就会出问题。资本家对于业务是比较了解的，因此研究问题时要注意包括资本家一方的意见。“资本家往往可以迅速地直接地找到我们工作中的错误所在，因为我们好多工作同他们是有利害关系的。”“只听顺耳的话，是不能做好工作的。”[④] 陈云不把资本家当包袱，而是允许他们提出意见，有效地团结了大多数资产阶级，也为此后中国民主政治的发展起到了促进作用。

（三）作为对资产阶级改造的一种有效方式，陈云提出要把资本家放到实际工作中进行改造

作为民族资产阶级的资本家在社会主义改造中表现了积极的一面，交出工厂后他们没有了经济基础，工人阶级首先在人道上也应给予他们必要的安排。从历史上看，民族资产阶级不同于大资产阶级，“他们过去没有吃艾森豪威尔的饭，是吃的中国饭，而且就是吃他那个铺子里面的”[⑤]。因此，

---

① 中国社会科学院经济研究所：《中国资本主义工商业的社会主义改造》，人民出版社1978年版，第292页。

② 《陈云文选》第2卷，人民出版社1995年版，第337页。

③ 《陈云文选》第3卷，人民出版社1995年版，第37页。

④ 《陈云文选》第2卷，人民出版社1995年版，第330页。

⑤ 《陈云文选》第2卷，人民出版社1995年版，第287页。

还应继续给他们“饭吃”。再者，生产关系发生改变，资本家只有参加工作，才能养成新的劳动观点和劳动习惯，才能“把他们改造成为自食其力的劳动者”[①]。从这几点出发，陈云认为应该在公私合营后的企业里继续给资本家安排工作，并建议放手让他们做正厂长、专业公司的正经理。给资方人员“饭吃”，减少了他们对社会主义改造的抵触情绪，有利于赎买政策的贯彻执行，在企业内工作也是改造的手段，并可以充分发挥他们的才能，因此，陈云在企业中改造工商业者的观点具有重要的作用。

二、纠正安置中的偏差

在工人群众和政府工作人员中，有一部分人在资方人员的安排问题上存在着思想和政策执行中的偏差。陈云通过教育干部和群众，纠正了生产关系变革中工作方法上的错误，使资本家和资方人员能够在企业中发挥自身特长，促进社会生产力的恢复。

（一）要服从资本家管理

不少工人群众对资本家能够被安置高职务不服气，并因此不听从资本家和资方人员的业务管理。对此，陈云一方面告诫资本家要有思想准备，一方面教育工人群众要服从资本家业务的管理，在业务范围内，“工人和党员应当服从私股代表的行政领导，服从国家委托给资本家的一种行政权”；“破坏这种行政权，就是破坏工人阶级自己的利益。”[②]陈云在党的八大上进一步提出，要使用资方人员，服从资本家的业务管理，让资本家为社会主义服务，这是对工人阶级有益的。

（二）要学习资本家技术

有的工人认为资本家有技术，在工作中会受资本家刁难，对安排资本家职务产生了抵触心理。陈云认为资本家的经验技术的确比部分工人阶级强，但这只是一时的，与其害怕资本家还不如在工作中学习资本家，这样才会战胜他们。“我们不但不要怕，而且应该让资本家好好工作。公私合营企业里面的公股代表，要提高本领，不懂就要学习，否则就站不住脚。”[③]把资本家安排到企业中参加管理经营工作，可以利用和学习他们的知识，这

---

① 《陈云文选》第2卷，人民出版社1995年版，第303页。

② 《陈云年谱（修订本）》中卷，中央文献出版社2015年版，第464、465页。

③ 《陈云文选》第2卷，人民出版社1995年版，第288页。

对于企业的改造和发展都是有重要作用的。

（三）要倾听资本家的意见

政府在安置资本家和资方人员工作时，一度发生了严重的不当安排，如安排职务不根据专长、能力高的安排低职务、对中下层资方人员安排不当的问题。对此，陈云强调，由于私方人员对原企业的情况熟悉，人事安排应包括他们的意见，这样才能使安排资方人员的工作做好，纠正不良偏差。“一切公私合营企业中的业务改组和私方人事的安排，可以由相应的工商联、同业公会和私方人员先提意见。”①

（四）要重新看待资本家的身份

在给资本家安排了相应的职务后，出现了资方人员“有职无权”的现象，如有些企业不给资本家看文件、去银行取钱和去公司领料不让资方人员去。陈云认为公私合营后的资本家不同于以前，其权力只是国家普通公务人员的职权，在工作上应允许资本家和资方人员参与企业的管理工作。“公私合营企业中资方人员的有职有权，它的内容，已经不是公私合营以前的那种权力，而是国家给予他们的一种普通工程技术人员和管理人员的职权，这不是资本家的职权，而是公务人员的职权。”②

同时，在资方人员一方，由于工作方法上的疏忽，改造过急过快，党和政府虽然安排了资方人员工作，但部分资方人员由于对企业的上交不甘心，对公方代表有怨气，对新的经营管理制度了解不多，消极地对待安置后的工作。陈云在纠正这种错误时强调资方人员要有积极的工作态度，工作安排的不当，通过努力工作，职务低的将来还可以被提拔上来，督促了资方人员安心工作。不同于苏联社会主义改造时只要企业不要人的改造措施，陈云将资本家及其资方人员安排到改造后的企业中参加实际工作，并能让他们安心工作，是根据本国实际来改造剥削阶级的有效手段。这些措施稳定了资本家的情绪，使他们能够在实际工作中发挥原来的长处，掌握社会主义新的管理方法，在政治上认清本阶级的前途，接受党和国家的政策。实践证明，陈云提出的这些措施都是卓有成效的，资本主义工商业者被改造成普通劳动人民的一员，许多人后来还担任了党和国家的领导职务，为中国经济和政治建设发挥了不可或缺的作用。

---

① 《陈云文选》第2卷，人民出版社1995年版，第319页。

② 《陈云文选》第3卷，人民出版社1995年版，第3页。

三、对资本家及其家属照顾

要进行社会改革，必然会触碰利益，遇到阻力，在陈云看来，资本主义工商业的改造要想顺利进行，首先就要搞好和资本家的团结，把资方人员团结在人民民主统一战线之中，团结在工人阶级与资产阶级的政治联盟与经济联盟之中，这样才会使改造顺利进行，使他们安心生活和工作，进而发挥他们的积极作用。而要想团结资本家，就需要在政治和经济上给予资方利益，对资方人员进行照顾。

（一）资本家的增资要退还

在资本主义工商业改造的高潮中，许多资本家把家里的黄金、白银、珠宝以及企业账外的财产等贵重物资都并入企业，作为对企业合营的献礼。但除了部分是自愿捐献，其余大多是在当时环境影响下勉强捐献的。过度增资捐献引起了资本家的不安，甚至造成了生活困难。另一方面，在这些增资中，部分资本家出于利益考虑，把一些破旧不堪需要修缮的、收不到房租还要交税的房屋也当作增资上交。陈云在了解这些问题之后，从国家建设和资本家个人生活保障角度，对资本家的增资问题作出回应："政府不是希望你们再拿钱出来，而是希望你们与政府同心协力，做好工作，办好企业，建设社会主义。"[①] 但属于第二种还账性质的，陈云认为政府应该收下，以帮助解决资本家的实际生活困难问题。在陈云建议下，国家颁布了《关于停止动员资本家把账外资财投入合营企业的指示》，具体规范了资本家增资问题。

（二）妥善解决资本家和资方人员的工资调整问题

中国对于民族资产阶级的企业采取赎买政策，资本家和资方人员的经济来源则是国家规定好的定息和工资，虽然有政策的规定，但部分资本家还是担心国家答应的定息将来会取消，发的高工资将来也会减少。为了稳定这部分资本家的情绪，团结资本家，使他们能够顺利接受改造，在工资的问题上，陈云对资本家和资方人员采取了照顾的政策。陈云认为应当"网开一面"，保留资本家原来的高工资水平。在这里，陈云把工资的问题看成是涉及赎买政策贯彻执行、资本家走社会主义道路的问题。应当把保

---

① 《陈云文选》第 2 卷，人民出版社 1995 年版，第 306 页。

留资方人员的高薪水仍原薪不动，看作赎买的一部分。[①]对于公私合营后的企业，原来资方工作人员工资高的将来也不减少，工资低的根据企业运行情况逐步增加。在陈云主持下，国家出台《关于新公私合营企业工资改革若干问题的规定》，其主要原则就是资本家和资方人员的工资"高了不减少，低了的分期逐步增加"。在疾病医疗费用的报销问题上，陈云也提出对私方人员要给予帮助。所有这些政策，都照顾了私方原职人员的利益，使资本家能兴高采烈地接受社会主义改造，积极参加国家建设。

（三）资本家家属要教育、照顾

在资本主义工商业社会主义改造中，面对新政策，有资本家说"我们通了，但老婆不通"。资方家属对改造政策的不支持成了改革的阻力。陈云对此很有感触，认为改造资本主义性质的企业单单依靠公方代表是不够的，要依靠资本家及资方人员，但他们的政治态度会受到家属的影响，所以对资本家家属的照顾也是一件非常重要的事，这样才能更好地说服他们接受改造。为了团结和教育资方家属，陈云建议召开全国工商业者家属和女工商业者代表会议，并在会上就资方家属关心的问题作了解答。他提到资方家属和孩子现在和将来都会得到安排和使用，有困难的还会得到照顾，并从国家建设是全国人民共同出资出力的角度梳理了党和资方人员的亲密关系，从建设社会主义才能让国家强盛、全国人民受益的基础上拉近了劳动人民和资本家及其家属的距离。"我们正在进行几千年来所没有的大规模的建设。一九五五年全国基本建设投资总额达九十三亿元，相当于私营工商业全部资本三十三亿元的将近三倍。"能有这么大的规模，全国工商业者都是出了自己一份力的，"在这个基本点上，劳动人民和工商界的利益是一致的。"[②]

四、积极改善公私共事关系

公私合营后的企业形成了新的公私共事关系，包括资方人员、公方代表和职工三方面关系。公私共事关系是关系到社会大转型后资方人员能否继续发挥作用、企业扩大再生产的关键。但出于这个关系中的资本家在一定时期内还会带有阶级缺点，"他们会把资产阶级的个人主义，例如打击别

① 参见《陈云文选》第3卷，人民出版社1995年版，第37—38页。
② 《陈云文选》第2卷，人民出版社1995年版，第307、308页。

人、抬高自己那一套带进来”[①]，因此为了解决这些问题，促进资本家和公方人员合理共事，陈云认为应通过教育来实现这一目的，把公私共事关系的发展作为一种思想教育过程，认为这“是一个对职工群众、公股代表和资方人员的教育过程，也是把资方人员改造成为劳动者的过程。”[②]

首先，要靠工人群众多接触来教育资方人员。陈云要求广大职工和干部不要有接触资方人员就会犯右倾机会主义的思想负担，要大胆地接触和使用资方人员，只有在工作中使用资方人员才能改造资方人员。同时又要采取适当的方式，对资方人员的缺点和错误提出教育和批评，帮助他们更好地进行政治思想的改造，促进他们成为社会主义的劳动者。其次，资本家也要主动学习。陈云认为随着社会主义改造的不断前进，资本主义企业原来的经营管理办法逐步退出历史舞台，资本家要主动学习，这样才能适应社会主义发展的新需要。公私合营后的企业，资本家及资方人员已经成为同工人阶级共事的新型关系，陈云为处理好这种关系，提出了正确的建议和方法，促进了公私共事关系的发展和资本主义工商业社会主义改造的顺利完成，巩固了我国人民民主统一战线，对把企业的改造和人的改造结合起来产生了有利影响。

（作者单位：山东师范大学）

① 《陈云文选》第 2 卷，人民出版社 1995 年版，第 336 页。

② 《陈云文选》第 2 卷，人民出版社 1995 年版，第 315—316 页。

陈云与新中国的水问题

王瑞芳　范刻心

高度重视农业的基础地位和粮食增产问题，是贯穿陈云经济思想的一条主线。新中国成立之初，在恢复和发展国民经济的过程中，时任中财委主任的陈云对恢复农业生产及粮食增产问题格外重视，经过探索，逐步找出一条依靠群众大办小型农田水利的粮食增产之路。也正是在探索农业与水利问题上，陈云逐步加深对水问题的认识，从农田水利到大江大河，从农业用水到工业用水，从水资源开发到水资源利用与保护。直到晚年，他仍然重视经济发展与水资源的利用问题，并且多次强调要从战略高度来认识水的问题的严重性，对水资源的可持续发展作出了重要贡献。

一、心系农业：陈云与农田水利建设

在新中国成立之初恢复农业生产过程中，陈云开始了对中国农业与水利问题的初步探索。在如何恢复农业生产并促进粮食增产问题上，他认为增产的办法很多，应该“在生产上帮助他们增加产量，搞好水利，找好的种子，减少畜瘟，使他们减少损失。”[①] 尽管这里提出了多种增产的办法，但他经过比较后认为，恢复农业生产主要靠两种办法：一种是在新解放区完成土改，鼓励农民生产积极性；另一种是防止水旱灾害。[②] 这就是说，土改与水利并重，是陈云在国民经济恢复时期发展农业生产的基本观点。

陈云强调了兴修水利的重要性，将其作为农业恢复的重要办法。他指出：“农业的恢复，目前最重要的关键，除完成全国土地改革外，即在于水利。只要几条主要河流能避免水灾，并起一定的灌溉作用，加上若干农业

① 《陈云文集》第 2 卷，中央文献出版社 2005 年版，第 28 页。

② 参见《陈云文选》第 2 卷，人民出版社 1995 年版，第 140—141 页。

技术改良，农业的面貌就可以大大地改观。”[①] 他认为，1950 年农业丰收，与国家兴修大规模的水利工程密切相关：“今年的水利工程和各地人民政府领导人民积极防灾，使几千万亩可能被灾的农田得到了丰收。今年全国丰收，农业增产。”[②]

1951 年 5 月 16 日，他在党的第一次全国宣传工作会议上指出：水利建设是治本的工作，是百年大计。像中国这样的大国，每年都可能有水灾，每年的预算里都要列上救灾经费。从长远看，要以蓄为主，蓄泄兼顾。要修水库，筑塘堰，山区更要种树种草、保持水土，华北、西北地区还要多打水井。[③] 同年 7 月 3 日，他在《解决粮食问题的几条道路》中认为，农业增产的办法有多种多样，其中最重要的是设法防止水、旱、病、虫等灾害，力求农业生产得到相当的保障。具体而言就是：“首先考虑是否可以在几年内做到全国水灾面积至多不超过二千万亩，其次是注意兴修农田水利，扩大灌溉面积。”[④]

也正是在支持水利建设的工程中，陈云反复比较了多种发展农业生产的措施，开始将农田水利建设摆在比较重要的地位。如果说土改运动是通过调整生产关系、重新配置生产资料诸元素来调动农民积极性，以此达到恢复和发展农业生产的话，那么水利建设则是改变自然环境，提高农业生产力，为农业生产提供必要的生产保障。陈云提出的土改与水利并重的发展农业之路，确实抓住了中国农业发展的要害，成为新中国成立初期恢复农业生产的重要政治和经济保障。

在农业合作化过程中，陈云曾经强调农业合作化是农业增产的捷径，但并没有放弃兴修水利以增产的基本思路，只是觉得兴修水利投资大、见效慢。若从长远规划上看，合作化之后若要使农业发展上一个新台阶，必须靠农田水利事业。这种认识，陈云在制定《全国农业发展纲要》（以下简称《四十条》）时便开始酝酿。

1956 年 1 月，他在《粮食增产是可能实现的》讲话中说：《四十条》的要点是第六条，即在 12 年内粮食每亩平均年产量按不同的地区，从 150 斤

---

① 《陈云文集》第 2 卷，中央文献出版社 2005 年版，第 175—176 页。

② 《陈云文集》第 2 卷，中央文献出版社 2005 年版，第 176 页。

③ 参见《陈云文选》第 2 卷，人民出版社 1995 年版，第 141 页。

④ 《陈云文集》第 2 卷，中央文献出版社 2005 年版，第 295 页。

提高到400斤，从208斤提高到500斤，从400斤提高到800斤。[1] 这样的农业增产目标有没有完成的可能呢？他认为是可以完成的。他分析道："有了水就可以有肥料，有了水就可以多种庄稼，多种庄稼以后就可以多收粮食，多收粮食就可以喂猪，喂猪以后可以肥田，肥田以后可以增产，吃肉以后可以少吃粮食。所以说，水的问题解决了，肥料问题基本上也就解决了。南方的问题总起来看是什么？是水、肥料和人力。养猪要有人，搞水要有人。水和肥料比较起来，水是决定肥料的。"[2] 他还指出，北方农业增产的办法有两个：一是水浇地，二是多种高产作物。"以上这两个办法主要的还是水。高产作物需要的是水，因为旱地高产，变成水田以后更高产。"[3] 这样，兴修水利便成为农业合作化之后农业生产的关键所在。

1957年9月，陈云在第四次农村工作会议上作《探索农业增产的有效途径》的讲话，进一步将依靠水利和化肥促进农业生产的观点系统化，集中阐述了中国农业增产出路问题。陈云首先阐述了自己探索农业增产的认识发展历程，说明自己思想转变的情况："从我个人来说，认识上经过了这样一个过程，即养猪积肥——水利——开荒——合作化。现在已经合作化了，……就是一切条件不变，光靠合作化增产的速度也不会很快。这样，回过头来看一看，增产粮食的途径主要是两条，一条是化学，一条是水利。化学是两个方面，一个是肥田粉，一个是化学纤维，也就是尼龙。另一条是水，一个是排涝，另一个主要是小型灌溉，把旱地变成水地。"[4] 这是陈云关于中国农业增产问题的总观点，说明他在合作化后将农业增产的出路转向了水利和化肥。正因如此，他特别强调："农田水利在我国农业的增产上占有很重要的位置，如果要排队的话，我看不是第一就是第二，绝不会排在第三位。水利、肥料这两个东西是最重要的东西。"[5]

水利是农业的命脉，是粮食增产最可靠的保证，这是没有问题的。但问题是如何搞水利？陈云对此作了探索。他此时谈到的"水利"，主要是指地方兴办的小型农田水利工程，而不仅仅是国家投资的大型水利工程。他指出，解决水的问题，就要兴修水利工程。小型的水利工程和小型的引水

---

① 参见《陈云文集》第3卷，中央文献出版社2005年版，第1页。
② 《陈云文集》第3卷，中央文献出版社2005年版，第5—6页。
③ 《陈云文集》第3卷，中央文献出版社2005年版，第6页。
④ 《陈云文集》第3卷，中央文献出版社2005年版，第206页。
⑤ 《陈云文集》第3卷，中央文献出版社2005年版，第201页。

工程，农民是可以搞的；大型的像黄河、永定河、官厅水库这样的工程，需要大量人力和财力，需要国家大量投资。他认为，在这两种水利工程中，因为这种小型水利工程可以发动群众去做，并不靠政府投资，完全可以靠农民自己解决，所以是“又快又省”的办法。他分析道：“打井也好，挖沟也好，靠什么呢？不是靠政府，主要是靠老百姓。”[①] 由此可见，在国家投资规模有限的情况下，发动人民群众大搞小型农田水利工程，无疑是中国水利事业发展的正确方向。

二、聚焦黄河：陈云与三门峡水库

1957 年 9 月，陈云在第四次全国农村工作会议上作《探索农业增产的有效途径》的讲话中曾指出：“水利部的屁股过去坐在大江大河上，现在应该坐在两个方面：一个叫农田水利，一个叫大江大河，一半一半，人力也好，注意力也好，力量使用也好，要有这样的转变。”[②] 虽然当时陈云意在强调要重视农田水利建设，但在他的心中，江河治理与农田水利是并重的。1951 年初，黄河水利委员会提出治理黄河石头庄溢洪堰工程，陈云在批准该工程项目后，明确表达了对治理黄河决策的支持：就这样定了。之后，中共中央在规划“一五”计划时决定兴建三门峡水库，陈云对这项工程更是十分关注。

然而，在三门峡水库的上马及建设规划问题上，党内外存在很大争论。1956 年，苏联专家完成了三门峡工程初步设计：水库正常高水位（大沽标高）360 米，库容 647 亿立方米，但淹没损失比《黄河综合利用规划技术经济报告》的 225 万亩增到 350 万亩，移民量由 58.4 万人增到 89.0 万人。这个规划方案中，三门峡水库回水到陕西临潼，淹没范围尽是关中沃野，除了陕西省反应强烈之外，清华大学教授黄万里及电力工业部青年技术员温善章表示坚决反对。黄万里在反对上马未果的情况下，强烈要求保留所有导流底孔洞勿堵住，以便他日排沙；温善章则于 1956 年 12 月及 1957 年 3 月两次上书水利部及国务院，反对三门峡枢纽高水位“蓄洪拦沙”，认为应以“拦洪排沙”为主，正常高水位 335 米已足，这样以防洪为主，兼顾发电、灌溉和航运，淹地 50 万亩以下，移民只 10 万到 15 万人，工程造价

---

① 《陈云文集》第 3 卷，中央文献出版社 2005 年版，第 8 页。
② 《陈云文集》第 3 卷，中央文献出版社 2005 年版，第 218—219 页。

4.5 亿元。[①] 但就当时国内外水利科技发展水平看，不论是中国专家还是苏联专家，不论是工程技术人员还是政府主管领导，对于黄河所挟带泥沙这个特点，认识还远远不够，故黄万里和温善章的意见未受到应有重视。

1957 年 2 月 5 日，农村工作部部长的邓子恢给毛泽东并中共中央的报告中肯定三门峡水库的重大效用，建议不要停止兴建。次日，毛泽东就此报告批示邓小平："请陈云同志的五人小组处理。"[②]3 月 7 日，陈云为中央经济工作五人小组起草了给毛泽东并中共中央的书面处理意见，主张统筹考虑全国的水利建设工程。他们向中央建议：在尚未确定全国水利工程全盘规划和进度前，五人小组同意国家经委和国家计委所提出的 1957 年对三门峡水库工程暂时"勒马"的办法，先投资 5000 万元开工，摊子不要铺得太大。原定 1961 年竣工是不可能的，规模也可能要有些改变。[③] 尽管他们在三门峡水库上马问题上持赞同态度，但还是尽量考虑到了三门峡水库上马后可能会出现的各种问题，并提请国务院有关部门研究"三门峡水库及与其相关联的各项工程建设相互衔接的进度和投资、用材、用人的方案"[④]。五人小组的报告得到毛泽东及中共中央的批准。4 月 13 日，三门峡水库工程正式开工建设。

三门峡水库尽管开工了，但争论仍在继续，中共中央对此给予高度重视。1957 年 6 月，周恩来针对工程设计水位和运用方式的争论，指示水利部请各方面专家召开了讨论会，参加这次会议的所有专家学者，除了温善章提出改修低坝及黄万里从根本上否定苏联专家的规划之外，与会者面对中苏专家已完成的厚达半米的设计书和资料，一致赞同三门峡大坝上马，温善章的意见没有被采纳。

陈云当时对三门峡水库工程仓促上马是有怀疑的。他和黄克诚都对当时积极主张上马的李锐表示过这种怀疑。工程开工后，陈云给予密切关注。他敏锐地意识到，三门峡水库工程由于讨论不充分，对修筑大坝后导致的淹地、泥沙等问题考虑不周，将会产生不少严重问题，必须予以正视，并将其作为水利问题决策上的教训加以吸取。1957 年 9 月 11 日，陈云在第四

① 潘家铮：《千秋功罪话水坝》，清华大学出版社 2000 年版，第 120 页；赵之蔺：《三门峡工程决策的探索历程》，《黄河史志资料》1989 年第 4 期。

② 《建国以来毛泽东文稿》第 6 册，中央文献出版社 1992 年版，第 300 页。

③ 《陈云年谱（修订本）》中卷，中央文献出版社 2015 年版，第 527 页。

④ 《陈云传》（下），中央文献出版社 2005 年版，第 1098—1099 页。

次全国农村工作会议上的讲话中，提到三门峡工程搞得过快。[①] 之后在 9 月 24 日的中国共产党第八届中央委员会第三次全体会议上，他再次分析道："建设三门峡水库，是全国人民代表大会通过的。像这样的问题，最好是人大通过议案以前，在报纸上公布，征求人民意见，大家讨论。现在社会上有议论，党内也有不同意见，说水库要淹那么多的地，水坝的泥沙淤积起来很快，二十年或者多少年以后就淤满了。有的人主张水坝搞高的，有的人主张搞低的；有的人说淤积不会发展，有的人说要发展，议论纷纷。现在要回过头来重新研究，说明当时不应急于定案。我认为农业上的大问题，许多工作上的大问题，可以在全国展开讨论，这样做只有好处，没有坏处。对中国农业如何发展，不仅共产党内有意见，社会上很多人也有意见。一切好的意见，我们都应该吸收过来。" [②]

但既已作出了三门峡水库上马的决策，就要正视现实，采取措施弥补工程建设中出现的问题。1957 年 10 月 31 日，陈云出席中共中央政治局会议。会议基本通过《黄河流域规划委员会关于三门峡技术设计问题的报告》等文件，力图对已经存在的三门峡工程建设中的问题加以纠正。1960 年 10 月 24 日，陈云在三门峡冒雨视察水库大坝建设工地。他在听取三门峡市和黄河三门峡工程局负责人汇报时指出：三门峡大坝是涉及子孙万代的大事，"一定要严把质量关，把工程建设好，保证万无一失。" [③]

三门峡水库建设的决策失误，在陈云的心中留下了很深的伤痕，但他从不推诿自己在该项目上马时的责任问题。1979 年 3 月 21 日，陈云出席中共中央政治局会议时说："不要把我说得这么好，也有很多反面教训。一百五十六项中，三门峡工程是我经过手的，就不能说是成功的，是一次失败的教训。" [④] 经历这次教训后，他反复强调在重大工程建设中要科学决策，提倡把种种不同意见收集起来。这一点在后来的南水北调工程中有明显的体现。

三、慎之又慎：陈云与南水北调

南水北调工程是关系国计民生的大计，在陈云看来，"南水北调工程是

① 参见《陈云文集》第 3 卷，中央文献出版社 2005 年版，第 215 页。
② 《陈云文选》第 3 卷，人民出版社 1995 年版，第 85 页。
③ 《陈云年谱（修订本）》下卷，中央文献出版社 2015 年版，第 51 页。
④ 《陈云文选》第 3 卷，人民出版社 1995 年版，第 254—255 页。

造福子孙后代的大工程，如果能够全面实施，使我国北方一部分干旱地区的农作物得到灌溉，粮食和农作物产量将会有较大增产，人民的生活将会有可观的改善。”①因此，陈云对南水北调问题极为重视，多次参与南水北调问题的讨论。

陈云清醒地认识到中国水资源分配不均的现状，“像中国这样的大国，每年都可能有水灾，每年的预算里都要列上救灾经费。但全国水量平均起来并不多，从长远看，要以蓄为主，蓄泄兼顾。”②“南方许多地方一年的降雨量，一般都在一千毫米到二千毫米以上。从全年的雨量来说，不是缺水而是有点多，但是水多的时候太多，少的时候又不够，分布不平均。解决的办法是，基本上靠老百姓的人力，拦山上的水、引河里的水灌溉”，而“北方缺水，不仅降雨量比南方小得多，而且降雨时间上又都集中在夏季。晋冀鲁豫这四个省一年的平均降雨量不过五百五十毫米到六百毫米，我们一年只能够找到额外的二百毫米水，那末，我们就能够保证丰收，可以保证超过四百斤而有余。”③那么，在水资源分配不均的情况下，如何更好地发展农业以解决粮食问题就成为陈云所关心的问题。

而这一问题到了20世纪60年代渐渐有了答案。这一时期陈云的健康状况并不太好，尤其在从1959年3月到1960年7月这一年多时间，陈云一直在疗养中。尽管如此，他对粮食问题仍十分关切。7月初，陈云结束疗养回到北京，他思考的第一个问题就是如何增产粮食。7月上旬至9月上旬，陈云在北戴河参加中央工作会议，之后就到河北、山东、河南、安徽、江苏、上海、浙江等地进行了为期三个月的考察。10月份在河南，陈云就农业问题同中共河南省委负责人谈话，指出：“解决中国的农业问题，水是很重要的。一取天然之水，二取地下之水，三取外来之水。”④但他看出单靠这三条还不能从根本上解决北方地区缺水的问题，因此提出：“特别是冀、鲁、豫三省，要从南方引水过来。”⑤11月20日到12月6日，陈云在浙江考察期间听取中共浙江省委负责人关于浙江农业生产、灾情和农民生活安排等问题的汇报时，指出：“现在到了工业拿出一些力量来支援农业的时候了。

① 《陈云传》(下)，中央文献出版社2005年版，第1438页。
② 《陈云年谱（修订本）》中卷，中央文献出版社2015年版，第148页。
③ 《陈云传》(上)，中央文献出版社2005年版，第951—952、952页。
④ 《陈云年谱（修订本）》下卷，中央文献出版社2015年版，第50页。
⑤ 《陈云传》(下)，中央文献出版社2005年版，第1219页。

我国冀、鲁、豫、苏北、皖北等地的灾害主要是旱灾。如果把水搞成像电网那样能在很大的区域里调度，实现南水北调，就要搞许多扬水站。”①1961年1月18日，陈云在党的八届九中全会上的讲话中系统阐明了他对南水北调问题的看法：“在北方，历史上黄河的大水害已经过去，现在的问题是这个地方水不够。水无非来自三个地方：一个是地上之水，一个是地下之水，一个是外来之水。现在，要把地上之水留下来，地下之水逐步打出来，还要想方设法搞外来之水。外来之水，山东大概需要五百万立方。黄河跟长江南水北调的五个口，将来最有希望的是昭阳湖和丹江口。还有一个计划，是从四川横开一条水渠引过来，大概有二千万立方的水，但是那要搞很久很久。从丹江口可以调到七八十亿立方的水，用来灌溉河南南部一带。长江的水是取之不尽的，如果那里用三十八万千瓦的发电机抽水，可以搞到二百五十亿立方的水。这样，如果每亩地灌溉需要二百五十立方水，就可以灌溉一亿亩。即使除去蒸发和渗掉的水，至少还可以灌溉五千万亩。在苏北、山东这些地方，能够灌溉几千万亩地，这是一件大事。”② 可以说，此时陈云关于南水北调的设想已逐渐成熟。

正是因为南水北调是解决北方缺水、增产粮食的有效途径，因此，在南水北调工程启动后，陈云给予极大关注。20世纪60年代，江苏省开始修建江都抽水站，率先在东线实施了部分南水北调。陈云对此一直十分关注，1975年6月至8月在江苏、上海、山东、黑龙江等地视察期间，他特意赴扬州，考察江都抽水站，详细了解它的抽水量、抽水速度、农作物灌溉效果、设备维修等情况，肯定南水北调工程是造福子孙后代的大工程。③ 此后，他又多次强调搞好农业应采取南水北调等必要措施。1978年2月19日，陈云在党的十一届二中全会东北组的发言中指出：“要把农业搞好，除开展学大寨运动外，还应采取一些必要措施，如南水北调，建设商品粮基地，增加农业投资等等。”④

虽然陈云对南水北调工程给予极大的热心，但他对工程的上马还是采取慎之又慎的态度。一方面基于当时的国力，陈云清醒地指出：“这是一个

① 《陈云年谱（修订本）》下卷，中央文献出版社2015年版，第56页。
② 《陈云文集》第3卷，中央文献出版社2005年版，第314—315页。
③ 参见《陈云传》（下），中央文献出版社2005年版，第1438页。
④ 《陈云年谱（修订本）》下卷，中央文献出版社2015年版，第243页。

大工程，要有长期规划。由于我国目前财力有限，工程只能分段进行。”①另一方面，鉴于之前三门峡水利工程的教训，陈云虽对南水北调工程投以极大的积极性，但却很慎重。他提倡把种种不同意见收集起来，认真加以研究，以使这项工程在规划设计上避免各种片面性。1978年，五届全国人大一次会议通过的《政府工作报告》正式提出：“兴建把长江水引到黄河以北的南水北调工程”。9月，陈云得知南水北调工程规划已经确定下来后，就给水利电力部部长钱正英写了一封信，指出：“为了接受过去在三门峡工程中的教训，避免可能出现的弊病，我认为还应该专门召开几次有不同意见人的座谈会，让他们畅所欲言，充分发表意见。”“倾听一切对立面的意见，我认为这是全面看问题的主要方法。”因此，1979年6月5日中国科协党组向陈云并中共中央报告了有些科学家对南水北调工程规划有不同意见后，陈云高度重视，于6月17日批送李先念、姚依林、王任重、钱正英阅读，请姚依林印发国务院财经委员会各成员，并写了一段批语：“我曾是热心于南水北调的，但必须按实际情况办事，因为这件事有关大局。我的意见由农委或水利部专门召集反对这一规划的科学家开几次会议。当然赞成原规划的同志也可参加几人，让反对的意见充分发表，并且结合他们所主张的意见（如地下水库等等）创造研究的条件。我们应该使南水北调这件事在进行之前，做到确有把握才好。是否这样做，请考虑。”②

四、战略关怀：陈云与水资源问题

基于对农业发展的关切，陈云对水问题的思考从未停止。值得注意的是，陈云晚年仍然重视经济发展与水资源的利用问题，并且对水问题的认识有所深化。他多次强调要从战略高度来认识水问题的严重性。

陈云首要关注的就是水资源的节约问题。1979年6月17日，陈云在写给李先念、姚依林的信中，把全国各地水资源情况作为经济建设必须尽早注意的两个问题中的头一个问题提了出来。他指出：“农业要用水，工业要用水，人民生活要用水。有些地区水资源已很紧张，如天津、北京等地。今后工厂的设立必须注意到用水量。有些工厂因为矿藏关系只能在当地开

---

① 《陈云年谱（修订本）》下卷，中央文献出版社2015年版，第218页。

② 《陈云传》（下），中央文献出版社2005年版，第1564页。

办，有些工厂可以而且应该在有水的地方办。即使有水资源的工厂，也应该有节约用水的办法。”[①]其实，陈云对中国人均水资源不足这一国情早有认识，早在1951年4月4日，陈云在中国共产党第一次全国组织工作会议上发表关于1951年财经工作要点的讲话中就提及：“据专家估计，中国的水量还不够用。我们要建设，在这方面也要有充分的准备。”[②]时隔30年后，陈云在1981年9月2日召开的中共中央政治局会议上的讲话中再次强调，对于水的问题必须考虑长期的计划。“南方雨水多，北方雨水少。水资源短缺，在我国北方是个大问题。……南方水资源丰富，应该考虑怎么利用水，搞水电。总之，水资源的问题已经提到我们的议事日程上来了。”[③]

而水污染问题则是陈云关注的另一个重点。伴随着工业经济的发展，污染问题越来越引起陈云的注意，1975年7月19日，陈云赴高邮视察真武地区58号和61号石油钻井时，就指出：“要注意环境污染问题，在生产设计的同时就要做好防止污染的设计，不要等到事后再解决。”[④]1979年，陈云在写给李先念、姚依林的信中，也提出必须尽早注意工业污染问题。“现已办了的工厂，哪些还未处理污染问题的，我们应该心中有数，逐步加以改变。今后办厂必须把处理污染问题放在设计的首要位置，真正做到防害于先，这是重大问题。”[⑤]我国水量本就不丰富，如果再受到污染，那么水资源的形势将更加严峻，对此，陈云十分忧心。1981年9月2日，中共中央召开政治局会议。在会上，陈云提出，像水的问题、解决城市中污染的问题等这些涉及经济发展的战略性问题，“必须考虑长期的计划”。他还强调：开人代会的时候，上海有一位同志讲，要根治苏州河。苏州河的污染，那是帝国主义侵略的时候留下来的，我当学徒的时候看见的就是黑黑的水。现在，马上就要改变过来，可不容易。这件事情要摆到我们日程上面，逐步解决。[⑥]1986年5月18日，陈云视察上海宝山钢铁总厂，在对宝钢一期工程建设取得的成绩表示满意的同时，指出：“随着工业进一步的发展，尤其是乡镇企业的发展，要注意保护环境，一定不要使黄浦江水系受到

---

① 《陈云文选》第3卷，人民出版社1995年版，第263页。

② 《建国以来重要文献选编》第2册，中央文献出版社2011年版，第180页。

③ 《陈云文集》第3卷，中央文献出版社2005年版，第491页。

④ 《陈云年谱（修订本）》下卷，中央文献出版社2015年版，第218页。

⑤ 《陈云文选》第3卷，人民出版社1995年版，第263页。

⑥ 《陈云文集》第3卷，中央文献出版社2005年版，第491页。

污染。”[①]

正是因为陈云对水问题的深切关怀，及其求真务实的工作作风，当他意识到水问题的严峻性和重要性时，就提出要把水资源问题列入国家发展的长远规划。1990 年 6 月，清华大学教授、水利专家张光斗与中国科学院水资源研究所所长陈志恺，就我国水资源问题进行了认真研究之后，向中共中央提交了一份《我国水资源问题及其解决途径》的报告。陈云将这个报告批转给江泽民、李鹏、宋健传阅，并在批语中指出：“水的问题始终是一个大问题。要从战略高度来认识水的问题的严重性。各级领导部门，尤其是经济、科技领导部门，应该把计划用水、节约用水、治理污水和开发新水源放在不次于粮食、能源的重要位置上，并列入长远规划、五年计划和年度计划加以实施，以逐步扭转目前水资源危机的严重状况。”[②]江泽民看完陈云的批语和送来的材料后，批示时任国务委员兼国家计委主任邹家华：“在考虑‘八五’计划时得认真研究一下水的问题。人无远虑，必有近忧。是应该未雨绸缪。”根据这些意见，国家计委制定十年规划和“八五”计划时，将水资源问题放在很重要的位置，提出了相应的解决方案。[③]

陈云十分关注水的问题，新中国成立之初农业生产亟待恢复，陈云开始了对中国农业与水利问题进行初步探索。在恢复农业生产和合作化的过程中，陈云探索一条依靠群众大办小型农田水利的粮食增产之路。对于江河治理，陈云采取积极而又慎重的态度，虽有曲折但敢于承担责任，并吸取其中的教训。到了晚年，他仍然重视经济发展与水资源的利用问题，并且多次强调要从战略高度来认识水的问题的严重性，对水资源的可持续发展作出重要贡献。

（作者单位：中国社会科学院当代中国研究所、河南大学）

---

① 《陈云年谱（修订本）》下卷，中央文献出版社 2015 年版，第 445 页。

② 《陈云文选》第 3 卷，人民出版社 1995 年版，第 375 页。

③ 《陈云传》（下），中央文献出版社 2005 年版，第 1818 页。

陈云与新中国海关

祝叶飞　祝业亮

陈云是新中国海关的开创者和奠基者之一。海关工作，对一个国家的政治经济活动始终产生着重大影响。陈云在长期领导我国社会主义经济建设的实践中，始终高度重视人民海关工作。

针对旧中国海关长期被帝国主义把持，沦为帝国主义侵略和为反动统治服务工具的现实，陈云和党的其他领导人一样深刻认识到，必须要尽快建立独立自主的人民海关，促进贸易良性发展，以推动新中国经济的快速恢复和发展。1949 年 3 月，毛泽东主席在党的七届二中全会的报告中指出："立即统制对外贸易，改革海关制度，这些都是我们进入大城市的时候所必须首先采取的步骤。"①

1949 年 5 月，陈云奉调到北平参加筹组并主持中央财政经济委员会工作后，面对解放战争形势的迅猛发展和新中国即将成立的实际情况，一直在思考谋划建设新中国人民海关。1949 年 7 月中央财政经济委员会一成立，就在中央财政经济委员会下成立中央海关总署，具体负责筹建人民海关工作。9 月 22 日，他同薄一波一起就建立新中国海关、召开海关工作座谈会一事向中共中央提交报告。报告说："我们对海关工作的知识很少，甚至没有。为了解情况，交换经验，商谈今后人民海关工作，准备建立新的中央海关机构，我们约请全国主要海关及旧海关总署负责人来北平开座谈会，借以互相学习，认识干部，建立联系。"② 这也反映了陈云长期以来坚持实事求是、求真务实的作风。习近平总书记在纪念陈云同志诞辰 110 周年座谈会上说："依靠调查研究作决策，是陈云同志坚持实事求是的思想方法和工作方法。每逢重大决策之前，陈云同志总要做大量调查研究，听取多方面

---

① 《毛泽东选集》第 4 卷，人民出版社 1991 年版，第 1434 页。

② 《陈云年谱（修订本）》上卷，中央文献出版社 2015 年版，第 747—748 页。

意见。”[①] 这为下一步积极稳妥推进新中国人民海关建设奠定了良好的前提。报告同时还就新中国海关成立的四大问题向中共中央作了汇报：“海关工作的任务和业务范围；机构及领导系统；新海关总署的任务和组织条例；若干海关行政与业务问题，如验征税则、稽查缉私、海港管理、统计工作及人事制度等。”[②] 这些问题都是涉及建立新中国人民海关的根本性和关键性问题。这些问题的提出和解决，反映了陈云对新中国人民海关建设的敏锐眼光、战略思维和高超智慧。

后经中共中央批准同意，全国海关工作人员代表座谈会于 1949 年 9 月 23 日到 10 月 16 日在北京召开，陈云出席会议并作了重要讲话。这次会议的成功召开，为 1949 年 10 月 25 日新中国人民海关的正式成立提供了思想准备和组织准备。

一、海关的大变革是带根本性的大变革

陈云认为海关的大变革就是要建设人民的新海关。而新中国人民的海关是建立在旧中国海关基础上的。旧中国海关，自鸦片战争后就长期被外国人所控制，基本上没有发挥海关对一个国家应有的作用。这是因为旧中国海关，我国关税自主权、海关行政管理权、关税收支权一直被帝国主义控制着。从全国海关总税务司到各地海关税务司，全都由帝国主义把持着。中国海关门户大开，帝国主义利用攫取的权力，大量地向我国输入商品，收买廉价原料，使我国长期沦为半殖民地。同时，旧中国反动统治者屈从于帝国主义的压力，滥行开放口岸，到处设立海关，致使旧中国海关机构繁多，关卡林立。一句话，旧中国海关是半殖民地半封建性质的。它不但不能保护和促进我国民族工业及农业的发展，反而成了帝国主义摧残中国民族经济，榨取和掠夺中国人民财富的工具。为了收回海关主权，不屈不挠的中国人民在民族民主革命斗争中都提出过“关税自主”“海关革命”的口号，也进行过收回海关主权的斗争，但始终没能达到目的。全国解放步伐的加快和新中国的成立，为新中国人民海关的创建提供了根本政治基础和前提条件。而如何建设人民的新海关便历史地摆在了全党面前。

如何建设人民的新海关？陈云在出席全国海关工作人员代表座谈会的

---

① 《人民日报》2015 年 6 月 13 日。

② 《陈云年谱（修订本）》上卷，中央文献出版社 2015 年版，第 748 页。

讲话中，对旧海关的弊端和新中国人民海关工作重要性作了透彻的分析后，指出：“过去，海关是受帝国主义国家把持的，……现在要把海关变成为人民服务的、完全自主的、有利于新民主主义国计民生的海关，这是一个带根本性的大变革。”“这些调整要同经济、政治各方面工作配合起来，要审慎稳步地前进，不能乱来。”[①] 在他的这一思想指引下，经过几个月的筹建，1949 年 10 月 25 日，受政务院直接领导和政务院财经委员会指导的中华人民共和国海关总署正式成立。新中国海关的成立，彻底结束了自鸦片战争以来中国海关主权长期受不平等条约束缚的历史，引领中国海关进入了一个崭新的时期。

此后，政务院先后审议批准了《关于关税政策和海关工作的决定》《关于设立海关原则和调整全国海关机构的指示》等文件，明确指出：“中华人民共和国设立海关的基本原则：必须一反过去反动统治为服从帝国主义大量倾销外货并廉价吸取原料的经济侵略措施，滥行开放对外贸易，到处设立海关机构的方针而严格以独立自主精神，根据国家经济情况的需要，在应开放对外贸易的地方设立海关机构。凡与这个基本原则不合的，在非开放对外贸易或为我经济情况不需开放的地方所设立的关、卡、所、哨等，不论其仅为监视走私或尚在查验征税均应根据各地具体情况有计划有步骤地予以撤销”[②]。根据这一原则，新成立的中华人民共和国海关总署把原有的 173 个海关调整为 70 个。同时实行了新的干部政策和人事制度，辞退洋员，重新任免各地海关负责人。这样就使全国海关的工作方向和组织机构都发生了根本性变革，为新中国海关沿着正确的方向前进，推动新中国国民经济恢复和发展提供了良好条件。1951 年 7 月 1 日，陈云在《人民日报》发表《中国共产党领导着国家建设——为纪念党的三十周年而作》，文章说，“一九五〇年我国的对外贸易总值超过了一九三一年九一八事变东北被占以后的任何一年，而且是七十三年来的第一次出超。一八四二年以来人民渴望的海关自主，已经完全实现。”[③]

二、新中国海关的工作重点是保护新中国经济恢复和发展

陈云认为“海关与对外贸易的关系十分密切”，“我们愿意在平等互利

① 《陈云文集》第 2 卷，中央文献出版社 2005 年版，第 8 页。
② 《中央人民政府政务院关于设立海关原则和调整全国海关机构的指示》(1950 年 12 月 14 日)。
③ 参见《陈云年谱（修订本）》中卷，中央文献出版社 2015 年版，第 163 页。

的基础上与各国政府和人民恢复和发展通商贸易”[①]。新中国成立后，以美国为首的西方国家对新中国采取政治上“孤立”“遏制”，经济上“封锁”“禁运”的政策，企图借此扼杀新生的中华人民共和国政权。面对这一现实，陈云在领导组织起草《关于关税政策和海关工作的决定》时，就明确指出，海关工作，“在恢复与发展我国人民经济中，应起重要的作用。海关税则，必需保护国家生产，必需保护国内生产品与外国商品的竞争。”同时明确提出，“海关总署负责对各种货物及货币的输入输出执行实际的监督管理，征收关税，与走私进行斗争，以此来保护我国不受资本主义国家的经济侵略。”[②]

此后，他领导海关总署等部门开始在经济领域开展反“封锁”“禁运”斗争时，进一步提出：“我们首先是与苏联和新民主主义国家进行贸易，其他国家愿意与我国通商也可以，但必须建立在平等互利的基础之上。”[③]在面对西方“封锁”“禁运”时，他又明确提出，“中国共产党人是不怕困难的”，“共产党人是在困难中成长的，他的长处是善于克服困难。”[④]在这一思想的指导下，他又领导海关总署采取更加灵活的积极政策，力争最大限度地减少西方“封锁”“禁运”对中国经济恢复和发展所造成的损失。如 1949 年 12 月 24 日，陈云同薄一波、马寅初致函海关总署，指出：“关于旧海关在国外存款处理问题，可由海关总署以债权人名义直接函告各存款银行，声明该项存款为中华人民共和国中央人民政府海关总署所有，如有损失，存款行应负完全责任。”[⑤]1950 年 1 月 4 日，陈云同薄一波就棉花进口问题致函贸易部、海关总署、纺织工业部，提出：“为解决纺织工业用棉紧缺问题，自一月一日起至三月底止，凡山海关内的公私厂商进口棉花，一律免除进口关税。”[⑥]1 月 27 日，他在出席政务院第十七次政务会议，讨论征税问题时发言说，应当“在中财委下组织一个专门委员会，制订新的海关税则。新税则要遵照的基本原则是：（一）对国内能大量生产的或者将来有发展可能的工业品及半制成品，进口税率应高于该项商品的成本与我国同样货物的成本间之差额，以保护国家民族生产。（二）对奢侈品和非必需品征更高税

---

① 《陈云文集》第 2 卷，中央文献出版社 2005 年版，第 284 页。
② 《建国以来重要文献选编》第 1 册，中央文献出版社 2011 年版，第 86 页。
③ 《陈云文集》第 2 卷，中央文献出版社 2005 年版，第 9 页。
④ 《陈云文集》第 2 卷，中央文献出版社 2005 年版，第 10 页。
⑤ 《陈云年谱（修订本）》中卷，中央文献出版社 2015 年版，第 23 页。
⑥ 《陈云年谱（修订本）》中卷，中央文献出版社 2015 年版，第 27 页。

率。（三）对国内生产很少或不能生产的设备器材、工业原料、农业机械、粮食种籽及肥料等，进口税率要低或免税。（四）凡与我国没有贸易条约或协定关系的国家，要规定比较高的税率。（五）对中央人民政府奖励的半制成品及加工原料的输出，出口税率要低或免税。”[①]

陈云在领导和建设新中国海关过程中，所制定和采取的这些政策，除了最大限度减少了因为西方“封锁”“禁运”给新中国经济带来的损失，同时也极大地支持了外交领域里的反“孤立”、反“遏制”斗争，为新中国冲破西方势力的“孤立”“遏制”“封锁”，赢得独立自主的国际地位作出了重要贡献。

三、新中国海关的组织建设

新中国成立初期，由于全国还未实现完全解放，全国各地海关主要还是分区管理，但陈云十分清楚，人民海关工作的基本方向是“海关管理要走向统一。”[②]陈云在深入分析当时海关还不能实行统一管理的原因，明确指出由于“海关对于进出口的管制也是各区不同，这就使地域性与统一性发生了矛盾。”[③]因而“海关列在要比较快地统一的日程里”[④]。

此后，随着全国大陆地区的全部解放以及新中国经济社会的发展，1950年10月31日，陈云同薄一波、李富春签发中财委复中共华南分局电，对中财委拟定的《关于沿海边防的各项工作办法之决定》提出意见：“（一）华南可根据交通部、海关总署会拟《进出口船舶 、船员、旅客、行李暂行检查通则》的规定，拟定实施细则，不必另行颁布检查办法；（二）一般不必设立联合检查站，以免组织重叠、职权不清、领导关系混淆；（三）对于各项船只之登记管理工作，应根据《中国轮船出进口管理暂行办法 》《外国轮船出进口管理暂行办法》《轮船业管理暂行办法》办理；（四）同意由公安部门及海关在大铲、三门、垃圾尾、马骝州四处进行监管；（五）同意确定汕头、深圳、广州、江门、湛江、北海、海口为对外开放港口，惟深圳并不通航，不应算为港口；（六）所有缉获之私货，可仍按华南现行办法

① 《陈云年谱（修订本）》中卷，中央文献出版社 2015 年版，第 37 页。
② 《陈云文集》第 2 卷，中央文献出版社 2005 年版，第 11 页。
③ 《陈云文集》第 2 卷，中央文献出版社 2005 年版，第 11 页。
④ 《陈云文集》第 2 卷，中央文献出版社 2005 年版，第 12 页。

处理，其提成奖励办法应依海关关章规定办理。”[①] 这表明，陈云始终坚持新中国海关的垂直统一管理的发展方向。1950 年 12 月 14 日，政务院通过的《关于设立海关原则和调整全国海关机构的指示》再次明确指出：严格以独立自主精神，根据国家经济情况的需要，在应开放对外贸易的地方设立海关机构。此后，新中国人民海关的组织建设，逐步走向规范化发展阶段。

四、新中国海关的队伍建设

为建设人民新海关，党中央派出不少解放区干部到海关工作。然而在近万人的海关工作人员中，约百分之八九十还是旧海关人员。鉴于新中国海关人员的这一特殊构成情况，陈云认为旧海关人员中虽然服务于国民党机关，但他们具有爱国思想，倾向进步，愿意接受中国共产党的领导，同时熟悉海关业务，有海关工作经验。我们不能设想在脱离广大旧海关人员的条件下，能够搞好新中国海关工作。虽然国民党反动派过去有许多恶意污蔑共产党的宣传，但是今天的胜利证明共产党的道理是对的。因此，努力团结、教育旧海关人员同心协力地共同工作，是建设新中国人民海关的一个重要条件。在此基础上，陈云提出新中国海关的队伍建设，主要是“‘合作’两个字，除了个别的、少数劣迹昭彰不除去群众不服的人之外，其余人员都要继续安排工作，不裁人，上下层都如此。”[②] 与此同时，陈云强调，“老解放区干部与新解放区干部也要合作。过去，人民解放军（从前叫红军、八路军和新四军）在山上设关卡收税，可以叫做‘山海关’，但对海关工作没有经验。老干部不能只会打仗，应该学会经济工作，客观环境需要什么，我们就做什么。”[③] 陈云同时指出，由于旧海关人员长期在为帝国主义利益服务的旧海关工作，他们之中有许多人的思想肯定会受到官僚买办思想的影响和帝国主义奴化思想的侵蚀，从而可能会沾染一些所谓“超政治”和崇洋媚外的思想。在这种情况下，如果单从制度上对旧海关实行改革，还不能实现彻底改造旧海关、建设人民新海关的根本目的。必须实行团结、教育、改造的方针，对旧海关人员进行教育，帮助他们改造思想，才能圆满地争取他们成为为人民服务的有用人才。要相信“海关干部大多

---

① 《陈云年谱（修订本）》中卷，中央文献出版社 2015 年版，第 100 页。

② 《陈云文集》第 2 卷，中央文献出版社 2005 年版，第 12 页。

③ 《陈云文集》第 2 卷，中央文献出版社 2005 年版，第 12 页。

数是旧人员，将来他们有许多人会变成共产党员。”[①] 据此精神，一方面吸收新血液，一方面改造旧人员，也成为海关总署 1951 年的一项重要任务。

此外，陈云还指出，“过去海关待遇很高，跟邮政、铁路的待遇差不多，社会上一般人都很羡慕。现在要政府特别照顾海关是困难的，海关工作人员应该体谅这一点。”“为了国家，为了人民，为了子孙后代，我们应该准备度过这个困难时期。今天特别指出这一点，就是因为过去海关待遇太高，道理讲通，大家就可以理解了。”[②] 陈云的指示，切实针对广大旧海关人员的思想状况，有效地帮助他们提高了认识，使他们逐步树立为人民服务的思想和廉洁朴素的作风。在国民经济恢复相对较好的情况下，陈云又根据实际，指出可以相应提升海关的待遇。这一点在 1950 年 9 月 19 日，他在主持中财委第三十四次委务会议讨论海关总署关于全国关务会议的总结报告及海关总署、铁道部等部门提出的提高技术人员工资待遇的意见的讲话中得到印证。他在讲话中指出，“在特别需要技术人员的地区和部门中，可以适当提高他们的工资待遇。由于工资问题使我们在调动技术人员方面发生困难而造成的损失比工资需提高的部分要大得多。”[③] 同时，陈云还对新中国海关队伍建设中的外国雇员问题作了明确论述，强调“至于外国雇员问题，只要我们政府需要，他们也愿意遵守法令政策，忠于职守，我们并不排斥他们。”[④] 这也为新中国海关使用外国雇员指明了方向。

五、新中国海关的法制建设

海关总署成立后，陈云就注意到了新中国海关工作的法规制度建设问题。1949 年 11 月 23 日，陈云致电海关总署，指出：“在中央尚未制订全国统一的关税税则、税率以前，原有各地财委及贸易部所订之进口免税与特许免税办法仍继续有效。”[⑤] 他积极地支持海关总署在总结几个月来工作经验的基础上，首先制订海关法和海关税则，并对这两个基本法规应该包含的内容等问题提出了意见，使海关法的起草工作得以顺利进行。1951 年 3 月

① 《陈云文集》第 2 卷，中央文献出版社 2005 年版，第 12—13 页。
② 《陈云文集》第 2 卷，中央文献出版社 2005 年版，第 13 页。
③ 《陈云年谱（修订本）》中卷，中央文献出版社 2015 年版，第 91 页。
④ 《陈云文集》第 2 卷，中央文献出版社 2005 年版，第 14 页。
⑤ 《陈云年谱（修订本）》中卷，中央文献出版社 2015 年版，第 15 页。

10日，他亲自审阅《中华人民共和国海关法（草案）》，并提出具体意见。[①]此后，1951年3月23日，周恩来主持政务院第七十七次政务会议讨论了《中华人民共和国海关法（草案）》，会议决定将草案名称改为《中华人民共和国暂行海关法》。同年4月18日，周恩来发布命令，公布《中华人民共和国暂行海关法》，并定于5月1日起实行。这是最早颁布的政府部门暂行法令之一。

《中华人民共和国暂行海关法》是中国历史上第一部海关基本大法。它明确系统地规定了新中国海关的组织、任务、职权和统一的工作原则、方法；同时规定了对外贸易、对外交往的政府机关、交通运输部门、社会团体和私人对于遵守海关规章制度的责任，以及海关和它们之间的相互关系等。紧接着，在陈云的亲自关心和支持下，1951年5月中旬政务院公布实施了《中华人民共和国海关进出口税则暂行实施条例》，又相继制定和实施了三十余种有关业务法规，使新中国海关的法制建设逐渐趋于健全，从法制方面保证了新中国海关沿着正确的方向不断向前发展。

溯往鉴今，党的十九大作出了关于深化机构改革的伟大决策部署。中共中央印发的《深化党和国家机构改革方案》明确“将国家质量监督检验检疫总局的出入境检验检疫管理职责和队伍划入海关总署。”改革后的中国特色社会主义新海关，职能更广，责任更大，使命更光荣。今天我们学习研究陈云与新中国海关，就是要学习陈云超前的世界眼光，积极稳妥推进人民海关建设与发展的战略思维，吸取他推进新中国海关建立与发展的经验和智慧，把中国特色社会主义新海关伟大事业推向前进。

（作者单位：上海海关学院、上海师范大学）

① 《陈云年谱（修订本）》中卷，中央文献出版社2015年版，第128页。

陈云三次成功预判货币走势

姜长青

陈云长期是中国共产党财经工作方面的主要领导人。在革命和建设等历史时期，他运用马克思主义的基本方法，三次成功预测交易对手的货币走势，并采取相应的对策，避免了损失，为中国革命和建设积累了宝贵的财富。

一、抗战后期成功预测法币走势

1935 年 11 月 4 日，国民党政府规定以中央银行、中国银行、交通银行三家银行（后增加中国农民银行）发行的钞票为法币，禁止白银流通，发行国家信用法定货币，取代银本位的银元。法币在发行之初曾经币值稳定。1936 年法币和美元实现挂钩，100 法币等于 30 美元。至 1937 年 6 月底止，四行计发行法币总额为 14.5 亿元。发行量与货币需求量基本相适应，法币币值比较坚挺。

（一）陈云判断法币将不断贬值

1937 年 7 月 7 日抗日战争全面爆发以后，由于战时生产遭到很大破坏，为了筹集战争经费，国民政府只能用增加货币发行量来弥补财政赤字，致使法币发行量年年增加。到 1942 年 6 月底，发行货币增加到 249 亿元；到 1945 年 8 月抗战胜利，法币发行额已达 5569 亿元，比战前增加 395 倍。

由于法币的超额发行，导致其购买力贬值速度惊人。100 法币 1937 年可买 1 头耕牛，但到了 1948 年 5 月，50 万法币才能买到 12.08 两大米。到 1948 年 8 月，1200 万法币兑 1 美元，食米 1 斗 2000 万法币，香烟 1 盒 20 万法币。这 50 万法币，到了 8 月份只能买到 0.025 斗米，或者 2.5 盒香烟。

陕甘宁边区政府为了在被封锁的环境下生存、发展，发行了边区货币。边币发行初期，特别是光华券辅币发行时期，边币、法币的比价基本固定在 1∶1，物价基本稳定，与国统区物价相应变化。1941 年 2 月，边区银行币主币发行，边币、法币的比价和边区的物价就逐步发生变化。5 月，边区第一次出现金融大波动，陕甘宁边区物价指数甚至一度超过重庆，造成边币、法币比价下跌，达到 2∶1。从 1941 年 2 月到 1944 年 6 月，在不到三年半的时间里，边币就增发 787 倍，延安物价同期上升 817 倍。①边币与法币比价由 1941 年 2 月的 1∶1 跌至 1944 年 2 月的 11∶1，结果造成边区物价飞涨，法币大量外流，边币迅速贬值。

为了稳定发展边区经济，1944 年 3 月根据毛泽东的提议，中央政治局决定陈云担任西北财经办事处的副主任兼政治部主任。从这时起，直至 1945 年 9 月，陈云都在负责西北财经办事处的工作。陈云所面临的一个重要问题就是妥善处理边币与法币的关系问题。陈云从陕甘宁边区所处的具体实际出发来分析法币与边币的关系问题，他认为，陕甘宁边区贸易所处的状态，一是军事封锁；二是入超；三是两个边区（陕甘宁和晋西北）；四是中央所在地。这些特点决定了边区金融工作的内容，也决定了法币与边币复杂的关系。

对于国民党的法币，陈云判断其将不断贬值。1944 年 12 月陈云在中共中央西北局高级干部会议上的报告指出："国民党的法币基本上是下降的，但是在一定时期可能会稳定。中秋节到现在，西安的物价一般是稳的，今后是不是会稳？因为大势所趋，还是要下跌的。"②

具体到边币与法币关系，陈云认为，"边币和法币密切联系，边币又是独立的货币，法强边弱这种关系正在改变中，他们的强在减少，我们的弱也在减少；他们的弱在增加，我们的强也在增加。"③

据此，陈云认为："法币要垮，那我们的独立性可能增加，现在要闹独立性还不行，因为现在是入超状态，不是出超状态。它稳时我们也稳，我们是跟着它走，这叫做七分服从，三分独立。在法币猛跌时，我们可以闹独立性，打它一棍子，可以在牌价上拉，由八元到七元到六元等，直到一元兑一元。那时要能够拿出法币来，如果拿不出来，就不行。它跌得很厉害时，可以打，叫打落水狗。它跌我们就涨。独立性头一条靠自己，第二

---

① 高强：《陕甘宁边区货币发行初期的通货膨胀与治理》，《中国经济史研究》2010 年第 1 期。

② 《陈云文集》第 1 卷，中央文献出版社 2005 年版，第 386—387 页。

③ 《陈云文集》第 1 卷，中央文献出版社 2005 年版，第 399 页。

条靠敌人的削弱。”[①]

（二）陈云应对法币贬值走势所采取的对策

1. 开展边区的生产运动，自主进行贸易。到 1945 年，农业上实现了“耕三余一”和“耕二余一”；工业上，产品从半自给走上了全自给的道路；商业上也出现了日益繁荣的景象。大生产运动的巨大成果，解决了边区“粮食不足，油盐不足，被服不足，经费不足”的问题。这为边币币值的稳定奠定了基础。陈云指出，“为什么比价稳了呢？归根到底是两条，头一条是生产，第二条是贸易。生产哪种东西起作用呢？起作用的是棉花。”[②]“生产是第一，种了棉花，就起了变化。这个变化对我们的经济性质以及各方面的变化有决定意义，可以使我们生产独立，贸易自主。棉花、布匹不要进，盐卖出去时价钱可以提高，这就是贸易自主。棉花、布匹不要外面的，法币的付出可以减少，金融就可以稳定。所以生产独立，贸易自主，金融稳定，使全盘的经济系统起了决定的变化，这对于我们是如何的了不起。如果明年生产四百五十万斤棉花，这样延安的经济发言权就更不同了。”[③]

2. 建立储备制度。陈云认为边币的发行，首先要以法币做准备金。“应该准备的有头一条、第二条、第三条，搞乱了也不行。头一条应是法币，要有充分的法币准备。第二是物资。什么物资呢？就是这种物资抛出去可以回笼边币。边币太多了，抛一些物资出去，可以把边币收回来。第三才是金子和银子。如果把金子、银子摆在第一，天下就大乱。法币第一，物资第二，金子、银子第三。”[④]

3. 发行商业流通券。边区发行流通券的初衷是为了提高边币对法币的比价，在流通中驱逐法币。为了重振边币信心，打击法币，整理金融，做到在扩大发行的同时又不会引起金融和物价的波动。1944 年 7 月，边区政府宣布授权边区银行，发行边区贸易公司商业流通券，流通券每元相当于边币 20 元。边区贸易公司原来是西北财经办事处物资局，改为贸易公司后，统一管理边区的对外贸易。到了 1945 年上半年，边区市面流通的货币绝大部分已经是流通券。

---

① 《陈云文集》第 1 卷，中央文献出版社 2005 年版，第 404—405 页。
② 《陈云文集》第 1 卷，中央文献出版社 2005 年版，第 402 页。
③ 《陈云文集》第 1 卷，中央文献出版社 2005 年版，第 402—403 页。
④ 《陈云文集》第 1 卷，中央文献出版社 2005 年版，第 405 页。

陈云就采用“偷梁换柱”的方法，以发行商业流通券替代边币，最终使边币、法币比价重新稳定在1∶1左右，使边区物价重新趋于稳定，取得了边币、法币斗争的完全胜利，1945年5月1日陈云同贺龙联名发出的西北财政经济办事处的通知指出：“自六月一日起，实行以贸易公司商业流通券（简称流通券）为陕甘宁边区本位币，并责成银行尽可能迅速收回边币。但所有未收回的边币，仍照边币二十元等于流通券一元比价，一律通用。”前期是稳定边币，打击法币，活跃市场由过渡性货币正式成为本位货币；后期以稳定及实现边区货币币值为主要目的，到1947年7月与法币比值仍可达到1∶3。

二、预测国民党九省流通券价值猛跌

（一）东北九省流通券的发行与被替代

1945年10月10日，国民政府财政部呈请行政院发行东北九省流通券。11月2日财政部制定并公布《中央银行东北九省流通券发行办法》与《东北九省汇兑管理办法》，主要内容有：（1）东北九省与内地之汇价，由中央银行牌告。（2）由内地至东北或东北至内地汇兑均应向中央银行申请，核准后发给准汇通知书，再持向中央银行或其指定之银行结汇。（3）除中央银行及其指定之银行外，其他银行一概不得经营东北九省与内地之汇兑或中央银行东北九省流通券与法币之兑换业务。

当时国民政府接管东北，针对东北工业基础好、物价低等特点，国民党政府为了更好地维护其在东北的统治，将东北地区划为辽宁、安东、辽北、吉林、松江、合江、黑龙江、嫩江和兴安九省。但由于国民党东北接受过程并不顺利，此间苏军对东北主要工矿企业中的重要设备进行了大规模的拆除并运回苏联。国民政府统计，在电力、钢铁等133个部门中，苏军拆走后，资产损失约值12亿美元，如包括全部工矿业损失，总数达20亿美元。如东北原有发电设备1775880千瓦，被拆走1051000千瓦，占总数的59%。阜新等11家煤矿，1945年产量1661万吨，经苏军拆走设备后，1946年产量降到293万吨，减少80%。这样国民党对东北接受后无法进行正常生产，政府税费收入很低。为了维持庞大的军政开支，只有开动印钞机了。

国民政府中央银行长春分行于1945年12月21日开业，首先发行东北九省流通券，按照 1∶1 的规定收兑原伪满券，又于 12 月 22 日规定，东北九省流通券定为东北地区的流通货币，仅限于当地使用。同时还规定了东北九省流通券与法币的兑换率 1∶10，即流通券 1 元可兑换法币 10 元。物价加上金融业的差异，势必需要把东北和关内两者的货币区隔开来，防止从东北倒卖物资到关内，同时也防止东北资金涌入关内，造成关内金融动荡，因此发行东北区域性流通货币，充当货币屏障的需求就是当务之急。东北九省流通券限在东北九省流通，不能在关内使用，且只能通过中央银行兑换为关内的法币，具体兑换比例按中央银行的牌价而定，起初的兑换比例为 10∶1，也就是币值为法币的 10 倍。这种控制流通的做法在抗战胜利的头两年，起到了积极的作用，稳定的东北和关内的经济。不过，随着解放战争的发展，东北九省流通券不能自由兑换的弊病就显露出来了。

1947 年 11 月以前，九省流通券与法币的比价尚能维持在官价 1∶10 的比率左右。11 月之后林彪率东北野战军发动冬季攻势，北宁铁路被切断，交通受阻，东北地区的物资开始紧张，物价出现大幅上涨，这时候东北的物价已经不像当初那样和关内有那么大差异。九省流通券贬值严重，中央银行告牌价 1∶11 的汇率在战争期间根本无法维持。国民政府为军事需要大量发行东北流通券，导致物价上涨，使东北人民对国民党当局彻底失望，从而加速了国民党反动统治的崩溃。物价大幅上涨的同时，国民党军队在东北的战争形势也十分吃紧。为了支出庞大的战争经费，国民党东北地区当局仍向中央请求拨发大量东北流通券。中央银行东北分行副主任宁嘉风致电总行的电报中称，东北钞荒严重，行政机关需要经临费 2564 亿元，事业机关经临费和补贴 4942 亿元，事业机关事业费 3500 亿元，军粮款 30703 亿元，民食调节款 9000 亿元，其他军费垫款 6000 亿元，总计 56700 亿元。① 面对如此庞大的财政需要，国民党当局只能通过滥发东北流通券来解决，直接导致流通券开始一天比一天贬值。

1947 年 10 月 2 日陈云主持中共中央南满分局会议。陈云指出：在金融政策上，要放手大胆地发行，否则要犯路线错误。问题在于，票子发出后要能及时掌握住物资。有了物资就能左右物价。明后年，群众和机关都要搞大生产。全东北要争取做到物价相对稳定。做到这一条，我们就不仅

① 中国人民银行总行参事室编：《中华民国货币史资料（1924—1949）》第 2 辑，上海人民出版社 1991 年版，第 696 页。

在政治上军事上取得了胜利，而且在经济上也取得了胜利。[1]1948 年 7 月 17 日东北行政委员会召开常务会议，决定设立陈云任主任的财政经济委员会。同日，陈云出席中共中央东北局常委会议，在讨论粮食问题时提出：粮食是东北最主要的财源，各省的粮食局长应当由省政府主席兼任。[2]控制住了粮食，也即控制住了财源。

1948 年 9 月随着解放东北的辽沈战役的打响，东北局势突变。解放战争后期，国民党政权经济崩溃，出现了恶性通货膨胀。为挽救政局，国民党政府于 1948 年 8 月颁布了《财政经济紧急处分令》及《金元券发行办法》，宣布实行"币制改革"，废止使用法币与东北九省流通券，改行金元券，并规定金元券 1 元兑换东北九省流通券 30 万元，兑换截止时间为 1948 年 11 月 20 日。东北九省流通券从发行到收兑，仅短短流通使用 2 年 11 个月便退出了货币历史的舞台。

（二）陈云针对九省流通券急速贬值采取的对策

陈云等严密注视着东北国民党金融方面的动态，1948 年 9 月 28 日陈云同李富春就新收复区敌我货币比值及对策问题致电李运昌、高自立，并报中央财政经济部，提出：由于东北敌占区物资缺乏，敌币贬值速度超过关内，故对伪九省流通券不采取兑换办法，并立即禁止敌币流通，目的在于促其向敌占区流动。政府对暗中使用者不必认真干涉，对因禁用敌币而大受损失的贫苦群众，采取其他办法帮助之，但税收及公营事业卖货收费，绝不收敌币。[3]10 月 7 日，中央复电表示原则同意上述办法，同时指出，对人民手中的金元券应限期禁用，并贬价挂牌收兑。

为了切实保障普通东北民众的利益，1948 年 11 月 11 日陈云起草同伍修权、陶铸致中共中央东北局并报中央电，报告接管沈阳最初几天的情况与问题。指出：沈阳解放前，敌发行金元券 2.5 亿元，九省流通券除被敌已收兑的，尚有 1.5 亿元。七天来，我东北币与金元券比价已由 800∶1 上升为 100∶1。为了照顾持有九省流通券的贫民，我们决定按照国民党统治时规定的 30 万元九省流通券兑换 1 元金元券的比价，以 3000 元九省流通券兑换 1 元东北币。至 8 日，已兑换 80 亿元九省流通券。估计再用 5 亿元东北币，

---

① 《陈云年谱（修订本）》上卷，中央文献出版社 2015 年版，第 632 页。
② 《陈云年谱（修订本）》上卷，中央文献出版社 2015 年版，第 646 页。
③ 《陈云年谱（修订本）》上卷，中央文献出版社 2015 年版，第 661 页。

即可把剩余的九省流通券全部兑完。此事所费甚微，而大得民心。[①] 中央收到这个电报后，于当天转发各中央局、各前委。

三、“文化大革命”后期成功预测美元走势

20 世纪初，美国取代英国的地位成为世界第一经济大国。在第二次世界大战即将结束的 1944 年，在美国新罕布什尔州的布雷顿森林，同盟国代表确定了以美元为中心的国际货币体系，其主要内容就是双挂钩，即美元与黄金挂钩，其他国家货币与美元挂钩，实行固定汇率制度。任何国家都可以随时按 35 美元 1 盎司的官价向美国兑换黄金。1945 年 12 月签署的《布雷顿森林协定》，建立了以美元为国际储备货币的新的国际金融体系。

（一）美元贬值且与黄金脱钩，但美元有经济支撑

从 20 世纪 50 年代初到 70 年代初，美国在朝鲜战争中耗资达 500 多亿美元，在越南战争中的耗资则突破了 5000 亿美元。为了弥补巨大的军费开支，美国政府只能选择多发行美元，导致黄金储备锐减。美国的黄金储备从 1949 年的 246 亿美元下降到 1971 年的 90 亿美元左右。美国财政赤字由于庞大的军费开支和战争的消耗不断增加，国际收支连年逆差，黄金储备不断减少，美元不断贬值。没有充足的黄金储备做基础，美元的信誉就严重地动摇了。而在此期间，西欧等其他资本主义国家，借助于马歇尔计划和自身的努力发展起来，在西欧形成了一个巨大的美元离岸市场，西欧各国担心美元的贬值，纷纷要求向美国兑付黄金。

1971 年，美国出现了自 1893 年以来未曾有过的全面贸易逆差，黄金储备已不及其对外短期负债的五分之一。面对各国中央银行挤兑黄金的压力，美国尼克松政府被迫于 1971 年 8 月 15 日宣布实行“新经济政策”。新经济政策除对内采取冻结物价和工资的方式削减政府开支外，对外采取了两大措施：停止美元兑换黄金和征收 10% 的进口附加税。1971 年，美国自行放弃美元与黄金挂钩的体制，开启了浮动汇率时代。美国在经历多次美元危机后，美元再也无法同黄金保持固定的比价。1971 年 7 月、8 月，“欧洲美元”带头抢购黄金的风潮触发了美元危机，迫使美国政府在同年 8 月 15 日宣布暂停外国中央银行用美元向美国兑换黄金，割断了美元与黄金的联系，

---

① 《陈云年谱（修订本）》上卷，中央文献出版社 2015 年版，第 674—675 页。

以美元为支柱的资本主义世界货币体系开始瓦解。同年 12 月中旬，美国决定将美元对黄金的比价贬值 7.89%，把原来规定的 35 美元兑换 1 盎司黄金变为 38 美元兑换 1 盎司黄金。国际金融市场经历着重大动荡和变革。从 1972 年下半年开始，美国国际收支状况继续恶化，美元信用更趋下降，西方金融市场又爆发大量抛售美元、抢购马克和日元的货币危机。1973 年 2 月 12 日，美国政府被迫宣布美元对黄金的比价贬值 10%。这是继 1971 年 12 月美元贬值 14 个月后，美元第二次贬值。由于导致美元贬值的基础并没有根本性的改变，所以美元贬值的趋势并未改变，布雷顿森林体系瓦解不可避免。

这个时期，中国逐步走向世界舞台，同资本主义国家的往来不断增多。1971 年 10 月，中国恢复在联合国的合法席位。美国总统尼克松 1972 年 2 月访华，中美两国在上海发表联合公报，双方同意为逐步发展两国间的贸易提供便利。同年 9 月，中日邦交在日本首相田中角荣访华期间实现了正常化。国内形势和国际形势的变化，使中国对外工作特别是对外经济贸易面临前所未有的发展机遇，中国同西方国家发展贸易往来不仅成为可能，而且发展的势头很好。周恩来及时指出："外交发展了，外贸也要发展。"①

处于国际财经变化的关键历史时刻，一大批在"文化大革命"初期遭受不公正待遇的老革命家陆续复出。1972 年，陈云复出后参加以周恩来为组长的国务院业务组，协助周恩来考虑经济特别是外贸方面的一些重大方针、政策问题，并受周恩来的委托研究当时有着迫切意义的国际经济形势和发展对外贸易问题。为此，陈云开展了广泛的调查研究工作。

布雷顿森林体系瓦解之后，又无法建立一个新的、相对稳定和统一的体系来替代它，货币汇率剧烈动荡，各国纷纷以浮动汇率制取代固定汇率制，国际贸易和国际收支严重不平衡，国际经济环境趋于恶化，20 世纪 70 年代以来国际金融市场动荡时有发生。

美元同黄金脱钩之后，美元会向何处去？陈云在调研中紧紧抓住美元这个国际金融市场中的核心要素。1973 年 7 月 14 日，陈云听取了香港五丰行总经理关于通过私商在交易所购买部分原糖情况的汇报。谈话中，陈云

① 《陈云传》（下），中央文献出版社 2005 年版，第 1398 页。

指出：今后金价仍会看涨，美元还要继续“烂”下去。我们外汇储备较多，存银行要吃亏，除进口一部分生产所需物资外，可考虑买进黄金。请人民银行、财政部和外贸部一起开会研究，算算在国外存外汇有多少利息，存黄金要付出多少储存费，看合不合算。美元虽软，但在较长时期内仍会是国际主要货币，没有别的货币能代替它，原因是美国生产力在世界上仍然是最大的。美国科技实力、经济实力雄厚，生产力比较发达。从历史角度看，美国国内货币流通和物价长期稳定，美元汇率长期内在世界大部分货币中属于强势。此外，美国的政局稳定，政治、外交、军事和文化实力在世界上首屈一指，这些都在为美元的币值背书，是支撑美元汇率稳定的基础。美元虽然同黄金脱钩，但仍然同其他西方国家货币有着相对稳定的比价关系，资本主义国家之间虽然有着竞争关系，但它们大都放弃了以战争作为解决问题的手段，而能坐下来就有关经济问题进行谈判；美国作为发达的资本主义国家，有着比较强的国际影响力，美元也有着比较强的国际调节能力。陈云看到了这一点。

1973 年 7 月 27 日、28 日及 8 月 4 日，陈云先后三次同外贸部负责人及该部价格小组成员座谈，指出：战后初期，美国利用美元霸权地位对内搞赤字预算，对外搞马歇尔计划，西欧国家成为“五保户”。后来，“五保户”变成“暴发户”，800 亿欧洲美元到处攻，美元贬值，危机发生。美元同黄金的关系已割断，不可能再恢复。但美元也不会跌得一塌糊涂，拿美元同国民党的金元券相比是错误的。那时国民党已无生产基础，而现在美国的生产力仍占全世界的 30%。美国已开始干预美元的下跌，对此要充分注意。①1974 年 7 月 4 日，陈云在同外贸部负责人谈外贸问题时，进一步强调了美元货币危机的根源问题。他指出：二战后，美国通过马歇尔计划救济英、法等西欧国家。后来，这些国家生产上去了，反过来向美国销售商品，手中美元越来越多。美国吃不消，采取搞进口附加税、美元同黄金脱钩等办法对付它们。这表面看是货币危机，实际上是经济危机，是生产力超过市场需求的反映。

（二）陈云应对美元危机所采取的对策

1. 建议大力增加国家的黄金储备。由于资源的稀缺性，黄金具有极强

① 《陈云年谱（修订本）》下卷，中央文献出版社 2015 年版，第 199 页。

的保值功能，特别是在发生货币危机金融动荡的混乱时刻。马克思说过："货币天然不是金银，金银天然是货币。"凯恩斯曾形象地概括了黄金在货币制度中的作用，他说："黄金在我们的制度中所具有的重要作用，它作为最后的卫兵和紧急需要时的储备金，还没有任何其他更好的东西可以替代它。"1973 年鉴于美元已同黄金脱钩，且比价不断下跌，陈云向李先念提出，我们与其把外汇存在瑞士银行遭受风险，不如用这些外汇买点黄金存起来。国务院采纳了这一建议，指示有关部门动用存在外国银行的外汇买入大量黄金，增加了国家的黄金储备。① 我国的黄金储备从 1970 年的 700 万盎司增加到 1974 年的 1280 万盎司 ②，增加了近 1 倍。在美元等货币危机中陈云等清醒地研判世界经济大势，正确地预测到黄金相对于美元的持续上涨，果断决策，增加国家的黄金储备。这不但增加了国家的黄金储备，在以后的美元狂跌中保证了外汇储备的安全，还为以后对外开放提供了可靠的金融支持，增强了国家改革开放的信心。1983 年 3 月陈云在一次会议上发言指出："我们现在的黄金储备，绝大部分是一九七三年、一九七四年国际货币动荡时买来的。那时，我同先念同志讲，与其把外汇存在瑞士银行，不如买点黄金。中国有这么一点黄金是必需的，不算多。" ③

2. 注意研究和利用国际市场价格。1973 年 5 月 5 日，陈云同外贸部周化民等谈话时指出："在价格问题上，要注意每天的变化，更要注意长期的趋势。你们刚才说的是当前资本主义世界工业生产回升、农业遭灾和货币动荡。看来，供求关系加上货币危机，使价格问题更复杂了。" ④ 另外，"资本主义市场价格变化和过去上海交易所一样很灵敏。我们今年商品进出口如果按八十亿美元算，在价格上如果差百分之一，一年就要差八千万美金，这是一个很大的数字。" ⑤ 他还对利用国际期货交易所进行交易给予了肯定。

陈云在革命和建设的不同时期，运用马克思主义的基本原理，经过周密的调查研究，对交易对手的货币运行趋势进行了科学判断，并采取了相

---

① 《陈云年谱（修订本）》下卷，中央文献出版社 2015 年版，第 208 页。

② 中国人民银行调查统计司主编：《中国金融统计（1952—1996）》，中国财政经济出版社 1997 年版，第 203 页。

③ 《陈云年谱（修订本）》下卷，中央文献出版社 2015 年版，第 371 页。

④ 《陈云文集》第 3 卷，中央文献出版社 2005 年版，第 414 页。

⑤ 《陈云文集》第 3 卷，中央文献出版社 2005 年版，第 416 页。

应的对策，保障了人民革命和社会主义经济建设的实际利益，给我们今天在处理相关国际金融货币问题提供了难得的历史经验和参考。

（作者单位：中国社会科学院经济研究所）

陈云与20世纪50—60年代的压缩城镇人口工作

尚长风

一、“大跃进”运动前期，对于城镇人口过快增长保持警觉

新中国成立至1957年，我国曾几度忽略按比例发展方针，致使城镇人口数量过快增长，造成粮食供应严重短缺。陈云在长期领导新中国经济工作中，十分注意保持按比例发展，对于城镇人口迅速增长可能带来的恶果有着比较清醒的认识。在“大跃进”运动前期，陈云尽管因主张“反冒进”遭到批判，但仍提醒全党警惕城镇人口过快增长。

在“大跃进”运动发动之初，陈云就对大量从农村招工造成职工人数急剧膨胀的现象感到不安。1958年3月，陈云出席中共中央在成都召开的工作会议。在会上，陈云作为主张“反冒进”的主角之一，再次受到错误批评且被迫作了检讨。在这样的不利处境下，陈云仍提醒全党：城市人口增加要看农村能提供多少商品粮，城市工矿发展要受农业的约束。成都会议后，陈云提醒各地同志，要大家在这点上要小心。陈云深知，这批“老虎”进来容易，搞出去不容易。我们有些同志不懂得。[①]在“大跃进”运动的狂热气氛下，陈云的意见没有得到应有的重视。

1958年下半年，“大跃进”运动中的高指标和浮夸风的弊端有所显现。有鉴于此，在1958年11月下旬的武昌会议上，毛泽东提出“压缩空气”。党中央开始逐步调低工农业生产的主要指标，纠正已经察觉到的“左”的错误。

在纠“左”过程中，陈云的政治处境稍有好转。陈云十分注意职工和城镇人口数量的增加。1959年初，在城镇人口增长的同时，农业劳动力相

① 《陈云文集》第3卷，中央文献出版社2005年版，第298页。

应减少了，这使农业生产受到很大影响。同时，为缓和比较突出的市场紧张问题，陈云提出应当减少城镇人口。1959 年 4 月，陈云致信中央财经小组，建议压缩购买力，认真精减 1958 年多招收的工人。他指出，企业增加职工，就要随之增加购买力。陈云以 1956 年招工过多造成当时市场紧张的局面为例，强调对 1958 年过多招收的 1000 多万工人，必须认真地加以精减，安置到农村去，以便压缩现有的购买力。为杜绝劳动管理权下放造成的各地盲目招工的状况，陈云认为今后必须严格控制职工人数，增加城市劳动力的计划，必须由中央和省区市党委掌握。①

根据陈云的建议，1959 年 6 月 1 日，中共中央发出《关于大力紧缩社会购买力和在群众中解释当前经济情况的紧急指示》，要求县以上企业职工人数，必须在去年职工增加过多的基础上，减少 800 万至 1000 万人，能够减到 1000 万人以上更好。同时规定减少人员应该首先减那些来自农村的临时工、合同工，使他们回乡参加农业生产。② 各地积极贯彻中央指示精神，截至 1959 年 6 月底全国职工减少了 456.1 万人。③ 压缩城镇人口工作取得明显成效。

然而，正当压缩城镇人口工作稳步推进时，1959 年 7、8 月间召开的庐山会议，中断了郑州会议以来纠“左”的进程，全国掀起了“持续跃进”（也有称“继续跃进”的）浪潮。原定的精减计划也被搁置起来，城镇人口迅猛增长，造成了一系列严重后果。

二、“大跃进”运动后期，呼吁压缩城镇人口

1959 年庐山会议后，随着新一轮“跃进”的到来，城镇人口以更快的速度增长。1960 年末全国城镇人口总数较上年增加了 1650 万人，达到了历史新高。急剧膨胀的城镇人口，导致国家粮食征购急剧增长，农村缺粮情况加剧。

1960 年中以后，严重的困难比较充分地暴露出来，特别是严重缺粮的情况已暴露得十分明显。这年 6 月，毛泽东作《十年总结》报告，反思“大跃进”运动的错误，他说：“一九五六年周恩来同志主持制定的第二个五年

① 参见《陈云文选》第 2 卷，人民出版社 1995 年版，第 118 页。

② 参见《建国以来重要文献选编》第 12 册，中央文献出版社 2011 年版，第 330、377 页。

③ 罗平汉：《三年困难时期的大精减》，《文史精华》2003 年第 4 期。

计划，大部分指标，如钢等，替我们留了三年余地，多么好呵！农业方面则犯了错误，指标高了，以至不可能完成”①。实际上毛泽东在这一讲话中，间接地向周恩来、陈云作了自我批评。此后，“持续跃进”（也有称“继续跃进”的）运动逐渐偃旗息鼓。为了应对全国性的粮食危机，1960 年 7、8 月间，在北戴河召开的中央工作会议通过了《关于全党动手，大办农业，大办粮食的指示》，着重研究了农业和增产粮食的问题，并确定了“调整、巩固、充实、提高”的八字方针。

在经济调整的背景下，陈云的政治处境有所好转。为深入了解情况，1960 年 9 月起，陈云到河北、山东、河南等地考察灾情、寻求对策。通过实地考察，陈云对灾情、粮食困难的严重性和工业中的问题有了比原先更深刻的了解。同时，陈云认识到城镇人口的过快增长是困难产生的重要原因。10 月 19 日，陈云在听取中共河南省委负责人汇报时指出，过去几年，全国粮食征购数常在 860 亿斤左右，而今年北戴河会议确定征购 1100 亿斤，原因是城市人口增加，办公共食堂、办水利、留种子、出口等用粮增加，多用 600 多亿斤。1958 年农业大丰收，大家认为粮食问题不大了，城市可以大批增人了，只注意工资、购买力和物资供应之间的平衡，却忽略了粮食销量增加带来的问题。今后两三年解决我国农业困难的办法之一是，农业劳动力要固定下来，长期不变，能够从城镇回来的人要回来。

为使各级领导充分认识到压缩城镇人口工作的必要性，陈云从农业生产力水平和城镇人口数量的关系角度阐述压缩城镇人口的必要性。他向河南省委指出，城市人口的发展要有一定限度，应根据粮食的增长情况来定。如果城市人口发展得多了，势必要多供应城市粮食。如果从农村拿得多了，农民就要闹事。陈云要求河南省委，“现在的生产水平，每年能生产多少粮食，农村需要留多少，能够调到城市多少，这笔账要算一算。”“你们已经从城市压下去五十万人，能否再压一点？”②

为进一步了解情况，1960 年 11 月 20 日至 12 月 6 日，陈云到浙江考察。其间，陈云强调城市人口的增加，要看农村能提供多少商品粮，这是工农关系中重要的一条。陈云指出，近三年来，城市人口猛增，单口粮一项就增加了 167 亿斤大米。如今，粮食情况搞得这样紧张，最重要的原因

① 《建国以来重要文献选编》第 13 册，中央文献出版社 2011 年版，第 370—371 页。

② 《陈云传》（下），中央文献出版社 2005 年版，第 1215 页。

就是城市工矿增加了3000万人。因此，解决粮食问题，首先要节流。如能从城里挤些人下乡，可以釜底抽薪。对于下乡人员的安置，陈云建议：第一年从城里带口粮，第二年做到自给。对于如何减少城镇人口，陈云认为应当利用经济规律，从物质利益的分配上进行调节，而不能单靠行政命令的办法。陈云提醒浙江省委："种粮食收入少，农民不安心于农村，不愿搞农业，跑进城做临时工，一天一元二角。这是个很大的问题。不准进城，是人为的、违反客观经济规律的。"[①] 根据陈云的意见，中央进行了研究与部署。1960年11月在北京召开的第九次全国计划会议决定，1961年计划精减全民所有制职工502万人。

1960年底是"持续跃进"运动末期。陈云关于压缩城镇人口的意见得到毛泽东的赞赏，1960年12月30日，毛泽东在中央工作会议上说："问题最大、最突出的是大搞工业，县以上工业抽调了五千万劳动力"，"强调工业减人，加强农业。"[②] 这样，中央高层就压缩城镇人口达成共识，为进一步大幅度城镇人口压缩创造了有利条件。

三、经济调整时期，领导压缩城镇人口工作深入推进

1961年1月，党的八届九中全会正式决定实行"调整、巩固、充实、提高"的八字方针，国民经济转入调整的轨道。压缩城镇人口是调整工作的重要组成部分，陈云在领导经济调整的过程中，十分注意压缩城镇人口工作。

陈云深知做好减少城镇人口工作对农业生产，乃至整个经济具有重要影响。为了解决粮食和其他生活消费品供应全面紧张的问题，缓解已经出现的饿死人、浮肿病等令人痛心的严重局面，陈云提出了进口粮食、紧急粮食调运、上市高级糕点等多种应急策略。但是，陈云认为，"根本的办法，还在于增加生产，特别是农业生产，减少城市人口，压缩购买力。"[③]

为了使大家认识到减少城镇人口的极端必要性，1961年初，陈云多次强调要压缩城镇人口。1961年1月9日，陈云在主持起草中央粮价问题小组给中央的报告中指出了职工人数和工资总数增多所造成的货币回笼困难

---

① 《陈云文集》第3卷，中央文献出版社2005年版，第300页。

② 《陈云传》(下)，中央文献出版社2005年版，第1224页。

③ 《陈云传》(下)，中央文献出版社2005年版，第1237页。

问题。2 月 19 日，陈云专门主持召开了国务院财贸办公室办公会议。会上，他要求压缩一部分基建工人，让他们回农村。2 月 22 日，陈云在出席由刘少奇主持召开的中共中央政治局常委会会议中，再次谈到了城市人口下乡的问题，认为现在工厂工人多出了 20%，只要动员 500 万人回乡，就能给农业生产增加相当的劳动力。

陈云的意见得到中央认可，1961 年 4 月 9 日，中共中央转发中央精减干部和安排劳动力五人小组关于调整农村劳动力和精减下放职工问题的报告，报告指出上年确定的精减下放 502 万人的计划，可以说已经接近完成。在此基础上，初步考虑，在 1960 年 8 月末职工实际总数 5100 多万人的基数上，到 1961 年底，全国精减下放职工 800 万人左右。

尽管形势严峻，但大规模精减城镇职工意味着影响正在进行的工业化进程。一些经济部门的领导干部，几年来习惯于铺摊子，对存在的困难认识不足，还在等待观望。有些厂长议论道："调整减人，举棋不定，思想混乱，工作被动"。① 精减工作的进度受到严重影响。

针对上述问题，1961 年 5 月 21 日至 6 月 12 日，中共中央在北京召开工作会议。减少城镇人口成为此次会议的重要议题。5 月 31 日，陈云就动员城市人口下乡发表重要讲话，精辟论述了动员部分城市人口下乡的重要性。

陈云首先针对连续几年自然灾害、粮食库存大幅度减少、国家掌握的粮食将比上年更加紧张的情况，指出动员城市人口下乡是"非采取不可"的办法。他认为解决粮食紧张问题的方法尽管有四条（调整党在农村的基本政策、工业大力支援农业、进口粮食、动员城市人口下乡），但第一条是根本的，第二、第三两条有时间和数量的限制，第四条则是必不可少的，我们非采取不可。在阐述上述事实的基础上，陈云强调："面前摆着两条路要我们选择：一个是继续挖农民的口粮；一个是城市人口下乡。两条路必须选一条，没有什么别的路可走。我认为只能走压缩城市人口这条路。"②

其次，陈云借鉴历史经验来论证减少城镇人口的必要性。指出：1953 年、1957 年和 1959 年以来这三次粮食紧张，都是由于城市人口增加过多产生的，即城市人口的增加超过了当时商品粮食负担的可能。农村能有多少

---

① 《周恩来传（1898—1976）》（下），中央文献出版社 2008 年版，第 1482 页。

② 《陈云文选》第 3 卷，人民出版社 1995 年版，第 161 页。

剩余产品拿到城市，工业建设以及城市的规模才能搞多大，其中关键是粮食，这已经有了几次教训。

再次，鉴于当时许多城市人口不愿下乡，压缩工作难度很大，陈云将动员城市人口下乡的困难同城市人口过多造成的困难进行比较，两难相权取其轻，认定只能走动员城市人口下乡这条路子。陈云指出，如果不压缩城镇人口，势必在已经缺粮的农村实行“高征购”，这将导致农民生产积极性下降，对农业恢复十分不利。只有压缩城镇人口，才能稳定全局，并且保证农业生产的恢复。

最后，针对两种典型错误认识，陈云进行了剖析、反驳。一种错误观点是，认为农业很快可以恢复，不必动员城市人口下乡。对此，陈云指出，1957 年粮食产量为 3910 亿斤，1958 年为 4000 亿斤，1960 年降为 2870 亿斤。农业生产即使恢复到 1957 年的水平，粮食供应依然不能维持，至少要达到 1958 年的水平才行，即使从 1961 年起每年增产 200 亿到 300 亿斤，也要三四年。“所以摆在我们面前的问题是，让很多人在城里吃着饭等待农业的发展呢，还是现在就下去？我看不能等待，应该现在就下去。”另一种错误观点是担心动员城市人口下乡后，工业生产会受到很大影响。陈云指出实际情形是“工业摊子铺得太大，用人又太多，人浮于事”。陈云还指出压缩城镇人口的突出益处，即“工人头一年下去，每人每年一般可以少供应一百五十斤粮食，下去一千万人就是十五亿斤，两千万人就是三十亿斤。这是第一年的差别。更显著的差别还在第二年。原来家在农村的工人回了老家，原来家在城市的工人到农村安家落户，参加集体生产和分配了，加上自留地有收成了，他们就不要国家供应粮食了。这样，下乡一千万人就可以少供应粮食四十五亿斤，两千万人就是九十亿斤。”他还指出：工人回乡，“总会生产出一些东西出来”，“多增产一些粮食和其他农副产品。”①

陈云的这一讲话，实际上成为当时压缩城镇人口的总动员令，使全党进一步认识到压缩城镇人口的重要性和迫切性，有助于克服工作中存在的犹豫、拖延现象。对此，杨尚昆听了陈云的讲话后，感慨地说：“那时我刚刚从河北徐水、安国等地搞农村调查、宣读《人民公社六十条》回来，当地农民口粮每人每天一般不足 1 斤原粮，加上在食堂吃饭浪费多，社员吃

---

① 《陈云文选》第 3 卷，人民出版社 1995 年版，第 165、169 页。

不饱，特别是主要劳动力吃不饱是普遍现象。因此，我深深体会到陈云同志这篇讲话讲得深刻，讲得及时，真正抓住了问题的要害。”[①]

陈云的论述统一了思想，在此基础上，1961 年 6 月 16 日，中央批发了《关于减少城镇人口和压缩城镇粮食销量的九条办法》，该文件是指导压缩城市人口工作的纲领性文件。文件决定在 1960 年底城镇人口 1.29 亿人的基础上，三年内减少城镇人口 2000 万人以上，并且要求 1961 年至少减少 1000 万人，于 6 月至 9 月基本完成。1962 年至少减少 800 万人，1963 年上半年扫尾。与此同时，压缩粮食销量 30 亿至 40 亿斤。[②]

由于道理讲得透，各级领导重视，措施得力，动员城市人口下乡这项十分重要而又十分棘手的问题，得到人民群众的理解和支持。由于被动员回乡的大多是因为“大跃进”进城不久的新职工；同时，城市供应比较困难，农村的粮食、副食品可能相对地比城市反而宽松些，阻力比设想的要小，因而，压缩工作进行得比较顺利。1961 年城市人口减少 1000 多万人左右，减少粮食销售 40 亿斤。[③]

但是，1961 年底以后，压缩城镇人口工作面临新的困难和阻力。这是由于这一时期需要压缩的人员离开农村较久，许多人在农村无依无靠；而且，此时农村所需劳动力已基本得到满足。所以，这些职工对回到农村有较强的抵触情绪。此外，当时经济形势有所好转，一些领导干部又想大干快上，调整的决心不大，总想少压缩一点，或者拖延观望。

针对上述情况，陈云认为形势仍很困难，必须完成 1961 年设定的三年内减少城镇人口 2000 万人的计划。1962 年 2 月 26 日，在国务院各部委党组成员参加的国务院扩大会议上，陈云作了题为《目前财政经济的情况和克服困难的若干办法》的重要讲话。这个讲话是深入推动城镇人口压缩的重要动员令。在讲话中，陈云强调面临的严重困难，如农业有很大的减产，不会很快恢复；工业发展太快，农业负担不了；通胀加剧等。陈云指出压缩城镇人口是克服困难的一项根本性的措施。无论从临时之计看，还是从长久之计看，都必须如此。陈云承认压缩城镇人口是很困难的，要他们来容易，要他们走就很困难。但是，如果现在不减，财政继续亏空，市场发

① 苏维民：《杨尚昆与三年困难时期精减城市人口和职工》，《百年潮》2008 年第 10 期。

② 《建国以来重要文献选编》第 14 册，中央文献出版社 2011 年版，第 358 页。

③ 苏维民：《杨尚昆与三年困难时期精减城市人口和职工》，《百年潮》2008 年第 10 期。

生动乱，就会使我们更加被动，现在减有困难，将来减更困难，两个困难比较起来，我看还是早减为好。对减人要下定决心，否则没有出路。对于精减职工的主要对象，他建议不仅要有来自农村的人，也要有城市里的人积极参与进来，并且对其安置工作在给予适当安排的同时要多做思想工作，把道理向工人说清楚。①

陈云的观点有力地推动了压缩城镇人口工作，1962 年 5 月 27 日，中共中央、国务院正式发出《关于进一步精减职工和减少城镇人口的决定》，决定加大压缩力度，要求各地在两年内使全国职工人数在 1961 年底 4170 万人的基础上，再减少 1056 万人至 1072 万人，全国城镇人口则在 1961 年底 1.2 亿多人的基础上，再减少 2000 万人。②

各地认真执行中央决定。据统计，自 1961 年 1 月到 1963 年 6 月，全国职工减少 1887 万人，城镇人口减少 2600 万人，吃商品粮人数减少 2800 万人。③由于城镇人口减少，粮食购销量相应减少。农民留粮水平由 1961 年的人均 154 公斤（贸易粮，下同），增加到 1962 年的 161 公斤。④这对于缓解农村粮食短缺情况具有重大意义。此外，压缩城镇人口对于增加农村劳动力供给、减少工资支出、促进市场稳定都具有重大的积极意义。总之，压缩城镇人口是经济调整取得成功的重要一环。

回顾陈云与 20 世纪五六十年代的压缩城镇人口工作，可以得出以下几点启示：

1. 陈云为国民经济的恢复发挥了突出作用。在计划经济体制下，如何处理工业化与农业关系，始终是困扰党和政府的重大课题。在当时强调迅速推进工业化的氛围中，陈云仍然执着地重视综合平衡，较早注意到城镇人口快速增长带来的影响。在城镇人口快速增长，对国民经济造成严重损害的情况下，陈云精辟论述减少城镇人口的必要性，全面谋划、领导压缩城镇人口工作，为成功实施压缩城镇人口工作发挥巨大作用。正如江泽民在陈云同志诞辰 90 周年座谈会上的讲话中所指出的，陈云在全国开展社会主义经济建设时期，为有效地克服当时国民经济遭受的严重困难作出过突

---

① 参见《陈云文选》第 3 卷，人民出版社 1995 年版，第 191—201 页。
② 《建国以来重要文献选编》第 15 册，中央文献出版社 2011 年版，第 388、389 页。
③ 苏维民：《杨尚昆与三年困难时期精减城市人口和职工》，《百年潮》2008 年第 10 期。
④ 农业部计划司编：《中国农村经济统计大全（1949—1986）》，农业出版社 1989 年版，第 576 页。

出贡献。

2. 陈云在解决民生问题时，善于把握人民的根本利益。民生问题千头万绪，在国力有限的情况下，如何保障人民的根本利益，是考验执政党水平的一个重大课题。当时，许多城市居民回到农村，生活艰辛，很不情愿。陈云了解这种情况，但仍坚决指出只有减少城镇人口，才能减少粮食征购，才能缓解农村缺粮问题，才能实现农业乃至整个经济的恢复。这表明，在解决民生问题时，陈云善于把握和实现人民的根本利益和长远利益。

3. 陈云是坚持实事求是思想路线的典范。陈云能够为经济恢复和压缩城镇人口而提出一系列真知灼见，关键在于陈云不受教条束缚，始终践行党的实事求是的思想路线。当遭受错误批评、政治处境艰难时，他仍不顾个人得失，力所能及地提醒全党注意城镇人口过快增长的影响，显示了勇于坚持真理的精神。当经济困难发生时，他不顾体弱多病，率先开展调查研究，根据调查研究的结果，实事求是地为压缩城镇人口殚精竭虑。

（作者单位：安徽工业大学）

中央苏区时期陈云的粮食经济思想及当代启示

黄惠运

陈云是伟大的无产阶级革命家、政治家，杰出的马克思主义者，中国社会主义经济建设的开创者和奠基人之一，党和国家久经考验的卓越领导人，是以毛泽东同志为核心的党的第一代中央领导集体和以邓小平同志为核心的党的第二代中央领导集体的重要成员。1933年1月，党中央和中华全国总工会重要领导人之一陈云从上海抵达中央苏区首府瑞金，就任中华全国总工会苏区中央执行局副委员长兼党团书记。在党的六届五中全会上，陈云被选为中央政治局委员、常委，兼任白区工作部部长，并被选为中华苏维埃共和国第二届中央执行委员会委员、主席团成员。1934年10月，陈云作为红五军团中央代表参加长征。在中央苏区近两年时间里，陈云为苏区经济建设、粮食工作及工会工作殚精竭虑、出谋划策、调查指导，为保障红军粮食等物资给养和反"围剿"战争的胜利作出了杰出贡献。

一、保障红军粮食供给是争取战争胜利的重要条件

1934年2月2日，陈云在《斗争》上发表《为收集粮食而斗争》一文，号召"在一切为着战争"的口号之下，紧急进行收集粮食的突击运动，是胜利进行第五次反"围剿"战争的重要保证。文章指出，拿我们中央苏区来说，去年青黄不接时，因为某些地方缺乏粮食与缺乏全盘及时的调剂，再加上奸商富农的抬价与囤积，曾经威胁了我们，而且不仅对于红军及后方机关的给养在某些缺米区域中发生困难，在瑞金、福建等某些地方，曾经影响到群众，首先是城市劳苦群众的感到缺乏粮食与米贵。现在瑞金的米价已经涨到每元七升，在素来产米较少的福建的某些地方，谷子亦已涨价。因此，党和政府通过借谷运动，向群众借几万担谷子，解决了粮食缺乏问题。现在，"我们必须用一切力量克服这个威胁着我们的粮食缺乏的困

难，必须加紧进行收集粮食，为了保证革命战争的给养，为了能够及时的进行各地的粮食调剂。”[①]党中央和全苏二大主席团作出了收集粮食突击运动的决定，动员整个政府和一切群众组织开展完成推销公债、征收土地税和收集粮食来保证红军给养的突击运动。文章号召：我们要用去年12月份扩大红军突击运动一样的火力与速度来完成收集粮食突击任务。自从中央政府发行300万经济建设公债以后，各地群众热烈推销公债，有些县、区、乡早已交足了公债票额的谷子。但是，较多县份收到的谷子还不到十分之一。其原因主要有：（1）当群众承认推销公债任务后，许多地方没有立即进行收集谷子，工作迟缓甚至停顿。（2）反革命分子的阻挠和破坏。（3）由于群众对谷价涨跌的观望，政府没有做深入的宣传鼓动群众工作。为了克服这种现象，即使最落后的县份，也必须在2月底之前完成粮食收集突击任务。对于未交数量最多的县如雩都（今于都）、长汀等，要力争2月底完成，而已经收到谷子最多的县（兴国已收到80%），争取一星期或半个月时间完成。要选派得力的突击队和干部到落后县份去突击检查和督促，借鉴扩大红军的突击运动经验去进行粮食收集突击运动。

二、保障红军给养与改善群众生活统筹结合

早在大革命时期，担任商务印书馆职工会委员长的陈云就注意到农村、农民和农业的重要性，他在上述文章中写道：“在以农立国的中国，占全国人口百分之八十强的农民，是民族运动中唯一大主力。农民不参加运动，中国革命鲜有希望。”[②]农民是中国民族运动的主力，如何把成千成万的农民组织和训练起来，把他们引上正轨，是一个重要问题。“到民间去”，这是今后中国民族运动中的重要口号。陈云已经认识到农业生产和粮食工作对革命斗争的重要性。大革命失败后，陈云在江苏从事农民运动，担任中共青浦县委委员、淞浦特委组织部部长、江苏省委常委兼农委书记等职。他在中共江苏省第二次代表大会第七次会议上作报告指出：“党在现时农民运动中的政治路线，仍然是加紧争取群众，组织群众，以准备武装暴动。在指导思想上，党必须坚决领导农民，深入开展土地革命，进行游击战争。”[③]

---

① 陈云：《为收集粮食而斗争》，《斗争》第45期，1934年2月2日。

② 《陈云文选》第1卷，人民出版社1995年版，第2页。

③ 《陈云文选》第1卷，人民出版社1995年版，第5页。

要抓住豪绅地主和国民党军阀强加于群众的一切压迫和剥削所造成的灾害的事实，根据农民的迫切要求，有计划地在农村提出斗争的口号、任务和方式，发动农民开展抗租、抗税、抗债，反对征工筑路，反对军阀战争等斗争。

陈云到中央苏区后，对物质条件的重要性深有体会，“始终认为根据地的发展离不开经济斗争，离不开人民群众物质生活的改善。”[①] 由于长期战争对农业生产的破坏和国民党对苏区日益严密的封锁，苏区的粮食征集成为严重问题。尤其是在第五次反“围剿”战争时期，受敌人的经济封锁和“左”倾政策的影响，中央苏区一度陷入粮食奇缺的困境。为解决粮荒问题，保证军需，苏维埃中央政府作出了突击“收集粮食运动”的部署。一些干部为完成收集粮食任务，保障红军给养，却忽视了群众生活的安排，出现了强迫命令现象，引起了一些群众的抱怨。陈云得知这一情况后，立即对收集粮食运动的工作高度重视，决心设法纠正这一现象，提出用建立粮食合作社和粮食调剂局的办法，把收集粮食、保障红军给养与改善群众生活统筹结合，从而消除了群众疑虑，保障了军粮收集的顺利进行。“收集粮食不论是收集公债谷子、土地税谷，或是红军公谷，都是一个动员广大群众积极的为了革命战争的运动。”要向群众宣传解释“充裕粮食是保证红军的给养，改善群众的生活的前提。”[②] 要通过群众路线开展收集粮食突击运动，1933 年向群众借谷时，尽管每担谷价九元以上，政府还谷时的谷价每担六元八角，有近三元的差额，而群众还是十分热烈地每家五升七斗地借谷给政府，这是因为通过向群众宣传鼓动后，群众自愿借谷给政府。所以，在收集粮食突击运动中，要宣传鼓动群众，而不是命令群众。要严厉禁止像雩都县国民经济部等几个负责人串通吞没公谷出口、自营私利，破坏红军给养的腐败行为，打击奸商乘机抬高粮价，破坏群众依政府定价交谷的反动行为。“收集粮食正因为不仅保证红军给养，而且是改善群众生活的一个工作，因此在群众中间不仅要组织粮食合作社，而且要把粮食合作社实际的成立起来，迅速的收集股金谷子。”由中央政府国民经济部领导，各级工会特别是苦力运输工会协助，做好粮食运输调剂

① 中共江西省党史资料征集委员会、江西锅炉化工石油机械联合公司党委编：《陈云在江西》，中央文献出版社 1996 年版，第 6 页。

② 陈云：《为收集粮食而斗争》，《斗争》第 45 期，1934 年 2 月 2 日。

工作。让群众看到，“粮食调剂对于群众实际生活的改善，用事实来证明合作社对于有多余谷子的群众可以得到高价卖出，缺乏谷子的群众可以不受奸商的操纵而得到廉价的谷子。”① 在中央红军主力长征前夕，陈云及时提出开展群众性的游击战争的正确主张，要发动群众坚壁清野，依靠群众解决粮食问题和生存问题，他指出：“过去一些游击部队所以不能在游击区域开展群众性的游击战争，不能生根立脚，甚至找不到饭吃，归于失败，就是因为没有去发动群众，得不到群众的帮助。”“要纠正游击区域中的党组织和游击队脱离群众的错误，必须反对那种不相信群众力量，不相信我们可以领导群众起来与国民党、地主阶级作坚决斗争的倾向。”② 他指出，过去在中心苏区，我们号召群众节省粮食、借谷、捐助各种军用品，全苏区节约粮食、借谷捐助运动取得了伟大的成功。现在游击区域中，固然也要发动群众捐助谷子给红军、游击队，但是不能机械地像过去中心苏区一样进行“扩红突击”“借谷运动”，而是要根据实际情况，适应斗争环境。提出群众迫切要求的口号和办法。“党的支部应该成为领导群众斗争的核心。”“我们必须教育党员到游击区域群众中去进行艰苦的不退却的工作，成为领导群众斗争的核心。只要我们深入群众，取得群众拥护，非但可以得到群众的掩护，而且能够去开展群众的革命斗争。”③ 只有发动和依靠群众，红军游击队就可以解决粮食和生存问题，长期坚持苏区游击战争，有力支援主力红军长征。

三、节约粮食，支援前线红军反“围剿”战争

1932 年 2 月，中华苏维埃共和国中央政府人民委员会号召各级政府，“务须立即实行节俭运动，所有各地方政府的预算、杂费、特费等，必须尽量减少，不必要的工作人员须一律裁减，甚至一张纸一枝笔都不要乱费，以免多耗经费。要存着‘节俭一文钱即是对革命工作有一份帮助’的观念来实行广大的节俭运动，来积蓄金钱或积蓄粮食，以作供给红军发展革命战争之用。同时要将这一运动在群众中作广大的宣传，使他们了解节俭运动的意义，都积极实行节俭，储蓄粮食，热烈的自动的来帮助红军和革命战

---

① 陈云：《为收集粮食而斗争》，《斗争》第 45 期，1934 年 2 月 2 日。
② 《陈云文选》第 1 卷，人民出版社 1995 年版，第 32 页。
③ 《陈云文选》第 1 卷，人民出版社 1995 年版，第 34 页。

争的发展。”[①] 同年 7 月，中央政府在训令中要求各级苏维埃政府要领导群众团体开展节省一切开支以充裕战争经费的运动。中华苏维埃共和国中央政府主席毛泽东阐明了节省的意义。他说：“节省每一个铜板为着战争和革命事业，为着我们的经济建设，是我们的会计制度的原则。”[②] “至于财政的使用，应该根据节省的方针。”“节省每个铜片为着战争与革命事业，是苏维埃会计制度的原则。苏维埃对于财政的使用，应该与国民党的使用有绝对的差别。”[③] 毛泽东主席关于节省每一个铜板为着战争和革命事业的号召以及中央财政筹集战争经费节省经济的指示，得到了各级苏维埃政府、红军后方机关、国家企业、学校等热烈响应，节省运动取得了很大成绩。以刘少奇为委员长、陈云为党团书记的中华全国总工会中央执行局作出了节省的决定。1934 年 3 月 13 日，苏维埃中央政府通过《红色中华》发出“为四个月节省八十万元而斗争”的号召。中共中央机关博古、陈云、李维汉、邓颖超、潘汉年、陆定一、毛泽覃、刘群先、彭儒、金维映、贾拓夫等 23 位工作人员积极响应节省运动，在给《红色中华》的信中提出：每天节省二两米，使前方红军吃饱饭，好打胜仗；今年公家不发我们热天衣服，把这些衣服给新战士穿。[④] 从而在节省粮食的同时，带动了苏区收集粮食运动的开展。

四、调查研究是做好苏区粮食工作的重要前提

陈云在中央苏区中央局机关刊物《斗争》上发表文章，批评了农业工会一个巡视员不深入群众调查研究的呆板领导方式。这位巡视员到某县巡视，召集该县区农业工人工会支部长联席会，在报告中说了几件与粮食工作相关的事：加紧查田运动；经济动员，退还公债；退还谷票；发展农具生产合作社；组织犁牛站等。他作完报告后要各支部长发表意见，进行讨论，但是发言的很少。后来农业工人发言说：“我们粮食很困难，现在没有饭吃。”“照中央政府规定，工人可以免缴土地税，但是我们这里区政府还

---

① 《人民委员会通令（第 3 号）——帮助红军发展革命战争，实行节俭经济运动》，《红色中华》第 10 期，1932 年 2 月 17 日，第 8 版。

② 《毛泽东选集》第 1 卷，人民出版社 1991 年版，第 134 页。

③ 中共江西省委党校党史研究室、江西省档案馆选编：《中央革命根据地史料选编》（下），江西人民出版社 1982 年版，第 324 页。

④ 《红色中华》第 164 期，1934 年 3 月 17 日。

是要我们缴土地税，这件事情请上级想想办法。”[1]巡视员对于工人提出的两个问题，没有要他们去讨论。结果大家空空洞洞地讨论了巡视员的报告，会议就此结束。陈云指出，这位巡视员错误的领导方式是由于出席会议以前毫无准备，没有做深入细致的调查研究工作，没有了解基层群众的迫切需求。“这个巡视员在区的支部长联席会议上作了关于七件工作的报告，但工人感觉到都没有他们目前没饭吃、割禾以后缴土地税那样的事重要。因此，对他的报告就毫无兴趣。这就告诉了我们，这个巡视员在参加会议以前，应该先找区工会的常驻人员或者个别支部长来谈一谈，问问工人有些什么要求。了解了这些要求以后，自己想一想，再与他们商量一下，如何才能找到满足这些要求的办法。准备好了，到会上首先提出工人的要求，或者把工人的要求放在自己报告的中间讲一讲。如果这样做了，工人一定很高兴，很愿意讨论自己的要求，讨论巡视员的整个报告。经过这样的会议，可以推动支部在农民群众中间的工作。”[2]陈云指出，这位巡视员在支部会议上不分主次和轻重缓急，提出了一大批工作事项，这是工作中的大忌。“如果在支部会议上，也像对上级领导机关的干部一样，提出七八件工作，不分轻重，不分先后，这会使支部同志感觉头痛，不知做哪件工作好，从哪件做起好。”[3]这位巡视员没有从工人最高兴的工作做起。正确的做法应该是：召开会议前，应该了解农业工人当时的要求，提出工人迫切要求解决的问题。假使已经作了报告，而工人感觉没有兴趣，他们提出了自己的两个问题——没饭吃，要求免土地税，这时领导同志应该“见风转舵”，先发动大家讨论这两个问题。因为粮食眼前已经缺乏了，秋收快到了，土地税是迫在眼前的事，他们一定能在讨论中发表许多意见。到那时，就可以提出发动有多余谷子的农民来互助，暂时借出，秋收归还；或者发动群众，同苏维埃政府一起，要富农捐谷子，来救济缺乏粮食的工人、农民。只要能做到这个程度，那我们就可以再向工人提出，应该联系完成上级提出的那几个任务。“所以，我们要善于找到提高群众积极性的环子，抓住这个环子来推动支部工作，推动全盘工作。领导的艺术在于了解群众的心理，甚至一个会议的议事日程的排列，哪个先，哪个后，都有

① 《陈云文选》第1卷，人民出版社1995年版，第21页。
② 《陈云文选》第1卷，人民出版社1995年版，第21—22页。
③ 《陈云文选》第1卷，人民出版社1995年版，第22页。

很大关系。”[①]陈云在文章中还指出，这位巡视员缺少具体的方法，把握不住群众的情绪。党支部领导与干部应该到群众中去，找群众谈心，了解实际情况，查找问题原因，提出解决问题的具体办法。“支部的领导方式是做好工作的关键，有了正确的决议案还不够，要把正确的决议运用到群众中去，成为对实际工作的指导，还必须经过一种灵巧的工作方法和艺术的领导方式。”[②]

五、在粮食工作中要建立巩固的工农联盟

“工农联盟”是党的四大提出的重要理论。毛泽东、朱德等老一辈无产阶级革命家在创建巩固井冈山革命根据地和创建发展中央苏区的斗争中，进行了工农联盟的伟大实践。陈云兼任中共中央白区工作部部长，在领导开展苏区经济建设中十分重视白区工作的配合与支持。他撰文指出，要选派得力干部到白区去发动群众开展拥护苏维埃和红军的运动。在经常的宣传鼓动中，在每个斗争中，在一切日常工作中，党要宣传苏维埃土地革命的胜利和苏维埃的反帝政纲及各种保护工农贫民的法令，发动白区群众起来组织红军之友社，募捐援助红军。“党和工会要组织白区的群众到苏区来参观，我们要给以热情的招待和欢迎。工会及边境苏维埃，要在苏区边境建立工人俱乐部和群众休息所，吸引白区工农贫民在经过边区时来游玩和休息。通过这些方式，吸引他们参加白区工作。边境的党组织和苏维埃要经常了解白区群众的困难和需要，并利用各种机会去实际帮助他们，在群众面前证明苏维埃政府是全国一切劳苦群众的救星。例如，赣东北白区工人参观团到苏区时，因为白区米贵而苏区米贱，党发动群众廉价卖米给参观的代表，每人挑了一元钱的米回去，我们所费不多，但对于白区工人则影响极大。在经济上有可能时，我们可以从苏区运一些米，到白区群众生活最苦的地方去平粜。这些，都有利于吸引群众在苏维埃的周围，发动群众起来为建立苏维埃政权而斗争。”[③]地方党部要保证对白区工作的经常领导。边境的党部和工会的白区工作委员会，要真正有计划地进行白区工作，推动边境上党和工会的一切组织去做好白区工作。要经常在会议上讨论和

---

① 《陈云文选》第 1 卷，人民出版社 1995 年版，第 23 页。
② 《陈云文选》第 1 卷，人民出版社 1995 年版，第 24 页。
③ 《陈云文选》第 1 卷，人民出版社 1995 年版，第 28 页。

检查白区工作。应该找白区组织的负责人到苏区来，或者派出巡视员去白区检查工作，细心地听取他们的报告，给以具体的切实的而不是一般的粗糙的领导。

六、陈云粮食经济思想的当代启示

粮食经济要为党的中心工作服务。大革命失败后，党的工作重心从城市转向农村，在农村开展游击战争和土地革命斗争，创建红军和革命根据地。在战争环境下所有的经济活动包括粮食工作必须为根据地军民反“进剿”、反“会剿”、反“围剿”军事斗争服务，要发动群众踊跃向红军提供粮食，保证红军给养，为前线红军打胜仗提供坚实的物质基础。当前，党和政府的中心工作是实现“两个一百年”奋斗目标和中华民族伟大复兴的中国梦，经济工作必须主动融入“一带一路”国际合作、城乡发展一体化建设和“精准扶贫”“精准脱贫”等中心任务，为实现国家富强、民族振兴和人民幸福的宏伟目标作出新的更大的贡献。

粮食工作要和改善群众生活相结合，确保国家粮食安全。在中央苏区时期，党和苏维埃政府正确处理了革命战争与经济工作的辩证关系，既没有因为战争而妨碍工农业生产，也没有因为经济工作影响军事斗争，而是将革命战争与经济工作有机结合起来，相辅相成，共同促进，既发展了苏区工农业生产，改善了群众生活，又保障了革命战争的胜利进行，由此形成了良好的军政、军民关系。当前，我国的粮食工作仍然要坚持农业农村优先发展和乡村振兴战略，按照产业兴旺、生态宜居、乡风文明、治理有效、生活富裕的总要求，建立健全城乡融合发展体制机制和政策体系，加快推进农业农村现代化。巩固和完善农村基本经营制度，深化农村土地制度改革，完善承包土地“三权”分置制度。保持土地承包关系稳定并长久不变，第二轮土地承包到期后再延长30年。深化农村集体产权制度改革，保障农民财产权益，壮大集体经济。确保国家粮食安全，把中国人的饭碗牢牢端在自己手中。构建现代农业产业体系、生产体系、经营体系，完善农业支持保护制度，发展多种形式适度规模经营，培育新型农业经营主体，健全农业社会化服务体系，实现小农户和现代农业发展有机衔接。促进农村一二三产业融合发展，支持和鼓励农民就业创业，拓宽增收渠道。加强农村基层基础工作，健全自治、法治、德治相结合的乡村治理体系。培养造就一支懂农业、爱农村、爱农民的"三农"工作队伍。从而实现提升粮食工作质量和改善群众生活两大目标，"让农业成为有奔头的产业，让农民成为有吸引力的职业，让农村成为安居乐业的美丽家园。"[①]

（作者单位：井冈山大学）

① 《习近平心系"三农"领航新时代乡村振兴》，央视网，2018 年 2 月 5 日。

陈云与洛阳的“156 项目”建设

杨晋毅

陈云是“一五”时期中央经济工作的主要领导人之一，也是最关注“156 项目”策划与实施过程的中央领导人之一。洛阳的“156 项目”建设，浸透着许多中央领导人包括陈云的心血。1960 年 10 月，陈云专程来到洛阳，视察、指导洛阳的“156 项目”建设，鼓励洛阳的“156 项目”企业克服困难，奋发图强，胜利前进。

一、中共中央对洛阳的“156 项目”建设的关怀

洛阳拥有六个“156 项目”，分别是一拖、洛矿（中信重机）、洛轴、洛铜、洛电、河柴。这些项目是在中共中央、国务院的领导与关怀下逐步建设和发展起来的。

我们课题组在洛阳档案馆查阅“一五”时期档案时，查到了一份 1955 年 10 月 12 日中共河南省委组织部给中共洛阳市委组织部的文件。文件通知：“一九五五年九月十七日中共中央组织部函称，第一机械工业部党组提议，九月七日中央政治局会议决定：经过中央政治局讨论通过，白耀卿任第一机械工业部长春客车厂筹备处副主任（原任第一机械工业部洛阳滚珠轴承厂副厂长）”。[①]

洛阳一个“156 项目”的副厂长的改任，都要经过中共中央政治局的讨论，由此可以想见，洛阳的“156 项目”建设，包括陈云在内的老一辈中共领导人，曾经给予了很大的关注和关切。可以说，洛阳的“156 项目”是在中共中央的关怀之下，一步步建设、发展起来的。

① 洛阳档案馆，1 号全宗 138 号卷。

二、陈云 1960 年 10 月对洛阳的“156 项目”建设的视察和指示

最能体现陈云对洛阳的“156 项目”的关怀的，是 1960 年 10 月，全部苏联专家撤走之后，在洛阳的“156 项目”暂时遇到困境之时，陈云及时来到洛阳，调查研究，指导洛阳的“156 项目”的企业克服困难、自力更生、奋发图强的经过。

1960 年 10 月 25 日，中共中央副主席陈云亲临洛阳，对正建设的“156 项目”进行视察。陈云先后视察了洛阳矿山机器厂、第一拖拉机制造厂、洛阳轴承厂和河南柴油机厂，亲临车间，观察和询问生产情况，了解产品性能，并多次与企业领导和职工座谈，了解情况，听取汇报，作出详细的指示。

洛阳的六个“156 项目”当时的情况是，一拖、洛轴、洛矿、洛电都已经竣工投产，苏联专家的撤退对这几个企业没有产生太大的影响。军心稳定，生产正常。而河柴、洛铜，由于还在建设之中，苏联专家的撤退，对这两个企业造成了严重的影响，工厂建设遇到了严峻的困难。陈云重点到河柴调查研究，对企业如何摆脱困境作出了非常具体的指示。

当时河柴的具体情况是，第一期工程引进的苏联轻 12V180 型柴油机（一产品）的厂房建设刚刚结束，设备安装和调整正在进行；第二期扩建工程，即更加复杂和先进、马力更大的轻 42V160 型柴油机（二产品）建设工程，图纸刚刚到位，扩建工程即将开工。恰在此时，苏联政府突然单方面撤走全部专家。河柴承受着严峻考验，许多工作，如设备安装、机器调整、产品试制，都被迫处于停顿状态。

1960 年 10 月 25 日，陈云一到洛阳，即首先询问河柴的情况，并在洛阳宾馆亲切接见了河柴主要领导人。10 月 27 日，陈云轻车简从来到河柴。在中共河南省委副书记赵文甫、中共洛阳市委书记吕英和河柴领导人马景汉、李增华、孙建业、唐明晃及海军驻厂代表室总代表刘元兴等陪同下，对河柴的主要加工设备、产品零部件加工、检测装置、冶金试验室、柴油机总装和试验站等，进行了详细视察。陈云严细的调查研究和深入务实的作风，给河柴广大职工留下了深刻的印象。

陈云视察完生产现场后，又仔细听了河柴主要领导人的汇报，详细询

问了河柴的产品结构、主要性能、生产规模、人员设备、原材料供应、苏联专家撤走后对生产的影响、一产品的试制情况及二产品的研制计划等，并作了重要指示。

陈云说：一产品目前难解决的三种材料锡、磷、青铜，苏家屯工厂可以搞，你们可派人去该厂，说明材料要求和化学成分，与他们一起研究，我想这样可以解决。无缝钢管你们要求内径 2.5 毫米、外径 7.5 毫米，上海有个钢管厂，他们接过内径 3 毫米以上的钢管生产任务，我想搞你们这种材料是没有问题的，无非是中间套一根芯子，拉时壁厚要均匀，这个可以办到。解决材料的做法，可不可以采取到生产厂家想办法？我认为可以解决。不要打报告。否则，厂转局、局转部、部再和部转，转来转去，不知要浪费多长时间。两个厂直接谈，事情解决就快。

陈云说，搞二产品要解决工艺、工具，由工厂与有关科研部门的学者专门开会研究解决。不吸收他们，单靠你们自己，思路太狭窄，力量太单薄。“三个臭皮匠，顶一个诸葛亮。”在宾馆时我就告诉你们，不要再想苏联专家。他不来，他来我们也不干。依靠我们自己的力量搞下去，我们更扎实点，而且完全可以搞出来。我们现在的机械工业水平已经超过了第二次世界大战苏联的水平。我们原来的底子可能比它差一点。

陈云说，现在有一种苗头，下边在谈论同意再派专家来。只是上边没有说话。我们不干，因为他不讲信用。派专家是有贸易合同的。你想回去就回去，谁还能相信？你给我搞个半截子工程，想走就走。所以我们也不干，以后自己搞。苏联十月革命成功后靠谁援助？也是靠自己。美国给他设计了个汽车、拖拉机，那是一般的东西，飞机、火箭都是自己搞出来的。困难是有，时间可能慢一点，不过工作更扎实点。所以你们不要再想苏联专家，要靠自己。

陈云说，河柴属军工企业。军工厂有个传统，第一是埋头苦干，第二是不惜工本。第一种是好的，这也是客观存在决定了的，这个传统要保留下来；第二个是认为有总比没有好，因此在使用东西方面浪费，因为是军工，就不顾其他部门的困难。我到过很多军工厂，机器用布盖着，你们也有。如果作为一个资本家，他不这样干。作为军工企业要发扬艰苦奋斗的精神。现在全国条件和过去不同，军工是现代工业生产的成果，没有现代工业就没有现代军事工业基础。这是不是说，先把民用工业搞起来以后才能搞军工？当然不是。我们工业不发达，先搞军工，突破尖端，反过来发展民用。

在河柴领导人汇报了第一种产品试制工作和第二种产品的准备情况时，陈云语重心长地说：我感到你们人多了，第一种产品还没有生产出来就急着搞第二种产品。当然不是停下来，你们重点应把第一种产品生产出来，同时摸索第二种产品的生产。主要是第一种，有了第一种就不愁第二种。第一种产品生产好了，搞第二种产品就有经验了。所有的精密东西都是从粗的、土的搞出来的，不要以为高不可攀。

陈云的指示，寓意深刻，拨云见日，为河柴克服困难指明了方向。许多具体指示，充分体现了陈云的务实精神，使在场的人员受到了深刻的教育。

视察结束前，陈云应河柴的请求，挥毫题词："努力奋斗"，并与在场的领导同志、河柴先进生产工作者代表和工作人员合影留念。

陈云的重要指示和题词真切体现了中共中央对河柴的关怀和支持，使河柴全厂职工受到巨大鼓舞与鞭策。河柴党委作出了认真学习贯彻陈云同志指示的决定，进一步明确了工作方针，摆正了第一产品与第二产品的关系。河柴干部、工人自力更生，努力奋斗，克服三年困难时期和苏联专家撤离造成的困难，仅用一年时间就试制出了第一产品，并投入了批量生产，为海防建设作出了重要贡献。

六十多年来，特别是党的十一届三中全会以来，河柴人以陈云的指示和题词为强大思想武器，发扬"努力奋斗"精神，在不断巩固提高老产品的质量和性能的同时，积极适应改革开放和市场需求，坚持军民结合方针，引进德国、日本等国先进技术，开发生产民用产品，研制生产出具有 20 世纪 80 年代先进水平的柴油机、汽油机和摩托车三大系列产品。

河柴重工公司柴油机、燃气机和柴油、燃气发电机组的设计、开发、生产和服务的质量体系，通过了中国新时代质量体系认证中心的认证（认证标准 GB/T 19001—2000），获得了民品和军品质量体系两个认证证书，以及 ABS、BV、CCS、DNV、GL、LR、ZY 等船级社证书。河柴重工产品不仅应用于多兵种的军品市场，而且还广泛应用于船舶、发电、江河疏浚、油田、消防、工程机械和铁路机车等民品市场。产品用途已由过去单一舰船辅机到主辅机并举、由单兵种到多兵种、由军用到军民通用、由单机到成套，技术含量和附加值大大提高，销往俄罗斯、东欧、南欧、西非、拉美、大洋洲、中东、印度和东南亚等国家和地区。

历史已经并将继续证明，陈云的指示和题词，不仅对河柴当时的建设和生产起到了重要的指导和巨大的促进作用，而且对现在乃至今后仍然具有非常现实的指导意义。1988 年 5 月 10 日，河柴在建企 30 周年时，将陈云的题词确定为河柴的企业精神。“努力奋斗”已经成为激励河柴人奋发图强、勇攀高峰的座右铭，成为河柴人进行传统教育和企业文化建设的重要内容。

陈云在洛阳期间，还视察了洛矿、一拖、洛轴等“156 项目”企业，对企业的建设与发展都表示了殷切的关怀和鼓励，给予了许多具体的指示。

三、洛阳的“156 项目”的辉煌历史与巨大贡献

六十多年来，洛阳的“156 项目”企业，在陈云和中央历届领导人的关怀和鼓励下，不断进步，不断发展，为中国的工业化作出了重要的贡献。特别是改革开放以来，洛阳的“156 项目”企业，在市场经济的新形势下，克服困难，奋勇前进。其中：

第一拖拉机厂（现中国一拖集团公司），作为中国农机工业的龙头老大和“超级航母”，生产的拖拉机，长期占中国拖拉机生产总量的 50%（按标准台计算）以上，累计生产了 340 余万台拖拉机和 260 余万台动力机械，为我国农业机械化事业作出了巨大贡献。同时其是中国制造业、中国机械工业 500 强企业。所属第一拖拉机股份有限公司在香港联交所和上海证交所上市，是中国唯一拥有“A+H”上市平台的农机企业。

洛阳矿山机器厂（现中信重机集团公司），作为中国矿山机器、水泥制造机器的龙头老大和“超级航母”，产品曾长期占有这两个领域全国总产量的 90% 以上，是中国建材机械制造 20 强排名之首，中国制造业、中国机械工业 500 强企业。经过半个世纪的建设与发展，中信重工已成为中国最大的矿山机械制造企业、中国最大的重型机械制造企业之一，是中国低速重载齿轮加工基地、中国铸锻和热处理中心之一。

2010 年以来，中信重机逐步建成 18500 吨油压机、3150 吨水压机、1600 吨水压机、5000 吨专用模锻压机，构成了梯级合理的压机集群，被誉为“世界自由锻造王国的皇冠”。这个世界级重型装备制造高端平台，在世

界重机制造领域有重要地位，不断生产出世界第一的重型装备，不断刷新世界纪录。

洛轴几十年来相继完成了航空专用轴承的研制、原子能工业设备配套轴承的研制、火箭配套轴承的研制。神舟系列、嫦娥系列飞船，都离不开洛轴生产的专用轴承。国家在洛阳相继建设了中国唯一的国家级轴承研究所、轴承工厂设计院、全国唯一的大学轴承专业。洛阳，已经成为中国轴承生产、科研、教育的重镇。

2017 年 9 月 15 日，外径 9.785 米、重达 76 吨的中国最大的整体式超大型转盘轴承在洛阳 LYC 轴承有限公司顺利下线，现场通过中国船级社 CCS 认证和用户验收。

2019 年 1 月 14 日，洛阳 LYC 轴承有限公司与中铁隧道局联合研制的国内首台直径 11 米级盾构机主轴承成功下线。此轴承直径 4.8 米，重约 20 吨，能够满足大直径盾构机连续使用 1 万小时，将应用于国内首台再制造大直径泥水盾构机，承担舟山鲁家峙海底隧道项目的掘进任务。此轴承的应用，标志着我国已具有攻克大直径主轴承“卡脖子”技术的能力，对进一步推动盾构机核心部件国产化、推动盾构机完全国产化具有重要意义。

中铝洛铜集团，作为中国铜加工企业的龙头老大和“超级航母”，在洛阳的“156 项目”企业中，一直属于效益较好的企业之一。它生产的各种特殊材料，品种齐全，始终是中国国防工业不可或缺的重要材料，在中国国防工业中有着非常重要的地位。

洛阳热电厂（大唐洛阳热电有限公司），1954 年至 1965 年，先后进行了第一、第二、第三期工程。全厂共装有五炉七组，装机容量达到 18.5 万千瓦，相当于洛阳市刚解放时装机容量（500 千瓦）的 370 倍，不仅是河南省的主力电厂，也是当时全国 12 座高温高压热电厂之一，是全国瞩目的大型电力企业。

20 世纪 60 年代初期，该厂的发电能力占河南省电力系统总发电能力的 57.7%。在向电网供应强大电能的同时，该厂还通过热网系统直接为原洛阳拖拉机厂和洛阳轴承厂等六大厂矿和部分小厂供热，为河南省电力事业特别是洛阳市的工农业发展作出了巨大贡献。

改革开放以来，洛阳热电厂经过多次扩能更新，装机容量已经达到 100.5 万千瓦，是全国为数不多的城市百万千瓦级电站。目前，该厂已经制定新的扩能目标，将来装机容量计划达到 160 万千瓦。

陈云重点视察过的河南柴油机厂（河南柴油机重工有限责任公司，简称“河柴重工”），是新中国第一个船用高速柴油机厂，中国船舶行业唯一的船用高速大功率柴油机专业制造厂。河柴重工拥有世界领先水平的中、高速大功率内燃机（柴油机、气体机）制造技术，已实现了由引进—消化吸收—再创新到自主研发高端自主品牌的根本性转变，是河南省高新技术企业、河南省高速大功率柴油机工程技术研究中心、国家认定企业技术中心、国家认定 CNAS 实验室。产品由单一高速柴油机向中速柴油机、高速柴油机、气体机及成套装置多元化发展。柴油机功率覆盖范围为 110 千瓦至 4000 千瓦，柴油发电机组覆盖范围为 80 千瓦至 3000 千瓦。所有机型通过中国、美国、俄罗斯、法国、德国、英国、挪威等多家船级社 IMO Tier Ⅱ 排放认证。随着产品先进性、可靠性等优势的日益发挥，其应用领域不断拓宽。不仅用于船舶用主机和发电机组，而且还广泛应用于陆用发电、江河疏浚、油田、海上平台、海洋工程、工程机械和铁路机车等领域。产品用途已由过去单一船用辅机到主辅机并举、由单一船用到船陆通用，由单机到成套，技术含量和附加值大大提高。

河柴重工坚持以高速大功率柴油机为主，扩展、延伸产品应用，走规模化、集成化经营发展之路，努力把企业建成国际先进、国内领先、具有现代化制造水平的中、高速大功率内燃机（柴油机、气体机）及电站、动力成套装置研制生产基地。公司 2012 年度产值逾 10 亿人民币，销售额与销售货款收入接近 7 亿人民币。2013 年度产值较 2012 年度略有提高，销售额与销售货款情况与 2012 年度相仿。

2019 年 3 月 27 日至 29 日，河柴重工产品 CHG314V8RPC 燃压一体抽采机组及装备河柴 CHD620V16CR 柴油机的 2500 型压裂车，在第 19 届中国国际石油石化技术装备展览会上精彩亮相。CHG314V8RPC 燃压一体抽采机组，是河柴响应我国新能源、清洁能源战略要求，依据天然气压缩机相关制造规范设计开发的新产品，是集抽采、脱水、压缩、输送于一体的石油动力装备机械，具有抽采效率高、模块化程度高、移动方便、可靠性高的特点，该产品在延长天然气井的开采寿命、提高天然气的抽采效率、减少工程难度和使用维护成本等方面为客户提供了很好的解决方案。2019 年，河柴重工 620 系列柴油机，实现了油田装备动力端的全覆盖，为大庆油田油气开采作出了贡献。

洛阳的“156项目”企业，在新中国工业发展史上，曾经有过非常辉煌的历史，创造了不平凡的业绩。洛阳的“156项目”企业，在新时期，将会牢记陈云等老一辈国家领导人的嘱托，进一步在市场经济的大潮中，锻炼自己，提高自己，做大做强，牢记使命，不负重托，为中国国民经济的发展作出更大的贡献。

（作者单位：郑州科技学院）

陈云与辽宁工业基地创业述略

王恩宝

陈云是中国共产党老一辈无产阶级革命家和政治家，中国社会主义经济建设的开创者和奠基人之一，素有“共和国红色掌柜”美誉。20世纪五六十年代，辽宁人民为工业基地建设进行了艰苦创业，奋力镌刻下彪炳历史的深深印迹，深刻映照出波澜壮阔的不平凡历程，重笔描绘了熠熠生辉的恢宏画卷，由此成就了“共和国长子”的辉煌。在新中国成立前后的社会主义革命和社会主义建设伟大实践中，陈云对辽宁等东北工业基地的奠基、创业、建设、发展倾注了大量心血，作出了历史性贡献。辽宁不会忘记，共和国不会忘记，人民不会忘记！

一、领导接管沈阳，奠定辽宁工业基地创业基础

从1948年11月到1949年5月，陈云在中国革命战略转折的关键时刻受命领导接管沈阳的伟大实践。他不仅卓有成效地完成了中共中央赋予的光荣而艰巨的任务，为中国革命伟大事业作出了特殊贡献，同时也积累了宝贵经验，留下了深刻启示，为辽宁工业基地创业奠定了坚实基础。

在辽沈战役的隆隆炮声中，1948年10月15日，锦州获得解放，沈阳的解放指日可待。10月26日晚，根据中共中央的指示和部署，中共中央东北局在哈尔滨召开紧急会议，决定由中共中央政治局委员、中共中央东北局副书记兼东北财经委员会主任、东北军区副政治委员陈云统一领导接管沈阳的工作。会上，相关人员在借鉴接管长春经验教训的基础上，还集中讨论了接管沈阳的方针和办法，并预计了可能出现的各种问题和困难。10月27日，中共中央东北局决定了以陈云为主任、陶铸为副主任的沈阳特别市军事管制委员会人选，并抽调4000多名新老干部，由陈云率领接管沈阳及周围几个城市。28日，在军管会会议上，陈云就接管的方针、任务、方

式、方法和注意事项等方面作了重要讲话，要求军管人员要兢兢业业，把接管工作当作“进京赶考”。29日，全体军管干部从哈尔滨乘火车出发。31日，在行进途中的铁岭开原，军管会召开第二次会议。陈云再次宣布接管沈阳的方针、方法、分工和注意事项等，同时指出：沈阳是东北最大城市和工业中心，把接管沈阳的工作做好，使城市不受破坏，迅速恢复生产，可以有力地支援全国解放战争。辽沈战役的胜利，预示着平津不久即将解放，接管沈阳可以为接管关内各大城市提供经验。因此，接管好沈阳，对建设东北和支援全国都有重要意义。会议还未雨绸缪，就接管过程中需要解决的粮食问题、金融与物价问题、铁路运输问题、卫戍问题、干部教育等问题提出了切实措施[①]。11月2日，军管会在沈阳城北又一次召开会议，陈云向刚刚赶到的伍修权、陶铸介绍了军管会的组织情况及接管方针，同时提出要解决足够的粮食和电力供应，还宣布戒严封城三天，立即调高射炮部队入城防卫等。另外，从军事、政权、治安、财贸、粮食、铁路交通、工业、房产等方面，对接管工作的领导分工作出决定。总之，从1948年10月28日到11月2日，在短短的六天时间里，陈云对接管沈阳工作做了较充分的筹划和准备，从方针到方法，从分工到落实，都未雨绸缪、运筹帷幄，从而保证军管会在短期内稳住了局势，并较快、较圆满地完成了接管任务。

接管沈阳工作从1948年11月2日到1949年5月顺利结束。尽管时间不长，但留下的成功经验异常珍贵，成为此后各地接管城市的范本。1948年11月28日，陈云专门写出《接管沈阳的经验》一文，报送中共中央东北局并转报中共中央。文中提出接管沈阳的主要经验有七条；1949年1月，中共中央东北局作出《关于沈阳接管经验之补充报告》，又对接管沈阳经验补充了八条。对上述经验进行集中概括，有以下三个方面：

第一，确立科学的方针和运用行之有效的方法，是接管工作迅速、平稳进行的战略指导和重要保证。在接管沈阳之前的准备会上，陈云就提出接管沈阳的战略方针，并且在后来的总结中对这一方针作了系统的分析，进一步揭示了为贯彻这一方针而采取的具体方法，指明了我党接管城市的

① 中共沈阳市委党史研究室编：《城市的接管与社会改造·沈阳卷》，辽宁人民出版社2000年版，第4—5页。

基本准则。具体说来就是："各按系统，自上而下，原封不动，先接后分"①。实践证明，上述方针方法的贯彻实行，对于稳定局势、减少损失，从而保证接管工作的顺利进行具有至关重要的作用。

第二，突出中心环节，解决关键性问题，是接管工作全面推进的重要基础。陈云认为，要迅速恢复秩序，做到"比较稳当而无大波动"，必须解决五个关键问题：一是"恢复电力供应"；二是"迅速解决金融物价问题"；三是"敌伪警察必须收缴枪支，让其徒手服务"；四是"稳定人心，传布政策，主要靠报纸"；五是"工资问题需要妥善解决"。② 实践证明，上述对电力、交通、粮食、物价、治安、舆论、工资等问题的解决，抓住了接管工作的关键环节，这样就带动了接管工作的全面展开。

第三，以人为本，充分依靠人民群众的力量，努力发挥干部和群众的积极性，是接管工作取得实效的不竭动力。在接管沈阳过程中，陈云非常重视紧紧依靠人民群众的力量，特别是充分调动工人阶级的积极性问题。他讲道："工人不仅是工厂的主人，又是国家的主人"。"要靠大家挑起担子，共同把生产搞好。"③ 事实上，有了工人阶级的理解和支持，接管工作尤其是接收工厂企业的工作才有了坚实的群众基础。陈云认为，接管沈阳之所以能够成功，首先是有党的正确领导和我党制定的有关接收城市和建设城市的一系列方针政策，也是同我们有一支强有力的接收队伍分不开。接收队伍进入沈阳后，发扬连续作战的精神，很快进入各自接收岗位。相关人员严格按照党的指示和接管沈阳的方针，不怕辛苦，克服种种困难，最快而又有序地完成了接收沈阳的任务。④

领导接管沈阳的成功实践，为新中国成立之后陈云的长期实践以及思想的发展奠定了重要而坚实的基础。可以说，在领导接管沈阳过程中，陈云所采取的方针、原则，方式、方法，以及积累的经验、形成的思想、观点，与他后来在中华人民共和国的经济恢复和建设、国民经济调整时期以及改革开放新时期的思想、实践是紧密相连的，或者说是其思想、实践的

---

① 《陈云文选》第1卷，人民出版社1995年版，第374页。

② 中共沈阳市委党史研究室编：《城市的接管与社会改造·沈阳卷》，辽宁人民出版社2000年版，第9页。

③ 《陈云文选》第1卷，人民出版社1995年版，第380页。

④ 中共沈阳市委党史研究室编：《城市的接管与社会改造·沈阳卷》，辽宁人民出版社2000年版，第11页。

准备和基础，尤其是他在领导接管沈阳实践中关于经济恢复和建设的重要思想，构成了他关于社会主义经济建设思想的重要组成部分；对他后来成为我国杰出的经济工作领导者，从而为我国社会主义经济建设事业作出卓越贡献奠定了重要基础，也可以说迈出了关键的一步。这些宝贵实践及思想对于新中国成立后陈云支持辽宁工业基地创业，奠定了重要思想基础和实践基础。

陈云在领导接管沈阳的伟大实践中所体现出的高超的领导艺术和深谋远略，诸如未雨绸缪、运筹帷幄；突出中心环节，抓住关键问题；以人为本，充分依靠干部和群众的力量，等等，都反映出老一辈无产阶级革命家在执政能力和执政水平方面有很深的造诣。这些宏谋大略和高超领导能力是新中国成立后陈云出色领导社会主义经济建设，尤其是有力指导辽宁工业基地创业实践的深厚底蕴和重要支撑。

二、视察辽宁，助力辽宁工业基地创业开篇

陈云对党、对人民的贡献是巨大的和多方面的，特别是他为中国社会主义经济建设事业的开创和奠基所建立的功勋尤为卓著。无论是在东北工作期间还是新中国成立前后，他都特别关注辽宁工业基地的建设，1949 年 1 月到 4 月，陈云先后三次到辽宁进行实地考察，指导工作；1951 年、1952 年又到辽宁视察，并作出一系列重要指示，有力地推动了辽宁工业基地掀开创业大幕。

新中国成立前，陈云即高瞻远瞩，开始把目光转向如何建设东北特别是辽宁工业基地的问题。1949 年初，在陈云领导下，沈阳已开始恢复建设。他深入实际，到工厂视察，在调查研究的基础上，确立了兵工厂、重型机械厂、铁路机车厂、车辆厂、化工厂、橡胶厂、纺织厂、造纸厂等为八大战略性工厂。之后又相继分三次到抚顺、鞍山、大连、普兰店、瓦房店、本溪、丹东等地进行实地考察，深入了解当地政治经济综合情况、工业发展前景和市场供应、交通运输、职工工资等多方面与生产建设和人民生活密切相关的情况。

1949 年 5 月初，陈云首次到鞍钢视察。他在细致了解鞍钢情况后，对鞍山市委和鞍钢负责人说，鞍钢是全国最大的钢铁企业，在世界上这样大的钢铁企业也不多。你们承担的任务是艰巨的，工作岗位是光荣的，要尽

快把鞍钢恢复起来，支援解放军解放全中国，支援即将在全国范围内开始的大规模的经济建设[①]。

陈云的这次视察，明确指出了鞍钢工作的重要性，对鞍钢的工作提出了具体、明确的要求，使鞍钢职工深受鼓舞和教育，增强了光荣感、责任感、紧迫感。

遵照陈云指示，1949 年 5 月中旬，鞍钢开展了恢复生产立功竞赛和创新纪录运动，干部深入生产和工地第一线，和工人同甘共苦，群众积极性极大提高，修复进度大大加快。1 号高炉 6 月份比 5 月份快 25%；9 号焦炉 6 月份比 5 月份快 15%，提前 18 天出焦；轧机设备的修复也提前完成计划。截至 6 月末，全公司有 2 座矿山、1 座高炉、2 座平炉、6 个轧钢厂、2 个金属制品厂、耐火材料厂全部或局部投产，钢铁生产的各个环节开动起来。恢复生产初战告捷。

新中国成立之初，陈云日理万机，工作十分繁忙，但仍非常关注辽宁工业基地的建设发展和人民群众的生产生活。仅 20 世纪 50 年代，他就五次到辽宁视察。其间，他最为关心的是鞍钢的恢复和发展。在 1949 年 12 月召开的全国第一次钢铁会议上，陈云号召全国的专家和技术人员到东北（主要指鞍钢）去，从事新的经济建设工作。在此之后，鞍钢迅速派出代表团，到京、津、沪、华东、华北、华中等地招聘各类专业技术人员，较好地缓解了技术力量严重匮乏的压力。

1951 年 11 月，陈云再次来到鞍钢视察。他鼓励鞍钢职工抓紧生产和修复设备，多生产钢铁，为抗美援朝作贡献，为国家财政经济好转作贡献。鞍钢人没有辜负中共中央和陈云的期望。1952 年末，鞍钢完成了残存设备的修复任务，并在 7、8 月间动工新建“三大工程”，开始步入大规模建设时期。

随着鞍钢恢复工作的顺利进行和全国国民经济的恢复发展，预示着全国性的大规模建设高潮即将到来。中共中央在筹划国民经济大政方针之际，提出作为工业建设“重中之重”的鞍钢，应该及时转变工作重点，把以恢复工作为中心转变为以基本建设为中心。

1952 年 3 月，陈云第三次到鞍钢视察，明确指出鞍钢要把基本建设放

---

① 中共辽宁省委党史研究室编：《陈云同志在东北》内部版，2005 年，第 118 页。

在第一位。“我们要搞建设，五年计划，三年准备，今年是最后一年……今后你们如不把基本建设搞好，将来要犯路线的错误。建设任务成为中心任务了，其它任何工作都比不上基建重要。东北要比关内早，基建远远超过生产，将来在全国也会以基建为主”[①]。这一重要指示不仅为鞍钢的进一步发展，也为全国大规模建设的展开指明了方向。

当得知鞍钢生产任务很重，人员不足时，陈云讲了国内外政治经济形势，讲了全国经济建设的远景规划和发展速度，用辩证、发展的观点教育鞍钢负责人，要眼睛向内，自力更生解决，从生产岗位抽调合适的人员到基建岗位上去。他深谋远虑地说：“实现五年计划，这关系到国家命运，关系到世界和平力量。把生产人员抽出来，生产是受点影响，但不能垮。不这样，基本建设就垮了。国营工业不发展，资本主义就发展，我们就没有办法建设社会主义了。”“对生产人员考虑过要‘割韭菜’，要割三刀，今年是第一刀。你们思想上有准备，早点比迟点好，早割早提拔”。[②]

为了贯彻陈云的指示，东北工业部发出《关于加强鞍钢基本建设工作的决定》。鞍山市委召开十几次会议，研究部署如何贯彻陈云指示、加强鞍钢基建问题，提出了“基建第一”“以基建为中心”的口号，号召全市人民全力支持鞍钢基建。鞍钢公司在领导力量、人员调配、机构设置、物资供应等方面尽力满足基建需要。到 1952 年末，鞍钢基建队伍已达 55 万人，生产和基建形成了 2 套机构、2 支队伍，真正贯彻了陈云把基建放在第一位的指示。

鞍钢加强基本建设的一系列做法，由东北工业部向中共中央作了汇报。中共中央认为有普遍指导意义，值得在全国推广。中共中央在 1952 年 11 月 13 日批转中共东北工业部党组《关于鞍钢基本建设进度的情况报告》时指出：“鞍钢的经验更进一步证明，必须把基本建设提到工业建设的首要地位，大力充实基本建设的力量，必须从生产岗位抽调一批技术人员加强到基本建设方面来。这两个重要环节若予以忽视，就一定会犯错误，基本建设就会落空。”同年 11 月 17 日，中央人民政府重工业部召开全国重工业厂矿长会议，贯彻中共中央关于“把基本建设提到首要地位”的方针，动员各单位集结基本建设力量。

---

① 中共辽宁省委党史研究室编：《陈云同志在东北》内部版，2005 年，第 119 页。

② 中共辽宁省委党史研究室编：《陈云同志在东北》内部版，2005 年，第 119—120 页。

陈云的重要指示不仅为鞍钢的进一步发展，也为辽宁工业基地建设、全国工业建设指明了前进方向。

三、心系辽宁，助推辽宁工业基地建设发展

辽宁工业基地基本建成后，陈云始终心系辽宁，十分重视辽宁工业基地的发展。1957 年、1959 年他又两次视察辽宁，到 20 世纪 80 年代还关注辽宁的建设发展，并作出重要指示，有力地推动了辽宁工业基地的发展和提升。

1957 年 8 月 7 日，时任国务院副总理陈云和李先念来到辽宁，8 月 8 日主持召开辽宁、吉林、黑龙江三省经济管理体制改进工作座谈会。关于工业问题，陈云指出：现在工业行政管理有两个问题：中央集中的太多，地方的权限太小，限制了地方的积极性；国家集中的太多，厂矿的权限太小，限制了厂矿干部和职工的积极性。因此必须扩大地方管理工业的权限和厂矿企业的权限。他指出：要“适宜地扩大地方管理工业的权限：1. 下放管理企业。重工业只放一部分，轻工业放大部分，纺织工业采取先小放后大放的方针。重工业像鞍山钢铁公司、本溪钢铁公司、大型化工厂、重型或精密的机器电机仪表厂等就不能放。所以重工业只能维持现状，一部分下放。纺织工业因不同地区有不同的情况，所以要先小后大。交通部管理的一部分港口下放，大港口（像大连、青岛、上海等）不能下放。建筑工业是否下放有两个意见：一是土建部分由省包下来；二是由中央全部包下来。这个问题还需要另行研究解决。过去我们在建筑方面有很多浪费，浪费最大方面是‘打游击’。2. 一切中央部属企业都实现以中央部为主的双重领导，加大地方对中央部属企业的领导和监督权限。”同时，他还提出从减少指令性指标、财务管理、人事管理等方面“适当地扩大企业管理的权限”问题①。陈云阐述的这些既坚持国家“一盘棋”又调动地方积极性的思想，对于辽宁工业基地的建设和发展起到了极大促进作用。

1957 年 8 月 9 日，陈云出席中共辽宁省市地委书记、省直机关党员负责干部大会。会上，他立足我国农业大国的基本国情，强调指出：粮食问题是最重要的问题。物价稳定，头一条就是靠粮价稳定。粮价动摇，物价

---

① 东北三省体制工作会议记录，1957 年 8 月 8 日（存辽宁省档案馆）。

就要动摇，整个五年计划统统都要动摇。我们是大国，粮食不能依赖进口。要从根本上解决粮食问题还需要很多年，在此之前，保证粮食不出问题的办法只有一个，即以丰补歉。农业问题对我们压力很大，搞不好就要拖经济建设的后腿。解决这个问题，一靠增加化学肥料和化学纤维；二靠兴修水利，抓好治涝和灌溉；三靠搞好计划生育。我们在基本建设方面还是比较勤俭节约的，现在看来，有许多方面还可以再省一点，慢一点，把轻重缓急分得再清楚一点。我们应好好总结过去的教训，在基本建设方面认真地进行节约[①]。陈云的重要讲话为辽宁如何解决农业和工业的发展问题指明了方向，成为辽宁工业基地发展过程中长期坚持的重要准则。

陈云非常注重调查研究，认为领导机关讨论决定重大问题要事先拿出90%以上的时间搞调查研究。即便在他养病期间，还于1959年6月来到抚顺考察，帮助解决工业生产和人民群众生活等实际问题。

抚顺视察期间，陈云处处体现了“不唯书”“不唯上”的唯实精神。在抚顺西露天矿视察时，陈云了解到西露天矿出现了采剥比例失调的情况，严重地影响了采煤任务的完成。他立即严肃地告诫有关负责人，采剥比例失调问题一定要解决好，并一针见血地指出煤炭生产的弊病和今后的方向。在调查中，陈云发现矿区存在着严重的交通堵塞状况，于是亲临现场实地考察，提出解决矛盾的具体建议。在深入调查研究的基础上，陈云还就抚顺矿务局总体改造提出了设想：以抚顺地下煤炭资源为主，发展抚顺配套重工业，即水、电、铝、硫氨、石油、水泥等各条生产线。概括为：合理利用地下资源，发展地面重工业，搞好综合利用。在抚顺铝厂视察时，他听取了铝厂负责人的全面汇报，并同厂负责人探讨了铝厂改造、新建铝厂所需投资经费等问题，还协调解决了苏联专家在铝厂援建中出现的问题。陈云在视察抚顺铝厂等工厂矿区后，对抚顺市委的工作提出了指导性意见，并再三叮嘱抚顺市委负责人，城市建设工作要协调发展，防止单打一[②]。陈云的重要指示，为促进抚顺经济建设与城市建设、城市管理、人民生活等各项事业的均衡发展指明了方向。

陈云离开抚顺后，抚顺各界积极行动起来。经过一个月的研讨、论证，

---

① 陈云在中共辽宁省市地委书记、省直机关党员负责干部大会上的讲话记录，1957年8月9日（存辽宁省档案馆）。

② 中共辽宁省委党史研究室编：《陈云同志在东北》内部版，2005年，第121—122页。

抚顺市委作出了具体规划，并组成汇报组专程赴京，向中共中央汇报。陈云调集专家、组织人力研讨抚顺规划的可行性。中央有关各部如煤炭部、水利部、冶金部等抽调一批专家学者，听取了抚顺汇报组的四次汇报。经过论证，各部很快帮助抚顺拿出详细方案，并形成《抚顺“二五”规划概要》。不久，中央派出以万里为首的工作组到抚顺，帮助指导抚顺“二五”规划的落实。陈云视察抚顺的时间虽短暂，但留给抚顺的精神财富却非常丰富[①]。

在关注辽宁工业基地建设发展的同时，陈云始终把人民群众生活放在心上，为人民群众办实事。本溪市是我国重要的原材料生产基地，为国家和辽宁的经济发展作出了很大贡献。由于忽视了环境保护，造成大气污染十分严重，到 20 世纪 80 年代初，本溪成为全国污染最严重的城市之一，严重威胁着本溪人民的生活和健康。1988 年 8 月 21 日，陈云收到国务院环境保护委员会报送的关于本溪环境污染情况的材料，第二天即作出批示：“治理污染，保护环境，是我国一项大的国策，要当作一件非常重要的事情来抓。这件事，一是要经常宣传，大声疾呼，引起人民重视；二是要花点钱，增加投资比例；三是抓监督检查，做好落实。”[②]本溪市全面认真贯彻陈云指示，经过十多年艰苦努力，市区环境得到显著改善，并在此基础上逐步探索出一条依靠科技进步，促进经济与环境协调发展的新路。本溪人民用再现的蓝天碧水回报了陈云；陈云以他的谆谆教诲和牵挂在本溪人民心中树起了一座永恒的丰碑。

今天，我们回顾陈云对辽宁工业基地创业、建设、发展的亲切关怀和巨大支持，教益启示深刻，思考价值颇多。在新时代，辽宁人民一定要下定决心、坚定信心、保持恒心，以“长子情怀、忠诚担当、创新实干、奋斗自强”的“新时代辽宁精神”为引领，为辽宁工业基地振兴发展和构建和谐辽宁、幸福辽宁作出更大贡献。

（作者单位：中共辽宁省委党校）

① 中共辽宁省委党史研究室编：《陈云同志在东北》内部版，2005 年，第 123 页。
② 中共辽宁省委党史研究室编：《陈云同志在东北》内部版，2005 年，第 128 页。

晚年陈云与分税制改革

尹红群

1994 年分税制改革是确立社会主义市场经济体制的核心举措之一。1993 年，时任国务院副总理的朱镕基对此思考深刻，推之最力，他说："在我们建设社会主义市场经济体制的过程中，必须逐步改革现行的不适应市场经济发展要求的各种经济体制，这也是正确的，是历史所证明了的。所有市场经济国家在发展过程中所发生的问题，在我们这里都曾经发生过或正在发生。所以，如果不考虑参照、采用市场经济国家的一些现成做法，并结合中国的特点，根据邓小平同志建设有中国特色社会主义理论，创造我们的市场经济模式，许多问题就解决不了。事实已经证明，必须往前改革。"①1994 年 2 月 9 日，陈云对上海的领导同志谈道："中央决定从今年起实行分税制，使中央逐步集中必要的财力。上海和全国其他各地都表示赞成，说明大家是顾全大局的，我很高兴。"② 这一席谈话表明了晚年陈云对分税制改革的积极支持，说明他对于 20 世纪 80 年代末 90 年代初的经济、政治乱局治理和推动改革开放新突破——确立社会主义市场经济体制的支持。

没有公开资料说明陈云与朱镕基之间就分税制进行过讨论，但两位"懂经济"的人在分税制问题上有着共识。朱镕基在上述讲话中侧重提到了"采取市场经济国家的一些现成做法"。那么，陈云思考这个问题的逻辑在哪里？为什么会支持分税制改革，或者说，他是如何思考分税制改革对于化解当时经济乱局以及建立社会主义市场经济推进改革开放的作用？外界曾经误解陈云是传统计划经济的拥护者，事实上，陈云是"放活"市场的改革家，务实且具有战略眼光。从陈云的丰富经验和理论探索来看，分税制改革的精髓契合他一以贯之的主张。理解了陈云的理论探索，就可以准

① 《朱镕基讲话实录》第 1 卷，人民出版社 2011 年版，第 358—359 页。

② 《陈云文选》第 3 卷，人民出版社 1995 年版，第 380 页。

确判断分税制改革顺应着中国改革开放自身的内在逻辑。

一、分税制改革理论源起综述

分税制改革理论有诸多来源，这一点毫无疑问。不过，学术界对分税制改革的理论探索过于集中在西方经济学、财政学理论在中国的运用，对中国改革开放以来的实践与理论探索，乃至于新中国成立以来财政体制改革的理论总结和分税制改革的关系研究却相当不足，造成1994年分税制改革有横空出世、与整个20世纪80年代中国改革实践与理论似乎有割裂之嫌。幸运的是，近年来学术界出现一个动向，一些研究成果注意把分税制改革前后的历史连接起来。

分税制改革借鉴了西方国家的财政制度经验和西方财政学理论，特别是财政联邦主义理论。亲身参与分税制改革的姜永华在口述中说，前期准备是比较充分的，对中国国情、财政体制进行深入分析，对国际经验进行全面总结，派出一批财政部干部到澳大利亚、德国、日本等分税制财政体制搞得比较规范的国家去学习。这项研究最后形成一个很薄的小册子，主要介绍西方国家分税制的做法，并且送给中央政治局和有关领导作为参考。“应该讲，这项研究对于推进分税制财政体制改革是有重要作用的。”[①] 在1994年前，学术界在公开发表的期刊上分别介绍了德国、日本、美国、澳大利亚等国的财政分权制度，对财政联邦主义理论也进行了探讨。德国学者阿明·波奈特撰文《走向财政联邦制的中国财政体制改革：现状与前景》，分析了1980年至1989年近十年的财政体制改革，认为重塑国家财政体制势在必行，明确指出：“联邦制经济理论会有助于中国财政体制的进一步改革，特别在于确定改革的方向。”[②]

与此同时，中国学者加强了理论建构，主要是借鉴西方政治理论为分税制改革提供依据。王绍光、胡鞍钢的报告《国家能力分析》（后以《中国国家能力分析报告》为书名出版）影响颇大，该报告以现代化理论为基础，认为“两个比重”下降，造成了国家能力严重削弱，要改变“弱中央、强地方”的格局，须实行分税制。1995年王绍光发表论文《分权的底线》，从

---

① 姜永华口述，鲁利玲整理：《亲历分税制改革》，《中共党史研究》2018年第8期。

② ［德］阿明·波奈特、洪中：《走向财政联邦制的中国财政体制改革：现状与前景》，《经济社会体制比较》1991年第3期。

国际政治比较理论出发，讨论过度分权的危害。到90年代初期，财政“分权让利”政策的结果便是使得中央政府的经济调控和行政管理能力大大下降，从而导致“国家能力”被严重削弱，已经超过了“分权的底线”。[①]这些分析无疑具有理论上的深刻性，但也有着就财政而论财政的局限性。

经过数年的实践，分税制的积极作用和消极影响均已显露，分税制改革成为新中国成立以来涉及范围最广，调整力度最大，影响最为深远的一次财税改革，正如参与改革的财政部原部长刘仲藜在2003年所说的，“怎么估计实行分税制的好处，都不过分。”[②]学术界的研究开始超越为分税制改革辩护的阶段，百花齐放，尤以分税制与经济增长的关系研究最为繁荣。本文所关切的分税制改革理论源起的学理分析也有讨论，主要是三个方向：

一是研究分税制改革的背景、条件或者说动因。财政学者列举了分税制推出的四大动因：对此前原有财政体制的完善；破解之前的财政困境；建立社会主义市场经济的现实需要；苏东剧变的国际影响。[③]最主要的因素还是财政包干制的弊端，它造成了中央财政收入急剧减少而支出膨胀，出现严重困难。[④]

二是分税制改革与“发挥中央与地方两个积极性”的渊源。《分税制十年：制度及其影响》[⑤]和《分税制二十年：演进脉络与改革方向》[⑥]两篇论文均提到了分税制与1956年毛泽东《论十大关系》的理论承袭关系。有学者从“发挥中央与地方两个积极性”的角度，不再把财政包干制和分税制对立起来，而是放到历史阶段中去看各自的地位和作用，在财政包干制下，地方政府发展经济的积极性和强化财政支出的生产性偏好被激发起来，推动了中国20世纪80年代的经济高速增长。然而，地方政府过度看重经济发展的积极性也造成了地区间的恶性竞争和市场分割，地方在与中央的财政博弈中，往往会采取机会主义行为来获取自身利益，造成中央的财政利益受到影响，财政分权制度改革势在必行。与财政包干体制相比，分税制改革体现了中央政府两个方面的政策目标：一方面，要继续调动地方政府发展

---

① 王绍光：《分权的底线》，《战略与管理》1995年第2期。

② 姜永华口述，鲁利玲整理：《亲历分税制改革》，《中共党史研究》2018年第8期。

③ 马海涛：《分税制改革20周年：动因、成就及新问题》，《中国财政》2014年第15期。

④ 范荣：《财政分权、分税制与中国经济增长》，《财经界》2013年第9期。

⑤ 周飞舟：《分税制十年：制度及其影响》，《中国社会科学》2006年第6期。

⑥ 付敏杰：《分税制二十年：演进脉络与改革方向》，《社会学研究》2016年第5期。

经济的积极性，促进经济增长；另一方面，还需要调动中央政府的积极性，增强中央政府的权威和宏观调控能力，抑制地区间的减税竞争和市场分割等现象。中央积极性的发挥需要以雄厚的财力为基础。分税制改革力图通过调整财政分权来同时调动中央和地方两个积极性。①

三是分税制改革与中国经济体制改革进程。《分税制改革与中国经济体制改革思路的转换》一文把分税制放到中国改革开放历史进程中去定位。在中国改革开放进程中，1992 年是一个分界点，在此前后呈现出不同的思路。20 世纪 80 年代在放权让利改革思路下，微观经济快速市场化，包括财税体制在内的宏观经济改革明显滞后，成为宏观经济剧烈波动的重要原因。经过围绕财税体制进行的探索、反复和试点，90 年代经济体制改革的思路转向宏观经济改革和制度创设，进入微观改革与宏观改革相配套的阶段。分税制改革在改革思路的转换中发挥出“中心环节”的作用。经过分税制改革，“放开搞活”与“综合平衡”在新的更高层次上结合起来，为中国经济改革和发展开拓了新路。历史在这里走过了一条“否定之否定”的螺旋式上升道路。②

总的来看，对分税制改革理论源起的研究，从以往专注西方的财政联邦制理论与实践，转换到逐渐考虑中国特点，并开始着重探讨分税制改革和中国自身理论与实践的渊源关系。历史发展的断裂与连续性就是一块硬币的两面，历史长流有断崖，但何曾有断流？本文主张把晚年陈云与分税制改革联系起来，正如一位学者所述：80 年代后期宏观经济剧烈波动，更重要的原因在于改革实践中没有构建起以财税体制为核心的宏观经济稳定机制。陈云在计划经济时期和改革初期所力主的“综合平衡”，事实上执行着宏观稳定的任务，其中，财政平衡更是综合平衡之首（另有信贷平衡、物资供需平衡、外汇收支平衡）。历史经验和现实问题都要求进行宏观层面的财税体制改革，改革思路的转换随之水到渠成。③

二、陈云支持分税制改革的立足点是社会主义中国的长治久安

中共中央关于分税制改革的决定里着重提到：这样做是“为了国家的

① 吕冰洋、台航：《从财政包干到分税制：发挥两个积极性》，《财贸经济》2018 年第 10 期。
② 闫茂旭：《分税制改革与中国经济体制改革思路的转换》，《中共党史研究》2018 年第 12 期。
③ 闫茂旭：《分税制改革与中国经济体制改革思路的转换》，《中共党史研究》2018 年第 12 期。

长治久安”。这句话不仅仅是从经济角度来说的，也是有深刻政治含义的。[①] 这也正是陈云思考分税制的立足点。20 世纪 80 年代中后期，经济出现过热，地方基建投入过快，物价闯关失利，通货膨胀严重，物价上涨过快，秩序混乱，群众生活受到很大影响，社会出现不安定因素，国内外因素叠加又造成严重的政治风波。对这一系列乱象，陈云一直在密切关注，也引起他的忧虑。1988 年 10 月 8 日，已 82 岁高龄的陈云经过较长时间的思考，并写好提纲，向中共中央提出了关于当前经济工作的八点意见，指出当前混乱的经济局面存在的一些问题，如“两个太多了”：一是“现在非生产性建设、特别是楼堂馆所建设搞得太多了，连黑龙江也跑到北戴河去盖楼堂馆所，真是怪事”；二是“现在票子发得太多。”[②]

怎么办呢？“如果不从根本上采取稳定市场物价的措施，提款抢购风潮还会再起。”陈云提出警示。那么，“根本上”的措施有哪些呢？陈云指出，“在历史上起过作用的办法，现在不应该全部照搬，但也不能一概否定。”[③] “在我们这样一个社会主义国家里，学习西方市场经济的办法，看来困难不少。”[④] “所以，我们需要改革。但在改革中，不能丢掉有计划按比例发展经济这一条，否则整个国民政府就会乱套。”[⑤] 陈云所说的“有计划按比例发展经济”，实质就是要正确处理好计划与市场的关系，搞好综合平衡，“从全局看，在几大平衡中，最基本的，是财政平衡。要扭转当前混乱的经济局面，首先要靠财政平衡、特别是中央财政平衡。”[⑥] 对这次与中央领导人的谈话，陈云十分重视，在谈的时候，他一边念稿子，一边讲解。这在过去是很少有的，可见他对当时经济形势的焦虑和对这次谈话的极端重视。[⑦] 可惜的是，问题并没有解决，反而持续恶化。在经历了政治风波之后，陈云于 1989 年 9 月总结说：“在经济工作方面，赵紫阳在所谓‘国家调控市场，市场引导企业’的口号下，中央下放的权力过多，削弱了国家调控经济的能力。并说：‘现在的中央财政是要饭财政，这个局面不改变，迟早要

---

① 刘仲藜：《分税制化解中央财政危机》，《中国经济周刊》2018 年第 18 期。
② 《陈云文选》第 3 卷，人民出版社 1995 年版，第 366 页。
③ 《陈云文选》第 3 卷，人民出版社 1995 年版，第 366 页。
④ 《陈云文选》第 3 卷，人民出版社 1995 年版，第 365 页。
⑤ 《陈云文选》第 3 卷，人民出版社 1995 年版，第 367 页。
⑥ 《陈云文选》第 3 卷，人民出版社 1995 年版，第 366 页。
⑦ 《陈云传》（下），中央文献出版社 2005 年版，第 1797 页。

出问题。’”[①]

1989年7月23日，陈云与姚依林谈话，点评了政治风波的起因。姚依林回应说：物价实际上是经济的综合反映。前几年中央财政亏空很大，有相当部分是靠吃老本，靠打赤字和大量发票子来支持的。现在中央财政收入占全国财政收入的比重还不到50%，中央掌握的外汇只占全国外汇收入的40%，省市自治区一级支配外汇的比重也在下降。为了克服经济生活的某些方面存在的过于分散的现象，逐步提高中央财政收入在整个财政收入中所占的比重，姚依林提出了一些设想，其中包括：将企业承包经营责任制改为“税利分流、税后还贷、税后承包”制度；将财政包干制改为分税制。“陈云同意这个设想，强调应该更彻底一点，因为‘中央可以救地方，地方救不了中央’。”[②]

“关键是要抓落实”。1990年6月6日，陈云与来访的江泽民谈到中央的方针政策时提出这一要求。1994年新春来临时，陈云对上海的领导同志再一次表示了对分税制改革的支持，并说：“全国上下都要同心同德，团结一致，不折不扣地贯彻落实党中央、国务院采取的一系列方针、政策和措施，把中国经济搞上去是大有希望的，社会主义中国是大有前途的！”[③]可见，晚年陈云一直有着系统的论述，从问题判断到治理整顿的措施，再到尽快落实的期盼，都体现出陈云对治理、整顿经济乱局的洞见和推动改革的信心。

三、分税制改革承袭和发展了陈云对经济体制改革的探索

（一）分税制承袭和发展了陈云的搞好宏观调控思想

作为经济改革的主要倡导者和推动者之一，陈云对计划经济体制向社会主义市场经济体制转变下的计划与市场关系理论的形成起了引导作用。改革开放以后，陈云就计划与市场的关系进行了大量论述，从“计划经济为主，市场调节为辅”，到“笼子”与“鸟”的比喻，再到社会主义市场经济体制目标的确立，既反映了中国共产党在经济体制上的探索过程，也体现了陈云的独特作用。

---

① 《陈云传》（下），中央文献出版社2005年版，第1806页。

② 《陈云传》（下），中央文献出版社2005年版，第1807页。

③ 《陈云传》（下），中央文献出版社2005年版，第1830页。

陈云支持分税制改革与20世纪80年代后期盲目市场化有关。在反思1989年政治风波时，陈云认为，“搞活经济是对的，但权力太分散就乱了，搞活也难。”①

分税制改革的精神在于正确处理好集中与分散的关系。1989年8月14日，陈云看到新华社简报上刊登的香港《经济日报》一篇述评。这篇述评说：“大陆业已形成‘诸侯经济’格局颇令人担忧。”“频频告急的‘财贸大战’，诸如‘黄麻大战’、‘茶叶大战’、‘蚕茧大战’，偏偏发源于行政区域交界地带。”述评还说：“中央各项宏观控制措施每每半途而废，令行不止，并非皆出自决策者的失误。”当天，陈云将这份简报批送江泽民、李鹏、姚依林参阅。②8月16日，陈云又谈到他所关心的经济生活中分散过多的问题。他强调：“现在是‘四十四路诸侯，千百万藩王’，太分散了。这种局面只能是：皆大小欢喜（既小又暂时的）。”③

邓小平赞成陈云指出的经济生活中存在分散过多的问题。1989年9月4日，邓小平在同江泽民等中央领导人谈话时说：“陈云同志讲，各路诸侯太多，议而不决，决而不行，各自为政。这个批评是正确的。中央的话不听，国务院的话不听，这不行。特别是有困难的时候，没有中央、国务院这个权威，不可能解决问题。有了这个权威，困难时也能做大事。不能否定权威，该集中的要集中，否则至少要耽误时间。”④

1993年7月13日，江泽民来看望陈云，并向陈云通报中央加强宏观调控的十六条意见下达后的情况。江泽民说：“中央采取十六条宏观调控措施以后，听到的反映是好的。改革开放同宏观调控是统一的，不是矛盾的。搞社会主义市场经济不要宏观调控是错误的，这个观点要扭过来。”这正是陈云一贯的主张。他兴奋地说：“我双手赞成十六条。”还请你们考虑的意见是“快刀斩乱麻，重病要用重药医”，“应该把中央的财力收回来”。⑤收回的比例大概是多少呢？陈云曾多次谈到70%这个比例。1983年7月27日，中共中央、国务院发布《集中财力物力，保证重点建设》宣传提纲，通知指出：集中财力物力保证重点建设，是今后一个时期内经济建设的主要环

---

① 《陈云文选》第3卷，人民出版社1995年版，第366页。

② 《陈云传》（下），中央文献出版社2005年版，第1807页。

③ 《陈云传》（下），中央文献出版社2005年版，第1808页。

④ 《邓小平文选》第3卷，人民出版社1993年版，第319页。

⑤ 《陈云传》（下），中央文献出版社2005年版，第1829页。

节。陈云指出："中央的财政收入要达到百分之七十，才能做些大事。"邓小平也同意陈云的意见，在半年后的一次谈话中说："现在一个大问题是中央财政收入少，大项目上不去。要恢复到中央掌握百分之七十，地方百分之三十。方针已经定了，说是三年做到，可不可以两年就搞成。这个问题解决了，一些大项目就可以上得快一点。"还说："我作总书记时就是这样办的，要把地方的钱收一些上来。"（邓小平在听取中共上海市委负责人汇报时的讲话记录，1984 年 2 月 14 日）[①]

（二）分税制改革承袭和发展了陈云提出的财政平衡机制

"搞好综合平衡"，这是陈云在长期领导全国财政经济工作过程中，克服各种严峻挑战的一件法宝。它既是一种思想方法，又是稳定国民经济运行的机制。"从全局看，在几大平衡中，最基本的，是财政平衡。要扭转当前混乱的经济局面，首先要靠财政平衡、特别是中央财政平衡。"[②] 这是陈云特别强调财政平衡在综合平衡中的地位。

如何保持财政平衡？陈云强调"永远不打赤字财政"[③]。陈云讲的"赤字财政"并非举债问题，而主要是指通过"印票子"的方式弥补财政缺口。"赤字财政"过大，与中央财权下放、支出过大造成中央财政困难有关。1979 年，陈云重新主持中央财经工作，当时中央政府面对的一个突出问题是中央直接掌握的资金太少，难以保证调整国民经济全局中一些必不可少的重点需要。陈云调研了解到，"文化大革命"中间已经把所有大企业下放给地方，如鞍山、大庆等都属于地方所有，中央只有对这些企业分成。而中央每年只掌握 130 亿元，加上地方分成给中央的，大概每年有 370 亿元，这样中央一共只有 500 亿元。但是，像粮食部等作为计划亏损的部门却还属于中央，需要由中央财政贴补。陈云了解这些情况后，深感问题严重。他给邓小平写信，提出这个问题，并指出："我看这种情况照此下去，四个现代化中央哪有什么资金？如果大企业不收回（当然要给地方一些好处），我们四个现代化的资金就不能集中使用于最必要的引进先进技术或办几个大企业。""这件事是很值得研究的事。"[④] 可见，陈云很早就提出了财政平衡机

① 《陈云传》（下），中央文献出版社 2005 年版，第 1663—1664 页。
② 《陈云文选》第 3 卷，人民出版社 1995 年版，第 366 页。
③ 《陈云文选》第 3 卷，人民出版社 1995 年版，第 366 页。
④ 《陈云传》（下），中央文献出版社 2005 年版，第 1585—1586 页。

制问题。

但在改革开放之初，百废待举，中央继续下放财权，实行财政包干体制也是必然之举。货币发行过量，必然导致物价上涨，引发社会稳定问题。1985 年 2 月 28 日，陈云在中共中央政治局扩大会议上就直截了当地指出："现在钞票发行失控"，并提出，"一年发多少钞票，要有人把关，而且必须由总理或者主持经济工作的副总理把关。"①1989 年 7 月 23 日，陈云同姚依林谈话。他对姚依林是很信任的，谈话一开始就坦率地说："我要对你作点批评，同意物价连涨五年。""动乱的一个重要原因是物价上涨，影响面大，不仅在城市，而且波及农村。"1990 年 9 月 10 日，李鹏来看望陈云。李鹏说：最近准备开一个经济工作座谈会，省委书记、省长参加，主要内容是，讨论实行分税制，既要发挥中央、地方两个积极性，又要集中一点财力。现在中央财政收入只占全国财政收入的 40% 多，我们想搞到 50% 至 60%。陈云说：我那个时候搞到 70%。交谈中，陈云谈到他对当前经济形势的一些看法。他说：前几年，权力下放过多，这是目前经济混乱的一个根本原因。要克服这种状况，"出路只有一条，就是中央要集中必要的权力"。他对李鹏说："你在财政会议上讲，基金会批准权、集资权、彩票发行权，都要收到中央。这句话讲得很对，也非常重要。"陈云还说："现在财政赤字在不断扩大，应该严重注意。消灭赤字要有一个过程，但总得朝着这个方向走。"②

陈云支持分税制改革，就是要通过提高"两个比重"——财政收入占国民生产总值的比重和中央财政占全国财政收入的比重，来克服"财政赤字"和平衡中央与地方的关系，综合发挥中央与地方两个积极性，从根本上形成中央与地方机制相容，既能各得其所，又能集中力量办大事的局面。

四、分税制改革符合陈云关于加强和改进中央政治权威的观点

分税制改革必须确保社会主义改革的正确方向和中国共产党的领导，这是分税制改革的政治效应。对于改革的性质，陈云强调说："我们是共产党，共产党是搞社会主义的。现在进行的社会主义经济体制改革，是社会

① 《陈云传》(下)，中央文献出版社 2005 年版，第 1690 页。
② 《陈云传》(下)，中央文献出版社 2005 年版，第 1820 页。

主义制度的自我完善和发展。”这是陈云对党的十一届三中全会以后进行的改革的性质作出的明确定义。[①]“要防止外国把中国‘苏联化’”。[②]

上层建筑要和经济基础相适应，上层建筑对经济基础有着能动作用。这是马克思主义的基本原理。1988 年 10 月 8 日，陈云就当前经济工作谈了八点意见。其中，陈云强调了他历来的主张：中央必须有权威。他说：“中央的政治权威，要有中央的经济权威作基础。没有中央的经济权威，中央的政治权威是不巩固的。”[③]

分税制改革的推进落实同样需要加强和依靠党中央核心领导作用。因为中央的经济权威是以制定和实施国家计划以及依据计划进行宏观控制的方式体现出来的，所以，陈云要求全国上下要同心同德，团结一致，不折不扣地贯彻落实党中央、国务院采取的一系列宏观调控的方针、政策和措施。在他看来，这样做，同时也就是维护和加强中央的政治权威。1994 年新春来临之际，陈云与上海领导同志谈话。针对经济工作中存在的各种困难，陈云着重强调：必须维护和加强党中央的权威。他说：“从一九七八年党的十一届三中全会以来，全国经济发展很快，人民生活水平有了很大提高，这是有目共睹的事实。当然，目前还存在不少困难和问题。要解决这些困难和问题，首先要维护和加强以江泽民同志为核心的党中央的权威。如果没有中央的权威，就办不成大事，社会也无法稳定。”[④]

随着研究的深入，学术界逐渐认识到分税制度改革一方面借鉴了成熟的国际经验，但其深层次的改革逻辑根植于中国自身的改革实践和探索。结合晚年陈云的思考和表态，可以说，分税制改革是一个治理整顿经济乱局的“根本性”举措，与陈云主张的综合平衡思想、宏观调控思想一脉相承，并创造性地继承和发展了改革开放后陈云关于中国经济体制改革的探索，自此，中国经济体制改革进入新的阶段。更进一步的是，在经历了 20 世纪 80 年代后期的经济乱象和“八九”风波，陈云更关注社会主义国家的长治久安、党的执政地位和中央政治权威等重大问题，陈云对分税制改革的支持，有着更深刻的政治内涵，反映了他对马克思主义政治经济学的深

---

① 《陈云传》（下），中央文献出版社 2005 年版，第 1692 页。
② 《陈云传》（下），中央文献出版社 2005 年版，第 1829 页。
③ 《陈云传》（下），中央文献出版社 2005 年版，第 1795 页。
④ 《陈云传》（下），中央文献出版社 2005 年版，第 1830 页。

刻领会和进一步发展。

陈云对分税制改革的支持，根植于改革开放前30年和改革开放后10余年的丰富实践与理论探索。中国的改革开放，一直遵循着自身的内在发展逻辑。从中国改革开放的进程来看，分税制改革的实施是建立社会主义市场经济体制的关键举措，形成了20世纪80年代与90年代经济体制改革的阶梯性发展特征，体现了改革开放的层累与突破。向西方国家学习和坚持自己的道路并不矛盾，以我为主，兼容并蓄，借鉴国际经验，是中国改革开放的应有之义。细究历史细节可以看到，晚年陈云与分税制改革实实在在有着密切关系，这种关系体现了中国改革开放的历史辩证法，体现了社会主义市场经济探索的内在动力。

（作者单位：湖南师范大学）

陈云的核心意识与邓小平理论的形成

李正华

2015年6月12日，习近平总书记在纪念陈云同志诞辰110周年座谈会上的讲话中指出："在中国特色社会主义发展进程的每一个重大历史关头，陈云同志坚定维护邓小平同志在中央领导集体中的核心地位，维护党中央权威，同党和人民同心同德。"[①] 在改革开放和社会主义现代化建设新时期，在邓小平理论的形成过程中，陈云的言行模范地体现了共产党人的核心意识。陈云的核心意识，为邓小平在中共中央领导集体中核心地位的确立、邓小平理论这一马克思主义中国化的重要理论成果的形成发挥了重要的积极作用。

邓小平理论是以邓小平同志为核心的党的第二代中央领导集体在中国改革开放和现代化建设的实践、开辟建设中国特色社会主义的新道路中创立的。从"文化大革命"结束到1981年6月召开的党的十一届六中全会，是邓小平理论的初步形成时期。这一时期，陈云在三件大事上为邓小平理论形成作出了重要贡献：一是冲破"两个凡是"的束缚，促成邓小平复出；二是提出党的工作重点转移；三是支持邓小平关于科学确立毛泽东的历史地位、坚持和发展毛泽东思想的主张，实现党的指导思想上的拨乱反正。

陈云和邓小平在1956年党的八大时，分别当选为党中央副主席和书记处总书记。"文化大革命"中，陈云因所谓的"一贯右倾"而被从中央政治局中排除出去。"文化大革命"初期，邓小平则被当成仅次于刘少奇的党内第二号"走资本主义道路的当权派"，被解除一切职务，受到公开批判。1972年虽被重新起用，但1976年又因"刮右倾翻案风"而被再次撤销一切职务。1977年3月，只有中央委员职务的陈云，顶着巨大政治压力，冲破

① 《人民日报》2015年6月13日。

“两个凡是”的禁锢，在中共中央工作会议上挺身而出，提交了要求让只保留着党员身份的邓小平重新参加党中央领导工作的书面发言，促使当时的中央主要领导人华国锋正式表态：“适当时机让邓小平同志出来工作。”1977年7月，邓小平恢复了中共中央副主席、国务院第一副总理、中央军委副主席、解放军总参谋长等被撤销的职务。邓小平的复出，为党的十一届三中全会的召开、改革开放大幕的开启，奠定了重要基础，是邓小平理论形成的基本前提。力主邓小平复出，是陈云政治意识、大局意识的重要体现。

1978年底，在党的十一届三中全会之前的中央工作会议上陈云率先提出，要把党和国家工作重点转移到社会主义建设上来，必须解决好历史遗留的若干重大问题，主张尽快平反历史上的重大冤假错案。这一重要提议，赢得绝大多数与会人员的支持和拥护，带动与会人员向“两个凡是”发起了清算，为开好十一届三中全会准备了重要条件。习近平说：“他的发言受到与会同志积极响应，为突破‘两个凡是’的思想禁锢、实现伟大的历史转折起到了重要作用。”[①] 在党的十一届三中全会上，陈云重新当选为党中央副主席，大大加强了决策层中改革开放的力量。邓小平后来谈到以他为核心的中共中央第二代领导集体时说：“从我们党的十一届三中全会以后，开始产生了第二代领导集体，包括我在内，还有陈云同志、李先念同志，还有叶帅（即叶剑英——笔者注）。”[②] 由于邓小平和陈云的资历、能力与威望，自然成为决策层中发挥作用最大的两个人。

党的十一届三中全会之后，党内和社会上都出现了一股全盘否定毛泽东的思潮。科学地确立毛泽东的历史地位、实事求是地评价毛泽东的功过是非，成为统一全党思想、开辟新的历史时期最为紧迫的任务。1979年，中共中央决定对新中国成立以来党的若干历史问题进行系统的总结，作出决议，并专门成立了《关于建国以来党的若干历史问题的决议》（以下简称《决议》）起草小组。邓小平要求这个决议一方面要对毛泽东晚年的错误进行实事求是的分析，另一方面要把这一错误与毛泽东思想加以区别，宜粗不宜细，核心是确立毛泽东的历史地位，坚持和发展毛泽东思想。陈云赞成邓小平的主张，他对起草小组的同志说：“小平同志提出《决议》宜粗不宜细，我是同意的。要在这个原则下面，是成绩就写成绩，是错误就写错

---

① 《人民日报》2015年6月13日。

② 《邓小平年谱（1975—1997）》（下），中央文献出版社2004年版，第1295页。

误”。“《决议》要按照小平同志的意见，确立毛泽东同志的历史地位，坚持和发展毛泽东思想。”[①] 为了使《决议》能够充分体现邓小平的意图，他还提议在《决议》中增加回顾新中国建立之前中国共产党 28 年历史的段落。邓小平十分赞赏这个建议，说陈云的“这个意见很好”[②]，“是一个很重要的意见”[③]。《决议》经过一年多起草和 4000 多人讨论，终于在党的十一届六中全会上一致通过。《决议》的通过，标志着党指导思想的拨乱反正的完成。

党的十一届三中全会重新确立了党的马克思主义思想路线、政治路线、组织路线，为实现马克思主义与中国实际相结合的第二次历史性飞跃提供了重要前提。十一届三中全会以后，邓小平领导全党在拨乱反正中开创中国式的社会主义现代化道路，同时也开始了建设有中国特色社会主义理论的探索。《决议》对中国社会主义现代化建设道路基本内容所作的十个方面的概括，标志着邓小平理论初步形成。

从党的十二大到十三大，是邓小平理论的基本轮廓形成时期。这一时期，陈云的核心意识主要体现在他的许多思想成为邓小平理论的重要组成部分。

1982 年，邓小平在党的十二大开幕词中第一次提出了“建设有中国特色的社会主义”的崭新命题，使我国新时期改革开放和社会主义现代化建设的指导思想有了自己科学的称谓。十二大以后，邓小平反复强调：“我们搞的现代化，是中国式的现代化。我们建设的社会主义，是有中国特色的社会主义。”[④] 随着改革开放的向前推进，党对建设有中国特色社会主义的认识不断深化。1987 年 10 月召开的党的十三大，系统地提出了社会主义初级阶段的理论，明确阐述了党在社会主义初级阶段“一个中心、两个基本点”的基本路线，为建设有中国特色社会主义理论体系的形成奠定了重要基础。十三大还从哲学、政治经济学、科学社会主义三个方面对十一届三中全会以来逐步形成的建设有中国特色社会主义理论的主要内容，进行了十二个方面的初步概括，从而形成了这一理论的基本轮廓。

在这一时期，陈云坚持从中国的实际出发，提出在社会主义经济中要

---

① 《陈云文选》第 3 卷，人民出版社 1995 年版，第 283、283—284 页。

② 《邓小平文选》第 2 卷，人民出版社 1994 年版，第 303 页。

③ 《邓小平文选》第 2 卷，人民出版社 1994 年版，第 306 页。

④ 《邓小平文选》第 3 卷，人民出版社 1993 年版，第 29 页。

有意识地发挥和扩大市场调节作用，突破把计划经济与商品经济对立起来的传统观念，提出了有计划的社会主义商品经济的观点，支持探索符合实际、充满活力的社会主义经济新体制。这些思想体现在 1984 年 10 月党的十二届三中全会通过的《中共中央关于经济体制改革的决定》中，为后来社会主义市场经济理论的形成提供了正确思路。

陈云提出改革要不断总结经验，脚踏实地向前推进；高度重视改革开放条件下党的思想建设、制度建设和社会主义精神文明建设，主持制定《关于党内政治生活的若干准则》，提出“执政党的党风问题是有关党的生死存亡的问题”的著名论断；倡导干部队伍新老合作和交替，提出要按照革命化、年轻化、知识化、专业化的标准，培养德才兼备的青年干部队伍；突出强调物质文明和精神文明两个文明一起抓的战略方针。这些都成为邓小平理论的重要内容。

从党的十三大到十五大，是邓小平理论体系形成并正式确定为党的指导思想时期。这一时期，陈云的核心意识主要体现在他坚定地维护以邓小平同志为核心的党中央权威，明确提出“以邓小平同志为核心的党中央”，邓小平是“改革开放的总设计师”，明确支持以江泽民同志为核心的党中央，强调维护中央权威的重要性，对政治稳定和邓小平理论被正式确立为党的指导思想发挥了关键作用。

党的十三大后，面对错综复杂的国内外形势，邓小平反复强调要坚持党的十三大确定的“一个中心、两个基本点”的战略布局和“三步走”的发展战略，党的基本理论、基本路线和基本政策在经受严峻考验中得到继续发展。1992 年春，邓小平视察南方，发表重要谈话，对党的十一届三中全会以来特别是十三大以来，围绕改革开放中解放思想和加快发展、实践标准和生产力标准、计划经济和市场经济、物质文明和精神文明，尤其是社会主义本质等一系列问题，进行了深入的思考和新的概括，在改革开放和现代化建设基本指导思想上实现了重大突破，使邓小平理论进一步走向成熟。1992 年 10 月召开的党的十四大首次使用了“邓小平同志建设有中国特色的社会主义的理论”这一概念，并以邓小平南方谈话为依据，明确提出了建立社会主义市场经济体制，确定了我国经济体制的改革目标。在此基础上，从九个方面对邓小平理论科学体系的主要内容作出了系统概括，高度评价了这一理论对于我国社会主义事业的重大指导作用，这标志着邓小平理论体系的初步形成。

1987年，陈云约中央领导谈话并明确指出："我们国家，在目前第一位的领导人是小平同志。"[①]1989年春夏之交，北京发生政治风波。陈云提前结束在外地的休养回到北京，坚决支持邓小平关于不能再让步的讲话，并连续找一些老干部、老将军谈话。1989年5月26日，陈云召集中央顾问委员会常务委员会会议，在这次他担任中顾委主任后主持的唯一一次中顾委常委会会议上，他坚定地维护以邓小平同志为核心的党中央权威，旗帜鲜明地表示："我们作为老同志，现在要坚决拥护以邓小平同志为核心的中国共产党，坚决拥护李鹏同志代表中共中央政治局常委会在首都党政军干部大会上的讲话。同时，要主动地多做干部和群众的工作。"[②] 并要求新闻单位对外发布消息。北京政治风波平息后，他在党中央关于赵紫阳所犯错误的报告稿上批示："倡导改革开放的，是以邓小平同志为核心的党中央"[③]。"以邓小平同志为核心的党中央""改革开放的总设计师"的提法都是这时首先由陈云提出的，这对政治稳定起到了极其重要的作用。

党的十三届四中全会前后，邓小平多次发表重要谈话，不仅正式提出中共党史上"三代领导核心"的重要论断，而且提出了"稳定、成熟、有能力"的判断标准。"稳定"不仅是指中央领导的团结稳定，而且是全党的团结统一。"成熟"就是指政党的思想理论和方针政策的成熟。"有能力"则是指政党的组织领导能力，包括政党的建设能力、管理能力和领导水平。1989年6月16日，邓小平指出："在历史上，遵义会议以前，我们的党没有形成过一个成熟的党中央。从陈独秀、瞿秋白、向忠发、李立三到王明，都没有形成过有能力的中央。我们党的领导集体，是从遵义会议开始逐步形成的"[④]。他还指出："任何一个领导集体都要有一个核心，没有核心的领导是靠不住的。第一代领导集体的核心是毛主席。因为有毛主席作领导核心，'文化大革命'就没有把共产党打倒。第二代实际上我是核心。因为有这个核心，即使发生了两个领导人的变动，都没有影响我们党的领导，党的领导始终是稳定的。进入第三代的领导集体也必须有一个核心，这一点

---

① 《陈云文选》第3卷，人民出版社1995年版，第360页。
② 《陈云年谱（修订本）》下卷，中央文献出版社2015年版，第481页。
③ 《陈云传》（下），中央文献出版社2005年版，第1803页。
④ 《邓小平文选》第3卷，人民出版社1993年版，第309页。

所有在座的同志都要以高度的自觉性来理解和处理。要有意识地维护一个核心，也就是现在大家同意的江泽民同志。”“要注意树立和维护这个集体和这个集体中的核心。只要有一个好的政治局，特别是有一个好的常委会，只要它是团结的，努力工作的，能够成为榜样的，就是在艰苦创业反对腐败方面成为榜样的，什么乱子出来都挡得住。”“这是最关键的问题。国家的命运、党的命运、人民的命运需要有这样一个领导集体。”①“没有核心的领导是靠不住的”，这是邓小平对中国共产党历史的深刻科学的总结。

1994 年，陈云发表谈话，明确支持以江泽民同志为核心的党中央，强调维护中央权威的重要性。他指出：“要维护和加强以江泽民同志为核心的党中央的权威。如果没有中央的权威，就办不成大事，社会也无法稳定。”②1997 年 2 月 19 日邓小平逝世后，以江泽民同志为核心的党的第三代中央领导集体，反复强调要高举邓小平理论的旗帜不动摇。党的十五大作出了“高举邓小平理论伟大旗帜，把建设有中国特色社会主义事业全面推向二十一世纪”的战略决策，明确提出和使用了“邓小平理论”这个更加鲜明简洁的科学概念，进一步阐述了邓小平理论的历史地位和指导意义。强调“在当代中国，只有把马克思主义同当代中国实践和时代特征结合起来的邓小平理论，而没有别的理论能够解决社会主义的前途和命运问题。”③

邓小平理论是以邓小平同志为核心的党的第二代中央领导集体在我国改革开放和现代化建设的实践中，开辟建设中国特色社会主义新道路中创立的，是以邓小平同志为主要代表的中国共产党人立足中国又面向世界，总结历史又正视现实，着眼当代又放眼未来，把马克思主义基本原理同当代中国的国情和时代特征结合起来，研究新情况、解决新问题，在锲而不舍的理论和实践的探索中形成和发展起来的，是马克思主义中国化的一大理论成果，是中国共产党社会主义建设经验的理论总结。陈云求真唯实的哲学思想、稳健务实的经济思想等，丰富了邓小平理论中的相关内容，他的关于社会风气的思考、关于党的建设的一系列主张，成为邓小平理论的重要组成部分。

---

① 《邓小平文选》第 3 卷，人民出版社 1993 年版，第 310 页。

② 《陈云年谱（修订本）》下卷，中央文献出版社 2015 年版，第 510 页；《陈云文选》第 3 卷，人民出版社 1995 年版，第 380 页。

③ 《十五大以来重要文献选编》（上），人民出版社 2000 年版，第 10 页。

邓小平理论的精髓是解放思想、实事求是。对实事求是，陈云践行了一生。陈云说："实事求是，这不是一个普通的作风问题，这是马克思主义唯物主义的根本思想路线问题。"[①] 陈云不仅在我们党恢复马克思主义思想路线的过程中发挥了重要作用，而且他的"不唯上、不唯书、只唯实，交换、比较、反复"十五字诀的思想方法和严谨认真的领导风格，具有求真唯实的重要特征，鲜明地体现了党的思想路线的内容和要求。

邓小平理论的核心是发展。从一定意义上说，邓小平理论就是关于中国发展的理论。陈云作为党的第一代和第二代领导集体的重要成员之一，高度关注社会主义的发展问题，他长期主持财经工作，积累了丰富的工作经验。在领导改革开放的伟大实践中，陈云提出社会主义的根本任务是解放和发展生产力、经济发展要稳中求进活而不乱、经济发展要有利于人民、要走共同富裕的道路等一系列重要思想，从根本上把握住了人民的愿望，把握住了社会主义现代化建设的本质，为邓小平发展观的形成提供了直接的思想来源。

邓小平理论确立的基础是对中国国情的准确把握。党的十三大提出和确立了党在社会主义初级阶段的基本路线，党的十四大强调了坚持党的基本路线一百年不动摇，都是建立在中国处于并将长期处于社会主义初级阶段这一对中国国情的科学判断基础上的。陈云对中国处于社会主义初级阶段的基本国情有十分清醒的认识、准确的把握和深刻的论述。他指出："一方面我们还很穷，另一方面要经过二十年，即在本世纪末实现四个现代化。这是一个矛盾。人口多，要提高生活水平不容易；搞四个现代化用人少，就业难。我们只能在这种矛盾中搞四化。这个现实的情况，是制定建设蓝图的出发点。"[②] 在这种对国情清醒认识基础上，他坚持把以经济建设为中心同四项基本原则、改革开放这两个基本点，统一于发展中国特色社会主义的伟大实践，既以四项基本原则保证改革开放的正确方向，又通过改革开放不断赋予四项基本原则新的时代内涵。他主张大胆学习和利用资本主义先进的东西，但坚决反对照抄照搬，搞全盘西化。他认为："解放思想，实事求是，既要积极，又要稳妥。只要这样做了，这次改革就一定能够成

① 《陈云文集》第 3 卷，中央文献出版社 2005 年版，第 441 页。
② 《陈云文选》第 3 卷，人民出版社 1995 年版，第 250 页。

功。”[①] 他多次强调在发展生产力和提高人民生活水平的大前提下，试验要大胆，推广要谨慎，改革要“摸着石头过河”，建设规模要和国力相适应。“实现四个现代化是我国史无前例的一次伟大进军，必须既积极又稳重。”[②]

陈云致力于党的领导坚强有力和党内团结统一。陈云认为：作为一个人口大国的执政党，“我们党处于全世界举足轻重的地位，是中流砥柱。”[③] 这样的党必须要有中央权威，“如果没有中央的权威，就办不成大事，社会也无法稳定。”[④] 中央的权威又表现在党的领袖的权威上，因此，维护党的领袖的权威十分重要。陈云特别注意维护毛泽东、邓小平等党的领袖人物的崇高地位，维护党中央的政治权威。在政治方向、政治立场、政治言论、政治行为上始终同党中央保持高度一致，坚持党的集中统一领导，坚决维护中央权威，善于从政治上划清是非曲直、善恶美丑，在大是大非面前头脑清醒、旗帜鲜明，在大风大浪面前立场坚定、态度明朗，在关键时刻敢于亮剑、挺身而出，理直气壮地同形形色色违背党的原则、违反党的政治纪律和政治规矩的行为作斗争，同诋毁和损害党的形象、歪曲历史、否定领袖的现象作斗争，永葆共产党人的政治定力。

党的十八大以来，党中央强调的“四个意识”即政治意识、大局意识、核心意识、看齐意识，坚持政治意识、大局意识，最终都要落脚到核心意识、看齐意识，在思想上政治上行动上同中央保持高度一致。陈云的核心意识是他的政治意识、大局意识、看齐意识的重要体现，是他对共产主义的坚定信念、对党赤胆忠心的重要体现，为邓小平理论的形成和被确立为党的指导思想作出了重要贡献，有力地推动了中国特色社会主义伟大事业向前发展。

（作者单位：中国社会科学院当代中国研究所）

① 《陈云文选》第 3 卷，人民出版社 1995 年版，第 338 页。
② 《陈云文选》第 3 卷，人民出版社 1995 年版，第 235 页。
③ 《陈云文选》第 3 卷，人民出版社 1995 年版，第 243 页。
④ 《陈云年谱（修订本）》下卷，中央文献出版社 2015 年版，第 510 页。

陈云治国理政思想之管窥

曹子洋

一、共产党人一定要时刻关注改善人民生活，解决群众的切身利益问题

陈云从自己领导革命和建设的实践中，深刻认识到共产党人必须始终关注和改善民生，并把解决民生问题视为政治问题和重要国策。新中国成立后，陈云长期主持全国财政经济工作。这是一个与民生关系密切的工作岗位。1951年4月4日，他在中国共产党第一次全国组织工作会议上讲话论及城乡交流这一当年财经工作的要点时强调指出："城乡交流是一件大事，要动员全党的力量去做。解决这些实际问题就是为人民服务，不解决实际问题谈为人民服务，则是空话一句。"①1953年8月6日，他在全国财经会议领导小组会上发言时就缩小工农业产品价格的剪刀差问题明确指出："这是我们的目标，共产党的政权必须这样做，不能忘记。革命就是为了改善最大多数人民的生活，但是由于我们工业品少，也不要以为很快可以做到。"②1956年11月19日，他在兼任商务部部长期间就做好商业工作深刻指出："商业工作天天同人民群众打交道，管吃、穿、用，管油、盐、柴、米。不要看不起这些，这是人民的大事。我们共产党必须天天关心人民群众的切身利益。"③1957年7月22日，他出席13个省市蔬菜会议并讲话指出："蔬菜和其他副食品的供应问题，其意义绝不在建设工厂之下，应该放在与建设工厂同等重要的地位。"④ 面对20世纪60年代初出现的全国严重经济困难

---

① 《陈云文选》第2卷，人民出版社1995年版，第128页。
② 《陈云文选》第2卷，人民出版社1995年版，第194页。
③ 《陈云文选》第3卷，人民出版社1995年版，第33页。
④ 《陈云文选》第3卷，人民出版社1995年版，第64页。

局面，陈云在 1962 年 3 月 7 日中央财经小组会议上的讲话中就改善人民生活问题言简意赅地指出：“人民群众要看共产党对他们到底关心不关心，有没有办法解决生活的问题。这是政治问题。”① “我们花了几十年的时间把革命搞成功了，千万不要使革命成果在我们手里失掉。现在我们面临着如何把革命成果巩固和发展下去的问题，关键就在于要安排好六亿多人民的生活，真正为人民谋福利。”② 党的十一届三中全会后，中共中央确立了以经济建设为中心的基本国策。陈云在 1980 年 12 月 16 日中央工作会议上强调：“搞经济建设的最后目的，是为了改善人民的生活。搞国防建设，也是为了保障人民生活的改善。”③1981 年 12 月 22 日，他在省、自治区、直辖市党委第一书记座谈会上讲话进一步总结道：“我们经济工作的另一个大方针：一、要使十亿人民有饭吃；二、要进行社会主义建设。……这里就包含着一个提高人民生活水平的原则界限：只有这么多钱，不能提高太多，必须做到一能吃饭，二能建设。”④1985 年 9 月 23 日，他在中国共产党全国代表会议上再次强调：“十亿人口吃饭穿衣，是我国一大经济问题，也是一大政治问题。‘无粮则乱’，这件事不能小看就是了。”⑤

二、经济建设必须要立足本国国情，量力而行

立足于本国国情，是认识社会主义经济发展规律的基本前提。1950 年 6 月 6 日，陈云在党的七届三中全会上发言指出：“中国是个农业国，工业化的投资不能不从农业上打主意。……但是，也决不能不照顾农业，把占国民经济将近百分之九十的农业放下来不管，专门去搞工业。”⑥ 同年 6 月 15 日，他在中国人民政治协商会议第一届全国委员会第二次会议上作关于经济形势、调整工商业和调整税收诸问题的报告时强调“中国是散漫的小生产占优势的大国”⑦。陈云在抓经济工作时，总是反复强调“我国农村人多地少，农业生产增长率不高”⑧，认为作经济建设决策时要重视“我国农业对经

---

① 《陈云文选》第 3 卷，人民出版社 1995 年版，第 209—210 页。
② 《陈云文选》第 3 卷，人民出版社 1995 年版，第 210 页。
③ 《陈云文选》第 3 卷，人民出版社 1995 年版，第 280 页。
④ 《陈云文选》第 3 卷，人民出版社 1995 年版，第 306 页。
⑤ 《陈云文选》第 3 卷，人民出版社 1995 年版，第 350 页。
⑥ 《陈云文选》第 2 卷，人民出版社 1995 年版，第 97 页。
⑦ 《陈云文选》第 2 卷，人民出版社 1995 年版，第 103 页。
⑧ 《陈云文选》第 3 卷，人民出版社 1995 年版，第 55 页。

济建设的规模有很大的约束力”[①] 的现实。1961 年 5 月 31 日，陈云在中央工作会议上强调：“国民经济的基础是农业，农业好转了，工业和其他方面才会好转。”[②]1979 年 3 月 8 日，陈云在计划与市场问题的提纲中指出：“我国社会经济的主要特点是农村人口占百分之八十，而且人口多，耕地少。计划机关和工业、商业部门的同志对此没有深刻的认识。如果不纠正这种认识上的盲目性，必然碰壁。”[③]1980 年 12 月 16 日，陈云在中央经济工作会议上再次强调：“我们是十亿人口、八亿农民的国家，我们是在这样一个国家中进行建设。香港、新加坡、南朝鲜等地区没有八亿农民这个大问题。欧美日本各国也没有八亿农民这个大问题。我们必须认识这一点，看到这种困难。现在真正清醒认识到这一点的人还不很多。”[④]

建设规模必须要与国力相适应，这是陈云在 1957 年总结第一个五年计划时期的建设经验，特别是针对 1956 年出现的冒进现象而提出来的。它是陈云经济思想的显著特点。1957 年 1 月 18 日，陈云在各省、自治区、直辖市党委书记会议上讲话强调：“建设规模的大小必须和国家的财力物力相适应。适应还是不适应，这是经济稳定或不稳定的界限。像我们这样一个有六亿人口的大国，经济稳定极为重要。建设的规模超过国家财力物力的可能，就是冒了，就会出现经济混乱；两者合适，经济就稳定。当然，如果保守了，妨碍了建设应有的速度也不好。但是，纠正保守比纠正冒进要容易些。”[⑤] 为了解决 1956 年因国民经济冒进而导致财政经济方面的问题，陈云采取开展增产节约运动、适当压缩基本建设的投资额、有计划地控制社会购买力增长的速度三项措施，“既保证经济建设的一定规模，又逐步使原材料和消费品供应紧张的状况缓和下来”[⑥]，使 1957 年国民经济迅速恢复良好发展态势。

针对 20 世纪 60 年代初国民经济出现的严重困难局面，陈云在 1962 年 3 月 7 日中央财经小组会议上讲话指出：“计划指标必须可靠，而且必须留

---

① 《陈云文选》第 3 卷，人民出版社 1995 年版，第 55 页。
② 《陈云文选》第 3 卷，人民出版社 1995 年版，第 164 页。
③ 《陈云文选》第 3 卷，人民出版社 1995 年版，第 246 页。
④ 《陈云文选》第 3 卷，人民出版社 1995 年版，第 281 页。
⑤ 《陈云文选》第 3 卷，人民出版社 1995 年版，第 52 页。
⑥ 《陈云文选》第 3 卷，人民出版社 1995 年版，第 52 页。

有余地。只要综合平衡了，指标低一点，也不怕。”①党的十一届三中全会后，陈云坚持经济建设要脚踏实地，他在 1978 年 12 月 10 日中央工作会议东北组发言谈到工业引进项目时强调：“要循序而进，不要一拥而上。一拥而上，看起来好像快，实际上欲速则不达。”②1979 年 9 月 18 日，陈云在国务院财政经济委员会召开的汇报会上讲话总结说：“目前人民向往四个现代化，要求经济有较快的发展。但他们又要求不要再折腾，在不再折腾的条件下有较快的发展速度。我们应该探索在这种条件下的发展速度。”③1980 年 11 月 28 日，陈云在出席中共中央政治局常委和书记处书记会议发言时再次郑重提出：“好事要做，又要量力而行。”④

2014 年 12 月 9 日，习近平在中央经济工作会议上讲话提出“经济工作要适应经济发展新常态”⑤的观点，认为“把经济发展仅仅理解为数量增减、简单重复，是形而上学的发展观”⑥，“我们要的是有质量、有效益、可持续的发展，要的是以比较充分就业和提高劳动生产率、投资回报率、资源配置效率为支撑的发展”⑦。习近平的这一认识与陈云经济建设要立足本国国情、量力而行思想实有异曲同工之妙。

三、高度重视综合平衡，注意有计划按比例发展

强调综合平衡和有计划按比例发展，是陈云经济建设思想的核心内容。1962 年 3 月 7 日，陈云在中央财经小组会议上讲话给其定义：“所谓综合平衡，就是按比例；按比例，就平衡了。任何一个部门都不能离开别的部门。一部机器，只要缺一部分配件，即使其他东西都有了，还是开不动。按比例是客观规律，不按比例就一定搞不好。”⑧陈云关于经济发展综合平衡的思想早在新中国成立初期领导财政工作时就初露端倪。1954 年 6 月 30 日，陈云在关于第一个五年计划的几点说明中就提出“按比例发展问题”⑨和“保持

① 《陈云文选》第 3 卷，人民出版社 1995 年版，第 212 页。
② 《陈云文选》第 3 卷，人民出版社 1995 年版，第 237 页。
③ 《陈云文选》第 3 卷，人民出版社 1995 年版，第 268 页。
④ 《陈云文集》第 3 卷，中央文献出版社 2005 年版，第 471 页。
⑤ 《十八大以来重要文献选编》(中)，中央文献出版社 2016 年版，第 241 页。
⑥ 《十八大以来重要文献选编》(中)，中央文献出版社 2016 年版，第 245 页。
⑦ 《十八大以来重要文献选编》(中)，中央文献出版社 2016 年版，第 245—246 页。
⑧ 《陈云文选》第 3 卷，人民出版社 1995 年版，第 211 页。
⑨ 《陈云文选》第 2 卷，人民出版社 1995 年版，第 237 页。

购买力与商品供应之间的平衡"[①]。根据党内的共识，在苏联的帮助下，陈云主持编制的“一五”计划首先确立了优先发展重工业的方针。这一方针突出了经济建设的重点，但陈云并没有忽视农业、轻工业和其他行业的发展，恰恰相反，他恰当安排了农轻重行业之间的比例关系，还提出工业发展与铁路运输、购买力与物资供应、财政收支的平衡关系。

“一五”计划启动后，在全面建设社会主义工业化的热潮中，经济建设出现了急躁冒进的情况，对此，陈云在 1957 年 1 月 18 日各省、自治区、直辖市党委书记会议上就如何实现国民经济的比例关系提出了“财政收支和银行信贷都必须平衡”[②]、“人民购买力提高的程度必须和消费品增长的程度相平衡”、“基本建设规模和财力物力之间的平衡”[③]等精辟主张，他深刻指出：“如果不认真研究国民经济的比例关系，必然造成不平衡和混乱状态。而研究合理的比例关系，决不能只依靠书本，生搬硬套，必须从我国的经济现状和过去的经验中去寻找。”[④]1962 年 3 月 7 日，陈云在中央财经小组会议上讲话进一步总结道：“要从现在综合平衡的经济水平出发，经过切实的研究和计算，看远景规划能达到什么水平，而绝不能采取倒过来的办法。”“按短线搞综合平衡，才能有真正的综合平衡。”[⑤]陈云提出关于处理重工业、轻工业和农业等国民经济中七大重要关系的意见，由于后来“左”的错误不断发生而未被采纳，但这些真知灼见在中国共产党纠正“左”倾错误，进入改革开放新时期后，终于被人们所认识和重视。

党的十一届三中全会后，陈云对有计划按比例、搞综合平衡继续给予高度关注。1979 年 3 月 14 日，陈云与李先念联名写给中共中央关于财经工作的建议信中郑重提出：“（一）前进的步子要稳。不要再折腾，必须避免反复和出现大的‘马鞍形’。（二）从长期来看，国民经济能做到按比例发展是最快的速度。”[⑥]同年 6 月 1 日，陈云在同上海市革委会负责人谈话时再次强调：“综合平衡，就要研究比例关系。比例是客观存在，问题在于我们是不是自觉地去研究、认识。要承认在这个问题上，我们本领不够，还要

① 《陈云文选》第 2 卷，人民出版社 1995 年版，第 244 页。
② 《陈云文选》第 2 卷，人民出版社 1995 年版，第 52 页。
③ 《陈云文选》第 2 卷，人民出版社 1995 年版，第 54 页。
④ 《陈云文选》第 3 卷，人民出版社 1995 年版，第 56 页。
⑤ 《陈云文选》第 3 卷，人民出版社 1995 年版，第 211 页。
⑥ 《陈云文选》第 3 卷，人民出版社 1995 年版，第 248 页。

慢慢钻研。”[①] 陈云对计划与市场的关系问题有很多产生重大影响的论述。梳理其思想可以总结为：计划与市场实质上也是比例与平衡问题。1988 年 10 月 8 日，陈云在与中央负责同志谈话时精辟指出：“我们需要改革。但在改革中，不能丢掉有计划按比例发展经济这一条，否则整个国民经济就会乱套。”[②] 实践证明，陈云重视综合平衡的思想在应对 20 世纪末以来经济发展过热和通货膨胀，以及成功应对 1997 年亚洲金融危机、2008 年国际金融危机发挥了重要的指导作用。

四、执政党的党风建设和民主集中制问题事关党的生死存亡

新中国成立后，陈云虽然主要从事财政经济领域的领导工作，但他在党的建设方面也有着丰富经验和独到见解；改革开放后，陈云把主要精力放在对党的建设问题的思考上，他的诸多思考和实践对中国共产党建设产生了重要影响。

1954 年 2 月 10 日，陈云在党的七届四中全会上发言时就告诫：“保障党的团结，防止党的分裂，其责任主要是在高级领导人员。”[③] “从前在瑞金、延安时，想腐化也很难，现在腐化很容易。我们对于执政以后党内的状况是不能盲目乐观的。”[④] “高级干部要提高革命警惕，提高革命嗅觉，千万不要‘伤风’。我看这是我们党的团结的可靠保证。再加上一条，我们要严守党的制度和党规党法，发扬党的优良作风，那党就有保证了。”[⑤] 陈云主张维护党的团结统一，严守党的法规制度，为中国共产党领导全国人民确立社会主义制度发挥了关键作用，也为改革开放新时期加强中国共产党建设指明了方向。

1978 年 12 月，陈云在党的十一届三中全会上被增选为中共中央副主席，并被选为中共中央纪律检查委员会第一书记。他在从严治党方面提出许多重要的创新见解，为执政党的党风建设和民主集中制建设做出了历史性贡献。1979 年 1 月 4 日，陈云在中央纪委第一次全体会议上讲话明确指出：“党的中央纪律检查委员会的基本任务，就是要维护党规党法，整顿党

① 《陈云文集》第 3 卷，中央文献出版社 2005 年版，第 459 页。
② 《陈云文选》第 3 卷，人民出版社 1995 年版，第 367 页。
③ 《陈云文选》第 2 卷，人民出版社 1995 年版，第 230 页。
④ 《陈云文选》第 2 卷，人民出版社 1995 年版，第 231 页。
⑤ 《陈云文选》第 2 卷，人民出版社 1995 年版，第 233 页。

风。”“我们做好这件事，对我们这样一个在九亿人口国家中的执政党，是一种重大的工作，对于国际共产主义运动也是一种重大的责任。”[①]1980年11月，他在中央纪委召开的第三次贯彻《关于党内政治生活的若干准则》座谈会上讲话深刻指出：“执政党的党风问题是有关党的生死存亡的问题。因此，党风问题必须抓紧搞，永远搞。”[②]1982年6月24日，陈云针对当时党风以至整个社会风气中存在的是非不分问题，提出：“对于这个问题，如果只从维护党纪提出来，我认为还不够，应该把它提到全党思想建设和组织建设的高度。要提倡坚持原则，提倡是就是是、非就是非的精神。”[③]1984年10月17日，陈云在中央纪委常委会提出的《加强纪律检查工作，保证经济体制改革顺利进行》的报告上批示：“党性原则和党的纪律不存在‘松绑’的问题。没有好的党风，改革是搞不好的。共产党不论在地下工作时期或执政时期，任何时候都必须坚持党的纪律。”[④]为了执纪有据，陈云在主持中央纪委工作期间，主持制定了《关于党内政治生活的若干准则》《关于对党员干部加强党内纪律监督的若干规定（试行）》等，为我们今天的全面从严治党提供了很好的制度借鉴和遵循。

关于民主集中制，陈云在1962年2月8日参加扩大的中央工作会议陕西省全体干部会议上讲话指出：“批评和自我批评是上下通气的必要条件。只有通气，才能团结；只有民主，才能集中。”[⑤]1980年2月24日，陈云在党的十一届五中全会上发言深刻指出：“要认真实行集体领导制度。民主集中制，是既要有民主，又要有集中。……一个人讲了算，一言堂，一边倒，我认为不好。这是讲民主方面。但是，又必须要有集中，少数服从多数，全党服从中央，否则什么事情也做不了，一事无成。没有民主不好，没有集中也办不了事。”[⑥]1982年12月31日，陈云在中央政治局扩大会议上发言分析总结：“不怕人家讲错话，就怕人家不说话。讲错话不要紧，要是开起会来，大家都不说话，那就天下不妙。有同志提不同意见，党组织应该允许，这是党的事业兴旺发达的好现象。当然，有了不同意见，要在党内

① 《陈云文选》第3卷，人民出版社1995年版，第240页。
② 《陈云文选》第3卷，人民出版社1995年版，第273页。
③ 《陈云文选》第3卷，人民出版社1995年版，第274页。
④ 《陈云文选》第3卷，人民出版社1995年版，第275页。
⑤ 《陈云文选》第3卷，人民出版社1995年版，第187页。
⑥ 《陈云文选》第3卷，人民出版社1995年版，第270页。

说，在你的那个党支部，或者在你的机关，按照组织程序和组织原则严肃地提出来。”[①]1987年1月16日，陈云在中共中央政治局扩大会议上讲话强调：“要有民主生活制度。常委多少时间开一次会，政治局多少时间开一次会，要立个规矩。常委会议，政治局会议，政治局扩大会议，应该分开来开。这是党内民主生活。民主集中制要坚持。经常开会讨论，经常交换意见，就不至于出大的问题。”[②]

党的十八大以来，以习近平同志为核心的党中央聚焦全面从严治党，以踏石留印、抓铁有痕的劲头狠抓党风廉政建设，这实际上是对陈云关于加强党风建设和落实民主集中制主张的弘扬。2013年1月，习近平在十八届中央纪委二次全会上讲话时提出，“要加强对权力运行的制约和监督，把权力关进制度的笼子里”[③]。习近平在谈到反对特权思想、特权现象时提到，“一九八〇年我们党制定的《关于党内政治生活的若干准则》第十一条就是专门讲不准搞特权的。”[④]2016年10月27日，党的十八届六中全会公报关于“办好中国的事情，关键在党，关键在党要管党、从严治党”[⑤]、“党内民主是党的生命，是党内政治生活积极健康的重要基础”[⑥]等论述，以及审议通过《关于新形势下党内政治生活的若干准则》和《中国共产党党内监督条例》，这些无一不是对陈云等革命前辈前瞻性远见的致敬与弘扬。

（作者单位：中共中央党史和文献研究院）

---

① 《陈云文选》第3卷，人民出版社1995年版，第275页。
② 《陈云文选》第3卷，人民出版社1995年版，第359页。
③ 《十八大以来重要文献选编》(上)，中央文献出版社2014年版，第136页。
④ 《十八大以来重要文献选编》(上)，中央文献出版社2014年版，第137页。
⑤ 《〈关于新形势下党内政治生活的若干准则〉〈中国共产党党内监督条例〉辅导读本》，人民出版社2016年版，第3页。
⑥ 《〈关于新形势下党内政治生活的若干准则〉〈中国共产党党内监督条例〉辅导读本》，人民出版社2016年版，第8页。

陈云行政管理思想初探

牛建立

一、人民政府要全心全意为人民服务

人民政府要全心全意为人民服务，是陈云行政管理思想的基石之一。陈云长期担任国务院副总理、中央财经委员会主任，一段时间兼任商业部部长，参与领导政府工作。他认为，人民政府应该全心全意为人民服务，视人民群众的利益至高无上，其行政管理处处体现出对人民群众的关怀和服务。在新中国成立前夕，中国共产党即将成为全国执政党时，陈云就郑重提出政府干部是为人民群众“当差”的重要思想。1949 年 8 月，陈云在上海召开的财经会议上指出：“现在是我们管理国家，人民有无饭吃就成了我们的责任。这个问题，一定要采取慎重的政策。”① 在他看来，有效地解决好人民的吃饭穿衣问题不仅是一个经济问题，更是一个政治问题，是各级政府一切工作的目的，是最广大人民的根本利益所在。所以，陈云认为政府公共政策的设计要以人民群众的现实需求为出发点，在经济政策设计中要综合平衡重工业与轻工业、工业与农业的关系，要根据群众需要组织生产、扩大生产，他强调：“老百姓需要什么东西，也要摸清楚。如果我们只办重工业工厂，不办轻工业工厂，老百姓等着要东西，没有东西供给他们，他们就不满意”，提高政府决策的预见性，“要看到，今后几年农民的购买力会大大地提高。现在工业品不够，就要注意发展，并且进行调查，看看老百姓需要什么东西。” ②

为人民服务不是抽象的原则，更不是停留在口头上的空话、大话，而要脚踏实地为人民群众做好事、做实事。因此陈云特别主张要注重解决人

---

① 《陈云文选》第 2 卷，人民出版社 1995 年版，第 15 页。

② 《陈云文选》第 2 卷，人民出版社 1995 年版，第 135—136 页。

民群众的实际问题。1951 年，新中国刚成立，物资流通不畅，人民生活困难。陈云把城乡交流摆在第一位，他认为，城乡交流有利于全国人民，有利于城市工商业，也有利于国家。这是中国历史上没有一个政府提出过的，但却是关系全国人民生活的一件大事，我们如果不管，怎么叫人民政府呢？1951 年 4 月 4 日，在中国共产党第一次全国组织工作会议上，他说："城乡交流是一件大事，要动员全党的力量去做。解决这些实际问题就是为人民服务，不解决实际问题谈为人民服务，则是空话一句。"[①]他还指出："现在人民政府为解决老百姓的困难而努力，这才是真正为人民服务。"[②]陈云从中国人口众多、农业基础薄弱的国情出发，把粮食工作看成是一项关系全国人民切身利益的重要工作，他指出："我们必须使人民有吃有穿，制定第二个五年计划要从有吃有穿出发。……如果我们不能解决人民的吃饭穿衣问题，我们的社会主义事业便站不稳，必然还要回头补课。"[③]陈云以身作则，以人民公仆的原则和标准要求自己，教育政府工作人员全心全意为人民服务，成为人民公仆的楷模，得到广大人民的衷心拥护和爱戴。

二、领导和组织经济建设是政府工作的重心

政府的职能是多方面的。其中经济职能居于首要地位。因为经济是基础，是一个国家生存和发展的基本条件。政府管理经济，领导和发展经济，才能巩固政权，并从总体上协调国民经济的各个方面的分工和协作关系。作为经济专家，陈云认为，发展社会生产力，领导和组织经济建设是政府最重要最基本的工作，也是衡量政府工作能力和水平的重要标准。陈云长期担任国务院副总理，主管经济工作，为恢复社会生产、维护市场秩序、稳定市场物价做了大量卓有成效的工作。

政府领导经济建设要从国情出发，量力而行。中国是一个发展中大国，在现代化建设过程中，国民经济发展最容易出现的失误就是脱离我国国情国力，利用人民群众的建设热情，片面追求经济发展速度，急于求成。新中国成立以来经济发展中多次出现反复，就是由此造成的。陈云对此进行

① 《陈云文选》第 2 卷，人民出版社 1995 年版，第 128 页。
② 《陈云文选》第 2 卷，人民出版社 1995 年版，第 139 页。
③ 《陈云文选》第 3 卷，人民出版社 1995 年版，第 85—86 页。

了深刻分析和总结，不断提醒人们，经济建设一定要从中国国情出发，建设规模要和国力相适应。1957 年初，他指出：“建设规模的大小必须和国家的财力物力相适应。适应还是不适应，这是经济稳定或不稳定的界限。像我们这样一个有六亿人口的大国，经济稳定极为重要。建设的规模超过国家财力物力的可能，就是冒了，就会出现经济混乱；两者合适，经济就稳定。当然，如果保守了，妨碍了建设应有的速度也不好。但是，纠正保守比纠正冒进要容易些。因为物资多了，增加建设是比较容易的；而财力物力不够，把建设规模搞大了，要压缩下来就不那么容易，还会造成严重浪费。”① 从国情、国力出发进行经济建设，陈云认为必须处理好这样几个关系：一是财政收支和银行信贷都必须平衡，应略有结余。二是物资要合理分配，排队使用。应该先保证必需的生产和必需的消费，然后再进行必需的建设。三是人民的购买力要有所提高，但是提高的程度，必须同能够供应的消费物资相适应。四是基本建设规模和财力物力之间的平衡，不单要看当年，而且必须瞻前顾后。财力物力就是指投资、机器设备和原材料、消费物资、外汇四个方面。五是要注意农业对经济建设规模有很大约束力，这个约束力将存在相当长的时期。

“文化大革命”结束后，国民经济发展中又出现了“洋跃进”，追求不切实际的高指标，使本来已经失调的国民经济更加失调了。1978 年 12 月 10 日，陈云在中央工作会议上发表重要讲话，指出：“实现四个现代化是我国史无前例的一次伟大进步，必须既积极又稳重。我们要坚持实事求是，就首先弄清事实，这是关键问题。”② 他把实事求是概括为六个字：“交换、比较、反复。”所谓交换，就是通过交换意见，使认识比较全面，交换意见，不仅要听正面意见，更要听反面意见。所谓比较，一是左右比较，二是前后比较。所谓反复，就是事情初步定了以后还要摆一摆，想一想，听一听不同意见。即使没有不同意见，还要自己设想出可能有的反对意见。③ 他有针对性地提出了五条建议：一是增加进口粮食，让农民喘口气，把农民安稳下来。农民有了粮食，棉花、副食品、油、糖和其他经济作物就都好解决了。摆稳这一头，就是摆稳了大多数，七亿多人口稳定了，天下就大定

---

① 《陈云文选》第 3 卷，人民出版社 1995 年版，第 52 页。

② 《陈云年谱（修订版）》下卷，中央文献出版社 2015 年版，第 255 页。

③ 参见《陈云文选》第 3 卷，人民出版社 1995 年版，第 235—236 页。

了。二是工业引进项目，要循序而进，不能窝工。不要一拥而上，一拥而上看起来好像快，实际上欲速则不达。三是要给各省市一定数量的真正的机动财力。四是对于生产和基本建设都不能有材料的缺口。五是要重视旅游业的发展。[①]1979 年 3 月，他与李先念就财经工作给中央写信，再一次告诫大家必须高度关注经济发展中出现的不适宜的高速度。他们指出：前进的步子要稳，不要再折腾，必须避免反复和出现大的“马鞍形”。从长期来看，国民经济能够做到按比例发展就是最快的速度。现在的国民经济是没有综合平衡的。比例失调的情况是相当严重的。要有两三年的调整时期，才能把各方面的比例失调情况大体调整过来。钢的指标必须可靠。不仅要重数量，而且更要重质量。要照顾到各行各业发展的比例关系。借外债必须充分考虑还本付息的支付能力，考虑国内投资能力，做到基本上循序进行。[②] 中央采纳了陈云等的意见，提出“调整、改革、整顿、提高”的新八字方针，国民经济很快步入健康发展轨道。

陈云的这一行政管理思想适应了我国社会和历史发展的客观要求，使我国国民经济能在出现困难后得到迅速恢复和发展，并在党的十一届三中全会后实现国家工作重心转移到经济建设上来起到了积极作用。

三、从国情出发改革行政管理体制

新中国成立初期，我国受苏联影响，建立了中央高度集权的行政管理体制。在新中国成立初期，这种体制能够集中有限资源开展大规模的工业化建设和社会主义建设，虽然取得很大成绩，但弊端已经逐渐暴露。苏共二十大暴露了苏联社会主义建设中的弊端，毛泽东提出以苏为戒，把马克思主义与中国实际相结合，探索中国自己的社会主义建设道路。根据毛泽东在《论十大关系》中提出的指导思想，国务院 1956 年 5 月至 8 月召开体制会议，专门研究改革和改进管理体制的问题。1956 年 11 月，陈云受国务院委托起草《关于改进商业管理体制的规定》《关于改进财政管理体制的规定》《关于改进工业管理体制的规定》三个文件，提出行政管理体制改革思想。

行政改革是适应变化了的行政环境，由政府主导并推动的变革行政管

① 参见《陈云文选》第 3 卷，人民出版社 1995 年版，第 236—237 页。
② 参见《陈云文选》第 3 卷，人民出版社 1995 年版，第 248—249 页。

理的功能、体制、机制及组织机构、工作流程和方式的一系列活动。在行政改革中，国家行政职权在各种利益集团之间重新分配，以利于完善和巩固政权。行政管理的重要内容是处理好中央与地方的关系，这关系到国家政权巩固和经济发展。对此，陈云提出，要在中央的统一领导下，尽量发挥地方的积极性，在企业管理、生产计划上给地方以机动权，中央对地方要取“中庸之道”①。具体到财经工作，要划分中央与地方的管理权限。在保证财经工作统一领导的原则下，把原来由中央直接管理的财经工作的一部分职权交给地方政府，由省市举办一些适应农民购买力的工业，这样做有利于积累资金、培养干部、增强地方政府在管理方面的注意力。此外，在不影响政府财政收入和不妨碍工商业经营的情况下，在税收、价格、运费方面，也可以给地方一些机动权。②过去为防止地方政府随意摊派、随意收钱而进行的统一地方财政的做法是对的，但却走向了极端，一是统得太多，二是统得太死。应该让地方政府在一定范围内有调剂之权，不然地方上发生一点小问题都没法解决。③在扩大企业主管人员的管理权限方面，陈云提出三方面意见，一是“在计划管理方面减少指令性的指标，扩大企业主管人员对计划管理的职责”，允许地方和工业部门根据实际情况适当增加个别指令性指标，简化计划编制程序等；二是“国家和企业实行利润分成，改进企业的财务管理制度”；三是“改进企业的人事管理制度，除企业主管负责人（厂长、副厂长、经理、副经理等）、主要技术人员以外，其他一切职工均由企业负责管理。”④企业可以根据需要在不增加职工总数的条件下，自行调整机构和人员。在改进商业和财政管理体制的规定中也是扩大地方和企业的管理权限，目的是充分发挥中央和地方两个积极性。

需要特别指出的是，陈云已经注意到，在下放权力的同时，要搞好综合平衡。他预见到，一旦权力下放，就可能出现地方政府只顾局部不顾全局的混乱情况。为此，他在党的八届三中全会上发言时指出：“体制改变以后，地方可以因地制宜地办事。但是，必须加强全国的平衡工作。因为经济单位是分散的，没有全局、整体的平衡，就不是有计划的经济。过去中

① 《陈云文集》第 2 卷，中央文献出版社 2005 年版，第 235 页。

② 参见《陈云文集》第 2 卷，中央文献出版社 2005 年版，第 236 页。

③ 参见《陈云文集》第 2 卷，中央文献出版社 2005 年版，第 447 页。

④ 《陈云文选》第 3 卷，人民出版社 1995 年版，第 91、92、94 页。

央各部可能忽视地方，但是职权下放以后，地方也可能发生不顾全局的倾向。因此，一方面要有适当的分权，同时又要加强综合。”① 陈云提出的管理体制改革基本方针就是：“分级管理，逐步下放，重视综合平衡，处理好下放后的人、财、物和产、供、销等各个环节的协调关系，破除和修订某些不合理的规章制度，更好地促进经济和各项事业的发展。”②

可以说，陈云提出的处理中央与地方关系的意见是比较符合实际的，他的管理体制改革思想在同时代领导人中是先进的，但由于多种原因这些意见没有很好贯彻执行，未能发挥应有的作用，但为后来的改革起到了理论先导作用。

四、人民政府廉洁行政

政府清廉直接关系到政府合法性和政治稳定，如果一个政府不能有效地运用公共权力实现公共利益，那么这个政府也就失去了存在的前提性条件和合法性基础，“层出不穷的腐败现象极大地破坏政府的公共性原则，对政府的合法性造成了直接冲击。政府合法性的丧失严重影响了政治和社会稳定，同时也损害了政府在人民群众心目中的形象和威望”③。新中国成立后，陈云长期在中央人民政府主持全国财经工作。他致力建设清廉政府，增强政府的公信力。

1. 政府部门要厉行节约。陈云认为，清廉政府就是节俭务实的政府，建设清廉政府就要将政府办公经费控制在合理范围内。1957 年 1 月，陈云在省、自治区、直辖市党委书记会议上指出：“在节约方面，无论是基本建设或者是生产，无论是企业、事业单位或者机关、团体、学校，无论是中央或者地方，除了保证必须的费用以外，都要节省一切可以节省的开支。”④ 同年 3 月 9 日，陈云对政府机关的节约工作再次进行部署，强调：我们必须进行一个节约运动，认真提倡艰苦奋斗，与群众同甘共苦的作风，坚决制止铺张浪费、脱离群众的现象，“应当停止购置家具和车辆，减少办公杂支，除特定场合外，严禁请客送礼，纠正开会方面和文娱活动中的浪费。

① 《陈云文选》第 3 卷，人民出版社 1995 年版，第 75 页。

② 薄一波：《若干重大决策与事件的回顾》下卷，中共中央党校出版社 1993 年版，第 795 页。

③ 侯志山：《廉洁政治的内涵解读》,《廉政文化研究》2013 年第 3 期。

④ 《陈云文选》第 3 卷，人民出版社 1995 年版，第 51 页。

凡属供应紧张的物资，首先应当减少对机关团体的供应。为了有效地实行管理费的节约，政府规定，凡属由国家财政部门发经费的机关，应当由财政部门把管理费中应当节约的部分，预先扣除，不予发给。”①

2. 严格政府财务管理制度。严格的规章制度是推行廉政的重要基础。“一五”计划后，中央着手进行全国财税体制改革，中央财政和地方财政实行两级管理体制，地方政府财政自主权进一步加强。陈云敏锐地认识到，新旧财政体制交替时期，如果制度跟不上，就会出现一定范围内的贪污和浪费现象，因此加强对地方政府和企业财政管理制度建设至关重要。1957 年 9 月，陈云在党的八届三中全会上强调：“为了防止和减少贪污、浪费的现象，必须建立各种管理制度。例如，要建立会计制度，无论哪一个单位都必须有帐，有使用款项的规定。用款，不能由一个人批，要经一定的组织通过。要有报告制度，地方必须将全部支出列入各级政府的报告；……要有检查制度，财政部、监察部和各级政府要定出检查办法。”② 有了制度，就会最大限度地减少贪污浪费，使有限的资金办更多的事情。

3. 建设廉洁政府要虚心接受监督。权力不受监督必然导致腐败。建设廉洁政府要虚心接受监督。陈云有两句名言：“有钱难买反对自己意见的人”，“能够听到不同声音，决不是坏事。”③ 他还认为，在讨论问题的时候，要积极主动地引导下级和群众讲出各自的意见，“他们提出批评，暴露我们工作中的毛病，有什么不好？”“天天挨骂，可以改进工作，对革命事业大有好处。”④ 为此，他要求每个政府工作人员都应该把群众和党外干部的“善意的批评视为鞭策、鼓励我们的有益武器”，欢迎他们“知无不言，言无不尽。”⑤

五、建立健全制度，依法行政

实行制度化是行政管理的基本要求。1952 年 1 月，陈云在全军后勤工作会议上的讲话中指出，财经管理要制度化。过去战争时期的制度，在当

---

① 《陈云文集》第 3 卷，中央文献出版社 2005 年版，第 167 页。
② 《陈云文选》第 3 卷，人民出版社 1995 年版，第 76 页。
③ 《陈云文选》第 3 卷，人民出版社 1995 年版，第 361 页。
④ 《陈云文选》第 3 卷，人民出版社 1995 年版，第 33 页。
⑤ 《陈云论党的建设》，中央文献出版社 1995 年版，第 139 页。

时是适用的，现在是建设时期，管理工作要走向有序化。他提出，一要建立预算制度。新中国成立后虽然有预决算，但这一制度没有得到严格执行，这是不行的。二要建立审核制度。要专款专用，要有结余制度，结余下来的东西必须上缴。三要建立财经检查制度。财经机关有权对各部门的财政收支进行检查和监督。“严格地审查预算、贯彻财政制度、监督财政使用”[①]是财政机关应有的责任，所有国家机关工作人员只有帮助他们的义务，而没有反对他们的权力。四要建立现金管理和货币管理。他指出：“如果不严格遵守制度，那对我们整个国家的建设是会有损害的。”[②]

政府工作人员要依法行政，接受监督。新中国成立以后，共产党在全国执政，所有权力都掌握在国家工作人员手中，“从中央到基层政权，从企业事业单位到生产队的领导权，都掌握在党员手里了，党员可以利用手中掌握的各种权力为自己谋取私利。”[③]为此，陈云强调所有党员干部和各级党组织都必须严格遵守法律和党纪党规，在法律和党纪党规面前人人平等，任何人、任何组织都必须接受党和群众对权力的监督。否则就会利用手中权力谋取私利、危害群众，就会丧失民心，最终就会导致亡党亡国的悲惨境地。在反对高岗、饶漱石反党分裂活动的党的七届四中全会上，陈云深刻指出：保障党的团结，防止党的分裂，还是要靠严守党的制度和党规党法。

政府工作人员违法乱纪要受到严厉惩处。陈云说，政府工作人员在法律和党纪党规面前一律平等，不允许有特权。他说：“无论是谁违反党纪、政纪，都要坚决按党纪、政纪处理；违反法律的，要建议依法处理。”[④]这就明确无误地指出，对于触犯党纪国法的人，不管他是什么人，不管他担任的领导职务有多高，也不管它是哪一级领导组织，都必须按照党纪国法严肃处理。

综上所述，陈云把马克思主义的基本原理同中国的具体实际相结合，从理论和实践上对中国的行政管理进行探索，形成了内容丰富、特色鲜明的行政管理思想。这是他留给我们的宝贵精神财富。认真学习陈云的行政

---

① 《陈云文集》第 2 卷，中央文献出版社 2005 年版，第 632 页。
② 《陈云文集》第 2 卷，中央文献出版社 2005 年版，第 324 页。
③ 《陈云文选》第 3 卷，人民出版社 1995 年版，第 331 页。
④ 《陈云文选》第 3 卷，人民出版社 1995 年版，第 356 页。

管理思想，坚持全心全意为人民服务，牢牢把握以经济建设为中心，反腐倡廉，依法行政，推进行政管理体制改革，解决行政管理的实际问题，建设为民、务实、清廉、法治的政府。

（作者单位：洛阳理工学院）

陈云的社会主义意识形态斗争思想初探

王　浩

陈云继承和发展马克思主义意识形态理论，对党和国家的意识形态工作作出了一系列重要论述。陈云的社会主义意识形态斗争思想的运用体现了马克思主义意识形态斗争思想的中国化。本文旨在抛砖引玉，引发学术界和实践领域对陈云的社会主义意识形态斗争思想的更多研究和探索。

一、陈云高度重视意识形态领域斗争的相关论述与实践

意识形态属哲学范畴。它是不以人们的意志为转移的，是为特定经济基础服务的一种思想的观念体系，包括道德、文学艺术、哲学、宗教、政治法律思想和其他社会科学等。在长期革命与建设实践中，陈云对意识形态始终保持政治敏锐性。

1925 年，陈云加入中国共产党，从此就把毕生精力献给了党领导的伟大事业。他意志坚定，抓紧一切机会，学习马克思主义理论和包括历史在内的文化知识。通过学习，他逐渐意识到意识形态的重要性，更加注意主动出击占领意识形态主阵地，积极争夺话语权、宣传党的主张、扩大党的影响的重要意义。他曾在十分危险和动荡的环境下，亲笔撰写《随军西行见闻录》一文，发表在 1936 年 3 月的巴黎《全民月刊》上，为粉碎敌人对红军的诬蔑，起到了重要作用。后来，他虽然没有多少时间再写这类题裁的作品，但在讲话、报告、文章中，仍然喜用历史事例阐述革命道理。

延安时期，陈云担任了七年中共中央组织部部长，他深刻意识到能否做好意识形态工作，事关党的前途命运，事关国家长治久安，事关民族凝聚力和向心力。

新中国成立初期，陈云根据党的地位和任务的变化，对执政党意识形态建设问题进行了深入思考。陈云有着强烈的忧患意识，他很早就已经意

识到意识形态斗争是一种更高层次的斗争，他多次强调高级干部要提高革命警惕，提高革命嗅觉，千万不要“伤风”；他还鼓励党员干部要通过交换、比较、研究问题，把情况弄得更清楚，判断得更准确；他还要求对资本主义要很好地研究。陈云有着深切的责任意识，他认为做好意识形态工作，正确对待党的历史，事关意识形态领域阵地的坚守，具有重要政治意义和战略意义。

在改革开放和现代化建设的新时期，陈云担任中央纪委书记近十年，他将坚守意识形态阵地与他一贯重视的经济工作置于同等重要的地位，对新的历史条件下加强执政党建设问题提出了很多具有前瞻性、战略性的思想。

陈云有着强烈的政治意识，他认为党风廉政建设和反腐斗争在意识形态领域中意义重大。他积极支持邓小平倡导的改革开放，高度重视改革开放条件下党的思想建设、制度建设和社会主义精神文明建设。1980 年 2 月，陈云主持制定了《关于党内政治生活的若干准则》，提出“执政党的党风问题是有关党的生死存亡的问题”的著名论断。

陈云拥有大局意识，他目光敏锐，有远见，能够见微知著，统观国际与国内局势，并据此作出决策。1980 年 7 月，波兰爆发全国范围的工人罢工事件，陈云针对此事强调：“我们有没有可能发生波兰事件？对此要充分警惕。如果我们经济工作处理得不好，宣传工作处理得不好，有可能发生波兰事件。”“宣传上要有人把关”。[①] 陈云清醒地认识到遏制中国、颠覆中国社会主义，一直是西方敌对势力追求的最终目标。1989 年 9 月 8 日，他在同中央负责同志的谈话中指出，帝国主义本性没有改变，从历史事实看，帝国主义的侵略、渗透，过去主要是“武”的，后来“文”“武”并用，现在“文”的（包括政治的、经济的和文化的）突出起来，特别是对社会主义国家搞所谓的“和平演变”。那种认为列宁的帝国主义论已经过时的观点，是完全错误的，非常有害的。这个问题，到了大呼特呼的时候了。

陈云还深刻认识到加强党员意识形态学习和教育的重要性。他强调两个文明要一起抓，要同一切违反共产主义理想的错误言行进行坚决斗争。

---

① 朱佳木：《向陈云同志对待历史问题的正确态度和方法学习》，在中央文献研究室“学习习近平同志重要讲话、纪念陈云同志诞辰 110 周年学术研讨会”上的发言，2015 年 6 月 25 日。

他认为，“共产主义遥遥有期，社会主义就是共产主义的第一阶段嘛。”① 他还提出：“应当把共产主义思想的教育、四项基本原则的宣传，作为思想政治工作的中心内容。这种宣传教育不能有丝毫减弱，还要大大加强。”② 他要求严重注意资本主义腐朽思想和作风的渗入，强调牢牢掌握宣传思想工作的领导权和主动权，要培养执笔的、写文章的中青年，选择的时候要特别注意，要特别谨慎。一是必须培养能写文章的人，党内没有能写文章的人不行；二是必须培养既能写，又有德，德才兼备的人。陈云尤其重视夯实意识形态安全根基，他认为，要把我们的党和国家领导好，最要紧的，是要使领导干部的思想方法搞对头，这就要学习马克思主义哲学。学习哲学，可以使人开窍。

党的十四大以后，陈云从领导岗位上完全退下来，但他依然高度关注党和人民事业的发展。他敏锐观察到意识形态领域的较量——宗教。1990 年 4 月 4 日，他给江泽民写了一封关于高度重视宗教渗透问题的信。信中写道：“最近看到几份有关利用宗教进行渗透日益严重、特别是在新形势下披着宗教外衣从事反革命活动日益猖獗的材料，深感不安。利用宗教，同我们争夺群众尤其是青年，是国内外阶级敌人的一个惯用伎俩，也是某些共产党领导的国家丢失政权的一个惨痛教训。现在是中央应该切切实实抓一抓这件大事的时候了。在这方面务必使它不能成为新的不安定的因素。”③ 陈云这些朴实睿智的语言，表达了他对党的意识形态工作的深刻认识。

二、陈云的社会主义意识形态斗争思想的理论特征与形成源流

陈云关于意识形态领域斗争的相关论述与实践，内化于时代精神和世界价值的中国特色社会主义思想体系，具有鲜明的理论特色。总的来看，陈云关于社会主义意识形态斗争思想至少蕴含着敢于斗争、善于斗争、勤于斗争等方面内容。

敢于斗争体现在陈云具有大无畏的革命精神，政治魄力和定力坚定，面对意识形态领域形形色色的错误思潮勇于亮剑。无论斗争如何艰巨、情

---

① 参见朱佳木：《论陈云》，中央文献出版社 2010 年版，第 6 页。
② 《陈云文选》第 3 卷，人民出版社 1995 年版，第 352 页。
③ 《陈云年谱（修订本）》下卷，中央文献出版社 2015 年版，第 490 页。

况怎样复杂，无论是顺境还是逆境，陈云对社会主义、共产主义的信念始终坚贞不渝，表现出共产党人不可动摇的意志和坚强的无产阶级党性。他深深地懂得妥协换不来和谐合作，斗争才能生存发展，越是在发生困难和曲折之时，越能显示出他独特的领导才能和政治智慧。在陈云身上，对崇高理想的执着追求和为人民利益的不懈奋斗达到了完美的统一。

善于斗争体现在陈云总是能够充分把握时代特征和历史特点，善于发挥优势，进行伟大斗争。进行意识形态领域斗争，既需要政治勇气，又需要政治艺术。陈云实现了两者之间的辩证统一。他重实践，“不唯上、不唯书、只唯实”，坚持一切从实际出发；他讲方法，在分析和解决问题时特别是处理那些事关党和国家战略全局的重大问题时，善于运用马克思主义的立场、观点、方法来把握事物的本质；他思维十分敏锐，视野十分开阔，观察和分析问题全面透彻；他尊重群众，每逢作出重大决策之前，陈云总要做大量调查研究工作，听取多方面意见；他重视学习，强调通过加强对马克思主义的学习不断巩固马克思主义在意识形态领域的指导地位，巩固全党全国人民团结奋斗的共同思想基础。

勤于斗争体现在陈云坚持与时俱进，生命不息，奋斗不止。他具有强烈地做好意识形态工作的政治责任感和历史使命感，在不同场合多次强调要慎独慎微，增强拒腐防变能力，要不断强化马克思主义主流引领的功能，还要深入开展对马克思主义理论的探讨和研究，不断开拓创新。

意识形态工作是党的一项极端重要的工作。我们党是一个敢于斗争、善于斗争的党，没有斗争，就没有胜利，没有今天的一切。在陈云身上，我们看到党的老一辈领导人精湛的马克思主义理论修养和生机勃勃的创造精神，看到中国共产党人对意识形态发展规律的深刻理解和把握。陈云的社会主义意识形态斗争思想深邃，丰富了中国共产党的马克思主义理论宝库，正确把握其形成和发展的源流、脉络，有助于我们坚定思想信仰和提高行动自觉。

陈云的社会主义意识形态斗争思想，源于他坚定的马克思主义信仰。在革命斗争的洗礼中，陈云拥有强烈的忧患意识和深切的责任意识，他曾说，我此去一不为当官，二不为发财，只为共产主义事业奋斗。一个愿意献身共产主义事业的共产党员，不仅应该为党在各个时期的具体任务而奋斗，而且应该确定自己为共产主义的实现而奋斗到底的革命的人生观，要终其一生，为自己的信仰的实现而奋斗到底。

陈云的社会主义意识形态斗争思想，得益于他对马克思主义哲学、对唯物辩证法和实事求是精神的精妙运用。陈云长期自觉地以辩证唯物主义与历史唯物主义的观点研究、分析和指导中国的革命与建设问题。他研究和解决意识形态问题的方法，包含在他的理论体系中，也渗透和体现在他的革命实践中。陈云关于社会主义意识形态斗争的思想虽然大部分是在战争年代和计划经济条件下形成的，但道理朴实而管用，观点鲜明而独到，方法科学而准确，意义重大而深远，在许多方面反映了社会发展共同的客观规律。他提出的许多深谋远虑和国策大计，对中国改革开放进程产生了重大的影响。

陈云的社会主义意识形态斗争思想，与他重视学习、勤于学习、善于学习是分不开的。意识形态斗争是争夺新世界秩序灵魂的斗争，需要有良好的理论素养和强大的学习能力。陈云真正做到了学与用、知与行、坚持和发展的辩证统一。他出身贫寒，只读过小学，但他靠在长期实践中坚持不懈的刻苦学习，具备了很高的思想理论水平和解决问题能力。正因为他善于学习和接受新的东西，勤于思考，所以总是能够从我国国情出发，形成特点鲜明的系统的社会主义意识形态斗争思想。这一思想经历了不同时代的反复检验，被证明完全符合我们党的实际，是马克思主义理论宝库的重要组成部分。

三、陈云的社会主义意识形态斗争思想的当代价值与启示

陈云的社会主义意识形态斗争思想，是中国共产党人和中华民族的宝贵精神财富。陈云虽然离开了我们，但他的思想和精神是永存的。陈云站在战略和历史的高度形成的关于意识形态的基本观点，对今天的改革开放事业仍然具有重要指导意义。2015 年 6 月 12 日，习近平总书记在纪念陈云同志诞辰 110 周年座谈会上指出，要学习陈云“坚守信仰、党性坚强、一心为民、实事求是、刻苦学习”的精神。[①] 进入新时代，做好意识形态工作，事关党的前途命运，事关国家长治久安，事关民族凝聚力和向心力。我们要认真学习宣传贯彻习近平总书记重要讲话精神，加强对陈云的社会主义

---

① 《人民日报》2015 年 6 月 13 日。

意识形态斗争思想的研究和学习，进一步增强做好意识形态和宣传思想工作的自觉性坚定性。这就要求我们：

一要坚定“四个自信”，在意识形态斗争中稳得住心神，勇于战胜在“四个全面”伟大征程上遇到的种种艰难险阻。我们要认真学习陈云在社会主义意识形态斗争中表现出来的坚定理想信念、坚强党性原则、求真务实作风、朴素公仆情怀、勤奋学习精神，牢记党的使命，坚守共产党人精神家园，忠诚于党的事业，用“五个必须”标准要求自己。马克思主义是我们立党立国的根本，我们要深入开展对马克思主义理论的探讨和研究，不断开拓创新；实现伟大梦想，必须进行伟大斗争。在大是大非面前我们要立场坚定，敢于发声，筑牢思想防线。

二要准确把握意识形态发展客观规律，更好地推进意识形态领域相关工作。我们要向陈云学习，学习他非凡的政治勇气、非凡的政治智慧、高超的斗争艺术。我们要善于用党的基本纲领、基本理论、基本路线和基本经验武装头脑，用好马克思主义的“望远镜”，要注重用“三严三实”铸就思想上的“金钟罩”，筑起抗腐蚀的“防火墙”。当前，境内外敌对势力在意识形态领域继续对我进行攻击，涉及的领域和话题日益增多，手段层出不穷，有愈演愈烈之势。对此，我们必须充分认清意识形态领域斗争的长期性、尖锐性和复杂性，始终保持清醒头脑，灵活创新利用一切有效手段，在舆情和话语权掌控方面，要不断增强政治敏锐性和政治鉴别力，主动出击，占领意识形态主阵地，坚决抵制和消除各种错误思潮的侵蚀和影响。

三要切实增强“八种本领”，坚决维护我国意识形态安全。我们党全面增强执政本领，既要政治过硬，也要本领高强。我们要向陈云学习，把学习马克思主义基本理论同中国革命、建设和改革的具体实践内在地结合起来，积极主动增强防范意识和能力。习近平总书记统揽治国理政的全局，对意识形态工作作出了全面的战略部署，要求我们以更为开阔的思路来研究当代中国意识形态安全的新路径，重塑理想信念、坚定政治信仰，不断增强社会主义核心价值体系的引领能力。为此，我们一方面要进一步增强“四种意识”，深化党风廉政建设和反腐斗争，坚定广大人民群众对共产党和社会主义的信任，对马克思主义的意识形态产生认同感；另一方面还要坚持社会主义核心价值体系的统领作用，培育和弘扬民族精神，重塑价值理念。同时，要筑牢意识形态战略传播主动权，积极适应网络信息时代的发展和变化，及时研究应对各种挑战的思路和策略，不断巩固马克思主义在我国意识形态领域的指导地位，为国家意识形态安全提供坚实的思想保证。

（作者单位：中共中央党史和文献研究院）

陈云的反腐之问及其化解

——陈云民主法治思想研究

蒋德海

1985年3月13日，陈云提出了一个深刻的问题："要研究一下，为什么那么多的党员，甚至多年的老党员，在'有令不行，有禁不止'的歪风刮来时，自己顶不住，一下子就卷进去了，跟着跑，跟着干，这是什么原因？这些共产党员的党性到哪里去了？"[①]陈云提出的是一个非常严肃的问题：为什么一些具有良好政治素养，甚至敢为人民出生入死的人，在权力的诱惑面前会打败仗？良好的党性到底能不能抵御权力的诱惑？我们可以把这称之为"陈云之问"。"陈云之问"既是我国深入改革开放的重大问题，也是世界范围内深化民主法治建设的共同使命。思考和化解"陈云之问"不仅是我国深化反腐的需要，也是坚持中国特色社会主义政治文明不能回避的重大政治问题。

一、守纪和守法是预防腐败的两道防线

陈云作为老一辈无产阶级革命家特别注重纪律。战争年代，在许多场合陈云都发表了要严格遵守党的纪律的主张。1940年3月，陈云在延安抗日军政大学第五期学生毕业大会上的讲话，集中全面地阐述了遵守党的纪律的重要性。改革开放以后，由于我国法制建设刚刚起步，法制还不健全，党的纪律就成为改革开放初期保障改革开放的重要力量。这一时期，陈云的守法思想主要表现为严守纪律。新的历史时期同样需要党的纪律来规范，党的干部必须严格遵守党的纪律，只有严格遵守党的纪律，才能保证新的历史时期各项工作始终沿着党的路线前进。陈云严守纪律的思想突出表现为以下六个方面：

① 《陈云文集》第3卷，中央文献出版社2005年版，第541页。

第一，强调党的纪律的重要意义，认为党的纪律是否能够遵守直接关系到党的事业的胜败存亡。他明确指出：“可否不要纪律呢？如果不要也可以，那就是毛主席讲的六个字：‘亡党亡国亡头’，就一定不可避免。”① 这就把遵守党的纪律与党的生死存亡直接联系起来，将其视为党生存斗争胜利的一个“根本条件”或“有力武器”。他认为纪律“是党的生存和斗争胜利的一个根本条件”。纪律之所以“是党的生存和斗争胜利的一个根本条件”，从根本上说是因为纪律具有保障党的意志和行动的统一的重要功能作用，“是保证政治上组织上统一的武器”。②

第二，纪律之所以重要还与党的干部掌握着权力有关系。权力来源于公共管理的需要，但权力也可以用来谋私。这就要求党员干部在运用权力的时候，必须严格遵守纪律。掌权的人不守纪律，就容易出现腐败，所以要充分重视遵守党的纪律的重要性。1983 年 10 月，陈云在党的十二届二中全会上指出：“党在全国执政以后，从中央到基层政权，从企业事业单位到生产队的领导权，都掌握在党员手里了，党员可以利用手中掌握的各种权力为自己谋取私利。”③ 这就明确提出了各级党员干部存在不守纪律的风险。党员干部不守纪律，不仅有潜在风险，而且确实会造成很大的经济和社会问题，给党的形象带来损害。陈云强调改革开放以后，虽然大多数党员干部能够遵守党纪党法，但“因谋私利而犯法、犯错误的党员也不是一个很小的数量。就从打击经济领域犯罪以来，中纪委统计的经济犯罪案件中看，开除党籍的有九千多人，受党纪处分的有一万八千多人，两者合计二万七千多人，比一九二七年‘四一二’以后全国党员总数还要多一倍多。”④ 因此，必须重视掌握权力的人由于不守纪律带来的严重危害。

第三，严格遵守党的纪律是中国共产党无产阶级先锋队的标志。中国共产党是中国工人阶级的政党，是中国工人阶级的先锋队。党之所以能够成为先锋队，一个重要原因就是它是全心全意为人民服务的有组织的部队，而维持其组织性的有力武器就是纪律。正如陈云所说：“纪律是我们的重要武器。维护党的统一，不靠刀枪，要靠纪律；同时，加强思想政治工作，

① 《建党以来重要文献选编（1921—1949）》第 20 册，中央文献出版社 2011 年版，第 149 页。
② 《建党以来重要文献选编（1921—1949）》第 17 册，中央文献出版社 2011 年版，第 664 页。
③ 《陈云文选》第 3 卷，人民出版社 1995 年版，第 331 页。
④ 《陈云文选》第 3 卷，人民出版社 1995 年版，第 331 页。

端正路线和方针、政策。”[①] 为了使共产党能够始终保持无产阶级先锋队的本色，就必须严格保证纪律的实施，“对于利用职权谋私利的人，如果不给以严厉的打击，对这股歪风如果不加制止，或制止不力，就会败坏党的风气，使党丧失民心。”[②]

第四，遵守纪律、维护纪律是一个政党有力量的保证。一个伟大的政党，需要在社会生活中起进步作用，推进社会进步，必须要有力量，党的纪律就是这种力量的基本源泉。一个政党人数再多，如果没有统一的意志，再好的主张也不能变成现实，难以推动社会历史的进步。故严格遵守党的纪律是实现党的奋斗目标的重要保障，“党的纪律规定：个人服从组织，少数服从多数，下级服从上级，全党服从中央。这是为了保障党的意志和行动的统一，也是为了保障党的组织的统一。”[③] 改革开放是中国共产党领导的一场伟大革命，标志着中国共产党的领导进入新的历史时期。在新的历史时期需要更好地遵守党的纪律，而决不能因为开放了，纪律就可以松懈。为此，陈云特别强调“党性原则和党的纪律不存在‘松绑’的问题”，并把严守纪律提到能否保障革命事业成功的高度：“加强纪律性，革命无不胜。”[④]

第五，遵守党纪必须遵循平等的原则。党纪律面前人人平等，任何共产党员都要遵守党的纪律。陈云曾把这称之为党的纪律的统一性，“一切党员与组织须遵守”，“上下一样”，不管你是担任领导职务的党员还是一般党员，也不管你是老党员还是新党员，都要受纪律约束；党内不准有不受纪律约束的特殊人物和特殊组织。党的纪律的统一性，决定了党员对党的纪律“必须无条件遵守”。所以，陈云强调：遵守纪律是“所有党员及各级党部之最高责任”，“一切党员一切组织的最基本的义务”，[⑤] 在党的纪律面前，不能有特殊人物和特殊组织。

第六，党的纪律是自律和他律的统一。“纪律是自觉的，又是强制的。”[⑥] 党的纪律首先靠广大党员自觉遵守，陈云指出：“纪律虽然带着强制性，但必须自觉遵守。只有使全体党员自觉地遵守纪律，纪律才能成为铁

---

① 《陈云文选》第 1 卷，人民出版社 1995 年版，第 196 页。

② 《陈云文选》第 3 卷，人民出版社 1995 年版，第 331—332 页。

③ 《建党以来重要文献选编（1921—1949）》第 17 册，中央文献出版社 2011 年版，第 220 页。

④ 《十三大以来重要文献选编》（上），中央文献出版社 2011 年版，第 104 页。

⑤ 《陈云文集》第 1 卷，中央文献出版社 2005 年版，第 182 页。

⑥ 《建党以来重要文献选编（1921—1949）》第 17 册，中央文献出版社 2011 年版，第 221 页。

的、不可动摇的、有效的东西。”[①] 而党员之所以能够自觉地遵守纪律从而使党的纪律成为自觉的纪律，是因为中国共产党是无产阶级的有组织的部队，“它的党员都有着高度的政治觉悟，对革命有无限忠诚和责任心，是无产阶级先进分子。”[②] 但是，遵守党的纪律不能光靠自觉，必须有严格的强制措施，“不自觉遵守，必须强制执行。明知故犯者，要给以处分；情节严重而不愿改正者，应开除出党。”[③] 因此遵守党的纪律，在自觉以外必须有强制。这就是束缚。完全没有束缚和强制，自觉就没有了保障；有了束缚和强制，才能更好地保证自觉遵守。而无产阶级政党先锋队的特点决定，“在无产阶级有组织的队伍内，也决不允许那些明知故犯的不能自觉遵守纪律的分子存在。”[④]

二、法治必须和民主相同步

陈云关注民主问题，首先是因为“文化大革命”的悲剧源于民主的缺失。“文化大革命”以后人们开始思考：为什么会出现“文化大革命”的悲剧？但陈云的思考更为深刻，他认为“文化大革命”的发生是制度原因：“文化大革命”发生的一个根本原因是党内民主集中制没有了，集体领导没有了。[⑤] “文化大革命”刚刚结束，1979 年 3 月，陈云在会见来访的马来西亚共产党总书记陈平时就指出，“文化大革命”的经验教训关系到民主集中制，从七大到新中国成立初党都很民主，民主集中制也贯彻得很好，但从 1958 年起民主集中制传统被破坏了。“文化大革命”中“民主集中制搞得很不好。这其中有许多帮倒忙的人。”[⑥] “文化大革命”是一场浩劫。对于这场浩劫，每个参与的人都不能推卸其责任。因此，“文化大革命”之所以发生的根本原因在于社会决策的根本机制没有形成。新中国成立之初，毛泽东在天安门城楼上庄严宣告，中国人民站起来了。但人民民主不是喊一句口号就能够形成的，它需要各种各样的制度保障，能保证人们对错误的意见和决策，敢于“不唯书、不唯言”，而人们敢于“不唯书、不唯言”的社会环境就是

---

① 《建党以来重要文献选编（1921—1949）》第 16 册，中央文献出版社 2011 年版，第 330 页。
② 《建党以来重要文献选编（1921—1949）》第 16 册，中央文献出版社 2011 年版，第 330 页。
③ 《建党以来重要文献选编（1921—1949）》第 17 册，中央文献出版社 2011 年版，第 221 页。
④ 《建党以来重要文献选编（1921—1949）》第 16 册，中央文献出版社 2011 年版，第 330 页。
⑤ 参见《陈云文选》第 3 卷，人民出版社 1995 年版，第 274 页。
⑥ 《陈云年谱（修订本）》下卷，中央文献出版社 2015 年版，第 267 页。

一种民主，它需要相应的制度保障。

民主和集中的关系，在一定意义上就是民主和法治的关系。不同意见的交流沟通和协商是民主的要求，而交流沟通协商能不能充分实施需要法治的保障。强调民主集中，既要允许不同意见存在，又要建立起良好的交流沟通和协商的机制，在交流沟通和协商中，能够了解正确意见，认识错误意见，抛弃错误意见，并在这个基础上形成共识，这就是集中。民主是需要的，但是民主也要受到限制，这就是法治。民主和守法不能分离。任何人都不能不讲法治，同样地，任何人都不能打着民主的招牌无法无天。民主不是无法无天的“遮阳伞”，正如陈云在对公安部报告的指示中所说的，“人民有民主权利，但也必须守法，否则我们会一事无成。”后来，中共中央批转了陈云的这个批示，并在通知中指出，对极个别罪行严重、证据确凿的首恶分子，必须依照法律（包括地方政府和公安机关发布的法令条例）加以惩治。[①]

民主还与自由相连。坚持民主，要处理好纪律与自由的关系；自由和纪律是矛盾的统一。民主和自由相连。主张民主和自由，并不是不要纪律。纪律与自由是同一个矛盾统一体的两个侧面。它们是矛盾的，又是统一的。陈云认为，在党内既不可以没有纪律，也不可以没有自由。“无产阶级政党应该是一个最有纪律的党，也是一个最讲民主、最讲自由的党。”[②]党员在“党内有发表意见的自由”，“在决议作出以前，有争论的自由；在决议作出以后，有保留不同意见的自由（但行动上必须服从）。”[③]为此，每个党员干部对于党的纪律和国家的法律要“既知重要，就必须遵守，凡入党者都应有此自觉性。坚定的革命者视纪律为自由。”[④]自由和纪律的统一，也就是民主和集中的统一。

陈云的民主思想最难能可贵的是提出了经济民主的理念。陈云长期担任我国经济工作的领导工作。如何建设社会主义经济，对所有社会主义国家都是一种尝试。陈云在领导经济工作时，提出了经济民主的思想。他认为，既然大家都不知道怎么搞，因此，搞社会主义经济就应该多听意见。1979 年 3

---

① 《陈云年谱（修订本）》下卷，中央文献出版社 2015 年版，第 269 页。

② 《建党以来重要文献选编（1921—1949）》第 17 册，中央文献出版社 2011 年版，第 221 页。

③ 《建党以来重要文献选编（1921—1949）》第 17 册，中央文献出版社 2011 年版，第 221 页。

④ 《建党以来重要文献选编（1921—1949）》第 17 册，中央文献出版社 2011 年版，第 221 页。

月 25 日，陈云在主持国务院财政经济委员会第一次会议时指出，意见不同也是好事情，哪怕争得面红耳赤也是可以的。开展经济工作究竟采取什么手段，他认为，辩论也是一种方法，辩论能搞清楚一些问题，看出哪一种意见好，能取得一致看法。并指出“要发扬经济民主，让大家讲，听就是了。”① 经济民主是非常重要的思想，我们可以从两个角度去理解：一个是方法性的经济民主，即采用什么样的经济政策，要通过民主的方式来形成共识，对于关系到全体人民群众的事情，一定要发扬民主，召集群众开会，大家讨论，深入到群众里面去。② 另一个经济民主是实体问题，即人民群众是经济活动的主体。农民怎么种地，工人怎么做工，商家怎么经商，人民群众是主体。在社会主义国家，人民是国家的主人。人民作为国家的主人，却不能对自己怎么做工、怎么种地、怎么经商做主，是不合逻辑的。因此，人民是国家的主人，从经济民主的角度看首先是经济活动的主人。为此，陈云要求领导干部在经济活动中“不要包办，不要以支部的领导来代替群众团体自己的领导”，“要以民主的作风与群众一起工作”。③

坚持民主，还要坚持干部公仆论，这是陈云民主观的另一个特色。各级干部都是人民的公仆，是马克思主义的基本理论和原则。陈云把共产党执政比作为人民“当差”，人民是国家的主人，国家工作人员只是为人民办事的，是“为大家‘当差’的，是遵循工人、农民和其他人民群众的意见办事的。”④ “为大家‘当差’”是陈云对马克思主义公仆论的另一种表达方式。人民公仆为人民办事，全心全意为人民服务，是因为人民公仆掌握的权力来源于人民。人民是主人，各级国家干部都是为人民服务的，是为大家当差的。维护和发展人民的利益是最高原则。一切工作都应该从群众“最高兴的”⑤ 事情做起。陈云强调人民公仆要能够正确对待“善意的批评”。要让批评者知无不言、言无不尽，而且要把“善意的批评”看作鞭策、鼓励自己的有益武器，因为只有彼此相见以诚，才能和衷共济。⑥

---

① 《陈云文选》第 3 卷，人民出版社 1995 年版，第 257 页。

② 参见《陈云文选》第 1 卷，人民出版社 1995 年版，第 175 页。

③ 《陈云文选》第 1 卷，人民出版社 1995 年版，第 149 页。

④ 《陈云文选》第 1 卷，人民出版社 1995 年版，第 380 页。

⑤ 《陈云文选》第 1 卷，人民出版社 1995 年版，第 23 页。

⑥ 《陈云论党的建设》，中央文献出版社 1995 年版，第 139 页。

三、以民主保障法治："陈云之问"的化解

良好的党性能不能抵御权力的诱惑，是一个政治伦理的判断。良好的政治伦理是社会进步的标志。一个文明的社会需要有良好的政治能力来抵御权力的诱惑。中国是社会主义国家，中国共产党执政是我国社会主义的巨大优越性，共产党干部全心全意为人民服务的崇高道德品质是我国社会主义事业的重要特征。毫无疑问，社会主义国家共产党人全心全意为人民服务的高贵品质是我们防范和抵挡权力诱惑的重要力量。但是，要真正抵御权力的诱惑，仅仅靠官员个人有好的道德品质是不够的。这就要求必须进一步搞清楚：在我国改革开放和民主法治建设当中，道德尤其是共产党人的党性与党纪、法律之间是什么关系。"陈云之问"给了我们以下启示：

（一）中国共产党人全心全意为人民服务的政治伦理是中国改革开放成功的强大力量

陈云强调："为维护党的铁的纪律，每个党员、每个组织，都应该自觉自愿地接受其他党员和上下周围组织的监督，同时诚恳虚心地接受群众的监督。"[①] 共产党干部应该具有更好的道德素养，应当全心全意为人民服务，这是共产党人的党性要求和体现。强调这种全心全意为人民服务的党性，通过各种监督促进共产党人把全心全意为人民服务的党性弘扬光大是必须的，但又是不够的。通过提升党性，能够促进守法和守纪。但党性教育不是万能的。正如陈云所说，就像刘力功，上过党的建设的课程，包括受过党的纪律的教育，曾经举手"拥护"党的纪律。但是，要他从口头上赞成到实际上执行党的决议时，他就完全相反了，不服从党的纪律了。陈云说："这就告诉全党同志，遵守纪律不是在口头上，而是在实际行动上。口头上说遵守纪律是容易的，困难的是在实际行动上真正遵守纪律。所以党观察党员是否遵守纪律，要看他的行动。"[②] 近年我国在反腐败斗争中发现，不少腐败党员干部，当面是人背后是鬼，这同样反映了这个言行一致的重要性。

（二）深化改革开放必须保证党纪和法律的严肃性

陈云特别重视党的纪律检查委员会的执纪功能，强调党的纪律检查委员会的基本任务，就是要执行党的纪律，维护党规党法。"中央纪委和地方

---

① 《建党以来重要文献选编（1921—1949）》第 17 册，中央文献出版社 2011 年版，第 221 页。

② 《建党以来重要文献选编（1921—1949）》第 16 册，中央文献出版社 2011 年版，第 328 页。

各级纪委的工作是：无论是谁违反党纪、政纪，都要坚决按党纪、政纪处理；违反法律的，要建议依法处理。各级纪委必须按此原则办事，否则就是失职。”[①] 党纪也好，法律也好，制定出来不是给人看的，而是要规范人们的行为，尤其是党员干部的行为。党员干部是不是遵纪守法，绝不仅是他们个人的政治法律素养问题，而是关系到党纪的严肃性和法律的权威性的问题。党纪松松垮垮，守不守党纪都不当一回事，违纪违法不承担任何责任，必然导致国家治理秩序的混乱和社会道德精神文明的破坏。因此，陈云屡屡强调的是对党纪国法的尊重，没有党员干部对党纪国法的尊重，就谈不上法治秩序的稳定和社会道德的提升。

（三）依法治国须先从严治党

从严治党是依法治国的基本要求。正是从这个角度，陈云强调治国必先治党，治党必须从严。坚持党的领导是社会主义国家的本质特征。如果不能保证党员守纪守法，社会主义国家就会变色，也就是陈云经常提到的会导致“亡党亡国亡头”的危险。由于共产党执政，党员遵守党纪，在某种意义上甚至比守法更重要。1978 年党的十一届三中全会恢复成立了中央纪律检查委员会。担任第一书记的陈云，提出以党内立法的方式规范党内政治生活，整顿党风，并于 1979 年 1 月召开的中央纪委第一次全体会议开幕会上强调：“维护党规党法、整顿党风”是党的中央纪律检查委员会的基本任务，这次会议就是要为实现这个基本任务做“必要的准备工作”[②]。同时，针对改革开放初期受“一切向钱看”的资本主义腐朽思想严重腐蚀产生一些不良党风和社会风气的问题，陈云在 1985 年 9 月召开的中央纪委第六次全体会议上严肃提出：“无论是谁违反党纪、政纪，都要坚决按党纪、政纪处理；违反法律的，要建议依法处理。”[③] 正是在陈云的领导下，中央纪委先后讨论和修改了七次《关于党内政治生活的若干准则》，于 1980 年 2 月，党的十一届五中全会通过这部中国共产党历史上第一部关于政治纪律的专门法规，以党内立法的方式加强和改善党的领导，保障党内政治生活的健康发展。这是陈云在 20 世纪 80 年代中期提出的依法治国的思想。正是从

---

① 《十二大以来重要文献选编》（中），人民出版社 2011 年版，第 303 页。

② 《陈云文选》第 3 卷，人民出版社 1995 年版，第 240 页。

③ 《陈云文选》第 3 卷，人民出版社 1995 年版，第 356 页。

这个角度，陈云讲，纪律才是重要武器，“不靠刀枪，要靠纪律”[①]，强调了党纪对我国依法治国的重要价值。

（四）严肃落实党纪需要深化党内民主

陈云提出“不唯上、不唯书、只唯实，交换、比较、反复”[②]的思想，包含着民主的内涵，就是强调要通过党内民主和社会民主来保证法律的实施。法律实施中一个重大的障碍就是权力的干扰。干扰可能是来自上级的权力，也可能来自形而上学的教条，而“不唯上、不唯书、只唯实，交换、比较、反复”，就是要求实事求是，要依据法律，排斥各种权力和教条主义的干扰，对于不同的意见有充分的沟通、交流，权力的行使有广泛的民主监督。一句话，依法治国就是要以民主为基础，要体现人民当家作主的原则。法治是民主的要求。民主要求法治，民主也保障法治。只有在民主的基础上，纪律的实行者和法律的实施者才能有效实施法治，“树立宪法法律至上、法律面前人人平等的法治理念”，明确任何组织和个人都不得有超越宪法和法律的特权，“绝不允许以言代法、以权压法、逐利违法、徇私枉法。”[③]

因此，全面深化依法治国，严肃党纪国法的政治基础是民主建设。法律能不能得到忠实贯彻，形成民主建设和民主风气是关键。1982 年陈云就明确说：“文化大革命”得以发生的重要原因之一是民主生活很不够[④]。这深刻揭示了发生“文化大革命”的社会政治根源。党的十一届三中全会以后，我国改革开放启动，人们思想获得了解放，才能够正视社会中的各种问题，而这正是因为党内民主、社会民主受到了重视，并有了一定程度的发展。“十一届三中全会以后，党内有了民主集中制的气氛，才会有同志敢于提出不同的意见。在这个事情上，我们原来是吃过苦的，搞一言堂。我过去说过，不怕人家讲错话，就怕人家不说话。讲错话不要紧，要是开起会来，大家都不说话，那就天下不妙。有同志提不同意见，党组织应该允许，这是党的事业兴旺发达的好现象。”[⑤]1984 年 10 月，陈云又提出：“没有好的党

---

① 《陈云文选》第 1 卷，人民出版社 1995 年版，第 196 页。
② 《陈云文选》第 3 卷，人民出版社 1995 年版，第 371 页。
③ 《中国共产党第十九次全国代表大会文件汇编》，人民出版社 2017 年版，第 31 页。
④ 参见《陈云文选》第 3 卷，人民出版社 1995 年版，第 274 页。
⑤ 《陈云文选》第 3 卷，人民出版社 1995 年版，第 275 页。

风，改革是搞不好的。”[1]

党风首先就是党内民主风气。党内民主是我国民主的灵魂，没有党内民主，就谈不上国家和社会的民主。因为民主是法治的基础，民主风气是法治的环境，而执政党内的民主风气对我国民主法治建设具有引领性，是我国民主建设的基础，党内没有民主风气，就不可能有民主的社会环境；社会没有民主的环境，依法治国就很难得到有效的实施，廉洁的社会风气也难以持久。显然，从抓党风着手，从形成党内民主风气着手，大力推进党内民主和国家、社会的民主，才能为陈云的“反腐之问”交上一份良好的答卷，也才能使我们社会主义法治国家建立在坚实的政治文明基石之上。

（作者单位：华东政法大学）

① 《陈云文选》第3卷，人民出版社1995年版，第275页。

陈云与新时期打击经济犯罪活动

刘　仓

从 1982 年 1 月中央确定中央纪委和地方各级纪委作为打击经济犯罪斗争的办事机构开始，到 1986 年 7 月中央同意纪委不再执行上述任务止，根据陈云指导中央纪委打击经济犯罪的重点、措施的演变，可分为三个阶段。

一、第一阶段，从 1982 年 1 月到 1983 年 10 月党的十二届三中全会前

这一阶段的主要特征是，发动打击经济犯罪活动，重点在于制定打击经济犯罪的法律依据、政治依据、政策依据。

（一）发起严厉打击经济犯罪活动

惩办经济犯罪分子，实现党风和社会风气的根本好转，是陈云思考的基本问题。1982 年 1 月 5 日，陈云找来秘书朱佳木，指着中央纪委报送的题为《广东一些地区走私活动猖獗》的一份《信访简报》，说："告诉王鹤寿，要重办，要杀掉几个。杀几个，可以挽救一大批。解放初期，贪污几千元就杀。"他停下想了想说："干脆，我来批一下。"他把文件批给胡耀邦、邓小平等人，并在批语中指出："对严重的经济犯罪分子，我主张要严办几个，判刑几个，以至杀几个罪大恶极的，并且登报，否则党风无法整顿。"几位领导人阅后均批示同意。邓小平还在陈云批语中加了"雷厉风行，抓住不放"八个字。①

1 月 11 日，中央书记处召开会议，讨论中央政治局常委 1 月 5 日关于打击严重走私贩私、贪污受贿等违法犯罪的批示。会议决定：立即分别召开中央和国家机关各部委以及军队系统负责人会议，贯彻中央常委的批示；

① 《陈云年谱（修订本）》下卷，中央文献出版社 2015 年版，第 330 页。

派习仲勋、余秋里、彭冲、王鹤寿立即去广东、福建、浙江、云南等省，传达中央常委批示，并采取紧急措施。[①]同日，中共中央发出《关于打击严重经济犯罪活动的紧急通知》(以下简称《中央紧急通知》)，指出走私犯私等犯罪行为，严重毁坏党的威信，是关系党的生死存亡的重大问题。全党一定要雷厉风行地加以解决。由此，一场打击经济领域犯罪活动的斗争开展起来。

（二）支持将打击经济犯罪活动上升为党和国家的战略部署

1982 年 2 月 11 日至 13 日，中央书记处召开广东、福建两省座谈会，中心议题是贯彻执行《中央紧急通知》，开展打击经济领域中的违法犯罪活动。座谈会对打击经济犯罪的意义、性质、政策界限、组织部署、宣传教育、法律依据等问题，提出建议和意见。3 月 1 日，中共中央批转会议纪要，并指出，打击经济领域中的违法犯罪活动，是关系到党和社会主义事业盛衰成败的全局性的长期的斗争。[②]

3 月 8 日，五届全国人大常委会第二十二次会议通过《关于严惩严重破坏经济的罪犯的决定》。《决定》列举对《刑法》补充和修改后的条文。新的条文规定：对那些走私、套汇、投机倒把牟取暴利罪，盗窃罪，贩毒罪，盗运珍贵文物出口罪，情节特别严重的，处十年以上有期徒刑、无期徒刑或者死刑，可以并处没收财产；国家工作人员利用职务犯上述罪行，情节特别严重的，从重处罚；国家工作人员索取、收受贿赂，比照贪污罪论处，情节特别严重的，处无期徒刑或者死刑。[③]这为坚决打击经济犯罪活动、严惩犯罪分子提供了法律武器。

4 月 13 日，中共中央、国务院发出《关于打击经济领域中严重犯罪活动的决定》，驳斥了对打击经济犯罪“政策不明”“法律无据”“妨碍改革”“搞成运动”等各种质疑，规定了这场斗争的进程、性质、政策界限、法律依据、领导组织机构等问题，强调这场斗争是当前最实际、最有效的整党整风的措施之一，是全党的一项重大任务。党的各级纪律检查委员会应当成为党委领导这场斗争的坚强有力的办事机构。[④]

---

① 《陈云年谱（修订本）》下卷，中央文献出版社 2015 年版，第 330 页。

② 参见《三中全会以来重要文献选编》(下)，中央文献出版社 2011 年版，第 459—460 页。

③ 《人民日报》1982 年 3 月 9 日。

④ 《人民日报》1982 年 4 月 14 日。

（三）支持中央纪委全力以赴打击经济犯罪

陈云关于严厉打击经济犯罪，改进党风的思想，是中央纪委工作的指导方针。1982 年 1 月 8 日，中央纪委就陈寿阳索取贿赂并贪污公款一事，发出《必须严肃处理党员干部中的违法乱纪案件》的通报。通报指出：对那些违法乱纪者，必须严格执行纪律。凡是蜕化变质丧失党员条件的，必须清除出党；对那些触犯刑律的，要交司法部门依法惩处。绝不能姑息迁就，贻害于党。通报要求党员认真学习和实践陈云《要讲真理，不要讲面子》的讲话精神，坚决克服组织上、思想上、作风上的不纯，承担历史赋予的重任。[①]

1982 年 1 月 16 日，中共第七机械工业部党组将讨论《中央紧急通知》的情况，向中央写了一份报告。报告肯定了陈云关于党风问题的意义和打击经济犯罪的政策，同时担心处理不了有权有势的大干部。1 月 19 日，国防科委主任张爱萍将这份报告批送胡耀邦等人并报陈云。1 月 30 日，陈云批示说："张爱萍同志：该办的不要讲情面。"[②] 在中央纪委到外贸部、财政部等单位了解贯彻《中央紧急通知》情况期间，有人认为，"中央抓打击严重经济犯罪很必要，但抓晚了，问题已相当严重，积重难返了。"2 月 11 日，陈云在中央纪委《关于传达学习〈中央紧急通知〉中的若干思想反映》的简报上批示："现在抓，时间虽晚了些，但必须抓到底。中纪委必须全力以赴。"[③]

1982 年 7 月 1 日，新华社在简报上刊载香港《快报》的一篇题为《反贪污斗争停滞不前》的文章。文章评论说，中共只打了几只"苍蝇"，一只"老虎"也没有打着。似有搞不下去之势，可见内部反抗之烈与阻力之大。还说，中共强调有法必依，为何不依？何不坚决执法，以取信天下？7 月 5 日，陈云在文章中尖锐的意见下面画了线，将这份材料批给黄克诚、王鹤寿，强调：对于经济犯罪案件，"必须严办"，"阻力再大也必须办"。7 月 8 日，中央书记处召开全国电话会议，部署进一步打击经济犯罪活动。7 月中旬，中央纪委派出一百多名司局级以上干部分赴各地，充实、加强办案力量，直接参与大案要案的处理工作。在这种思想指导下，海丰县王仲案成为中央纪委督办的典型案件。

---

① 《人民日报》1982 年 1 月 12 日。

② 《陈云传》（下），中央文献出版社 2005 年版，第 1723 页。

③ 《陈云年谱（修订本）》下卷，中央文献出版社 2015 年版，第 334 页。

（四）指导中央纪委为打击经济犯罪制定政策依据和法律依据

由于对内搞活、对外开放是新生事物，各项法律法规还不成熟，惩办经济犯罪活动还存在诸多缺陷。1982 年 5 月 15 日，中央纪委、中央政法委联合发出《关于判处经济犯罪案件统一量刑的通知》，针对经济犯罪量刑上有“畸轻畸重、宽严不当”的现象，提出“凡是触犯刑律的案件，统一由各级司法机关依法处理。大案要案的量刑，要在全国范围内平衡”。[①]但是，各地存在“重罚轻刑”问题，客观上纵容了走私贩私、投机倒把等犯罪活动。有些犯罪分子说：“罚款我不怕，搞十次罚五次够本，罚三次得利。”这引起了陈云的警惕。1982 年 7 月 14 日，中央纪委发出《关于纠正当前处理经济犯罪案件中存在“重罚轻刑”现象的通知》，要求对走私贩私、投机诈骗等案件，凡是构成犯罪的，都要移交司法部门依法处理。凡是应该追究刑事责任的，而只给经济制裁了事的，要追究有关部门的责任。[②]10 月 30 日，陈云将新华社题为《广东沿海走私活动重新抬头，省政府及时采取措施予以打击》的内部材料批转国务院领导，并指出：“要不断总结经验，因为走私分子会用各种方法进行活动。此件上说的不能‘以罚代刑’，很好，必须既有罚，又有刑。”[③]11 月 16 日，陈云通过秘书答复国务院领导强调，各种经济犯罪分子会针对我们工作的不断改善而不断变换手法，因此不能满足于总结一两次经验，必须针对出现的新情况、新问题，不断拿出新办法。[④]

1983 年 7 月 25 日，陈云收听到中央人民广播电台新闻节目报道的遵义地区工商局局长席常安等被撤职查办的消息，说：这样处理太轻了，应当重判！过去还报道过一个四川省的借出国考察机会贪污外汇的案件，也是处理太轻了。小平同志讲过处理重大经济案件要开杀戒，要准备杀它一百个。现在只杀了三个，太少了。[⑤]9 月 5 日至 9 日，中央纪委召开全国打击经济领域严重犯罪活动工作会议。会议印发了陈云的上述意见，要求认真贯彻中共中央、国务院和全国人大常委会关于严惩严重破坏经济的罪犯的决定，依据法律，对犯罪分子该判刑的要判刑，该重判的要重判，决不要心

---

① 《陈云与中央纪委》，中国方正出版社 2005 年版，第 162—163 页。
② 《陈云与中央纪委》，中国方正出版社 2005 年版，第 164 页。
③ 《陈云年谱（修订本）》下卷，中央文献出版社 2015 年版，第 355 页。
④ 《陈云年谱（修订本）》下卷，中央文献出版社 2015 年版，第 357 页。
⑤ 《陈云年谱（修订本）》下卷，中央文献出版社 2015 年版，第 381—382 页。

慈手软。[①] 会后，中央纪委同中央政法委员会联合下发《关于严惩严重破坏经济罪犯的意见》(即《十条》)，具体规定对走私、贪污受贿、盗窃公私财物、诈骗等犯罪行为，达到多少案值就要受到何种惩处的要求，为严惩经济犯罪分子的量刑提供具体法律依据。[②]

截至 1983 年 4 月底，全国揭露出并依据党纪国法立案审查的各类经济犯罪案件共 19.2 万多件，其中非法牟利 10 万元以上的 170 人，个人非法所得万元以上的 7000 多人，案件中涉及党员 7.1 万多人。结案 13.1 万多件，依法判刑近 3 万人，在所涉及的党员中，被开除党籍的 8500 多人。追缴赃款赃物合 4.1 亿多元。全国投案自首、坦白交代各种经济违法犯罪问题的共有 24400 多人。通过这些斗争，有力地打击了走私贩私、贪污盗窃、行贿受贿、投机诈骗等严重经济犯罪分子，基本上保证了对外开放和对内搞活经济政策的正确执行。[③]

二、第二阶段，从 1983 年 10 月到 1985 年底

这一阶段的主要特征是，打击经济犯罪与整党联系起来，把查处犯罪案件和追查纪委责任、加强思想政治工作结合起来，注重从思想根源、组织制度上打击经济犯罪。

(一) 严厉打击不正之风和严肃党纪相结合

在陈云看来，社会上的严重经济犯罪，即使罪犯本人不是党员，也受到党员干部的保护。因此，如果党员干部严格遵守党纪国法，那么，就能从组织根源、权力制度上遏制经济犯罪。1983 年 10 月 12 日，陈云在党的十二届二中全会上指出：就从打击经济领域犯罪以来，中央纪委统计的经济犯罪案件中看，开除党籍的有 9000 多人，受党纪处分的有 1.8 万多人，两者合计 2.7 万多人，比 1927 年“四一二”以后全国党员总数还要多一倍多。对于利用职权谋私利的人，如果不给以严厉的打击，对这股歪风如果不加制止，或制止不力，就会败坏党的风气，使党丧失民心。所以，我说过：“执政党的党风问题是有关党的生死存亡的问题。”[④] 党的十二届二中全

---

① 《人民日报》1985 年 9 月 15 日。
② 《人民日报》1987 年 11 月 5 日。
③ 《人民日报》1983 年 7 月 27 日。
④ 参见《陈云文选》第 3 卷，人民出版社 1995 年版，第 273 页。

会通过《关于整党的决定》，要求把思想统一到十一届三中全会的政治路线上来；整顿党风，纠正以权谋私，反对官僚主义；加强组织纪律，惩治腐败分子；按照党章规定，加强干部队伍建设。这样，打击经济犯罪工作就与整党工作联系起来了。

1983 年 10 月 17 日至 25 日，中央纪委召开第三次全体会议，一致拥护《关于整党的决定》和邓小平、陈云在会议上的讲话，讨论从纪检工作方面保证中央整党决定的贯彻执行问题，表示在整党中要抓紧做好端正党风、严肃党纪的工作。会议还原则通过《加强党的纪律的若干规定》（草稿），委托常委修改后报请中央审批。①1984 年 3 月，中央纪委召开工作会议。王鹤寿在报告中根据陈云的指示精神，提出 1984 年的重要任务，包括狠刹以权谋私、严重官僚主义、违法乱纪等不正之风；严明党的纪律，普遍进行纪律教育。②

1984 年夏天，社会上出现“让党政机关干部也尽快富起来”的思潮。不少党员干部和党政机关，搞“权钱交易”，流行“不吃不喝，经济不活”“经济要搞活，纪律要松绑”等歪风邪气，有人甚至认为纪检部门是改革的“顶门杠”。1984 年 10 月 17 日，陈云在中央纪委常委会上提出的《关于加强纪律检查工作，保证改革顺利进行》的报告上批示：“党性原则和党的纪律不存在‘松绑’的问题。没有好的党风，改革是搞不好的。共产党不论在地下工作时期或执政时期，任何时候都必须坚持党的纪律。”③10 月 25 日至 29 日，中央纪委召开第四次全体会议。会议指出：陈云最近的批示，是在经济体制改革中做好纪律检查工作的指导思想。要通过整党和经常性的端正党风的工作，坚决纠正以权谋私和严重官僚主义这两种不正之风。对那些违法乱纪、经济上犯罪的党员、干部，必须执行党的纪律和国家的法纪。④12 月 5 日，中央纪委发出《关于坚决纠正新形势下出现的不正之风的通知》，要求各级纪委根据陈云关于“没有好的党风，改革是搞不好的”指示精神，配合有关部门，严肃查处国家机关、国家工作人员和企事业单位利用改革中的某些空子和薄弱环节损害国家和人民利益的各种案件，对案件涉及的有关人员，根据情节给予必要的纪律处分，触犯刑律的必须

---

① 《人民日报》1983 年 10 月 27 日。
② 《人民日报》1984 年 4 月 22 日。
③ 《陈云文选》第 3 卷，人民出版社 1995 年版，第 275 页。
④ 《人民日报》1984 年 10 月 31 日。

依法制裁，决不能纵容姑息。[①]12月13日，《人民日报》配发题为《党的纪律不能“松绑”》的《解放军报》评论员文章。

（二）加强思想政治工作和打击经济犯罪相结合

不少党员干部丧失党性原则，遇到歪风邪气，随大流、赶大潮、跟着干。在陈云看来，这些党员干部违法乱纪的思想根源，在于忘记理想，丢掉宗旨，见利忘义，“一切向钱看”。思想防线的倒塌，导致丧失政治立场，跨越纪律红线，自毁人格国格。1985年3月13日，陈云在同王鹤寿、韩光谈话时说：“各级党组织和党的纪律检查部门只是查处违法乱纪的案子不行，更重要的是要加强共产党员的党性教育和自觉遵守党的纪律的教育。提高共产党员的素质，是非常重要的事情，是党的建设上的一个根本问题。”[②]3月21日至26日，全国纪律检查工作会议在郑州召开。王鹤寿在题为《新形势下的党风工作》的报告中，根据陈云的这个指示精神，重申纪检工作的根本任务和指导思想，要求把维护党纪和增强党性、端正党风结合起来。通过总结典型案件的经验教训，对党员干部进行党性教育、理想、组织纪律教育，提高党员的政治思想素质。会议把这些原则作为1985年纪检部门的中心工作。[③]

有些严重违反党纪国法的案例，如制造假药、假酒，发生在整党过程中。1985年9月23日，陈云在党的全国代表会议上指出：“这些问题的发生，同我们放松思想政治工作、削弱思想政治工作部门的作用和权威有关，应引为教训。”[④]他强调，要把加强共产主义思想的教育、四项基本原则的宣传，作为思想政治工作的中心内容。

1985年9月24日，陈云在中央纪委六次全会上，针对有些党政军机关干部和干部子女蜂拥经商的现象，批评了“钻改革的空子，买空卖空，倒买倒卖，行贿受贿，走私贩私，弄虚作假，敲诈勒索，逃避关税，制造和销售假药、假酒，谋财害命，以至贩卖、放映淫秽下流录像，引诱妇女卖淫等等丑事坏事”，指出“一切向钱看”的资本主义腐朽思想，正在严重地腐蚀党风和社会风气。因此，一定要以除恶务尽的精神，同这种现象进行坚

---

① 《人民日报》1984年12月7日。
② 《陈云文集》第3卷，中央文献出版社2005年版，第541页。
③ 《人民日报》1985年3月27日。
④ 《陈云文选》第3卷，人民出版社1995年版，第352页。

决斗争。他指出："中央纪委和地方各级纪委的工作是：无论是谁违反党纪、政纪，都要坚决按党纪、政纪处理；违反法律的，要建议依法处理。各级纪委必须按此原则办事，否则就是失职。不加强思想政治工作，不严格执行党纪、政纪，党风、社会风气无法根本好转。"[①]

（三）打击经济犯罪和追究当地纪委责任相结合

在陈云看来，地方党政领导干部参与或者包庇违法乱纪行为，说明当地纪委没有尽职尽责。1985年9月，陈云指出，对于危害社会主义建设，败坏党风、社会风气的歪风邪气，熟视无睹，听之任之，除了追究那些为非作歹的个人外，还要追究那个单位、那个地区党委的责任，包括纪委的责任。例如，海南岛汽车案以及此案中非法炒买炒卖外汇、诈骗、贪污受贿等等，不仅应追究违法乱纪的个人，而且应该追究那里党委的责任。晋江地区发生制造、销售假药案，那个地区的党委熟视无睹，甚至包庇、袒护，如果不追究那里党委的责任，就丧失了党的立场。[②]在此之前，中央纪委督促中共福建省委、省纪委查办了晋江制售假药案。

（四）进一步严禁领导干部经商、办企业

尽管中央三令五申纠正不正之风，但在商品经济大潮中，不少老党员、老干部，以权谋私，以权经商，乱涨物价，乱发钱物，干扰经济秩序，同时也出现一些违反人事纪律、财经纪律、外事纪律的事件，严重败坏了党风和社会风气。1984年12月3日，中共中央、国务院发出《关于严禁党政机关和党政干部经商、办企业的决定》。1985年3月13日，陈云在听取王鹤寿、韩光关于召开全国纪律检查工作会议的筹备情况时，要求中央纪委着眼研究老党员"有令不行，有禁不止"的原因。3月18日，王鹤寿致信陈云，谈到有些领导干部子女利用特殊身份经商已成为一个突出问题。为此，中央纪委常委经过研究，建议明确规定，凡地师、司局级以上干部的子女及其配偶，一律不准经商、办企业，已经参加的必须全部退出。4月3日，陈云在中央纪委《关于不许领导干部的子女及其配偶经商办企业的建议》送审稿上批示："这件事，应由中央像严禁党政机关和党政干部经商、办企业的问题那样，作出明确的决定方能制止。不然的话，发展下去，党的肌体、党群关系必将受到损害，有所好转的党风也会受到影响。改革也

① 《陈云文选》第3卷，人民出版社1995年版，第356页。
② 参见《陈云文选》第3卷，人民出版社1995年版，第356页。

难以顺利进行。应退出的干部子女的范围，是否可以再扩大一点。”① 同日，邓小平对陈云批示表示：“赞成，要早出决定。”5 月 23 日，中共中央、国务院发出《关于禁止领导干部的子女、配偶经商的决定》。②1986 年 2 月 4 日，中共中央、国务院作出《关于进一步制止党政机关和党政干部经商、办企业的规定》。该规定共十条，重申上述两个相关规定，强调：凡参与违法经营活动或为其提供方便的干部、职工，要给予党纪政纪处分，其中的领导干部要从重处理。触犯刑律的，要依法惩处。③

陈云主张，党政军机关、领导干部要廉洁自律，教育子女，带头遵纪守法。1985 年 9 月 23 日，陈云在党的全国代表会议上，强调“整顿党风这件事，不可掉以轻心。”他要求，一是各级党组织要重视；二是各级领导干部，特别是高级领导干部，要真正身体力行，作出榜样；三是老党员、老干部要重视，包括退居二线或者离休、退休的在内。在以身作则、关心党风党纪、发挥监督作用上，没有退居二线和离休、退休的问题。他还希望所有党的高级领导人员，在教育好子女的问题上，给全党带好头。决不允许他们依仗亲属关系，谋权谋利，成为特殊人物。④ 在这种思想指导下，中央纪委直接处理的张毅一案具有典型性。为此，中央纪委还发出题为《珍惜革命荣誉，保持革命晚节》的通报。⑤

三、第三阶段，1986 年 1 月到 7 月

这一阶段的主要特征是，从中央机关和高级干部入手，要求领导干部带头廉洁自律，推动查处大案要案，取得显著成效。

1985 年 12 月，中央纪委发出通知，要求贯彻执行中办和国办《关于解决当前机关作风中几个严重问题的通知》精神，要求各级纪委主动向党委提出建议，坚决做到敢抓敢管，果断迅速地查处大案要案。要像陈云指出的那样，不论是谁违反党纪、政纪，都要坚决按党纪、政纪处理。坚决纠正机关中的不正之风。⑥ 这个通知是贯彻陈云在党的全国代表会议和中央纪

---

① 《陈云传》（下），中央文献出版社 2005 年版，第 1691 页。
② 《邓小平年谱（1975—1997）》（下），中央文献出版社 2004 年版，第 1037 页。
③ 《十二大以来重要文献选编》（中），人民出版社 2011 年版，第 347 页。
④ 参见《陈云文选》第 3 卷，人民出版社 1995 年版，第 351—352 页。
⑤ 《人民日报》1986 年 1 月 9 日。
⑥ 《人民日报》1985 年 12 月 15 日。

委第六次全体会议上的讲话精神的结果。

1986年5月，中央国家机关召开端正党风情况交流会。会上披露1986年的前五个月，中央纪委直接掌握的重大案件中，经济方面的约占90%。其中影响较大的有：航天部广宇公司倒买倒卖进口电视机批件，高价套取外汇案；周而复丧失国格人格、严重违反外事纪律案；张常胜、叶之枫泄露国家机密受贿案；杜国桢诈骗案；农垦总公司倒卖外汇、钢材、汽车、彩色电视机违法案。[①]倪献策案，是查处省部级“大老虎”的典型。

在邓小平、陈云等中央领导的督促下，据统计，1986年，全国检察机关共受理各类经济犯罪案件81591件，比1985年增长54%；立案侦查49557件，比1985年增长72%，其中大案要案13888件，比1985年增长3.3倍；结案49533件，比1985年增长90%。通过办案，追缴赃款赃物价值8亿多元，超过了前七年的总和。[②]

总结陈云指导20世纪80年代的打击经济犯罪活动，可以获得丰富经验。党的最高领导层的决策、指导，与得力干部的坚决执行相结合，是打击经济犯罪取得成效的组织保障。打击经济犯罪和保障经济改革相结合，推动二者相互促进、相互协调，摆正中心任务和基本任务的辩证关系。严查违纪案件和打击违法犯罪相结合，依据处理两类不同性质的矛盾原则，根据案件实情，该怎么处罚就怎么处罚。打击经济犯罪和端正党风相结合，从思想、意志、精神上筑牢第一道防线。把国家法治建设和党的制度建设相结合，将打击经济犯罪纳入制度化、法治化轨道，树立法律的权威、政治的权威和执政党的权威。查办经济犯罪案件和宣传思想政治工作相结合，以典型案件教育党员干部和人民群众。在这方面，陈云除了支持报刊公布此类案件、发表社评等之外，还支持周良、邱肖鹏创作以打击经济犯罪为主题的评弹《九龙口》，就是典型的例子。这些基本经验为以后打击经济犯罪活动提供了有益参考。

（作者单位：中国社会科学院当代中国研究所）

---

① 《人民日报》1986年5月29日。
② 《人民日报》1987年4月16日。

从经济犯罪的思想根源看陈云加强思想政治工作的理论

于英丽

经济犯罪是指在商品经济的运行领域中，为牟取不法利益，违反国家法律规定，侵犯国家经济管理制度，严重破坏社会主义市场经济秩序，依照刑法应受刑罚处罚的行为。经济犯罪是一种腐败行为，是各国发展中普遍面临的严重疾患。我国自改革开放以来，经济犯罪问题突出。陈云针对改革开放初期经济犯罪产生的思想根源，为从源头上遏制经济犯罪的滋生和蔓延，保障社会主义经济建设的健康发展，促进党风建设和社会风气的根本好转，加强社会主义精神文明建设，保持党的先进性和纯洁性，提出要加强思想政治工作和维护党的思想政治工作部门的权威，应当把大力加强共产主义思想的教育和四项基本原则的宣传作为思想政治工作的中心内容的理论。陈云加强思想政治工作的理论，对于我们今天新形势下贯彻落实全面从严治党，遏制党员干部经济犯罪腐败问题，始终保持党的先进性和纯洁性，确保党始终成为中国特色社会主义事业的坚强领导核心，具有重要的现实意义和启示。

一、加强思想政治工作和维护党的思想政治工作部门的权威

党的十一届三中全会之后，全党把工作重心转移到经济建设上来，国家在社会经济发展方面取得了举世瞩目的成就，然而伴随着经济的发展，经济领域出现了一些严重经济犯罪问题。在改革开放最初的两三年间，走私贩私、贪污受贿、投机诈骗、盗窃国家和集体财产等严重经济犯罪活动明显增加，在少数地区、少数人员中相当猖獗，部分党员干部也深陷其中，情况比 1952 年“三反”“五反”时严重得多。严重的经济犯罪问题引起了陈云和党中央的高度重视。1982 年 1 月 5 日，陈云在对信访简报《广东一些地区走私活动猖獗》作出的批语中指出：“对严重的经济犯罪分子，我主

张要严办几个，判刑几个，以至杀几个罪大恶极的，并且登报，否则党风无法整顿。”[①]1 月 11 日，中共中央发出《关于打击严重经济犯罪活动的紧急通知》，掀起了一场打击经济领域犯罪活动的斗争。至 1983 年，严惩经济犯罪的斗争取得了积极成效，从“中纪委统计的经济犯罪案件中看，开除党籍的有九千多人，受党纪处分的有一万八千多人，两者合计二万七千多人”[②]。但是经济犯罪蔓延的势头并没有由此得到遏制。随着经济体制改革的深入发展，1984 年至 1985 年，经济犯罪案件的数量和大案要案所占的比例都有很大增加，在一些党政干部及其配偶、子女经商办企业，滥发奖金、补贴和实物，公款请客送礼、旅游观光等问题中，也掺杂着许多严重的经济犯罪问题，“买空卖空，倒买倒卖，行贿受贿，走私贩私，弄虚作假，敲诈勒索，逃避关税，制造和销售假药、假酒，谋财害命”[③]等经济犯罪问题突出。

改革开放初期经济领域严重经济犯罪问题引起陈云的深思。陈云从多个角度分析了经济犯罪产生的根源。一方面，与党的执政地位的确立在一定程度上为部分党员干部搞腐败提供了客观条件有关。陈云指出：“党在全国执政前和执政后的情况有很大不同。党在全国执政以前，在敌人统治下的地下党，那时作一个党员就有杀头的危险，根本谈不上什么物质享受；在苏区的党和解放区的党，大家忙于打仗和支援战争，另外，也没有什么物质可以享受。党在全国执政以后，从中央到基层政权，从企业事业单位到生产队的领导权，都掌握在党员手里了，党员可以利用手中掌握的各种权力为自己谋取私利。”[④]另一方面，与对外开放过程中腐朽、消极因素的渗入影响有关。在对外开放过程中，在大量引进国外先进科学技术和管理经验的同时，“不可避免地会有资本主义腐朽思想和作风的侵入。这对我们社会主义事业，是直接的危害。”[⑤]在享乐主义、拜金主义、极端个人主义等腐朽的资产阶级思想和生活方式的诱惑和腐蚀面前，一些意志薄弱的人，包括共产党员，忘记了社会主义和共产主义的理想，淡化了党的宗旨意识，滋生了贪图享乐、腐化堕落的思想，甚至走上了违法违纪的道路。陈云指

---

① 《陈云年谱（修订本）》下卷，中央文献出版社 2015 年版，第 330 页。

② 《陈云文选》第 3 卷，人民出版社 1995 年版，第 331 页。

③ 《陈云文选》第 3 卷，人民出版社 1995 年版，第 355—356 页。

④ 《陈云文选》第 3 卷，人民出版社 1995 年版，第 331 页。

⑤ 《陈云文选》第 3 卷，人民出版社 1995 年版，第 355 页。

出，这些问题的发生“同我们放松思想政治工作、削弱思想政治工作部门的作用和权威有关”①，强调“忽视精神文明建设，忽视思想政治工作，就不可能有好的党风和社会风气，就可能偏离社会主义道路”②，而党风问题至关重要，“执政党的党风问题是有关党的生死存亡的问题。”③为此，针对经济犯罪产生的思想根源，要从源头上遏制经济犯罪的滋生、蔓延，保障社会主义经济建设的健康发展，促进党风建设和社会风气的根本好转，加强社会主义精神文明建设，保持党的先进性和纯洁性。1985 年 9 月 23 日，陈云在中国共产党全国代表大会上的讲话中提出，要“加强思想政治工作，维护党的思想政治工作部门的权威。”④

对于经济领域出现的经济犯罪问题，从加强思想政治工作方面入手来探寻解决问题的途径，体现了陈云在长期的工作实践中一贯对思想政治工作重要性有着深刻的认识和高度的重视。思想政治工作是党的一切工作的“生命线”，是取得中国革命、建设和改革伟大胜利的重要经验和优良传统。思想政治工作属于意识形态范畴，属于上层建筑，它对经济工作有重要影响。通过思想政治工作，用先进的思想和科学的理论教育和武装人们，为经济建设的发展提供正确的方向。关于政治工作与经济工作之间的关系，陈云形象和生动地表述为“七分经济，三分政治”，指出：“在我们的工作中，建议提出‘七分经济，三分政治’的口号。否则，工作的盲目性无法改变。我们如果不重视这个问题，就是带有原则性的领导方法的错误。”⑤陈云在主抓经济工作中时常提醒人们不能忽视思想政治工作，否则“一天到晚忙于非常具体的经济工作，对思想政治工作注意不够，这样就很容易产生事务主义。如果不注意扭转，就会变得目光短浅”⑥。只要重视政治，就有可能保证在发展经济工作中不犯大错误，“否则，十分有九分会变成‘斗争对象’。”⑦正是由于陈云一贯对思想政治工作重要性有着深刻的认识和高度的重视，所以当改革开放初期经济领域出现了严重经济犯罪问题时，他能

① 《陈云文选》第 3 卷，人民出版社 1995 年版，第 352 页。
② 《陈云年谱（修订本）》下卷，中央文献出版社 2015 年版，第 436 页。
③ 《陈云文选》第 3 卷，人民出版社 1995 年版，第 273 页。
④ 《陈云文选》第 3 卷，人民出版社 1995 年版，第 352 页。
⑤ 《陈云文选》第 3 卷，人民出版社 1995 年版，第 45 页。
⑥ 《陈云文选》第 3 卷，人民出版社 1995 年版，第 45 页。
⑦ 《陈云文选》第 3 卷，人民出版社 1995 年版，第 45 页。

够敏锐地洞察到首先是人的思想出了问题，思想政治工作部门的工作忽视了，没及时跟进解决，要遏制经济犯罪滋生、蔓延，需从问题出现的根源入手，从源头抓起，加强思想政治工作是预防和治理犯罪的基础。严格的纪律、健全和完善的立法、健全和完善的监督制度，都需要人来自觉遵守，通过加强对人的思想政治工作，培养有坚定的理想信念、有高尚的道德、遵纪守法的公民，就能够不断提高人们的自我约束、自觉抵御物质金钱诱惑的能力，预防犯罪现象的发生。

二、应当把大力加强共产主义思想的教育和四项基本原则的宣传作为思想政治工作的中心内容

面对改革开放初期出现的严重的经济犯罪问题，陈云提出要加强思想政治工作和维护党的思想政治工作部门的权威，并提出加强思想政治工作的内容主要包括加强共产主义思想、四项基本原则、爱国主义和革命传统的宣传教育，其中“应当把共产主义思想的教育、四项基本原则的宣传，作为思想政治工作的中心内容，这种宣传教育不能有丝毫减弱，还要大大加强。”①

共产主义思想教育的主要内容，包括马克思主义的世界观和科学理论，共产主义理想、信念和道德，集体主义思想，为人民服务的献身精神，爱国主义和国际主义精神等。四项基本原则是：坚持社会主义道路，坚持人民民主专政，坚持中国共产党的领导，坚持马克思列宁主义、毛泽东思想。共产主义思想教育和对四项基本原则的宣传，是思想政治工作要解决的最根本问题。陈云认为，一些人，包括一些共产党员，出现“不顾国家和群众的利益，甚至违法乱纪。如报上多次公布的，那些投机诈骗，贪污受贿，非法致富，以及在同外国人交往中，不顾国格人格的现象等等”②，是因为他们在最根本的问题上出了问题，“忘记了社会主义和共产主义的理想，丢掉了为人民服务的宗旨。”③陈云指出：“在社会上，忽视精神文明建设，忽视共产主义思想教育，就不可能有好的社会风气。”④为此，陈云强调把大力

① 《陈云文选》第 3 卷，人民出版社 1995 年版，第 352 页。
② 《陈云文选》第 3 卷，人民出版社 1995 年版，第 352 页。
③ 《陈云文选》第 3 卷，人民出版社 1995 年版，第 352 页。
④ 《陈云文选》第 3 卷，人民出版社 1995 年版，第 355 页。

加强共产主义思想教育和对四项基本原则的宣传作为思想政治工作的中心内容。

把大力加强共产主义思想教育和对四项基本原则的宣传作为思想政治工作的中心内容，体现了陈云对经济犯罪产生的思想根源中最根本问题上的深刻剖析，准确地把握住了问题出现的根本原因，提出了解决问题的根本思路。这与陈云对共产主义思想教育的一贯深入思考和对社会发展方向的正确认识分不开。陈云认为进行共产主义思想教育是思想政治工作的首要任务，“支部教育党员的内容首先着重于共产主义的基本教育，以坚定党员的革命人生观”①，共产主义思想的教育是革命制胜的法宝，“民主革命时期，我们用共产主义思想教育党员和群众中的先进分子，才使党始终有战斗力，使革命取得了胜利”②，在社会主义建设和改革时期，仍然要坚持共产主义思想的教育，“任何一个共产党员，每时每刻都必须牢记，我们是搞社会主义的四个现代化，不是搞别的现代化。”③

如何大力加强以共产主义思想和四项基本原则为思想政治工作的中心内容的教育？最重要的是要加强中心内容中的共产主义的理想信念教育。共产主义的理想信念教育是思想政治工作的核心内容。在思想政治工作中，注重加强共产主义理想信念教育，对于保持思想政治工作的正确方向，坚持四项基本原则不动摇，具有重要意义。陈云尤其重视加强对党员干部的理想信念教育。理想信念是党员干部的精神支柱、政治灵魂。改革开放后，党员干部中出现一部分人经济犯罪问题，说到底是这些人的理想信念出现了问题，世界观、人生观、价值观出现了滑坡，经受不住各种考验。因此，要坚定党员干部的理想信念，在遵纪守法、正风反腐上对周围的群众起到模范带头示范作用。陈云在共产主义的理想信念教育上，一是注重利用一切场合进行理想信念的宣传教育。这是他一贯的做法。1938 年，陈云在抗日军政大学作《怎样做一个革命者》的报告时指出：“做一个革命者，就要准备为革命奋斗到底。什么叫到底？就是到人死的时候，上海话叫‘翘辫子’的时候。”④1939 年，陈云在《怎样做一个共产党员》一文中，把“终身

---

① 《陈云文选》第 1 卷，人民出版社 1995 年版，第 151 页。
② 《陈云文选》第 3 卷，人民出版社 1995 年版，第 352—353 页。
③ 《陈云年谱（修订本）》下卷，中央文献出版社 2015 年版，第 432 页。
④ 《陈云年谱（修订本）》上卷，中央文献出版社 2015 年版，第 254 页。

为共产主义奋斗”作为共产党员六条标准中的首条标准提了出来，指出：“一个愿意献身共产主义事业的共产党员，不仅应该为党在各个时期的具体任务而奋斗，而且应该确定自己为共产主义的实现而奋斗到底的革命的人生观。”[①]1985年，陈云在中央纪委召开的全国端正党风工作交流会的发言中，对全体党员提出了要求，指出：“要使全党同志明白，我们干的是社会主义事业，最终目的是实现共产主义。”[②]二是注重对于在理想信念认识和行为上出现问题的党员干部进行批评教育。1983年，陈云在党的十二届二中全会上，对于那些在社会主义改革开放时期“看见外国的摩天大厦、高速公路等等，以为中国就不如外国，社会主义就不如资本主义，马克思主义就不灵了”[③]的理想信念动摇者，提出“我们要进行批评教育”[④]，指出，中国作为社会主义国家尽管现在很穷，但是我们的根本制度要比资本主义优越得多，资本主义必然会被共产主义所代替，因此，我们可以充满信心，“高呼：社会主义万岁！共产主义万岁！”[⑤]在这次会议上，陈云还对有些农村党员集训期间领取伙食补助和误工费的现象进行了批评，指出：“共产党员的标准是不惜牺牲自己的生命为共产主义而奋斗终身。我看一切集训、开会要钱的人，不能成为共产党员。”[⑥]1985年，陈云在中央纪委召开的端正党风工作经验交流会上强调：“要同一切违反共产主义理想的错误言行，进行坚决斗争。”[⑦]三是注重通过反面典型案例来进行理想信念的教育。陈云在对信访简报《广东一些地区走私活动猖獗》作的批语中不仅批示对严重的经济犯罪分子要严惩，而且批示要将经济犯罪中的大案要案查处的结果登报。登报，不仅仅是向全体人民披露惩办的结果，展示我党严惩腐败的决心，更重要的是通过这些反面典型案例，对全体人民进行遵纪守法的教育，特别是对党员干部进行以共产主义理想信念为核心的党性党风党纪的教育。根据陈云的指示，中央纪委对改革开放后第一个因严重贪腐问题被枪毙的广东省海丰县委原书记王仲、因严重经济问题等被撤职的第一只省部级“老虎”化工部

① 《陈云文选》第1卷，人民出版社1995年版，第137页。
② 《陈云文选》第3卷，人民出版社1995年版，第347页。
③ 《陈云文选》第3卷，人民出版社1995年版，第332页。
④ 《陈云文选》第3卷，人民出版社1995年版，第332页。
⑤ 《陈云文选》第3卷，人民出版社1995年版，第333页。
⑥ 《陈云文选》第3卷，人民出版社1995年版，第332页。
⑦ 《陈云文选》第3卷，人民出版社1995年版，第348页。

原副部长杨义邦等大案要案的处理结果，都及时地在《人民日报》等报上刊登，并配发评论员文章。这些大案要案处理结果的及时登报公布，在全体人民中，特别是在党员和领导干部的灵魂深处，起到了极大的警示作用。

三、现实意义和启示

从党的十一届三中全会至今，中国的改革开放已经走过了四十多年的历程。今天我们党面临的形势、任务、党员队伍的自身状况都与改革开放初期有很大的不同，但是陈云在改革开放初期，为从源头上遏制经济犯罪滋生和蔓延而提出的加强思想政治工作的理论，对于我们今天在新形势下贯彻落实全面从严治党，遏制党员干部中的经济犯罪腐败问题，始终保持党的先进性和纯洁性，确保党始终成为中国特色社会主义事业的坚强领导核心，具有重要的现实意义和启示。

（一）新形势下仍要高度重视加强思想政治工作，筑牢反腐的思想防线

新形势下，中国共产党肩负着领导中国人民实现“两个一百年”的奋斗目标和中华民族伟大复兴的中国梦的艰巨的历史使命。为了解决党和国家事业发展中的主要矛盾，加快推进社会主义现代化和实现中国梦，党的十八大以来，党中央提出并形成了协调推进全面建设社会主义现代化国家、全面深化改革、全面依法治国、全面从严治党的“四个全面”战略布局、系统工程。艰巨的历史使命和繁重的系统工程，需要一个坚强的领导核心引领全体人民去努力奋斗。贯彻落实全面从严治党就能将中国共产党锻造成坚强的领导核心。贯彻落实全面从严治党的重点是从严治吏、正风反腐、严明党纪。改革开放四十多年来，我们党始终没有放弃抓从严治吏、正风反腐、严明党纪，特别是党的十八大以来，更加大了反腐力度。据有关历史资料统计，自 20 世纪 80 年代至 2012 年 11 月党的十八大召开 30 多年时间里，有 130 多名问题高官落马。党的十八大至 2015 年 10 月 7 日，不到三年的时间里，共有副省级以上官员 122 名被查处。据 2016 年 1 月中央纪委发布的数据，2015 年全国纪检监察机关共立案 33 万件，结案 31.7 万件，给予党纪政纪处分 33.6 万人，涉嫌犯罪被移送司法机关处理 1.4 万人，全国检察机关共立案侦查贪污贿赂、渎职侵权等职务犯罪 5.4 万余人，全国法院系统审结一审贪污贿赂案件 1.6 万余件、渎职侵权案件 4300 余件。上述触目惊心的数字，一方面反映了党在从严治吏、正风反腐、严明党纪方面

的战果，另一方面也反映了部分党员干部经济犯罪等方面的腐败问题仍然突出，思想教育加强了但思想防线还是没有筑牢，反腐败的形势依然严峻，腐败问题引发的严重扰乱和破坏社会主义经济秩序、败坏党风和社会风气、损坏党的先进性和纯洁性等恶劣影响仍亟待解决。此时，重温陈云为从源头上遏制经济犯罪的滋生和蔓延而提出的加强思想政治工作的理论，无疑对于我们在新形势下贯彻落实全面从严治党，遏制党员干部中的经济犯罪腐败问题，始终保持党的先进性和纯洁性，确保党始终成为中国特色社会主义事业的坚强领导核心，具有重要现实指导意义和启示。面对当前经济犯罪活动总体仍活跃多发，党员干部经济犯罪仍未得到遏制的状况，既要重视建立和健全各项法律法规、依法严惩经济犯罪的打击作用，更要高度重视加强思想政治工作的防范作用，要贯彻综合治理、预防与打击并重、预防为主的方针，筑牢反腐的思想防线。

（二）新形势下仍要大力加强理想信念教育，夯实经受考验的精神支柱

2012 年 11 月 17 日，习近平总书记在十八届中共中央政治局第一次集体学习时的讲话中指出："坚定理想信念，坚守共产党人精神追求，始终是共产党人安身立命的根本。对马克思主义的信仰，对社会主义和共产主义的信念，是共产党人的政治灵魂，是共产党人经受住任何考验的精神支柱。形象地说，理想信念就是共产党人精神上的'钙'，没有理想信念，理想信念不坚定，精神上就会'缺钙'，就会得'软骨病'。现实生活中，一些党员、干部出这样那样的问题，说到底是信仰迷茫、精神迷失。"① 从近两年查处的原省部级高官犯罪的事实来看，无一例外地都有一个共同的罪名——受贿罪，无一例外地都在思想政治工作的核心内容——理想信念上出了问题。如受贿超过 854 万元的陕西省政协原副主席祝作利，在法庭公审时作陈述时称，走到今天这个地步，主要责任在于自己的思想没有从根本上改变好，在于理想信念动摇，没有牢记一个党员的宗旨意识和一个国家工作人员的行为规范，以致世界观发生了扭曲，勤奋敬业清正的操守发生了动摇。这些高官犯罪腐败的事实警醒人们，即使是受党教育多年并且曾经为党和国家作出突出贡献的党的高级干部，一旦信仰迷茫、精神迷失，精神支柱崩塌，最终也会走上贪腐的不归路。因此在新形势下贯彻落实全面从

① 《十八大以来重要文献选编》（上），中央文献出版社 2014 年版，第 80—81 页。

严治党，就必须继续大力加强对党员特别是领导干部的理想信念教育，夯实经受任何考验的精神支柱。在如何加强对党员和领导干部理想信念教育方面，陈云注重利用一切场合大力宣传、注重批评教育、注重通过反面典型案例来进行理想信念教育等理论和实践，对我们在新形势下继续大力加强对党员和领导干部的理想信念教育具有重要指导意义和启示。在新形势下继续大力加强对党员和领导干部的理想信念教育，一方面要继续坚持陈云加强理想信念的理论和实践，另一方面还要继续大力加强理论学习，提高理论水平，增强正确认识各种社会问题和矛盾、正确认识社会发展规律的能力，始终保持清醒的政治头脑；加强党章学习，增强党员意识，提高党性修养，时刻牢记党的使命；加强典型示范教育，大力宣传反腐倡廉上做得好的突出的党员和干部，从中感受理想信念的力量，等等。此外还要根据形势的发展不断探索大力加强理想信念教育的新方法。

（作者单位：北京警察学院）

论陈云指挥中央纪委打击经济犯罪的历史经验

——从长篇弹词《九龙口》说起

杜　鹃

改革开放初期，我国经济犯罪问题日益突出。陈云在担任中央纪委第一书记期间严打经济犯罪、加强党风建设等方面的重要理论和实践，对在新形势下贯彻落实全面从严治党，遏制党员干部经济犯罪腐败问题，始终保持党的先进性和纯洁性，具有重要的现实启示意义。

一、关注经济犯罪，支持《九龙口》创作

阵阵妖风吹不停，南海之滨不太平。

走私集团多猖獗，其中也有领导人。

……

刹住走私风，哪怕路万千，

不让妖魔鬼怪舞翩跹。

……

这是陈云十分喜爱的长篇弹词《九龙口》的部分唱词。《九龙口》创作于 1983 年。这篇弹词以打击经济犯罪为题材，以艺术的形式生动地反映了我国改革开放初期党风廉政建设的主要问题，因而受到了中央纪委第一书记陈云的重视。

陈云对这部弹词倾注了极大热情和心血。他先后四次给作者写信，不仅对他们的创作给予充分肯定，认为《九龙口》“写得很好”，“是一个成功的创作”，还进一步鼓励和支持他们继续创作。他说：“对于新的作品，照例我非常赞赏。希望继续演出，边演边改。”[①]《九龙口》创作人员郁小庭回

① 《陈云同志关于评弹的谈话和通信》编辑小组编：《陈云同志关于评弹的谈话和通信》，中国曲艺出版社 1983 年版，第 121—122 页。

忆说："陈云同志一贯主张我们要多搞一些新的书目，搞一部反映现代生活的新长篇。那么选什么题材呢？当时东南沿海走私活动很猖獗，报纸上经常能够看到这个报道，走私跟反走私斗争很激烈，中央正在加大这方面的打击力度。我们认识到这一场斗争可能会是长期性的，所以我们就准备把反走私、反腐败作为我们这个新长篇的主要内容。"①

改革开放初期，国民经济逐渐活跃起来，人们的物质条件和生活水平也日益提高，但改革开放事业还处于起步阶段，经济社会运行体制还不健全，存在着一些管理上的漏洞，一些新滋生的不法分子便利用这些漏洞，许之以金钱物质等利益，拉拢腐蚀我们一些党员领导干部，少数党员干部以权谋私，搞权钱交易，行贿受贿，有的甚至参与走私贩私，严重败坏了党的形象。群众的揭发信一封封地寄往中央纪委，摆到了中央纪委第一书记陈云的案头。其中，原广东省海丰县委书记王仲一案耗费了陈云很多心血。

1981 年 8 月，王仲被调任汕头地委政法委员会副主任。在改革开放的大潮中，他蜕化变质，执法犯法，从事经济犯罪活动，仅在 1979 年下半年至 1981 年 8 月不到一年时间里，他利用手中的权力大肆侵吞缉私物资、受贿索贿的总金额就达 6.9 万元。在改革开放初期，这是一个触目惊心的数字。王仲的不法行为在海丰县影响恶劣，上行下效，一批干部被腐蚀，一些党的基层组织瘫痪，一些缉私人员执法犯法、监守自盗。海丰县一时成为远近闻名的私货市场，甚至有人讥讽说：这里就是"远东的国际市场"。对此，群众纷纷写信检举揭发。

王仲一案的处理受到陈云的极大关注，他多次听取案情汇报，先后派出一百多人次的工作组调查此案，并派王鹤寿赴海丰督察。随着中央工作组的进驻，王仲的严重违法违纪行为渐渐浮出了水面，相关材料足有厚厚的四本宗卷。王仲罪大恶极，罪行触目惊心，民愤滔滔。对于如何处理王仲一案，群众议论纷纷，党内也出现了两种不同的声音。有的同志认为，王仲是一个老同志，为党作了一些贡献，是不是应该从轻一点处理，犯了错误要从轻处理。然而陈云认为，在我们改革开放的关键时刻，在一个地区出现如此严重的问题，王仲起到非常坏的作用，如果不依照党纪国法惩处，对打击经济领域严重犯罪活动及改革开放都是不利的。

---

① 电视纪录片《陈云与党风廉政建设》第 3 集，2005 年中央电视台播出。

根据陈云等的指示，1983 年 1 月 17 日，在汕头市人民广场举行的审判大会上，重大经济罪犯王仲被依法判处死刑。这一天，苏州评弹团的邱肖鹏、郁小庭等人也来到了宣判现场。王仲一案激发了他们的创作灵感。《九龙口》里面的一个反面人物——外贸公司的经理，就是借鉴王仲这个案件进行创作的。《九龙口》经过反复修改和排练后，相继在苏州、上海公演，几乎是场场爆满，引起强烈反响，一时间街谈巷议，好评如潮。也正是从那时起，长篇弹词《九龙口》几乎成了陈云每日必听的节目。

依法枪决重大经济罪犯王仲，昭示着党和政府反腐倡廉、打击经济犯罪的坚定决心。自党的十一届三中全会起，陈云担任了两届共九年的中央纪委第一书记。从严抓党风和促进社会风气的根本好转，是他思考和关注最多的问题。作为中央纪委第一书记，在打击经济犯罪的日子里，陈云几乎倾注了所有的精力，他时刻关注着全国打击经济犯罪的局势，关注着每一个重大案件的进展。

二、筑牢思想防线，切实加强党性教育

1978 年党的十一届三中全会之后，全党把工作重心转移到社会主义经济建设上来，国家在经济发展方面取得了举世瞩目的成就。但是伴随着经济的发展，经济领域出现了走私贩私、贪污受贿、投机诈骗、盗窃国家和集体财产等一些严重经济犯罪问题，使国家遭受重大经济损失，严重扰乱我国的社会治安和市场管理，腐蚀我们的干部和群众，败坏道德风气。然而，面对一些党员干部以权谋私、损害党的形象和声誉的严重情况，党内有些人特别是一部分领导干部对反走私斗争的严重性认识不足，错误地认为:“政策不明”,“人多面广”,“这类问题不好处理”,“来路不正，用途正当”,“为了集体，没装腰包”，因而放松甚至反对查处违法乱纪的行为。①

严重的经济犯罪问题和党内不断滋生蔓延的腐败现象，引起了陈云和党中央的高度重视。陈云曾明确提出经济工作搞不好会造成使党翻船的危险，并从思想根源上对改革开放初期这些不正之风进行了严厉的批评，指出：“现在有些人，包括一些共产党员，……他们为了私利，‘一切向钱看’，不顾国家和群众的利益，甚至违法乱纪。如报上多次公布的，那些投

---

① 《陈云传》(下)，中央文献出版社 2005 年版，第 1720 页。

机诈骗，贪污受贿，非法致富，以及在同外国人交往中，不顾国格人格的现象等等。”[①]这主要是因为他们在最根本的思想上出了问题，“忘记了社会主义和共产主义的理想，丢掉了为人民服务的宗旨。”[②]邓小平也一针见血地指出：“这股风来得很猛。如果我们党不严重注意，不坚决刹住这股风，那末，我们的党和国家确实要发生会不会‘改变面貌’的问题。这不是危言耸听。”[③]为此，1981年3月27日，国务院、中央军委颁布《关于坚决打击走私活动的指示》，要求在走私严重的地区，各级领导必须保持清醒的头脑，充分认识反走私斗争的重要意义，正确执行党和政府的有关政策，把这个斗争领导好、组织好。

为进一步贯彻中央的指示，适应改革开放的新形势，在领导中央纪委打击经济犯罪的具体实践中，陈云始终强调加强党性和党纪教育，明确提出：“我们搞社会主义，一定要抵制和清除这些丑恶的思想和行为，要动员和组织全党和社会的力量，以除恶务尽的精神，同这种现象进行坚决的斗争”，并结合办案进行党性、党风和党纪教育，使广大党员充分认识到打击经济犯罪对党风廉政建设、对社会主义经济发展、对社会风气的重要性，自觉增强责任感和紧迫感，否则“不加强思想政治工作，不严格执行党纪、政纪，党风、社会风气无法根本好转。”[④]同时，陈云把打击经济犯罪提到全党思想建设和组织建设的战略高度，作为党风廉政建设的重要内容，提出不坚决打击经济犯罪，党风也无法整顿，“执政党的党风问题是有关党的生死存亡的问题”“党风问题必须抓紧搞，永远搞”“党性原则和党的纪律不存在‘松绑’的问题”等重要论断。1985年3月13日，在同王鹤寿、韩光谈话时，他进一步指出：要研究一下，为什么那么多党员，甚至多年的老党员在“有令不行，有禁不止”的歪风刮来时，一下子就卷进去了，跟着跑、跟着干。这些党员的党性到哪里去了？从党的建设角度看，这是个值得严重注意的问题。由此想到，各级党组织和党的纪检部门只是查处违法乱纪的案子不行，更重要的是要加强党员的党性和党纪教育。提高党员素质，是党的建设上的一个根本问题。[⑤]陈云的这些重要论述，为新时期打击

---

① 《陈云论党的建设》，中央文献出版社1995年版，第296—297页。

② 《陈云文选》第3卷，人民出版社1995年版，第352页。

③ 《邓小平文选》第2卷，人民出版社1994年版，第403页。

④ 《陈云文选》第3卷，人民出版社1995年版，第356页。

⑤ 《陈云年谱（修订本）》下卷，中央文献出版社2015年版，第428页。

经济犯罪，甚至为党的纪律检查工作和党风廉政建设提供了重要指导思想。

三、设立专门机构，全力以赴狠抓到底

在担任中央纪委第一书记的九年时间里，陈云始终将打击经济犯罪“列为中纪委的一项重要任务”，并强调在这一问题上“中纪委必须全力以赴”。1981 年 2 月 24 日至 3 月 4 日，中央纪委召开第三次全体会议，会议根据陈云的意见进一步讨论了搞好党风、严肃党纪的问题，提出：各级纪委应当把保证全党在政治上同中央保持一致，作为当前纪律检查工作的重点；把纠正经济领域中的不正之风，保证经济调整工作的顺利进行，列为自己的一项重要任务。当前，特别要抓紧检查和严肃处理经济领域中的违法乱纪案件。

1982 年春，中央就打击经济领域中的严重犯罪活动发出紧急通知后，中央纪委派人分别到对外经济贸易部、财政部、粮食部、商业部、供销合作总社、中国人民银行等国家机关，了解学习贯彻中央紧急通知的情况。在讨论中，大家除表示坚决拥护中央的决定外，还提出：走私贩私、贪污受贿等问题比新中国成立初期开展“三反”和“五反”运动所面临的形势要严重得多。2 月 11 日，针对中央纪委一些同志提出的“中央现在才采取果断措施，从时间上来说似乎抓得晚了一些”的情况简报，陈云批示说：“现在抓，时间虽晚了一些，但必须抓到底。中纪委必须全力以赴。”4 月 13 日，中共中央、国务院作出了《关于打击经济领域中严重犯罪活动的决定》，对这场斗争作了周密部署，明确规定，党的各级纪委应当成为党委领导这场斗争的坚强有力的办事机构。

由此，中央纪委作为打击经济犯罪的主要办事机构，全力投入这场斗争。一场全国范围的打击经济领域严重犯罪活动的斗争拉开了帷幕。按照中央的指示和陈云的要求，中央纪委专门成立了贯彻中央紧急通知、打击经济领域犯罪斗争的办公室（简称“打经办”），增设了新的机构，先后派出 154 名具有丰富斗争经验的司局级以上干部，分赴北京、上海、广东、福建、浙江等地，充实和加强打击经济领域严重犯罪活动的办案力量，并集中力量同有关部门密切配合。时任中央纪委案件审理室主任庞然说：“没有陈云同志的指示不可能有这么大的举动。工作方针是全力以赴，没有机构新设机构，没有干部先临时借调干部。下这么大决心，从政治上、从思

想上、从组织上，几个方面全方位地加强这方面工作。没有陈云同志表态，办不到。”

即使在中央纪委换届选举后，陈云依然密切关注经济领域的违法犯罪活动。1982 年 9 月，中国共产党第十二次全国代表大会选举产生新的中央纪律检查委员会，陈云继续当选为第一书记。这届中央纪委成立后，陈云继续关注打击经济领域的犯罪活动，领导中央纪委展开了新一轮打击经济犯罪活动的斗争。他认为打击经济犯罪的斗争带有长期性，必须常抓不懈，决不能毕其功于一役。仅 1986 年这一年，全国检察机关共立案侦查各类经济犯罪案件近 5 万起，比前一年增长 72%，为国家挽回经济损失 8 亿多元，超过前七年的总和。

四、果断重拳出击，旗帜鲜明按原则办

“对犯罪分子的处理失之过宽”成为改革开放初期打击经济领域犯罪过程中党面临的主要问题。面对日益严重的经济犯罪，陈云坚持“从快从严从重”的办案方针，果断提出：“对严重的经济犯罪分子，我主张要严办几个，判刑几个，以至杀几个罪大恶极的，雷厉风行，抓住不放，并且登报，否则党风无法整顿。”[①] 陈云的态度使党内同志倍受鼓舞，他们纷纷表示：陈云同志提出要“严办几个，杀几个，判刑几个”，我们听了真是欢欣鼓舞。

根据陈云的建议，1982 年 1 月 11 日下午，中共中央发出紧急通知。通知指出：“对于这个严重毁坏党的威信，关系我党生死存亡的重大问题，全党一定要抓住不放，雷厉风行地加以解决。对那些情节严重的犯罪干部，首先是占据重要职位的犯罪干部，必须依法逮捕，加以最严厉的法律制裁，有的特大案件的处理结果还要登报。”[②]

对于一些案件处理得过轻，陈云还会亲自批示纠正，如原化工部副部长杨义邦一案。杨义邦在对外经济活动中，违反纪律，变相索贿受贿，给国家信誉和经济利益造成重大损失，中央纪委却只给予他党内严重警告的处分。不久，中央统战部顾问刘澜涛给陈云等人写信，反映党内不少同志对这个处分不满意，认为太轻了，会对全国整顿党风党纪起消极作用。陈云在刘澜涛的信上作了态度坚决的批示：“一部分参加书记处的同志顾虑重

① 《陈云论党的建设》，中央文献出版社 1995 年版，第 249 页。
② 《三中全会以来重要文献选编》（下），中央文献出版社 2011 年版，第 390 页。

重，我看没有必要怕那些负责同志躺倒不干。要讲党性。不怕他躺倒。谁要躺倒，就让他躺吧。”[①]根据陈云的批示，7月22日，中央纪委作出《关于进一步核实和处理杨义邦同志所犯错误的决定》，决定给予杨义邦留党察看两年和撤销党内一切职务的处分，并建议撤销他在党外的各种职务。8月11日，国务院决定撤销杨义邦担任的化工部副部长职务。

1983年7月25日，当听到中央人民广播电台新闻节目报道的遵义地区工商局局长席常安等被撤职查办的消息时，陈云当即嘱秘书转告中共中央书记处："这样处理太轻了，应当重判！过去还报道过一个四川省的借出国考察机会贪污外汇的案件，也是处理太轻了。"他还特别强调："小平同志讲过处理重大经济案件要开杀戒，要准备杀它一百个。现在只杀了三个，太少了。"[②]可见，在对待打击经济犯罪问题上，陈云的态度非常果断、坚决。

对办案人员，陈云要求也十分严格。他说，纪委干部，"应当是有坚强的党性，有一股正气的人；应当是能够坚持原则，敢于同党内各种不正之风和一切违法乱纪行为作坚决斗争的人；而不应当是在原则问题上'和稀泥'，做和事佬、老好人的人。"[③]为此，在抓党风建设和打击经济犯罪的过程中，他提出要反对两个错误倾向。一要反对过分强调斗争哲学，他说："这种情况，在'文化大革命'以前也有，但现在比那时要严重得多。过去受'左'的指导思想影响，过分强调斗争哲学，不该斗的也斗，动不动就上纲到路线是非。现在又出现了另一种倾向，即怕矛盾，怕斗争，怕得罪人。对于这个问题，如果只是从维护党纪提出来，我认为还不够，应该把它提到全党思想建设和组织建设的高度。要提倡坚持原则，提倡是就是是、非就是非的精神。只有我们党内首先形成是非分明的风气，党的团结才有基础，党才有战斗力，整个社会风气才会跟着好转，才会使正气上升，邪气下降。"[④]因此，要以"不怕撕破脸皮"的精神，开展抓党风的工作，"怕字当头、模棱两可、和稀泥、随风倒，是做不好党的纪律检查工作的。"

而对于那些办事不力的人，甚至要追究责任。陈云明确指出："中央纪

① 《陈云传》（下），中央文献出版社2005年版，第1725页。

② 《陈云年谱（修订本）》下卷，中央文献出版社2015年版，第382页。

③ 《陈云文集》第3卷，中央文献出版社2005年版，第511—512页。

④ 《陈云文选》第3卷，人民出版社1995年版，第274页。

委和地方各级纪委的工作是：无论是谁违反党纪、政纪，都要坚决按党纪、政纪处理；违反法律的，要建议依法处理。各级纪委必须按此原则办事，否则就是失职。”“对于危害社会主义建设，败坏党风、社会风气的歪风邪气，熟视无睹，听之任之，除了追究那些为非作歹的个人外，还要追究那个单位、那个地区的党委的责任，包括纪委的责任。”[①] 在陈云打击经济犯罪的高压态势下，中央纪委重点查处了一系列重大违纪违法案件，严惩了走私贩私、行贿受贿、投机诈骗、贪污盗窃等严重犯罪分子，维护了经济秩序和社会秩序。

五、树立党内典型，重点查处大案要案

随着经济体制改革的深入发展，经济犯罪案件的数量和大案要案所占的比例都有很大增加，一些犯罪分子自恃有后台，给案件的查处、审理带来极大的难度。陈云深刻地认识到经济领域犯罪活动斗争的关键环节是查处大案要案，只有通过主打“老虎”，“杀一儆百”，才能起到震慑和警示作用。正如他所说，“杀一些可以挽救一大批干部。”[②]

1982 年 7 月 1 日，新华社在简报上刊载了香港《快报》一篇题为《反贪污斗争停滞不前》的文章。文章说：“中共自年初发动反贪污斗争以来，只打了几只苍蝇，不过都是县委级或以下的干部，一只老虎也没有打着。正是雷声大，雨点小；只闻楼梯响，不见人下来。半年来，斗争的进展是令人失望的。近一两个月来，竟然沉寂下来，似有搞不下去之势，可见内部反抗之烈与阻力之大。”还说：“中共近年不断宣扬法制，强调有法必依，法既已立，为何不依？何不坚决执法，以取信天下？”这篇文章引起陈云的关注，他在一些尖锐的意见下面画了线，并将这份材料批给中央纪委常务书记黄克诚、副书记王鹤寿，指出：对于经济犯罪案件，“必须严办”，“阻力再大也必须办”。[③]

在陈云的亲自过问和主持下，中央纪委直接参与大案要案的调查处理工作，主抓了一批具有典型意义的重大案件，先后查处了改革开放后第一个因严重贪腐问题被枪毙的广东省海丰县原县委书记王仲、因严重经济问题

① 《陈云文选》第 3 卷，人民出版社 1995 年版，第 356 页。

② 中央文献研究室科研部图书馆编：《陈云人生纪实》（下），凤凰出版社 2007 年版，第 1200 页。

③ 《陈云传》（下），中央文献出版社 2005 年版，第 1724—1725 页。

等被撤职的第一只省部级“老虎”原化工部副部长杨义邦，以及福建晋江假药案、海南岛进口和倒卖汽车案、航天部广宇公司走私问题、安徽省委原常委兼秘书长洪清源受贿案等一批具有高度关注度和较为广泛社会影响的案件。通过查处这些大案要案，表现了当时党中央、中央纪委重拳反腐和打击经济犯罪的决心与勇气，在一定程度上遏制了党内不正之风和腐败现象泛滥的势头。

在重点查处大案要案的同时，陈云还注重将预防与严打相结合。1983年，在党的十二届二中全会上，陈云对经济领域的犯罪作了一个统计，指出：“我们绝大多数党员是不谋私利的，但因谋私利而犯法、犯错误的党员也不是一个很小的数量。就从打击经济领域犯罪以来，中纪委统计的经济犯罪案件中看，开除党籍的有九千多人，受党纪处分的有一万八千多人，两者合计二万七千多人”。他清醒地认识到：“许多贪污犯本人就是党员，即使贪污犯不是党员，他们能够贪污，也是靠某些共产党员的保护。”[①]为此，他不断提醒广大党员，尤其是领导干部要以身作则，正确运用自己手中的权力，起带头模范作用。

1984年至1985年，在商品经济大潮诱惑下，一些党政机关和党政干部及其子女纷纷利用各种名目开始经商、办企业，有的套购紧俏物资，有的利用职权倒买倒卖，使得党内常常出现以权谋私、损公肥私的现象，并逐渐形成一股强大的风潮，严重败坏了党风和社会风气。这些行为，引起中央的高度警觉，并作出了《关于严禁党政机关和党政干部经商、办企业的决定》。中央纪委也提出“不许领导干部的子女及其配偶经商办企业”的建议。陈云在这个建议上专门批示：“这件事，应由中央像严禁党政机关和党政干部经商、办企业的问题那样，作出明确的决定方能制止。不然的话，发展下去，党的肌体、党群关系必将受到损害，有所好转的党风也会受到影响，改革也难以顺利进行。”并进一步提出：“应退出的干部子女的范围，是否可以再大一点。”[②]陈云这一要“更为严格”的提议，得到邓小平等人的完全赞成。

1985年，陈云在中国共产党召开的全国代表会议上再次强调：党员干部在打击经济犯罪、促进党风根本好转过程中发挥着至关重要的作用，指

---

① 《陈云文选》第3卷，人民出版社1995年版，第331页。
② 《陈云传》（下），中央文献出版社2005年版，第1691页。

出："一是各级党组织要重视。二是各级领导干部，特别是高级领导干部要重视。要真正身体力行，作出榜样。三是老党员、老干部要重视，包括退居二线或者离休、退休的在内。在以身作则、关心党风党纪、发挥监督作用上，没有退居二线和离休、退休的问题。只要是党员，活着就永远处在第一线。"同时希望所有党的高级领导人员："在教育好子女的问题上，给全党带好头。决不允许他们依仗亲属关系，谋权谋利，成为特殊人物。"①

总之，不管是谁，不管当事人地位高低，只要违反了党纪党规，一律从严要求，从严执纪；只要触犯了法律，就严肃执法，杀一儆百，成为陈云指挥中央纪委打击经济犯罪的实践原则和鲜明特色。从 1978 年到 1987 年，在他担任中央纪委第一书记的九年里，全国各级检察机关查处各种经济犯罪案件达七十多万件，打击严重经济犯罪活动取得了重大胜利。这些历史经验，对于我们今天在新形势下贯彻落实全面从严治党，遏制党员干部经济犯罪腐败问题，始终保持党的先进性和纯洁性，仍具有重要的借鉴意义。

（作者单位：陈云纪念馆）

① 《陈云论党的建设》，中央文献出版社 1995 年版，第 296 页。

陈云关于党的纯洁性建设思想及其现实意义

朱继东

加强党的纯洁性建设始终是马克思主义政党的根本要求、重大任务和永恒主题，随着全面从严治党持续、深入推进和“三严三实”专题教育活动在全国展开，党的纯洁性建设再次成为举国上下关注的焦点。没有党的纯洁性，就没有党的先进性。改革开放以来，一些地方、部门、单位的党组织放宽入党标准甚至买卖“党票”，更有不少地方、部门、单位对一些不合格党员不敢采取有力措施进行处理甚至清除，这些都是造成理想信念缺失、组织纪律涣散、腐败问题严重等众多问题的重要原因。而要真正彻底解决好这些问题，就必须结合新的时代特点大力开展党的纯洁性建设，从思想、组织、作风等多方面入手，真正打造一个思想上纯洁、组织上纯洁、作风上纯洁的党。20 世纪 40 年代，陈云在党内最早明确提出“纯洁”概念。新中国成立后，陈云进一步发展和完善他关于党的纯洁性建设的思想，多次针对如何从思想、组织、作风等多方面加强党的纯洁性建设作出论述，不少思想成为我们党的建设的宝贵精神财富。今天，认真总结陈云关于党的纯洁性建设思想及其现实意义，对于在新形势下深入推进党的纯洁性建设和确保我们党永远不变质、红色江山永远不变色具有重要意义。

一、不断加强对马克思主义理论的学习，永远保持思想上的纯洁性

革命理想高于天。坚定正确的理想信念，坚守共产党人的精神追求，永远是共产党人安身立命的根本。正如习近平总书记所指出的，理想信念是共产党人的精神之“钙”，必须加强思想政治建设，解决好世界观、人生观、价值观这个“总开关”问题。中国共产党从成立之日起，就把马克思主义鲜明地写在自己的旗帜上，并作为党的指导思想。尤其是古田会议首

次旗帜鲜明地提出和正式确立思想建党的原则后，中国共产党人就坚持把对马列主义的学习放到了极其重要的位置，通过学习不断坚定对马克思主义的信仰，努力保持思想上的纯洁性。

作为伟大、杰出的马克思主义者，陈云参加革命之后就非常重视学习马列主义经典著作，并把这个好习惯保持终生。尤其是在延安时期，他抓住相对稳定的学习环境，不仅系统地研读了马克思、恩格斯、列宁、斯大林等无产阶级革命领袖的著作，而且认真学习、研究毛泽东的著作和思想，特别是反复研读了毛泽东的一些经典著作，如《实践论》《矛盾论》《论持久战》《中国革命战争的战略问题》等，他都读了很多很多遍，在提高理论水平等方面都受益很大。1938 年 11 月，他还在中央组织部内成立了一个领导干部学习小组并担任组长，集中学习马克思、恩格斯、列宁、斯大林、毛泽东等人的著作，小组成员有十多人，旁听的干部还有三十余人，形成了很好的学习风气，大大提高了大家的理论水平和政治觉悟。他还带动身边的同志一起加强理论学习、提高思想觉悟，成为不断加强思想纯洁性建设的表率。

新中国成立以后，虽然工作非常繁重，但陈云依然坚持加强理论学习的良好习惯。在 20 世纪 50 年代，负责中央财经工作的他不仅自己加强理论学习，还亲自组织中央财政经济委员会的领导干部学习《实践论》《矛盾论》等毛泽东的经典著作，学习马克思、恩格斯、列宁、斯大林等人的著作。1954 年 2 月，他在党的七届四中全会上的发言中指出："我们党内可能出现分裂的危险，就没有什么方法防止了吗？我看可靠的、永久的办法，可传到我们子孙后代的，就是提高高级领导人的革命觉悟和革命嗅觉。"[①] 再次强调了党的思想纯洁的重要性。

"文化大革命"期间，即使身处逆境，陈云也丝毫没有放松理论学习。他被下放江西时，重新研读了《马克思恩格斯选集》《列宁选集》《列宁全集》《斯大林全集》《毛泽东选集》等经典著作，以及鲁迅等无产阶级革命作家的书籍，并对其中的很多文章、讲话及书信等反复研读。为深入总结国际共产主义运动的经验教训，他特别把列宁在十月革命后的著作反复研读了很多遍，并结合我们党多年来的经验教训进行深入思考。通过这个时

① 《陈云文选》第 2 卷，人民出版社 1995 年版，第 232—233 页。

期的学习，他不仅对马列主义有了比以往更深刻的感悟，而且更进一步坚定了对党和革命的信心。

回到北京后，陈云在给女儿陈伟华的信中透露说，自己已经制定了一个读书计划，准备用两年时间再精读一遍毛主席著作、马恩选集、列宁选集、斯大林的若干著作等，并希望女儿参加他发起的家庭读书会，一起学好革命著作。陈伟华很高兴地响应父亲的号召，认真学习毛主席著作等。经过学习，她更加坚定了自己的信仰，并在不久之后光荣地加入了中国共产党。

改革开放后，陈云的工作更加繁重，然而他依然没有放松理论学习和思想建设。1985 年 6 月，他在全国端正党风工作经验交流会上的讲话中特别强调指出："任何单位，任何领导干部，如果忘记或放松抓社会主义精神文明建设，物质文明建设也不可能搞好。严重的，甚至会脱离社会主义和共产主义的理想，这是很危险的。"[①]"抓社会主义精神文明建设，关键是搞好执政党的党风，提高共产党员的党性觉悟，坚定地保持共产主义的纯洁性。要同一切违反共产主义理想的错误言行，进行坚决斗争。"[②]他强调保持共产主义的纯洁性具有很强的针对性，不仅在当时起到了一定的警醒作用，而且对今天仍有重要的警示作用。

1985 年 6 月，针对一些地方部门放松思想政治工作、削弱思想政治工作部门的作用和权威等问题，陈云在党的全国代表会议上指出："应当把共产主义思想的教育、四项基本原则的宣传，作为思想政治工作的中心内容。这种宣传教育不能有丝毫减弱，还要大大加强。"[③]并强调这是使党始终有战斗力、革命不断取得胜利的重要保证。1987 年 7 月，他在同中央负责同志的谈话中再次强调："要把我们的党和国家领导好，最要紧的，是要使领导干部的思想方法搞对头，这就要学习马克思主义哲学。"[④]"现在我们在新的形势下，全党仍然面临着学会运用马列主义、毛泽东思想的立场、观点、方法分析和解决问题这项最迫切的任务。"[⑤]陈云这些话，不仅是郑重的叮嘱和对全党的号召，也是对当时一些问题和思潮的回应。

---

① 《陈云文选》第 3 卷，人民出版社 1995 年版，第 347 页。
② 《陈云文选》第 3 卷，人民出版社 1995 年版，第 348 页。
③ 《陈云文选》第 3 卷，人民出版社 1995 年版，第 352 页。
④ 《陈云文选》第 3 卷，人民出版社 1995 年版，第 360 页。
⑤ 《陈云文选》第 3 卷，人民出版社 1995 年版，第 362 页。

习近平总书记在党的群众路线教育实践活动总结大会上强调："思想教育要突出重点，加强党性和道德教育，引导党员、干部坚定理想信念，坚守共产党人精神追求。"[①] 在新时期，面临新挑战、新考验，尤其是面对西方的意识形态渗透和全球化、市场化、网络化大潮的冲击，广大党员、干部思想上的滑坡是我们党面临的最严峻的考验，我们一定要清醒地认识到问题的严峻性，不断加强理论学习和思想建设，特别是要重点抓好意识形态工作、精神文明工作，加强广大党员干部的意识形态能力建设，努力真正实现思想上的纯洁。

二、坚决清除不合格党员，把好入口关，真正实现组织上的纯洁

历史的经验教训和现实的问题考验都表明，保持党的纯洁性永远是全党重大的政治任务。没有党的纯洁性就没有党的先进性，党只有吐故纳新才能永远保持生命力，必须敢于清除不合格党员。在这方面，陈云给我们作出了表率。因此，我们应进一步剖析、总结、完善陈云是如何实现党在组织上的纯洁的，并及时调研、总结近些年来一些地方在推进组织上纯洁的做法和经验，尽快制定可在全党推广实施的普遍性措施并加以制度化，通过制度完善彻底打破党员"终身制"，最终建立起一套包括及时清退不合格党员等举措在内的加强党员队伍纯洁性建设的长效机制，并尽快在全国各级党组织和所有党员中普遍推广。

保持党组织上的纯洁性，首先要敢于清除不合格党员。陈云在这方面敢于动真格，给我们作出了表率。在延安时期，有个名叫刘力功的知识分子，他于 1938 年加入中国共产党，先是在抗大学习，毕业后又进入延安党校训练班继续学习。最后毕业时，根据抗大和党校毕业分配的原则，党组织决定让他到基层去锻炼。然而刘力功不服从组织安排，坚持要到马列学院继续学习，声言如不能去学习就回原籍工作。他甚至明确表示，党组织如果不答应他的要求，他就退党。为了教育刘力功，陈云和党组织找他谈话多达七次，苦口婆心地给他讲党的组织分配原则和基层工作的重要性，并明确要求他必须服从党的决定。令人遗憾的是，刘力功不仅对党的说服

① 《习近平关于党风廉政建设和反腐败斗争论述摘编》，中央文献出版社、中国方正出版社 2015 年版，第 147 页。

教育不当回事，而且变本加厉，不仅坚决不到华北基层工作，而且还提出一定要到八路军总司令部工作的无理要求。在得知党没有同意自己的要求后，刘力功竟然拒绝执行党的决定。对于刘力功这样的“钉子党员”该怎么处理？很多人都在看陈云要采取什么措施。经过深思熟虑，陈云决定开除刘力功的党籍，以此向大家表明党对于任何无组织、无纪律的党员都不会姑息、纵容。这是党纯洁组织上的一个成功范例，是我党纯洁性建设中的一次标志性事件。

当时，一些从国统区奔赴延安的青年知识分子，把一些小资产阶级思想和自由主义也带了过来，他们觉得自己有文化、有知识，甚至高人一等，不仅瞧不起劳动人民，也瞧不起工农出身的干部，不仅在工作、生活中讲条件、要待遇，而且名利心严重，造成了恶劣影响。因此，开除刘力功的党籍之后，陈云决定抓住刘力功这个反面典型，有力推动党的纯洁性建设。他随即在延安开展了一场广泛的“为什么要开除刘力功党籍”的讨论，并专门抽出时间参加机关、学校的讨论，还亲自撰文发表在中央机关刊物《解放》杂志上对讨论进行引导。他在1939年5月23日发表的题为《为什么要开除刘力功的党籍》的文章中明确指出：“究竟一个共产党员在党分配工作时有些什么权利和义务呢？只有说明自己意见的权利，只有在党决定以后无条件地执行决议的义务。除此之外，决不能增加一点权利，也决不能附加一个条件，否则就违犯了党的纪律。”[①]“中国革命是长期艰苦的事业，共产党及其党员没有意志行动的统一，没有百折不回的坚持性和铁的纪律，就不能胜利。……因此破坏党纪，实质上就是破坏革命，我们必须与任何破坏纪律的倾向作斗争。”[②]他在文章最后强调：“在无产阶级有组织的队伍内，也决不允许那些明知故犯的不能自觉遵守纪律的分子存在。”[③]他通过剖析刘力功的问题，不仅向全党强调了严肃纪律的极端重要性，而且向大家表明，党决不允许特殊党员存在，对于无视党的纪律的党员一定要坚决清除。

保持组织上的纯洁性，同时要切实严把党组织入口关，这也是陈云一直非常关心的问题。他一直在思考一名好党员应该具备的标准，强调判断

---

① 《陈云文选》第1卷，人民出版社1995年版，第125页。
② 《陈云文选》第1卷，人民出版社1995年版，第127页。
③ 《陈云文选》第1卷，人民出版社1995年版，第128页。

一个人能否被发展为党员不能只看表面现象，而要看他是否真正信仰共产主义。1938 年 9 月，针对当时一些党员干部在发展新党员时对党员标准产生争论、分歧、疑虑，甚至出现了“凡是会说话的，有胡子的，懂得各党各派情形的，就以为他背景复杂，不敢吸收”①等问题，当时担任中共中央组织部部长的陈云态度鲜明地指出：“这种人在社会上常常是比较有经验的，他们了解许多问题，只要他们真正信仰共产主义，而且现在愿意参加到无产阶级队伍里来，一同革命，一同前进，这又有什么不可以呢？……我们说这种人复杂是复杂的，但他从自己的经验中真正了解共产主义，本质也是纯洁的。”②他首次提出了“纯洁”的概念，从而进一步厘清了什么样的人适合被吸收入党，如何对一些申请入党的同志通过表现看本质等问题。1940 年，他又进一步阐释了“纯洁”的概念：“我们所说的纯洁，主要的不是年幼龄轻、没有社会关系、单纯的纯洁，而是指在复杂动荡的环境中忠心为共产主义坚持奋斗的纯洁。”③他在这里所说的“纯洁”就是指党的纯洁性，因此，陈云被公认为是党内最早提出党的纯洁性概念的领导人。

在因开除刘力功党籍事件为《解放》杂志撰文一周后，陈云再次为《解放》杂志撰写了《怎样做一个共产党员》一文。他在文中指出：“中国共产党要成为无产阶级的先锋队，其重要条件之一，就是要保持党的成分的纯洁。什么人有资格加入党，是我党经常留心的问题。”④他在文章中详细说明了什么人可以入党、一个良好的党员应该具备的六个条件等，为进一步从组织上纯洁党的队伍明确了标准。

在面临全球化、市场化、网络化等多重考验的新时期，加强党的纯洁性建设更加重要和迫切。随着党员队伍从改革开放前的 3698.1 万名壮大到 2013 年底的 8668.6 万名，有些问题也开始凸显。尤其是一些地方、单位近些年来在发展党员时讲关系、看利益、画圈子等“近亲繁殖”问题时有发生，严重败坏了党的风气，损害了党的形象。再加上一些党组织涣散、党组织负责人怕得罪人而不敢清除不合格党员，党员素质问题成为广大党员群众关注和议论的焦点问题。党的十八大首次把“纯洁性建设”列入党的

---

① 《陈云文选》第 1 卷，人民出版社 1995 年版，第 110—111 页。
② 《陈云文选》第 1 卷，人民出版社 1995 年版，第 111 页。
③ 《陈云文选》第 1 卷，人民出版社 1995 年版，第 200—201 页。
④ 《陈云文选》第 1 卷，人民出版社 1995 年版，第 129 页。

建设主线。大会表决通过的《中国共产党章程（修正案）》，将加强党的纯洁性建设写入了总纲。因此，我们应该学习陈云开除刘力功党籍的做法和经验，鼓励各地在党的纯洁性建设中积极探索，既要像山东寿光等地那样敢于通过制定科学标准、采取有力措施坚决清除不合格党员，又要强调把好党员组织的入口关是保持党的队伍纯洁性的重要前提和关键所在，使全党深刻认识到必须及时清退不合格党员才能不断增强党自我净化、自我完善、自我革新、自我提高能力，才能真正保持党的纯洁性和先进性，始终坚持党的性质和宗旨，永葆共产党人的政治本色。

三、大力推进全面从严治党，时刻保持作风上的纯洁性

习近平总书记指出，加强和改进作风建设是保持党同人民群众血肉联系的有效途径，必须聚焦解决群众反映强烈的突出问题，以作风建设新成效汇聚起推动改革发展的正能量。这就警示我们，共产党人必须时刻牢记全心全意为人民服务的根本宗旨，积极践行党的群众路线，大力推进全面从严治党，发挥好共产党员的先锋模范作用，时刻保持党的作风纯洁。陈云正是这方面的表率。

陈云一直强调共产党员要起到先锋模范作用，并提出要坚决反对自私自利、贪污腐化等，是党内最早提倡从严治党的领导之一。早在 1939 年 5 月，他在《怎样做一个共产党员》的文章里就谈到发挥共产党员的先锋模范作用的意义，他说："群众常常根据我们党员的行动来测量我们的党，所以党员无论在何时何地的一举一动，都必须给非党群众一种好的影响，使他们更加信仰我党，更加敬重我党。"①他进一步提出要求："共产党员在政府工作中，应该是十分廉洁、不用私人、多做工作、少取报酬的模范"。"共产党员无论何时何地都不应以个人利益放在第一位，而应以个人利益服从于民族的和人民群众的利益。"②他同时强调指出："自私自利，消极怠工，贪污腐化，风头主义等等，是最可鄙的"，"谁要是放弃了革命的和党的立场，谁就丧失了共产党员的资格。"③陈云提出了党的作风纯洁的一系列具体要求，给党的作风建设指明了方向、制定了标尺，并在很长时期内起到了

---

① 《陈云文选》第 1 卷，人民出版社 1995 年版，第 141 页。
② 《陈云文选》第 1 卷，人民出版社 1995 年版，第 141 页。
③ 《陈云文选》第 1 卷，人民出版社 1995 年版，第 141、142 页。

重要作用。直到今天，这把标尺仍然是适用的。

对于党的纪律问题，陈云一直特别重视，并从党的建设高度多次在讲话、文章中加以强调。1940 年 3 月，他在抗日军政大学第五期学生毕业大会上指出："纪律是我们的重要武器。维护党的统一，不靠刀枪，要靠纪律"，"严格地遵守党的纪律为所有党员及各级党部之最高责任。无特殊人物，无特殊组织"，"领导干部、领导机关必须成为严守党纪的模范。"[①] 他强调所有党员都必须严格遵守党的纪律，保证铁的纪律能被有效执行。

新中国成立初期，陈云更是在作风建设上以身作则，时刻注意保持作风上的纯洁性。虽然自己是党中央五大书记之一，但他始终要求有关部门不要把自己和毛泽东、刘少奇、周恩来、朱德在待遇上、宣传上并列。实行工资制时，有关部门给五大书记定的都是一级工资，陈云却主动把自己的工资降成了二级。自从 1949 年奉命进京后，他一直住在中南海外的东城区北长街一处老房子内，并且一直没有修缮。房子在 1976 年唐山大地震时出现了裂缝，有关部门担心首长的安全问题，提出要进行大修。但陈云坚决反对，认为这样做会脱离群众，简单搞点钢架支撑就可以防震了，没必要多花钱。

1976 年 10 月，时任国务院副总理李先念征询陈云对当时工作的意见。陈云列举了六个最为迫切的问题，其中一个重要问题就是"恢复党的好作风。因为毛主席倡导的许多党的好作风被'四人帮'破坏干扰了。"[②]1977 年 8 月，他在党的十一大上再次呼吁要发扬毛主席倡导的优良传统和作风。而此后出现的一系列问题，证明了他在这个问题上的远见卓识。

改革开放以后，面对党风建设中出现的一系列问题，陈云忧心忡忡，多次强调要从严治党。1980 年 11 月，他在中央纪委的座谈会上指出："执政党的党风问题是有关党的生死存亡的问题。因此，党风问题必须抓紧搞，永远搞。"[③] 他针对部分党员干部经不起权力、金钱、物质、美色等引诱，贪图享受、以权谋私、腐化堕落甚至贪污受贿等问题，再次强调要通过铁腕手段纯洁党的队伍，对这些腐败分子要毫不手软、严厉惩处，并在 1982 年 1 月批示："对严重的经济犯罪分子，我主张要严办几个，判刑几个，以

---

① 《陈云文选》第 1 卷，人民出版社 1995 年版，第 196 页。

② 《陈云传》（下），中央文献出版社 2005 年版，第 1444 页。

③ 《陈云文选》第 3 卷，人民出版社 1995 年版，第 273 页。

至杀几个罪大恶极的，雷厉风行，抓住不放，并且登报，否则党风无法整顿。”[①]1983年10月，他在党的十二届二中全会上的发言中针对一些党员干部走私贩私、贪污腐化等现象比较严重的问题指出：“许多贪污犯本人就是党员，即使贪污犯不是党员，他们能够贪污，也是靠某些共产党员的保护。”“对于利用职权谋私利的人，如果不给以严厉的打击，对这股歪风如果不加制止，或制止不力，就会败坏党的风气，使党丧失民心。所以，我说过：‘执政党的党风问题是有关党的生死存亡的问题’。”[②]他再次强调了“执政党的党风问题是有关党的生死存亡的问题”，提醒全党要高度重视和解决好这个问题。正是在他的重视和要求下，中央纪委于1984年10月召开第四次全体会议，集中解决端正党风和搞好改革的关系。陈云在中央纪委常委会的《加强纪律检查工作，保证经济体制改革顺利进行》的报告上作出批示指出：“党性原则和党的纪律不存在‘松绑’的问题。没有好的党风，改革是搞不好的。共产党不论在地下工作时期或执政时期，任何时候都必须坚持党的纪律。”[③]陈云在担任中共中央副主席、中央纪委第一书记期间特别重视党风廉政建设，并采取了一系列有力措施，提出了不少好的思路和理论，大大推动了党的作风建设，在一定时期内保证了党在作风上的纯洁性，这也为我们今天推进全面从严治党提供了宝贵经验。

治国必先治党、治党务必从严，全面从严治党正在成为全党的自觉行动。党的十八大以来，以习近平同志为核心的党中央着力抓党的作风建设，并指出，端正党风首先要从中央政治局做起，要求别人做到的自己先要做到，要求别人不做的自己坚决不做。2012年11月15日，习近平在党的十八届一中全会上提出四点希望，与大家共勉，其一是自觉做弘扬优良作风的表率。同日，在十八届中央政治局常委同中外记者见面时，习近平明确表示“打铁还需自身硬”。2014年10月8日，习近平在党的群众路线教育实践活动总结大会上的讲话中再次强调：“作风建设永远在路上，永远没有休止符，必须抓常、抓细、抓长，持续努力、久久为功”，给今后一个较长时期内的党风建设指明了方向、定下了标准。因此，我们必须深刻认识到，在新形势下，我们党面临许多严峻挑战，党内存在着许多亟待解决的

---

① 《陈云文选》第3卷，人民出版社1995年版，第273—274页。

② 《陈云文选》第3卷，人民出版社1995年版，第331、331—332页。

③ 《陈云文选》第3卷，人民出版社1995年版，第275页。

问题，尤其是一些党员干部中发生的贪污腐败、脱离群众、形式主义、官僚主义等问题，必须下大气力解决。全党必须警醒起来、行动起来。坚持党要管党、从严治党，大力推进全面从严治党，牢牢坚持全面从严治党不放松，不断增强自我净化、自我完善、自我革新、自我提高能力，以刮骨疗毒的勇气和魄力切实解决好自身存在的突出问题，真正保持作风上的纯洁性，真正确保我们的党永远不变质、我们的红色江山永远不变色。

（作者单位：中国社会科学院国家文化安全与意识形态建设研究中心）

试论陈云的治党思想

邱 霞

陈云作为党和国家老一辈杰出领导人，在抗战时期兼任中组部部长七年、党的十一届三中全会以后担任中央纪委第一书记九年。毛泽东评价他公道、能干、稳当，看问题有眼光、尖锐，能抓住要点。对于如何治党，陈云有着深刻的思想认识和丰富的实践经验。探讨陈云治党思想的尝试，一方面对于深入和拓宽陈云研究，特别是陈云党建思想研究，有着重要的理论价值；另一方面对于进一步学习、理解和贯彻党的十八大、十八届三中全会精神，在新的形势下切实提高党的建设科学化水平，从而巩固党的执政地位、实现党的执政使命，有重要的现实意义。

一、理论阐释

目前，对于陈云治党思想的研究还较少。其中一个重要的原因是，理论界没有把“治党”和“党建”两个概念明确区分开来，这直接造成了“治党”的理论研究滞后于实践发展。反映在陈云研究中，就是没有把他的治党思想从他的党建思想中剥离开来，独立地成为一个理论体系。因此，本文在研究之初，尝试先把“治党”和“党建”的概念作一梳理，以使“陈云治党思想”首先在理论上能够成立。

“党建”即党的建设，是马克思主义建党理论同党的建设实践的统一，是马克思主义关于党的学说的应用。有学者将“党建”分为“大党建”和“小党建”两类。“大党建”主要包括党的理论、性质、宗旨、纲领和党的路线、方针、政策、策略等方面的建设；“小党建”主要是指理论学习、组织工作、思想政治工作、作风建设、反腐倡廉等具体方面以及党务工作方面等的建设。从一定意义上讲，“大党建”更为根本，决定着“小党建”的性质与方向。[1]“党建”是一个具有中国特色的名词。虽然党的建设各个政党都在讲，但是把“党建”专门作为一个理论研究和实践的领域，把“党建”作为一个专有名词的，只有中国共产党。追根溯源，这个词始自早期党的建立和建设时期，是伴随着党的组织从无到有、从小到大发展而来的。最初是如何建立党的问题，党建立起来以后，就是如何建设、完善和发展党的问题。完善和发展是无止境的，因此时至今日党建仍然是一个重大课题。

“治党”是当前党建和政治学界的前沿课题之一，而它是后来的一个名词，学界也并没有对“治党”的范畴给出严格的限定。由于在时间上“治党”的概念出现得较之“党建”的概念晚，因此人们习惯上把“治党”放在已经基本完备的“党建”理论体系之中，作为一个重要的补充内容。而事实上“党建”和“治党”并不是一个简单的包含关系。从字面意义上理解，“治党”讲的是党的治理问题。世界上其他政党也多讲“治党”，但与我们所讲的“治党”有本质的不同。我们治党的目的是，在党建立起来和党的建设基本完善以后，通过加强党自身的治理，避免和克服党内存在的和可能存在的各种错误思想和行为。治党也不再像“党建”一样“人人有责”，而成为党的领导者和理论家的任务。但是，治党的对象，仍然是党的组织、思想、制度、作风、执政能力乃至党的理论、路线、方针、政策等。因此，“治党”和“党建”的区别在于主体和目的不同，方法可以是灵活的，而对象却是交叉的。

陈云的党建思想有一个完整的体系，包括坚持实事求是的思想路线、加强思想政治工作、搞好执政党的党风建设、严肃党纪、健全民主集中制和党内民主生活制度、加强干部队伍建设、重视党员质量和基础党组织建设等，涵盖党的思想建设、组织建设、作风建设、政治建设等各个方面。很多学者认为，陈云的治党思想并不独立于他的党建思想之外，这是对的，但是这并不影响它仍然有一个完备的、特色鲜明的治党思想体系。研究陈云的著作文献可以发现，对于怎样才能治好党，陈云有着一贯的、成熟的思想，特别体现在党面临严重危险的时候。

20 世纪 50 年代针对高岗、饶漱石事件，陈云在党的七届四中全会上

---

① 李慎明：《全球化背景下的中国大党建》，人民出版社 2010 年版，第 1 页。

发言指出，“高级干部要提高革命警惕，提高革命嗅觉，千万不要‘伤风’。我看这是我们党的团结的可靠保证。再加上一条，我们要严守党的制度和党规党法，发扬党的优良作风，那党就有保证了。靠别的，我看都靠不住，要靠我们自己。”[①]这里实际提到了“人”“制度”“严”三个问题。概括起来，陈云的主张是，治党靠“人”、治党靠“制度”、治党靠“严”，三管齐下才能治好党。至今在关于陈云公开出版的文献中，能够找到的唯一一次他直接提到“治党”的论述，是在1977年8月党的第十一次全国代表大会上，他明确使用了“治党”的概念，谈了治党问题。8月14日，他在上海组发言中提出，“抓纲治国，首先要治党”。“要特别注意两点：第一，要对抬轿子、吹喇叭和逆风恶浪袭来时随风倒的人保持警惕。这样的人都不是实事求是的人。第二，要认真做到毛主席历来倡导的‘知无不言，言无不尽’；‘言者无罪，闻者足戒’；‘有则改之，无则加勉’。这样做有助于防止不正之风的横行。有了由高度民主而来的高度集中，心情舒畅、生动活泼的局面才能出现。”[②]“抓纲”是迫于形势的压力不得不提的，“治国”和“治党”才是陈云真正要谈的问题。这段讲话包含两层意思：第一是对“治党”重要性的认识。在陈云看来，“治党”是和“治国”相对应的一组概念，要把“治党”放在“治国”的高度来看待，“治国”首先要“治党”，“治党”对“治国”，或者说“党治”对“国治”有着重要的意义。第二是对“治党”本身的认识。在陈云看来，“治党”，一是要警惕人，即警惕不实事求是的人；二是要有高度民主而来的高度集中，即要有民主集中制；三是要认真做到，即不能松懈。这三点，也即“人”“制度”“严”。他这唯一一次直接论及“治党”一词，比较完整地体现了陈云的治党思想。

二、陈云治党思想的主要内容

陈云治党思想的主要内容包括治党靠“人”、治党靠“制度”、治党靠“严”三个部分。

（一）治党靠“人”

人的因素，在陈云的治党思想中占有重要的位置。延安时期，陈云长期负责组织工作使他对党员干部等人的因素在治党中的重要作用格外重视。

---

① 《陈云论党的建设》，中央文献出版社1995年版，第216页。

② 《陈云年谱（修订本）》下卷，中央文献出版社2015年版，第236页。

他曾作过《论干部政策》（1938年）、《关于干部队伍建设的几个问题》（1939年）、《关于干部工作的若干问题》（1940年）等多次讲话。陈云同意“干部决定一切”，“政治路线确定之后，干部就是决定的因素”，因为“党的一切决议和政策，都要通过干部去实现。”① 进入新时期以后，陈云延续了他重视“人”的思想，主张要“成千上万地提拔中青年干部”②，“要加强共产党员的党性教育”③，“领导干部在端正党风中要做表率”④。

陈云重视治党中“人”的因素，与传统的人治思想是截然不同的。人治主张“一人之治”，依靠圣主贤臣或柏拉图式的哲学王，依靠他们的智慧、贤明和勤劳来治国理政。人治是相对于法治而言的，在人治组织体系中，最高统治者拥有至高无上的权力，可以“一言以立法”“一言以废法”，个人意识凌驾于法律之上。而陈云“靠人治党”思想的出发点是，相对于制度而言，人是治党中的能动因素。治党要靠制度，但是再好的制度也要靠人去执行，要靠人的自觉。作为拥有几千万党员的大党，只靠“物化”的东西，光靠外部的力量，是不可能管得住、治得好的。陈云在同中央纪委负责同志谈话时讲过，“为什么那么多的党员，甚至多年的老党员，在‘有令不行，有禁不止’的歪风刮来时，自己顶不住，一下子就卷进去了”，“这是什么原因？”他认为，原因就在于这些共产党员迷失了党性，如果任由这种情况发展下去，甚至关系到党的生死存亡。因此，他提出，各级党组织和党的纪检部门“只是查处违法乱纪的案子不行，更重要的是要加强共产党员的党性教育和自觉遵守党的纪律的教育。”⑤ 也就是说，陈云认为治党还是要从党员干部自身出发，依靠人的力量。他多次强调，“提高共产党员的素质，是非常重要的事情，是党的建设上的一个根本问题”，“要认真地抓紧抓好。”⑥ “党的纪律检查部门和各级党的组织，必须重视在执政党的条件下对党员的政治思想教育和党性教育。”⑦ “端正党风的关键是提高党员素质，尤其是提高高中级党员干部素质。”⑧ 他还强调，要“维护党的思想政治

---

① 《陈云文选》第1卷，人民出版社1995年版，第211页。
② 《陈云论党的建设》，中央文献出版社1995年版，第264页。
③ 《陈云论党的建设》，中央文献出版社1995年版，第291页。
④ 《陈云论党的建设》，中央文献出版社1995年版，第303页。
⑤ 《陈云论党的建设》，中央文献出版社1995年版，第291页。
⑥ 《陈云论党的建设》，中央文献出版社1995年版，第291页。
⑦ 《陈云论党的建设》，中央文献出版社1995年版，第304—305页。
⑧ 《陈云论党的建设》，中央文献出版社1995年版，第313页。

工作部门的权威。”[①] 在社会主义建设中，他还强调物质文明、精神文明要一起抓，“必须纠正忽视精神文明建设的现象。”[②]

（二）治党靠“制度”

制度的因素，在陈云的治党思想中占有同样重要的位置。制度是社会政治集团在一定历史条件下形成的行为关系和活动的规范体系，一旦形成便具有权威性，对每个人，包括制定制度的人，都铁面无私、一视同仁。作为维持组织生存和发展的必备条件，治党同样要靠制度。陈云历来看重制度因素在治党中的重要作用，他的制度治党思想突出表现在他对民主集中制的重视上。解放战争时期，他就提出了“党内要严格执行民主集中制”的思想。1947 年，他在中共辽东分局工作会议上发言指出，“核心领导只有经过严格执行民主集中制，并在实践中经过考验，才能建立起来。”[③] 民主集中制是我们党的根本组织制度和领导制度，坚持集中指导下的民主和民主基础上的集中历来是我们党的优良传统和作风。但是客观地讲，从 20 世纪 50 年代末开始，直到“文化大革命”中，民主集中制不断受到削弱以致被严重破坏。这既是“文化大革命”爆发的原因之一，又是这一特殊时期的重要特征。新时期，陈云强调恢复和健全民主集中制，重视发扬党内民主的制度建设。陈云认为，“文化大革命”发生的一个根本原因，就在于“党内民主集中制没有了，集体领导没有了”[④]。在陈云的主持下，1979 年 1 月召开的中央纪委第一次全体会议通过了《关于党内政治生活的若干准则（草案）》。全文共 12 条，以民主集中制为核心，包括了坚持党的政治路线和思想路线，坚持集体领导、反对个人专断，发扬党内民主，保障党员权利不受侵犯等内容。在经过多次反复讨论修改后，党的十一届五中全会正式通过了《关于党内政治生活的若干准则》，使处理党内关系的原则得到了系统化、规范化和制度化。

在我们党的历史上，有过失之于制度治党的深刻教训。邓小平 1980 年在中央政治局扩大会议上作关于《党和国家领导制度的改革》的长篇讲话时指出：“我们过去发生的各种错误，固然与某些领导人的思想、作风有关，

① 《陈云论党的建设》，中央文献出版社 1995 年版，第 296 页。
② 《陈云论党的建设》，中央文献出版社 1995 年版，第 299 页。
③ 《陈云论党的建设》，中央文献出版社 1995 年版，第 208 页。
④ 《陈云文选》第 3 卷，人民出版社 1995 年版，第 274 页。

但是组织制度、工作制度方面的问题更重要。”[①] 制度好可以使坏人无法任意横行，制度不好可以使好人无法充分做好事，甚至会走向反面。即使像斯大林、毛泽东这样伟大的人物，也仍然受到制度好坏的制约。不是说个人没有责任，而是说领导制度、组织制度问题更带有根本性、全局性、稳定性和长期性。因此，“制度问题，关系到党和国家是否改变颜色，必须引起全党的高度重视。”[②]

（三）治党靠“严”

“严”是陈云治党思想的一个重要部分，治党要严是陈云一贯坚持的治党原则。延安时期，他就提出必须严格遵守和执行党的纪律，否则，“那就是毛主席讲的六个字：‘亡党亡国亡头’”[③]。进入新时期，一方面由于批判极左路线产生的一定负效应，另一方面由于没有结合改革开放的实际抓好党员干部特别是各级领导干部的教育和管理，使得治党失之于宽的现象十分严重。总体来说，党的思想、组织、作风、执政能力等方面的治理都出现“不严”的现象。当时社会上流行一句顺口溜，批评某些地方党组织“思想上涣散、组织上松散、作风上懒散、领导上软散”。治党不严，具体表现在许多方面，特别突出的如一些地方和部门无视党的纪律，在党纪面前不能做到人人平等，人情大于党情；对以权谋私、贪污受贿等歪风邪气熟视无睹、听之任之；有些党组织形同虚设，生活会流于形式；自行降低党员标准，不能严把党员质量关；1983年清除精神污染、1986年底到1987年初的反对资产阶级自由化都不了了之，等等。治党不严对党的危害极大，问题越积越多，逐渐就会给人“党不管党”“积重难返”的印象。正是在这样的情况下，陈云从治党的原则要求出发，再次提出治党要严，强调“党性原则和党的纪律不存在‘松绑’的问题。”[④]

在陈云看来，我们党作为无产阶级政党，有着远大的目标，但是任重而道远。在市场经济条件下的复杂社会环境中，如果不对党员干部和党组织提出严格要求，不要说实现理想，就是失去执政地位也不是不可能的。因此，陈云特别强调治党要严。在20世纪80年代初严厉打击重大经济犯罪

① 《邓小平文选》第2卷，人民出版社1994年版，第333页。
② 《邓小平文选》第2卷，人民出版社1994年版，第333页。
③ 《陈云论党的建设》，中央文献出版社1995年版，第182页。
④ 《陈云文选》第3卷，人民出版社1995年版，第275页。

活动中，陈云要求中央纪委“必须全力以赴”[①]，“阻力再大也必须办”[②]，对严重的经济犯罪分子“主张要严办几个，判刑几个，以至杀几个罪大恶极的”，要“雷厉风行，抓住不放”[③]，“杀一儆百。杀一些可以挽救一大批干部。”[④]对刑事案件、恶性案件，陈云也主张必须依法从重从快集中打击，严才能治住，“在处理上应当从严，否则无法保证社会的安定”[⑤]。

三、陈云治党思想在新时期治党实践中的体现

陈云治党靠“人”、治党靠“制度”、治党靠“严”三位一体的治党思想，在新时期的治党实践中主要体现在党的组织治理、作风治理和提高执政能力方面。

（一）党的组织治理方面

“文化大革命”给党的组织建设造成了极大的危害。其间每年有 150 多万人入党，但其中有许多不合格的人入党，甚至有一批“三种人”混入党内，与此同时，原来的“党内的骨干差不多都被打倒了”，这就造成了干部队伍青黄不接的严重情况。陈云主张，要成千上万地提拔中青年干部。“成千上万，这是工作的需要”，只有成千上万地提拔经过选择的好的中青年干部，才能使我们的干部交接班稳定地进行；只有成千上万，才能使兴风作浪的分子搞不起大乱子。[⑥]他还主张，干部队伍要保持梯队结构。“趁我们还在的时候，把第三梯队也建立起来”，这是“党和国家的大计。”[⑦]在制度方面，他提出包括“制度化”在内的干部选拔政策，应该成为“我们在干部政策上的大方针”[⑧]；“上下对口，使用和培养大批中青年干部的办法，要成为制度”，“而且应该作为长期训练和选择干部的一种制度。”[⑨]“严”的方面，他强调，选拔干部要严格掌握政治标准。闹派性的骨干分子，打砸抢分子，

① 《陈云年谱（修订本）》下卷，中央文献出版社 2015 年版，第 334 页。
② 《陈云年谱（修订本）》下卷，中央文献出版社 2015 年版，第 346 页。
③ 《陈云文选》第 3 卷，人民出版社 1995 年版，第 273 页。
④ 《陈云年谱（修订本）》下卷，中央文献出版社 2015 年版，第 441 页。
⑤ 《陈云年谱（修订本）》下卷，中央文献出版社 2015 年版，第 381 页。
⑥ 参见《陈云文选》第 3 卷，人民出版社 1995 年版，第 302 页。
⑦ 《陈云文选》第 3 卷，人民出版社 1995 年版，第 325 页。
⑧ 《陈云文选》第 3 卷，人民出版社 1995 年版，第 281 页。
⑨ 《陈云文选》第 3 卷，人民出版社 1995 年版，第 295 页。

一个也不能提到领导岗位上来。“我说一个也不能。”[①]“选干部，首先要看德，有才缺德的人不能用。德好，才差一些不要紧，放到领导岗位上锻炼几年，才干是可以练出来的。”[②]他还提出，要按照“革命化、年轻化、知识化、专业化”的标准培养党政领导干部。

（二）党的作风治理方面

抓党风，一直是治党的重要内容。历史和现实一再表明，执政党的党风关系党的形象，关系人心向背，关系党和国家的生死存亡。1980 年 11 月，陈云在中央纪委召开的第三次贯彻《关于党内政治生活的若干准则》的座谈会上，强调党风问题必须抓紧搞，永远搞，提出“执政党的党风问题是有关党的生死存亡的问题。”[③]把党风问题提高到党的生死存亡的高度，这在党的历史上是第一次，也是提得最高的一次。抓党风，在人的方面，首先必须恢复和坚持党的实事求是的思想路线，其次要加强党的思想政治工作。陈云认为，离开实事求是，治党就无从谈起。1977 年 9 月，为纪念毛泽东逝世一周年，陈云特别撰写了《坚持实事求是的革命作风》的长文。在文章的开头他就提出，“实事求是，这不是一个普通的作风问题，这是马克思主义唯物主义的根本思想路线问题。”[④]对于党风不正现象的出现，陈云认为，从根本上说，“同我们放松思想政治工作、削弱思想政治工作部门的作用和权威有关，应引为教训。”因此，他提出“我们党是执政党，目前又处在新的发展时期，如何有效地进行思想建设和组织建设，事关重大。”[⑤]在制度方面，陈云强调党规党法和党纪。1979 年 1 月，在中央纪委第一次全体会议上，陈云明确指出，中央纪委的基本任务就是要“维护党规党法、整顿党风”[⑥]。1984 年 10 月，在中央纪委常委会上，陈云提出，“共产党不论在地下工作时期或执政时期，任何时候都必须坚持党的纪律。”[⑦]抓党风也是体现陈云“治党要严”思想的重要领域。对 20 世纪 80 年代初的重大经济案件，他主张“应该重判”。他说：“小平同志讲过处理重大经济案件要开杀戒，

① 《陈云文选》第 3 卷，人民出版社 1995 年版，第 301 页。
② 《陈云文集》第 3 卷，中央文献出版社 2005 年版，第 498 页。
③ 《陈云文选》第 3 卷，人民出版社 1995 年版，第 273 页。
④ 《陈云文集》第 3 卷，中央文献出版社 2005 年版，第 441 页。
⑤ 《陈云文选》第 3 卷，人民出版社 1995 年版，第 352 页。
⑥ 《陈云文选》第 3 卷，人民出版社 1995 年版，第 243 页。
⑦ 《陈云文选》第 3 卷，人民出版社 1995 年版，第 275 页。

要准备杀它一百个。现在只杀了三个，太少了。”① 在整党的过程中，他提出，“对以权谋私的人不给以严厉打击，对这股歪风不加制止，或制止不力，就会败坏党的风气，使党丧失民心”。②

（三）提高执政能力方面

提高党的执政能力和执政水平也是治党的重要内容之一。尽管陈云没有直接使用“执政能力”的概念，但是改进各级领导干部的工作方法和领导方法一直是他重视的问题。改进领导干部的工作方法和领导方法，首先要端正思想方法。陈云主张，要坚持“不唯上、不唯书、只唯实，交换、比较、反复”，做到实事求是；同时还要注重调查研究，不能脱离群众。其次要加强学习，特别要学哲学，还要学历史。陈云认为，“在党内，在干部中，在青年中，提倡学哲学，有根本的意义。”“青年人不知道我们的历史，特别是中国革命、中国共产党的历史。”③ 他多次强调，“要把我们的党和国家领导好，最要紧的，是要使领导干部的思想方法搞对头，这就要学习马克思主义哲学。”“现在我们在新的形势下，全党仍然面临着学会运用马列主义、毛泽东思想的立场、观点、方法分析和解决问题这项最迫切的任务。”④ 此外，陈云还认为，领导干部要思考战略问题。能够深谋远虑，是领导干部必须具备的一种能力和素养，陈云十分看重这一点。他认为“上层机构要有人专心考虑大问题”，我们需要“瓜皮帽，水烟袋”这样的战略家。⑤ 担任中顾委主任以后，在同中央负责同志谈话时，他语重心长地多次提出，“要拿出一定时间‘踱方步’，考虑战略性的问题。”⑥ 在制度方面，他提出“要认真实行集体领导制度。”⑦ 在党的十一届五中全会上，陈云积极支持成立中央书记处，对书记处的工作方法，他提出应该采取办公会议的方式，也就是集体领导的方式。集体办公，大家都在一起，“要办的事立即办，不要拖延，像现在这样传阅画圈圈的办法是要误事的。”⑧ “严”的方面，陈云要求“工作要抓实”。空谈误国，实干兴邦，抓落实是领导工作中一个

---

①《陈云年谱（修订本）》下卷，中央文献出版社 2015 年版，第 382 页。
②《陈云年谱（修订本）》下卷，中央文献出版社 2015 年版，第 389 页。
③《陈云文选》第 3 卷，人民出版社 1995 年版，第 285 页。
④《陈云文选》第 3 卷，人民出版社 1995 年版，第 360、362 页。
⑤《陈云文选》第 3 卷，人民出版社 1995 年版，第 310 页。
⑥《陈云文选》第 3 卷，人民出版社 1995 年版，第 377 页。
⑦《陈云年谱（修订本）》下卷，中央文献出版社 2015 年版，第 289 页。
⑧《陈云年谱（修订本）》下卷，中央文献出版社 2015 年版，第 289 页。

极为重要的环节，是党的思想路线和群众路线的根本要求，也是衡量党员领导干部世界观正确与否和党性强不强的一个重要标志。1990年，他在同中央负责同志谈话时说，“自从江泽民同志主持中央工作以来，制定了不少好的方针、政策。现在的关键是要抓落实。”① 他举了三年困难时期解决粮食和稳定物价以及新时期宝钢项目继续上马的例子，来说明工作必须要抓实。陈云认为，工作不能浮在面上，有了正确的方针政策办法还不够，要严格贯彻落实到实际工作中去，才能最终取得成效。

综上所述，陈云的治党思想有着完整的“人”“制度”“严”三位一体的理论体系。人是主观的因素，制度是客观的因素，治党在任何时候都离不开这两个因素。制度的权威性本质上是全党意志不可违抗的体现，健全党规党法，以制度治党，用制度约束、规范全党的言行，才能保证党的决策的科学化、民主化，才能保证党的路线、方针、政策不因领导人的改变而改变，不因领导人注意力的改变而改变。而人是制度的保证，制度是人创造的，也需要人来执行，僵化、落后、片面的制度需要人来完善和创新。如果认为制度一经确立，一切问题就会迎刃而解，就犯了理想化、简单化的错误。因此，制度和人，在治党中的关系是辩证统一的，二者一硬一软，共同构成了治党要“标本兼治”的“本”。“严”是一个特定的因素，体现时代的特色，如果人和制度能够处在相对平衡完善的状态，那么就无所谓严不严的问题。陈云之所以强调治党要严，正是因为在他所处的时代，党的制度和党员干部的主观因素没有达到相对平衡完善的状态，如果治党不能从严，党就不能治好，“严”是一个阶段性的必要条件。陈云的治党靠“人”、靠“制度”、靠“严”，三者是一个整体，必须紧密结合，缺一不可。这在今天仍然具有很强的现实针对性，对解决当前的治党问题具有重要的指导意义。

（作者单位：中国社会科学院当代中国研究所）

① 《陈云文选》第3卷，人民出版社1995年版，第376页。

陈云的党纪建设思想与全面从严治党

邱乘光

2015年6月，习近平总书记在纪念陈云同志诞辰110周年座谈会上的讲话中明确指出：在延安时期，陈云同志就把“革命的利益高于一切”、“遵守党的纪律，严守党的秘密”和“百折不挠地执行决议”作为共产党员的重要标准。他说：“严格地遵守党的纪律为所有党员及各级党部之最高责任。”党的十一届三中全会后，他按照从严治党的要求，努力探索改革开放新形势下加强党员党性修养的有效途径，强调“党性原则和党的纪律不存在‘松绑’的问题”，“‘加强纪律性，革命无不胜。’今天，在全面从严治党的新形势下，全党同志一定要不断锤炼党性，不断加强纪律建设，坚定维护党的团结统一，坚决维护党中央权威，确保全党统一意志、统一行动、步调一致前进。”[①] 这既是对陈云党纪建设思想的充分肯定和高度评价，也深刻揭示了陈云党纪建设思想对我们今天全面从严治党的重要现实意义。

一、极端重要性：党的纪律建设“有关党的生死存亡”

纪律“是党的生存和斗争胜利的一个根本条件”[②]。这是陈云对党的纪律极端重要性的总体性概括和论断。1939年，陈云在题为《共产党的基本组织原则》的讲话提纲中把党的纪律称为“铁的纪律”，并明确指出：“为什么要有铁的纪律？……因为是党和斗争胜利的条件。”“为什么‘纪律是党的生存和斗争胜利的一个根本条件’？”这主要是因为，“纪律为了保障意志统一和行动统一，尤其是行动统一（组织团结靠纪律）”；“铁的纪律：不准有不执行决议的人和小组织。”[③] “没有纪律，不会有统一的。破坏纪律帮助

① 《人民日报》2015年6月13日。

② 《陈云文集》第1卷，中央文献出版社2005年版，第182页。

③ 《陈云文集》第1卷，中央文献出版社2005年版，第182页。

了反革命，损害革命力量。所以是党生存斗争胜利的一个基本条件。”①1940年3月，陈云在延安抗日军政大学第五期学生毕业大会上的讲话中，又结合中国的国情、我党的党情和革命的特点等从五个方面集中阐述了纪律对于我们党及其所领导的革命的极端重要性。他强调指出：党“如果没有铁的纪律，就不能巩固自己，团结群众，坚持斗争，战胜强敌”；“没有一个具有铁的纪律的党，无产阶级就不能团结和领导小资产阶级”；只有“有了铁的纪律的党，才能建立有铁的纪律的军队，以此战胜强敌，创建受到广大民众拥护的政权”；只有“每个党组织和每个党员严守党纪”，才能“防止被资产阶级所腐化”；“全党严守党纪是革命胜利的一个重要条件。”②

纪律之所以“是党的生存和斗争胜利的一个根本条件”，从根本上说是因为纪律具有保障党的意志和行动的统一的重要功能作用。陈云明确指出：“纪律是我们的重要武器。维护党的统一，不靠刀枪，要靠纪律”③。“党的纪律规定：个人服从组织，少数服从多数，下级服从上级，全党服从中央。这是为了保障党的意志和行动的统一，也是为了保障党的组织的统一。”④正是在这种意义上，陈云将纪律视为“保障党的意志和行动的统一”的武器，视为“保证政治上组织上统一的武器。”⑤他还曾解释说：“我们的党是一个战斗的党，我们在斗争中依靠的武器，唯一的就是纪律。你说机关枪也是我们的武器，但是我们的机关枪又是哪里来的？是由有纪律的党领导群众斗争得来的。并且越是有了机关枪，就越要依靠纪律。一连人作战的时候，我要向这里冲，你要向那里冲，大家都不听连长的指挥，怎么能不打败仗呢？如果我们的党没有纪律，大家争论没有一个止境，我们怎么能有政治上组织上行动上的一致，怎么能不亡党亡国亡头呢！”⑥

党的十一届三中全会以后，我国进入改革开放和社会主义现代化建设新时期，陈云作为党的第二代中央领导集体的重要成员和中央纪律检查委员会第一书记，针对“文化大革命”对党的纪律的严重破坏，以及改革开放过程中出现的各种违法乱纪问题，再次把党的纪律问题提到了“有关党

---

① 《陈云文集》第1卷，中央文献出版社2005年版，第184页。
② 《陈云文选》第1卷，人民出版社1995年版，第195—196页。
③ 《陈云文选》第1卷，人民出版社1995年版，第196页。
④ 《陈云文选》第1卷，人民出版社1995年版，第196页。
⑤ 《陈云文选》第1卷，人民出版社1995年版，第213页。
⑥ 《陈云文选》第1卷，人民出版社1995年版，第275—276页。

的生死存亡”的高度。1983 年 10 月，他在党的十二届二中全会上的发言中，针对“打击经济领域犯罪以来”中央纪委统计的经济犯罪案件中受党纪处分的人数“比一九二七年‘四一二’以后全国党员总数还要多一倍多”的严峻现实，严肃指出：“对于利用职权谋私利的人，如果不给以严厉的打击，对这股歪风如果不加制止，或制止不力，就会败坏党的风气，使党丧失民心。所以，我说过：‘执政党的党风问题是有关党的生死存亡的问题’。”① 这里，陈云所说的虽然是“执政党的党风问题是有关党的生死存亡的问题”，但“执政党的党风问题”与党的纪律问题却是密切相关的。纪律严明，党风就正；纪律松弛，党风必然出问题。正因为如此，陈云 1984 年 10 月在中央纪律检查委员会常委会《加强纪律检查工作，保证经济体制改革顺利进行》的报告稿上写的批语中强调指出：“纪检工作应该研究新情况，适应新情况。党性原则和党的纪律不存在‘松绑’的问题。没有好的党风，改革是搞不好的。共产党不论在地下工作时期或执政时期，任何时候都必须坚持党的纪律。”② 这就表明，在改革开放的历史条件下，党的纪律问题仍然是关系党的生死存亡的问题。

二、关键内容：政治上的忠诚与组织上的“四个服从”

对于党各方面的纪律，陈云多有论及，但强调最多的则是政治纪律和组织纪律。这也可以理解为，在陈云看来，政治纪律和组织纪律是党的纪律中最为关键和重要的纪律。

党的政治纪律，最根本的是对党要忠诚、与党中央保持一致。政党本身就是政治组织，当然必须有政治纪律的要求。政治纪律是各级党组织和全体党员在政治方向、政治立场、政治言论、政治行为方面必须遵守的规矩，是维护党的团结统一的根本保证。陈云虽然没有明确使用“政治纪律”的概念，但在他关于党的纪律建设的重要论述中，有很多内容都是属于政治纪律的。一是强调党员必须对党诚实，言行一致。忠诚于党是对党员的基本政治要求。党员忠诚于党的一个重要标志是对党讲真话、言行一致。陈云明确指出：“我们共产党是言行一致的政党，而且只有共产党才能言行一致。我们共产党内也不允许有对党言行不一致的党员，不允许任何党员

① 《陈云文选》第 3 卷，人民出版社 1995 年版，第 331—332 页。
② 《陈云文选》第 3 卷，人民出版社 1995 年版，第 275 页。

对党讲一句假话。我们绝不能像剥削阶级政党那样，党员可以说假话，鬼话连篇，欺骗人民。如果我们的党员也染上了这种恶习，那末，我们党内的互相信任就不可能建立，党的意志的统一和铁的纪律也就不能建立，共产党将不成其为无产阶级有组织的队伍，也决不能被人民信任而成为人民的领袖。”[①] 因此，“共产党员必须言行一致，这是党规定的。违反了这一条，就是违犯党的纪律。”[②] 党员对党忠诚的一个重要标志，就是必须坚持“革命的和党的利益高于一切”。所以陈云强调：在革命工作中，在党的工作中，在发生党员个人的利益与党的利益不一致的时候，“每个党员必须依靠他对革命对党的无限忠诚，坚决牺牲个人利益，服从革命的和党的整个利益。”“党不仅要求每个党员懂得这一条，特别是要求每个党员能在实际行动和日常生活的每个具体问题上，坚决地毫不疑惑动摇地执行这一条。”[③] 二是强调要忠实地执行中央和上级的决议。这既是组织原则，同时也是政治纪律。陈云认为，忠实执行党的决议，一方面表现为“迅速确切地执行党的决议”。能否“迅速确切”地执行，是对党员“在实际工作中执行决议是拖延的，敷衍的，甚至故意歪曲的，还是真正忠实执行的”考验和检验。“党不容许任何党员在党的决议面前有‘阳奉阴违’的两面派态度。”[④] 另一方面，还表现为在任何情况下都能坚持执行党的决议。“共产党员不仅在日常工作中要忠实于党的决议，而且要在困难中，在生死关头时，忠实于革命和党的决议；不仅在有党监督时，而且要在没有党监督时，忠实于革命和党的决议；不仅在胜利时，而且要在失败时坚持执行党的决议。”[⑤] 三是强调要自觉维护党中央的权威和党的领导核心。在长期的革命生涯中，陈云一贯自觉维护党中央的权威，维护党的领导核心。特别是在改革开放历史新时期，在如何评价党的第一代中央领导集体的核心毛泽东同志的问题上，陈云反复强调要正确评价毛泽东的历史功绩，确立毛泽东的历史地位，坚持和发展毛泽东思想。在如何认识和维护以邓小平同志为核心第二代中央领导集体的权威问题上，陈云指出：“我们国家，在目前第一位的领导人是

---

① 《陈云文选》第 1 卷，人民出版社 1995 年版，第 201 页。
② 《陈云文选》第 1 卷，人民出版社 1995 年版，第 201 页。
③ 《陈云文选》第 1 卷，人民出版社 1995 年版，第 138、139 页。
④ 《陈云文选》第 1 卷，人民出版社 1995 年版，第 126 页。
⑤ 《陈云文选》第 1 卷，人民出版社 1995 年版，第 140 页。

小平同志。”[①]“我们作为老同志，现在就是要坚决拥护以邓小平同志为核心的中国共产党”[②]。20 世纪 90 年代初形成以江泽民同志为核心的党的第三代中央领导集体后，面对当时存在的各种困难和问题，陈云强调：“首先要维护和加强以江泽民同志为核心的党中央的权威。如果没有中央的权威，就办不成大事，社会也无法稳定。”[③]

党的组织纪律，最根本的是“四个服从”、坚持民主集中制。政党作为一个组织，组织纪律是最基本的纪律。陈云之所以反复强调党的组织纪律，原因就在这里。党的组织纪律是关于党员个人与组织及组织与组织之间关系的行为规范，也包含多方面内容，其中最根本的就是民主集中制原则。我们党建立后，经过十多年实践和修改完善，到 1938 年党的六届六中全会正式提出了“四个服从”的纪律，明确规定：“个人服从组织，少数服从多数，下级服从上级，全党服从中央，党的一切工作由中央集中领导，是党在组织上民主集中制的基本原则”[④]。“四个服从”既反映了民主，又体现了集中，是相互联系的有机整体，是党内生活秩序的总概括，是正确处理党内各种关系的基本准则，其基础是少数服从多数，其核心是全党服从中央。所以，在党的组织纪律方面，陈云特别强调坚持以“四个服从”为基本内容的民主集中制。他要求“党内严格执行民主集中制”[⑤]，“四个服从”一个也不能少，强调“这是我们党的铁的纪律，也是健全党内生活、增强党的战斗力的有力武器”[⑥]。党的十一届三中全会以后，在分析“文化大革命”的原因时，陈云特别指出：“党内民主集中制没有了，集体领导没有了，这是‘文化大革命’发生的一个根本原因。”[⑦]由此足见民主集中制对于我们党及党的建设的极端重要性。

在党的各方面纪律中，陈云把政治纪律和组织纪律视为关键内容，予以突出强调，体现了他对党各方面纪律在党的纪律体系中的地位和功用的深刻认识，对我们在全面从严治党中科学认识和把握加强党的纪律建设的

---

① 《陈云传》（下），中央文献出版社 2005 年版，第 1783 页。
② 《陈云传》（下），中央文献出版社 2005 年版，第 1802 页。
③ 《陈云文选》第 3 卷，人民出版社 1995 年版，第 380 页。
④ 《建党以来重要文献选编（1921—1949）》第 15 册，中央文献出版社 2011 年版，第 773 页。
⑤ 《陈云文选》第 1 卷，人民出版社 1995 年版，第 347 页。
⑥ 《陈云文选》第 1 卷，人民出版社 1995 年版，第 348 页。
⑦ 《陈云文选》第 3 卷，人民出版社 1995 年版，第 274 页。

重点，具有重要指导意义。党的十八大以来，习近平总书记在关于严明党的纪律和规矩的重要论述中，突出强调了党的政治纪律和组织纪律。关于党的政治纪律，习近平总书记明确指出："严明党的纪律，首要的就是严明政治纪律。党的纪律是多方面的，但政治纪律是最重要、最根本、最关键的纪律，遵守党的政治纪律是遵守党的全部纪律的重要基础。"①遵守党的政治纪律，最核心的，就是坚持党的领导，坚持党的基本理论、基本路线、基本纲领、基本经验、基本要求，同党中央保持高度一致，自觉维护党中央的权威。关于党的组织纪律，习近平总书记强调指出："组织纪律松弛已经成为党的一大忧患。……如何在新形势下加强全党的组织纪律性，是需要我们认真思考和回答的重大课题。"②"党章规定的'四个服从'，既是党最基本的组织原则，也是最基本的组织纪律。"③同时强调要把执行组织纪律中的一系列具体内容"都要规定得明明白白。"④总之，要坚持按民主集中制原则处理党内组织和组织、组织和个人、同志和同志、集体领导和个人分工负责等重要关系，发扬党内民主、增进党内和谐，实行正确集中、维护党的团结统一。

三、重要环节：必须注重教育、强化监督、严格执纪

加强党的纪律建设，充分发挥党的纪律对于维护党的团结统一、完成党的任务的保证作用，关键在于严明党的纪律，确保党的纪律得到切实遵守和执行。党的纪律是统一的，遵守和执行纪律是无条件的。对于全体党员和各级党组织来说，首先是要自觉遵守党的纪律。如何才能使全体党员和各级党组织自觉遵守党的纪律呢？陈云在这方面有很多论述。综观陈云的有关论述，最根本的是必须牢牢抓住教育、监督和执纪三个重要环节。这是维护和强化党的纪律的根本途径。

首先，必须注重教育。1938 年 10 月，毛泽东在党的六届六中全会上的政治报告中重申了党的"四个服从"的纪律，并且指出："经验证明：有些破坏纪律的人，是由于他们不懂得什么是党的纪律；有些明知故犯的人，

① 《十八大以来重要文献选编》(上)，中央文献出版社 2014 年版，第 131—132 页。
② 《十八大以来重要文献选编》(上)，中央文献出版社 2014 年版，第 765—766 页。
③ 《十八大以来重要文献选编》(上)，中央文献出版社 2014 年版，第 766—767 页。
④ 《十八大以来重要文献选编》(上)，中央文献出版社 2014 年版，第 770 页。

例如张国焘，则利用许多党员的无知以售其奸。因此，必须对党员进行有关党的纪律的教育，既使一般党员能遵守纪律，又使一般党员能监督党的领袖人物也一起遵守纪律，避免再发生张国焘事件。”[①]1939年5月，陈云在《为什么要开除刘力功的党籍》一文中转述了毛泽东的这段话，并进一步强调：“今天党内加强纪律的教育特别重要。”这是因为，“我们党内今天有大批的新党员，他们还没有受过党的纪律的教育，还没有养成遵守纪律的习惯。今天处在抗日战争的时代，共产党员遵守党的纪律是胜利的必要条件。……因此，今天在党内尤其是新党员中加强纪律的教育，使他们了解为什么要遵守纪律，怎样做才是遵守纪律，什么事是违犯纪律的等等一类问题，是非常重要的。”[②]他还指出：“对党员的教育，一般的知识依靠自修；自我检讨、纪律教育则由党内进行。”[③]“党不仅在课堂上要教育党员遵守纪律，而且要在每个具体违犯纪律的问题上给以纪律的教育。”[④]支部是教育党员的学校。支部委员会应该有计划地教育党员，包括对党员的纪律教育。

其次，必须强化监督。陈云认为，监督应该是多方面的，既包括上级组织和领导对下级组织和党员的监督，也包括下级组织和党员对上级组织和领导以至领袖人物的监督；既包括本级党组织与所属党员的相互监督，也包括党员之间的相互监督；既包括党内的监督，也包括党外的监督。陈云强调：“为维护党的铁的纪律，每个党员、每个组织，都应该自觉自愿地接受其他党员和上下周围组织的监督，同时诚恳虚心地接受群众的监督。”[⑤]特别是党支部，作为党的基层组织，可以说是党员之家，与党员的距离最近、关系最直接，对党员的行动看得最真切、监督也最直接。所以，陈云特别重视发挥支部对党员的监督作用。他明确指出：“在支部的日常工作中，要监督党员遵守党的纪律，开展批评和自我批评，克服党员中间各种脱离党的理论、政策、党规、党法等错误倾向。”[⑥]在改革开放历史新时期，陈云还特别提出要注意发挥老党员、老干部监督的作用，强调老党员、老干部

---

① 《毛泽东选集》第2卷，人民出版社1991年版，第528页。
② 《陈云文选》第1卷，人民出版社1995年版，第127、127—128页。
③ 《陈云文选》第1卷，人民出版社1995年版，第230—231页。
④ 《陈云文选》第1卷，人民出版社1995年版，第126页。
⑤ 《陈云文选》第1卷，人民出版社1995年版，第197页。
⑥ 《陈云文选》第1卷，人民出版社1995年版，第151页。

"在以身作则、关心党风党纪、发挥监督作用上，没有退居二线和离休、退休的问题。"①

最后，必须严格执纪。就刘力功违反党的纪律、拒不服从党的决定的问题，陈云介绍说，为教育新党员，党组织曾经与他谈过七次话，但最后他还是"拒绝执行党的决定"。鉴于此，"中央党务委员会认为，党已尽了最大的努力，对刘力功进行说服教育工作。""四个服从"是党的纪律，"党的纪律不容任何人破坏。刘力功违反了党的纪律，又不接受党的教育，改正自己的错误，因此，决定开除其党籍，并公布于全党。"②违反"四个服从"的纪律要严格执纪、严肃处理，违反党的其他纪律的，同样也要严格执纪、严肃处理。比如对于党的保密纪律，陈云就曾强调："一切破坏秘密工作的行动，必须受到党的纪律的制裁，直到开除党籍。"③再比如关于遵守党的群众纪律，陈云指出："一定要严格要求我们的党员和干部，并且经常倾听群众的意见，有人做了违背群众利益的事，就要给以严肃的批评，以至纪律处分。"④对于那些对党不诚实、言行不一致的人，陈云指出："这样的人，不管你口里讲得如何革命，不管你过去有多大的功劳，应该立即开除出党，没有价钱可还。"⑤改革开放以后，陈云作为中央纪律检查委员会第一书记，强调党的中央纪律检查委员会的基本任务，就是要执行党的纪律，维护党规党法。"中央纪委和地方各级纪委的工作是：无论是谁违反党纪、政纪，都要坚决按党纪、政纪处理；违反法律的，要建议依法处理。各级纪委必须按此原则办事，否则就是失职。"⑥

教育、监督和执纪，是严明党的纪律、确保党的纪律得到有效执行的三个重要环节。陈云关于加强党的纪律建设必须注重教育、强化监督、严格执纪的思想，对我们在全面从严治党中切实加强党的纪律建设，进一步严明党的纪律，确保党的纪律得到有效执行，同样具有重要的指导意义。首先，必须切实加强纪律教育。通过深入的教育，不断提高广大党员遵守党的纪律的自觉性。这是严明党的纪律的一个重要环节。所以，习近平总

① 《陈云文选》第3卷，人民出版社1995年版，第352页。
② 《陈云文选》第1卷，人民出版社1995年版，第124页。
③ 《陈云文选》第1卷，人民出版社1995年版，第140页。
④ 《陈云文选》第1卷，人民出版社1995年版，第183页。
⑤ 《陈云文选》第1卷，人民出版社1995年版，第201页。
⑥ 《陈云文选》第3卷，人民出版社1995年版，第356页。

书记强调:“党的各级组织要积极探索纪律教育经常化、制度化的途径，多做提提领子、扯扯袖子的工作，使党员、干部真正懂得，党的纪律是全党必须遵守的行为准则，严格遵守和坚决维护纪律是做合格党员、干部的基本条件。”[①] 其次，必须切实强化纪律监督。一是要强化党内监督。“各级党组织要认真按党章办事，把对党组织的管理和监督、对党员干部特别是领导干部的管理和监督、对党内政治生活的管理和监督在标准上严格起来，在内容上系统起来，在措施上完善起来，在环节上衔接起来，做到不漏人、不缺项、不掉链，使存在的问题能及时发现，发现的问题能及时解决，解决一个问题能举一反三、触类旁通。”[②] 二是要强化外部监督。要建立外部监督机制，充分发挥人民群众和各民主党派对党组织的监督作用。最后，必须切实严格执纪。严格执纪是加强党的纪律建设、严明党的纪律的最后一个环节。陈云说过:“纪律是不得已的教育，当然又是必要的。”[③] “处罚是必要，但这是最后的”[④]。自觉遵守和维护党的纪律，是各级党组织和全体党员共同的义务和责任。党的各级纪律检查机关，作为以维护党规党法、整顿党的作风为基本任务的专门机关，更要在维护党的纪律方面发挥积极作用。要加大对违纪行为的查处力度，增强党纪的刚性约束。习近平总书记强调指出:“执行党的纪律不能有任何含糊，不能让党纪党规成为纸老虎、稻草人，造成‘破窗效应’。凡是违反党章和党的纪律特别是政治纪律、组织纪律、财经纪律的行为，都不能放过，更不能放纵。”[⑤] 为此，他要求“各级党组织和领导干部要切实履行执纪职责，拒绝说情风、关系网、利益链，采取管用的措施提高组织管理的有效性，使违纪问题能及时发现、及时查处。这样既有利于防微杜渐，也有利于教育和挽救干部。……查处违纪问题必须坚持有什么问题查清什么问题、发现什么问题查清什么问题，不能装聋作哑、避重就轻，不能大事化小、小事化了，任

---

① 习近平:《在党的群众路线教育实践活动总结大会上的讲话》，人民出版社 2014 年版，第 26—27 页。

② 《习近平关于严明党的纪律和规矩论述摘编》，中央文献出版社、中国方正出版社 2016 年版，第 120 页。

③ 《陈云文选》第 1 卷，人民出版社 1995 年版，第 217 页。

④ 《陈云文集》第 1 卷，中央文献出版社 2005 年版，第 186 页。

⑤ 《习近平关于严明党的纪律和规矩论述摘编》，中央文献出版社、中国方正出版社 2016 年版，第 79 页。

何人不得隐瞒、简化、变通。”[①] 只有这样，才能伸张正气、打击邪气，维护党的纪律的严肃性，促进党内生活正常化，提高全党执行纪律的自觉性。

（作者单位：安徽省社会科学院）

① 习近平：《在党的群众路线教育实践活动总结大会上的讲话》，人民出版社 2014 年版，第 27 页。

深刻把握陈云执政党党风建设思想的内涵

江泰然

党风问题关系党的事业的兴衰成败。陈云长期致力于党的建设工作，一贯重视党的作风建设。当看到党的十一届三中全会后中国共产党开始恢复优良传统，出现生动活泼的政治局面时，陈云心中非常喜悦，他满怀信心地指出："在党中央领导下，一定能够把我们的党建设好"[①]。他对执政党的党风问题十分关注，并把它提到了有关党的生死存亡的高度。陈云执政党党风建设思想内涵丰富，论述精辟。本文从以下四个方面来谈谈陈云执政党党风建设的思想。

一、执政党的党风问题是有关党的生死存亡的问题

执政党如何加强自身建设，早在延安时期陈云就提到了这个问题。比如，1939 年 12 月，陈云指出："领导着政权的党、领导着军队的党，自我批评更加重要。因为党掌握了政权以后，犯了错误会更直接更严重地损害群众利益。党员违犯了纪律，特别容易引起群众的不满。你有枪、又当权，群众看到了也不敢讲。所以，一定要严格要求我们的党员和干部"[②]。又比如，1940 年 12 月 23 日，他在延安写的一份讲话提纲中进一步指出："当权的大党，领导干部很可能成为官僚。"因此他主张要坚决防止和克服官僚主义。

随着新中国的成立，中国共产党成为全国范围的执政党。1954 年 2 月，针对高岗、饶漱石事件，陈云提醒人们：我们对于执政以后党内的状况是不能盲目乐观的。必须看到，革命胜利了的国家，"比起秘密工作和在山沟

---

① 《陈云文选》第 3 卷，人民出版社 1995 年版，第 243 页。
② 《陈云文选》第 1 卷，人民出版社 1995 年版，第 183 页。

里打游击的时代，更容易出野心人物。”[①]他在分析产生这种问题的原因时一针见血地指出：一方面，这可能使得“有人就只想做官，不想革命了，把革命忘光了”；另一方面，“在胜利了的国家里头，有电影，有照片，开会时热烈鼓掌，阅兵时可威风啦。火车站欢迎的时候，送鲜花，夹道欢呼。物质享受是很具备的，很可以腐化。从前在瑞金、延安时，想腐化也很难，现在腐化很容易。”[②]

历史的车轮驶入改革开放之初，陈云全面剖析党风和社会风气存在的问题，提醒全党要注意资本主义腐朽思想和作风的渗入，他曾深刻地指出：“对外开放，引进国外先进技术和经营管理经验，为我国社会主义建设所用，是完全正确的，要坚持。”“但同时要看到，对外开放，不可避免地会有资本主义腐朽思想和作风的侵入。这对我们社会主义事业，是直接的危害。”“值得严重注意的是，目前许多党委和党员干部，对此没有警惕。例如，一说对外开放，对内搞活，有些党政军机关、党政军干部和干部子女，就蜂拥经商。”[③]在列出了一些公司种种不法行为后，陈云又严肃地指出：“我们搞社会主义，一定要抵制和清除这些丑恶的思想和行为，要动员和组织全党和社会的力量，以除恶务尽的精神，同这种现象进行坚决的斗争。”[④]

所以，进入社会主义改革开放这一新的历史时期后，1979 年 1 月，陈云在一次会议中明确指出：“党的中央纪律检查委员会的基本任务，就是要维护党规党法，整顿党风。”[⑤]这就为党内政治生活的正常开展和健康发展提供了重要依据。

党的十一届三中全会以后，中国的经济建设出现了蓬勃发展的生机与活力。与此同时，党内的一些不正之风也在不断蔓延，一部分党员尤其是党员领导干部存在的以权谋私等问题，严重地损害了党的形象。针对党在新时期面临新情况提出的要求，陈云向全党敲响警钟，提出：“执政党的党风问题是有关党的生死存亡的问题。因此，党风问题必须抓紧搞，永远搞。”[⑥]之后，陈云在党的全国代表会议上再次指出：“抓党风的好转，仍是

---

① 《陈云文选》第 2 卷，人民出版社 1995 年版，第 231 页。
② 《陈云文选》第 2 卷，人民出版社 1995 年版，第 231 页。
③ 《陈云文选》第 3 卷，人民出版社 1995 年版，第 355 页。
④ 《陈云文选》第 3 卷，人民出版社 1995 年版，第 356 页。
⑤ 《三中全会以来重要文献选编》（上），中央文献出版社 2011 年版，第 40 页。
⑥ 《陈云文选》第 3 卷，人民出版社 1995 年版，第 273 页。

全党的一件大事。”“整顿党风这件事，不可掉以轻心。”[①] 陈云提出的“党性原则和党的纪律不存在‘松绑’的问题。没有好的党风，改革是搞不好的。共产党不论在地下工作时期或执政时期，任何时候都必须坚持党的纪律”，“各级领导干部，特别是高级领导干部要重视”等一系列观点，不仅充分说明了陈云对加强党风建设的关心和重视，更重要的是他为加强党风建设作出了重大理论贡献。1981 年 3 月 4 日，中共中央纪律检查委员会第三次全体会议通过决议，指出：陈云提出的执政党的党风问题是有关党的生死存亡的问题，对中国共产党建设具有重大意义，是做好纪律检查工作的基本指导思想，应当形成舆论，使全体党员，尤其是领导干部，认识到这个问题的严重性。[②]

二、搞好执政党党风建设关键在于党的高级干部

党的建设经验证明，党的事业能否发展壮大，从某种意义上说，关键在于党员特别是党的干部，因为“干部对于党的事业负有重大责任”。同样，执政党党风建设的好坏，与党员和党的干部密切相关。1938 年 9 月，陈云在回顾党的历史时曾说：“可惜得很，中国共产党在过去十年斗争中，干部损失了十几万，没有陕北根据地的话，连现在这一点干部也保存不了。全中国一千八百多个县，假如每个县能够保存三个党员，我们党开展工作的力量就大得多了。”[③] 从这里我们看得出，陈云把党的事业的发展和革命的胜利，与党员和党的干部紧紧地联系在一起。陈云还以革命战争与和平建设年代为时段，对党员和党员干部进行比较，他指出：“党在全国执政前和执政后的情况有很大不同。党在全国执政以前，在敌人统治下的地下党，那时作一个党员就有杀头的危险，根本谈不上什么物质享受；在苏区的党和解放区的党，大家忙于打仗和支持战争，另外，也没有什么物质可以享受。党在全国执政以后，从中央到基层政权，从企业事业单位到生产队的领导权，都掌握在党员手里了，党员可以利用手中掌握的各种权力为自己谋取私利。”“许多贪污犯本人就是党员，即使贪污犯不是党员，他们能够

---

① 《陈云文选》第 3 卷，人民出版社 1995 年版，第 351 页。

② 《陈云年谱（修订本）》下卷，中央文献出版社 2015 年版，第 309 页。

③ 《陈云文选》第 1 卷，人民出版社 1995 年版，第 109 页。

贪污，也是靠某些共产党员的保护。”[①] 可见，中国共产党在全国范围执政以后，责任在加大，危险系数也在加大。所以，党必须切实加强自身建设，搞好党风建设，并严格地要求党员和党的干部。

搞好党的建设，尤其是加强党风建设，除了对党员要有严格要求外，关键还在于党的干部特别是高级干部。针对高饶事件的产生，陈云着重指出：“保障党的团结，防止党的分裂，其责任主要是在高级领导人员。”[②] 在加强执政党党风建设的问题上，陈云一贯主张党的领导干部特别是高级干部是关键，要先从他们做起，由他们起正面引领作用。比如，在谈到批评与自我批评时，陈云指出：“首先应从领导做起，检查自己有什么缺点，有什么错误。先检查自己，批评自己，不能只说下面不好。如果工作出了毛病，作为领导者，自己应首先承担责任，不能上推下卸，诿过于人。”[③] 在谈到学习理论时，陈云指出：“党内的老干部、高级干部首先要努力学习，成为学习的模范。因为你是老干部，因为你常常担负独当一面的领导工作，你就更有责任而且更有必要提高自己的理论水平。”[④] 在谈到防止野心人物和闹乱子的问题时，陈云指出：“关键是在几百个高级领导人，就是省（市）委书记以上的干部及军队中的负责干部。”“出大乱子出在什么地方呢？就在这几百个人里面，首先是在座诸公，穿黄衣服的，穿黑衣服的，党头、政头、军头这几百个人。”对于揭露野心人物和不闹成大乱子的问题，陈云指出：“如果出了野心人物，能否迅速地把他揭露，不闹成大乱子呢？那也决定于这几百个人。只要这几百个人头脑十分清醒，革命胜利就会有保证。”[⑤] 陈云的这些话，抓住了问题的要害。这与当前中国共产党一再强调的“抓住领导干部这个关键少数”是一致的。

三、加强执政党的建设必须端正党风

加强执政党的建设，必须端正党风，各级党组织要重视，各级领导干部特别是高级领导干部同样要重视。陈云指出：“在以身作则、关心党风党纪、发挥监督作用上，没有退居二线和离休、退休的问题。只要是党员，

① 《陈云文选》第 3 卷，人民出版社 1995 年版，第 331 页。
② 《陈云文选》第 2 卷，人民出版社 1995 年版，第 230 页。
③ 《陈云文选》第 1 卷，人民出版社 1995 年版，第 183 页。
④ 《陈云文选》第 1 卷，人民出版社 1995 年版，第 188 页。
⑤ 《陈云文选》第 2 卷，人民出版社 1995 年版，第 233 页。

活着就永远处在第一线。”[①] 那么，端正党风的关键是什么？陈云指出：“端正党风的关键是提高党员素质，尤其是提高高中级党员领导干部素质。”[②] 在谈到中央要求北京的党、政、军机关在实现党风和社会风气根本好转中做表率时，陈云明确提出：“我建议，做表率首先从中央政治局、书记处和国务院的各位同志做起。”[③]

对如何端正党风，陈云提出了一系列主张，这主要表现在：第一，各级领导干部要以身作则，率先垂范。陈云认为，各级领导干部特别是高级领导干部，老党员、老干部要身体力行，作出榜样，带头端正党风，所有党的高级领导人员在教育好自己的子女问题上，给全党带好头，“决不允许他们依仗亲属关系，谋权谋利，成为特殊人物。”[④] 第二，各级党组织要纪律严明，从严治党。1982 年 1 月，陈云提出：“对严重的经济犯罪分子，我主张要严办几个，判刑几个，以至杀几个罪大恶极的，雷厉风行，抓住不放，并且登报，否则党风无法整顿。”[⑤] 后来他又提出：“无论是谁违反党纪、政纪，都要坚决按党纪、政纪处理”。“各级纪委必须按此原则办事，否则就是失职。”“对于危害社会主义建设，败坏党风、社会风气的歪风邪气，熟视无睹，听之任之，除了追究那些为非作歹的个人外，还要追究那个单位、那个地区的党委的责任，包括纪委的责任。”[⑥] 第三，要坚持原则，分清是非。陈云认为，我们的党风和整个社会风气中，有一个很大的问题，就是是非不分。“有些同志在是非面前不敢坚持原则，和稀泥，做老好人，而坚持原则的人受孤立。”应该把这个问题提到全党思想建设和组织建设的高度。“只有我们党内首先形成是非分明的风气，党的团结才有基础，党才有战斗力，整个社会风气才会跟着好转，才会使正气上升，邪气下降。”[⑦]

领导干部以身作则，还要对其亲属进行教育和约束。陈云在 1985 年党的全国代表会议上强调指出：“希望所有党的高级领导人员，在教育好子女的问题上，给全党带好头。”[⑧]1985 年，中央纪委提出不许领导干部子女及

---

① 《陈云文选》第 3 卷，人民出版社 1995 年版，第 352 页。
② 《陈云文选》第 3 卷，人民出版社 1995 年版，第 363 页。
③ 《陈云文集》第 3 卷，中央文献出版社 2005 年版，第 543 页。
④ 《陈云文选》第 3 卷，人民出版社 1995 年版，第 352 页。
⑤ 《陈云文选》第 3 卷，人民出版社 1995 年版，第 273—274 页。
⑥ 《陈云文选》第 3 卷，人民出版社 1995 年版，第 356 页。
⑦ 《陈云文选》第 3 卷，人民出版社 1995 年版，第 274 页。
⑧ 《陈云文选》第 3 卷，人民出版社 1995 年版，第 352 页。

其配偶经商办企业的建议。陈云在报告上批示："这件事，应由中央像严禁党政机关和党政干部经商、办企业的问题那样，作出明确的决定方能制止。不然的话，发展下去，党的肌体、党群关系必将受到损害，有所好转的党风也会受到影响，改革也难以顺利进行。"[①] 他建议，将退出经商领域的干部子女范围再扩大一点。那时，一些领导干部的子女出国留学，名为"自费"，实为外商赞助。中央纪委把有关反映送给陈云看，他亲自给这些领导同志写信，指出这样做不好，因为我们"自费"不起，劝他们把孩子叫回来。[②]

陈云要求高级干部管好自己的亲属，也是从自己做起的。1949 年 6 月 16 日，陈云在给家乡老战友的孩子和自己的表弟回信时，提醒他们"千万不可以革命功臣的子弟自居，切不要在家乡人面前有什么架子或者有越轨违法行动，这是决不允许的。你们必须记得共产党人在国家法律面前是与老百姓平等的，而且是守法的模范。革命党人的行动仅仅是为人民服务，决不想有任何酬报，谁要想有酬报，谁就没有当共产党员的资格。我与你父亲既不是功臣，你们更不是功臣子弟。这一点你们要切记切记。"陈云在信中还写道："你们必须安分守己，束身自爱，丝毫不得有违法行为。我第一次与你通信，就写了这一篇，似乎不客气，但我深觉我有责任告诫你们。"[③] 改革开放之初，当陈云得知中小学教员待遇低、师范学校招生困难的情况后，便提出让从北京师范大学毕业后被分配到国家机关工作的二女儿回到教师队伍当一名中学历史教师。1983 年春节，陈云在会见革命烈士子女时，深情地对他们讲："你们是革命的后代，是党的儿女。你们应该像自己的父辈那样，处处从党的利益出发，为了维护党的利益，不惜牺牲自己的一切。"[④] 从以上话语和做法中，我们可以看出，陈云认为领导干部对执政党党风建设有很大的影响，这其中既包括管好自己，也包括管好自己的子女和亲属。

陈云的这些论述和主张，对于中国共产党在新的历史时期经受"四大考验"、化解"四种危险"有极其重要的意义。

---

① 《陈云文集》第 3 卷，中央文献出版社 2005 年版，第 543 页。

② 朱佳木：《论陈云》，中央文献出版社 2000 年版，第 65 页。

③ 《陈云文选》第 1 卷，人民出版社 1995 年版，第 396 页。

④ 《陈云文选》第 3 卷，人民出版社 1995 年版，第 321 页。

四、执政党党风建设离不开党的纪律和党内制度

陈云在抓党的建设过程中，主张将严肃党纪和加强党员的思想政治教育相结合。他强调对党员进行世界观、人生观、价值观和马列主义教育，强调进行党的全心全意为人民服务的宗旨和实事求是的思想路线教育。早在 1940 年 3 月他就指出："纪律是我们的重要武器。维护党的统一，不靠刀枪，要靠纪律；同时，加强思想政治工作，端正路线和方针、政策。"①

任何党组织、党员和党的领导干部，都必须严格遵守党的纪律。陈云指出："个人对组织，少数对多数，下级对上级，全党对中央，服从是无条件的。组织、多数、上级、中央的决策正确时，自然要服从；如不正确，或不完全正确，怎么办？在行动上必须服从，同时应该按党章规定的权利，提出建议，或保留自己的意见。"②"具体地遵守纪律，就一定要服从支部，服从直接的上级，即使上级的人比你弱，你也一定要服从。做不到这一步，我们的党就要垮台，因为假如谁都是觉得自己的本领强，自己的意见对，没有一个约束，结果就谁都服从自己，不服从别人，而党的统一就完全没有可能了。"③要同一切破坏党的纪律的行为作坚决斗争。陈云指出，党员"不仅应该与一切破坏党纪的倾向作斗争，而且要着重与自己的一切破坏党纪的言论行动作斗争，使自己成为遵守党纪的模范。"④"纪律有强制性。不自觉遵守，必须强制执行。明知故犯者，要给以处分；情节严重而不愿改正者，应开除出党。"⑤

在对党员加强思想政治工作和进行马列主义教育的同时，还要不断强调纪律的重要性。陈云认为教育虽然是基础，但不是万能的，党的制度和党规党法的建设也很重要。他主张纠正党内不正之风和反腐倡廉要靠党的纪律和党规党法。他说："我看不能因为有马列主义教育，以后就不出问题了。张国焘不是老党员吗？他比一般干部受的马列主义教育还少吗？但是他叛变了。这证明什么呢？证明只靠马列主义的教育，还不能保证我们党

---

① 《陈云文选》第 1 卷，人民出版社 1995 年版，第 196 页。
② 《陈云文选》第 1 卷，人民出版社 1995 年版，第 197 页。
③ 《陈云文选》第 1 卷，人民出版社 1995 年版，第 277 页。
④ 《陈云文选》第 1 卷，人民出版社 1995 年版，第 139 页。
⑤ 《陈云文选》第 1 卷，人民出版社 1995 年版，第 197 页。

内不出野心人物。”[①] 这也就是说，在执政党党风建设中，除了要加强马列主义理论修养和思想教育，还要加强党的制度建设和遵守党规党纪党法。他说：“我们要严守党的制度和党规党法，发扬党的优良作风，那党就有保证了。靠别的，我看都靠不住，要靠我们自己。”[②] “我们的党是一个战斗的党，我们在斗争中依靠的武器，唯一的就是纪律。”[③] 这些虽然是他改革开放以前说的，但都是真知灼见。

陈云认为，所有共产党员都要遵守党的纪律。他指出：“共产党不论在地下工作时期或执政时期，任何时候都必须坚持党的纪律。”[④] 这就是说，在中国共产党里面不存在特殊的人物和特殊的组织。“不管你是中央委员，还是一般党员，不管你是老党员，还是新党员，都要遵守纪律。”“不管是中央委员会，还是支部委员会，都要遵守纪律。一句话，党内不准有不遵守纪律的‘特殊人物’、‘特殊组织’。”[⑤] 他主张从严格党纪和健全制度入手，纠正和防止党内的腐败现象，以达到纯洁队伍的目的。

陈云的执政党党风建设思想，是毛泽东思想、邓小平理论关于党的建设理论的不可或缺的组成部分。陈云党的建设思想理论和政策主张，是中国共产党制定正确路线、方针和政策的重要依据，在当时发挥了重大作用，对当前中国共产党坚持和加强党的全面领导，坚持党要管党、全面从严治党，加强党的长期执政能力建设、保持共产党员的先进性和纯洁性，有着重大的指导作用，是中国共产党进行自身建设的锐利思想武器。在新的历史时期，深刻理解陈云的执政党党风建设思想的内涵特别是他的“执政党的党风问题是有关党的生死存亡的问题”的内涵，有着深远的历史意义和重大的现实意义。

（作者单位：中共江西省委党校）

① 《陈云文选》第 2 卷，人民出版社 1995 年版，第 232 页。
② 《陈云文选》第 2 卷，人民出版社 1995 年版，第 233 页。
③ 《陈云文选》第 1 卷，人民出版社 1995 年版，第 275 页。
④ 《陈云文选》第 3 卷，人民出版社 1995 年版，第 275 页。
⑤ 《陈云文选》第 1 卷，人民出版社 1995 年版，第 126 页。

试论陈云的人民观

陈　挥

在长期革命生涯中，陈云把马克思主义关于人民群众创造历史的观点运用于自己的实践，形成了独特的、富有创造性的人民观。新中国成立前夕，他语重心长地告诫干部子弟，“千万不可以革命功臣子弟自居”。他明确指出：“要记得真正革命功臣是全国老百姓，只有他们反对反动派，拥护解放军，解放军才能顺利地解放全中国。”[①]当前，我们对陈云的人民观进行探讨，是很有现实意义的。

一、共产党人是主张改善民生的

1933年初，陈云进入中央革命根据地不久，发现当时苏区党和工会内存在着忽视雇农、手工业者和失业工人等在分田以后经济上的要求的现象。针对这一现象，他撰写了《苏区工人的经济斗争》一文，在明确肯定“一年以来，党和工会在改善工人生活，领导工人的经济斗争中，提高了工人群众的积极性”的同时，批评了那种“一方面不去领导工人改善生活，一方面却骂工人不革命，或者说工人落后于农民”的态度。[②]他认为：这是“目前职工运动中危险的右的错误倾向”，指出，“只有工人的经济地位改善了，才能提高工人的觉悟，发挥工人参加革命的积极性。”[③]

1939年9月至11月，陈云在中共中央主办的党内刊物《共产党人》上先后发表了《巩固党与战区的群众工作》《开展群众工作是目前地方工作的中心》等文，明确亮出了中国共产党的人民观：“共产党人是主张改善民生

① 《陈云文选》第1卷，人民出版社1995年版，第396页。
② 《陈云文选》第1卷，人民出版社1995年版，第8页。
③ 《陈云文选》第1卷，人民出版社1995年版，第9、8页。

的”,“改善群众生活才能发动群众”。[①]“我们不应该忽视群众的政治、经济、文化地位的任何细小的可能的改善。愈是多注意群众各方面生活之尽可能的改善，他们参加抗日的积极性就愈会提高。”[②]

当时在农村工作的一些同志把农民群众的一些切身问题都看作小事情，没有予以重视。陈云在总结陕甘边区的群众工作时重申要“继续改善人民的生活”的同时特别强调，“农民的一些问题，在我们有的同志看来是很小的事情，可是在农民自己看来却是很大的事情。我们不仅要帮助群众解决大的问题，也要帮助群众解决小的问题。”[③]“这些问题解决得好，群众会更信仰我们党，我们党在群众中的威信就越来越高。”[④]陈云的这个分析多么发人深省！什么是大事情，什么是小事情，这是一个立场、观点的问题。如果我们坚定地和人民群众站在一起，那么，人民群众再小的事情，我们也不应该漠然视之。中国共产党是人民利益的代表者，全心全意为人民服务是党的宗旨。因此，人民群众的利益无小事。凡是涉及人民群众的切身利益和实际困难的事情，再小的事情也要竭尽全力去办好。

中国共产党1956年召开的第八次全国代表大会对我国社会主义改造基本完成后国内无产阶级和资产阶级的矛盾状况和主要矛盾的变化作了正确的阐述。要解决这个矛盾，只有不断发展生产力以提高人民生活水平。陈云在党的八大上作了题为《关于资本主义工商业改造高潮以后的新问题》的发言，全面阐述了“为了改变过去为限制资本主义工商业所采取的办法，并有效地纠正在社会主义改造过程中由于缺乏经验而发生的一些错误”而应该采取的五项措施。他说：“在社会主义改造完成以后，我们应该采取正确的方针指导企业的生产和经营。就是说，我们必须使消费品质量提高，品种增加，工农业产量扩大，服务行业服务周到，而决不是相反。采取上述五项措施的目的，就是要把我国资本主义工商业和个体农业、手工业，改造成为这样一种有利于人民的社会主义经济。”[⑤]

在党的八大召开后仅仅一年的时间里，陈云就先后在党中央、国务院和一些全国性会议上发表了《解决猪肉和其他副食品供应紧张的办法》《做

① 《陈云文选》第1卷，人民出版社1995年版，第159、166页。
② 《陈云文选》第1卷，人民出版社1995年版，第159页。
③ 《陈云文选》第1卷，人民出版社1995年版，第172、173页。
④ 《陈云文选》第1卷，人民出版社1995年版，第172页。
⑤ 《陈云文选》第3卷，人民出版社1995年版，第12—13页。

好商业工作》《正确处理民生和建设的关系》《加强商业工作的政治观点、群众观点和生产观点》《一定要把蔬菜供应问题解决好》《重视粮食工作》《合理调整粮食供销矛盾》《探索农业增产的有效途径》《解决吃穿问题的主要办法》等重要讲话，就这些直接关系广大人民群众切身利益的问题，提出了自己经过深思熟虑后的真知灼见。他认为，我们在建设方面的指导思想应该是主要面对国家的现实和群众的需要。他在国务院全体会议讨论《关于一九五六年国家预算调整和预计执行情况的报告》时明确指出，“为了照顾民生和建设，应该是在照顾必需的最低限度的民生条件下来搞建设。在物资的分配上，首先应该照顾到必需的民生的生产，保证必需的民生（当然不是大吃大喝），有余再搞建设。这就是既要建设又要人民，这样的建设才是可靠的。”①

陈云特别重视商业工作。他认为：“商业工作天天同人民群众打交道，管吃、穿、用，管油、盐、柴、米。不要看不起这些，这是人民的大事。我们共产党必须天天关心人民群众的切身利益。人是要吃饭的，不能天天靠吃马列主义过活，一天不吃饭，肚子就饿得哇哇叫。长江大桥是大，建设很有必要，但商业关乎六万万人的日常生活，不能说是小事情，不重要。”②他还说：“如果我们不能解决人民的吃饭穿衣问题，我们的社会主义建设事业便站不稳，必然还要回头补课。”③由此可见，陈云提出的进行社会主义建设的指导思想，最主要的，就是如何改善人民的生活。

在改革开放时期，陈云更加把为人民谋利益，不断提高人民群众的生活水平作为制定路线、方针、政策的出发点和归宿。他经常说：“十亿人口吃饭穿衣，是我国一大经济问题，也是一大政治问题。‘无粮则乱’，这件事不能小看就是了。”④由于“文化大革命”时期全党全国集中力量搞阶级斗争，生产力遭到了很大的破坏，有些地方的农民连饭都吃不饱，因此在讨论经济建设的宏伟蓝图时，陈云首先考虑的仍然是人民的吃饭问题。他在1978年12月举行的中央工作会议上说：“建国快三十年了，现在还有讨饭的，怎么行呢？要放松一头，不能让农民喘不过气来。如果老是不解决这

① 《陈云文集》第3卷，中央文献出版社2005年版，第134—135页。
② 《陈云文选》第3卷，人民出版社1995年版，第33—34页。
③ 《陈云文选》第3卷，人民出版社1995年版，第85—86页。
④ 《陈云文选》第3卷，人民出版社1995年版，第350页。

个问题，恐怕农民就会造反，支部书记会带队进城要饭。”所以，他主张向国外进口一些粮食，以解燃眉之急。他认为：“这是大计，这是经济措施中最大的一条。”[①] 进入 20 世纪 80 年代以后，在提倡农村要“积极开展多种经营”的同时，陈云还是不断强调，“决不放松粮食生产”，“稳定粮田在大粮食观点中，仍是一个要点。”[②]

把我国建设成为一个富强、民主、文明的社会主义现代化强国，是党在新的历史时期的治国目标。在推进这个目标的实现过程中，陈云强调最多的是六个字，即“改革、发展、富民”。在设计改革开放的宏伟蓝图时，他总是把富民作为强国安邦的一个重要方面来考虑。党的十一届三中全会以来，中共中央把工作重心转移到经济建设上，提出了解放、发展生产力的任务，并把以经济建设为中心的社会主义现代化建设，看成代表着人民的最大、最根本的利益。陈云亲自参与规划的我国实现现代化分三步走的战略步骤，每一步都把提高人民的生活水平作为奋斗目标，使人民的生活先解决温饱，后实现小康，再达到富裕，把人民群众的利益直接地体现在党的方针政策和发展战略中。在作出每一项重大决策时，他总是深入基层调查研究，倾听人民群众的呼声，并在实施过程中随时总结经验。1984 年 10 月，陈云在谈到即将进行的价格体系改革时，明确指出：“这几年，我们的经济发展比较顺利，人民生活水平提高也比较快，现在进行价格体系的改革，确实是有利时机。但是，改革的步骤一定要稳妥，务必不要让人民群众的实际收入因价格调整而降低。”[③] 正是这种对人民群众的深厚感情，对人民群众高度负责的精神，使他提出的理论和政策，始终得到广大人民群众的拥护。

二、共产党员要领导群众，就必须首先向群众学习

人民群众是历史的创造者，人民群众的创造力是无穷无尽的，要坚定地相信群众、依靠群众、尊重群众的首创精神，这是陈云的一贯思想。他认为：“共产党员要领导群众，就必须首先向群众学习。‘三个臭皮匠，凑

① 《陈云文选》第 3 卷，人民出版社 1995 年版，第 236 页。
② 《陈云文集》第 3 卷，中央文献出版社 2005 年版，第 515 页。
③ 《陈云文选》第 3 卷，人民出版社 1995 年版，第 337 页。

成个诸葛亮。’离开群众，世上是没有什么诸葛亮的。”[①]“每个共产党员要随时随地的在实际工作中学习，向群众学习。一切实际工作中的和群众斗争中的经验教训，是我们最好的学习的课本。”[②]因此，他十分重视总结、概括人民群众的经验和创造，坚持领导与群众相结合的工作方法。他说：“要解决依靠群众的问题。疑难不决的事情，要请教群众。没有这一条，不能算马克思主义者。我们在工作中，不仅要依靠组织，更主要的是要依靠群众。这应该成为我们的一个口号。”[③]他还特别强调：“解决群众切身问题的办法，必须在群众中去讨论，到群众中去找寻。因为只有群众才能真正了解他们自己的问题，只有在群众中才能讨论出在当时当地解决问题最适当的办法。”[④]

早在抗日战争时期，陈云就在《巩固党与战区的群众工作》一文中援引了《联共（布）党史简明教程》总结苏共历史的基本教训的两段话：“当布尔什维克保持同广大人民群众的联系时，他们将是不可战胜的——这可以认为是一个规律。”“如果党在自己的党的狭隘圈子里闭关自守，如果它脱离群众，如果它蒙上了官僚主义的灰尘，那它就会遭到灭亡。”[⑤]他认为：“我们的新党员和新干部缺乏群众工作经验的弱点是普遍存在的，他们领导群众运动的经验是很少的，但出路只有一条，就是在群众运动中锻炼和提高。他们今天没有经验，明天就变成有经验的了。参加群众工作越久，他们的经验就越丰富。”[⑥]广大干部要成为党联系群众的纽带，成为群众的带头人和贴心人，就必须深入群众，向群众学习。只有在群众运动中，干部才能逐步积累正反两方面的工作经验，改造自己的主观世界，为提高工作能力打下扎实基础。

新中国成立后，把资本主义企业转变为公私合营企业以后，工人阶级的任务由监督生产进一步地实行由工人阶级领导的国家直接管理生产。有一部分职工产生了这样的疑问：“在公私合营以后，职工的职权为什么反而降低了呢？”为了解除职工群众的疑虑，陈云在党的八大的发言中特别强

---

① 《陈云文选》第1卷，人民出版社1995年版，第169页。

② 《陈云文选》第1卷，人民出版社1995年版，第143页。

③ 《陈云文选》第3卷，人民出版社1995年版，第46页。

④ 《陈云文选》第1卷，人民出版社1995年版，第169页。

⑤ 《陈云文选》第1卷，人民出版社1995年版，第156—157页。

⑥ 《陈云文选》第1卷，人民出版社1995年版，第165—166页。

调："国家在管理这些企业的时候，必须依靠职工群众，必须从职工群众中选拔有经验的优秀分子参加领导工作和其他的管理工作，必须健全和坚决执行企业内部各种民主管理的制度。"[①] 当时兼任商业部部长的陈云，对于商业系统中存在的官僚主义作风提出了尖锐的批评。他说："要解决依靠群众的问题。疑难不决的事情，要请教群众。没有这一条，不能算马克思主义者。我们在工作中，不仅要依靠组织，更主要的是要依靠群众。这应该成为我们的一个口号。"[②]

20 世纪 60 年代初期，面对我国国民经济所发生的严重困难，党中央决定实行"调整、巩固、充实、提高"的八字方针，并重新成立由陈云任组长的中央财经小组，统管财经工作。在这前后，陈云在深入基层调查研究，掌握了大量第一手资料的情况下，先后在国务院各部委和中央财经小组的会议上发表了《目前财政经济的情况和克服困难的若干办法》等重要讲话，系统分析了经济形势，提出了克服困难的措施，并一再强调要贯彻党的群众路线，要广开言路，鼓励大家发表不同的意见。他说："对于目前的形势、方针、措施，以及工作重点摆在哪里，实际上有不同的看法。每个部委，每个单位，都要鼓励有不同看法的两方面把意见发表出来。……有不同意见是好事，可以使我们看问题比较全面，避免片面性，少犯错误。"[③] 他坚信："人民在克服困难、恢复经济中，是会同我们党合作的。只要我们把存在的困难和克服困难的办法讲清楚，没有疑问，人民会同我们合作"，"会同我们党一起去战胜困难的。""我们应该有信心。"[④]

当时我国一些农村群众创造并实行了包产到户这种比较符合农村生产力水平的农业生产责任制。1962 年 3、4 月份，毛泽东的秘书田家英率调查组到湖南农村深入调查，发现农民对包产到户的呼声极高，深受感染，认为农村可以搞包产到户。陈云听了汇报后称赞田家英"观点鲜明"。同年春夏之交，陈云看了中央农村工作部关于肯定安徽"责任田"的一些调查材料，认为这是非常时期必须采取的办法。回到北京以后，陈云当面向毛泽东阐述了个体经营与合作经济在我国农村相当长的时期内还要并存的问题。

---

① 《陈云文选》第 3 卷，人民出版社 1995 年版，第 3 页。
② 《陈云文选》第 3 卷，人民出版社 1995 年版，第 46 页。
③ 《陈云文选》第 3 卷，人民出版社 1995 年版，第 215 页。
④ 《陈云文选》第 3 卷，人民出版社 1995 年版，第 198 页。

当前要注意发挥个体生产积极性，以克服困难。[①]尽管当时党内意见严重分歧，尤其是毛泽东认为包产到户是一种后退，只有集中生产资料、集中劳动、平均分配，才是社会主义。而陈云却坚持实事求是的原则，从实际出发，尊重群众的意愿，明确表示了自己的态度，这不能不说是难能可贵的。同时也说明陈云始终关注提高人民群众实际生活水平的问题。

党的十一届三中全会以来，作为中国共产党第二代领导集体的重要成员，陈云兼任国务院财政经济委员会主任，再次担负起“研究制订财经工作的方针政策和决定财经工作中大事”的重任，他一再号召全党同志，在改革开放和现代化建设中，必须依靠广大工人、农民、知识分子，团结各族人民，调动广大群众的积极性、创造性，深入实际总结群众的新鲜经验，制定出符合群众利益的路线方针政策，然后再号召群众去贯彻执行。只有把群众中蕴藏着的各种创造潜力充分发挥出来，才能解决在改革开放和现代化建设中出现的新情况、新问题。群众多一分理解和支持，改革就多一分动力；群众多一分创造，改革就多一分成功的希望。他说：“十一届三中全会以后，党内有了民主集中制的气氛，才会有同志敢于提出不同的意见。在这个事情上，我们原来是吃过苦的，搞一言堂。我过去说过，不怕人家讲错话，就怕人家不说话。讲错话不要紧，要是开起会来，大家都不说话，那就天下不妙。有同志提不同意见，党组织应该允许，这是党的事业兴旺发达的好现象。当然，有了不同意见，要在党内说，在你的那个党支部，或者在你的机关，按照组织程序和组织原则严肃地提出来。提第一次，我们欢迎；提第二次，我们也欢迎；提第三次，我们还是欢迎。这样，我们这个党就会立于不败之地，就会兴旺发达，大有希望。”[②]正是这种充分发动群众、汲取群众的智慧、尊重群众的首创精神、依靠群众力量克服困难的科学态度，才使我们党有了取之不尽、用之不竭的源头活水，始终保持蓬勃生机和创造活力，领导广大人民群众不断前进。

三、开展群众工作是地方工作的中心

早在抗日战争时期，陈云就非常注重维护人民群众的利益，并把这个

---

① 参见薄一波：《若干重大决策与事件的回顾》下卷，中共中央党校出版社 1993 年版，第 1085—1086 页。

② 《陈云文选》第 3 卷，人民出版社 1995 年版，第 275 页。

问题提到能否发动群众、团结群众、战胜敌人的高度。他认为，敌我斗争的胜负，决定于人民的态度。“愈是多注意群众各方面生活之尽可能的改善，他们参加抗日的积极性就愈会提高。”“群众的日常问题愈解决得好，支部及党员在群众中愈受拥护，则一切动员工作也就愈能顺利完成。”[①] 他还认为，当群众运动真正发动起来，涌现出许多群众领袖后，“也会帮助我们巩固党，鉴别谁是好的共产党员，谁是混进党来的坏人；还将使现在缺乏经验的党员和下级干部，在阶级意识上、工作经验上得到许多锻炼。”因此，“群众工作的深入，将使敌后的抗日根据地更加巩固，抗日军队更易补充，抗日政权更能动员民众。”这样做“也正是为了粉碎敌人的‘扫荡’，支持敌后长期抗战，争取最后胜利。”[②]

1939 年 11 月，陈云在中共中央主办的党内刊物《共产党人》上发表了《开展群众工作是目前地方工作的中心》，认为“要使抗战前进一步，要使我们党的工作前进一步，问题的根本，在于开展群众工作。”[③] 他依据战争环境的特点，从三个方面论述了党的群众工作：“充分发动群众是开展一切工作的关键”；“改善群众生活才能发动群众”；“把解决群众的切身问题列入地方党部的经常议事日程”。[④] 他认为，“群众工作千头万绪，究竟应该从哪一点做起呢？究竟应该采取何种方针，才能变薄弱的狭小的群众工作为真正广大的群众工作呢？不是别的，就是在党的领导之下，从维护群众自己的利益出发，从群众内部去发动群众斗争，把群众团体自下而上地建立起来。”[⑤] 如何使群众发动起来呢？他特别强调：“要使群众起来，必须改善群众的政治、经济、文化地位。”“经验已经证明，哪个地方群众的生活改善了一些，群众就更加积极了，群众团体就更有组织了。如果哪个地方没有注意改善民生，或者虽有改善民生的法令，但实际上没有实现，群众就照旧起不来。”[⑥] 他还说：“群众的切身问题，不只是减租减息、废除苛捐杂税等事，还有许多日常的生活问题。所以，党的区委、支部、小组的一项经常议事日程，应该是研究本区、本乡、本村群众的切身问题。群众的情绪

---

① 《陈云文选》第 1 卷，人民出版社 1995 年版，第 159、158 页。
② 《陈云文选》第 1 卷，人民出版社 1995 年版，第 161 页。
③ 《陈云文选》第 1 卷，人民出版社 1995 年版，第 162 页。
④ 《陈云文选》第 1 卷，人民出版社 1995 年版，第 162、164、167 页。
⑤ 《陈云文选》第 1 卷，人民出版社 1995 年版，第 164 页。
⑥ 《陈云文选》第 1 卷，人民出版社 1995 年版，第 166 页。

如何，有些什么困难，有些什么要求，如何解决，都是地方党部，尤其是区委和支部，应该严重注意的。把区委和支部的注意力引向讨论和解决群众的切身问题，引向当地的群众工作，是今天严重的任务。”① 他还从巩固党组织的高度来看待群众工作。他认为“没有一个脱离群众的党组织是巩固的。”“只有党与群众密切的联系着，只有党的支部真正成为群众核心的时候，那个党才是一个巩固的党，那个支部才是党在群众中的堡垒。”② 陈云的这篇文章，成为当时指导各级党组织在同敌人进行军事、政治斗争的同时，发动群众，坚持敌后抗战的重要文献。

新中国成立初期，全国的财政经济状况极为困难。帝国主义分子曾预言，中国解放战争虽然取得了胜利，但财政经济困难是无法克服的，非向他们求乞不可。上海的资本家也说：“共产党是军事一百分，政治八十分，财经打零分。”③ 他们要在经济上同我们较量。作为主管经济工作的陈云，对这场斗争的意义是有深刻认识的。他说：“老百姓不仅在军事上、政治上看我们，他们还透过经济看我们，看物价能不能稳定，还饿死不饿死人。这些问题是老百姓关心的，也是对我们的考验。”“我们的各项工作是否搞得好，不仅关系到四亿七千五百万人的命运，而且对全世界人民的解放事业有着重要的影响。不看清楚这些，便不可能认识我们的责任。”④ 由此可见，陈云完全是把人民群众的利益作为工作的出发点，完全是以人民群众的满意度作为检验工作的标准。在这样的形势下，陈云出任中央财经委员会主任，担负起扭转险恶经济形势的重任。在他的直接主持下，人民政府在致力于恢复、发展生产的同时，采取了一系列有效措施，统一了全国财政经济工作，稳定了物价，使国家财政经济初步好转。这个胜利证明，中国共产党领导的人民政府，在政治上是坚强的，在经济上也是有办法的，是人民群众可以信赖的。

陈云非常注意人民群众对党和政府工作的反映，非常在乎人民群众对党和政府工作的评价。20 世纪 50 年代中期，社会主义改造基本完成以后，商品的供应很紧张，群众还有很多意见。如何正确对待“天天挨骂”呢？

---

① 《陈云文选》第 1 卷，人民出版社 1995 年版，第 167 页。
② 《陈云文选》第 1 卷，人民出版社 1995 年版，第 165 页。
③ 《陈云文选》第 2 卷，人民出版社 1995 年版，第 60 页。
④ 《陈云文选》第 2 卷，人民出版社 1995 年版，第 60—61、61 页。

陈云认为：“我看，挨骂有不好的一面，但也有好的一面。一有错就有人骂，容易改正。如果人家天天喊万岁，一出错就是大错。商业工作有不少唱对台戏的，这可以促使我们改进。失败乃成功之母。有了错误，加以改正，就可以不断进步。”[①] 他经常说：“我们是从事社会主义商业工作的，不能没有政治观点、群众观点和生产观点。商业工作，包括卖鸡、卖蛋，都有其政治意义。商业工作的好坏，直接关系到六万万人民群众的切身利益，关系到广大的城乡人民对我们是否满意。”[②]

（作者单位：上海市中共党史学会）

---

① 《陈云文选》第3卷，人民出版社1995年版，第33页。
② 《陈云文选》第3卷，人民出版社1995年版，第44页。

陈云的群众观与新形势下党风廉政建设

刘贵军

“执政党的党风问题是有关党的生死存亡的问题。”[①] 这是陈云在1980年提出的重要科学论断。党风问题，归根到底是党与人民群众的关系问题。我们党的最大政治优势是密切联系群众，党执政后的最大危险是脱离群众。加强和改进党的作风建设，核心问题是保持党同人民群众的血肉联系。新形势下，习近平总书记深刻指出：“工作作风上的问题绝对不是小事，如果不坚决纠正不良风气，任其发展下去，就会像一座无形的墙把我们党和人民群众隔开，我们党就会失去根基、失去血脉、失去力量。”[②] 作为党的第一、第二两代中央领导集体的重要成员和曾长期主管党建工作的领导人，陈云有着丰富的群众观点和关于党风建设的重要论述。他的很多思想观点对新形势下的党风廉政建设仍具有重要的现实意义。

一、群众的支持和拥护是党的事业胜利的根本保证，要把相信群众、依靠群众和教育引导群众统一起来

人民英雄观是马克思主义的基本观点。陈云在长期领导我们党的革命斗争实践中切身体会到，作为实践主体的人民群众是我们党的智慧源泉。早在1939年11月，他在《开展群众工作是目前地方工作的中心》一文中指出：“解决群众切身问题的办法，必须在群众中去讨论，到群众中去找寻。因为只有群众才真正了解他们自己的问题，只有在群众中才能讨论出在当时当地解决问题最适当的办法。”[③] 他认为“没有人民，就没有英雄”[④]，“离

① 《陈云文选》第3卷，人民出版社1995年版，第273页。

② 《习近平关于党风廉政建设和反腐败斗争论述摘编》，中央文献出版社、中国方正出版社2015年版，第5—6页。

③ 《陈云文选》第1卷，人民出版社1995年版，第169页。

④ 《陈云文选》第1卷，人民出版社1995年版，第258页。

开群众，世上是没有什么诸葛亮的”[①]，“没有群众，一定失败，死无葬身之地。”[②]一切群众斗争中的经验教训，都是我们最好的学习课本，党员、领导干部，特别是缺乏经验的领导干部，要发动、教育和引导群众，就必须首先向群众学习。

在陈云眼里，人民群众是开展工作的一种主体力量，只有得到他们的积极支持和拥护，革命和建设才能成功。否则，一切工作都“鲜有希望”[③]。早在 1926 年 7 月，他在总结五四运动的经验教训时就指出：“从这次运动的事实分析出来，没有强有力的有组织的下层民众——工农参加，革命是难能成功的。”[④]后来，他又多次强调，无论是我们党领导的游击战争、秘密工作、经济工作，还是党的建设、根据地建设都一刻也离不开群众的支持和拥护。在总结长征经验时，他说：“要站住脚，就得有群众。没有群众，地方虽大，离敌很远，也站不住；有了群众，地方虽小，离敌很近，可以站住。长征走了很多地方，都没站住脚，到了陕北才站住了，主要是那里群众发动起来了。”[⑤]他在党的七大上谈到反对骄傲自满情绪时，认为任何功劳，“头一个是人民的力量，第二是党的领导，第三才轮到个人。”[⑥]这就从唯物史观出发，把人民群众的力量提到了决定党的事业成败的第一位的位置上。

视群众为开展工作的主体力量，就要发动群众，教育引导群众。教育引导群众的主要方法是提高群众的政治觉悟，使他们正确看待和处理眼前利益与长远利益、根本利益的关系。新中国成立后，陈云要求各级领导机关经常向职工群众进行基本建设方针政策的宣传教育，提高广大职工群众对整体利益和长远利益的认识，自觉地执行党的路线、方针、政策。通过这种教育工作，使群众认清“牺牲眼前的利益，是为了长远的利益，牺牲小的利益，是为了大的利益。”[⑦]

得民心者得天下，失民心者失天下。人民群众的拥护和支持是党执政

---

① 《陈云文选》第 1 卷，人民出版社 1995 年版，第 169 页。
② 《陈云文选》第 1 卷，人民出版社 1995 年版，第 315 页。
③ 《陈云文选》第 1 卷，人民出版社 1995 年版，第 2 页。
④ 《陈云文选》第 1 卷，人民出版社 1995 年版，第 2 页。
⑤ 《陈云文选》第 1 卷，人民出版社 1995 年版，第 315 页。
⑥ 《陈云文选》第 1 卷，人民出版社 1995 年版，第 293 页。
⑦ 《陈云文选》第 1 卷，人民出版社 1995 年版，第 173 页。

的最牢固根基。新形势下，习近平总书记指出："一个政党，一个政权，其前途和命运最终取决于人心向背。"[①] 人心向背关系党的生死存亡。党只有始终与人民群众心连心、同呼吸、共命运，始终依靠人民群众推动社会历史前进，才能实现长期执政。"身教胜于言传"，做好群众工作，巩固党的执政基础，除了教育和引导广大群众去遵守和实践外，关键要靠领导干部积极发挥表率作用，共产党员充分发挥先锋模范作用，基层党组织发挥好战斗堡垒作用。通过领导干部、普通党员和基层党组织的积极工作，不断巩固党的执政基础；通过自身形象和表率作用，使人民群众自觉主动地践行党的正确主张。

二、搞经济建设最终是为了改善人民生活，要把发动群众与关心改善群众生活统一起来

陈云指出，人民群众是党的依靠力量，"充分发动群众是开展一切工作的关键"，但"共产党人是主张改善民生的"，[②] "共产党必须天天关心人民群众的切身利益"[③]，"革命的目的是为了劳动者人人有吃有穿，而且要吃的较好，穿的较好。"[④] 他说："如果不关心群众的生活，不为群众的切身利益而斗争，置群众的痛痒于不顾，而要开展群众运动，要群众热烈起来与党与政府与军队一道艰苦奋斗，这是不可能的事。"[⑤] 坚持发动群众与关心改善群众生活统一起来，是陈云反复强调的一个重要观点。

新中国成立后，陈云又多次强调，"一要吃饭，二要建设"[⑥]，"搞经济建设的最后目的，是为了改善人民的生活。"[⑦] 比如，他提出收购农产品手不要太狠，要注意照顾农民的生活；否则，"农民吃不饱，管你棉花不棉花，管你发多少布票，为了吃饭，就会挤掉经济作物。"[⑧] 他还多次重申，无论是钢也好，还是其他基本建设物资也好，如果妨碍了民众生活水平的提高，就

---

① 《习近平关于党风廉政建设和反腐败斗争论述摘编》，中央文献出版社、中国方正出版社 2015 年版，第 6 页。

② 《陈云文选》第 1 卷，人民出版社 1995 年版，第 159、162 页。

③ 《陈云文选》第 3 卷，人民出版社 1995 年版，第 33 页。

④ 《陈云文选》第 1 卷，人民出版社 1995 年版，第 383—384 页。

⑤ 《陈云文选》第 1 卷，人民出版社 1995 年版，第 167 页。

⑥ 《陈云文选》第 3 卷，人民出版社 1995 年版，第 367 页。

⑦ 《陈云文选》第 3 卷，人民出版社 1995 年版，第 281 页。

⑧ 《陈云文选》第 3 卷，人民出版社 1995 年版，第 164 页。

有必要重新考虑我们的建设方针。陈云不仅在工作中非常注意维护群众的利益和需求，还常常告诫和提醒党内其他同志，都必须时刻牢记我们工作的这一根本出发点和归宿。

在人民生活方面，陈云最关注的是吃饭问题。他说："对粮食生产决不能放松"，"我们必须在粮食问题上立于不败之地。"[①] 人除了要吃饭，还要有一定的副食品。20 世纪 80 年代初，大城市的蔬菜供应，一直不容易解决好。陈云说："吃菜的问题是个大问题。"[②] 为此，他要求各省委、市委要经常开会研究蔬菜问题，至少一年开四次。对首都北京，陈云更是多次过问，尤其是大白菜的产销与储藏工作。1982 年 10 月，他针对北京、天津多次发生烂菜的问题指出："大白菜是北京市民当家菜类，因此必须安排在前。"[③] 第二年，陈云再次批示："城市居民贮藏有困难，但春节后吃不到便宜的大白菜又有意见。这件事要由北京市委拟出一个妥善可行的办法才好，因为这是一个长期存在的问题。"[④]

"意莫高于爱民，行莫厚于乐民。"[⑤] 开展群众工作，解决民生问题非常重要。新形势下，习近平总书记指出："人民对美好生活的向往，就是我们的奋斗目标。"[⑥] 群众利益无小事。我们必须坚持一切为了人民，一切依靠人民群众的原则，全心全意做好群众工作，从人民群众最关心、最直接、最现实的利益权益问题入手，努力解决学有所教、劳有所得、病有所医、老有所养、住有所居的问题，真心实意为群众谋利益，扎扎实实为群众办实事、办好事。

三、执政条件下加强党风建设的重点是解决以权谋私问题，坚决纠正损害群众利益的不正之风

权力是把"双刃剑"，既可给掌权者提供为群众服务的方便，也可以诱使掌权者以权谋私。陈云认为执政条件下加强党风建设的重点是解决以权谋私问题。有鉴于党在全国执政前后的不同情况，他指出："党在全国执政以后，从中央到基层政权，从企业事业单位到生产队的领导权，都掌握在

① 《陈云传》(下)，中央文献出版社 2005 年版，第 1656 页。

② 《陈云文集》第 3 卷，中央文献出版社 2005 年版，第 473 页。

③ 《陈云文集》第 3 卷，中央文献出版社 2005 年版，第 513 页。

④ 《陈云文集》第 3 卷，中央文献出版社 2005 年版，第 513 页。

⑤ (春秋)《晏子春秋·内篇问下》。

⑥ 《习近平谈治国理政》，外文出版社 2014 年版，第 4 页。

党员手里了，党员可以利用手中掌握的各种权力为自己谋取私利。”[1] 而“从前在瑞金、延安时，想腐化也很难，现在腐化很容易。”[2] 为此，他告诫党的干部要树立正确的权力观，把人民赋予的权力用来为人民谋利益。

针对改革开放以来党内腐败滋长的现象，陈云提出了“执政党的党风问题是有关党的生死存亡的问题”的重要命题，指出对于以权谋私的歪风，“如果不给以严厉的打击，对这股歪风如果不加制止，或制止不力，就会败坏党的风气，使党丧失民心。”[3]20 世纪 80 年代，经济领域的不正之风、违法乱纪行为的突出表现是走私贩私活动。不少企事业单位的人员参与此类违法活动，大发横财。这些情况引起陈云的高度重视。1982 年 1 月，他在批示中写道：“对于严重的经济犯罪分子，我主张要严办几个，判刑几个，以至杀几个罪大恶极的，雷厉风行，抓住不放，并且登报，否则党风无法整顿。”[4]1985 年 4 月，他针对领导干部子女及配偶经商、办企业问题作出批示：“这件事，应由中央像严禁党政机关和党政干部经商、办企业的问题那样，作出明确的决定方能制止。不然的话，发展下去，党的肌体、党群关系必将受到损害，有所好转的党风也会受到影响，改革也难以顺利进行。”[5]

在一段时期内，一些党政领导干部乘坐进口轿车之风越刮越盛，车的档次也越来越高。广大干部群众对此十分不满。陈云听到了这些反映。1986 年 1 月，中央纪委办公厅一份简报送到陈云手里，反映的是中国科学院花一百六十余万元购买高级小轿车的事。陈云当即指出：“自己已有车，还向下属单位要新的高级车，这样的事，在高级干部中，可能不仅是这几位同志。中央要求北京的党、政、军机关，在实现党风和社会风气根本好转中做表率。我建议，做表率首先从中央政治局、书记处和国务院的各位同志做起。凡是别人（或单位）送的和个人调换的汽车（行政机关配备的不算），不论是谁，一律退回，坐原来配备的车。在这件事上，得罪点人，比不管而让群众在下面骂我们要好。”[6]

“打铁还需自身硬”。为政清廉才能取信于民，秉公用权才能赢得人心。

---

① 《陈云文选》第 3 卷，人民出版社 1995 年版，第 331 页。
② 《陈云文选》第 2 卷，人民出版社 1995 年版，第 231 页。
③ 《陈云文选》第 3 卷，人民出版社 1995 年版，第 331—332 页。
④ 《陈云文选》第 3 卷，人民出版社 1995 年版，第 273—274 页。
⑤ 《陈云文集》第 3 卷，中央文献出版社 2005 年版，第 543 页。
⑥ 《陈云文集》第 3 卷，中央文献出版社 2005 年版，第 543—544 页。

新形势下，习近平总书记指出：“人民群众最痛恨各种消极腐败现象，最痛恨各种特权现象，这些现象对党同人民群众的血肉联系最具杀伤力。”① 要确保党风廉政建设取得良好成效，就必须持之以恒地坚决反对一切特权思想、特权现象。

四、把联系群众与改善领导作风统一起来，坚决克服官僚主义

中国共产党是执掌全国政权的大党，许多党员在各级领导岗位上掌握着一定的权力。坚决克服官僚主义，防止干部享乐腐化，这是党风建设的迫切需要。“共产党员在民众运动中，应该是民众的朋友，而不是民众的上司，是诲人不倦的教师，而不是官僚主义的政客。”② 如果党“脱离群众，如果它蒙上了官僚主义的灰尘，那它就会遭到灭亡。”③

能否密切党同群众的血肉联系，与领导作风息息相关。陈云强调，克服官僚主义就必须克服不发动群众、命令群众的错误，就要深入群众、深入基层、改进领导方法，就要发扬民主作风，真正按照民主集中制的原则办事。他坦言，发生“文化大革命”的一个根本原因，就在于党内没有了民主集中制，取消了集体领导。他一再强调领导干部“要以民主的作风与群众一起工作”，“凡是关系到全体人民的事，要召集群众开会，大家讨论”，这样“我们工作就深入到群众里面去了，同时也发扬了民主。”④

官僚主义是领导机关最容易犯的一种政治病症。新形势下，习近平总书记指出：“在官僚主义方面，主要是脱离实际、脱离群众，高高在上、漠视现实，唯我独尊、自我膨胀。”⑤ 我们要克服官僚主义，就必须改进领导方法，多关注了解实际情况，多深入困难艰苦地区，多到基层和普通群众打交道，根据地方实际和群众意愿作决策，真心实意帮助他们解决实际问题。

---

① 《习近平关于党风廉政建设和反腐败斗争论述摘编》，中央文献出版社、中国方正出版社 2015 年版，第 6 页。

② 《陈云文选》第 1 卷，人民出版社 1995 年版，第 141 页。

③ 《陈云文选》第 1 卷，人民出版社 1995 年版，第 156—157 页。

④ 《陈云文选》第 1 卷，人民出版社 1995 年版，第 149、175 页。

⑤ 《习近平关于党风廉政建设和反腐败斗争论述摘编》，中央文献出版社、中国方正出版社 2015 年版，第 14 页。

五、群众的意见和呼声是评价干部和工作好坏的重要尺度，人民满意是纪检监察工作的出发点和归宿

始终如一地把各级干部置于人民群众的监督之下，狠抓党风廉政建设，取信于民，永远保持党与人民群众的血肉联系，是陈云人民群众观的重要内容之一。他说："监察工作固然重要，但光靠监察工作不行，必须让群众都能讲话，都有积极性。"[①]"他们提出批评，暴露我们工作中的毛病，有什么不好？"[②]他认为，通过加强群众监督，可以提高共产党员的党性觉悟，不丢掉为人民服务的宗旨；可以使党员干部谨慎一些，少犯错误，自觉地注意和改善自己同群众的关系，并且及时地同脱离群众的现象作斗争。

陈云认为，我们的党员和干部的服务对象就是人民群众，那么，人民群众的满意程度理所当然就是评价党员干部优劣的重要尺度。早在 1939 年 6 月，陈云就提出"支部在周围群众中间工作的好坏是测量支部工作好坏的尺度"[③]。后来，他又说："人们说中国共产党员是中华民族的优秀子孙。是否对人民尽了责任，可以考验谁是优秀子孙，谁是不肖子孙。"[④]在陈云看来，评价一个人，一个单位是这样，评价某项工作也是如此。他明确指出："我们认为凡是对群众、对革命有必要的工作，都同样有价值，做好了都同样有功劳。"[⑤]否则，就是没有价值、毫无意义的。

"知屋漏者在宇下，知政失者在草野。"[⑥]坚持群众路线，就要真正让人民来评判我们的工作。新形势下，习近平总书记指出："我们党的执政水平和执政成效都不是由自己说了算，必须而且只能由人民来评判。人民是我们党的工作的最高裁决者和最终评判者。"[⑦]搞好党风廉政建设，必须虚心听取群众意见，自觉接受群众监督，主动请群众评判。我们要牢记陈云关于共产党人是为群众"当差"的教导，真诚倾听群众呼声，真实反映群众愿望，真情关心群众疾苦。同时坚持把群众的意见和呼声作为整顿党风、清除腐败的客观基

---

① 《陈云文选》第 3 卷，人民出版社 1995 年版，第 31 页。
② 《陈云文选》第 3 卷，人民出版社 1995 年版，第 33 页。
③ 《陈云文选》第 1 卷，人民出版社 1995 年版，第 148 页。
④ 《陈云文选》第 1 卷，人民出版社 1995 年版，第 298 页。
⑤ 《陈云文选》第 1 卷，人民出版社 1995 年版，第 274 页。
⑥ （汉）王充：《论衡》。
⑦ 《十八大以来重要文献选编》（上），中央文献出版社 2014 年版，第 698 页。

础，使群众的意愿通过合法渠道进入各级公共权力机关的决策过程中，为决策机关和决策者出台政策措施提供依据，进而使公共政策得到社会普遍认可。

六、坚持群众路线的实现途径是多听真话，多了解实际情况

在坚持党的群众路线方面，陈云可谓典范。他曾形象地指出："强调共产党员为人民服务的责任，号召他们走出城市，丢掉汽车，脱下皮鞋，换上农民衣服，不分文武，不分男女，不分资格，一切可能下乡的干部要统统到农村中去，并确定以能否深入农民群众为考察共产党员品格的尺度。"① 坚持群众路线的一条基本原则是调查研究，摸准情况。对此，他深以为然，说："领导机关制定政策，要用百分之九十以上的时间作调查研究工作，最后讨论作决定用不到百分之十的时间就够了。"②

1961 年夏，陈云率工作组到青浦县小蒸乡搞调查研究，轻车简从，布衣素食，住在简陋的农舍里，一蹲就是 15 天，写出了几篇调查报告。1990 年春节前夕，住在杭州的陈云在同浙江省有关负责人的谈话中提出搞调查研究有两种方法："一种是亲自率工作组或派工作组下乡、下厂，这当然是十分必要的；另一种是每个高中级领导干部都有敢讲真话的知心朋友和身边工作人员，通过他们可以经常听到基层干部、群众的呼声。后一种调查研究，有'真、快、广'的特点。所谓真，就是他们敢于反映真实情况，敢讲心里话。因为他们信得过你，知道你不会整他们。我就有这样一些朋友。所谓快，就是当问题处于萌芽状态时，就能够及时发现。所谓广，就是全国各省市各行各业，都有许多高中级干部（包括离休、退休的）。在某种意义上讲，后一种调查研究比前一种调查研究更重要一些。两种调查研究都有必要，缺一不可。"③

陈云晚年无法亲自下去搞调查研究了，但他仍然希望"听真话"，"了解真实情况"。在一次听取关于评弹工作的汇报时，陈云说：希望你们能定期来看看我，一起来也好，单独来也好，你们听到社会上有什么反映，群众有什么意见，也可以写信告诉我，使我能多听到真话，多了解实际情况。我们的干部，特别是高中级干部，能交一点敢于反映真实情况的知心朋友，多听到

---

① 《陈云文选》第 1 卷，人民出版社 1995 年版，第 312 页。

② 《陈云文选》第 3 卷，人民出版社 1995 年版，第 189 页。

③ 《陈云文选》第 3 卷，人民出版社 1995 年版，第 372—373 页。

些真话，是很有好处的。[①]

“没有调查就没有发言权”，弄清楚实际情况是正确决策的前提。新形势下，习近平总书记指出：“下去调研，要去一些困难多的地方、问题多的地方，调研不是光看好的。”“看了困难多、问题多的地方，才能帮助他们解决问题，也有利于我们正确决策。”“搞得深一些，比浮光掠影、走马观花走好几个点效果要好。关键是不要弄虚作假。”[②]我们要学习陈云的经验，健全联系群众制度，创新联系群众方式，机关工作要重心下移，基层干部要坚守一线，领导干部要定期深入基层特别是经济落后、问题较多的地方调查研究，了解群众疾苦，倾听群众呼声，帮助群众解决困难。

（作者单位：中共中央党史和文献研究院）

① 《陈云年谱（修订本）》下卷，中央文献出版社 2015 年版，第 490—491 页。

② 《论群众路线——重要论述摘编》，中央文献出版社、党建读物出版社 2013 年版，第 126—127 页。

从严要求，向实发力

——陈云党内组织监督思想探析

郭金雨

作为中国共产党第一代和第二代中央领导集体的重要成员之一，陈云在革命、建设和改革各个历史时期，尤其是在担任中组部部长和中央纪委第一书记期间，对党的制度建设特别是党内组织监督机制建设作了深入的思考并作出重要贡献。学习和研究陈云党内组织监督思想，对当前开展党风廉政建设、完善党内组织监督机制以及推进从严治党具有重要的现实指导作用。

一、党内组织监督至关重要

党的监督形式多种多样，陈云认为，党内组织监督至关重要，处于基础地位。他从多方面分别论述了党内组织监督的极端重要性。

（一）党内组织监督是革命取得胜利的必要条件

新民主主义时期，小资产阶级在中国占有极大优势，无产阶级人数较少，历史较短，处于非无产阶级包围之中。无产阶级政党容易保留和滋生自由散漫的习气，或者受各种非无产阶级思想的侵蚀。面对此情况，陈云认为：发挥党内组织监督作用，克服党内各种脱离党的理论、政策等错误倾向，减少广大党员违反党纪的行为至关重要。陈云指出："没有一个具有铁的纪律的党，无产阶级就不能团结和领导小资产阶级。""为维护党的铁的纪律，每个党员、每个组织，都应该自觉自愿地接受其他党员和上下周围组织的监督。""全党严守党纪是革命胜利的一个重要条件。"①

① 《陈云文选》第1卷，人民出版社2015年版，第195、197、196页。

（二）党内组织监督是应对执政考验的客观要求

新中国成立之后，中国共产党由领导人民进行革命夺取政权的党，转变为为人民服务的执政党。地位和环境的变化，使党员有了滋生腐败的资本，无形之中增加了党员特别是党的领导干部滥用职权和脱离群众的危险。因此，党内组织监督，只能加强，不能松懈。1983 年 10 月 12 日，陈云在党的十二届二中全会上指出："党在全国执政前和执政后的情况有很大不同。党在全国执政以前，在敌人统治下的地下党，那时作一个党员就有杀头的危险，根本谈不上什么物质享受；在苏区的党和解放区的党，大家忙于打仗和支援战争，另外，也没有什么物质可以享受。党在全国执政以后，从中央到基层政权，从企业事业单位到生产队的领导权，都掌握在党员手里了，党员可以利用手中掌握的各种权力为自己谋取私利。"① 由此可见，党内组织监督十分重要，只有有效的党内组织监督，才能保证党的健康肌体不受侵害，才能巩固党的执政地位。

（三）党内组织监督是改革开放获得成功的重要保障

随着改革开放的逐步开展，社会变化和人们的思想也发生了重大变化。原有的体制和法律、法规已经失去了其原有的作用。党的建设面临新情况、新问题、新考验。邓小平在南方谈话中指出："中国要出问题，还是出在共产党内部。"② 对此，陈云有清醒的认识。他认为："我们不要高枕无忧，认为党内不会出怪事。"③ 对外开放"不可避免地会有资本主义腐朽思想和作风的侵入"，市场竞争也"可能出现某些消极现象和违法行为"，全党"要充分注意对外开放中带来的消极东西。"④ 正如陈云所说，当时经济领域已经出现了严重的不正之风和违法乱纪行为，个别党员干部甚至贪污腐败、徇私舞弊，大肆进行经济犯罪活动。针对这种情况，1980 年 11 月，陈云在一次中央纪委会议上，从战略高度提出："执政党的党风问题是有关党的生死存亡的问题。因此，党风问题必须抓紧搞，永远搞。"⑤ 在党的十二届二中全会上，陈云再次告诫全党："对于利用职权以权谋私的人，如果不给以严厉的打击，对这股歪风如果不加制止，或制止不力，就会败坏党的风气，使党

① 《陈云文选》第 3 卷，人民出版社 2015 年版，第 331 页。
② 《邓小平文选》第 3 卷，人民出版社 1993 年版，第 380 页。
③ 《陈云文选》第 2 卷，人民出版社 2015 年版，第 232 页。
④ 《陈云文选》第 3 卷，人民出版社 2015 年版，第 355、338、332 页。
⑤ 《陈云年谱（修订本）》下卷，中央文献出版社 2015 年版，第 298 页。

丧失民心。”[①]

二、加强党内组织监督的战略措施

在长期的革命和建设的实践中，陈云对加强党内组织监督进行了可贵的探索，提出了一系列加强党内组织监督的战略措施。

（一）严格党的组织生活是加强党内组织监督的基础

党的组织生活是党的生活的重要内容。严格党的组织生活，是加强党员教育、管理和监督的重要手段。“支部是党的最下层的组织，也是党的最基本的组织。”[②]加强支部组织生活，对党内组织监督至关重要。陈云认为，一名党员，无论职位高低，身份贵贱，都必须加入党的一个支部，从而形成一个整体，发挥战斗力。如果没有党的支部把全体党员组织起来，党就成为一盘散沙，党的任务也就不可能完成。支部还是“党的力量增长的主要源泉”，担负着党员教育、管理和发展的重任。支部委员会应该在上级党部的帮助下，有计划地教育党员，而教育的内容首先就是共产主义的基本教育，以树立坚定的革命人生观，确立正确的共产主义信仰。除此之外，支部还应该帮助文化程度低的党员识字读书，督促其学习，以提高他们的文化知识水平、政治理论水平等。

陈云始终重视党的组织生活对党员尤其是党内领导干部的监督作用，提倡党内严格的组织生活。他认为，支部中的党员相处时间较长，相互比较了解，容易交心，他们经常开会、组织活动，具有经常性、及时性、有效性，对于党内组织监督具有重要作用。他指出，支部中的每一位党员都必须参加党的组织生活，接受党内外群众的监督。党内不允许有任何不参加党的组织生活、不接受党内外群众监督的特殊党员，“既使一般党员能遵守纪律，又使一般党员能监督党的领袖人物也一起遵守纪律”[③]。党的组织生活的监督表现在三个方面：一是对党员是否很好地制定和执行党的路线、方针、政策进行监督；二是对党员尤其是党员干部的思想、作风等方面进行监督；三是党组织内部党员之间相互监督。对此，陈云特别强调：“在支部的日常工作中，要监督党员遵守党的纪律，开展批评和自我批评，克服

① 《陈云传》（下），中央文献出版社 2005 年版，第 1728 页。
② 《陈云文选》第 1 卷，人民出版社 2015 年版，第 145 页。
③ 《陈云文选》第 1 卷，人民出版社 2015 年版，第 127 页。

党员中间各种脱离党的理论、政策、党规、党法等错误倾向。”①

同时，陈云还认为，在开展党内组织生活的过程中，党员要树立正确的监督与被监督意识。他强调：“每个党员、每个组织，都应该自觉自愿地接受其他党员和上下周围组织的监督，同时诚恳虚心地接受群众的监督。”②只有这样，我们的党才能更有效地开展党内组织监督工作，才能永葆战斗力。

（二）实事求是、人人平等是加强党内组织监督的原则

陈云认为，党内组织监督“要坚持原则，要实事求是”，党员对待党内错误一定要及时揭发，不留情面，应“正面地坦率地辨明是非，这是应有的原则态度，不是得罪人，否则，就会助长混乱，不能解决问题。”③同时，陈云认为，党内组织监督的各种方式要采取客观的态度。看问题要全面，要看本质，不要只看局部，看现象。对于党内犯错误的同志，陈云主张予以严肃批评，但不赞成扭住不放，认为应全面考察，要“看到这个同志犯了什么错误，也应该看到他在党内做过什么好事”，还“必须看到当时党内的整个情况”。在陈云领导下，1979 年 1 月召开的中央纪委第一次全体会议就规定了党的纪律检查工作必须遵循的几项重要原则：重证据，重调查研究，严禁逼供信；坚持实事求是，有错必纠，等等。进入改革开放新时期，陈云又根据新的实践，提出“纪检工作应该研究新情况，适应新情况”，为新时期根据社会发展实际、根据党的建设实践，唯实地、与时俱进地加强党内组织监督指明了正确方向。

在严肃党纪的问题上，陈云认为，一是必须坚持“在纪律面前人人平等”的原则。陈云强调：“‘严格的遵守党的纪律为所有党员及各级党部之最高责任。’这里所谓‘所有党员’，不管你是中央委员，还是一般党员，不管你是老党员，还是新党员，都要遵守纪律。所谓‘各级党部’，不管是中央委员会，还是支部委员会，都要遵守纪律。一句话，党内不准有不遵守纪律的‘特殊人物’、‘特殊组织’。”“领导干部、领导机关必须成为严守党纪的模范。”④对于违反党纪国法的党政干部，陈云主张严肃处理，绝不姑

① 《陈云文选》第 1 卷，人民出版社 2015 年版，第 151 页。
② 《陈云文选》第 1 卷，人民出版社 2015 年版，第 197 页。
③ 《陈云传》（上），中央文献出版社 2005 年版，第 509 页。
④ 《陈云文选》第 1 卷，人民出版社 1995 年版，第 126、196 页。

息。1985年9月24日，在中央纪委第六次全体会议上，陈云对各级纪委提出了明确的要求："无论是谁违反党纪、政纪，都要坚决按党纪、政纪处理；违反法律的，要建议依法处理。"[①]在对原化工部副部长杨义邦案件的处理上，陈云作出坚决的指示："一部分参加书记处的同志顾虑重重，我看没有必要怕那些负责同志躺倒不干。要讲党性。不怕他躺倒。谁要躺倒，就让他躺吧。"[②]二是必须严肃追究违法、违纪者的责任。陈云认为："纪律有强制性。不自觉遵守，必须强制执行。明知故犯者，要给以处分；情节严重而不愿改正者，应开除出党。"[③]面对部分党政领导干部徇私舞弊，大肆进行经济犯罪活动和社会人员走私贩私日益严峻的形势，1982年1月5日，陈云在一份反映广东一些地方党内外不法分子相互勾结、走私活动猖獗的信访简报上批示："对严重的经济犯罪分子，我主张要严办几个，判刑几个，以至杀几个罪大恶极的，并且登报，否则党风无法整顿。"[④]

（三）批评与自我批评是加强党内组织监督的方法

坚持批评与自我批评是实现党内和谐的必要条件。这样做，能及时发现党的工作中存在的问题和错误，端正工作方向。陈云认为，开展批评与自我批评，是坚持党内组织监督的重要手段。如果一名党员做好批评与自我批评，那这个党员就会不断进步；一个政党做好批评与自我批评，那这个政党具有强大的战斗力，是不可战胜的。他指出："如果党不害怕批评和自我批评，如果它不掩盖自己工作中的错误和缺点，如果它用自己工作中的错误来教导和教育干部，如果它善于及时改正自己的错误，那它就会是不可战胜的。"而"共产党员只有掌握批评和自我批评这个武器才可以不断前进。"[⑤]

在批评与自我批评两者中，陈云认为，自我批评在党内组织监督方面更为重要。他指出："自我批评是共产党员学习的宝贵的武器，虚心地接受党的批评是一个党员进步的必要条件。"[⑥]针对党内一些同志认为开展自我批评会失掉自己的信心、"搞自我批评，今天批评一下，明天批评一下，军队

---

① 《陈云文选》第3卷，人民出版社1995年版，第356页。
② 《陈云传》（下），中央文献出版社2005年版，第1725页。
③ 《陈云论党的建设》，中央文献出版社1995年版，第111页。
④ 《陈云年谱（修订本）》下卷，中央文献出版社2015年版，第330页。
⑤ 《陈云文选》第1卷，人民出版社1995年版，第182—183、182页。
⑥ 《陈云论党的建设》，中央文献出版社1995年版，第50页。

就不能打仗了”等现象，陈云给予了尖锐的批评，指出：“自我批评是否会失掉自己的信心呢？……我想不会的，相反，我们的信心更大了。只要我们对自己的缺点、错误估计得客观，不夸大，也不缩小，实事求是地把毛病找出来，我们以及我们的士兵，都不会失掉信心。”① 针对党内自我批评会丧失领导干部的威信等流言，陈云认为，领导干部在军队中的威信的确非常重要，没有威信，下达的命令下级可能不会遵守，就不能很好地指挥作战。但要清楚，“开展自我批评，会使一个人更虚心、更客观”②。军队干部进行自我批评，克服工作中的缺点、错误，不会使你的威信降低，只会使你的指挥更正确，工作做得更好。同时，陈云指出，自我批评也要分场合，不能一有问题就到处自我批评。“我们的批评是对待革命同志的。在敌人跟前，我们不能作自我批评。不能把党内处理问题的原则用来对待敌人。”③

同时，陈云还认为，开展批评与自我批评，领导干部要以身作则，作出表率。领导干部要先检查自己，批评自己。如果工作出了毛病，作为领导者，首先要检讨自己，自我批评，承担责任，而不是上推下卸，诿过于人。因为“不批评自己，光批评别人，这种批评便没有效力，别人是不会接受的。”④ 同时，陈云还认为，领导干部在批评别人时要注意说话的语气，说话要慎重。因为“领导者一句话说得不妥当，在下面就可能产生不好的影响。有的话在上级会议上可以讲，如果在别处随便讲，便会引起不好的后果，使下级不满。”⑤

（四）加强民主集中制、双重领导体制建设是加强党内组织监督的核心

党内组织监督法规制度建设为党内组织监督有法可依、有章可循提供了根本保障。要搞好党内组织监督，就必须加强民主集中制、双重领导体制等制度建设。陈云对此有深刻的论述。

1. 坚持民主集中制，健全党内民主生活制度。民主集中制是党的根本组织原则。陈云重视党的制度的保障作用，强调党内组织生活必须坚持民主集中制原则。他一再强调：“党内严格执行民主集中制”⑥，“坚持民主集中

---

①《陈云文选》第 1 卷，人民出版社 1995 年版，第 270 页。
②《陈云文选》第 1 卷，人民出版社 1995 年版，第 270 页。
③《陈云文选》第 1 卷，人民出版社 1995 年版，第 270 页。
④《陈云论党的建设》，中央文献出版社 1995 年版，第 100 页。
⑤《陈云论党的建设》，中央文献出版社 1995 年版，第 100—101 页。
⑥《陈云传》（上），中央文献出版社 2005 年版，第 509 页。

制，是党章规定的原则。”[①] 对于坚持民主集中制的作用，陈云指出，实行民主集中制的目的是集大家之所长，减少工作中的失误，使大家少走弯路。党内“重大问题的决定，必须经过集体的充分讨论，以便减少失误，少走弯路，把事情办得更好”。1980 年 2 月，党的十一届五中全会决定恢复设立中央书记处，陈云特别建议：“书记处的工作方法，我认为应该采取办公会议的方式”，强调“要认真实行集体领导制度”。到了晚年，陈云更深切感到，发扬党内民主，仅仅强调让大家讲话还是不够的，还必须要有一定的制度保证。1987 年 1 月，他在中央政治局扩大会议上讲话指出，“我们党内要强调一下，要有民主生活制度”，“常委多少时间开一次会，政治局多少时间开一次会”，“要立个规矩”。“常委会议，政治局会议，政治局扩大会议，应该分开来开。这是党内民主生活。民主集中制要坚持。经常开会讨论，经常交换意见，就不至于出大的问题。”[②]

2. 加强双重领导体制建设，强化领导集体内部监督。党的十一届三中全会之后，刚刚恢复重建的各级纪律检查委员会仍然沿用党的八大以来的领导体制，即在同级党委的领导下开展工作。随着端正党风工作的深入开展，这种单一领导体制不利于纪委对同级党组织（尤其是党的领导人）进行监督的弊端日益显现出来。对此，陈云给予了极大的关注。1980 年 2 月 1 日，在陈云的领导下，中央纪委二次全会正式向党中央递交了《关于改变省、市、自治区以下各级党委纪委领导关系的请示报告》，各级党的纪律检查委员会的领导关系，由受同级党委领导改为受同级党委和上级纪委双重领导，而以同级党委领导为主。1983 年 3 月，中共中央纪律检查委员会颁布的《关于健全党的纪律检查系统加强纪检队伍建设的暂行规定》对此也作了明确规定：“党的各级纪律检查委员会均在同级党委和上级纪委双重领导下，按党章规定的任务和职责进行工作。”从此，党的纪检机关的双重领导体制就被确立下来，一直沿用至今。实行双重领导体制，既是对历史经验的总结又是时代发展的客观需要，在制度上保证了纪律检查委员会工作的有力开展。同时，陈云还是党内较早提出“集体领导与分工负责”的领导方式的领导人。他认为：集体领导要与分工负责相结合，两者均不可少。方法则是集体领导要与“跑腿”结合，集体领导不隔离下层，“跑腿”也要

---

① 《陈云年谱（修订本）》下卷，中央文献出版社 2015 年版，第 435 页。

② 《陈云传》（下），中央文献出版社 2005 年版，第 1745 页。

不妨碍集体领导。1980 年党中央制定的《关于党内政治生活的若干准则》强调“坚持集体领导，反对个人专断”，“集体领导必须和个人分工负责相结合”，指出这是党的最高领导原则之一。

三、陈云党内组织监督思想的现实意义

陈云这些加强党内组织监督思想对当前协调推进“四个全面”战略布局的形势下推动党的制度建设，尤其是党内组织监督机制建设具有重要的指导意义。

（一）严纪律，加强对领导干部的监督制约

纪律严明是中国共产党的光荣传统和独特优势。毛泽东说：“加强纪律性，革命无不胜。”陈云指出：“只靠马列主义的教育，还不能保证我们党内不出野心人物。”[①] “维护党的统一，不靠刀枪，要靠纪律。”[②]2014 年 1 月 14 日，习近平总书记在《严明党的组织纪律，增强组织纪律性》一文中明确指出：“党要管党、从严治党，靠什么管，凭什么治？就要靠严明纪律。”[③]因此，在全面从严治党的新形势下，必须不断完善党内规章制度，扎紧党规党纪的笼子，全面开展法规制度的宣传教育，将党的纪律牢牢印在党员心中。

领导干部是党的政策的直接执行者，处于特殊地位。在严明纪律的同时，要特别注意对领导干部的监督制约。2013 年 7 月，习近平总书记在河北调研指导党的群众路线教育实践活动时指出：“在党内，谁有资格犯大错误？我看还是高级干部。”[④] 他认为，领导干部的言行举止，代表着党的形象，他们一旦犯错误，造成的危害就会很大，对党的形象和威信损害也会很大。“党要管党，首先是管好干部；从严治党，关键是从严治吏。”[⑤] 因此，要提高领导干部全心全意为人民服务的意识，夯实干部自觉接受监督的思想基础，加强对干部的经常性管理监督，形成对干部的严格约束。同时，领导干部也要时刻提醒自己，做到自重自省自警自勉。

---

① 《陈云文选》第 2 卷，人民出版社 2015 年版，第 232 页。
② 《陈云文选》第 1 卷，人民出版社 2015 年版，第 196 页。
③ 《十八大以来重要文献选编》（上），中央文献出版社 2014 年版，第 764 页。
④ 《习近平关于严明党的纪律和规矩论述摘编》，中央文献出版社、中国方正出版社 2016 年版，第 96 页。
⑤ 《十八大以来重要文献选编》（上），中央文献出版社 2014 年版，第 350 页。

（二）立规矩，制定严格的监督制度

进入 21 世纪以来，党的建设和社会主义现代化建设发生了巨大的变化。党内组织监督面临新情况，出现了新问题。原有的反腐倡廉基本法规制度、廉政准则、党内组织监督条例、纪律处分条例、纪律审查工作条例等都落后于时代的发展，拖累了党内组织监督工作的有效进行。党的十八大后，党中央从立规矩开始，制定了八项规定，加大了反腐惩恶力度，强化了巡视监督，修订了《中国共产党廉洁自律准则》和《中国共产党纪律处分条例》等，在一定程度上遏制了腐败现象滋生蔓延的势头。但党内组织监督制度的完善，是一个不断发展的过程，只有根据新的形势制定新的配套制度，党内组织监督才能实现制度化、完善化。因此，在新形势下，不仅需要加快原有制度的完善，还要“创新党内法规制度，把各项纪律和规矩立起来”[①]。比如，抓紧修订巡视工作条例、行政监察法，研究制定派驻纪检机构工作条例、纪律审查工作条例等，加快党内民主审查制度、民主质询制度、党政部门依法决策机制、重大决策终身责任追究制及责任倒查机制、法治建设成效考核制度等新制度的确立。这些都有助于党内组织监督制度的健全和完善。同时，在完善原有制度、确立新制度时，要坚持制度不在多，在于精、在于务实管用的原则，并且要有针对性和指导性。

（三）严要求，加强党内政治生活

开展党内政治生活，是解决党内问题的重要途径，也是党员锤炼党性、改进作风的基本方法。加强党内政治生活，需要从多方面入手。一是严肃开展批评与自我批评。党的组织是一个大熔炉，党员应当做到“真”批评，动真碰硬、触及问题；“敢”批评，敢于自我解剖，敢于解剖别人；“严”批评，坚持原则，严格要求。二是严格执行民主集中制。认真贯彻“集体领导、民主集中、个别酝酿、会议决定”的基本原则，鼓励党内同志讲真话、实话，允许发表和保留不同意见，防止只要集中不要民主的独断专行。三是认真执行党内政治生活制度。坚决落实“三会一课”、组织生活会、民主评议党员等制度，提高党内政治生活质量，增强党员的制度意识，形成遵守制度的良好氛围。四是推进党内政治生活方式方法创新。坚持与时俱进，不断丰富党内政治生活的内容，把党内生活搞得更加生动活泼，提高政治

---

① 《习近平关于严明党的纪律和规矩论述摘编》，中央文献出版社、中国方正出版社 2016 年版，第 49 页。

生活的吸引力、感染力，增强党组织的凝聚力、向心力。

陈云对党内组织监督的探索取得了显著的成就，既有闪耀着智慧光芒的理论总结，也有宝贵的实践探索，是毛泽东党内组织监督思想和邓小平党内组织监督思想的重要组成部分。在新的历史条件下，探索陈云的党内组织监督思想，对于建立健全党内组织监督制度，全面从严治党具有重要的理论意义和现实意义。

（作者单位：陈云纪念馆）

陈云和邓小平为党的八大作出的历史贡献简论

宋毅军

党的八大的成功召开，除了毛泽东、刘少奇、周恩来、朱德等领导人作出的历史贡献外，作为当年“少壮派”的陈云和邓小平也作出了重要贡献，主要是：（1）与中央其他领导人一起，共同确立和丰富完善了八大路线；（2）与中央其他领导人一起，共同领导、组织、参与大会的各项筹备工作；（3）二人同时进入以毛泽东同志为核心的中央领导集体，也为二十多年后以邓小平同志为核心的中央领导集体的形成奠定了坚实基础。因此，探讨陈云和邓小平为八大作出的历史贡献，对于深化陈云和邓小平生平以及八大历史的研究，不仅有深远历史意义，而且具有重要现实意义。

一、共同参与八大文件起草和领导、组织各项筹备工作，为大会成功召开积极创造条件，提供重要保障

（一）参与起草八大政治报告和主持起草修改党章的报告

1955 年 3 月，毛泽东代表中共中央宣布 1956 年下半年召开党的八大的决定。4 月，邓小平将草拟的八大政治报告、修改党章和修改党章报告起草委员会名单报送毛泽东。5 月，中共中央政治局会议决定：政治报告起草委员会有刘少奇、陈云、邓小平等七人；修改党章及修改党章报告起草委员会有邓小平等九人。两个起草委员会邓小平及胡乔木同时参加。

关于起草刘少奇代表党中央作的政治报告。作为起草委员会成员，陈云除参加一般审议和指导外，还受毛泽东之托，就报告中“社会主义建设”部分进行了具体指导和修改。其间，他发表的意见，突出了发展生产力，把进行经济建设作为重心；包括要注意防止和反对经济建设中的冒进等内容。报告稿经过精心修改后，陈云致信毛泽东：有几个地方与定一、乔木商量后改了一下。“商业”一节还有一些修改。

与具体指导和修改政治报告密切相关的是，陈云协助周恩来领导了《关于发展国民经济的第二个五年计划的建议》以及《关于发展国民经济的第二个五年计划的建议的报告》的起草工作（作为主管经济工作的副总理，他曾经主持了“一五”计划的制定）。从8月3日至16日，他与周恩来先后主持召开九次会议，适当调整了“二五”计划建议第三方案部分指标，先后形成《“二五”计划的建议（第二次草稿）》、《关于发展国民经济的第二个五年计划的报告（第一次草稿）》和《“二五”计划建议（修改稿）》（即第三稿）。可见，八大的主要文件中凝结着陈云的心血和智慧，他在其中发挥了积极作用。

在8月22日党的七届七中全会上，邓小平就八大六个文件的有关问题作说明时也强调，八大议题和安排发言应该突出讨论国家经济建设这个主题：“像工业方面，除了一些比较带系统性的发言外，还要组织那么二十几篇稿子，这样才表现出会议是在讨论建设这个重点，只那么两三个人发言，谈搞计划，搞建设，大会里面的空气不多，那也不好。”[①] 对此，毛泽东深表赞同：“小平同志说得对，这一次重点是建设。报告里面有这么几个大题目，都可以讲。但是重点是两个：一个是社会主义改造，一个是经济建设，这两个重点中主要还是在建设，这个报告的主要部分，三万字中有三分之一讲建设。”[②] 很显然，陈云和邓小平强调八大突出经济建设这个中心，符合当时毛泽东等人的思路。陈云和邓小平强调经济建设这个中心的原因，是根据七大以来十一年的形势发展决定的。其中，前四年疾风暴雨式的革命战争后，建立了新中国。此后的七年，在中国共产党领导下，新中国进行并完成了民主改革、抗美援朝、恢复国民经济和巩固人民民主专政，开始实行第一个五年计划等极为繁重的工作，为召开八大作了充分的政治和组织准备。

邓小平主持起草关于修改党章的报告，重点是阐述执政党的建设和民主集中制，目的是领导全国各族人民，调动一切积极因素，为建设一个强大的社会主义国家而奋斗。对自己将要在八大上作的《关于修改党的章程的报告》，邓小平在紧张的筹备工作中抽出时间进行了数次重要修改。从内容上看，报告初稿中的序言部分增加了七大以来在党中央和毛泽东领导下

---

① 钟文、鹿海啸编著：《百年小平》上卷，中央文献出版社2004年版，第238—239页。
② 钟文、鹿海啸编著：《百年小平》上卷，中央文献出版社2004年版，第239页。

所取得的“一个接连一个的光辉的胜利”，“无可争辩地证明了”七大以来的政治、组织路线和中共中央领导的正确性。改动内容最多的是第一部分关于修改党章所根据的条件。在此，报告从对党组织的状况分析入手，阐明了我们党处于执政地位后“面临着新的考验”，指明了经受这种考验应当采取的办法。正是根据这些新的情况和新的要求，八大才对原有党章作适当修改，“其中包括一些带有重要原则性质的修改”。此外，对坚持党的群众路线，实行民主集中制等部分，邓小平都作了不少修改。对于报告字句，他也再三斟酌，力求使报告内容简明、文字顺畅。对于一些不够明确的语句，他或是添加文字，画龙点睛，或是干脆删去某一段落。所以，修改党章报告虽然文字较长，但字句简洁，生动有力，体现了邓小平一贯的工作特点。毛泽东对修改党章报告很重视，对报告初稿连夜审改完。

（二）参与修改党章和选举等其他筹备工作

担任党和国家重要领导职务的陈云和邓小平，为大会的成功举行进行了大量卓有成效的筹备工作。从确定八大报告起草人员到排列大会议程，从安排大会发言到逐篇审阅发言稿，从讨论八大代表选举问题到代拟大会通知等关于八大的大事小事，他们几乎都参与了。

关于党章的修改工作。从 1955 年 5 月修改党章和修改党章报告起草委员会成立之日起，邓小平就以很大的精力主持这项工作。这主要集中在 1956 年的 4 月和 5 月。两个月中仅他主持修改党章委员会讨论党章修改意见的会议就达 11 次，还不包括毛泽东、刘少奇主持的中央政治局讨论党章的两次会议和毛泽东、邓小平向各省、市、自治区党委书记介绍党章修改情况的两次会议。邓小平认为：先提大势，先提方针性的意见。但有些文件，像党章，就不那么好提大势了，必须是哪一个字要改，就改哪一个，凡有意见的都在这个本子上批。毛泽东补充道：不仅是大势，也包括细节、文字。①

对修改党章工作，邓小平确实连细节都注意到了。他受中央委托起草了《关于讨论党章修改稿的通知》。在下发给各省、市、自治区负责同志进行讨论时他强调：“在党章修改稿中，请你们特别注意：（一）草稿中规定全国代表大会和地方各级代表大会采用常任制度，并且规定各级代表大会每

① 钟文、鹿海啸编著：《百年小平》上卷，中央文献出版社 2004 年版，第 240 页。

年开会一次，这是一个重大的改变，请你们考虑这种制度是否妥当。（二）第三章第九条中关于中央机构问题，曾考虑到两种形式。一种是保持原来性质的书记处，设一个副主席；一种是不设原来的书记处，增设几个副主席，并且设立另外性质的书记处或者其他名义的组织，请你们考虑哪一种形式较好。以上两点，也请你们将讨论意见报告中央。”[①] 很快，各地的建议就反馈回来了。

关于大会代表选举工作。1956 年 3 月，邓小平主持中央秘书长会议，讨论八大代表选举问题。后又主持召开会议具体讨论出席八大代表名单。7 月 30 日，中央政治局决定：成立由陈云、邓小平等 20 人组成负责选举的工作委员会，负责研究八大选举问题。陈云和邓小平认真履行了职责。9 月上旬，陈云主持中央政治局扩大会议，讨论各代表团提出的八届中央委员候选人名单；主持第七届中央委员、候补中央委员和各代表团正、副团长联席会议，讨论八届中央委员候选人，提出 170 人的名单；在八大预备会议第二次全体会议上作报告，代表中央说明八届中央委员候选人名单和这个名单的提出经过。结果，名单受到各代表团的一致好评，薄一波称赞“这个名单是一个团结的名单，是一个比较完全的、包括各个方面的名单”，李先念认为“这个名单的提出证明我们的党是成熟的”。对此，毛泽东也非常满意，他在《关于第八届中央委员会的选举问题》的讲话中三次提到陈云，肯定他在报告中提出的观点。会议表示同意陈云报告，通过了八届中央委员会候选人名单。

对于中央领导机构的组织形式问题，陈云和邓小平领导专门委员会进行认真讨论、研究。根据毛泽东关于设一个副主席还是设几个副主席的建议和中央《关于讨论党章修改稿的通知》中提出的讨论书记处性质问题的要求，陈云和邓小平主持专门委员会于 8 月初提出：一是将七大党章中关于选举中央委员会“副主席一人”改为“副主席若干人”；二是增设中央政治局常务委员会；三是把中央书记处置于“在中央政治局和它的常务委员会领导之下，处理中央日常工作”。陈云和邓小平主持进行的这项工作，不仅当时对成功召开八大发挥了重要作用，而且对以后几十年党的建设都产生了深远影响。

---

① 石仲泉、沈正乐、杨先材等主编：《中共八大史》，人民出版社 1998 年版，第 189—190 页。

关于大会日常领导工作。陈云和邓小平等协助毛泽东主持八大筹备工作，既紧张繁忙又井井有条，既发扬民主又坚持集中。据李雪峰回忆：当时中央很注意发扬民主，坚持集体领导，走群众路线。筹备工作最早提出中央委员候选人名单，由陈云和邓小平等和一些老同志负责，先从六个大区和军队的领导同志中选，大家可以随便提，提了约四百人，比较全面。9月15日，大会选举毛泽东、刘少奇、周恩来、朱德、陈云、邓小平等十三人为大会主席团常务委员。作为大会主席团常务委员，陈云和邓小平担负着大量大会日常领导组织工作。9月，陈云三次主持大会主席团常委和各代表团团长会议，讨论中央委员候选人名单；主持大会主席团会议，讨论政治报告决议修正草案和政治局委员、常委以及书记处人选；代表主席团常务委员会宣布中央委员和候补委员的选举结果，代表大会主席团宣布大会闭幕。他说："我们的大会已经胜利地完成了自己的任务。我们全党今后的任务，就是为具体地执行大会的各项决议而努力工作。"① 他还代表大会主席团对向大会表示祝贺的国外兄弟党代表团和国内民主党派和无党派人士表示感谢。

八大邀请了五十多个国家的共产党、工人党、劳动党和人民革命党的代表出席。毛泽东在开幕词中指出："他们走了很长路程来到我国，以崇高的友谊参加我们党的这次代表大会。这对于我们是一个很大的鼓舞和支持。"② 根据中央主要领导人之间的分工，会议期间，陈云五次会见外国党代表团，分别同他们进行谈话，就苏共二十大和斯大林问题、中国革命历史经验、公私合营、台湾问题和西藏问题等一系列问题，阐述了中国共产党的方针政策。陈云的这些会见和谈话，增加了兄弟党对中国的了解，加深了中国共产党同兄弟党的友谊，也为大会的成功召开发挥了重要的作用。

二、共同参与大会组织领导工作，在理论与实际结合上，为八大路线的制定和指导实施作出了重要贡献

八大最重要的历史功绩，就是在中国共产党执政以后，为怎样建设繁荣富强、人民幸福的社会主义国家制定了一条正确的路线。毛泽东在开幕词中概括说："我们这次大会的任务是：总结从七次大会以来的经验，团结全党，团结国内外一切可能团结的力量，为了建设一个伟大的社会主义的

---

① 《中国共产党第八次全国代表大会文献》，人民出版社 1957 年版，第 1101 页。
② 《中国共产党第八次全国代表大会文献》，人民出版社 1957 年版，第 10 页。

中国而奋斗。”[①]这条包括政治、经济、文化、科学、国防和党建等方面内容的全面发展路线，是根据国内主要矛盾已经发生根本变化提出来的。其基本思想和核心内容，就是把全党工作重心由急风暴雨式的革命战争时期的阶级斗争，转移到国家全面开展经济建设上来，集中力量发展我国社会生产力，提高全国各族人民的生活水平。正如毛泽东在党的七届七中全会上指出的：这次大会的社会主义改造和经济建设这两个重点中，主要的还是经济建设。陈云正是从把握这个重点方面为八大路线作出了独特贡献。

八大确立了既反对保守又反对冒进，在综合平衡中稳步前进的经济建设指导方针。陈云和邓小平方参与起草并为大会通过的关于政治报告决议指出：“党的任务，就是要随时注意防止和纠正右倾保守的或‘左’倾冒险的倾向，积极地而又稳妥可靠地推进国民经济的发展。”[②]陈云为此作出了重要贡献。中共中央最初提出的方针是只反对右倾保守思想。刘少奇曾传达毛泽东的指示：八大中心思想是要反对右倾思想，反对保守主义[③]。陈云在实际工作中提出了不同主张。当时，在反右倾保守思想的口号下，各生产部门纷纷修改原定比较切实可行的指标，提出了新的冒进计划。例如，党中央、国务院最初批准的基建投资控制数字为112.7亿元，几个月后，各省市、部门要求的投资额已达153亿元，后来又增加到200亿元，比预计完成数增加1倍多。因此，陈云多次提醒有关部门和负责同志：经济建设要稳步前进，要注意综合平衡，这是陈云的一贯思想，他在关于“一五”计划的汇报提纲中指出：“按比例发展的法则是必须遵守的”[④]。“唯一的办法只有看是否平衡。合比例就是平衡的；平衡了，大体上也会是合比例的。”我国因为长期经济落后，要在短期内赶上发达国家，计划中的平衡只能是一种紧张的平衡，“但紧张决不能搞到平衡破裂的程度。”[⑤]1956年初，当各地区、各部门抢上基建项目时，他在国务院常务会议上却主持将基建拨款削减7个亿，由原来的125亿元削减到118亿元。他多次强调：在制订计划时要讲平衡，而且这种平衡不仅是财力平衡，还应该考虑物资平衡。由于周恩来、陈云和邓小平等的不懈努力，同年6月，刘少奇主持中央工作会

① 《毛泽东文集》第7卷，人民出版社1999年版，第114页。
② 《建国以来重要文献选编》第9册，中央文献出版社2011年版，第298页。
③ 《刘少奇年谱（1898—1969）》下卷，中央文献出版社1996年版，第347页。
④ 《陈云文选》第2卷，人民出版社1995年版，第241页。
⑤ 《陈云文选》第2卷，人民出版社1995年版，第242页。

议提出了既反保守又反冒进，即在综合平衡中稳步前进的方针。这样，中共中央在关于经济建设的指导方针上克服了片面性，提出正确的经济建设指导方针。正是由于陈云和邓小平等领导人的坚持不懈，既反保守又反冒进，在综合平衡中稳步前进的经济建设指导方针被写进八大政治报告，并明确载入关于政治报告的决议。

八大提出了调动一切积极因素，建设一个伟大社会主义国家的奋斗目标，这就需要建立正确的社会主义的经济体制。这是实现八大确定的奋斗目标的重要途径。因为具有生机和活力的经济体制，可以激发人们的积极性和创造性，从而充分发挥社会主义制度的优越性。与此相反，僵化的经济体制则可能扼杀人民群众的积极性，阻碍社会主义制度优越性的发挥。所以，对原有经济体制特别是根据苏联建设社会主义经验建立的经济体制进行改革，使之适应我国社会主义经济建设的实际需要，是我国社会主义制度建立后必须解决的重大问题。陈云和邓小平特别是陈云对八大的最大贡献，就是在深入研究我国社会主义改造基本完成后，如何建立适应我国国情的经济体制，从而正确提出了体制改革的初步设想。陈云在社会主义过渡时期，负责对手工业和资本主义工商业的社会主义改造工作。他比较早地发现了社会主义改造所带来的一些新问题，由此引发了他对社会主义经济体制的深入思考，提出了一些突破苏联传统社会主义建设模式的重要构想：一是要突破单一公有制模式，长期保留个体经营。二是要突破高度集中的计划管理模式，发挥市场的作用。他强调，社会主义“既要实行计划经济，管好市场，反对投机倒把，又不要把市场搞死。”① 新经济体制的特征应该是“大计划，小自由”，总的原则是“要适应中国的实际情况”。

在此基础上，陈云在八大上作了题为《社会主义改造基本完成以后的新问题》的重要讲话，归纳和分析经济体制方面的问题，提出解决这些问题的主要办法。特别是提出了社会主义经济体制“三个主体，三个补充”的崭新构想。他说：“在工商业经营方面，国家经营和集体经营是工商业的主体，但是附有一定数量的个体经营。这种个体经营是国家经营和集体经营的补充。”“全国工农业产品的主要部分是按照计划生产的，但是同时有一部分产品是按照市场变化而在国家计划许可范围内自由生产的。计划生

① 《陈云文选》第 2 卷，人民出版社 1995 年版，第 335 页。

产是工农业生产的主体，按照市场变化而在国家计划许可范围内的自由生产是计划生产的补充。”“我国的市场，绝不会是资本主义的自由市场，而是社会主义的统一市场。在社会主义的统一市场里，国家市场是它的主体，但是附有一定范围内国家领导的自由市场。这种自由市场，是在国家领导之下，作为国家市场的补充，因此它是社会主义统一市场的组成部分。”① 陈云的讲话对大会政治报告作了重要补充，丰富和完善了大会指导思想的内容，并为大会通过的决议所吸收。决议指出：为了适应社会的多方面需要，在国家计划许可的范围内，有一部分产品将不列入国家计划，而由生产单位直接按照原料和市场的情况进行生产，作为计划生产的补充。如果把这一部分产品勉强列入国家计划，或者把参考性的指标当作正式计划的指标，对于这些产品的生产作不必要的限制，那就不符合经济发展和人民生活的需要。社会主义经济的主体是实行集中经营的，但是也需要有一定范围的分散经营作为补充。在社会主义建设即将全面展开之时，陈云提出对当时经济体制进行改革的构想，不仅在当时具有重要的理论意义和实践意义，而且还对我国改革开放时期的经济体制改革产生了深刻影响。

那么，建设一个什么样的执政党才能正确领导适应国情的经济建设呢？邓小平在八大上所作的《关于修改党的章程的报告》，实事求是地回答了这个历史课题。

邓小平所作的这篇报告和由他主持修改的新党章，根据我们党政治地位的根本变化，提出了党执掌全国政权以后加强党的建设的主要方针，把毛泽东创立的党的建设理论大大向前推进了一步，从而丰富了毛泽东思想的理论宝库。报告共分五个部分，较为突出的理论贡献是提出了作为执政党应坚持群众路线和坚持民主集中制，反对个人崇拜等重大问题。他说：“中国共产党已经是执政的党，已经在全部国家工作中居于领导地位。”“执政党的地位，使我们党面临着新的考验。过去七年，一般说来，我们党经受住了这种考验”。“但是，七年的经验同样告诉我们：执政党的地位，很容易使我们同志沾染上官僚主义的习气。”“还很容易在共产党员身上滋长着一种骄傲自满的情绪。”② 针对这种情况，党必须经常注意进行反对主观主义、官僚主义和宗派主义的斗争，经常警戒脱离实际和脱离群众的危险。

---

①《陈云文选》第3卷，人民出版社1995年版，第13页。

②《邓小平文选》第1卷，人民出版社1994年版，第214页。

除对党员进行思想教育外，“更重要的还在于从各方面加强党的领导作用，并且从国家制度和党的制度上作出适当的规定，以便对于党的组织和党员实行严格的监督。”[①]

邓小平参加了苏共二十大。结合我们党和国家的实际情况，他在报告中对苏共二十大的积极意义也作了肯定：“苏联共产党第二十次代表大会的一个重要功绩，就是告诉我们，把个人神化会造成多么严重的恶果”，“关于坚持集体领导原则和反对个人崇拜的重要意义，苏联共产党第二十次代表大会作了有力的阐明”。随后，他强调：“我们党也厌弃对于个人的神化。”[②]实际上，在全国革命胜利前夕，中共中央和毛泽东就作了禁止为领导者歌功颂德的规定。并且一贯主张由党的集体而不是个人来决定重大问题。因为个人决定重大问题，是同共产主义政党的建党原则相违背的，必然要犯错误，只有联系群众的集体领导，才符合党的民主集中制原则，才便于尽量减少犯错误的机会。

当时《人民日报》发表的社论《一次有伟大历史意义的大会》认为，八大“对于国家政治生活中的许多重大问题也进行了讨论”。“刘少奇同志和邓小平同志的报告，都对加强马克思列宁主义的思想工作、防止和克服主观主义，发扬党的群众路线传统、贯彻党的团结等问题作了透彻的说明。”[③]邓小平《关于修改党的章程的报告》，连同毛泽东、刘少奇、周恩来的讲话、报告一起，被当时外国兄弟党称为：“在高度的马克思、列宁主义思想水平上提出了和阐明了理论和政策问题，提出了和阐明了党的活动、社会主义建设的实践、国际共产主义运动和工人运动、民族解放运动、争取和平的斗争等问题。”这篇报告至今仍闪耀着马克思主义的理论光辉。

三、共同成为以毛泽东同志为核心的中央领导集体重要成员，为社会主义建设特别是改革开放伟大事业奠定了政治和组织基础

如果说，八大第一个巨大历史功绩是确定了正确的政治路线的话，另一个巨大的历史功绩就是选举了以毛泽东同志为核心的中央领导集体。大会前夕，陈云和邓小平通过毛泽东推荐成为中央政治局常委会委员、副主

---

① 《邓小平文选》第1卷，人民出版社1994年版，第215页。

② 《邓小平文选》第1卷，人民出版社1994年版，第235、229、235页。

③ 《人民日报》1956年9月29日。

席候选人（陈云1945年党的七大就当选为政治局委员，不久又被任命为书记处候补书记，相当于候补常委，1950年6月任书记处书记）。在1956年9月13日党的七届七中全会第三次会议上，毛泽东就中央设置副主席和总书记的问题发表重要讲话，并着重推荐陈云和邓小平。他说：“我在这里还要谈一下关于设副主席和总书记的问题。上一次也谈过，中央准备设四位副主席，就是少奇同志，恩来同志，朱德同志，陈云同志。另外，还准备设一个书记处，书记处的名单还没有定，但总书记准备推举邓小平。”①

毛泽东评价陈云：“我看他这个人是个好人，他比较公道、能干，比较稳当，他看问题有眼光。我过去还有些不了解他，进北京以后这几年，我跟他共事，我更加了解他了。不要看他和平得很，但他看问题尖锐，能抓住要点。所以，我看陈云同志行。”②毛泽东如此器重陈云，一方面是因为陈云在党内具有深厚的资历和威望，另一方面是党的事业的现实需要。新中国成立后，党的中心工作是经济建设，党的核心领导层急需懂得经济、可以领导管理的人才。陈云是中共较早从事经济工作的领导人之一，有丰富的经验。他从革命战争年代任西北财经办事处副主任主持中共中央所在地陕甘宁边区的财政经济工作，到担任中共东北局副书记兼东北财经委员会主任，创造了接管城市和有计划进行经济建设的成功经验。特别是新中国成立后他担任政务院副总理兼财政经济委员会主任，主持全国财政经济工作，医治战争创伤、稳定物价、恢复国民经济和建立社会主义经济制度，到具体领导组织“一五”计划，都作出了巨大贡献，发挥了别人难以替代的作用，是我们党内公认的难以企及的经济工作领导人和经济管理专家。于是，经过毛泽东的推荐和介绍，在党的八届一中全会上，陈云当选为中央政治局常委、中央副主席，正式成为以毛泽东同志为核心的中央领导集体的重要成员。

与此同时，毛泽东推举邓小平担任中央政治局常委、中央总书记。他说：“我可以宣传宣传”。“我看邓小平这个人比较公道，他跟我一样，不是没有缺点，但是比较公道。他比较有才干，比较能办事。”“他比较周到，比较公道，是个厚道人，使人不那么怕。我今天给他宣传几句。他说他不行，我看行。顺不顺要看大家的舆论如何，我观察是比较顺的。不满意他

① 《毛泽东文集》第7卷，人民出版社1999年版，第110页。
② 《毛泽东文集》第7卷，人民出版社1999年版，第112页。

的人也会有的，像有人不满意我一样。”“你说邓小平没有得罪过人？我不相信，但大体说来，这个人比较顾全大局，比较厚道，处理问题比较公正，他犯了错误对自己很严格。他说他有点诚惶诚恐，他是在党内经过斗争的。”[①]

邓小平后来这样评价八大：“我们党的领导集体，是从遵义会议开始逐步形成的，也就是毛刘周朱和任弼时同志，弼时同志去世后，又加了陈云同志。到了党的八大，成立了由毛刘周朱陈邓六个人组成的常委会”[②]。这样，陈云和邓小平便通过八大，成为以毛泽东同志为核心的中央领导集体的重要成员。

历史证明，八大选举陈云和邓小平进入党的中央领导集体还具有更深刻的意义，这就是为后来以邓小平同志为核心的中央领导集体的形成准备了政治条件。当时，毛泽东在考虑中央领导集体组成时，就深谋远虑接班人的问题，他说：“一个主席，又有四个副主席，还有一个总书记，我这个‘防风林’就有几道。”[③]我们这个国家也不会受影响，不像苏联那样斯大林一死就不行了。“我们就是要预备那一手。”[④]他和其他领导人推选陈云（51岁）和邓小平（52岁）进入政治局常委会，本身就包含着培养接班人的寓意，表示了他们对陈云和邓小平寄予的厚望。因为毛泽东说他这个名单要管到20世纪末。只是后来由于中共领导偏离了八大路线，特别是“文化大革命”的冲击，中共核心领导层没能像八大所设想的那样顺利过渡。但是，由于八大选举的“少壮派”陈云和邓小平已经众望所归，深入人心，所以，在粉碎“四人帮”后召开的党的十一届三中全会上，陈云重新当选为中共中央政治局委员、中共中央政治局常委、中央委员会副主席、中央纪律检查委员会第一书记，成为以邓小平同志为核心的中央领导集体的重要成员。王震在中央工作会议上说：陈云同志过去是我们党中央的一位副主席。不少同志要我向中央反映，建议选陈云同志担任副主席。可见，以邓小平同志为核心、陈云同志为重要成员的中央领导集体的建立，既是我国时代发展的客观要求，又是我们党的建设历史发展的必然结果。实践证明，八大

---

① 《毛泽东文集》第7卷，人民出版社1999年版，第111—112页。
② 《邓小平文选》第3卷，人民出版社1993年版，第309页。
③ 《毛泽东文集》第7卷，人民出版社1999年版，第110页。
④ 《毛泽东文集》第7卷，人民出版社1999年版，第111页。

建立的以毛泽东同志为核心的中央领导集体，已经为后来以邓小平同志为核心的中央领导集体的形成奠定了政治和组织基础，这是中国政治社会历史规律的延续和发展。

（作者单位：中共中央党史和文献研究院）

陈云的精神文明建设思想及时代发展

欧阳雪梅

作为党的第一代和第二代中央领导集体的重要成员，陈云高度重视社会主义精神文明建设，并提出了许多独到见解，对社会主义精神文明建设思想的形成、丰富和发展作出了重要贡献，不少观点具有深远意义。

一、提出“物质文明和精神文明要一起抓”

在改革开放初期，陈云提出在社会主义经济建设中要有意识地发挥和扩大市场调节作用，支持探索符合实际、充满活力的社会主义经济新体制。同时他针对随着经济体制改革的深入可能出现的某些消极现象和违法行为，提出了“物质文明和精神文明要一起抓”的思想。他指出：出现这些现象不奇怪，关键是要注意这个问题，进行必要的管理和教育，否则，“这些现象就有可能泛滥成灾”。因此，“我们在抓物质文明建设的同时，必须抓精神文明建设，两个文明一起抓。只要我们的头脑是清醒的，看到这些现象，并加强精神文明的建设，这些消极方面是可以受到一定限制的。”[①]他强调：“我们是社会主义国家，我们既要有高度的物质文明，也要有高度的社会主义精神文明，这是我们永远要坚持的奋斗方向。”[②]陈云的这些思想，为党的十二届三中全会通过的《中共中央关于经济体制改革的决定》所吸收。《决定》说：“经济体制的改革，不仅会引起人们经济生活的重大变化，而且会引起人们生活方式和精神状态的重大变化。社会主义物质文明和精神文明的建设要一起抓，这是我们党坚定不移的方针。”[③]

陈云高度重视改革开放条件下的社会主义精神文明建设，因为它是社

① 《陈云文选》第 3 卷，人民出版社 1995 年版，第 338 页。

② 《陈云文选》第 3 卷，人民出版社 1995 年版，第 338—339 页。

③ 《十二大以来重要文献选编》(中)，中央文献出版社 2011 年版，第 70 页。

会主义现代化建设的重要目标和重要保证，决定着我们建设什么样的国家和社会、培育什么样的公民。1985 年 6 月，他在全国端正党风工作经验交流会上指出：“在进行社会主义物质文明建设的时候，如果不同时进行社会主义精神文明建设，物质文明建设就可能偏离正确的方向。任何单位，任何领导干部，如果忘记或放松抓社会主义精神文明建设，物质文明建设也不可能搞好。”“要使全党同志明白，我们干的是社会主义事业，最终目的是实现共产主义”；“我们国家现在进行的经济建设，是社会主义的经济建设，经济体制改革也是社会主义的经济体制改革”；“我们是搞社会主义的四个现代化，不是搞别的现代化”。[①] 这反映了陈云在现代化建设中坚持社会主义方向的重要观点。他以马克思主义辩证统一的观点来论证两个文明一起抓的必要性。一是“社会主义建设，包含物质文明建设和精神文明建设，两者是不能分离的。社会主义事业不可能是单纯的物质文明建设，又不可能是单纯的精神文明建设。”[②] 二是物质文明建设和精神文明建设存在着互相依赖、互为条件的相辅相成的关系，必须协调发展。他指出，现在大家致力于物质文明建设，是完全必要的。但是，“社会主义事业也不可能先进行物质文明建设，然后再来进行精神文明建设。”[③] “忽视社会主义精神文明建设，我们的整个事业就可能偏离马克思主义，偏离社会主义道路。那种‘人不为己、天诛地灭’的资本主义哲学，那种不顾国格人格的奴才思想，就是危害社会主义事业的因素”[④]，必须纠正忽视精神文明建设的现象。这“绝不是一个小问题，全党同志务必高度重视。”[⑤]1986 年，《中共中央关于社会主义精神文明建设指导方针的决议》发布后，陈云要求中央纪委全会要认真研究如何贯彻执行。“社会主义精神文明建设，是有关整个社会主义建设成败的大问题”[⑥]，中央纪委常委会要从全党的纪检工作上，考虑提出一个提纲挈领的规划来。陈云关于物质文明建设和精神文明建设一起抓的思想，对指导党全面建设社会主义方针的确立与践行，有着重要意义。遗憾的是，这一重要思想没有完全落实。1989 年政治风波后，江泽民在国庆 40 周年讲

---

① 《陈云文选》第 3 卷，人民出版社 1995 年版，第 347 页。
② 《陈云文选》第 3 卷，人民出版社 1995 年版，第 354 页。
③ 《陈云文选》第 3 卷，人民出版社 1995 年版，第 354 页。
④ 《陈云文选》第 3 卷，人民出版社 1995 年版，第 355 页。
⑤ 《陈云文选》第 3 卷，人民出版社 1995 年版，第 355 页。
⑥ 《陈云文集》第 3 卷，中央文献出版社 2005 年版，第 547 页。

话中特别告诫全党：我们要深刻吸取近几年来物质文明建设和精神文明建设一手硬一手软的教训，在努力发展物质文明的同时，切实抓好精神文明建设。陈云物质文明与精神文明“一起抓”的思想也发展为“两手抓，两手都要硬”的方针。党的十八大以来，习近平总书记一再强调物质文明和精神文明要协调发展。2013 年 8 月，他在全国宣传思想工作会议上指出：“只有物质文明建设和精神文明建设都搞好，国家物质力量和精神力量都增强，全国各族人民物质生活和精神生活都改善，中国特色社会主义事业才能顺利向前推进。”[①] 这是在新的历史条件下党对于社会主义精神文明建设思想的继承与发展。

二、精神文明建设“关键是搞好执政党的党风”

陈云认为中国共产党在全国执政以后，从中央到基层政权，从企业事业单位到生产队的领导权，都掌握在党员手里，党员有了利用手中掌握的各种权力为自己谋取私利的便利。改革开放后，因谋私利而犯法、犯错误的党员数量不小，有些党政军机关、党政军干部和干部子女蜂拥经商。一些人忘记了社会主义和共产主义的理想，丢掉了为人民服务的宗旨，不顾国家和群众的利益，甚至投机诈骗，贪污受贿，非法致富，甚至在同外国人交往中，不顾国格人格等等。[②]“一切向钱看”的资本主义腐朽思想，严重地腐蚀了我们的党风和社会风气。对此，担任中央纪律检查委员会第一书记的陈云指出：“我们搞社会主义，一定要抵制和清除这些丑恶的思想和行为，要动员和组织全党和社会的力量，以除恶务尽的精神，同这种现象进行坚决的斗争。”[③] 他不仅提出“执政党的党风问题是有关党的生死存亡的问题”[④]，而且突出党风在社会主义精神文明建设中的关键作用和党员干部模范作用对全社会精神文明建设的示范意义。1985 年 6 月，他一针见血地指出：“抓社会主义精神文明建设，关键是搞好执政党的党风”[⑤]。“端正党风的关键是提高党员素质，尤其是提高高中级党员领导干部素质。”[⑥] 他强调：“建设

---

① 《习近平谈治国理政》，外文出版社 2014 年版，第 153 页。

② 参见《陈云文选》第 3 卷，人民出版社 1995 年版，第 352 页。

③ 《陈云文选》第 3 卷，人民出版社 1995 年版，第 356 页。

④ 《陈云文选》第 3 卷，人民出版社 1995 年版，第 273 页。

⑤ 《陈云文选》第 3 卷，人民出版社 1995 年版，第 348 页。

⑥ 《陈云文选》第 3 卷，人民出版社 1995 年版，第 363 页。

社会主义精神文明，是全党的任务”，“要坚决地刹歪风、正党风，增强全体党员的党性，从精神文明建设上，保证和促进社会主义物质文明建设。”①

“一切向钱看”的错误思想是伴随着改革开放出现的。改革开放后，陈云强调引进国外先进技术和经营管理经验，为我国社会主义建设所用，是完全正确的，要坚持。但同时多次提醒全党“要充分注意对外开放中带来的消极东西”②，要始终“严重注意资本主义腐朽思想和作风的渗入。”③“社会主义经济建设和经济体制改革，更加要有为共产主义事业献身的精神。”④针对“有些人看见外国的摩天大厦、高速公路等等，以为中国就不如外国，社会主义就不如资本主义，马克思主义就不灵了”⑤的现象，陈云特别强调在社会主义精神文明建设中加强理想信念教育，“有针对性地进行以共产主义思想为核心的教育”⑥，“应当把共产主义思想的教育、四项基本原则的宣传，作为思想政治工作的中心内容。”⑦在加强共产主义思想教育的同时，还要加强爱国主义教育和革命传统教育。通过这些教育，“提高共产党员的党性觉悟，坚定地保持共产主义的纯洁性。”⑧他充满信心地指出：“如果我们各级党委，我们的党员特别是老干部，对此有清醒的认识，高度的警惕，有针对性地进行以共产主义思想为核心的教育，那么资本主义思想的侵入并不可怕。我们相信，马克思主义、共产主义的真理，一定会战胜资本主义腐朽思想和作风的侵蚀。”⑨陈云的这一思想后来为《中共中央关于社会主义精神文明建设指导方针的决议》所吸收。该决议指出：“各级党组织和广大党员在精神文明建设中的责任，一是加强自身的精神文明建设，特别是搞好党风；二是以模范行动和艰苦工作，组织和推动全社会的精神文明建设。”⑩

① 《陈云文选》第3卷，人民出版社1995年版，第348页。
② 《陈云文选》第3卷，人民出版社1995年版，第332页。
③ 《陈云文选》第3卷，人民出版社1995年版，第355页。
④ 《陈云文选》第3卷，人民出版社1995年版，第353页。
⑤ 《陈云文选》第3卷，人民出版社1995年版，第332页。
⑥ 《陈云文选》第3卷，人民出版社1995年版，第355页。
⑦ 《陈云文选》第3卷，人民出版社1995年版，第352页。
⑧ 《陈云文选》第3卷，人民出版社1995年版，第348页。
⑨ 《陈云文选》第3卷，人民出版社1995年版，第355页。
⑩ 《十二大以来重要文献选编》（下），中央文献出版社2011年版，第134页。

三、学马克思主义哲学是思想上的基本建设

陈云认为，建设社会主义精神文明，要从学习着手，学哲学，学历史，首先要“认真学习马克思主义理论”[①]，重点学习马克思主义哲学。我们面对的是纷繁复杂的社会现象，要透过现象看本质，首要的就是掌握认识事物的科学方法。马克思主义的认识论是科学的思想方法。陈云多次提到延安整风时期，毛泽东提倡学马列著作，特别是学哲学，对于全党提高思想水平起了很大作用。因此，他一再倡导党员干部要学习马克思主义哲学，指出学哲学是共产党员树立正确的思想方法、工作方法和少犯错误的关键。他“建议同志们，尤其是年轻同志，平日除了看业务书外，也要抽空读点马列的理论书籍，特别是要学点马克思主义的哲学。唯物辩证法和历史唯物论是最正确最科学的世界观和思想方法。一个人，无论从事什么工作，有还是没有这个世界观和思想方法，工作起来都会大不一样。”[②]

陈云 1987 年和 1988 年先后同中共中央负责同志和浙江省党政军负责同志谈话，强调学习的重要性。他说：“要把我们的党和国家领导好，最要紧的，是要使领导干部的思想方法搞对头，这就要学习马克思主义哲学。”[③]“学习哲学，可以使人开窍。学好哲学，终身受用。”[④]在新的形势下，全党仍然面临着学会运用马列主义、毛泽东思想的立场、观点、方法分析和解决问题这项最迫切的任务。他强调，“不要怕人家说马克思主义哲学过时了，没有过时，永远不会过时。”“学马克思主义哲学，是思想上的基本建设。”[⑤]

为帮助党员干部学习提高，陈云认为党校工作要由短期轮训干部为主转向正规化培训干部为主，迫切任务是很好地培训适应四化建设需要的革命化、年轻化、知识化、专业化的党政领导骨干。“党校既要学习马列主义、毛泽东思想的基本理论和党的方针政策，以此作为主课，又要学习一些现代科学文化知识和必要的专业知识，以提高干部的领导水平和实际工

---

① 《陈云年谱（修订本）》下卷，中央文献出版社 2015 年版，第 497 页。
② 《陈云文集》第 3 卷，中央文献出版社 2005 年版，第 532 页。
③ 《陈云文选》第 3 卷，人民出版社 1995 年版，第 360 页。
④ 《陈云文选》第 3 卷，人民出版社 1995 年版，第 362 页。
⑤ 《陈云年谱（修订本）》下卷，中央文献出版社 2015 年版，第 456 页。

作能力。”[①]陈云的这一指示为实现党校教育正规化提供了正确指导。

习近平总书记高度评价了陈云关于学习的思想，在纪念陈云同志诞辰110周年座谈会上的讲话中指出：“全党同志一定要把学习作为一种政治责任、一种精神追求、一种生活方式，不断接受马克思主义哲学智慧的滋养，自觉坚持和运用辩证唯物主义世界观和方法论，广泛学习各方面知识，做到学以益智、学以励志、学以立德、学以修身。”[②]党的十八大以来，习近平总书记在治国理政实践中，特别注重运用马克思主义世界观和方法论，尤其是历史思维、系统思维、辩证思维、战略思维、创新思维和底线思维，来分析解决治国理政中一系列根本问题，深得马克思主义哲学智慧的滋养。陈云关于学习的思想、哲学思维已发扬光大。

四、加强精神文明阵地建设

社会主义精神文明重在建设。陈云要求“加强思想政治工作，维护党的思想政治工作部门的权威。”[③]他语重心长地说：“宣传工作搞不好，会翻船的。”[④]“报纸、电台、电视台的事，中央宣传部要主动地管一下，要一个一个地管才好”[⑤]。“要树立中央宣传部的权威。中宣部要管电台、电视台、报纸和文艺。”[⑥]一些问题的发生，同我们放松思想政治工作、削弱思想政治工作部门的作用和权威有关，应引为教训，并提出，对做意识形态工作的同志，经过教育不改的，要调动他们的工作。同时，社会主义精神文明建设是一项系统工程。思想政治工作者、各种文化和科学工作者、教育工作者，在建设社会主义精神文明中都担负着特别重要的责任。“学校是传授文化、科学、技术知识，培养社会主义建设人才的重要场所，也是社会主义精神文明建设的重要阵地。”[⑦]中小学生是我们实现社会主义现代化这个宏伟事业的接班人，“他们具有什么样的世界观，将来能否担负起历史的重任，同中小学教育有着密切的关系。”一定要“办好中小学教育，提高中华民族

① 《陈云年谱（修订本）》下卷，中央文献出版社2015年版，第466页。
② 《人民日报》2015年6月13日。
③ 《陈云文选》第3卷，人民出版社1995年版，第352页。
④ 《陈云文集》第3卷，中央文献出版社2005年版，第475页。
⑤ 《陈云文选》第3卷，人民出版社1995年版，第346页。
⑥ 《陈云文集》第3卷，中央文献出版社2005年版，第541—542页。
⑦ 《陈云文集》第3卷，中央文献出版社2005年版，第545页。

素质”。[1]

报纸杂志是党的宣传思想工作的重要媒体，应当增强报刊的吸引力，特别注意坚持正确的舆论导向，发表积极向上、催人奋进的文章，以正确舆论引导人。为了发挥党报的作用，陈云研究《人民日报》，提出报纸在编排上要改进，要为广大读者着想。他主张“报上的长文章以及重要的评论、通讯等，前面都应当有提要，中间还可以加小标题或标明段落（如一、二、三）。这样，既可以大大节省读者的时间，又在实际上提高了报纸的作用。”[2]搞提要简单明了，可以吸引更多的人来看报。他观察《人民日报》的副刊，发现大概30天中有20天存在一些消极的东西，对此提出了批评。1985年4月，他看到新华社的一篇题为《国家在他们胸中》的内部材料，反映的是上海纺织行业几位厂长在改革中坚持把国家利益和社会效益放在第一位的事迹，批示道：“此件核实后应公开发表。我们的宣传机器应当大力宣传这样的人，大力扶持正气。”[3]6月5日，《经济日报》根据陈云的指示报道了其中一位厂长的事迹，并配发了题为《企业领导要唱正气歌》的评论员文章。1988年2月，他为祝贺《人民日报》创刊40周年题词：“实事求是，全心全意为读者服务。”[4]同年2月，他为延安马列学院成立50周年题词：“实事求是，理论联系实际。”3月下旬，他为中央团校成立40周年题词：“发扬实事求是理论联系实际的作风。”[5]期望殷殷。

陈云重视传统文化传承。1981年4月，他就如何抓整理古籍工作提出了自己意见：（1）整理古籍，把祖国宝贵的文化遗产继承下来，是一项关系到子孙后代的重要工作。我国古籍一说有8万种，另一说有12万种，现已整理和出版2000多种，还差得很远。（2）整理古籍不仅要作标点、注释、校勘、训诂，还要有今译。（3）要有一个几十年连续不断的领导班子，组成古籍整理出版规划小组，直属国务院。（4）提出要搞为期30年的规划，第一个10年先打好基础，组织队伍。（5）对现有古籍的孤本、善本，要采取挽救和保护的措施，散失在国外的要想办法弄回来，或复制回来。（6）古籍整理工作可依托高等院校，分配不对口的古籍专业人员尽可能收回

---

① 《陈云文集》第3卷，中央文献出版社2005年版，第545—546、545页。
② 《陈云文集》第3卷，中央文献出版社2005年版，第477页。
③ 《陈云年谱（修订本）》下卷，中央文献出版社2015年版，第430页。
④ 《陈云年谱（修订本）》下卷，中央文献出版社2015年版，第463—464页。
⑤ 《陈云年谱（修订本）》下卷，中央文献出版社2015年版，第464、465页。

来，安排到各专门机构。（7）尽管国家现在有困难，也要花点钱，编一个经费概算，主要用于整理和印刷费用，包括解决办公室、宿舍等费用，为专门人才创造较好的工作条件和生活条件。还提出从小学开始就要让学生读点古文。[①] 他派秘书去中华书局、北京大学等单位听取关于古籍整理工作的情况和意见。同年9月，陈云的意见经中共中央书记处会议讨论，主要观点成为《中共中央关于整理我国古籍的指示》下发，大大推动了古籍整理工作。1991年7月25日，86岁高龄的陈云还为《文白对照全译〈资治通鉴〉》题词："做好经典古籍的今译工作。"[②]

"文艺是国民精神所发的火光，同时也是引导国民精神的前途的灯火。"[③] 这是鲁迅先生对文艺教育作用的精辟论述。曲艺是我国特有的传统艺术形式，在城乡有着很广泛的群众基础。陈云从自己喜爱的曲艺及评弹艺术入手，悉心指导，以发挥其在社会主义精神文明建设中以文化人的作用。他在给中国曲艺家协会第三次会员代表大会的贺信中指出，"曲艺工作者和所有我国的文艺工作者一样，肩负着建设社会主义精神文明的责任"，勉励大家"为繁荣曲艺，为社会主义精神文明建设作出新贡献。"[④] 他对评弹艺术从思想、方针、政策直到创作和表演等方面一一提出指导意见。1981年提出"出人、出书、走正路"。出人，就是要热心积极培养年轻优秀的创作人员和演员，使他们尽快跟上甚至超过老的。出书，就是要一手整理传统的书目，一手编写反映新时代、新社会、新事物的书目，特别是要多写多编新书。走正路，就是要在书目和表演上，既讲娱乐性，又讲思想性，不搞低级趣味和歪门邪道。[⑤] 他提出评弹艺术要推陈出新，要整理传统书目，"闭目不理拥有几百年历史的传统书是一种历史虚无主义。只有既说新书，又努力保存传统书的优秀部分，才是百花齐放。"[⑥] 同时，评弹这项传统民间艺术在内容、语言、节奏等方面要跟上时代和群众的需要，说书艺人思想随着时代的前进不断提高，要加强对评弹艺术的研究，在继承传统的基础上进行革新，"创作和演出更多的为人民群众喜闻乐

① 《陈云年谱（修订本）》下卷，中央文献出版社2015年版，第312—313页。
② 《陈云年谱（修订本）》下卷，中央文献出版社2015年版，第497页。
③ 《鲁迅全集》第1卷，人民文学出版社1981年版，第254页。
④ 《陈云年谱（修订本）》下卷，中央文献出版社2015年版，第429页。
⑤ 参见《陈云文集》第3卷，中央文献出版社2005年版，第531页。
⑥ 《陈云年谱（修订本）》下卷，中央文献出版社2015年版，第247页。

见的好作品”[①]。他指出，人们来听曲艺，首先是为了文化娱乐的需要，思想教育的目的要通过艺术的手段来达到。如果没有受众、消费者，就无法产生影响力，实现“以文化人”的教化功能。组织好“关子”，才能吸引人。

他认为，为扩大评弹题材来源，可以根据小说、电影、话剧等改编成新弹词，同理，评弹的好题材也可以广泛改编。在新编评弹《真情假意》《九龙口》《筱丹桂之死》等受群众欢迎的评弹书目出来后，他给予高度肯定，并大力推广。1982年6月11日，他致信邓力群，说《真情假意》是评弹中一个好的中篇，是适合青年、提高青年的作品，有切合现实的时代气息，对广大青年有教育意义，请他考虑可否在此基础上改编为话剧。[②]该作品后来被改编为话剧、广播剧、电视剧、歌剧等。之所以要把该作品改编为广播剧，是因为“广播比报纸来得快，影响大，特别是在广大农村，订报纸的不多，电视机还不普及，主要靠广播。”[③]之所以要求其他剧种移植《真情假意》，“是因为那些剧种用普通话，能听懂的人更多一些。”[④]他要求江浙沪文艺领导部门要扶持那些能吸引听众、受听众欢迎的作品，并支持评弹的改革不要“一刀切”的主张。

对于当时评弹书目和表演上强调迎合部分观众低级趣味，单纯追求票房价值的现象，陈云认为要加强管理，坚决抵制这种有害倾向。1983年8月16日，他致信意识形态领域的负责人胡启立，指出：“单靠文化部门抓是不够的，必须由江、浙、沪的省、市委出面来抓才行。可先召集各方面开个会，制订书场管理条例”[⑤]。陈云对曲艺及评弹艺术发表的意见，仅1983年中国曲艺出版社出版的《陈云同志关于评弹的谈话和通信》一书收录的谈话和通信就多达40篇，之后还出版了增订本，主要“通过谈评弹，也可以对其他方面起到树立样板的作用”[⑥]，引导艺术的健康发展。陈云的这些意见为中国文艺坚守社会主义价值指明了方向，有着重要的现实意义。

---

① 《陈云年谱（修订本）》下卷，中央文献出版社2015年版，第429页。
② 《陈云年谱（修订本）》下卷，中央文献出版社2015年版，第343页。
③ 《陈云年谱（修订本）》下卷，中央文献出版社2015年版，第352页。
④ 《陈云年谱（修订本）》下卷，中央文献出版社2015年版，第354页。
⑤ 《陈云年谱（修订本）》下卷，中央文献出版社2015年版，第386页。
⑥ 《陈云年谱（修订本）》下卷，中央文献出版社2015年版，第402页。

五、陈云精神文明建设思想的时代意义及发展

建设中国特色社会主义事业是一项充满艰辛并需要不断创造的壮丽事业，要继续写好中国特色社会主义这篇大文章，需要伟大的精神支撑与推动。习近平总书记强调“革命理想高于天”[①]，“对马克思主义、共产主义的信仰，对社会主义的信念，是共产党人精神上的‘钙’。没有理想信念，理想信念不坚定，精神上就会得‘软骨病’，就会在风雨面前东摇西摆。全党同志一定要坚守共产党人精神家园，把改造客观世界和改造主观世界结合起来，切实解决好世界观、人生观、价值观问题，练就共产党人的钢筋铁骨，铸牢坚守信仰的铜墙铁壁，矢志不渝为中国特色社会主义共同理想而奋斗。”[②]

建设社会主义精神文明需要提升全体国民的文明素质，需要加强全社会的思想道德建设和社会诚信建设，增强国家意识、法治意识、社会责任意识，倡导科学精神，弘扬中华传统美德，以形成人人恪守公民道德、职业道德和家庭道德的道德文化，遵守法律、依法办事的法律文化，普及科学知识，培育全民科学素养，反对伪科学和封建迷信。道德、法律规范背后的基础是价值观。习近平总书记说：“如果一个民族、一个国家没有共同的核心价值观，莫衷一是，行无依归，那这个民族、这个国家就无法前进。”[③]因此，“我们必须毫不放松理想信念教育、思想道德建设、意识形态工作，大力培育和弘扬社会主义核心价值观，用富有时代气息的中国精神凝聚中国力量。”[④]这是社会主义精神文明建设的时代内涵，为我们在新的历史起点上实现“两个一百年”的奋斗目标、实现中华民族伟大复兴的中国梦提供了基本遵循。这说明邓小平、陈云等领导人创立的精神文明建设思想已与时俱进，并推动他们开创的中国特色社会主义事业全面发展、大步前进。

（作者单位：中国社会科学院当代中国研究所）

---

① 《人民日报》2015 年 1 月 25 日。

② 习近平：《在纪念陈云同志诞辰 110 周年座谈会上的讲话》，人民出版社 2015 年版，第 6—7 页。

③ 《习近平谈治国理政》，外文出版社 2014 年版，第 168 页。

④ 《人民日报》2015 年 1 月 25 日。

陈云对“文化大革命”研究的重要贡献和有益启示

董志铭　田　野

“文化大革命”结束后，能否理性地研究这段历史，从中汲取有益的教训，对党和国家下一步的发展走向至关重要。其间，陈云以伟大无产阶级革命家的远见卓识，对“文化大革命”研究作出了重要贡献。这些重要贡献包括：提出“文化大革命”发生的根本原因之一，是党内民主集中制不断受到削弱以致被破坏，因此，在执政党建设上要大力发扬党内民主、健全民主集中制、严格党风党纪；“文化大革命”采取了随意设立专案组等错误的斗争方法，制造了大量冤假错案，应该尽快为遭受冤屈的广大干部群众平反昭雪，实现党和国家的安定团结；全面、正确地认识毛泽东在“文化大革命”所犯错误的性质、原因及其一生功过是非，确保毛泽东思想在党和国家政治生活中的指导地位；林彪、江青两个集团在“文化大革命”中所犯罪行终究属于党内斗争性质，决不能在党内开杀戒，等等。陈云对“文化大革命”的研究，为新时期党史、国史的研究和宣传，从多方面提供了有益启示。

一、“文化大革命”发生的根本原因之一，是党内民主集中制不断受到削弱以致被破坏

“文化大革命”结束后，全党都在思考和总结这场历时十年的动乱发生的原因。陈云也在思考这个问题。在陈云看来，发生“文化大革命”的根本原因之一，是党内民主集中制不断受到削弱以致被破坏。他在一次谈话中指出：关于“文化大革命”的经验教训。这关系到民主集中制。从七大到全国胜利前，我们党都很民主。新中国成立初期，民主集中制也贯彻得很好。从 1958 年起，特别是 1959 年庐山会议，民主集中制传统被一点一点地破坏。在“文化大革命”中，林彪说什么“顶峰”“一句顶一万句”，民

主集中制搞得很不好。[1]1982 年 6 月 24 日，陈云在审阅十二大报告讨论稿时又进一步指出："关于民主制度、民主生活很不够是'文化大革命'得以发生的重要原因之一，这个问题实际上应该说，党内民主集中制没有了，集体领导没有了，这是'文化大革命'发生的一个根本原因。"[2]

1979 年 1 月 4 日，中央纪律检查委员会第一次全体会议召开，陈云主持开幕会并讲话，明确提出："中央纪律检查委员会的基本任务，就是要维护党规党法，整顿党风。"[3]陈云所说的党风问题，在当时，重点是健全民主集中制。这是中国共产党的优良传统和作风。陈云认为，中央工作会议和三中全会在恢复党的优良作风、实现生动活泼政治局面方面带了一个好头，只要大家坚持下去，就有可能在全国实现。他说："这件事是我们全党最大的事情，只有这样做，安定团结、四个现代化才能实现。如果鸦雀无声，一点意见也没有，事情就不妙。"[4]这种基本判断与认识，对于当时与其后研究"文化大革命"起到了积极的指导作用。

二、"文化大革命"采取了随意设立专案组等错误的斗争方法，制造了大量冤假错案

"文化大革命"时期，由于阶级斗争的扩大化和林彪、江青集团的兴风作浪，人为制造了不少冤假错案。通过刑讯逼供等错误方式制造出来的冤假错案，作为历史的遗留，严重影响了广大干部和群众建设社会主义的积极性。不实事求是地解决这个重大问题，就无从分清是非和恢复党的优良传统，就难以实现和巩固安定团结的政治局面。

复查和平反党的历史上一批重大冤假错案，是"文化大革命"结束后拨乱反正的一项重要内容，也是陈云领导的中央纪委积极参与的一项重要工作。在 1978 年 11 月的中央工作会议上，陈云率先提出必须坚持"有错必纠"的方针，提出要把历史上的疑难问题查清楚。比如，要把刘少奇的问题、康生的问题：谢富治的问题搞清楚，明辨是非，统一认识，才能团结

---

① 《陈云年谱（修订本）》下卷，中央文献出版社 2015 年版，第 266—267 页。
② 《陈云文选》第 3 卷，人民出版社 1995 年版，第 274 页。
③ 《陈云年谱（修订本）》下卷，中央文献出版社 2015 年版，第 262 页。
④ 《陈云文选》第 3 卷，人民出版社 1995 年版，第 240 页。

起来向前看。[①] 他明确主张还原历史真相和历史人物的本来面目，为受冤屈的同志平反。接着召开的党的十一届三中全会根据陈云等的意见，重新审查并纠正了过去对彭德怀、陶铸、薄一波、杨尚昆等所作的错误结论。

在这些冤假错案中，刘少奇案件无疑影响最大，备受关注。陈云领导中央纪委解决了刘少奇冤案的平反工作，并对刘少奇的历史功绩作出了公正的评价。陈云坚定而积极地推动刘少奇案件的复查和平反工作。根据陈云批示，中央纪委和中央组织部共同成立了刘少奇案件复查组，对刘少奇一案进行了周密细致的复查，用可靠的事实逐条否定了强加给刘少奇的罪名。根据复查组的报告，中共中央政治局作出关于为刘少奇平反的决议草案。1980 年 2 月，党的十一届五中全会决定：撤销中共八届十二中全会通过的审查报告和错误决议，为刘少奇彻底平反昭雪，恢复名誉。全会发表的公报指出："五中全会为刘少奇同志平反，不仅是为了刘少奇同志个人，而且是为了使党和人民永远记取这个沉痛的教训，用一切努力来维护、巩固、完善社会主义民主和社会主义法制，使类似刘少奇同志和其他许多党内外同志的冤案永远不致重演，使我们的党和国家永不变色。"[②]

"文化大革命"中，"叛徒"帽子满天飞，只要在过去复杂的革命战争年代被捕过，就摆脱不掉"历史问题"的阴影。一些在反动派监狱里坚贞不屈、横遭摧残的党员，在革命胜利后，竟被打成"叛徒"，重受牢狱之灾。陈云对此十分痛心。他提出，被错误定为"叛徒"的同志应给以复查，如果并未发现有新的真凭实据的叛党行为，应该恢复他们的党籍。经陈云直接提议复查和平反的，还有党的早期领导人和文化界著名人士，如瞿秋白、张闻天、萧劲光、马寅初、潘汉年、徐懋庸等。

三、全面、正确地认识毛泽东在"文化大革命"所犯错误的性质、原因及毛泽东一生的功过是非，保证毛泽东思想在党和国家政治生活中的指导地位

全面、正确地认识和评价毛泽东与毛泽东思想，实现思想上的拨乱反正，对于统一全党全军全国各族人民的思想，团结一致进行经济建设，具

---

① 沈善良主编，陈云故居暨青浦革命历史纪念馆编：《走近陈云——口述历史馆藏资料辑录》，中央文献出版社 2008 年版，第 238 页。

② 《三中全会以来重要文献选编》(上)，中央文献出版社 2011 年版，第 382—383 页。

有至关重要的意义。在正确评价毛泽东和毛泽东思想、科学确立毛泽东历史地位的问题上，陈云为起草经得起历史检验的《关于建国以来党的若干重大历史问题的决议》，作出了突出贡献。他以唯物史观为指导，站在党的利益、民族长远发展利益的高度，提出历史决议要说明毛泽东思想的基本概念、基本内容，写清楚毛泽东思想对我们当前及今后工作的指导作用，特别是要概括出今后还要继续贯彻执行的内容；还要重申毛泽东思想是个完整的科学体系，是全党的指导思想。

陈云很早就认识到，正确评价毛泽东的功过是非，是一个关系到我们党的整个历史、关系到我国社会主义事业兴衰存亡的全局性问题。陈云对这个问题采取很谨慎的态度，认为对毛泽东犯错误问题必须小心谨慎，要从中国革命全局高度认识毛泽东所犯错误的性质、原因及其一生功过是非，保证毛泽东思想在党和国家政治生活中的指导地位。

十一届三中全会以后，为了排除“左”和右的干扰，党中央决定作一个历史决议，澄清人们对一系列重大历史问题的认识，把全党和全国人民的思想统一到十一届三中全会的路线上来，明确今后的前进方向。邓小平高度重视这件大事，亲自主持领导了历史决议的起草工作。陈云完全赞同邓小平提出的三条原则，并多次发表谈话，对起草历史决议提出建设性的意见。

起草历史决议的第一条原则，是确立毛泽东的历史地位，坚持和发展毛泽东思想。陈云赞成毛泽东“对中国革命的胜利起了决定性的作用”，“功绩是第一位的，错误是第二位的”评价。[①] 陈云关于正确评价毛泽东的论述，为实事求是地评价毛泽东和毛泽东思想提供了基本的思想原则，也为日后历史决议的起草定下了基调。

1980 年夏，在讨论历史决议起草时，陈云进一步强调，对毛主席的功过，对新中国成立以来党的工作中的错误，一定要写得准确，论断要合乎实际，要把它“敲定”下来。他说：“‘敲定’是上海话，敲是推敲的意思，定是确定的意思，就是说，反复推敲，反复斟酌，使它能够站得住，经得起历史的检验。”[②] 为了收到这样的效果，1981 年 3 月，陈云向决议起草组提出建议，增加回顾新中国成立以前 28 年历史的段落。他说：“有了党的整个历史，解放前解放后的历史，把毛泽东同志在六十年中间重要关头的作

---

① 《陈云文选》第 3 卷，人民出版社 1995 年版，第 285、284 页。

② 《陈云文选》第 3 卷，人民出版社 1995 年版，第 283 页。

用写清楚，那末，毛泽东同志的功绩、贡献就会概括得更全面，确立毛泽东同志的历史地位，坚持和发展毛泽东思想，也就有了全面的根据；说毛泽东同志功绩是第一位的，错误是第二位的，说毛泽东思想指引我们取得了胜利，就更能说服人了。”①

在指导历史决议起草、确立毛泽东的历史地位、坚持和发展毛泽东思想的过程中，陈云还向中央提出学哲学、学历史的重要建议。他说：延安整风时期，毛泽东提倡学马列著作，特别是学哲学，对于全党的思想提高、认识统一，起了很大的作用。他由此深刻地领会到，工作要做好，一定要实事求是。新中国成立后，我们一些工作发生失误，原因还是离开了实事求是的原则。在党内，在干部中，在青年中，提倡学哲学，有根本的意义。现在我们的干部中很多人不懂哲学，很需要从思想方法、工作方法上提高一步。只有掌握马克思主义哲学，思想上、工作上才能真正提高。也要学点历史。青年人不知道我们的历史，特别是中国革命、中国共产党的历史。这件事情现在要抓，以后也要抓，要一直抓下去。这个建议抓住了如何高举毛泽东思想伟大旗帜，结合实际运用和发展马列主义、毛泽东思想的关键所在，从而达到了总结过去、开辟未来的目的，同时，又开了新时期建设马克思主义学习型政党的先河。

四、林彪、江青集团在“文化大革命”中所犯罪行终究属于党内斗争性质，决不能在党内开杀戒

粉碎“四人帮”，止住了中国滑向灾难深渊的步伐，但中国向何处去的问题并没有解决。“文化大革命”结束后，处理林彪、江青集团在“文化大革命”中所犯罪行的问题，是党必须面对的重大问题。陈云坚持依据当时的客观环境对各种人作出历史评判的功过是非，同时从政治文明的高度维护了党内斗争的严肃性。

对“文化大革命”中犯错误的同志，要批评和帮助，树立正确的党内风气。在党的十一届五中全会上，有四名在“文化大革命”期间和其后两年犯严重错误的政治局委员提出辞职。陈云指出，对这些同志应该全面地考察，看到这个同志犯了什么错误，也应该看到他在党内做过什么好事，

① 《陈云文选》第3卷，人民出版社1995年版，第284页。

还必须看到当时党内的整个情况。不赞成“扭住不放”，检讨没完没了。同时，他也严肃地指出，这些同志不要自己觉得委屈了，应该想一想我是否可以不犯这样的错误。同时，他又多次坚决地表示，要警惕“文化大革命”中的“三种人”。对于是“三种人”的，一个也不能提拔到领导岗位上来，但是可以给他们一般的工作。

陈云认为：“我们应该全面地考察一个干部。所谓全面是什么呢？我们看到这个同志犯了什么错误，也应该看到他在党内做过什么好事，这是一个方面。第二个方面，必须看到当时党内的整个情况，这些同志是在当时的情况之下犯的错误。”[①] 即使对林彪这样一个特殊的人物，在当时的历史条件下，陈云也没有单纯否定他。陈云在接见《辽沈战役》剧组时客观地指出：“林彪虽然在以后的政治上犯了严重错误，但要把林彪的功过与错误分开，要把战争时期和建国以后分开，要把军事与政治分开。特别是在军事上，林彪对中国革命人民的解放战争，做出过重大贡献。今后在表现这方面的题材时，一定要按照历史唯物主义的原则，功过是非分开，不要因为以后的政治错误就否定以前的历史功绩，那样做会伤害许多的人。”[②] 对“文化大革命”中犯有罪行的人，也要区别对待处理。他说：“处理‘四人帮’与处理林彪反革命集团要有区别，‘四人帮’一些人祸国殃民，‘文化大革命’十年，干尽坏事。而在战争年代，他们也没有任何战功。林彪反革命集团则有些不同，他们主要是部队的，像黄、吴、李、邱他们，包括林彪，过去这些人都打过许多仗，也立过各种战功。他们现在犯了罪，应该处理，但与‘四人帮’应该有所区别。”[③]

即使对江青反革命集团的首犯，陈云也不主张完全按刑事犯罪处理。当时“国人皆曰可杀”的呼声很大，然而陈云却在冷静地思索这个问题。在中共中央政治局开会讨论对主犯江青量刑时，陈云明确表示江青“不能杀”。陈云的理由是：同“四人帮的斗争终究是一次党内斗争”。有人提出党内斗争也可以杀，陈云依然坚持说：“党内斗争不能开杀戒，否则后代不好办。”[④] 事实证明，不杀的处理方法在国内外都收到了较好的效果。

---

① 《陈云文选》第 3 卷，人民出版社 1995 年版，第 271 页。

② 《陈云与中央纪委》，中国方正出版社 2005 年版，第 108 页。

③ 《陈云与中央纪委》，中国方正出版社 2005 年版，第 127 页。

④ 《陈云年谱（修订本）》下卷，中央文献出版社 2015 年版，第 433 页。

五、对新时期党史、国史的研究和宣传，必须坚持科学性和党性高度统一的原则

实事求是的科学态度，对新时期党史、国史的研究和宣传，是第一位重要的问题。陈云一直强调，要把工作做好，一定要实事求是。因此，也只有坚守实事求是，才能正确地总结经验教训。为了做到实事求是，就要掌握交换、比较、反复的方法，要坚持无产阶级的立场，坚持科学性与党性的一致。对于“文化大革命”这段非常时期的党史与国史的研究和宣传，更加需要坚持科学性与党性的高度统一。陈云认为，“文化大革命”的经验教训对我们党很深刻。要研究为什么搞“文化大革命”，为什么会扩大化。将来适当的时候要总结，但现在不忙。越到后来，问题会看得越清楚。多观察一个时候，可能结论就更客观、更合乎实际、更科学。

1980 年 7 月 3 日，胡乔木在中共中央书记处会议讨论起草历史决议的发言中指出：“陈云同志讲，一定要在我们这一代人还在的时候，把毛主席的功过敲定，一锤子敲定。一点一点讲清楚。这样，党的思想才会统一，人民的思想才会统一。如果我们不这样做，将来就可能出赫鲁晓夫，把毛主席真正打倒，不但会把毛主席否定，而且会把我们这些作含糊笼统决议的人否定。因此，必须对这个问题讲得很透彻。”①

陈云从一开始就跟踪考察“文化大革命”的发生发展，对待群众造反组织的冲击，保持了平和的心态，积极利用下放到江西工厂等基层生产单位的机会，进行调查研究，收集思想材料。同时，他注重结合国际共产主义运动的历史，带着问题思考研读马列著作。下放到江西期间，他带了三箱马列、毛泽东著作，有了研究问题的理论指导。他每天都通过阅读《人民日报》和《参考消息》，了解国内外形势的发展变化。他勤于思考，通过各种渠道了解社会的变化。

六、对新时期党史国史的研究和宣传，必须有世界眼光和宽广的胸怀，正确对待党的领袖所犯的错误

毛泽东是领导人民创建新中国的中共第一代领导核心，在中共党史、

① 《胡乔木回忆毛泽东（增订本）》，人民出版社 2014 年版，第 646 页。

中华人民共和国史上有着重要地位。但是如何评价毛泽东一生的功绩与他在晚年特别是在“文化大革命”期间犯的“左”的错误，社会上和学术界长期存在争议。主要有两种错误倾向：一种是搞“两个凡是”，把毛泽东的讲话和写的文章当成教条，不承认也不纠正毛泽东晚年的错误；另一种错误倾向是借口批判毛泽东晚年的错误，竭力贬低毛泽东和毛泽东思想，否定毛泽东的历史地位。

对毛泽东的评价，尤其是对毛泽东晚年“左”的错误的研究与宣传，关系到对中国共产党领导新民主主义革命和社会主义建设历史的评价，关系到中国的国家形象与国际影响。对此，陈云始终坚持辩证唯物主义和历史唯物主义相统一的原则，坚决反对上述两种错误倾向，强调对于新时期党史和国史的研究与宣传，必须要有世界眼光和宽广的胸怀，将具体的历史事件放到当时的历史和世界的背景中去，要正确对待党的领袖所犯的错误。陈云明确指出：“我们党从一九二一年成立，到现在已经快五十八年了。中国共产党是胜利了的执政党，是毛泽东同志领导我们取得了伟大胜利。……要求革命领袖没有缺点、错误是不可能的，是空想。”[①]

针对国内外一些人在如何看待毛泽东，特别是毛泽东晚年所犯错误问题上的疑问，1979 年 3 月 6 日，陈云在会见来访的马来西亚共产党总书记陈平的谈话中指出：“‘文化大革命’不能说毛泽东没有一点责任，但我们对毛泽东的评价不会像赫鲁晓夫对斯大林那样。在这个问题上，要平心静气，掌握分寸，慎重考虑，不能感情用事。这不仅是中国的问题，而且是世界的问题。”[②] 陈云说，我们对党史、国史的研究，没有局限于中国自己内部的情况，而是秉持了世界的眼光和宽广的胸怀，较好地处理了正确对待党的领袖错误的敏感且重要的问题，避免造成较大的形象损失，促进了当时历史条件下的国际共产主义运动。对该问题，陈云进一步强调指出：“我们的国家是九亿人口的大国，我们的党是这样一个大国的执政党。我们党处于全世界举足轻重的地位，是中流砥柱。只要我们党起到了这样的作用，那末，国际共产主义运动的胜利就有了保证。所以，我认为，我们党对国际共产主义运动负有很大的责任。我在中央工作会议上以及其他场合的讲

---

① 《陈云文选》第 3 卷，人民出版社 1995 年版，第 242 页。
② 《陈云年谱（修订本）》下卷，中央文献出版社 2015 年版，第 267 页。

话中，反复讲了我们党对国际共产主义运动的责任。”①

七、对新时期党史、国史的研究和宣传，必须着眼于党和国家现实斗争的需要，有利于党和国家、社会的稳定

在陈云看来，宣传工作对于党的事业全面发展非常重要，宣传工作是每一个具体工作过程中首先要做好的事情。宣传工作的成败，直接关系到党的全盘工作的成败。几十年来，陈云一直很关注中共中央的机关报《人民日报》、新华社编印的《参考消息》《参考要闻》和其他内部参考材料，以及中央人民广播电台的广播节目《新闻和报纸摘要》等。从这些媒体中了解国内外的信息、动态和知识，几乎是他每天必做的一件事。②

对于“文化大革命”结束后，新时期党史、国史研究，尤其是宣传工作，陈云十分重视。他认为，这关系到党和国家的现实需要，影响社会团结稳定。党的十一届三中全会后，社会上的极少数人乘“天安门事件”及一系列重大冤假错案的平反之机，企图全盘否定毛泽东，形成怀疑或反对毛泽东思想、社会主义道路、共产党的领导和人民民主专政的思潮，党内也有个别人不但不承认这种思潮的危险，甚至直接间接地加以支持。面对这样的情况，陈云鲜明指出，新时期党史、国史的研究和宣传，必须着眼于党和国家现实斗争的需要，有利于党和国家社会的稳定，要加强社会主义精神文明建设。

今天，在我们分享改革开放伟大成就给我们生活带来的巨大进步时，不应忘记陈云等老一辈无产阶级革命家在历史转折关头作出的巨大贡献，不应忘记《关于建国以来党的若干历史问题的决议》在拨乱反正和统一全党思想认识方面所起的重要作用，更不应忘记陈云在指导“文化大革命”研究、正确评价毛泽东等问题上所发挥的重要作用。

（作者单位：中国人民解放军国防大学）

---

①《陈云文选》第3卷，人民出版社1995年版，第243页。

② 参见《陈云传》（下），中央文献出版社2005年版，第1756页。

把历史立全面、立准确

——由陈云对编写《辽沈决战》一书相关意见所引发的思考

刘　伟

作为新中国经济工作的主要领导人之一，陈云在中国革命和建设进程中，把更多的时间和精力放在领导财经工作和经济建设上。但是，出于指导革命和建设的需要，他始终关心新闻出版事业，对新闻出版的重要作用、正确方向和基本任务等，发表过简明扼要的指导性论述。其中，关于做好编辑工作，管好新闻出版，是陈云一直比较关注的。这从陈云《对编写〈辽沈决战〉一书的意见》（简称《意见》）及其相关论述中，可见一斑。而《意见》所内含的唯物史观，蕴含的深刻哲理，一如“不唯上、不唯书、只唯实”，是宝贵的精神财富，值得今人认真研究和深入思考。

一、做好编辑工作，这是很重要的问题

“辽沈战役是解放战争三大战役的第一个战役，它的胜利，加上当时人民解放军在其他各个战场上的胜利，从根本上改变了敌我双方力量的对比，为整个解放战争的顺利发展奠定了基础。因此，编一本回忆这个战役的书是必要的，这对于纪念那些牺牲了的同志，对于教育下一代，都很有意义”[①]。其中，做好编辑工作，这是很重要的问题。[②]可见，编辑出版《辽沈决战》一书显得必要而紧迫。

与此同时，党的十一届三中全会后，党的指导思想实现了拨乱反正，客观上形成了对进一步弄清党的重大历史问题和总结历史经验的强烈需求。1980 年 1 月 29 日，中共中央发出《关于成立中央党史委员会及其工作机构的通知》。指出：早日编辑和出版党史，是全党的迫切需要。为此，决定

① 《陈云文选》第 3 卷，人民出版社 1995 年版，第 326 页。
② 《宣传动态（1981）》，中共中央党校出版社 1982 年版，第 18 页。

成立中央党史委员会，负责审定党史编辑计划，决定对党史中的某些重大问题的看法和最后审定全书书稿。此时，陈云由于年龄原因逐渐摆脱繁重的日常工作，有了相对充裕的时间来考虑党史问题，加之在党内德高望重、地位特殊，成为中央党史委员会的八位重要成员之一。同时，在中央党史委员会领导下，成立中央党史编审委员会，负责党史编辑工作中的各项重要问题，初步审定书稿全文。在党史编审委员会领导下，成立中央党史研究室，直接负责党史资料的收集、研究、编写工作。

在这样的大背景下，1983 年 7 月，辽沈战役纪念馆请陈云为他们编辑的《辽沈决战》一书题写书名。陈云看到书稿的作者大部分是部队的指挥员，内容也大部分是战斗回忆，且文章大部分以前都发表过，于是就如何看待辽沈决战胜利的原因、如何编好这本书等问题，对秘书谈了一席话。据时任陈云秘书的朱佳木回忆："我把这些话整理成文字，送给他审阅。他看后又讲了一些新的意见，我接着修改补充。就这样，边谈边改，边改边谈，前前后后一共谈了八次，最后由他逐字审定，形成事后收入《陈云文选》的《对编写〈辽沈决战〉一书的意见》。根据他的意见，一批曾在东北工作过的老同志组成了该书的编审领导班子，中央书记处也审阅批准了该书的改编规划。"[①] 此后，陈云又多次召开座谈会，对编写、编选、编辑该书多次发表指导性意见，认为"只要能把这段历史立全面、立准确，多花些时间是值得的。"[②]

功夫不负有心人。历经波折，在多方的合力下，1988 年 10 月，由中共中央党史资料征集委员会等合编的《辽沈决战》（上、下册）最终在人民出版社正式出版。同时，编审小组征得陈云同意后，将《意见》作为该书的代序。值得一提的是，陈云在此前后的相关论述，不仅对编写该书和同类著作有指导价值，对做好编辑工作也有借鉴意义。而"把历史立全面、立准确"的唯物史观，更为怎样看待林彪在东北解放战争中的作用，怎样评价苏联在东北解放战争中的作用，怎样分析解放战争时期东北局内部在工作方针上的意见分歧这三个方面的重大党史问题，提供了方法论的指导。

---

① 朱佳木：《听陈云同志谈党史》，《中共党史研究》2005 年第 4 期。

② 《陈云文选》第 3 卷，人民出版社 1995 年版，第 329 页。

二、怎样看待林彪在东北解放战争中的作用

“九一三”事件后，林彪成了千古罪人，人们不敢说或不愿提他在东北乃至全国解放战争中的贡献。关于这个问题，1977 年在中国人民革命军事博物馆对《中共党史陈列》审查时，陈云针对辽沈战役如何反映林彪的作用问题说：“林彪没有垮台前，四野很吃得开，尾巴翘到天上。林彪垮台后，四野有点抬不起头来。其实，四野还不是关里派去的军队，还不是党的军队？林彪是林彪，四野是四野。”[①] 在《意见》中，陈云进一步指出：“林彪作为四野的司令员，在当时正确的地方，我们也不必否定。”[②] 为此，陈云多次召集有关同志座谈或致信转达他的意见。

1984 年 1 月 11 日，陈云复信张秀山，指出：可以将《辽沈决战》一书的编辑规划连同对编写《辽沈决战》一书的意见，上报中共中央书记处审批备案。参加撰写回忆文章的人也不要太多，要找有代表性的人写。他在信中还指出：要吸收四野一纵的一二篇文章。除了在“文化大革命”中跟林彪干了许多坏事的人，其余的人不要使他们因为过去曾是林彪的老部下就抬不起头来。林彪是林彪，林彪的老部下是林彪的老部下。在这个问题上，我们应当采取历史唯物主义的态度。[③]

同年 9 月 15 日，陈云接见参加《辽沈决战》编审工作的萧华。当谈到林彪问题不好处理时，陈云指出：“林彪开始也说过要‘死守马德里’，但后来改变了意见，不主张占大城市了。……林彪那时从四平、长春撤下来是对的。但林彪也有错误，主要是在辽沈战役中，打下义县后他不敢接着打锦州，而要回师长春。在这个问题上，毛主席和他之间有几十封电报，争论很厉害。最后，他接受了毛主席的作战方针。所以，在写辽沈战役时，要讲到林彪的作用”[④]。陈云客观分析林彪在东北解放战争的历史作用，把功过是非都放在当时的历史背景下来评论，不仅令人信服，而且为人们如实叙述这段历史作了示范。[⑤] 不仅如此，陈云再次指出：“要把林彪和林彪的部下加以区别。以前有一个时期，林彪的老部下很神气，现在又有些灰溜溜。

① 《陈云年谱（修订本）》下卷，中央文献出版社 2015 年版，第 239 页。
② 《陈云文选》第 3 卷，人民出版社 1995 年版，第 328 页。
③ 《陈云年谱（修订本）》下卷，中央文献出版社 2015 年版，第 396 页。
④ 《陈云年谱（修订本）》下卷，中央文献出版社 2015 年版，第 412—413 页。
⑤ 朱佳木：《听陈云同志谈党史》，《中共党史研究》2005 年第 4 期。

这本书中附有当时党政军负责干部名单，要把他们的名字也列上，说明他们对解放东北做过贡献。”[①]

陈云这种“只唯实”的历史观在《中国大百科全书》军事卷的编撰工作中可见一斑。1983 年 2 月，经中央批准的《中国大百科全书》人民解放军军事人物名单中列入了林彪的名字。但是，在编撰工作中遇到一个难题——如何对待林彪这个人物。怎样写林彪这个历史人物？对林彪在历史上的功绩写不写，怎样写？

1985 年 2 月 21 日，《中国大百科全书》军事卷编写组就上述问题向黄克诚汇报。黄克诚听后说：“我知道写这个条目有很多难处，轻了不行，重了也不行，是很费力的事。关于对林彪的历史如何评价，从前没有人讲过，最近陈云同志在谈如何编写辽沈战役回忆录时讲到这个问题。这个材料你们大概看到了。”“你们写人物志，要学习司马迁，他在史记中写了一大群历史人物。你们现在要用历史唯物主义的观点，用历史学者的态度，去评价历史人物。不要用过去党内斗争中开斗争会的那种过火的语言，揪出一个人就把他的历史功绩一笔勾销了。不能只看一面，要看两面，要全面地观察，作出全面的评价，写出历史的真面貌。不要受‘文化大革命’中和‘文化大革命’以前的一些传统说法的束缚，要打破这个束缚。林彪死了十几年了，对他也要用历史唯物主义的观点去写他的历史。这是我的想法，我也没有把握，你们征求我的意见，我就把我的意见告诉你们，请你们考虑。林彪在我军历史上是有名的指挥员之一，他后来犯了严重的罪行，受到党纪国法的制裁，这是罪有应得。但是在评价他的整个历史时，应当分为两节，一节是他在历史上对党和军队的发展、战斗力的提高，起过积极的作用；另一方面是后来他对党、国家和军队的严重破坏，造成了极为严重的后果。这样，两方面都写明确，不含糊，才符合历史事实。”“总起来说，我的意见就是要按历史唯物主义的观点，用历史学者的态度，来写林彪的历史，好的、坏的两方面都写，不要只写一面。”[②]

3 月 13 日，杨尚昆在人民解放军历史资料丛书编纂工作会议上也说：“林彪，他最后走上了叛国的道路。但不能因为他叛国，就对他一概否定，而不作全面的、历史的评价。林彪在中央苏区，在长征路上，在抗战中，

① 《陈云年谱（修订本）》下卷，中央文献出版社 2015 年版，第 413 页。

② 《黄克诚同志对大百科全书“林彪”条释文的意见》，《党史资料征集通讯》1985 年第 4 期。

特别是在东北解放战争中，还是有功的。陈云同志在谈编写《辽沈决战》一书时曾指示，对林彪还是要实事求是地写。我们对待历史人物，不能因为一个人犯了错误就否定一切，也不能因为一个人一时正确就写成一贯正确。”①至此，“林彪在东北战场是有功的”遂成定论。

可见，在怎样看待林彪的功过是非，特别是如何评价其在东北解放战争中的作用这一问题上，党内、军内很多资深的老同志与陈云的基本观点不谋而合，即“共产党是做事业的党，共产党员是做事业的人，做事就不可能没有错误。无论何人，哪怕他再高明，哪怕他很有本领，但还是有犯错误的可能。”②要用历史唯物主义的观点，正确地全面地评价错误路线下党的作用和广大党员的作用，克服所谓“路线错了就一切都错”的形而上学的历史观。③唯此，才能真正把历史立全面、立准确。

三、怎样评价苏联在东北解放战争中的作用

为什么抗日战争结束前中国共产党在东北的力量与全国其他根据地相比最弱，但不到三年时间却在那里打响并打胜了解放战争第一个大战役？对此，陈云在1984年9月15日同萧华谈《辽沈决战》一书的编辑问题时说：“写辽沈决战的历史，一定要写中央的正确决策和中央派来大批干部，写各个根据地及一、二、三野对东北战场的支援。”④可见，内因在因果关系中的决定性作用，而外因也不可或缺。这里的外因，除了“各个根据地及一、二、三野对东北战场的支持”外，苏联的作用也不容忽视。

对于苏联在东北解放战争中的历史作用问题，囿于当时中苏关系的僵持状况，处理起来也十分棘手。但如果回避这个问题，或者不如实反映实际情况，对东北解放战争历史的描述同样很难令人信服。面对这个问题，陈云一如既往地坚持唯物史观，指出：“有关苏联和林彪在东北解放战争的作用问题是两个敏感问题，但在编写时都不能回避，否则这段历史说不清。”⑤这印证了列宁的观点：“马克思主义理论的绝对要求，就是要把问题

① 转引自李建国：《辽沈战役研究》，湖南人民出版社1998年版。
② 《陈云文选》第1卷，人民出版社1995年版，第268页。
③ 朱佳木：《听陈云同志谈党史》，《中共党史研究》2005年第4期。
④ 《陈云年谱（修订本）》下卷，中央文献出版社2015年版，第413页。
⑤ 《陈云年谱（修订本）》下卷，中央文献出版社2015年版，第385页。

提到一定的历史范围之内”[1]；“脱离历史的具体环境来提这个问题，就等于不懂得辩证唯物主义的起码要求。”[2]

以《意见》为例，在分析东北战场取胜的原因时，陈云共讲了六条，其中第一条就是苏联的作用。他说：苏联红军出兵东北，打败了日本关东军，“为我们的大部队能抢在国民党前面迅速进入这个地区，为改善我们的装备，创造了十分有利的条件。那时，苏联党对我们的力量估计不足，并有雅尔塔协定的约束，但他们还是尽力帮助我们的。东北背靠苏联，东邻朝鲜，这对于我们在和国民党作战中的后勤补给和伤病员的运送、安置也是十分有利的条件。”[3]

在 1984 年 9 月同萧华的谈话中，陈云进一步分析道：“如果没有苏联红军出兵东北，我们的力量不可能发展那么快。苏联一方面受中苏协定约束，要把大城市和铁路干线移交给国民党，另一方面明里暗里帮助我们。那时，东北北有苏联，东有朝鲜，西有蒙古，我们就像坐在沙发里，缺什么可以向苏联要，南满的伤兵、弹药可以通过朝鲜转运。因此，要写苏联、朝鲜对我们的帮助，回避是不合乎历史的。”[4]这对如何看待苏联在东北解放战争中的作用，以正确的史观给出了生动的诠释。

其实早在 1981 年 3 月，陈云在与邓力群谈对起草《关于建国以来党的若干历史问题的决议》的意见时就说过：“抗日战争期间，苏联还是援助了中国，最后出兵打垮关东军。如果不把关东军打垮，抗日战争的胜利起码要推迟好几年，我们也要晚一些进到东北，东北很难首先全部解放。”“这样一些问题，《决议》应该如实地按照事情本来面貌写上去。要通过对这些历史问题的论断，再一次说明中国共产党人是公正的。”[5]后来，为了会见我国“一五”建设时期担任过中国政务院（后改为国务院）经济总顾问、时任苏联部长会议第一副主席的阿尔希波夫，陈云让秘书起草一个谈话稿，明确交代其中要表达这样的意思：“无论在革命战争时期还是在和平建设时期，苏联政府和人民给予我们的援助，中国政府和人民都没有忘记，也是不会

① 《列宁选集》第 2 卷，人民出版社 2012 年版，第 375 页。
② 《列宁全集》第 11 卷，人民出版社 1959 年版，第 197 页。
③ 《陈云文选》第 3 卷，人民出版社 1995 年版，第 326—327 页。
④ 《陈云年谱（修订本）》下卷，中央文献出版社 2015 年版，第 413 页。
⑤ 《陈云文选》第 3 卷，人民出版社 1995 年版，第 286 页。

忘记的。”[1]

可见，陈云关于撰写东北解放战争历史时要如实反映、不要忘记苏联的帮助的观点是一贯的。这不仅体现了中国共产党人的历史唯物主义的认识水平和公正之心，也体现了中华民族受施勿忘的传统美德。对于弄清历史问题，对于恢复中国人民和原苏联人民的相互信任，都起到了重要作用。[2]而这些分析，尽管针对的是党史中的局部和细节问题，但对于人们认识和分析党史、国史中的其他问题，甚至对于分析带有全局性的重大问题，同样具有认识论上的指导意义。

四、怎样分析解放战争时期东北局内部在工作方针上的意见分歧

1984 年，张秀山、王首道及萧华在给杨尚昆的信中，就要不要在《辽沈决战》“综述”（指“东北三年解放战争综述”）里引用《东北局关于全东北解放后的形势与任务决议》（简称 1948 年东北局《决议》）一事征求过意见。该《决议》是东北三年解放战争的经验总结，其中提到了东北初期领导中的一些争论问题和意见分歧[3]。如何看待解放战争时期东北局内部在工作方针上的意见分歧，这也是个敏感问题。

当时，是否在《辽沈决战》一书中写这个问题有两种意见：个别人认为，该书是公开出版的，党内文件（指 1948 年东北局《决议》）不要公布；多数人认为，这个文件是 40 年前的，解放战争时期在东北工作过的同志都清楚，且经过中央同意，应该按历史唯物主义的观点把问题写清楚。这两种意见的焦点在于，《辽沈决战》一书要不要收入“综述”，以及这一“综述”中要不要引用 1948 年东北局《决议》。

对此，编审小组认为：这不应视为禁区，要把史料立准立好，教育后代。至于如何写，在研究编辑规划时有两条原则：一条是要坚持历史唯物主义；一条是要照顾团结，不点名批评任何同志。而当时的“综述”稿，就是按这个精神写的。同时，编审小组将“综述”送审稿和给杨尚昆的信送

---

① 《陈云文选》第 3 卷，人民出版社 1995 年版，第 340 页。

② 朱佳木：《听陈云同志谈党史》，《中共党史研究》2005 年第 4 期。

③ 指时任东北局书记的彭真与陈云、林彪、高岗、张闻天、黄克诚等关于东北战略方针方面的意见分歧。

陈云，冯文彬也送去中央党史征集委员会就这个问题给陈云和杨尚昆的信。陈云看后与编审小组同志谈话指出：这个综述稿大体上可以。现在的问题是，要不要引用 1948 年东北局的《决议》；如果要引用，如何引用。

1985 年 2 月 1 日，就综述稿问题，陈云召集张秀山、萧华等人开会。陈云认为："东北解放战争初期，东北局内部在工作方针上确实存在过意见分歧。当时的方针是通过独占大城市和铁路干线来独占东北，而多数同志不同意这个方针，认为不应用主力部队死守大城市，同暂时比我们强大的敌人硬拼，而应把相当一部分主力部队和大部分干部分散到广大农村发动群众，通过建立根据地，逐步改变敌我力量对比。大城市谁不想要，问题是当时要得了要不了。如果不是以后东北局在一九四六年召开会议，作出七七决议①，改变了以前的方针，结果很可能不仅大城市占不住，辽沈战役的胜利也会被推迟。"②

1988 年 2 月，陈云在给杨尚昆的信中进一步明确指出："这本书前面一定要有一个综述，以便大家比较全面地了解东北三年解放战争的历史，了解辽沈战役胜利是怎么得来的。"对综述稿"可以作一些修改，对有不同意见的地方可以采取回避的办法。"③可见，陈云不仅是一个坚定的唯物主义者，更是一位了不起的政治艺术大师。

但另一方面，陈云仍实事求是地指出：东北局 1948 年《决议》"对东北局初期方针上的错误分析得也不够全面。比如，不能简单地说，出现错误是'对敌人的和平阴谋抱幻想'，是'丧失阶级立场的危险倾向'。另外，一九四五年十二月党中央、毛主席明确提出'让开大道，占领两厢'的方针后，东北局在指导方针上的错误虽然又持续了一段时间，给人民的事业造成了损失，但只有六个月就通过东北局自己的努力予以纠正了，还不能说给人民的事业'造成了很大损失'。"④因此，陈云的意见是，1948 年东北局《决议》作为一个历史文件，可以收进《辽沈决战》，但在写"综述"时，只要引用"七七决议"就可以了，不必再引用这个决议。

---

① 1946 年 7 月 7 日中共中央东北局《关于形势与任务的决议》的简称。调整后的东北局委托陈云起草，并于 7 月 7 日获得一致通过的东北局《决议》，纠正了东北前九个月的错误指导方针，成为东北局面扭转的分水岭。7 月 11 日，中共中央批准了这个决议，并作了部分修正。

② 《陈云年谱（修订本）》下卷，中央文献出版社 2015 年版，第 424 页。

③ 《陈云年谱（修订本）》下卷，中央文献出版社 2015 年版，第 462—463 页。

④ 《陈云年谱（修订本）》下卷，中央文献出版社 2015 年版，第 424—425 页。

从1986年7月4日，张秀山和王首道给彭真写信，征求他对“综述”的意见；到10月23日，彭真在向中央常委的报告中，对“综述”送审稿提出意见——几个主要问题的说明[①]；再到12月10日，中央办公厅给张秀山的通知——邓小平同志对《辽沈决战》（综述）稿的批示中指出：“这种问题不要再扯了，两个文件都存档，但都不发表。”至此，“综述”实质上已确定不收入《辽沈决战》一书。

根据有关方面的意见，综述稿最终未放进《辽沈决战》一书，改以韩先楚署名的概述代替。陈云多次建议收进一篇综述稿的意见未能实现，但他之前早已强调：“书编好后，要送中央军委、尚昆同志把关。”[②]这与他一贯强调的新闻出版要实事求是、符合实际，还要有人把关，注意宣传的效果[③]的思想是一脉相承的。最终，他尊重和服从中央军委的决定。这充分反映了老一辈无产阶级革命家的组织纪律观念和大局意识。

1988年6月22日，陈云听取伍修权关于《辽沈决战》一书综述稿问题的汇报后，提出三点意见：（1）对这次修改综述稿的同志表示感谢。（2）服从中央军委、杨尚昆把关的决定。（3）保留关于《辽沈决战》一定要有一篇综述的意见，希望将来终有一天能够发表。[④]可见，陈云的进退有度，与其“把历史立全面、立准确”的史观，在根本上是一致的，都是“不唯上、不唯书、只唯实，交换、比较、反复”这一认识方法的具体运用。

“历史是最好的教科书。学习党史、国史，是坚持和发展中国特色社会主义、把党和国家各项事业继续推向前进的必修课。”[⑤]青年是民族和国家的希望。“把历史立全面、立准确”的史观，不仅具有方法论意义，而且对于青年人的历史教育具有警示作用。陈云强调：“青年人不知道我们的历史，特别是中国革命、中国共产党的历史。这件事情现在要抓，以后也要抓，要一直抓下去。”[⑥]还须注意，“把历史立全面、立准确”，是为了尊重历史、牢记历史、资政育人，而不是为了标新立异、哗众取宠，更不是为了搞所谓的颠覆

① 参见《彭真文选（1941—1990）》，人民出版社1991年版，第630页。
② 《陈云文选》第3卷，人民出版社1995年版，第329页。
③ 参见袁亮编著：《周恩来 刘少奇 朱德 陈云与新闻出版》，中国书籍出版社2003年版，第357页。
④ 《陈云年谱（修订本）》下卷，中央文献出版社2015年版，第467页。
⑤ 《人民日报》2013年6月27日。
⑥ 《陈云文选》第3卷，人民出版社1995年版，第285页。

和翻案。必须高度警惕和坚决抵制历史虚无主义思潮，不能任由历史虚无主义虚无我们的历史根基。[①]“灭人之国，必先去其史”。历史的教训值得记取！

（作者单位：人民出版社）

① 李殿仁：《不能任由历史虚无主义虚无我们的历史根基》，《求是》2015年第3期。

陈云关于新闻出版工作的论述及启示

周　进

新闻出版工作属于意识形态领域，是党的新闻宣传工作的重要组成部分，始终与中国革命和社会主义建设、中国特色社会主义伟大事业紧密联系，同国家前途、人民命运息息相关。陈云虽然长期主管经济、党建工作，但早期在商务印书馆当学徒、店员，在地方工作时期曾创办或主管过党报工作，一直十分关心新闻出版工作。他提出的一些关于新闻出版工作的重要论述，形成了宝贵的新闻出版工作经验和原则，是其思想财富的重要组成部分。梳理和总结陈云关于新闻出版工作的论述，阐释其深刻启示，对于总结党的新闻出版工作历史经验，指导并创新新时代新闻出版工作和思想舆论工作具有重要的借鉴意义。

一、新闻出版工作属于意识形态范畴，坚持党管原则，发挥宣传和组织作用

陈云关于新闻出版工作的重要论述和经验体现了对新闻出版工作性质的科学认识和把握。新闻出版工作属于意识形态范畴，是党的工作的重要组成部分。

（一）新闻出版工作属于意识形态范畴

陈云深刻认识到新闻出版工作属于意识形态范畴，是党的思想政治工作的重要组成部分。陈云提出，宣传工作不只是报纸的宣传工作，实际上包括党的整个思想政治工作。他强调："各级党组织都应把思想政治工作认真抓好，都要积极维护思想政治工作部门的权威。""应当把共产主义思想的教育、四项基本原则的宣传，作为思想政治工作的中心内容。"[①]"在加强

① 《陈云文选》第3卷，人民出版社1995年版，第352页。

共产主义思想教育的同时，还要加强爱国主义教育和革命传统教育。”[①]1980年7月，波兰因物价上涨而引发波及全国的工人大罢工。陈云关注波兰事态的发展，由此联想到中国国内的现状，提出：“如果我们经济工作处理得不好，宣传工作处理得不好，有可能发生波兰事件。”[②]12月，他针对《人民日报》内容和编排问题提出了一些意见，指出：“经济工作搞不好，宣传工作搞不好，会翻船的。我讲的宣传工作，不是只讲报纸宣传工作，实际上包括党的整个思想政治工作。并不是说现在报纸宣传工作犯了什么大错误，而是说要把宣传工作搞好。”[③] 这些话，将新闻工作与党的思想政治工作紧密联系在一起。

（二）坚持党管新闻出版工作原则

中国共产党自成立起始终高度重视党的新闻出版工作，并坚持党管原则。1948年6月16日，陈云在出席中共中央东北局例会，讨论东北日报社工作时指出：“报纸是个很重要的武器，影响广泛，作用迅速。用得好，可以打死敌人；用得不好，走了火，也可以打倒自己。报纸办得好坏，主要责任在于领导。领导不会利用报纸，是手工业式的领导。”[④]1985年2月18日，陈云在出席中共中央政治局（扩大）会议时，针对关于经济体制改革的决定中提出的全面地系统地改革宣传问题，表示党的宣传工作“现在也有点乱”，“报纸、电台、电视台的事，中央宣传部要主动地管一下，要一个一个地管才好，不管不行。”[⑤]

针对20世纪80年代一些淫秽书画物品在文化市场中一度有愈演愈烈之势，青少年的身心健康备受荼毒的问题，陈云提出对黄色书刊要严查严办的意见。他强调：“黄色书刊、图片等要和非法刊物一样处理，要严查严办。但先要有一个教育过程（因涉及人太多），经过教育，交出黄色书，也可不予追究。对为首的和教唆犯要严惩。”[⑥] 按照陈云的要求，共青团中央、公安部、教育部联合中共北京市委、团市委成立打击淫秽书刊物品专项小组，研究总结了整治淫秽书画物品的解决方案，并上报中共中央书记处。

---

① 《陈云文选》第3卷，人民出版社1995年版，第353页。
② 《陈云传》（下），中央文献出版社2005年版，第1755页。
③ 《陈云文集》第3卷，中央文献出版社2005年版，第475页。
④ 《陈云年谱（修订本）》上卷，中央文献出版社2015年版，第642页。
⑤ 《陈云文选》第3卷，人民出版社1995年版，第345、346页。
⑥ 《陈云传》（下），中央文献出版社2005年版，第1756—1757页。

经中央批准，中央办公厅下发了《关于淫秽书刊在中学生中流传情况和处理意见的报告》，为各级组织打击淫秽书画物品传播流通提供了指导意见。此后，淫秽书画物品的传播流通得到了有效遏制。

（三）新闻出版工作发挥宣传者和组织者作用

陈云认为，新闻出版是党的重要武器和工具；党的报刊是党和人民的喉舌。报刊既是宣传者，又是组织者，我们要充分发挥它的宣传作用和组织作用。新闻、报刊、广播具有影响广泛、及时有效的宣传效果。他要求各级领导要善于运用新闻出版来指导革命工作和建设工作，要把这个作为一个重要的领导方法。1951 年 2 月 27 日，陈云主持中财委第四十九次委务会议，讨论并通过《关于加强财经工作宣传的初步意见》和贸易部的工作报告。他在发言中指出，报纸具有“大量、迅速、正确”的宣传效果，比开会、出刊物的作用大。各部门首长要善于利用报纸进行财经工作的宣传，并且作为一项领导工作来做。①1989 年 4 月 10 日，陈云为上海《解放日报》创刊 40 周年题词：“实事求是，做党和人民的喉舌。”②

二、新闻出版工作的宗旨是为人民服务，为革命和社会主义建设事业服务

新闻出版工作的对象主要是广大人民群众，不论是宣传党的方针政策、引导公众舆论，还是满足人们的精神需求，都要秉持全心全意为人民服务的宗旨，坚持走群众路线，做到从群众中来到群众去，才能使党的路线、方针、政策为广大人民群众接受，形成强大的政治力量，为革命和社会主义建设事业服务。

（一）新闻出版工作应坚持为人民服务的宗旨

在社会主义建设时期，特别是改革开放以来，陈云反复强调，新闻出版工作要坚持社会主义方向，要全心全意为人民服务。陈云在给许多新闻出版单位题词中，一再强调要为人民服务、为广大读者服务。1985 年 6 月 21 日，他为黑龙江人民广播电台题词：“办好广播电视，为人民服务”；1988 年 2 月 26 日，他为《人民日报》创刊 40 周年题词：“实事求是，全心全意为读者服务”，等等。

---

① 《陈云年谱（修订本）》中卷，中央文献出版社 2015 年版，第 126 页。

② 《陈云年谱（修订本）》下卷，中央文献出版社 2015 年版，第 477 页。

除了在题词中要求新闻出版单位全心全意为人民服务、为读者服务，陈云对新闻出版的日常工作和具体要求也是一以贯之的。1982 年 5 月 8 日，《人民日报》登载了一篇题为《驱除盐碱，还我良田》的文章，陈云读了几遍，仍是没有明白土地盐碱化难题是如何解决的。为此，他于 5 月 11 日向人民日报社提出报纸要为广大读者着想的意见。他说："要是文章前面写个内容提要，把主要的办法用简单几句话列出来，就可以一目了然，节省很多时间。"[①] 陈云始终强调报纸要为读者着想，要多发短小的文章服务读者。这一观点对党的新闻舆论工作具有重要指导意义。

（二）新闻出版工作要为革命和社会主义建设事业服务

在革命战争年代，陈云指出，报纸工作、技术工作要为革命服务，为创建根据地服务。1945 年 11 月，陈云在《对满洲工作的几点意见》的电报中说，要迅速做好我将撤出而国民党将进入的几个城市的工作，要"开展群众运动，创办报纸"，把公开工作与秘密工作正确地结合起来，"为加紧创立广大根据地服务"。[②]

在社会主义建设时期，陈云要求新闻出版单位坚持社会主义方向，为社会主义建设和四化建设服务。如：1984 年 9 月 11 日，他为《科技导报》题词："传播知识，沟通信息，开阔眼界，促进四化"；1987 年 5 月 2 日，他为红旗出版社建社六周年题词："坚持社会主义方向，发展出版事业"，等等。这些题词告诉我们，不论做报纸刊物工作还是做广播电视工作，不论做图书编辑出版工作还是做发行工作，虽然具体工作领域和任务不同，但是方向是一致的，都应坚持社会主义方向，为社会主义建设服务。

三、新闻出版工作的根本任务是宣传马克思主义和党的方针政策，动员群众，传播科学文化知识

新闻出版工作的性质和宗旨决定了新闻出版工作的根本任务就是围绕党和政府的中心工作，宣传马克思主义和党的路线方针政策，传播科学文化知识，为革命和社会主义建设服务。

（一）学习和宣传马列主义和毛泽东思想

陈云经常强调要认真学习和宣传马列主义和毛泽东思想，特别是学习

---

① 《陈云文集》第 3 卷，中央文献出版社 2005 年版，第 477 页。

② 《陈云文选》第 1 卷，人民出版社 1995 年版，第 300、300—301 页。

和宣传马克思主义哲学，是马克思主义的根本。他要求做好马列著作、毛泽东著作的编选和出版工作。1939 年 5 月 17 日，陈云出席中共中央书记处会议，听取并讨论中央宣传部的工作报告。陈云在发言中指出："现在翻译出版了很多马列著作，这是空前的，今后仍要继续出版。每个县县委一级的老干部只有一两个，因此加强党员教育是一个中心问题。各地新党员训练大纲大多偏重于工作教育，缺乏马列主义基本理论的教育，因此特别需要有通俗的理论教育小册子。"①

（二）宣传党的纲领路线、方针政策和优良传统

陈云强调，报纸、杂志等媒体最重要的就是不能在舆论导向上出问题。应该大力宣传党的纲领路线、方针政策，大力宣传革命精神和优良传统，传播催人向上、积极奋进的内容。1948 年 11 月 2 日，沈阳解放。在总结接管沈阳经验时，陈云指出："城市的人有看报习惯，不可一日无报。对我宣传品，各阶层都是字字细读。除安民布告等预先准备好外，可先准备几期报纸稿件，一进城就立即出报。内容首先只能是刊登一些基本政策文件，各种布告和解放区一般新闻，不能一下子苛求内容生动，适合新区群众口味，但转载旧的文件，要有选择。一切布告，必须字斟句酌。"②

新中国成立后，陈云经常阅读《人民日报》《参考要闻》《参考消息》等报刊，收听中央人民广播电台的广播节目《新闻和报纸摘要》等。从这些媒体中了解国内外的信息、动态和知识几乎是他每天必做的一件事。《人民日报》第八版是副刊，刊发文艺、杂感之类的文章。陈云仔细看了一个月的该报副刊，认为消极的东西不少。他有一次开会说："最近我看了较长一段时间，大概三十天的副刊，有二十天都有一些消极的东西。"③按照陈云的意见，中共中央于 1981 年 1 月下发了《关于当前报刊新闻广播宣传方针的决定》，指出，"报刊、新闻、广播、电视，必须严格按照十一届三中全会以来党的路线、方针、政策进行宣传"④，时刻与党中央保持高度一致。

（三）学习和传播科学文化知识

陈云向全党提出，要尽力学习和宣传科学文化知识，包括人文社会科

① 《陈云年谱（修订本）》上卷，中央文献出版社 2015 年版，第 291 页。
② 《陈云文选》第 1 卷，人民出版社 1995 年版，第 376 页。
③ 《陈云传》（下），中央文献出版社 2005 年版，第 1756 页。
④ 《三中全会以来重要文献选编》（下），中央文献出版社 2011 年版，第 29 页。

学和自然科学的知识。他要求，图书报刊都要宣传和普及科学文化知识，广大干部和群众则要重视运用各类知识读物。有些工具书就是最好的先生，我们要借助这样的先生，学习和提高自己的科学文化水平。1949 年 1 月 5 日，陈云在主持沈阳工人代表座谈会时指出："要求学技术，翻译外国文的工业书籍，编写各种工业知识和经验的小册子，这是很好的意见。这些事都应该逐步地尽量办起来。"[①]1988 年 1 月 16 日，陈云为祝贺中国大百科全书出版社成立十周年题词："知识之大成，文化之瑰宝。"[②] 这些都寄托了陈云对图书报刊传播科学文化知识的殷殷嘱托。

做好古籍整理出版是陈云关于新闻出版工作传播科学文化知识作用意见的生动体现。1981 年 4 月，陈云谈整理古籍工作的问题时指出："整理古籍，把祖国宝贵的文化遗产继承下来，是一项关系到子孙后代的重要工作"[③]，"要有一个几十年连续不断的领导班子"，"组成古籍整理出版规划小组，直属国务院"，对现有"古籍的孤本、善本，要采取保护和抢救的措施"，"散失在国外的古籍资料，也要通过各种办法争取弄回来，或复制回来。"[④]9 月 10 日，中共中央书记处开会，讨论同意陈云关于古籍整理工作的谈话要点，并将这个谈话要点改写成《中共中央关于整理我国古籍的指示》，于 17 日作为中共中央文件下发。[⑤]12 月 10 日，国务院决定恢复古籍整理出版规划小组。1983 年 3 月 15 日，陈云将北京大学周祖谟等九位教授建议设立古籍印刷厂的信批转给中央有关领导人，并在批语中写道："整理古籍是一件关系子孙后代的事情，国家应当给予支持。"[⑥]

四、新闻出版工作的基本要求是实事求是、务求实效

陈云强调，新闻宣传要实事求是，要符合实际，要注意宣传的实效。

（一）要实事求是

陈云指出，有些事情，只做，不登报。有些好事，可以表扬，但是要恰如其分。有些好事则不能表扬，以免产生不好的效果。如 1947 年 3 月 22

① 《陈云文选》第 1 卷，人民出版社 1995 年版，第 385 页。
② 《陈云年谱（修订本）》下卷，中央文献出版社 2015 年版，第 462 页。
③ 《陈云文选》第 3 卷，人民出版社 1995 年版，第 289 页。
④ 《陈云文选》第 3 卷，人民出版社 1995 年版，第 290 页。
⑤ 《陈云年谱（修订本）》下卷，中央文献出版社 2015 年版，第 313 页。
⑥ 《陈云年谱（修订本）》下卷，中央文献出版社 2015 年版，第 370 页。

日，陈云致信新华社辽东分社有关同志，答复有关送审的两篇新闻稿件的处理意见，提出以都不发表为好，并阐述了理由。信中指出："关于就消灭敌二十二师一千五百人而编写的辽东军区《发言人谈话》，如在今年一二月时，值得这样写，也值得在报上登，而现在，消灭这些敌人不能算多。可以考虑在这个战役阶段结束时作一个总的谈话发表，那样效果要好些。关于为瓦解敌军而草拟的《告蒋军士兵书》，也不宜在报上发表。因为，对若干蒋军的政治攻势很需要做，但在南满可以进行政治攻势并可能收效的只有滇军，而这尽可在前线写信、散发宣传品。"①1985 年 9 月 23 日，陈云在中国共产党全国代表会议的闭幕会上的讲话中指出，宣传要符合实际。他说："农民中从事农副业致富的，有'万元户'，但只是极少数，报上说得太多，宣传脱离了实际。"②

（二）要正面引导、务求实效

陈云强调新闻出版工作一定要正面引导、务求实效，对工作中发生的缺点、失误，不能随意指责，不要随意扣上"左"或右的帽子，报纸上更不要随意说什么"左"或右，否则会搞得很紧张，不利于安定团结，不利于革命和社会主义建设事业发展。

关于务求实效方面，陈云主张要考虑读者的需要和文化层面，采取相应的形式和手段。如 1929 年 11 月 24 日，陈云在《江苏农民运动的趋势和今后的斗争》的报告中说："在农村进行宣传工作，要注意农民能接受的程度，多用壁报、图画、歌曲来宣传。"③

新闻出版工作要以正面引导为主，不随意使用"左"或右的定性，以利于社会安定团结。1990 年 5 月 25 日，陈云在写给中共中央顾问委员会常委的信中指出："一九八九年的这场风波，是建国以来没有发生过的非常复杂的政治事件，也是我们党内在特定历史条件下的一场特殊的政治斗争。当时中央常委有两种不同的声音，加上中央有些报纸进行了错误的宣传，使得中央和地方的不少领导同志都不了解真实情况。"④可见，新闻出版方面的有所分辨、正面引导对于维护安定团结和社会主义现代化建设大局具有至

① 《陈云年谱（修订本）》上卷，中央文献出版社 2015 年版，第 612 页。
② 《陈云年谱（修订本）》下卷，中央文献出版社 2015 年版，第 434 页。
③ 《陈云文选》第 1 卷，人民出版社 1995 年版，第 7 页。
④ 《陈云文选》第 3 卷，人民出版社 1995 年版，第 369 页。

关重要的作用。

关于社会风气的正面引导问题，陈云强调要大力弘扬积极向上的思想、抵制落后腐朽思想。1985 年 3 月 13 日，陈云同中共中央纪律检查委员会负责同志谈话时指出："要整顿小报。小报上所登的乱七八糟的东西，腐蚀干部、腐蚀青年。把青年的思想和兴趣引向这些乌七八糟的方面，也会亡党亡国。解决这个问题，要树立中宣部的权威。中宣部要管电台、电视台、报纸和文艺。"①

（三）要加强编辑工作

对于新闻出版行业的具体编辑出版工作，陈云也给予了高度关注和热切指导，充分体现了他严谨、认真、科学的精神。

关于新闻稿，他常常以"假如我是读者""假如我是很忙的读者"的身份向重要党报党刊提出意见，反映新闻稿要短小精悍，适当辅以标题、提要，让读者一目了然。1980 年 12 月 29 日，他通过秘书向人民日报社负责人转达了一些意见，指出："长文前面加提要，文内插小标题，分一、二、三，做好编辑工作，这是很重要的问题。……《人民日报》发表了很多好文章，但是有些太长，很多人没有看，很可惜。如果加一个提要，标一些小标题，文内分一、二、三，人家忙了也可以看一个要点。"②

他在指导编选反映革命等重要题材的著作时，也倾注了相当多的心力。他要求坚持历史唯物主义，要求多花一些时间以全面、准确反映历史面貌，要求送中央有关领导或领导机关把关，并服从其决定。如 1983 年 8 月上旬，他就《辽沈决战》一书的编辑方针和方法问题同秘书进行了八次谈话，并根据这些谈话整理的书面意见定稿。

五、陈云关于新闻出版工作论述的启示

新闻出版工作是党的思想政治工作的重要组成部分，在党领导的革命、建设和改革开放中发挥了不可替代的重要作用。陈云关于新闻出版工作的重要论述和宝贵启示，对丰富党的新闻出版理论与实践作出重要贡献。

一是要高度重视新闻出版工作。新闻出版工作属于意识形态范畴。党

---

① 《陈云年谱（修订本）》下卷，中央文献出版社 2015 年版，第 428 页。

② 《陈云文集》第 3 卷，中央文献出版社 2005 年版，第 476 页。

领导革命、建设和改革开放伟大事业取得胜利和辉煌成就离不开新闻出版。陈云长期主管党建和经济工作，始终高度重视新闻出版工作对党建、经济工作的作用。

二是要牢牢把握新闻出版工作的宗旨使命。新闻出版工作的宗旨使命就是为人民服务，为革命和社会主义建设事业服务。陈云在给很多新闻出版单位的题词中，在日常工作中，都要求新闻工作牢牢把握全心全意为人民服务、为读者服务、为革命和社会主义建设事业服务的宗旨。在市场经济大潮的冲击下，新闻出版也存在过于追求经济效益、淡忘宗旨使命的风险，有些新闻出版工作者宗旨意识、社会责任感下降，不能把党的路线方针、政策及时准确地传递给群众，不能发挥党和政府密切联系人民群众的桥梁纽带作用。因此，更需要我们从陈云关于新闻出版工作论述的启示中找寻宗旨的初心。

三是始终聚焦新闻出版工作的根本任务。在新的历史条件下，党的新闻出版工作面临的对象、范围、方式、渠道等都发生了很大变化，但是不管如何变，包括新闻出版工作在内的宣传思想工作的根本任务始终没有变。2013 年 8 月 19 日，习近平在全国宣传思想工作会议上发表重要讲话，提出“要巩固马克思主义在意识形态领域的指导地位，巩固全党全国人民团结奋斗的共同思想基础。”[①] 这就是新时期宣传思想的根本任务。在社会主义市场经济条件下，面对包括出版业在内的思想文化领域的产业化转向，面对急遽变化的社会现实，始终不变的是社会主义意识形态的根本立场，宣传党的纲领、路线、方针、政策和优良传统，学习和传播科学文化知识，要实事求是、正面引导，高标准高质量推进新闻出版工作，最大限度地保障广大人民文化利益的实现。

随着信息技术以及互联网技术的不断发展，我们已经进入了大众传媒时代，新闻出版工作的内容大大丰富了，同时，也增加了新闻出版工作的复杂性和艰巨性。面对全新的媒体时代，我们要在继承陈云关于新闻出版工作重要论述精神和经验的基础上，以习近平关于新闻舆论工作的重要论述为指导，遵循新闻出版工作规律，力求在形式、业态、内容、手段、机制、理念、方法、体制、体裁等方面有所创新，不断提升新闻出版工作的

① 《习近平谈治国理政》第 1 卷，外文出版社 2018 年版，第 153 页。

影响力、传播力、公信力、引导力，为实现中华民族伟大复兴中国梦作出应有贡献。

（作者单位：中国社会科学院当代中国研究所）

陈云与我国非物质文化遗产保护

叶明勇

党的十六大提出“文化体制改革”的任务，十七大将“文化软实力”写入大会报告。“文化体制改革”里包含的一个重要内容是非物质文化遗产保护。陈云作为党的第一代和第二代中央领导集体的重要成员，虽然他的主管领域是经济方面的工作，但是，他的一生中也曾和文化领域、非物质文化遗产保护工作发生过联系。以往有些文章曾提及陈云这方面的工作，但从文化体制改革层面、从非物质文化保护角度，还没有人论及。本文尝试从文化角度对陈云所做的工作做一个梳理，旨在对我国当前在新常态下进行深化改革与整个社会结构转型、产业升级有所裨益。

一、陈云与苏州评弹艺术

在《国务院关于公布第一批国家级非物质文化遗产名录的通知》里，被列入我国非物质文化遗产“曲艺”项目的共计 46 项，第一项就是苏州评弹。

陈云对苏州评弹这一国家级非物质文化遗产的保护与传承的贡献是多方面、多层次的。

首先，陈云作为苏州评弹的爱好者，收集、保存了许多优秀的传统评弹唱片，为评弹这一国家级非物质文化的传承作出了很大贡献。1961 年 5 月 6 日，陈云在北京同上海市人民评弹团团长吴宗锡谈话时提到，一年多来，他听了 1700 多回书，听过的书都作了笔记，包括每回书的时间、内容梗概、特点和问题等。[①] 这都是今天研究评弹的难得文字资料。1984 年 4 月 4 日，陈云在写给何占春的信中说：我要复制徐文萍唱的《秋思》，听说上海台没有这一唱段，现将我存的徐文萍《秋思》和《私吊》在杭州台录了

① 本刊编辑部：《陈云与评弹界交往纪事（上）》（1958 年秋—1966 年 4 月），《党的文献》2012 年第 4 期。

一次，请你在上海台保存。[①]2004年苏州成立评弹博物馆，陈云夫人把陈云一生陆续收藏的560余盒评弹音像资料捐献出来，其中有不少鲜为人知的曲目。[②]

其次，评弹艺术是一种很特殊的传统表演形式，优秀艺术家通过口传心授才能确保评弹的精髓代代相传。陈云作为党和国家领导人，在他一生中，只要有可能，总是对那些优秀艺术家百般关心和呵护，对他们的关爱也就是为非物质文化遗产的薪火相传保存了火种。比如，1960年春，苏州评弹团副团长颜仁翰以及评弹老演员徐云志、周玉泉应约拜见陈云。谈完评弹方面的情况后，陈云特意留他们吃四菜一汤的午饭。饭后陈云的夫人于若木还亲自为他们每人削了一个苹果。当时正值困难时期，受此殊遇，徐、周两位老艺人感动得热泪盈眶，说“封建社会王周士御前弹唱也没有这样高的待遇”。[③]1962年3月14日，陈云写信给吴宗锡说：你2月22日来信说到，最近一些主要演员的健康状况都比较差些，是否演出过多？是否副食品长期不足营养差了？这是应该有长期打算的一个问题。[④]1978年6月26日，陈云前往文化部招待所看望病中的评弹演员徐丽仙。当知道徐丽仙回上海后想开个告别演唱会后说：你要以治病养病为主，身体好了以后还可以唱。工作重要，但是身体更重要，保养好身体将来才能做更多的工作。[⑤]同年夏天，徐丽仙因舌底癌在北京治疗。得知这一情况后，陈云与文化部，华君武等冒着酷暑亲临探望。1982年春，陈云了解到评弹伉俪张如君、刘韵若在杭州演出结束后还需自己生炉子烧饭，多次提到“怎么，‘张、刘档’自己烧饭的?!”为了给他们增加营养，陈云特地请张、刘二人吃了两顿饭以改善他们的伙食。[⑥]

最后，陈云终其一生，对苏州评弹这一国家非物质文化遗产予以积极

---

① 本刊编辑部:《陈云与评弹界交往纪事（下）》(1977年5月—1995年5月),《党的文献》2012年第5期。

② 廖奔:《陈云同志与评弹》,《光明日报》2005年6月3日。

③ 何其亮:《个体与集体之间：二十世纪五六十年代的评弹事业》，商务印书馆2013年版，第151页。

④ 本刊编辑部:《陈云与评弹界交往纪事（上）》(1958年秋—1966年4月),《党的文献》2012年第4期。

⑤ 本刊编辑部:《陈云与评弹界交往纪事（下）》(1977年5月—1995年5月),《党的文献》2012年第5期。

⑥ 江浙沪评弹工作领导小组办公室编:《陈云同志和评弹艺术》，江苏文艺出版社1994年版，第272页。

肯定，在实践和理论方面给予评弹界以有力的支持和指导。1959 年 11 月 13 日，陈云在杭州同浙江省文化局副局长李碧岩等人的谈话中指出：在曲艺中，像评弹那样有很强感染力的，是少有的。传统书不少是好的，是经过多少代艺人精心锤炼的。对传统书，要逐步进行整理。评弹节目更多，群众基础就更好了，评弹才有了真正的发展。他的谈话里既谈到传统艺术首先要传承，也要有所发展。陈云列举出清嘉庆、道光年间的评弹艺人俞秀山，清咸丰、同治年间的评弹艺人马如飞的例子后说，他们所开创的流派唱腔，在继承旧的传统时进行了大胆创新。刚开始时曾遭到不少人的反对和歧视，到后来却深受听众的欢迎和喜爱，并将其所创的流派唱腔称为俞调、马调。①

1960 年 1 月 20 日，陈云在和评弹界艺术家的一次座谈中，对整理传统评弹书目谈了以下意见：在内容上，要去其有害部分，保留精华部分和无害部分，压缩烦琐的部分。对原来的书回可以而且应该有必要的改编和精简，但要防止反“历史主义”的错误。在方法上，应该边改边说，总结经验，逐步改好。总之，通过整理传统书目，希望达到以下目的：思想上，精华突出，主题明确；结构上，能长能短，前后连贯；艺术上，既要严肃，又要活泼。这就将非物质文化遗产的传承、保护和发展向系统化、理论化做了有力的推进。同年 2 月 2 日、3 日，陈云在苏州同江苏省文化局、苏州市文化局领导、苏州市评弹团团长曹汉昌、副团长颜仁翰等座谈时，重申了以上意见，他说：传统书目要整理。学传统书，可以全部学下来，但演出要经过整理。②

1960 年 4 月 18 日，陈云在上海同吴宗锡、颜仁翰谈话时说：青年演员要学习文化，熟悉历史、地理知识，这对评弹工作十分重要。培养训练青年演员的方法，要有集中、有分散，要有全面观点，把培养人才作为评弹界共有的财富。同年 6 月 5 日陈云写信给吴宗锡，信中说：送给上海人民评弹团一册《简明中国通史》、一本《中国分省地图》、一部《辞源》。其中，地图和《辞源》还是我用过的旧本子。送这几个本子的意思，是想引

---

① 本刊编辑部：《陈云与评弹界交往纪事（下）》（1977 年 5 月—1995 年 5 月），《党的文献》2012 年第 5 期。

② 本刊编辑部：《陈云与评弹界交往纪事（下）》（1977 年 5 月—1995 年 5 月），《党的文献》2012 年第 5 期。

起朋友们对于历史和地理进行考查核对的兴趣。[①]

陈云多次对传统曲目作出肯定性评价。比如，1960 年 12 月 22 日，他在北京同中央人民广播电台文艺部负责人谈话时说，最近听了十几段录音，印象是传统节目比较好，生动活泼，生活气息浓厚。12 月 24 日，陈云在和中国曲艺工作者协会副主席陶钝谈话时又说，现在的新书比传统书的艺术水平低、吸引听众的力量差，原因何在？主要是新书的艺术加工不够。传统书是艺人积累几十年以至数代的经验不断加工而成的。[②]

对于评弹的传承，陈云也积极出主意想办法。1961 年 3 月 1 日，陈云写信给吴宗锡说：找些艺人写些说书经验是很有用的，如果能写上四五篇，可以出本小册子，这对于评弹艺人特别是青年艺人是很有帮助的。5 月 6 日，陈云在北京同吴宗锡谈话说：要研究评弹的历史。要欢迎研究文学、戏剧、音乐的同志来研究评弹，请他们帮助，这对评弹是有好处的。要发动评弹艺人写说唱经验。要努力提高演员的文化水平，包括地理、历史知识。要扩大眼界，增长见识，尽可能地让他们到处走走。6 月 9 日，陈云同中央人民广播电台和北京市文化局有关负责人谈话时，敦促说：传统曲艺团应招收新学员，一些著名曲艺表演艺术家都没有配手和一个正式的学生，他们的艺术如果不能继承下来十分可惜。他建议曲艺演出应该打字幕，唱词应该编成集子出版，这对观众欣赏有好处。[③]

除此之外，陈云还建议评弹艺术应该“走出去”。1961 年 7 月 18 日，陈云在苏州同中共苏州市委书记王人三、苏州市评弹二团团长朱霞飞及评弹作家潘伯英、邱肖鹏等谈话，指出：评弹应该经常到北方去演出，一方面扩大影响，同时也是提高艺人文化水平、开阔眼界的一种方法。还要让他们多读些小说，多看些书画。希望苏州和上海合作培养出更多更好的演员。正是在这次谈话后，在陈云的亲自过问下，经江苏省委和苏州市委同意，在苏州市文化局主持下，开始筹建苏州评弹学校。陈云为学校题写了

---

① 本刊编辑部：《陈云与评弹界交往纪事（下）》（1977 年 5 月—1995 年 5 月），《党的文献》2012 年第 5 期。

② 本刊编辑部：《陈云与评弹界交往纪事（下）》（1977 年 5 月—1995 年 5 月），《党的文献》2012 年第 5 期。

③ 本刊编辑部：《陈云与评弹界交往纪事（下）》（1977 年 5 月—1995 年 5 月），《党的文献》2012 年第 5 期。

校名。后来，著名评弹演员蒋月泉、严雪亭、周云瑞、杨振雄、唐耿良和曹汉昌等分别到该校授课，该校为培养评弹专业人才作出了重要的贡献。[①]1982 年 3 月 24 日，陈云在苏州南园饭店会见苏州评弹学校师生代表，鼓励他们说：要大力提倡说表功夫。要有事业心，评弹是有希望的。1986 年、1987 年，陈云多次到该校观看汇报演出[②]。

“文化大革命”结束后，陈云就找评弹界人士谈话，想尽快了解评弹界的状况。1977 年 5 月 16 日，陈云在杭州多次同苏州市评弹团演员谈话，了解苏州市评弹团的人员、书目、演出、经费等各方面的情况，特别问到他熟悉的评弹演员徐云志、周玉泉等十几个人的近况。7 月上旬，陈云接连四次观看上海评弹团的演出，他强调要恢复评弹在文艺界的地位。他还说，评弹过去主要在大城市。评弹也要下厂、下到农村去演出。[③]

对于抢救和保护评弹艺术，陈云也提出了一些具体有效的措施。1977 年 11 月 5 日，他写信给上海市文化局副局长李太成说：同意有计划地将一些老艺人的书目、艺术经验，加以录音、记录，否则确有失传的可能。他赞成挑选一部分对当前搞长篇及艺术教育有借鉴作用的书目，进行翻录。1978 年 7 月 22 日，他又在写给吴宗锡的信中指出：闭目不理有几百年历史的传统书，是一种历史虚无主义。只有既说新书，又努力保存传统书的优秀部分，才是百花齐放。[④]

到了 20 世纪 80 年代，由于市场经济大潮的冲击，传统艺术不免受到冷落。陈云敏锐地感觉到培养传承人的重要性。1980 年 5 月上旬，陈云在杭州观看上海评弹团姚荫梅演出的弹词《双按院·智释马山》。演出结束后陈云对姚荫梅说：现在评弹事业青黄不接，要抓紧培养接班人。脚本要保存好，可以传给下一代。不过，演出仅靠脚本是远远不够的。现在有了录音，听录音学说书比单读脚本要好。学生跟教师边听边学更好。1981 年 4 月 5 日，陈云在上海同吴宗锡谈话时指出：对于你们来说，出人、出书、

---

① 金坡：《出人、出书、走正路：陈云与评弹艺术关系探微》，《江西师范大学学报（哲学社会科学版）》2014 年第 2 期。

② 本刊编辑部：《陈云与评弹界交往纪事（下）》（1977 年 5 月—1995 年 5 月），《党的文献》2012 年第 5 期。

③ 本刊编辑部：《陈云与评弹界交往纪事（下）》（1977 年 5 月—1995 年 5 月），《党的文献》2012 年第 5 期。

④ 本刊编辑部：《陈云与评弹界交往纪事（下）》（1977 年 5 月—1995 年 5 月），《党的文献》2012 年第 5 期。

走正路，保存和发展评弹艺术，这是第一位的。①

1983 年 5 月 17 日，陈云在上海同何占春、冯忠文谈话，了解评弹节目录音保存及评弹界现状和管理体制等方面的情况。1984 年 4 月 1 日，陈云在杭州同吴宗锡谈话说：上海在青浦开了有五百多人参加的评弹会议，目的是提高艺人的自觉性，加强书场和艺人的合作，增进互相理解，这个做法是对头的。对于由江、浙、沪两省一市的文化厅（局）共同组成一个评弹工作领导小组的建议，陈云也给予肯定和支持。②

在生命最后几年的岁月，陈云仍然十分关心评弹的现状。比如，1990 年 4 月 22 日，他在杭州同吴宗锡、周良、施振眉、何占春谈话，询问评弹的演出、书目、队伍以及姚荫梅、张鸿声、杨振雄、曹汉昌、汪雄飞、魏含英等老艺人的情况。1992 年 6 月上旬，陈云还向吴宗锡询问听众对长篇弹词《西厢记》的反映。1994 年 3 月 10 日，陈云写信给何占春，安排录音节目和退还录音胶带，并随信送给评谈演员吴子安一个条幅。③

在陈云的长期关怀支持下，传统的评弹艺术在新的历史时期终于老花绽新蕾，萌发出生机。国家和地方政府对评弹艺术实施的一系列保护与振兴措施已经取得成效，评弹书场在苏浙沪城乡已如雨后春笋，演出场次不断增加，据《光明日报》2005 年报道，苏州市评弹团连续每年演出场次均在 6000 场以上，许多能编能演、自编自演的中青年演员涌现出来。④

二、陈云与中华老字号

陈云在主管全国经济领域的工作中，也和非物质文化遗产的保护与发展产生过交集，这就是中华老字号的问题。陈云提到和调查过的老字号企业，有许多现已进入我国第一批和第二批国家级非物质文化遗产名录。比如，第一批第八项“传统手工技艺”类的张小泉剪刀⑤、王麻子菜刀、王星

① 本刊编辑部：《陈云与评弹界交往纪事（下）》（1977 年 5 月—1995 年 5 月），《党的文献》2012 年第 5 期。

② 本刊编辑部：《陈云与评弹界交往纪事（下）》（1977 年 5 月—1995 年 5 月），《党的文献》2012 年第 5 期。

③ 本刊编辑部：《陈云与评弹界交往纪事（下）》（1977 年 5 月—1995 年 5 月），《党的文献》2012 年第 5 期。

④ 廖奔：《陈云同志与评弹》，《光明日报》2005 年 6 月 3 日。

⑤ 《国务院关于公布第一批国家级非物质文化遗产名录的通知》（国发〔2006〕18 号）。序号：388。编号：Ⅷ -38。项目名称：张小泉剪刀锻制技艺。申报地区或单位：浙江省杭州市。

记扇子，第九项“传统医药”类的同仁堂；进入非物质遗产名录的还有全聚德、东来顺、六必居、都一处、天福号、致和酱园等。其他如瑞蚨祥、恒源祥、宝大祥、协大祥、商务印书、练塘恒丰祥百货店、寿春堂药店等也是为百姓耳熟能详的老字号。

这些中华老字号是怎么进入陈云视野的呢？新中国成立伊始，在资本主义工商业全行业公私合营的热潮中，由于存在过急、过快和过粗的问题，公私合营后中华老字号产品质量下滑，便是其中的重要问题。1956 年元旦刚过，北京在国药业行业率先出现全行业公私合营热潮。1 月 10 日，北京市人民政府宣布 17963 户私企被批准实行公私合营，其中包括同仁堂、东来顺、全聚德等老字号。有些私人老字号的工商业经过社会主义改造，成为公私合营或国营企业后，不仅产品品种减少了，而且质量下降非常明显。当时的报纸这样描写东来顺的涮羊肉：肉盘子端上来，肉片一团一团的，放到锅里不是一条条，是一块块的，送进嘴里嚼不烂，咽不下；作料也差了，酱油不甜，芝麻酱粘舌头，辣椒油有时竟换成白水拌的辣椒末；佐食品也差了，从前的糖蒜，用手去皮，指上黏糊糊的，像是沾了一手蜜，味道又香又甜，现在的糖蒜好像从水缸里淘上来，清清淡淡的，又辣又苦。和北京一样，苏浙沪地区的老字号也出现了同样问题。张小泉剪刀、王星记扇庄等出现了产品质量下降、管理不善等一系列问题。其他城市的老字号产品也出现了类似的问题。如江西南昌的黄庆仁栈药店公私合营后，商店一些独特的洗、润、泡、切、蒸、煮、炒等制药方法和加工技术都没有得到很好的继承，药品质量直线下滑。公私合营后老字号产品的质量下降问题以及由此引发的群众不满，引起了陈云的高度重视。

为了分析和解决老字号产品质量问题，陈云在各地市场采取典型案例调查法着手调查。在北京，陈云选取东来顺和全聚德两家有代表性的老字号饭庄进行了重点调查。他观察市场、听取意见，看老字号产品的供应情况和变化动态，掌握了大量的第一手材料。东来顺始建于 1903 年，创始人是河北沧州人丁德山，业务以涮羊肉为主。全聚德创建于 1864 年，业务以烤鸭为主，烤鸭鲜美酥香，肥而不腻，瘦而不柴。和上文提到的东来顺菜品质量急剧下降一样，全聚德实行公私合营后，群众也反映全聚德烤鸭不如以前好吃。通过调查，陈云总结出老字号产品质量下降的原因。1956 年 1 月 25 日，陈云在第六次最高国务会议上发言，明确指出东来顺涮羊肉不如公私合营前好吃的具体原因："北京有个'东来顺'，涮羊肉很有名，现在不好吃了。为什么呢？就是因为我们轻易地改变了它的规矩。它原先只用三十五斤到四十二斤的小尾巴羊，这种羊，肉相当嫩。我们现在山羊也给它，老绵羊也给它，冻羊肉也给它，涮羊肉怎么能好吃？"[①]陈云进一步指出，东来顺涮羊肉不好吃的另一个重要原因是原料的进价不合理，违背了经济规律。"羊肉价钱原来是一斤一块二角八，合营以后要它和一般铺子一样，统统减到一块零八，说是为人民服务，为消费者服务。这样它就把那些本来不该拿来做涮羊肉的也拿来用了，于是羊肉就老了。本来一个人一天切三十斤羊肉，切得很薄，合营后要求提高劳动效率，规定每天切五十斤，结果只好切得厚一些。羊肉老了厚了，当然就不如原来的好吃了。"[②]在谈到老字号全聚德的烤鸭产品时，陈云又一次指出原料问题，说："又如北京'全聚德'用的鸭子，原来从小喂起，大概要喂一百天左右，饲料主要是绿豆和小米，粮食统购统销以后，给它劳改农场养的老鸭子，烤的鸭子就不好吃了。"[③]

陈云还在老字号比较集中的苏浙沪等地通过各种方式进行了一系列调查。1956年4月底至5月初，陈云在上海主持召开苏浙闽沪三省一市对资改造汇报会议时，委托松江地委找到练塘区委书记韩世泰，要求他携带练塘区经济和供销社方面的资料以及老朋友、老熟人、老邻居的材料，到上海参加陈云召开的关于公私合营问题的座谈会。参加这次调查会的还有区供销社支部书记、主任陈海生，练塘镇党委书记沈伯华等，也包括资本家代表元康南货店经理曹修仁等，以及陈云家邻居叶鹏年等普通百姓，调查的客体选择面较为广泛。值得一提的是，在这次调查中，陈云还运用了问卷调查法。调查会结束后，陈云的秘书周太和发了七张表格给陈海生填写，主要内容是：公私合营后老店名保留的有几个；国营和私营经济的比例安排；国营经济和私营经济的税收情况；国营经济、公私合营经济、合作经济、个体户经济的比例、流动商贩的营业额及经济安排；国营、私营、合作商店的从业人员分配水平、工资多少；资本家愿意自力更生、自食其力的情况；公私合营、合作经济、个体经济企

① 《陈云文选》第2卷，人民出版社1995年版，第296页。

② 《陈云文选》第2卷，人民出版社1995年版，第296页。

③ 《陈云文选》第2卷，人民出版社1995年版，第296页。

业中党员数和群众比例问题。[1] 通过调查，陈云提出社会主义改造完成的政策目的是为人民谋幸福，必须重视老字号产品的质量问题，将老字号产品的质量问题上升到工作目的的高度来认识。他反复强调："不论工业、商业，都要想尽一切办法保持原来好的品种和质量"[2]，"必须使消费品质量提高，品种增加，工农业产量扩大，服务行业服务周到，而决不是相反。"[3]

在调查清楚中华老字号质量问题后，陈云在保护这些如今被列入国家非物质文化遗产的老字号上采取了一整套切实可行的措施和办法。

第一，陈云肯定了老字号质量管理经验的合理性。他明确指出："对一切已经批准了公私合营的企业中，原有的制度，包括进货办法、销货办法、管理制度、会计制度、工资制度，暂时原封不动地保留下来，不要改变。"[4] 正是基于这种认识，陈云于 1956 年 2 月 8 日指出，"规定半年内一般仍按照原有的生产经营制度或习惯进行生产经营"，建议在文件中加一条规定，即"私营工商业和手工业在社会主义改造中，都必须保持产品质量和经营品种，对于已经降低了质量的产品和已经减少经营的品种，必须迅速恢复。所有合营的工厂商店和手工业合作组织，都必须指定经理或一位副经理专管产品质量和经营品种的工作，保证不降低质量，不减少花色品种。"[5]

为了保证公私合营后产品的质量不下降，品种不减少，陈云提出老字号应在一个时期内照旧维持原有的生产方式、经营方法，以免改掉以前好的东西。许多老字号产品历经百年的口碑考验，形成了一整套的质量监督体系和管理体系。这些体系虽然是在商业运作过程中自发积淀而成，较少理论依据，但行之有效。比如东来顺挑选羊肉就很精细，光买"秀气肥"，而且还光买"黄瓜条"、大三岔、小三岔、上脑。他们请的切肉工人手艺都比较好。火锅也与众不同，烟囱高一截，火旺水沸，一涮就变色。作料也

---

① 沈善良主编，陈云故居暨青浦革命历史纪念馆编：《走近陈云——口述历史馆藏资料辑录》，中央文献出版社 2008 年版，第 155—158 页。

② 《陈云文选》第 2 卷，人民出版社 1995 年版，第 296 页。

③ 《陈云文选》第 3 卷，人民出版社 1995 年版，第 12 页。

④ 《陈云传》(下)，中央文献出版社 2005 年版，第 985 页。

⑤ 《陈云传》(下)，中央文献出版社 2005 年版，第 987 页。

都是自己特制的，酱油是搁冰糖制的。泡糖蒜也有自己的一套方法。[①]

第二，老字号的产品并非单纯的“产品”，它们更体现出中华民族优秀工商业文化的精髓。因此，陈云力主公私合营后保留老字号原有的牌子。如北京绸庄瑞蚨祥的店名，在祥瑞吉庆的表面含义之外，还有着“青蚨还钱”的深刻寓意。上海绒线大王恒源祥的店名来自对联“恒源百货，源发千祥”，“恒”取其于恒古长存，“源”取其源源不断、生生不灭，“祥”是吉祥如意[②]。很多老字号牌匾则是文化意蕴深厚的文人墨宝，以北京的老字号牌匾来说，相传六必居为严嵩所题；全聚德、都一处为乾隆所题；天福号为翁同龢所题；致和酱园为孙家鼐所题。公私合营后，有一种看法认为既然公私合营了，作为封建社会标志物之一的“字号”就应该彻底消失，改为统一编号。在老字号的“字号”存废问题上，陈云力主保留老字号原有的牌子，不能变换。他说：“原有工厂和店铺的招牌是不是需要改掉？我看最好把它保存下来。如果统统改掉，编成号头，使人搞不清楚，还不如‘瑞蚨祥’、‘全聚德’等各种各样的牌子挂着好一点。”[③] 同样，对于他早年曾工作过的上海“商务印书馆”招牌保留问题，他明确指出：“商务合营后，商务印书馆五个字要保留，即使将来进入国营，商务这块招牌也不能丢，因为商务印书馆在国内外都有崇高的声誉。”[④] 在上海进行调查时，他又说：“一个老店出了名不容易，不是一朝一夕就能出名的。这个名应该‘扬’。例如，宝大祥、协大祥在香港、国际上都有名。不要把店名都改成东方红、红旗、向华等等。练塘恒丰祥百货店名、寿春堂药店名都应该保留下来。”[⑤] 这些看法都反映了陈云深知老字号品牌的可贵，也说明，品牌包含着历史赋予的商业记忆和不可再生的经济价值，建立一个品牌非一时一日之功，但毁坏一个品牌却很容易。

第三，应该高度重视对合营后私营工商业、手工业的原料供应问题。陈云指出，“没有好的原料，造不出好东西。如去年纸烟不好，就是因为没

---

① 王惠平、范荣康：《让东来顺的涮羊肉更好吃》，《人民日报》1956 年 2 月 5 日。

② 吴基民：《绒线大王恒源祥在公私合营前后》，《世纪》2006 年第 3 期。

③ 《陈云文选》第 2 卷，人民出版社 1995 年版，第 287 页。

④ 沈善良主编，陈云故居暨青浦革命历史纪念馆编：《走近陈云——口述历史馆藏资料辑录》，中央文献出版社 2008 年版，第 150 页。

⑤ 沈善良主编，陈云故居暨青浦革命历史纪念馆编：《走近陈云——口述历史馆藏资料辑录》，中央文献出版社 2008 年版，第 157 页。

有好烟叶。别的东西也一样。”[①]这句话看似简单，却体现出他对市场微观主体的尊重和对市场规律的深刻把握。在保证原料供应的具体操作方法上，一是重新协调公私合营后，恢复原来的工商企业之间被人为割裂的原来的供销协作关系。全行业公私合营断绝了原有的供销关系，而国营工商企业又尚未掌握或者掌握的货源不足，质量不统一，从而产生了供应失调现象。1956 年 5 月初，陈云在上海主持召开苏浙闽沪三省一市对资改造汇报会议时指出，好产品要供应好原料，如无好原料，宁缺毋滥。二是要注意国家计划和市场调节的关系。陈云明确指出：“我们的国家计划，无论长期计划或者年度计划，对于日用百货、手工业品、小土产，都只是把个别品种列入国家计划。此外，都不规定产品品种计划。”在此基础上，陈云提出通过国家计划的宏观调控来指导微观的企业行为，引进激励机制，如对百货中的一部分，“国家不再统购包销。好的，国家要；不好的，就不要。这叫‘将’你一‘军’。不好的不要，就要跌价，跌价工厂就要亏本。一亏本，工资都发不出，管理人员就要动脑筋，想办法提高质量，增加品种。”[②]

第四，注重老字号内部人力资源与产品质量之间紧密相连的关系。公私合营后，一些老字号原先好的做法，如择优使用人才、严谨治店的好传统不见了。陈云认为“这事由工厂、商店的经理或副经理来担任，并且大体上可以由工商界原来负责这一工作的人来担任，因为他们比政府干部懂得多，是内行。”[③]公私合营后，一些地方对有管理经验的资方人员和身怀绝技的老师傅在安排和使用上有所冷落，不利于老字号传统技艺的传授。陈云认为在公私共事关系中一定要重视资方人员的作用，“不应该让有经营能力的资方实职人员坐‘冷板凳’，而要尽可能地使用他们。”[④]“公私合营企业里面的公股代表，要提高本领，不懂就要学习，否则就站不住脚。首先要把生产抓好，特别要抓好降低成本，提高质量”，“所有的资方实职人员，应该全部安置”[⑤]。不仅如此，陈云还提出“对商品的设计人员，像工厂的工程师，时装店的设计师，要给予奖金。”[⑥]这

① 《陈云文选》第 2 卷，人民出版社 1995 年版，第 301 页。
② 《陈云文选》第 2 卷，人民出版社 1995 年版，第 301 页。
③ 《陈云文选》第 2 卷，人民出版社 1995 年版，第 301 页。
④ 《陈云文选》第 2 卷，人民出版社 1995 年版，第 287 页。
⑤ 《陈云文选》第 2 卷，人民出版社 1995 年版，第 288、287 页。
⑥ 《陈云文选》第 2 卷，人民出版社 1995 年版，第 301 页。

样，有利于调动他们的积极性，发挥他们的才智，设计出受群众欢迎的产品。

在陈云的努力下，公私合营后老字号的产品质量在一定时期内获得了较好的改善，保持了品牌的美誉度。虽然在当时资本主义全行业公私合营的热潮中，陈云的这些意见在各地的实际工作贯彻执行情况不一，但是，我们今天看来，陈云的这些努力仍然很有意义。经过改革开放后市场经济的洗礼，那些中华老字号重新焕发青春，向全世界人民展示了它们一流的产品质量和精美工艺，以及内在文化魅力。

陈云生活的年代虽然还没有正式提出“非物质文化遗产”的概念，但是，在我们今天看来，他当年为苏州评弹和中华老字号的保护和发展所作出的不懈努力，无疑就是实实在在对我国非物质文化遗产保护作出的贡献。他的思想和行动已经成为我们宝贵的精神财富，值得我们不断学习和发扬光大。我们今天回顾陈云这些历史事迹，对于当前我国在经济新常态下进行的深化改革与整个社会结构转型、产业升级都有十分重大的现实意义。

（作者单位：中国社会科学院当代中国研究所）

陈云指导第二个历史决议起草的思想基础与来源

宋月红

《关于建国以来党的若干历史问题的决议》（以下简称第二个历史决议）的通过，标志着党在指导思想上实现了拨乱反正，科学解决了如何正确评价毛泽东的历史地位和毛泽东思想的科学体系这一重大历史课题，实现了全党在坚持和发展毛泽东思想基础上的意志的统一。这是党在新的历史条件下恢复和贯彻马克思主义思想路线的一种必然。第二个历史决议起草前后，陈云的思想认识与工作实践，不仅为确立这一历史决议起草的政治前提与思想基础作出了历史贡献，而且他提出的若干指导性意见，直接影响了决议内涵与形式的形成。

一、第二个历史决议确立毛泽东的历史地位、坚持和发展毛泽东思想，需要通过写党的60年历史，全面概括毛泽东的历史贡献

毛泽东对中国革命和建设的最主要的理论贡献，就是以他为代表，创立和发展了毛泽东思想。毛泽东思想是马克思主义中国化的第一次飞跃和第一个科学理论成果。然而，在改革开放前后的中国思想领域，一方面，开展关于真理标准问题大讨论，抵制“两个凡是”，推动了解放思想、实事求是的马克思主义思想路线得到恢复和发展；另一方面，由于毛泽东晚年犯了错误特别是发动了“文化大革命”，一些人借此否定毛泽东的历史地位和毛泽东思想，并形成“非毛化”等错误思潮，妨碍对新中国历史及其经验教训进行科学总结，干扰对党的十一届三中全会基本路线的坚持和贯彻。

如何正确评价毛泽东的历史地位和毛泽东思想的科学体系，历史地摆在中国共产党人面前。邓小平在“文化大革命”之后即将复出时致信党中央，明确提出“用准确的完整的毛泽东思想”作指导，指出“两个凡是”不

符合马克思主义。[①] 在党的十届三中全会上，他进一步指出：“要用准确的完整的毛泽东思想作指导的意思是，要对毛泽东思想有一个完整的准确的认识，要善于学习、掌握和运用毛泽东思想的体系来指导我们各项工作。只有这样，才不至于割裂、歪曲毛泽东思想，损害毛泽东思想。”[②] 在这一问题上，陈云为纪念毛泽东逝世一周年发表了《坚持实事求是的革命作风》的文章，强调毛泽东在中国历史和马克思主义发展史上建立了丰功伟绩。[③] 当时，尽管是处在改革开放前的“两年徘徊”时期，思想领域纷繁复杂，但在毛泽东的历史地位和毛泽东思想的科学体系这一关乎中国向何处去、走什么路的问题上，陈云和邓小平的思想认识是高度一致的。

陈云与邓小平一样，充分肯定和支持关于真理标准问题大讨论，并一起推动党的十一届三中全会重新恢复了马克思主义的思想路线、政治路线和组织路线。邓小平在党的十一届三中全会前的中共中央工作会议闭幕会上发表《解放思想，实事求是，团结一致向前看》的讲话，成了十一届三中全会的主题报告。陈云则在十一届三中全会闭幕会上的讲话中高度评价三中全会和此前的中央工作会议。[④] 随后，陈云主持中央纪律检查委员会工作。1979 年 1 月 4 日，他在中央纪律检查委员会第一次全体会议上，引述邓小平对毛泽东功绩的评价来阐述毛泽东的历史地位，这就是邓小平在上述讲话中所说的基本精神：“没有毛主席，就没有新中国；没有毛主席，我们党很可能还在黑暗中苦斗。”[⑤] 陈云与邓小平关于毛泽东的历史地位和毛泽东思想的认识，贯穿的一条主线就是，实事求是地评价毛泽东的历史地位，以准确的完整的毛泽东思想作指导。这些思想认识成果及其发展，成为后来起草第二个历史决议的指导思想的重要基础与来源。

第二个历史决议起草工作在庆祝新中国成立 30 周年之后被正式提上重要日程。邓小平主持起草这一历史决议，并在起草之初就确立了起草工作的指导思想。在这一指导思想中，确立毛泽东的历史地位、坚持和发展

---

① 《邓小平文选》第 2 卷，人民出版社 1994 年版，第 39 页。

② 《邓小平文选》第 2 卷，人民出版社 1994 年版，第 42 页。

③ 陈云：《坚持实事求是的革命作风——纪念伟大的领袖和导师毛主席逝世一周年》，《人民日报》1977 年 9 月 28 日。

④ 《陈云年谱（修订本）》下卷，中央文献出版社 2015 年版，第 259 页。

⑤ 《陈云文选》第 3 卷，人民出版社 1995 年版，第 242 页。

毛泽东思想具有根本性，处于核心地位。[①] 陈云虽然没有像邓小平那样直接主持第二个历史决议起草工作，却对这项工作一直很关心、重视。他通过参加有关中央会议、同起草小组成员谈话，以及参加征求意见工作等，对这一历史决议的起草工作提出了指导性意见。他比较集中地提出对第二个历史决议起草的指导性意见，存在于两个历史时段或场景，首先是 1980 年 11 月上旬两次同起草小组负责人胡乔木谈这一历史决议的起草问题 [②]，这是在党内对决议草稿进行“四千人大讨论”过程中；其次是 1981 年 3 月，这时决议修改稿正在向老同志征求意见。其中，在后一个时段，有两个场景，一是陈云在 3 月 24 日邓小平来探望他时提出两条意见 [③]；二是在 3 月间，陈云同起草小组主要成员邓力群作了《陈云文选》所记载的四次谈话 [④]。在陈云分别与邓小平和邓力群的谈话中，有一项共同内容，这就是建议第二个历史决议“写党的六十年”历史，也即在党的“建国以来”历史的基础上“增加回顾建国以前二十八年历史的段落”。这一建议最终解决了第二个历史决议如何写好毛泽东思想这一重大历史问题与理论问题。

从思想发展史来看，陈云建议第二个历史决议“写党的六十年”历史，源自并依据于邓小平为这一历史决议起草工作确立的指导思想。陈云在同邓力群的谈话中说：“确立毛泽东同志的历史地位，坚持和发展毛泽东思想。要达到这个目的，使大家通过阅读《决议》很清楚地认识这个问题，就需要写上党成立以来六十年中间毛泽东同志的贡献，毛泽东思想的贡献。”[⑤] 陈云的一个总的认识是，党的整个历史是概括毛泽东的功绩和贡献，进而确立毛泽东的历史地位、坚持和发展毛泽东思想的全部基础和全面根据。[⑥]

在第二个历史决议起草过程中，关于这一历史决议起于何时写史的问题，起初明确的是从新中国“建国以来”，以回顾和总结党在新中国成立以来 30 年的历史进程及其经验。然而，新中国的历史与党领导的新民主主义革命时期的历史是接续在一起和辩证统一的，毛泽东思想的确立与发展贯穿其中，并形成一条马克思主义中国化的历史发展主线。因此，邓小平在

① 参见《邓小平文选》第 2 卷，人民出版社 1994 年版，第 291—292 页。
② 参见《胡乔木谈中共党史（修订本）》，人民出版社 2015 年版，第 138 页。
③ 参见《邓小平文选》第 2 卷，人民出版社 1994 年版，第 303—304 页。
④ 参见《陈云文选》第 3 卷，人民出版社 1995 年版，第 283—286 页。
⑤《陈云文选》第 3 卷，人民出版社 1995 年版，第 283—284 页。
⑥ 参见《陈云文选》第 3 卷，人民出版社 1995 年版，第 283—284 页。

确立第二个历史决议起草工作的指导思想时，明确提出要写毛泽东思想形成的历史过程。而且，由于党的第一个历史决议“没有专门讲毛泽东思想的全部内容”①，他认为第二个历史决议要概括毛泽东思想的主要内容特别是今后仍然要继续贯彻执行的内容。② 毛泽东思想是与党和国家的历史内在地联系在一起的。在第二个历史决议草稿的党内“四千人大讨论”中，意见比较集中的是写不写、怎么写对毛泽东的评价和毛泽东思想。对此，邓小平鲜明地指出，这是一个重大问题，丢掉毛泽东思想，实际上就否定了中国共产党的光辉历史。③ 陈云在与邓小平的谈话中提出“写党的六十年”历史。邓小平认为“这个意见很好”，并通过邓力群转告给了起草小组④，最终解决了怎么写好毛泽东思想的问题。如此，第二个历史决议尽管是写关于新中国“建国以来”党的若干历史问题的，但为了写好毛泽东思想，上溯到中国共产党建党以来，即在新中国“建国以来”的基础上增加了新民主主义革命 28 年的历史。这是陈云对第二个历史决议起草的重要理论贡献，在正确认识党史问题上蕴涵着辩证唯物主义和历史唯物主义的方法论。

二、建议在第二个历史决议中提倡学习，主要是学习马克思主义哲学和党的历史

第二个历史决议起草期间，陈云在分别与邓小平和邓力群的谈话中，还有一项比较重要的共同内容，就是建议中央在这一历史决议中提倡学习，其中主要是学习马克思主义哲学，并把毛泽东的哲学著作为学习的重点，也要学习历史，特别是中国革命的历史、中国共产党的历史。陈云的这一建议是与“写党的六十年”的意见相互联系的，“写党的六十年”解决了怎么写好毛泽东思想这一历史认识与如何编撰的问题；提倡学习，则回答了通过什么途径坚持和发展毛泽东思想这一理论与实践相结合的问题。

陈云建议在第二个历史决议中提倡学习，是与学习在党的建设中的重要性分不开的。从历史发展的动力来说，中国革命、建设和改革，是学习与实践相结合并不断推进的过程。在新民主主义革命时期，党由“以俄为

① 《邓小平文选》第 2 卷，人民出版社 1994 年版，第 292 页。
② 参见《邓小平文选》第 2 卷，人民出版社 1994 年版，第 292 页。
③ 参见《邓小平文选》第 2 卷，人民出版社 1994 年版，第 298、299 页。
④ 参见《邓小平文选》第 2 卷，人民出版社 1994 年版，第 303 页。

师”发展到马克思主义中国化，形成毛泽东思想，并指导新民主主义革命取得胜利；新中国成立以来，党深入推进马克思主义中国化，探索适合中国国情的社会主义革命和建设道路，在中国确立了社会主义基本制度，建立起了独立的和比较完整的工业体系和国民经济体系。学习马克思主义基本理论，深入了解国情，提高了党的马克思主义理论水平和马克思主义中国化的能力。

在党的历史上，毛泽东在扩大的六届六中全会的政治报告《论新阶段》中对于学习问题作了专门论述。根据这一论述，马克思主义必须和中国的具体特点相结合并通过一定的民族的、科学的和大众的形式才能实现。对于中国共产党说来，就是要使马克思主义在中国具体化，使之与中国的具体实际相结合，并根据中国国情应用和发展。[①]党的六届六中全会在政治决议案中要求通过学习，把马克思列宁主义及国际经验应用到中国每一个实际斗争中来。[②]会后，陈云在中共中央组织部部务会议上传达了六届六中全会精神，并在组织部内组织了一个由其任组长的领导干部学习小组。陈云在 1939 年 5 月 30 日发表了《怎样做一个共产党员》一文，在是年 12 月写了一篇题为《学习是共产党员的责任》的文稿，将学习列为共产党员的重要标准之一，阐述了革命理论对革命事业的指导意义，并从正反两方面论述了革命理论对共产党员从事革命工作的重要性，批评了过去不把学习理论作为党员对党应尽的责任的思想观念，指出学习是做好工作的一个必不可少的条件。[③]在学习问题上，重视、倡导和实践，是陈云一生思想与工作中具有鲜明特征的重要组成部分。

陈云建议在第二个历史决议中提倡学习特别是学习哲学，是从其学习经验中直接获得的。在延安时期，毛泽东倡导全党学马列著作、学哲学，并三次向陈云讲要学哲学的问题，其所讲的中心内容是，犯错误的原因不是经验少，而在于思想方法是否正确，思想方法问题需要通过学哲学来解决。[④]这一时期，陈云在通读毛泽东主要著作的基础上，更加认识到实事求是对做好工作的极端重要性。[⑤]陈云在第二个历史决议起草期间分别与邓小

① 参见《毛泽东选集》第 2 卷，人民出版社 1991 年版，第 534 页。

② 参见《建党以来重要文献选编（1921—1949）》第 15 册，中央文献出版社 2011 年版，第 763 页。

③ 参见《陈云文选》第 1 卷，人民出版社 1995 年版，第 187、188 页。

④ 参见《陈云文选》第 1 卷，人民出版社 1995 年版，第 342 页。

⑤ 参见《陈云文选》第 3 卷，人民出版社 1995 年版，第 285 页。

平和邓力群的谈话中，都以此为例，阐述了学习特别是学习马克思主义哲学的重要性和必要性。新中国成立以后，陈云仍然十分重视学习理论特别是学习哲学的工作，并深刻总结出学哲学的体会。1957 年 1 月 9 日，陈云在中共商业部党组会议上谈到要把学习作为指导工作不可缺少的一部分，指出学习的内容除了总结经验、时事和政治问题外，要学习若干重要的理论问题，从中学习正确观察问题的思想方法。[①] 他后来把学习哲学的体会概括为如下两句话，一是“学习哲学，可以使人开窍”；二是“学好哲学，终身受用”。[②] 在第二个历史决议起草过程中，陈云建议在这一历史决议中提倡学习哲学，这一方面来自对历史经验的总结，特别是对新中国成立以来一些工作发生失误的思想根源在于离开了实事求是原则这一思想认识。对此，第二个历史决议采纳了陈云的这一建议，规定必须继续坚持毛泽东思想，学习和运用毛泽东思想的立场、观点和方法研究实践中出现的新情况，解决新问题，倡导要把学习毛泽东的科学著作同学习马克思主义经典作家的科学著作结合起来，加强对马克思主义理论的研究。[③] 这些内容反映了陈云关于学习马克思主义理论特别是学习哲学的思想对第二个历史决议起草所发挥的积极推动作用。

陈云建议在第二个历史决议中提倡学习，还强调要学习历史。这是其关于学习什么的认识的重要组成部分。学习什么，应该是很广泛的，并且在不同时期，因应形势与任务，学习的重点也会有所不同。他在《怎样做一个共产党员》中谈到应该学习什么的问题时指出：“要研究中国的历史和时事政治的情况，不然也就不能规定当前的革命工作的任务和方法。”[④] 他还在《学习是共产党员的责任》中强调：“为了把握伟大而又变化多端的中国革命运动，必须增加一点革命的理论，增加一点历史的知识。”[⑤] 在第二个历史决议起草过程中，陈云建议要学习历史。学习历史、总结历史经验，是党的历史传统，也是党推动革命和建设的理论与实践发展的重要内容与方法。党在改革开放之初之所以决定要起草第二个历史决议，主要起因于此；历史决议的起草过程，实际上就是全党学习和研究建党以来特别是新中国

---

① 参见《陈云文选》第 3 卷，人民出版社 1995 年版，第 45—46 页。

② 《陈云文选》第 3 卷，人民出版社 1995 年版，第 362 页。

③ 参见《人民日报》1981 年 7 月 1 日。

④ 《陈云文选》第 1 卷，人民出版社 1995 年版，第 143 页。

⑤ 《陈云文选》第 1 卷，人民出版社 1995 年版，第 188 页。

成立以来历史的具体过程；历史决议的通过，则推动了党史国史学习及其普及教育。第二个历史决议规定加强对中外历史的研究，无不凝结着陈云关于学习历史的思想对这一历史决议起草工作的影响。

三、第二个历史决议要准确评价毛泽东的功过和新中国成立以来党的工作中的错误，论断要合乎实际，经得起历史检验

评价毛泽东的功过和新中国成立以来党的工作中的错误，关系到如何确立毛泽东的历史地位，关系到对党史、国史的主题与主线、主流与本质的认识。对于这一问题，邓小平在确立第二个历史决议起草工作的指导思想中就指出要实事求是。他说："'文化大革命'的十年，毛泽东同志是犯了错误的。在讲到毛泽东同志、毛泽东思想的时候，要对这一时期的错误进行实事求是的分析。"[①] 不仅如此，他还强调要对新中国成立 30 年来历史上的大事进行实事求是的分析，包括一些负责同志的功过是非，要作出公正的评价。[②]1980 年 7 月 3 日，第二个历史决议起草小组负责人胡乔木在中央书记处会议讨论起草工作时的发言中，谈到陈云的基本态度，这就是一定要把毛泽东的功过敲定，讲清楚，讲透彻。[③] 在党内开展对这一历史决议草稿进行的"四千人大讨论"中，陈云同胡乔木进行了两次谈话，提出三条意见，也集中表现为如何看待毛泽东的错误和发生错误的责任问题。他在第二个历史决议起草问题同邓力群进行的四次谈话中，第一次便集中讲了决议要把新中国成立以来党的工作的错误"一定要写得很准确，论断要合乎实际，要把它'敲定'下来。"[④] 陈云认为，对于正确与错误，不混淆不掩盖，不夸大也不缩小，这就是实事求是。

陈云关于毛泽东的功过和新中国成立以来党的工作中的错误的认识和处理，是党的十一届三中全会重新恢复党的解放思想、实事求是的思想路线的遵循和应用，是这一问题对于全党意志统一的重要性所要求的。陈云指出，"敲定"毛泽东的功过，党的思想才会统一，人民的思想才会统一。如果不这样做，将来就可能出赫鲁晓夫，把毛泽东真正打倒。[⑤] 同时，这也

---

① 《邓小平文选》第 2 卷，人民出版社 1994 年版，第 292 页。

② 参见《邓小平文选》第 2 卷，人民出版社 1994 年版，第 292 页。

③ 参见《胡乔木谈中共党史（修订本）》，人民出版社 2015 年版，第 84 页。

④ 《陈云文选》第 3 卷，人民出版社 1995 年版，第 283 页。

⑤ 参见《胡乔木谈中共党史（修订本）》，人民出版社 2015 年版，第 84 页。

是陈云的哲学思想及其对于错误问题的基本立场、观点和方法的具体体现。

陈云哲学思想的实质就是实事求是，其特点表现为唯物辩证法的“交换、比较、反复”的认识方法，并将之与怎样才能少犯错误和怎样使认识更正确联系起来。“交换、比较、反复”的认识方法，是陈云在延安时期研究毛泽东的著述所领悟到并逐步概括出来，并不断深化的。解放战争时期，他在 1947 年 2 月 7 日的中央辽东分局会议上指出，实事求是既容易做到，也难以做到。要做到实事求是，就要从具体分析实际情况中找出对策，所谓难就难在误把了解到的片面情况当成了全面的，而片面的情况不是真正的实际，并不合乎实际。为避免认识的片面性，就要“交换、比较、反复”。[①]1962 年 2 月 8 日，陈云在中央工作会议的陕西省全体干部会议上，就采取什么方法才能使认识更正确些的问题，指出要“交换、比较、反复”，并对此作了具体阐释。他说，“交换”是要和别人多交换意见，要全面地而非片面地看问题。为什么犯错误，就是因为不根据客观事实办事。但犯错误的人，并不都是没有一点事实根据的，而是把片面当成了全面。所谓“比较”和“反复”，就是要比较、权衡各种方案及其利弊，把握情况，使认识更准确，并要进行反复考虑，不要匆忙和急于下结论、作决策。[②]对于“交换、比较、反复”这一认识方法，陈云在 1978 年 12 月 10 日中央工作会议东北组的发言中再次提出，并加以强调。[③]这一方法的实质在于实事求是。陈云理解的实事求是，就是全面地弄清楚实际情况，找出解决问题的办法，制定正确的政策。其中，弄清事实是关键。因此，他特别重视调查研究。[④]

改革开放以来，陈云为党重新恢复解放思想、实事求是的思想路线作出了重要贡献，同时在对待历史问题上也贯彻了实事求是的原则。他在粉碎“四人帮”后敢于直面天安门事件的性质问题，拥护重新恢复邓小平在中央的领导工作，并在解决历史遗留问题上，提出应把问题放到当时的历史情况中去考察，作出实事求是的结论。[⑤]

评价历史的一个关键在于如何对待发生的错误。正确对待错误，能够从中吸取教训，否则就有可能犯同样的错误。中国革命、建设和改革是前

---

① 参见《陈云文选》第 1 卷，人民出版社 1995 年版，第 343—346 页。
② 参见《陈云文选》第 3 卷，人民出版社 1995 年版，第 188—189 页。
③ 参见《陈云文选》第 3 卷，人民出版社 1995 年版，第 235 页。
④ 参见《陈云文选》第 3 卷，人民出版社 1995 年版，第 189 页。
⑤ 参见《陈云文选》第 3 卷，人民出版社 1995 年版，第 234 页。

无古人的事业，是在马克思主义中国化的历史进程中的探索与创造。陈云在这一历史发展中面对党的工作中的错误和自身所犯的错误，形成了关于对待错误问题的基本立场、观点与方法，并成为第二个历史决议起草中“敲定”毛泽东的功过和新中国成立以来党的工作中的错误的重要思想基础。他总结说，毛泽东为中国革命和建设“培养了一代人”，指导了中国革命胜利和社会主义建设，新中国成立以来一些工作发生失误，原因在于离开了实事求是的原则。[①]

总之，第二个历史决议对待历史问题的基本精神与原则符合历史实际，是科学的，又是不断丰富和发展的。从根本意义上说，其思想理论基础源自马克思主义唯物历史观和马克思主义中国化。陈云对起草这一历史决议的指导性意见，内涵丰富，思想深刻。他坚持贯彻党的解放思想、实事求是的思想路线，科学认识和对待毛泽东的历史地位，坚持和发展毛泽东思想，倡导学习马克思主义理论，客观对待历史功过与是非，坚持有错必纠。这些对待历史问题的基本立场、观点与方法，反映在第二个历史决议对于新中国成立以来党史问题的正确认识与处理上，为推进马克思主义中国化和党的思想理论建设作出了重要历史贡献。

（作者单位：中国社会科学院当代中国研究所）

① 参见《陈云文选》第3卷，人民出版社1995年版，第285页。

跨越一个甲子的比较

高　强

2008年9月金融危机爆发以来，美国经历了长达五年的经济萧条和通货紧缩。2008年9月至2013年底，其国内生产总值平均增幅仅为1.2%，远低于21世纪以来2.1%的平均水平；消费者物价指数平均为1.7%，也低于2%的合理水平。失业率长期居高不下，在2009年达到10%，创出美国在21世纪的新高。为了应对这种局面，美国联邦储备银行在基准利率趋近于零、降无可降的情况下，先后采取了四轮量化宽松的货币政策，通过大量购买国债和住房抵押债券，向金融体系注入流动性，以期刺激实体经济，提高就业率。这种创新的货币政策的确取得了一定成效，它使美国的失业率从2009年9月的10%降到2014年初的6.6%，国内生产总值增长率也回升到2.5%左右。但美国经济至今仍然没有完全摆脱通货紧缩，消费者物价指数仍在2%以下徘徊。

20世纪50年代初，我国也经历过一次短暂的经济萧条和通货紧缩。1950年3月开始，市场萧条、商品滞销、工厂关门、商店歇业、失业增加的现象在全国范围出现。“这种现象带有普遍性，不仅发生在上海、天津等大城市，而且遍及许多中小城市。”“全国各大城市的失业人口约三十八万至四十万人，全国失业人口总数已达一百一十七万人（包括东北的二万五千人）。”[①] “货币流通量在4、5、6月不但没有增加，而且略有下降，物价下降30%。以1950年3月为基期，全国物价水平4月降到75.1%，5月降到69.2%，6月降到68.3%。”[②] 在货币流通方面，“贸易回笼减少，信贷回笼增加，信贷回笼大于贸易回笼。1950年3月，发出票子6万亿元人民币（旧币），而贸易回笼仅完成计划的40%，银行存款达到9万亿元。进入

① 《陈云文选》第2卷，人民出版社1995年版，第88页。

② 薛暮桥：《我国物价和货币问题研究》，红旗出版社1986年版，第41页。

4月份，贸易回笼又有减少。”[①]面对这种情况，陈云和他主持的中财委在充分调查研究的基础上，采取了增发货币、政府扩大加工订货、收购农副土特产品、开展城乡交流等多项措施刺激生产和消费。到1950年下半年，全国情况就开始改观，市场重新活跃，私营工商业得到恢复和发展，失业减少，物价水平也有所回升。由于治理措施运用得当，到1950年9月份，这次萧条和通缩就基本结束了。

本文试图从货币政策的角度，对发生在中美两国，时间相距近60年的两次经济萧条和通货紧缩的原因、治理措施及其效果进行分析比较，总结出二者的异同与经验教训，以期就教于方家。

一、原因的不同

2008年9月金融危机爆发后，美国金融体系开始大规模收缩信贷，导致其实体经济中货币和信贷总量大幅下降，以住房为主要代表的资产价格大幅下跌；以前累积的高额债务以及产能过剩也不断给实体经济的商品和服务价格施加下行压力，这些因素直接导致了美国经济的全面萧条和通货紧缩。从更宏观的历史角度看，美国经济的私营部门正在经历一个“去杠杆化”过程，即债务总水平降低的过程。由于美国经济的增长高度依赖借贷增长，如果债务的增量甚至存量下降，那么整个经济体就失去了增长的主要动力，从而导致投资萎缩和消费不足，最终造成资产和商品服务价格下降，失业率高企，经济增长乏力。

造成1950年中国经济萧条的原因很多。其中社会经济结构的重新改组是根本原因。1950年3月以后，“第一是通货和物价的稳定，暴露了同时又停止了过去社会上的虚假购买力。这就是说，人们在过去十余年的通货膨胀时期，为了避免钞票跌价的损失，不愿存放钞票，宁愿竞购和囤积并不是为了消费的货物。现在这种情况已经起了变化，他们不但不再囤积货物，而且将过去囤积的货物吐到市场上来。这样就使市场上若干物资一时供过于求，生意不好，许多工商业者发生困难。这种情况是暂时的，原来囤积的货物一经销完，供求关系即将走向正常状态。第二是过去适合于半殖民地半封建经济发展起来的若干工商业，由于帝国主义的统治以及封建主义

① 薄一波：《若干重大决策与事件的回顾》上卷，中共中央党校出版社1991年版，第105页。

和官僚资本主义在中国的消灭，许多货物失去市场，另有许多货品也不合人民需求的规格。这种情况引起了一部分工商业的倒闭，从而发生一部分工人失业的现象，需要救济及转业。第三是许多私营企业机构臃肿，企业经营方法不合理，成本高，利润少，甚至还要亏本。这也引起许多工商业发生缩小营业，甚或停工歇店的现象。必须重新调整，才有出路。第四是经济中的盲目性，同一行业内部盲目竞争，地方与地方之间供求不协调，这也引起许多企业减产、停工和倒闭。”① 另一个重要原因是社会总购买力降低。由于社会人口结构的变化，高消费阶层消失，导致全社会购买力明显下降。“解放以前城市居民的实际购买力估计每年合一千四百亿斤小米，现降低到约一千一百多亿斤，下降了百分之二十。”② 此外，平抑物价“刹车”过猛，造成经济上的一时“后仰”。为了打击投机势力，稳定市场物价，1950 年 2 月的全国财经会议出台了催缴税款和公债，发放工人工资而且不准关厂，公营企业现金一律存入国家银行，不准向私营银行和私营企业贷款等一系列紧缩银根的政策措施。这些措施固然对稳定物价起到了重要作用，但由于出台时机过于集中而且过于严厉，造成力度过大，导致通货过度紧缩，对经济产生了不利影响。“由于没有谨慎地区别投机资本的活动和正常的工商经营活动，采取区别对待的措施，而是简单地一棍子打下去，使得有益于国计民生的工商业活动也连带受到了打击。”③

通过上述比较可以看出，虽然时隔近 60 年，但造成中美两次经济萧条的根本原因都是以货币信贷形式表现的社会总需求不足，即通货紧缩。然而，在具体表现上，中美之间又存在很大的差异：在美国，主要表现为总量收缩，即整个金融体系对投资、消费、企业、家庭全方位的信贷紧缩；在中国，情况则比较复杂，总量收缩和结构失衡交织在一起，既有社会总体消费能力的降低，也有社会经济结构变化所导致的结构性需求不足，还有反通胀用药过猛的后遗症，这无疑增加了应对的难度。

二、治理措施的区别

2008 年 9 月金融危机爆发以后，为了应对通货紧缩和由此导致的经济

① 《陈云文选》第 2 卷，人民出版社 1995 年版，第 101 页。
② 《陈云文选》第 2 卷，人民出版社 1995 年版，第 89 页。
③ 薄一波：《若干重大决策与事件的回顾》上卷，中共中央党校出版社 1991 年版，第 96 页。

萧条，美国政府和货币当局采取了一系列以刺激经济为主要目标的宏观经济政策。其中最著名，也是最有效的就是美国联邦储备银行从 2008 年 11 月、2010 年 11 月、2012 年 9 月和 2012 年 12 月先后推出的四轮量化宽松货币政策，即美国联邦储备银行通过市场大量购买美国国债和住房抵押债券，到目前为止，美联储的购债规模已经超过 3 万亿美元。美联储接连推出量化宽松政策的主要目的是在利率水平接近于零，降低利率已经不能起到刺激经济作用的条件下，通过央行直接购买国债和住房抵押债的方式，向金融体系注入资金，增加货币供给，创造有效需求，刺激消费和投资，使物价回到合理水平，最终将美国从危机爆发后的经济萧条和通货紧缩中拯救出来。

1950 年 3 月中国经济开始出现经济萧条和通货紧缩后，在陈云的主导下，中国政府采取了一系列应对措施，其中最根本的是工业加工订货和商业收购土产。工业方面，政府通过国营企业向私营工业企业的加工订货迅速扩大。以当时中国最大的工业中心上海为例。上海市 1950 年下半年与 1949 年同期相比，私营棉纺、织染工厂为国营花纱布公司代纺棉纱的数量增加 17 倍多，代织棉布增加 8 倍多；国营百货公司收购私营企业产品的金额增加了 40 倍。[①]1950 年全国私营工业产值中，加工、订货、包销、收购部分所占比重由 1949 年的 11.5% 上升到 27.3%，占全国私营工业生产总值比重将近三分之一的棉纺业，1950 年下半年为国家加工的部分占其生产能力的 70% 以上。[②] 商业方面，在国营企业主导下，紧密依靠农村供销合作社，带动私营商业，在全国范围内开展了大规模的城乡物资交流。政府通过国营商业在农村大量收购农副产品，包括主要农产品、外销物资及主要农业副产品的一部分；通过制定适当的价格和税收政策，把批发价格与零售价、地区与地区间的差价，保持一定适当距离，使零售商人和外地商人有适当的利益可图，为私商收购农产品创造条件。[③] 如陈云所说：“我们发了两路‘救兵’，一为加工订货，一为收购土产。起决定作用的是收购土产，因为

① 孙怀仁主编：《上海社会主义经济建设发展简史（1949—1985）》，上海人民出版社 1990 年版，第 59—60 页。
② 中国社会科学院经济研究所：《中国资本主义工商业的社会主义改造》，人民出版社 1978 年版，第 122 页。
③ 李成瑞主编：《陈云经济思想发展史》，当代中国出版社 2005 年版，第 127 页。

收购土产，就发出了钞票，农民有了钱就可以买东西。”①

得益于对中国经济的深刻了解和准确把握，陈云非常重视在广大农村蕴藏着的巨大购买力。根据他的测算，1950年全国产粮逾2400亿斤，公粮大概是220亿斤，而猪鬃、桐油、茶叶、鸡蛋、药材等项土产收入即相当于240亿斤粮食。如果帮助农民把土产推销出去，农民的收入就相当于交公粮的数量。② 农民的购买力对搞活全局非常重要。“在乡村收东西投放钞票，然后钞票又进城来买东西，就活起来了。所以，繁荣的重要之点又是收购农副产品。”③ “扩大农副土产品的购销，不仅是农村问题，而且也是目前活跃中国经济的关键。”④

从货币政策的角度比较中美两国治理经济萧条和通货紧缩的措施，可以看出二者的异同。政府通过购买资产增加货币供给，创造有效需求是二者的相同之处，而如何实施这一措施却存在着明显的区别：美国是通过购买国债和住房抵押债券等金融资产向金融体系注入流动性，全方位地增加货币总供给，抵消通货紧缩压力，进而使实体经济的商品和服务保持合理水平，最终达到刺激经济复苏的目的。中国则是有针对性地购买实物资产，即在工业领域扩大政府加工订货的规模，在商业领域大量收购农副土产。通过政府定向采购，将增加的货币信贷集中投放到国民经济的关键部门，直接着力于解放农村潜在的购买力和促进城市工商业发展，进而起到活跃和繁荣整个国民经济的作用。

三、效果的差异

从2008年底开始，美国联邦储备银行实施量化宽松货币政策已经有五年多的时间，目前正在通过逐步减少资产购买数量而渐次退出。总的来说，宽松的货币政策和扩张性的财政政策有效地抵消了金融危机导致的通货紧缩压力，刺激了经济的强劲复苏，遏制并扭转了经济萧条，在美国经济实现“和谐地去杠杆化”过程中发挥了决定性作用。在私营部门债务总规模萎缩，利率政策又失去效力的情况下，中央银行通过大量购买公共债务的

---

① 《陈云文选》第2卷，人民出版社1995年版，第128页。

② 李成瑞主编：《陈云经济思想发展史》，当代中国出版社2005年版，第127页。

③ 薄一波：《若干重大决策与事件的回顾》上卷，中共中央党校出版社1991年版，第109页。

④ 《陈云文选》第2卷，人民出版社1995年版，第118页。

方式向金融体系注入资金，维持和增加货币信贷供给，确实起到了给经济“补血”的作用，避免了通货紧缩和经济萧条的进一步恶化。量化宽松不仅被认为是有效的货币政策工具，而且作为政府宏观调控的成功实践，被不少国家效仿。但必须指出的是，这一政策存在着严重的后遗症：量化宽松的本质是中央银行大量增发基础货币，只不过它是用购买公债的方式间接实现的。在经济萧条时期，增发的基础货币仍滞留在金融体系内，并没有真正进入实体经济，由于消费和投资不足，商品和服务价格低迷，表现为通货紧缩；为了迅速取得刺激经济、提高就业的政策效果，美联储不得不一而再、再而三、三而四地扩大量化宽松的规模，增发了大量高能的基础货币。随着经济的复苏，这些增发的货币通过信贷和投资等渠道逐渐进入实体经济，而且这时货币乘数提高，货币流通速度加快，基础货币以倍数的规模形成现实的购买力，很容易造成物价的全面上涨，触发严重的通货膨胀。

治理 1950 年发生在中国的经济萧条和通货紧缩，中国政府只用了几个月的时间就取得了显著成效。“三、四月间工商业困难，经过五、六、七月情况变了，霓虹灯又亮了。为什么变化这么快？其中的道理之一是使社会力量转动起来，办法就是收购，城乡都是如此。我们大量收购农产品，农民卖出了产品，就增加了购买力，城市的工商业也就活了。失业现象跟着也会减少，继之又会推动城市购买力的提高，工商业又会进一步繁荣起来。”[①]“据北京、天津、上海 10 个大中城市统计，1950 年下半年私营工商业开业的共有 32674 户，比歇业户多出 25223 户。市场转向繁荣，据北京、天津、上海、武汉 4 个大城市市场成交量统计，10 月同 4 月比较，面粉增加 54%，大米增加 2.9 倍，棉纱增加 1.3 倍，棉布增加 2.3 倍。”[②]

从货币政策的角度看，1950 年中国治理经济萧条和通货紧缩的办法也是增发货币和购买资产。但是陈云和他的同事们找准了问题的要害和政策的着力点。正如薄一波所说：“一九五〇年调整工商业的工作，总的看成效是大的，特别是把收购农副产品作为主要措施，抓到点子上了。”[③]1949 年 4 月到 1950 年 3 月，中国政府主要采用经济手段成功地遏制了恶性通货膨

① 薄一波:《若干重大决策与事件的回顾》上卷，中共中央党校出版社 1991 年版，第 108—109 页。

② 苏星:《新中国经济史》，中共中央党校出版社 1999 年版，第 138—139 页。

③ 薄一波:《若干重大决策与事件的回顾》上卷，中共中央党校出版社 1991 年版，第 108 页。

胀，1950 年 3 月全国物价刚刚趋于稳定。面对接踵而来的经济萧条和通货紧缩，陈云和他的同事们没有盲目地全面放松银根，而是通过政府定向采购，有针对性地向农民和城市工商业购买实物资产。特别是在农村收购农副产品，有效地释放了蕴藏在占全国人口 90% 的农民手中的巨大购买力，进而撬动了整个市场。通过开展城乡交流和扩大加工订货，解决了社会总需求不足的问题。同时，由于政府采购刺激了市场繁荣，形成购销两旺的局面，商品流通需要更多的货币筹码，消化了因购买资产增发的货币，避免了由于大量增发货币可能导致的通货膨胀。

尽管上述两次经济萧条和通货紧缩在时代背景、国家经济结构和发展水平等方面都存在着巨大差异，但将二者进行比较研究仍是一件有意义的工作。虽然它们的发生时间相差近 60 年，但历史经验仍能为现实中的我们提供教益。美国 1929—1933 年大萧条与 2008 年金融危机相距近 80 年，作为将美国从本次危机中拯救出来的主要政策制定者，刚刚卸任的美国联邦储备委员会主席伯南克，就长期从事对 20 世纪 30 年代大萧条的研究，特别关注通货紧缩对经济构成的危害。伯南克应对本次危机的很多措施，都得益于他在这方面的研究。

通过跨越一个甲子的比较，至少可以得出以下几点体会：

首先，通货膨胀固然对国民经济和人民生活十分有害，但通货紧缩，货币流通量过少，物价水平持续低落也会对经济运行和发展产生不利影响，特别是通货紧缩导致的经济萧条和失业高企对人民生活的负面作用更加直接。因此，货币政策的目标应该是保持货币流通量与经济实际需要相适应，使物价水平保持在合理区间。

其次，无论是治理通胀，还是治理通缩，都要考虑“物极必反”。这是货币当局经常要面临的两难选择，关键是要把握好货币政策实施的时机和力度。治理通胀时要考虑通缩的可能，银根不能抽得过紧、过猛；治理通缩时要注意货币增发过量，银根不能放得过松、过久；正如陈云所说，政府挑的是两筐鸡蛋，不要碰破一头。

最后，找准货币政策的着力点，有针对性地解决结构问题，可以有效调整总量失衡。一般认为，货币政策是调节总量的宏观政策，主要用于调节国民经济的总量失衡。1950 年中国政府在治理通货紧缩的过程中，增发的货币主要通过定向购买实物资产的途径直接注入实体经济，在农村收购农副产品，在城市扩大加工订货，这显然是一种结构性调节措施。在相应的财政、税收、信贷、价格政策的综合作用下，特别是实施有针对性的货币政策，解决了农村供需和城市产销等结构性矛盾，进而迅速消除了全国性的通货紧缩和经济萧条。如果说把握货币政策的力度和时机是各国货币当局的共同经验的话，那么通过解决结构性问题调节总量失衡，就应该是中国货币当局在运用货币政策方面的一条独特经验，也是陈云宏观调控思想的重要内容，值得我们认真汲取和研究。

（本文写于2014年初，作者单位：国家外汇管理局）

20 世纪 60 年代陈云在河南的调查研究之行

王晓慧　尤丽娟

河南自古中天下而立，资源丰富，人口繁盛，交通便利，一度是中华民族政治经济文化的中心区域。新中国成立后，河南逐渐恢复国民经济，顺利完成第一个五年计划，奠定了全省经济发展的物质基础。然而，从 1958 年起，由于“左”倾思想的错误指导，高指标、瞎指挥、浮夸风泛滥，使河南国民经济发展遭到严重挫折。之后发生了严重的自然灾害，1960 年河南的国民经济比例失调进一步严重，经济形势进一步恶化，农业、工业和水利建设等方面都出现不同程度的困难，问题重重。在农业方面，作为重点的生产建设地区，农业遭受旱灾，全省农业总产值在 1959 年大幅度下降的情况下又下降 11%，粮食供应出现了危机。① 在工业方面，作为苏联援建 156 个项目的重点地区，河南拥有 9 个项目，数量虽然不是很多，但都是大型项目，投资额占全部 156 项的 13%，在 17 个省市区中仅次于辽宁，名列第二。其中洛阳的四大厂（洛阳第一拖拉机厂、洛阳轴承厂、洛阳矿山机器厂、河南柴油机厂）被称为新中国大型企业项目的“独生子”或者“长子”。这些项目的开建，使河南的重工业在现代化的道路上迈进了一大步，然而，1960 年 7 月，苏联突然撕毁协议、撤走专家，9 个项目中的大部分遭受重大打击，陆续下马、停产。在水利建设方面，作为当时全国最大的建设项目三门峡水利枢纽工程于 1957 年 4 月开工，但是由于规划设计不当，对泥沙估计不足，水库建成后不久，泥沙淤积，工程无法发挥原来设想的效益，面临着反复和改建。为了解河南发生的困难并寻找这些问题的解决办法，陈云在 1960 年 10 月 18 日至 27 日到河南进行调研。通过调研，他不仅对河南农业、工业、水利建设等方面发生的困难比原先有了更为深

① 《当代中国的河南》（上），当代中国出版社、香港祖国出版社 2009 年版，第 108 页。

入的认识，给一些相关问题的解决指明了方向和方法，而且以对河南问题的研究与实践解决为例，取得了解决难点问题的经验，再用于解决其他地区的问题，从而促进了国家层面的农业、工业、水利建设等问题的解决。

一、1960 年 10 月 18 日至 22 日在郑州考察研究农业和粮食增产问题

1960 年 9 月 12 日，为寻找解决粮食问题的办法、考察灾情，陈云离开北戴河，先后到河北、山东、河南、安徽、江苏、上海、浙江等地，进行了三个月的调查研究。关于选择去河北、山东、河南等地调研的原因，他在给毛泽东的信中是这样说的："我的目的是想到冀、鲁、豫、苏北、皖北这五个地区去一下，了解一下这个地区的灾情，如何度灾，估计一下今后两三年的可能情况，估计一下这些区域中在什么条件下农业生产可以根本好转。同时顺便考察一下钢铁企业中矿山与焦煤系统如何由手工转到机械化和半机械化。"①

10 月 18 日，陈云抵达郑州，开始在河南进行考察。当日下午和 19 日，他分别听取了中共河南省委第一书记吴芝圃和书记处书记杨蔚屏关于当前河南情况和问题的汇报。20 日，他又听取了河南省副省长赵文甫关于人拉犁、粮食调运等问题及河南省国民经济计划安排情况的汇报。在听取汇报过程中，他与河南省负责人就粮食短缺的困难及其原因进行分析和讨论，提出了解决河南农业和粮食问题的初步意见。他指出，"农村今后两三年还会相当困难"，"过去几年，全国粮食征购数常在八百六十亿斤左右，而今年北戴河会议确定征购一千一百亿斤，原因是城市人口增加，办公共食堂，办水利，留种子，出口等用粮增加，多用了六百多亿斤"。城市人口增加的原因，"一是一九五八年农业丰收，大家认为粮食问题不大了，城市可以大批增人了；二是对城市工业发展究竟应增加多少劳动力没有经验，只注意工资、购买力和物资供应之间的平衡，却忽略了粮食销售增加带来的问题。"②而河南、河北、山东，再加上江苏北部、安徽北部等区域具有典型性，它们有一些发展农业的有利条件，主要表现在三个方面：第一，历史上，农民在这些地区造反，中国共产党要取得革命胜利，需要先夺取这

---

① 《陈云传》（下），中央文献出版社 2005 年版，第 1207 页。

② 《陈云年谱（修订本）》下卷，中央文献出版社 2015 年版，第 47 页。

些地区；第二，该区域内灾荒多、粮食产量低，人口多，耕地面积比湖北、广东要多一些，农作物生长周期比新疆、黑龙江要长一些；第三，水源条件相对较好，有很多人工开凿的水井。陈云强调："只要这个地区农业生产大翻身，我国农业就可大为改观。"[①]

提出解决办法，最主要的还是先进行详细的调查研究。陈云对调查研究一向十分重视，他针对河南的实际情况，列出了10个需要进一步调研的具体问题：（1）人拉犁的情况有没有？有多少？在哪里？（2）需要有多少粮食留在农村才是适当的，才能保持必需的生活水平？历年调入城市的粮食是多少？有什么变化？（3）上一个年度水利工程是不是上得多了？多了多少？（4）城市人口增加了多少？都是增加到哪些方面去了？（5）群众生活情况，把解放前后、合作化前后、公社化前后比较一下。河南群众吃什么饭？早上吃什么？中午吃什么？晚上吃什么？（6）"一平二调"的情况有没有？有多少？（7）城市50万人下农村，能否持久？下去的都是哪些人？（8）工业能支持农业的有哪些方面？农业需要一些什么样的支持？（9）经济作物（棉花烟叶等）总的趋势如何？吃粮标准降低，经济作物播种面积是不是会下降？（10）分专区统计历年粮食调出调入情况和原因。[②]这些问题涉及农业生产生活的方方面面，可见，陈云调研之细、之专、之精。

10月19日，陈云参考已经考察过的河北、山东两省的情况，再结合河南的实际，经过反复思考和讨论，提出了两三年内解决农业困难、促使农业增产的四条办法，这实际上是明确指出了他的"工业支援农业"思想：第一，贯彻好中央制定的有关农村三级所有制的政策；第二，农业劳动力要固定下来，长期不变，能够从城镇回来的人要回来；第三，工业要支援农业，凡是对增产5000万至1亿斤粮食有用的措施都要采取；第四，大种瓜菜，今后几年要坚持粮菜混吃、"瓜菜代"的办法。无论灾区还是丰产区，灾年还是丰收年，都要这样做。他指出，中国粮食增产的道路应该是这样一个公式：化肥——粮食——饲养——积粪（有机肥料）——粮食。[③]可见，陈云经过实地调研，将中国的经济发展实际和各省份如河南的历史、地理

① 《陈云传》（下），中央文献出版社2005年版，第1207页。
② 《陈云传》（下），中央文献出版社2005年版，第1223页。
③ 《陈云年谱（修订本）》下卷，中央文献出版社2015年版，第48页。

条件相结合，找到了一条切实可行的、符合当时国情的解决粮食问题、促进粮食增产的办法。

除了沿着问题、调研、提出对策的思路得出解决农业问题的办法之外，10 月 21 日，陈云在同河南省负责人的谈话中，针对该省出现的“信阳问题”[①]，还进一步对如何落实政策提出了自己的意见。他认为，“现在没有退路，只有两个办法：一是咬紧牙关苦两三年，二是用各种措施增产粮食”，“调动五亿农民的积极性是粮食过关的根本，政策是第一位的，其他如工业支持工业、多吃薯类和瓜菜等等都是措施”，因此，为更好地落实政策，他指出，“关键在于上级领导机关”，“产量要落实，不首先从省委落实，下边是落不实的，他不敢落”，“可否考虑定一个章程，明确公社、大队、小队、个人的权限，保证多少年不变”。他还强调：“执行政策和保护干部积极性是一致的，二者可以兼得。”[②]

10 月 22 日，陈云收到周恩来主持起草的《中共中央关于农村人民公社当前政策问题的紧急指示信》稿，在给周恩来的回信中，他结合考察的体会，谈到当前最大的问题是粮食问题，认为这是农村一切工作的核心问题。他说：“吃饭问题是农民当前最迫切的普遍问题，必须把安排生活、吃饭作为中心，才能纠正一平二调等等错误缺点。”[③]他还重申了在河南调研后形成的“工业支援农业”思想，他建议，为了明年农业增产，将计划出口的 8000 吨橡胶先留下，用来制造农村用的手推胶轮车，这样对明年的春耕和农业有帮助。周恩来收到信后，采纳了他的这一建议。[④]后来，《中共中央关于农村人民公社当前政策问题的紧急指示信》几经修改，于同年 11 月 3 日下发各地。这是大幅度调整农村政策以战胜严重经济困难的重要文件，在农村产生了很大反响，这一文件与陈云在河南等地调查研究后所提出的一系列重要主张的精神是完全一致的。

① “信阳问题”，指河南省信阳地区在“大跃进”中，由于“共产风”、浮夸风、命令风、干部特殊风和对生产瞎指挥风严重而导致的大量人口死亡事件。

② 《陈云年谱（修订本）》下卷，中央文献出版社 2015 年版，第 49 页；《陈云文集》第 3 卷，中央文献出版社 2005 年版，第 280—284 页。

③ 《陈云年谱（修订本）》下卷，中央文献出版社 2015 年版，第 50 页。

④ 《陈云文集》第 3 卷，中央文献出版社 2005 年版，第 289 页。

二、1960 年 10 月 25 日至 27 日在洛阳视察“156 项目”中的四大机械制造工业

“一五”计划实施期间，在苏联帮助中国建成的 156 个重点项目中河南占了 9 项，其中位于洛阳的第一拖拉机制造厂、洛阳矿山机器厂（又名洛阳矿山机械厂）、洛阳轴承厂、河南柴油机厂等四大机械制造企业属于重中之重的工程项目。这些企业是关系国家经济命脉的大型骨干企业，为河南的现代化建设奠定了重要物质技术基础。1960 年 8 月 20 日，正值这四大厂家生产和建设的快速发展时期，苏联单方面撕毁合同，将齐尔斯等 10 名援建专家召回国，中断了 130 项技术资料供应和 10591 台设备供给。苏联撤走专家，使正在建设中的洛阳四大机械制造工业项目面临着严重危机。①

陈云十分关心这些机械制造企业的生产状况和在苏联撤走专家后所受到的影响。1960 年 10 月 25 日，陈云到达洛阳当天就参观了第一拖拉机制造厂。在参观时，他对于拖拉机发动机生产中的关键问题——机嘴生产，提出要集中力量突破难关，攻克堡垒。他对拖拉机生产十分重视，因为这与发展农业息息相关，认为“解决农业问题的根本出路是农业机械化，虽然马上办不到，但是现在要开始搞。”② 然后，他又来到洛阳矿山机器厂，与工人亲切交谈，关心工人的生产和生活情况，希望洛矿厂加快建设与发展，为国家作出更大贡献。27 日，他参观了洛阳轴承厂，听取了企业领导对工厂运行情况、工人具体生产情况的汇报，还仔细观看了车间的各种轴承模具。

最后，他来到当时河南最大的军工厂河南柴油机厂进行参观。与洛阳的其他企业相比，河柴面临着更加严重的困难。当时，恰逢引进的苏联轻 12V180 型柴油机进入全面试生产阶段，第二期扩建工程即将开工。在厂里的产品研制正要进入关键时，苏联政府突然单方面撕毁协定，河柴承受着更为严峻的考验和巨大压力。陈云在去参观前就详细询问了河柴的情况，并在洛阳宾馆与河柴主要领导人进行了交谈。10 月 27 日，他来到河柴后，在中共河南省委副书记赵文甫、中共洛阳市委书记吕英和河柴负责

---

① 洛阳市地方史志编纂委员会编：《洛阳六十年大事纪略（1949—2009）》，中州古籍出版社 2009 年版，第 26 页。

② 《陈云文集》第 3 卷，中央文献出版社 2005 年版，第 281 页。

人马景汉、李增华、孙建业、唐明晃及海军驻厂代表室总代表刘元兴等陪同下，视察了河柴的主要加工设备、产品零部件加工、检测装置、冶金实验室、柴油机总装和试验站等，又询问了河柴的建厂情况、产品结构、性能、用途、演变和生产、设备、材料、人员，以及苏联专家撤走后对生产的影响情况，对第一种产品出来后第二种产品如何进行等，作了重要指示。陈云指出，第一种产品可以找沈阳的苏家屯工厂来帮忙，第二种产品也可以找其他工厂和相关科研部门、专家等研究解决，都是可以在自力更生的基础上借助外力加以解决的。他说："第一产品目前难解决的三种材料——锡、磷、青铜，苏家屯工厂可以搞，你们可以派人去该厂说明材料要求的化学成分，和他们研究解决，我想是可以解决的。你们要求无缝钢管内径2.5mm，外径7.5mm。上海有个管子厂，他们搞过内径3mm以上的，我想搞你们的这一种材料是没有问题的，无非是中间套一根芯子，拉时壁厚要均匀，这个可以办到。解决材料的做法，可不可以采取到生产厂专门讨论的办法？我认为可以解决。不要打报告，厂转局、局转部、部再转部，转来转去不知要多长时间，两个厂直接谈，直接解决就快了。""第二种产品（M503/4000HP）来了后，要解决工艺、工夹具，由工厂和有关科学部门、有关学者开专门会议，研究解决。这样看起来很麻烦（保密实际上也没有什么，你们这种机器也不是最新的，现在的战争主要是从天上来的），不吸收他们，单你们自己力量太窄。这样速度快，三个臭皮匠顶一个诸葛亮。"他还要求，"重点应把第一种产品正式生产出来，同时摸索第二种产品"，"第一种产品生产好了，第二种产品就可说百分之七十五的完成了。所有的精密东西都是从粗，而且是土的搞出来的，不要以为高不可攀。首先第一，同时第二"。

对于苏联撤走专家，陈云当时曾经和负责此事的苏联援华总负责人阿尔希波夫进行过恳谈，希望苏方不要做这样有损两国人民友谊的事情。阿尔希波夫也完全赞成，回国后想努力劝说赫鲁晓夫中止撤离专家行动。但是赫鲁晓夫仍然一意孤行。对于这些内情，当时河南乃至全国的156个项目的企业建设者是不清楚的，他们以为中苏关系只是出了些小问题，河南的同志因此向陈云提出了请苏联专家回来的恳切请求。经过详细考察，针对河柴的严峻情况，陈云强调，对于苏联专家不要再抱有任何幻想，要靠自己，相信自己，只要靠自己，就一定会成功。他说："他（指苏联专家）

来，我们也不干。这样搞下去我们更扎实点，而且可以搞出来”，“你们不要再想专家，要靠自己”。因为，“我们现在机械工业的水平已经超过了第二次世界大战前，即一九四〇年的苏联水平”。他勉励河柴的工人们说，“河柴属军工，军工厂有个传统，第一是埋头苦干，第二是不惜工本。第一种是好的，这也是客观存在决定了它的”，“第一个传统要保存下来”。“现在全国条件和过去不同，军工是工业生产的成果，没有现代工业，就没有现代军事工业基础。这是不是说，先把民用工业搞起来以后，才能搞军工？当然不是。我们工业不发达，先搞军工，突破尖端，反过来发展民用”。在这里，陈云再次重申了“工业援助农业”的思想。陈云要求河柴作为军工企业要发扬埋头苦干、艰苦奋斗、发奋图强的光荣传统，避免和消除“不惜工本”的浪费现象。为鼓励大家，他在视察结束后，为河柴挥毫写下了“努力奋斗”四个大字。1988 年 5 月 10 日，河柴在建厂 30 周年之际，将“努力奋斗”确定为河南柴油机厂的企业精神。①

三、1960 年 10 月 24 日视察三门峡水利枢纽施工现场

陈云自己有一套系统的农业发展理论。他认为，根本解决农业问题的办法有三点：一靠水，二靠化肥，三靠拖拉机。水是很重要的。一取天然之水，二取地下之水，三取外来之水。其中，是水利对农业增产的作用特别大。河南的水不够，需要研究水的来源问题。② 陈云对水利建设十分重视。新中国成立后，陈云领导的中财委在投资重点上向水利建设倾斜，并为治理大江大河提供充足的粮食和物资保障。③ 在河南考察期间，陈云特地冒雨参观了三门峡水利枢纽工程。

新中国成立初期，黄河、淮河、海河等严重影响社会安定和人民的生产生活。1952 年，我国向苏联政府聘请专家综合组来我国帮助解决黄河

---

① 该部分参考：洛阳市地方史志编纂委员会编：《洛阳六十年大事纪略（1949—2009）》，中州古籍出版社 2009 年版，第 26 页；李海民：《1960 年陈云的河南之行》，中共河南省委党史研究室编：《回忆·思考·研究》，河南人民出版社 2003 年版，第 15—16 页；河柴集团公司：《亲切的关怀巨大的鼓舞：陈云同志视察河南柴油机厂》，中共洛阳市委办公室等编：《关怀与希望：党和国家领导人与洛阳》，中共党史出版社 2001 年版，第 217—219 页；《陈云同志视察河南柴油机厂时所作的指示和题词》（1960 年 10 月 27 日），河南省地方志编纂委员会总编辑室编：《河南地方志征文资料选》第 2 辑，1983 年，第 1—2 页。

② 《陈云年谱（修订本）》下卷，中央文献出版社 2015 年版，第 48、50 页。

③ 王瑞芳：《陈云对中国农业增产之路的探索》，《史学月刊》2010 年第 7 期。

规划的任务，由组长阿·阿·科罗略夫和其他六位专家组成的苏联专家组在1954年1月到达北京。2月，苏联专家、中国专家和有关各部门负责人组成黄河勘查团，从兰州上游的刘家峡直到黄河入海口进行了重点实地查勘，6月底回到北京。4月，以水利部和燃料工业部为主成立了黄河规划委员会，在苏联专家的指导帮助下，10月完成了关于黄河规划设计文件的编制工作。黄河综合利用规划包括远景计划和第一期计划两部分。其中，第一期计划规定，首先在陕县下游的三门峡和兰州上游的刘家峡修建综合性工程。三门峡处在伊河、南洛河、沁河的上游，修成后不能保证在这三条支流同时发生洪水的时候不造成下游的水灾。然而三门峡工程对于防止黄河下游洪水灾害有决定性的作用。因此，在第一期工程中，将在这些支流上选择一处或几处适当地点修建防洪水库。① 当时新中国刚成立不久，国家财力、能力都有限，不能在黄河上开工修建三门峡水库那样的大型水利工程。于是，陈云赞成与支持在根治黄河的大型工程施工之前，先搞修堤、修分洪工程等，以尽量减少黄河发大水可能造成的损失。

于是，黄河水利委员会首先提出修建石头庄溢洪堰工程的初步意见。1951年春，黄河水利委员会主任王化云向水利部党组兼副部长李葆华进行了汇报。李葆华向陈云进行了请示。陈云最后同意了黄河水利委员会的意见。4月11日，他致信周恩来，报告了黄河防御工程的意见。政务院财政委员会召集水利部、黄委会、铁道部、华北事务部及平原省② 人民政府反复研究，于4月30日作出《关于预防黄河异常洪水的决定》，并指出："在中游水库未完成前，同意平原省及华北事务部提议在下游各地分期进行滞洪分洪工程，藉以减低洪峰，保障安全。"就这样，石头庄溢洪堰工程于5月4日进行筹备，6月初开工，8月20日完成建设。③ 陈云在批准该工程项目后，明确表达了对治理黄河决策的支持：就这样定了。中央计划黄河经费为8500公斤小米。当时国民经济正处于十分困难的时期，国家拿出高额资金来修建黄河分洪工程，体现了中共中央及陈云对治理黄河的决心。在实施国民经济第一个五年计划期间，黄河三门峡工程成为苏联援建的156项

---

① 邓子恢：《关于根治黄河水害和开发黄河水利的综合规划的报告——在1955年7月18日的第一届全国人民代表大会第二次会议上》，《江苏教育》1955年第Z2期。

② 平原省是我国在1949年至1952年间设置过的一个省级行政单位，1952年11月撤销。

③ 参见王化云：《黄河溢洪堰工程总结》，《新黄河》1951年第11期。

重大工程项目之一。1955 年 7 月 30 日，一届全国人大二次会议正式批准了国务院提出的关于根治黄河水害和开发黄河水利的综合规划的基本原则和内容，决定兴建三门峡水利枢纽工程。

陈云十分重视三门峡水库建设。经过多年的反复思考、研究，他对三门峡工程的理解上升到国家战略的高度，认为应该从全局出发，统筹规划。他和中央经济工作五人小组其他几位负责人一致认为："治理这些水系要花很多钱，要用很多材料，一个一个地单独批准开工，势必造成应该治与暂时不可能治和摊子已经摆开而财力物力继续不上去的矛盾。"[①] 从这个考虑出发，他们提出：在尚未确定全国水利工程全盘规划和进度前，三门峡工程摊子不能铺得太大，1957 年投资 5000 万元先行开工。请国务院有关部门研究"三门峡水库及与其相关联的各项工程建设相互衔接的进度和投资、用材、用人的方案"。[②]

1957 年 4 月 13 日，三门峡水库工程正式开工建设。1960 年 9 月 14 日，三门峡工程开始蓄水运用。10 月 24 日，陈云视察三门峡水库大坝建设工地。他在听取三门峡市和黄河三门峡工程负责人汇报时指出：一定要严把质量关，把工程建设好，保证万无一失。他还询问水利工程淹没土地后群众的生活问题解决得怎么样了，一再叮嘱市委领导一定要解决好群众的安置工作，多为群众办实事，多为群众解决具体困难。[③] 他说，三门峡大坝是涉及子孙万代的大事，一定保证万无一失。否则出了问题，大家都要坐班房，也对不住子孙后代。[④]

由于对黄河河情摸得不透，三门峡工程蓄水运用后，泥沙淤积问题越来越严重，后来，经过两次改建，基本解决了库区的泥沙淤积问题，保持了一定的长期有效库容，为在多泥沙河流上修建水库和治理黄河开辟了新路。但是，对三门峡工程一度造成严重的淤泥，陈云曾多次引咎自责。直到 1979 年 3 月 21 日在出席中央政治局会议时，他还为此事作自我批评说："不要把我说得这么好，也有很多反面教训。一百五十六项中，三门峡工程

---

① 《陈云传》(下)，中央文献出版社 2005 年版，第 1098 页。

② 《陈云传》(下)，中央文献出版社 2005 年版，第 1098—1099 页。

③ 李海民：《1960 年陈云的河南之行》，中共河南省委党史研究室编：《回忆·思考·研究》，河南人民出版社 2003 年版，第 14 页。

④ 王瑞芳：《陈云与三门峡水库》，《北京科技大学学报（社会科学版）》2013 年第 1 期。

是我经过手的，就不能说是成功的，是一次失败的教训。”[①] 这种态度，充分表明他对黄河治理、开发极端负责的精神。

“大跃进”及人民公社化运动致使“左”的错误泛滥，不仅使河南经济发展遭到严重挫折，还使整个中国陷入了长达三年的困难时期。面对这一严峻形势，陈云及同时期的中国共产党人，注重实地调查，及时总结经验，坚定克服经济困难决心，对国民经济实行调整、巩固、充实、提高的方针，采取恰当措施，缓和了市场的紧张状态，初步度过了全国性经济困难时期。到 1963 年底，国民经济开始全面好转。重温陈云 1960 年在河南的调研，有助于我们学习陈云实事求是地通过调研解决问题的工作方法，也有助于我们从大局看问题、从历史角度分析问题，更好地体会陈云在三年特殊时期克服经济困难的坚定决心。

（作者单位：北京物资学院、中华人民共和国国史学会）

① 《陈云文选》第 3 卷，人民出版社 1995 年版，第 254—255 页。

陈云对上海改革开放的历史贡献

严爱云

陈云是以毛泽东同志为核心的党的第一代中央领导集体和以邓小平同志为核心的党的第二代中央领导集体的重要成员，他经历了党领导人民进行革命、建设、改革各个历史时期的许多重大事件，参与了党中央在不同历史时期一系列重大决策的制定和实施，多次在党和人民事业发展的关键时刻、在党和国家的重大决策中发挥了十分重要的作用。上海是陈云早期开展革命活动的地方，他始终情系上海的发展。新中国成立之初，陈云坐镇上海，从打击投机，抑制恶性通货膨胀入手，稳定物价、稳定市场，积极筹备统一全国财政经济，为巩固新生的人民政权奠定了基础，毛泽东称其功“不下于淮海战役”。作为中国社会主义经济建设的开创者和奠基人之一，他曾到上海进行一系列调查研究活动，这对于他提出国民经济调整时期化解危局、走出困境的“金点子”，别具重要意义。改革开放新时期，陈云为我们党开创中国特色社会主义道路作出了卓越贡献。其间，陈云继续高度重视上海在全国一盘棋中的独特地位、作用，从全局看上海，又从上海看全局，始终关心上海改革开放和现代化事业发展并给予多方指导。这其中体现出既坚持立足国情又放眼世界，既强调独立自主、自力更生又注重对外开放、取长补短，既要求加快发展又警示遵循规律，既力行关爱干部又倡导从严治党的鲜明特色，无不对上海的改革开放事业产生重要影响。在庆祝改革开放 40 周年之际，研究陈云对上海改革开放的指导实践，感悟其中的时代价值，对上海新时代中国特色社会主义建设新实践具有借鉴意义。

一、力推平反潘汉年冤案，关心上海干部队伍建设

陈云在长期革命和建设实践过程中形成“不唯上、不唯书、只唯实，

交换、比较、反复”的思想方法和工作方法。在党的十一届三中全会上，他提出对冤假错案必须坚持有错必纠，作出实事求是的结论，推动了全国平反冤假错案工作。经陈云直接提议复查和平反的，有刘少奇、瞿秋白、张闻天、萧劲光、马寅初等人。这些蒙冤多年的党的重要领导人和高级知识分子先后得以平反昭雪，恢复名誉。其中，陈云力推蒙冤多年、牵涉面广、影响全国的潘汉年案的平反，对于上海改革开放初期党内政治空气的澄清、民心的凝聚起到了不容置疑的积极作用。

潘汉年案是新中国成立以来的一大错案，也是祸及整个隐蔽战线的重大冤案。潘汉年战争年代长期从事上层统战工作，多次担负党中央直接赋予的特殊使命。新中国成立后，潘汉年担任华东局和上海市委社会部部长、统战部部长，上海市常务副市长等职。1955 年因向党组织交代抗战期间被人挟持到南京会见汪精卫的经历而被秘密逮捕受审，1963 年被认定为“长期隐藏在中国共产党和国家机关内部的内奸分子”受到长期关押，直至 1977 年病逝。受其牵连，上海很多干部被错误处理。陈云之所以力推潘汉年案的平反，笔者认为：一是基于对曾经共事过的潘汉年的了解。1935 年他和潘汉年先后奉中共中央之命，从长征途中前往上海恢复党组织，后来又都去了莫斯科。陈云相信潘汉年一贯对党高度忠诚、绝无贰心，认为决不能让这样的同志死不瞑目。二是出于对广大隐蔽战线出生入死干部的爱护。陈云曾在上海领导中央特科，深谙隐蔽战线工作的特殊性。潘汉年案让隐蔽战线的干部们心寒，他们希望老领导陈云能推动党组织作出公正结论。三是因为潘汉年案当年由最高领导层定性，又扑朔迷离，一般人不愿碰，而陈云在党内德高望重又极富实事求是的勇气和责任担当。因此，陈云不遗余力地推动对潘汉年案的重审，也是对党的十一届三中全会确立的实事求是思想路线的生动实践和垂范。

陈云在 1979 年 10 月做癌切除手术生死之际，托姚依林转交胡耀邦一封信，提出潘汉年案需要重新审查。手术成功后他又亲自推动此案复查。1981 年 3 月，陈云给中央其他几位领导人写信指出，收集到的材料并无潘汉年投敌的确证，而刘晓、刘长胜等上海地下党主要负责人能在上海保存下来，从反面证明潘汉年并未投敌出卖组织或同志。邓小平等人一致赞同陈云关于由中央纪委负责正式复查潘汉年案的意见。中央于 1982 年 8 月发出《关于为潘汉年同志平反昭雪、恢复名誉的通知》，肯定潘汉年的历史功绩，恢复其党籍。陈云还指示夏衍在《人民日报》上发表《纪念潘汉年同志》文章，传扬潘汉年的卓越功勋，向世人表明我们党恢复了实事求是、有错必纠的传统。潘汉年的名字终于可以写入青史，因潘汉年案受牵连的同志，也经复查一一平反落实政策。这样，不仅分清了一大批人的历史功过是非，调动了上海广大干部群众的积极性，而且恢复了实事求是的优良传统，为党的思想建设和组织建设奠定了基础，巩固和发展了安定团结的政治局面。

陈云长期担任党的组织和纪检系统的领导人，对培养和造就党的干部队伍具有丰富的感性认识和理性认识。改革开放之初，陈云要求广大干部特别是老干部充分认识培养选拔中青年干部的重大意义，克服保守思想，增强责任感和紧迫感。邓小平在 1980 年 8 月中央政治局扩大会议上说："陈云同志提出，我们选干部，要注意德才兼备。所谓德，最主要的，就是坚持社会主义道路和党的领导。在这个前提下，干部队伍要年轻化、知识化、专业化，并且要把对于这种干部的提拔使用制度化。这些意见讲得好。"[①]1981 年 5 月，陈云在杭州休息期间写了《提拔培养中青年干部是当务之急》的意见书，分送中共中央总书记胡耀邦和邓小平。陈云对上海市领导也反复强调并多次关心干部队伍的后备力量。1982 年 4 月和 1983 年 5 月，他与中共上海市委第一书记陈国栋等谈话，要求上海市领导要选好接班人，建设好领导班子，搞好上海的工作。1984 年 10 月 24 日，他听取陈国栋等关于上海市主要领导干部新老合作与交替问题的汇报，表示同意他们提出的方案。陈云关于"成千上万地提拔中青年干部"的思想为党的交班接班大业提供了重要的理论依据，推动了党的领导干部队伍的新老合作与交替的完成，对上海同样产生积极影响，使一大批优秀的中青年干部得以迅速走上各级领导岗位，为上海从改革开放后卫走向前沿打下了干部资源和组织的基础。

二、支持宝钢建设，坚守经济建设综合平衡、循序渐进

改革开放之初，由于长期受"左"的影响，经济建设中急于求成的倾向还严重存在。陈云针对急于求成、盲目追求高速度而忽视比例协调的错误思想，指出："目前人民向往四个现代化，要求经济有较快的发展。但他

---

① 《邓小平文选》第 2 卷，人民出版社 1994 年版，第 326 页。

们又要求不要再折腾，在不再折腾的条件下有较快的发展速度。我们应该探索在这种条件下的发展速度。”[①] 陈云领导了对国民经济实行“调整、改革、整顿、提高”新八字方针的三年经济调整工作，按照在综合平衡基础上循序发展的建设方针办事，使国民经济进入良性循环，也为经济体制改革的起步创造了比较宽松的经济环境。其间，他对上海宝山钢铁总厂建设的把握，充分展现了其科学发展理念。宝钢是我国在“文化大革命”结束后开始引进的22项建设工程之一，总投资为214亿元，以当时的全国人口计算，平均每人要为宝钢分摊20元，是新中国成立以来规模最大、投资金额最高的项目。而且宝钢要到六七年后方能建成投产，产生经济效益，周期太长。在国民经济调整中，这个项目成了众矢之的。正是在陈云的主持下，宝钢在经历了抢建、缓建、下马之后得以继续建设。

第一，实事求是判断宝钢建设的价值意义。陈云不仅详细听取了各方对于宝钢建设的意见，而且于1981年5月31日至6月6日亲自到上海进行实地考察。还召集上海钢铁一厂、三厂、五厂和上海市冶金局的人员座谈。经过调查，他认为：一是引进技术与设备，建设一座世界一流水平的大型钢铁厂十分必要；宝钢虽然上马仓促，但动工后建设成绩很大，应全面考虑，弥补不足。要根据我国的国力对经济建设进行全面的调整，大中型项目要再减掉几百个，但不能推平头，要确保重点项目。二是宝钢的建设有利于解决长期困扰上海工业发展的缺铁问题，全面提升我国的钢铁工业生产水平，并最终推动我国工业发展水平。“对全国、对上海来讲，都关系很大，事关全局。”[②] 三是宝钢是我国进入新时期后最早引进世界先进技术和设备的大型项目之一，要以宝钢建设为例，总结经验，搞出引进外资、引进技术的典型。因此他谆谆嘱托：“宝钢搞好，上海同志要肩负起责任。”“只能搞好，不能搞坏。”[③] 因为宝钢是实现四个现代化中的第一个大项目，“应该做出榜样来”[④]。他要求大家同心协力，把宝钢建设好，并承诺外界舆论由他来做工作。

第二，强调宝钢建设必须与我国的国情、国力相适应。陈云强调，不

---

① 《陈云文选》第3卷，人民出版社1995年版，第268页。
② 《陈云传》（下），中央文献出版社2005年版，第1574页。
③ 《陈云传》（下），中央文献出版社2005年版，第1571页。
④ 《陈云传》（下），中央文献出版社2005年版，第1575页。

能脱离我国现有的工业基础和技术力量，单纯依靠引进外国技术，依靠借外债。设备贷款能够使用多少，并不决定于我们的主观愿望，而决定于国内有多少财政拨款用于“配套”。如果国内没有投资力量，而盲目扩大进口设备的规模，这非但不能推动我们的经济建设，反而增加困难。实现宝钢建设与我国国力相适应，宝钢要处理好与煤、电、运输、原材料等先行工业部门之间的关系，使宝钢的建设、发展与其他行业的发展保持合适的比例。陈云指出：“说到底，还是要有计划按比例地稳步前进，这样做，才是最快的速度。”[①] 为了使宝钢的建设与我国的国力相适应、与国内各行业的发展相适应，陈云提出，宝钢的建设要继续下去，但要拉长建设周期。将宝钢整项工程分一、二期，先上一期，推迟二期。根据陈云的建议，国务院于 1981 年 8 月初决定恢复宝钢建设。一期工程延长到 1985 年建成投产。一年后，各项指标都达到或超过设计水平，产生了巨大经济效益，为二期工程提供了资金。上述举措使宝钢项目建设真正走上了比较符合中国国力、比较适应国民经济发展要求的稳定可行的道路。

第三，要求建设宝钢必须实现设备、技术引进与我国自主创新相统一。陈云指出，宝钢的建设既要从国外引进先进的设备、技术和管理经验，更要发挥我国自己的专家和技术人员的积极性。宝钢的发展始终要走自主创新的道路。他表示“‘资金不够，可以借外债’。这是打破闭关自守以后的新形势”[②]，对外资和外国技术“一定要，而且还要充分利用”[③]，并进一步指出，引进外资和新技术，是我国当前的一项重要措施。既买设备，同时也要买技术，买专利。通过买技术、买设备，可以在较短时间内迅速弥补我国与世界发达国家在生产技术、设备、生产管理等方面的差距。但同时，陈云还指出，利用外资、引进外国先进设备，必须立足于自力更生。既要反对只讲自力更生、否认外援、闭关锁国的倾向，又要克服只讲对外开放，忘记以自力更生为主，企图依靠借外债买一个现代化的错误思想。“精益求精，不断创新”[④] 是 1986 年陈云对投产后的宝钢提出的新要求。宝钢人遵循陈云的教诲，跟踪开发世界最新技术，加速企业技术进步，使 20 世纪 70

---

① 《陈云文选》第 3 卷，人民出版社 1995 年版，第 351 页。

② 《三中全会以来重要文献选编》（上），中央文献出版社 2011 年版，第 523 页。

③ 《三中全会以来重要文献选编》（上），中央文献出版社 2011 年版，第 71 页。

④ 《陈云传》（下），中央文献出版社 2005 年版，第 1578 页。

年代末引进的技术和装备，到 21 世纪仍保持了世界先进水平。

第四，强调宝钢建设要处理好“骨头”与“肉”的关系。也就是工业建设与文教、卫生、城市建设等与人民生活密切相关的配套设施建设之间关系。宝钢的建设不仅指工厂厂房的建设，还包括为工人提供服务的住房、商店、学校等生活设施的建设，以及环保设施的建设，要注意保护环境，一定不要使黄浦江水系受到污染。只有处理好“骨头”与“肉”的关系，才能推动宝钢建设的持续发展。宝钢的建成，使我国钢铁工业与世界先进水平差距缩短了 20 年。同时，陈云关于宝钢建设要与我国国力相适应，要实现设备、技术引进与我国自主创新相统一的思想，关于建设过程中要处理好经济与民生关系的思想，对上海产生了深远的影响。

三、坚持以民为本，促进人口与环境协调发展

陈云始终牢记中国共产党维护人民利益、为人民谋利益的根本宗旨，不管在革命时期，还是在和平建设年代，他都坚持走群众路线，制定路线、方针、政策问需于民。他认为，“搞经济建设的最后目的，是为了改善人民的生活。”[①] 只有人民生活稳定了，经济稳定了，政治才能稳定，社会才能稳定。他在党内较早提出了以人为本、量力而行、人口与环境协调发展等理念。在对上海工作的指导中体现出前瞻性的科学发展导向。陈云高度重视人口资源和经济发展的关系，强调人口、环境资源的发展与经济建设必须协调一致。1979 年 6 月 1 日，他在上海调研时同上海市负责人谈道：人口是个爆炸性问题，现在解决不好，将来不可收拾。他经过深入思考，系统地提出五条措施：一是大造舆论，造三五年的舆论；二是制定法令，明确规定只准生一个；三是加强避孕药物的研制、发放和相应的医疗工作；四是对独生子女实行优待政策；五是实行社会保险，解决“养儿防老”问题。[②] 此后，他又指出：限制人口、计划生育问题，与国民经济计划一样重要，要列入国家长期计划、五年计划、年度计划。1985 年，他看了一份对上海、浙江的调研报告后指出：“十亿人口吃饭穿衣是我国一大经济问题，也是一大政治问题。‘无粮则乱’，这件事不能小看就是了。”[③] 可见，陈云强调人口

① 《陈云文选》第 3 卷，人民出版社 1995 年版，第 280 页。

② 《陈云年谱（修订本）》下卷，中央文献出版社 2015 年版，第 302 页。

③ 《陈云年谱（修订本）》下卷，中央文献出版社 2015 年版，第 276 页。

规模要与经济发展水平相适应，归根结底是为了让群众满意，这也是时至今日我们党做好一切工作的价值取向和根本标准。陈云高度关注经济发展和环境保护的关系，提出发展经济必须保护环境。环境资源对于经济建设的规模具有很大的约束力，这二者之间必须协调一致，不要片面追求高速度。新中国成立后，我国在社会主义工业化的过程中，未能很好地顾及环境的保护。党的十一届三中全会后，在经济建设大规模开展的同时，环境恶化问题逐步凸显。陈云认为在发展经济的过程中不能再走先污染后治理的老路，必须未雨绸缪，否则贻害子孙。他坚决反对那种无视经济发展客观规律，对资源采取掠夺性开发的错误行为。1979 年 6 月，他在给李先念、姚依林的信中提出经济建设必须注意的两个问题：一是水资源问题；二是工业污染问题。要求节约水资源，对于工业污染真正做到防害于先。1981 年 9 月，陈云在政治局会议上提出：解决城市污染的问题也要提到我们的议事日程上来，早投资比后来补要省得多。他举了苏州河污染的例子，说他当学徒时苏州河就是黑黑的水，现在虽说马上改变不容易，但要着手逐步解决。1982 年以来，上海市由于空气中的二氧化硫、氮氧化物过多，下了十多场酸性雨，陈云将新华社题为《上海出现酸性雨污染环境》的内部材料批转给中央负责人，并批示道："治理费要放在前面。否则后患无穷。"[①] 此后，针对我国地区环境污染日趋严重的趋势，陈云提出，这方面要舍得花钱。治理污染、保护环境是我国的一项大的国策，要当作一件非常重要事情来抓。这件事，一是要经常宣传，大声疾呼，引起人们重视；二是要花点钱增加投资比例；三是反复督促检查，并层层落实责任。在陈云多次大声疾呼下，在"八五"规划中，水资源问题被提到了一个重要的高度，水利与能源、交通等并列，作为国家经济建设的战略重点和基础产业、基础设施。陈云坚持以人为本的价值导向体现了中国共产党立党为公、执政为民的本质。他关于经济发展必须和人口、环境资源协调发展的思想，对上海和全国经济的健康发展都有长远的积极意义。

四、致力从严治党，倡导两个文明一起抓

党的十一届三中全会后，党面临着改革开放带来的考验。陈云对此有

① 《陈云年谱（修订本）》下卷，中央文献出版社 2015 年版，第 354—355 页。

着清醒认识。针对改革开放中出现的消极腐败现象，陈云警示道："'一切向钱看'的资本主义腐朽思想，正在严重地腐蚀我们的党风和社会风气。"[①] 他提出了加强党风建设要"两手抓"的具体思路，在抓物质文明建设的同时，抓精神文明建设；在抓思想政治工作的同时，严肃党纪、政纪。他指出："社会主义精神文明的建设，关键是执政党要有好的党风。"[②] 他以敏锐的洞察力和非凡的决断力，在加强和改进党风建设、提高党的拒腐防变能力等方面提出了一系列富有前瞻性、战略性的思想理论观点，提出从严治党，除了对少数党员要严肃党纪外，还必须着眼于对绝大多数党员进行思想教育。一方面加强对党员干部的党性教育、共产主义理想教育和革命传统教育，提高干部队伍的素质，为人民群众掌好权、用好权，真正为人民群众谋利益；另一方面对以权谋私的干部要绳之以法，对触犯党纪国法的党员，进行严肃惩处。在陈云主导下制定的《关于党内政治生活的若干准则》，正如习近平总书记在党的十八届六中全会上所指出的："对于当时恢复和健全党内民主、维护党的集中统一、严肃党的纪律、促进党的团结，实现政治上、思想上、组织上、作风上的拨乱反正，实现全党工作中心的转移，发挥了重要历史作用。"特别是陈云提出的"执政党的党风问题是有关党的生死存亡的问题"[③] 论断，振聋发聩，深刻揭示了加强党风廉政建设的重要性、紧迫性和长期性。他通过对执政党党风问题的分析，呼吁"党风问题必须抓紧搞，永远搞"[④]，充分发挥党的纪律检查部门的作用，要求领导干部廉洁自律，加强对干部的监督等思想和实践，具有鲜活的时代价值。这些思想财富和制度供给，促进了上海加强党的建设新的伟大工程，为现代化建设提供了坚强的政治保证和组织保证。

在抓紧建立健全党内法规的同时，陈云开始探索加强国家民主法制建设的问题。他敏锐地观察到当时社会政治生活中出现的一些不正常现象。在加强党内民主建设的过程中，少数人钻了我们党纠正"左"的错误的空子，散布否定党的领导、反对社会主义制度和毛泽东思想的言论。在一些地方出现了少数人煽动闹事、破坏社会治安的现象。他认为，这些事情如

---

① 《陈云论党的建设》，中央文献出版社 1995 年版，第 301 页。
② 《陈云论党的建设》，中央文献出版社 1995 年版，第 294 页。
③ 《陈云文选》第 3 卷，人民出版社 1995 年版，第 273 页。
④ 《陈云文选》第 3 卷，人民出版社 1995 年版，第 273 页。

果处理不当，将会影响并破坏当前的大局，甚至可能使“文化大革命”那种无政府主义恶性泛滥、造成社会动乱的局面再现。1979 年 3 月 6 日，上海市公安局发布通告，对集会游行、拦截火车、冲击机关、煽动闹事、张贴标语大字报、印制出售反动书刊画册等问题作出六条规定，重申对反革命分子和破坏社会治安的刑事犯罪分子依法坚决打击的方针。通告经中共上海市委批准发布后，少数人张贴反对的大标语，并策划闹事。公安部党组就此请示中央。3 月 12 日，陈云在公安部报告上立场鲜明地批示：“人民有民主权利，但也必须守法，否则我们会一事无成。上海市委批准的六条没有错。”①3 月 19 日，党中央批转公安部的报告并在通知中明确：“近来，一些地方极少数人聚众闹事，破坏社会秩序、生产秩序和工作秩序，冲击领导机关。这种现象如果不坚决制止，任其发展，势必动摇社会主义民主和无产阶级专政的基础，使党的工作重点无法顺利地转移到社会主义现代化建设上来。对极个别罪行严重、证据确凿的首恶分子，必须依照法律（包括地方政府和公安机关发布的法令条例）加以惩治。”②陈云关于党风廉政建设要一手抓教育一手抓惩治，两者结合、标本兼治的制度建设思路，和依法办事的法治思维，对于当前的实践具有重要意义。

陈云晚年依然关注上海的发展。退居二线后，他仍连年来上海，毫无保留地为上海的改革开放事业贡献智慧。他在接见上海市各界领导时，多次强调既要解放思想又要实事求是，并手书“不唯上、不唯书、只唯实，交换、比较、反复”十五字诀相赠。陈云始终关注上海浦东的建设。1992 年 4 月，他在上海听取市领导的工作汇报后说，我非常赞成开发浦东，开放浦东。上海有很好的基础，尤其有人才优势。上海今后的发展一定会很快。在上海抓住浦东开发开放机遇，苦干巧干加快“一年一个样三样大变样”历史进程中，1994 年春节期间，陈云对前来探望的上海市领导说，上海工作是做得好的，不是一般的好，而是很好。这个肯定使上海的干部群众深受鼓舞。

党的十九大宣告中国特色社会主义进入了新时代，擘画了全面建设社会主义现代化强国的宏伟蓝图。当今世界正在经历新一轮大发展大变革大调整，改革开放向纵深推进。习近平总书记在博鳌亚洲论坛 2018 年年会开

---

① 《陈云传》（下），中央文献出版社 2005 年版，第 1518 页。
② 《陈云传》（下），中央文献出版社 2005 年版，第 1519 页。

幕式发表主旨演讲，向全世界宣示了“将改革进行到底”的决心。上海是我们党梦想启航的地方，在习近平新时代中国特色社会主义思想指引下，不忘初心、牢记使命，一定要传承好共产党人的光荣和梦想，继承陈云等老一辈革命家的思想遗产，把人民对美好生活的向往作为奋斗目标，以民心向背作为全面从严治党的衡量准绳，继续当好全国改革开放排头兵、创新发展先行者，谱写城市发展新篇章。

（作者单位：中共上海市委党史研究室）

邓小平和陈云在新中国成立初期粮食统购统销中的合作

张金才

对粮食等主要农产品实行统购统销，是我国工业化初创阶段采取的一项重大决策，对于保证供给和支持建设发挥了重要作用。这一政策是由政务院副总理兼中财委主任陈云于 1953 年 10 月提出并被中共中央接受而实施的。初到中央工作不久、任政务院副总理兼中财委第一副主任和财政部部长的邓小平在粮食统购统销中给予了陈云大力支持。在邓小平和陈云的密切合作下，粮食统购统销政策得到顺利实施并不断完善，达到了稳定粮食市场、保证人民生活、基本满足初期工业建设对大宗粮食需要的预期目的。

一、邓小平和陈云在出台粮食统购统销政策中的合作

随着 1953 年大规模工业建设的进行，粮食供需缺口迅速扩大，粮食问题已日益严重地摆在人们面前。在 1952 年 7 月 1 日至 1953 年 6 月 30 日的粮食年度内，国家共收入粮食 547 亿斤，比上年度增长 8.9%；但因城市人口和工业就业人数激增，支出 587 亿斤，比上年度增加 31.6%。收支相抵，赤字为 40 亿斤。如何解决如此巨大的粮食赤字，成为第一个五年计划建设开始时遇到的复杂而棘手的突出难题。为解决这道难题，陈云提出了粮食统购统销的办法。在此过程中，邓小平给予了积极支持和配合。

鉴于粮食不足将是我国较长时期内的基本状况，陈云经过逐个比较多种解决粮食问题的方案，反复权衡利弊得失，终于下决心提出在农村征购、在城市配售的解决粮食问题的办法，也就是后来所说的统购统销。他的这个意见，立刻得到周恩来、邓小平等大力支持。①1953 年 10 月 1 日晚，在天

① 参见《陈云传》(上)，中央文献出版社 2005 年版，第 845 页。

安门城楼会见厅里，陈云向毛泽东汇报粮食征购与配售的办法，得到毛泽东赞同。

考虑到征收公粮在即，是否当年就开始征购粮食，陈云一时下不了决心。关键时刻，邓小平给予陈云大力支持。他建议推迟公粮征收时间以便与粮食征购同时进行，并就此于 10 月 2 日为中共中央起草了给各中央局、分局并转各省市委及财委的通知。通知指出，中共中央决定于 10 月 10 日至 12 日召开全国粮食紧急会议，“在这个会议上，将对粮食问题作通盘的考虑，并拟实行粮食征购的政策。因此，今年征收公粮的时间，必须略为推迟，等到全国粮食会议作出新的决定之后，与粮食征购工作同时进行，较为有利。各地接此通知后，应即转知各县，暂不进行征收公粮工作，其开征时间，以后由中央另行通知。”① 对于邓小平的建议，陈云十分赞赏。他在 10 月 10 日全国粮食会议上的讲话中专门指出：“开始时，对于今年实行征购，我还有点犹豫，因为公粮马上就要开征，怕来不及了。后来小平同志想了一个办法，把征收公粮的时间推迟一点，征购和征收公粮一起搞，免得搞两起麻烦。中央经过讨论，同意小平同志的意见，决定征收公粮推迟到十一月。”②

邓小平和陈云在粮食统购统销问题上的合作，缘于他们在粮食问题上的共同主张。

首先，他们都十分重视粮食问题。国以民为本，民以食为天，没有饭吃，其他一切都无从谈起。为此，陈云反复强调粮食定，天下定；粮食稳，市场稳。邓小平到中央工作后，多次在政务院会议和其他重要会议上指出粮食问题的重要性和紧迫性。1953 年 6 月 5 日，他在主持政务院第一八一次政务会议时指出：“粮食问题在相当时期内是个严重的问题。过去我们地方小，供应问题不大，现在不同了，非得有六百九十四亿斤才能保证国家的工业建设及其他方面的需要。”③

其次，他们都主张对粮食要实行中央集中统一管理。陈云一向认为，在粮食增产有限、粮食供给不能满足需求、缺口较大的情况下，国家对粮食的管理尤为重要。1953 年全国财经会议讨论粮食问题时，有与会者提出，

---

① 《邓小平年谱（1904—1974）》（中），中央文献出版社 2009 年版，第 1136 页。

② 《陈云文选》第 2 卷，人民出版社 1995 年版，第 211 页。

③ 《邓小平文集（1949—1974 年）》中卷，人民出版社 2014 年版，第 114 页。

为减轻中央的压力，增加地方及时处理粮食问题的机动权，建议粮食由中央统筹统支改为中央与地方分级管理，地区的调剂由地区间互相协商。对此，陈云明确表示反对。他说："如果把由中央统筹统支改为中央和地方分级管理，则各大区、各省为了各自保证自己方面的需要，余粮者必然希望更少调出，缺粮者必然要求更多调入"，结果很可能是上缴粮不能达到中央要求的数量，地区之间的调剂也会因一方要得多，另一方供得少而不能达成协议，最后仍然要求中央作决定。此次财经会议在过分批评粮食集中统一管理体制的氛围下形成的《关于粮食问题的决议（草稿）》，提出要"在中央统一领导和计划之下实行统筹兼顾、分区负责、划定范围、因地制宜的办法"。鉴于这一办法对粮食集中统一管理体制造成了冲击，导致了分散主义，邓小平在10月10日的全国粮食会议上直截了当地批评了"分区负责"的提法。他说："我们原来叫做统一领导，统筹兼顾，分区负责，恐怕要改一个字，叫分工负责。"①他还说："中国山头很多，粮食问题又出了几千万个山头。如不强调统一领导，分工负责，就会出乱子。"②

最后，他们都认为解决当前的粮食问题要着眼于大局和长远。陈云提出粮食统购统销政策虽然是针对当时的粮食危机，但他同时认为"这是一个长远的大计，只要我们的农业生产没有很大提高，这一条路总是要走的。"③邓小平也坚持从工业化建设的大局教育农民，以调动农民交售粮食的积极性。他说，做好购粮工作是为了工业化建设，而工业化建设是国家和人民最大的利益。"国家的根本问题是实现工业化，没有工业化什么都不行。只有实现工业化，才能使国家脱离贫困。农民的最大利益也要靠工业化。"④

正是由于邓小平和陈云在粮食问题上的诸多共识，才有了他们在1953年10月全国粮食会议上正式提出粮食统购统销政策时更加紧密的合作。在第一天的会议上，邓小平和陈云分别讲话，互相配合，从不同角度阐述了实行粮食统购统销的必要性，为这一政策的顺利出台和实施奠定了重要的思想基础。

---

① 《邓小平传（1904—1974）》（下），中央文献出版社2014年版，第952—954页。
② 转引自薄一波：《若干重大决策与事件的回顾》上卷，中共中央党校出版社1991年版，第270页。
③ 《陈云文选》第2卷，人民出版社1995年版，第211页。
④ 《邓小平文集（1949—1974年）》中卷，人民出版社2014年版，第115页。

陈云在报告中详细分析了全国粮食方面存在的严重问题，逐一比较了他想过的八种方案，仔细权衡利弊，结论是："只能实行第一种，又征又配，就是农村征购，城市配给。其他的办法都不可行"。他充分估计到实行这项政策的难度和可能遇到的严重问题，提请与会者注意："如果大家都同意这样做的话，就要认真考虑一下会有什么毛病，会出什么乱子。全国有二十六万个乡，一百万个自然村。如果十个自然村中有一个出毛病，那就是十万个自然村。逼死人或者打扁担以至暴动的事，都可能发生。农民的粮食不能自由支配了，虽然我们出钱，但他们不能待价而沽，很可能会影响生产情绪。"①

邓小平在讲话中着重论述了粮食征购和配售与巩固工农联盟、国家有计划经济建设的关系。他说：一是实行征购和配售，"才能巩固工农联盟"。"道理就在我们这个国家走什么道路的问题，农民走什么道路的问题。"实行征购和配售，有利于农民走社会主义道路，有利于巩固工农联盟，也对农民有利。二是实行征购和配售有利于国家建设。"我们就可以使粮价固定下来，经常不变。要变也是全国的变，不是一个地区一个地区的变，而且是非发生大的灾荒和大的变动不变。整个物价稳定，我们整个国家的计划（包括工业、农业、商业、工资和所有的东西）也就放在了稳定的基础上。这对于我们国家的建设是非常有利的。"②

在 10 月 13 日会议最后一天的讲话中，邓小平又从贯彻过渡时期总路线的角度论述了实行粮食统购统销的必要性，把它与农业社会主义改造联系起来，赋予其更加重要的政治意义。他说：你讲征购不联系过渡时期的总路线，就无法使全党同志赞成这个东西。③为此，邓小平在讲话中指出："农村搞统购统销，实际上就使农村的资本主义受到了很大限制。要使全党所有干部懂得，这次粮食会议，不只是解决了粮食问题，更重要的是要使他们懂得，还解决了过渡时期总路线问题，就是怎样把小农经济纳入国家计划经济的轨道，纳入互助合作的道路，纳入社会主义道路。"④

邓小平和陈云的报告从不同角度阐明了实行粮食统购统销的必要性和

① 《陈云文选》第 2 卷，人民出版社 1995 年版，第 210 页。
② 《邓小平传（1904—1974）》（下），中央文献出版社 2014 年版，第 954 页。
③ 转引自薄一波：《若干重大决策与事件的回顾》上卷，中共中央党校出版社 1991 年版，第 266 页。
④ 《邓小平年谱（1904—1974）》（中），中央文献出版社 2009 年版，第 1139 页。

重要性，具有很强的说服力，产生了良好效果。与会者听取报告后一致认为实行征购和配售，是当前粮食严重供不应求的情况下解决产需矛盾的最佳方案，除此以外别无他路。

会议经过讨论，确定了实行粮食统购统销的政策。10 月 16 日，中共中央通过《关于实行粮食的计划收购与计划供应的决议》。10 月 19 日，政务院下达《关于实行粮食的计划收购和计划供应的命令》。中共中央的决议和政务院的命令标志着粮食统购统销政策的正式出台。

二、邓小平和陈云在实施粮食统购统销政策中的合作

粮食统购统销政策出台后，邓小平和陈云在宣传教育、政治动员和部署落实等方面分别做了大量工作，共同推动了粮食统购统销工作在全国各地的顺利展开。

实行粮食统购统销，政治动员和宣传教育工作必须跟上去。陈云在全国粮食会议上指出："征购是一项很艰巨、很麻烦的工作，这比对付资本家难得多。做好这件事，要采取很多经济措施，同时要进行广泛深入的政治动员。这是一项很大的经济工作，也是一项很大的政治工作。"他要求"在征购时，要通过人民代表会，大家民主讨论。高级干部也要深入农村，一方面帮助基层工作，一方面总结经验，指导全面。"[①] 全国粮食会议后，各省立即开会贯彻全国粮食会议精神，宣传粮食统购统销政策。陈云密切关注着各地的政治动员和宣传工作，并给予及时和具体的指导，推动粮食统购统销工作在各地的顺利展开。1953 年 12 月 2 日，陈云为中共中央起草致各中央局、分局并转各省、市委电，将中南局、湖北省委、河南省委关于开好粮食统购工作中各级会议的指示转发各地参考。电报强调指出："各地试点经验已经证明，只有开好县的干部会议和乡的党内外各种会议，才能很好地完成统购粮食的任务，其结果也必然把农村工作推进一大步。目前县的三级干部会议应已经结束，望各地用极大的力量加强对乡的各种会议的领导，保证开好乡的各种会议，绝不要性急图快，简单从事。"[②]

在粮食统购统销的政治动员和宣传教育方面，邓小平也做了大量工作。早在全国粮食会议之前，邓小平即提出做好购粮工作"要有价格政策、必

---

① 《陈云文选》第 2 卷，人民出版社 1995 年版，第 213—214、213 页。
② 《陈云传》（上），中央文献出版社 2005 年版，第 859 页。

要的政治工作、必要的经济工作。”[①] 他关于政治工作和价格政策相结合以调动农民交售粮食积极性来解决粮食收购问题的措施，为以后长时间内国家解决粮食问题所坚持采用。全国粮食会议后，邓小平密切关注着粮食统购统销政策的实施情况，对各地在政治动员和宣传教育工作中取得的成功经验及涌现的典型案例及时肯定和推广，指导各地粮食统购统销工作的顺利展开。

山东泰安九区上高乡基点村郝培英互助组，开始时农民对粮食统购政策缺乏认识，有的观望，有的有顾虑，有的甚至消极抵抗。经过政治动员、思想教育和做其他过细工作，情况发生了变化。中共泰安地委 11 月 16 日《关于泰安九区上高乡基点郝培英互助组在生产中心下完成粮食统购任务的报告》，经山东分局上报到中央。邓小平看了中共泰安地委的报告后批示："这个报告说明粮食统购工作做好了，是会提高农民生产积极性的。"遂将报告送毛泽东阅。11 月 27 日，邓小平在为中共中央起草的批转电报中说："这个报告说明在实行粮食统购政策时，如果工作做得不好，或者做得不充分，是会遭到农民的抵抗，并可能影响到农民的生产积极性的。但是只要工作做好了，就不但能够完成统购的任务，而且必然大大提高农民的政治觉悟和大大提高农民的生产积极性。这个经验值得各地加以重视和仿效。"[②]

由此，邓小平更加感到充分的政治动员和思想教育对于做好粮食统购工作的极端重要性。11 月 27 日，他在审改《关于必须为明年增产粮食做好准备工作的指示（草稿）》时加写了这样一段话："必须纠正那种认为统购粮食一定会损害农民生产积极性的错误的观点"；"采取一些粗暴的办法，犯主观主义和命令主义的错误，那是可能损害农民生产积极性的。但是，根据现有的一些典型经验，已经可以证明，只要在统购工作中进行了充分的工作，就不但不会损害农民的生产积极性，而且可以通过粮食统购这个环节，大大提高农民的政治觉悟，大大提高农民的生产积极性，并使农村的互助合作运动向前推进一步。因为粮食统购政策的本身，不但没有损害农民的利益，而且正是保护了农民的利益。"[③]

粮食统购统销是政策性极强的工作，涉及国家建设和人民生活的方方

① 《邓小平文集（1949—1974 年）》中卷，人民出版社 2014 年版，第 114 页。
② 《邓小平年谱（1904—1974）》（中），中央文献出版社 2009 年版，第 1147 页。
③ 《邓小平年谱（1904—1974）》（中），中央文献出版社 2009 年版，第 1145 页。

面面。为使这项政策在全国各地得到顺利实施，在加强宣传教育和政治动员的同时，还需要做许多过细的部署和落实工作。在这方面，陈云主要抓了粮食统销这项工作；邓小平则在粮食统购方面提出了一些政策措施。他们互相配合，相得益彰，共同推进了粮食统购统销工作的顺利开展。陈云不仅是粮食统购统销工作的主要决策者，而且是部署与落实粮食统购统销的主要指挥者。全国粮食会议后，他过细地直接抓了北京、天津、济南等北方城市的面粉计划供应工作。

陈云在指导城市面粉计划供应工作时注重因地制宜。北京市的办法是分三等供应面粉，认为这样做比较好；天津市则主张不分等级，认为分等很麻烦。陈云都表示同意。济南市由于大米供应不足、主食杂粮库存少，因而在实施面粉计划供应时采取了标准高于北京、天津的临时供应办法。陈云也表示同意，认为只要不定死，对于其他地区可能不会有太大影响。

在实施面粉计划供应中，陈云十分重视收集与掌握信息，注意以点带面和由此及彼。北京、天津实行面粉计划供应后，11 月 8 日，他为中共中央起草了致广州市委并告华南分局、中南局的电报，要求他们报告京津及北方城市自 11 月 1 日实行面粉计划供应或掌握卖出后对广州面粉市场的影响。11 月 11 日，他为中共中央批转了北京市委关于面粉计划供应的实施办法、补充规定和说明等文件供各地参考。11 月 25 日，他为中共中央批转了天津市委 11 月 3 日关于实行面粉计划供应后各阶层群众动态的报告，供各中央局、分局并各省市委参考。11 月 26 日，他又为中共中央向各地批转了济南市委的报告。陈云为中共中央批转的这些文件，对在全国实施粮食计划供应起着积极的引导与推动作用。

邓小平非常注意在农村粮食统购中把握好政策界限。1953 年 12 月 21 日，他在审改中共中央批转华东局《关于当前贯彻总路线教育与粮食统购统销工作中几个重要问题的指示》的电报稿时加写道："对余粮户绝对不可采取如同对付地主那样的办法。我们只求完成预定的购粮数目，不要强求超过，不要超过太多，因为国家财力有限，不可能购买太多。而在统购之后，农民手中仍有相当多的余粮，这不是什么坏现象，而是一种很好的现象。这也须请各地加以注意。"①

---

① 《邓小平年谱（1904—1974）》（中），中央文献出版社 2009 年版，第 1150—1151 页。

同日，他在为中共中央起草的批转中共湖北省委《关于全面做好粮食统购工作的指示》的电报中又指出："在粮食统购中，不要笼统地提出向富农作斗争的口号，只宜对个别确实顽抗的旧富农进行必要的斗争，而且在处理上不宜过严，以免影响到中农。因为粮食统购的对象主要是中农，如果一般地提出向富农作斗争的口号，或对个别富农处置不当，根据历来农村斗争的经验，是很容易伤害到中农的。此点请各地务必加以注意。"①

经过邓小平和陈云深入的宣传教育、充分的政治动员和过细的部署落实，粮食统购统销工作得以在各地比较顺利地展开，在全国范围内没有发生大的动荡。到1954年2、3月间，各地相继结束了粮食统购工作，1953年至1954年粮食年度国家粮食征购量比上个粮食年度增加29.3%，胜利完成了当年的统购任务，一举稳定了粮食局势，扭转了粮食市场上国家购少销多的局面。邓小平在1954年1月7日的政务会议上高兴地说："粮食实行了统购统销，情况是好的，计划收购七百亿斤，估计要超过，今后只要年成好，可以解决问题。"②

三、邓小平和陈云在完善粮食统购统销政策中的合作

统购统销政策的实行使全国渡过了粮食难关，供求关系十分紧张的形势开始缓和下来。但随之也出现了两个问题：一是对农民的粮食余缺和征购数量缺乏合理核定，造成一些地方政府与农民关系紧张；二是商业工作上急躁冒进造成市场呆滞和国家与私商的关系紧张。面对出现的新情况和新问题，邓小平和陈云共同应对，通过采取有力措施，完善统购统销政策，使粮食统购统销工作得到明显改善。

粮食统购统销后，国营商业和合作社商业发展加快，农村市场得到控制。但同时又出现了私商停业歇业户增多、城乡联系隔断、内外物资交流阻塞、农村市场呆滞的情况。陈云敏锐地察觉到这个问题，给予很大的重视。1953年底，他在上海、杭州等地考察后感到国营商业和合作社商业前进得过快，提出"要少进一点"。1954年3月，他在同商业部负责人谈话中，在中共中央政治局会议上，在中共商业部党组会议上，多次讲到国营商业和合作社商业占批发和零售贸易的比重过大，前进得快了，要踏一踏

---

① 《邓小平年谱（1904—1974）》（中），中央文献出版社2009年版，第1151页。

② 《邓小平文集（1949—1974年）》中卷，人民出版社2014年版，第160页。

步，以便解决私商停业歇业与市场呆滞的问题。在审定 1954 年国民经济计划与国家预算会议上，陈云又指出，商业零售中公私所占的比重要根据去年 12 月的水平，“踏步看半年再说”。对于陈云的主张，邓小平予以明确支持。1954 年 3 月，他在中央政治局会议上说：“陈云同志从外面回来，就说要控制一下，但没有引起注意。”①

由于陈云为中共中央起草的《关于加强市场管理和改造私营商业的指示》于 1954 年 7 月下发后未能引起各级党委的充分注意，致使同年秋冬许多地区牛羊上市量骤增，国营商业和合作社商业收购大大超额，造成母牛、乳牛、小羊、仔猪价格下跌，生产萎缩。中共河南省委向中央反映造成这种情况的原因是：盲目排挤私商，“造成了不少行业已全被挤垮，小商小贩大部失去营业机会，农民之间的副业生产性交易停滞。”河南省人民政府提出：“大力组织农村经济生活，活跃农村经济”，并在具体政策上纠正对私营零售商盲目排挤的倾向，“在公私比重上，要立即放缓步子，坚决贯彻‘踏步’精神，并根据社会商品流转计划，规定出各行业适当的零售营业额和公私比重。”②

邓小平赞成河南省委、省政府的做法。1955 年 1 月 5 日，他为中共中央起草了批转中共河南省委《讨论中央 12 月 3 日指示③的报告》和河南省人民政府《关于目前活跃农村经济生活的紧急方案》的电报，推广河南的经验。电报中说：“目前全国各地农村经济生活的紧张情况，是多方面的，如果不作系统的研究和统一的安排，是解决不了问题的。河南省委就是这样作了全面的安排，其经验值得各地效法。”④河南经验的推广，对缓解农村市场的呆滞现象，活跃农村经济，减少粮食统购统销的阻力，产生了积极作用。

实行粮食统购统销后，除出现国家跟私商的关系紧张和市场呆滞的问题外，更加严重的是在一些地方出现国家跟农民的关系紧张的问题。这主要是因为核定农民的粮食余缺尚缺乏具体办法，致使有的该购没有购足，有的又购了过头粮。另外，由于征购任务紧迫，工作繁重，要求限期完成，

---

① 《邓小平传（1904—1974）》（下），中央文献出版社 2014 年版，第 959 页。
② 转引自《邓小平传（1904—1974）》（下），中央文献出版社 2014 年版，第 959 页。
③ 指 1954 年 12 月 3 日中共中央对商业部关于目前牛羊市场和毛猪生产问题的通报的批示。
④ 《邓小平年谱（1904—1974）》（中），中央文献出版社 2009 年版，第 1211 页。

一些地方发生了强迫命令等偏差，个别地方还发生了抗征闹事的事件。在粮食统销方面，由于工作中的缺点，一些地方有的该销没有销够，不该销的反而销了，引起社会各阶层人们的关注，出现“人人谈粮食，家家谈统销”的局面。有些地方农民大量杀猪宰牛，不热心积肥，不积极准备春耕，生产积极性不高。

为解决上述问题，1955 年新年伊始，陈云下江南实地调查研究粮食统购统销与市场情况。回到北京后，陈云向中央提出了农村粮食统购统销中实行定产、定购、定销的“三定”政策和办法，即在每年的春耕以前，以乡为单位，将全乡粮食的计划产量大体上确定下来，并将国家对于本乡的购销数字向农民宣布，使农民结合确定的指标，知道自己生产多少，国家收购多少，个人留用多少，缺粮户供应多少，使农民心中有数。

对陈云提出的“三定”政策，邓小平予以积极支持。华南分局向中共中央报告广东省中山县敌对势力利用政府在统购粮食时给农民所留口粮打得过紧的缺点制造暴乱的情况。1955 年 2 月 1 日，邓小平审改中央复华南分局电报稿时，在“中央正考虑在春耕前公布一九五五——五六年度购粮数字”这句话后加写“并开始逐步试行定产、定购、定销的粮食统购统销制度，使农民心中有数”。这是“定产、定购、定销”首次出现在中央文件中。[①]3 月 3 日，中共中央、国务院正式决定，在全国范围内采取粮食定产、定购、定销的措施。陈云下江南调查研究后提出的农村粮食定产、定购、定销的意见，最后成为中共中央和国务院的决策。粮食“三定”政策出台后，得到广大农民的热烈拥护，有力地调动了他们的生产积极性。

“三定”政策的落实，使粮食统购工作得到明显改善，但在很多地方的粮食统销工作中仍存在一些问题。在农村主要是粮食供应户面过广，在城市主要是粮食供应较松，导致粮食销量大大超过国家规定的指标，形成粮食供应紧张的局面。为此，邓小平和陈云又用了很大精力整顿城乡粮食统销工作。

为了解实行粮食“三定”政策和粮食统销工作的情况，陈云再次到江南实地调查，掌握了大量真实情况，对粮食统销工作存在的问题做到了心中有数。回京后，他于 1955 年 7 月 21 日在一届全国人大二次会议上的发言

① 转引自《邓小平传（1904—1974）》（下），中央文献出版社 2014 年版，第 960 页。

中提出了坚持和改进粮食统购统销的具体办法。针对农民普遍叫喊“缺粮”导致农村粮食供应户面过广的情况，陈云提出要“把农村的余粮户、自给户、缺粮户划分清楚。允许自给户、缺粮户将卖出的周转粮，照数买回去。这些周转粮，以后将从统购统销的总数内扣除，不列入统购统销的数字以内。”“所有这些，都是为了划清余粮户、自给户和真正缺粮户的界限，减少一些人为的缺粮户，使每个乡村能够弄清楚真正缺粮户的确实数字。”他还提醒道：“由于生产的发展，缺粮户是要逐渐减少的，自给户也可能变成为余粮户。每个乡村都应在一定时间内注意这种变化。”针对城市粮食供应较松的情况，陈云提出“在城市中采取必要的严格措施，切实整顿粮食的统销工作，反对浪费，压缩一切不应销的粮食。同时，必须保证城市居民必需的粮食消费。”[①] 这些办法的实行对于减少粮食销量，保障合理供应，起到了很重要的作用。

与此同时，邓小平利用典型案例推动农村粮食统销工作的整顿。5月间，安徽省报来潜山县委《关于模范乡整顿统销工作的报告》反映：模范乡统销补课开始时，要求粮食供应户占全乡总户数51.4%，全乡几乎大部分干部和所有群众都要求供应。在整顿粮食统销工作中，模范乡逐户排队摸清群众实际底子和思想问题，区分对象，运用不同形式开展教育，在提高干部、群众觉悟的基础上进行调整，使全乡要求粮食供应户比以前减少了40%。邓小平认为潜山县委采取充分的群众教育的方法来领导粮食定销工作的经验值得推广，提出予以转发，并于1955年5月28日为中共中央起草了批转该报告的电报。电报中说：“模范乡的事实证明，全国各地这一时期的粮食紧张情况，有很大部分是由于我们没有认真领导定销工作的结果。只要我们切实注意了这个工作，如同潜山县模范乡所做的那样，就不但能够使粮食销量大大减少，使紧张情况和缓下来，而且能够确实地充分地保障对于真正缺粮户的供应，并大大鼓励农民的生产积极性。中央要求全党重视这个问题，务必动员全党力量，在一切乡中普遍做好定销工作，采取群众路线的方法，进行充分的群众教育工作，坚决削减那些不该供应或多供应了的部分，压低总供应量，并充分地供应真缺粮户。”[②] 潜山经验的推广，对整顿农村粮食统销工作发挥了重要作用。

---

① 《陈云文选》第2卷，人民出版社1995年版，第278页。

② 《邓小平文集（1949—1974年）》中卷，人民出版社2014年版，第227页。

全国粮食销售量增大，与城市粮食供应太松有关。为此，邓小平在抓整顿农村粮食统销工作的同时，还抓了整顿城市粮食计划供应工作。1955年5月16日，他在审改中共中央、国务院《关于整顿城市粮食计划供应工作的指示》稿时，针对“城市粮食向农村倒流的现象，以及由于城市粮食供应太松而刺激农村人口大量流入城市的现象，仍在发展”的现状指出：“通过家喻户晓的深入动员和根据各个城市的情况规定一些切实可行的供应办法，大大减少城市粮食的供应指标，是完全可能的。”他还举例说“北京市经过详细研究之后，认为该市一九五五——五六年的供应指标，可以由原计划十五亿五千万斤减至十二亿五千万斤，即减少三亿斤之多。这就是一个最好的证明。”[①]《指示》下发后，在城市开始全面实行“以人定量”和各行各业定量供应的计划供应制度，大大改善了粮食统销工作。

（作者单位：中国社会科学院当代中国研究所）

① 《邓小平年谱（1904—1974）》（中），中央文献出版社2009年版，第1233页。

陈云：善于务虚的实干家

何云峰

陈云是中共党内著名的实干家。脚踏实地、求真务实是他一贯的工作作风。但真正了解陈云的人都知道，他不但非常务实，而且善于务虚。在陈云看来，只有善于务虚，在实际工作中才能少出错误，至少不会犯大错误。所以他在从事繁忙的实际工作的同时始终不忘务虚，把务实和务虚很好地结合起来。实践证明，这正是陈云的难能可贵之处。在中共党内，实干家很多，像陈云这样善于务虚的实干家却并不多见。对陈云善于务虚的这一面进行研究，既有助于全面认识陈云的工作作风，也有助于从中获得教益，做好我们自己的本职工作。

一、通过务虚掌握正确的思想方法

掌握正确的思想方法是做好一切工作的前提。思想方法不对头，即使你付出了很大的努力，也有可能办错事。但大多数人似乎对此都不太在意，很少自觉进行思想方法训练。陈云在这一问题上与众不同，他对于思想方法的训练非常重视，将其作为务虚的首要内容。从延安时期到改革开放新时期，陈云一贯强调通过学习马克思主义哲学掌握正确的思想方法。他说："理论上、思想方法上搞好了，对党对革命是有很大好处的。"① "要把我们的党和国家领导好，最要紧的，是要使领导干部的思想方法搞对头，这就要学习马克思主义哲学。"②

陈云对于思想方法的重视是从延安时期开始的。有一次，他同毛泽东谈话，说自己过去犯错误是由于经验少。毛泽东告诉他，犯错误主要不是因为经验少，而是因为思想方法不对头。类似的话，毛泽东对陈云讲了三

① 《陈云文选》第1卷，人民出版社1995年版，第261页。
② 《陈云文选》第3卷，人民出版社1995年版，第360页。

次，并且建议他学点哲学，这样就可以掌握正确的思想方法。陈云接受了毛泽东的建议，开始学习马克思主义理论尤其是马克思主义哲学。他学得非常认真。为了提高学习效果，他在中组部组织了一个学习小组，自己担任组长。小组正式成员有十余人，其他三十多位干部参加旁听，被戏称为“后排议员”。这个学习小组从 1938 年底开始到 1943 年初陈云生病时为止，坚持了四年多，曾经被中共中央评为模范学习小组。①

延安时期的这次务虚活动让陈云感觉受益匪浅。最大的收获就是掌握了唯物辩证法这一正确的思想方法。陈云用 15 个字概括了唯物辩证法的要义：“不唯上、不唯书、只唯实，交换、比较、反复。”这 15 字箴言从字面上看浅显易懂，但言简意赅，内涵丰富，可以说是他对唯物辩证法的独特感悟。

“不唯上、不唯书、只唯实”，体现了唯物主义的思想方法。陈云认为，“唯上”“唯书”是主观主义的典型表现形式。他从自己的亲身经历中深切感受到“唯上”“唯书”的危害。王明等人不就是因为“唯上”“唯书”几乎断送了中国革命吗？所以只有坚决摒弃“唯上”“唯书”的思想方法，坚持理论联系实际，一切从实际出发，才能克服形形色色的主观主义错误。

“交换、比较、反复”，则体现了辩证全面的思想方法。陈云认为，只有通过“交换、比较、反复”，才能克服认识上的片面性。片面性的主要表现形式是考虑问题过于简单，错把现象当本质，把个别当全局，或者只注意事情的一个方面而忽视另外一个方面的可能性，好走极端，不会“弹钢琴”。有些同志也搞调查研究，也讲从实际出发，但由于认识的片面性，还是会出现决策失误。如何避免片面性呢？陈云提出的方法是要重视集体的智慧，大家在一起充分讨论，交换各自的意见。作为领导者，尤其要注意听取与自己不同的意见。在充分交换意见的基础上，领导要对各种意见进行比较，只有通过比较，才能弄清事情的本质。陈云举例说，毛泽东为了说明新民主主义，就把它同社会主义和资本主义作比较，加以区别，这样就不含混了。但光有“交换”“比较”还不够，还要再加上一个“反复”。陈云说：人们认识事物，往往不是一次就能完成的，需要有一个反复的过程。这里重要的，是找“反对派”；如果没有“反对派”，也要假定一个“反对

① 朱佳木、迟爱萍、赵士刚等：《陈云》，中央文献出版社 2010 年版，第 48—49 页。

派”。毛主席自己就假定过许多反对的意见，别人不推翻，自己来推翻，推翻了再来。[①] 陈云正是通过这种“交换、比较、反复”的训练模式，逐渐形成了辩证、全面的思想方法。

延安时期学习马克思主义哲学的务虚活动使陈云受益终生。在探索中国社会主义建设道路的过程中，陈云由于掌握了正确的思想方法，保持了清醒的头脑，对偏执极端的“左”的错误观念形成一种特殊的免疫力。在社会主义建设的规模速度问题上，党内长期有一种贪多求大求快的思想。1956年初出现的冒进倾向、1958年掀起的“大跃进”浪潮和20世纪70年代末的“洋跃进”，就是这种思想的典型表现。当时从上到下，不少领导干部都是头脑发热，希望大干快上，创造经济建设的奇迹。但长期养成的正确思想方法让陈云保持了一贯的冷静，在建设的规模和速度问题上多次唱低调。能做到这一点是难能可贵的，陈云也因此得到党内外的普遍赞誉。

陈云坚持以正确的思想方法思考和处理中国革命和建设中的许多重大问题，提出了许多精辟见解，至今为人们所称道。例如，社会主义改造基本完成以后，陈云对如何使刚刚确立的社会主义经济制度和经济体制更好地适合我国的实际情况，促进生产力发展，进行了积极探索。他提出了“三个主体，三个补充”的思想，主张在工商业经营方面，国家经营和集体经营是工商业的主体，一定数量的个体经营是补充；在生产计划方面，计划生产是工农业生产的主体，按照市场变化而在国家计划许可范围内进行的自由生产是补充；在流通领域，国家市场是社会主义的统一市场的主体，一定范围内国家领导的利伯维尔场是补充。这是结合我国实际、突破苏联经济模式的一种新构想，在当时是难能可贵的。此外，陈云还提出了“经济建设和人民生活必须兼顾，必须平衡”，“好事要做，又要量力而行”，基本建设“既要保证重点又要照顾一般”，既要照顾当前又要着眼长远，“物质文明和精神文明要一起抓”等重要论断。陈云之所以能够提出这些正确意见，一个重要原因就是由于他通过务虚掌握了正确的思想方法。

二、通过务虚树立全局观念和战略眼光

新中国成立后，陈云长期领导经济工作，工作千头万绪，哪一项搞不

① 《陈云文选》第3卷，人民出版社1995年版，第47页。

好都有可能出问题。特别是由于国家财力有限，而各项支出又太多，财政经常捉襟见肘。能否区分轻重缓急，做好经济工作，直接考验着陈云的智慧。陈云为此可以说是殚精竭虑。但是无论工作再忙，头绪再多，他都要给自己留出务虚的时间。陈云清醒地认识到，决定全局的问题“如果摆不好，怎么忙也解决不了问题。”[①] 因此他明确指出：“搞经济工作，一定要多方考虑，统筹兼顾。”[②] 在讨论经济工作之前先抽出时间研究全国形势乃至国际形势，研究党中央的大政方针，思考战略性问题，这就是务虚。这种务虚，看似与具体的经济工作关系不大，白白占用了时间，实际上对陈云从党和国家的全局出发，处理好各方面的关系，大有好处。

例如，1950 年 11 月，在讨论 1951 年的财经工作方针时，陈云首先就对形势进行了分析，明确指出：鉴于现在美帝侵朝战争扩大，抗美援朝战争已经爆发而且短期内不可能结束，因此，要把 1951 年的财经工作方针放在抗美援朝战争的基础之上。这和 1950 年放在和平的恢复国民经济的基础上完全不同。陈云强调，财政上的各项支出，必须分清主次，不能面面俱到。如果面面俱到，便会一事无成。我们要集中力量，把财力使用在主要方面，解决主要问题，这和作战是一样的道理。在抗美援朝战争短期内不可能结束的情况下，财政支出就必须把战争放在第一位，这是大局。但是，稳定物价这一头也不能掉以轻心。正如陈云后来所说：“当时很紧张，前面要抗美援朝，后面要稳定市场，两头重担，哪一头发生问题都不行。既要能抗，又要能稳，这是高于一切的。”[③] 由此，他提出 1951 年的财经工作方针应该是战争第一，稳定市场第二，其他带投资性的支出列在第三。陈云提出的财经工作方针得到毛泽东的支持。毛泽东在这个方针的基础上进一步提出了“边打、边稳、边建”的方针。这两个方针本质上是一致的。它们的提出和实行，对于保证抗美援朝战争的胜利和全国市场的稳定，以及有重点的经济建设，发挥了重要作用。

陈云作为经济建设的主帅，不仅自己在指导经济工作的时候善于务虚，而且注意为经济部门培养一支既有实干才能又善于务虚的干部队伍。

1949 年 7 月，中财委作为统一领导全国经济工作的机构正式成立。陈

---

① 《陈云文集》第 3 卷，中央文献出版社 2005 年版，第 143 页。
② 《陈云文选》第 2 卷，人民出版社 1995 年版，第 98 页。
③ 《陈云文选》第 2 卷，人民出版社 1995 年版，第 194 页。

云被中央任命为主任，主持中财委的工作。陈云上任以后，为中财委确定了总体工作方针和工作制度，基本精神就是要求在中财委工作的同志们树立全局观念。他明确提出，“中财委的工作方针是：‘依靠各部、相信大区’。就是说，大量的日常性工作，要依靠各个财经主管部去做，发挥各部工作的积极性、主动性。中财委不要事无巨细什么都管，而应集中精力抓那些关系全局的重点工作。”根据陈云的意见，中财委建立了两项制度：一是每周召开一次中财委委务会议，讨论全国性的重大财经问题和各部提出的要中财委解决或协调的重要问题；二是每周或每旬向中共中央报告财经要事。[①]

陈云还提出，中财委要想把工作做好，就不能只埋头做自己的事情，而要胸怀全局，与其他部门加强沟通和联系，要经常向各部门、各机关的干部通报财经情况。因为他在工作中感到，各部门、各机关的干部对目前财政困难的状况不是很了解，经常提出一些不适当的要求。比如提出的预算太大，不分先后和轻重缓急，什么都想干；军队干部抱怨前线生活物资难以保证；地方干部则说税收任务太重，等等。陈云说：“所有这些，都有一面的道理，但从全局看来，是不可能的，也是不恰当的。”[②] 发生这些问题的重要原因在于他们不了解目前全局的财政状况。因此，陈云要求中财委采取通气的办法，经常发工作通报，报道财经要闻。这些材料大都由陈云亲自起草，并经中共中央批发各地，使各方面的负责同志都能够及时了解全局性的财经状况，对于交换意见、统一看法、做好工作、共同克服经济困难起到了很好的促进作用。

不仅对中财委是如此要求，陈云在多次重要讲话中对全国做经济工作的同志也提出了殷切期望，希望他们树立全局观念，避免陷入局部观念和本位主义。

1950 年 2 月 13 日，陈云在全国财政会议上发表讲话，对搞财经工作的同志提出明确要求。他要求大家要有全局观念和远大眼光，要充分认识财经工作者肩负的重大责任。他说，今天的财经工作，已经不是一个地区或一个部队的工作，而是全国性的工作。财经工作搞得是好还是坏，不仅关系到 4.75 亿人的命运，而且对全世界人民的解放事业有着重要的影响。陈

① 参见《陈云传》（上），中央文献出版社 2005 年版，第 667 页。

② 《陈云文选》第 2 卷，人民出版社 1995 年版，第 57 页。

云告诫说，我们搞财经工作的同志，很容易陷于局部观点和本位主义之中，把某些重要问题忽略过去。他要求同志们要把自己的工作放在全国大范围上来看。如果发现自己的做法与全国的任务不相符，应该立刻觉悟，立刻纠正，否则几年后是要在人民面前检讨的。陈云特别提醒财经部门的领导同志应该首先觉悟，并要求他们“教育做财经工作的同志，认识局部服从全体、目前服从长远的原则，树立整体思想，避免陷入局部观念和本位主义。”① 陈云警告说，如果不这样做，就一定会犯错误，既坏事又害人。

1951 年 4 月 4 日，陈云在中国共产党第一次全国组织工作会议上发表讲话，批评财经部门每天忙于各种公文、电报、会议，但不能很好思考问题，其结果是辛辛苦苦的官僚主义。面对繁重的事务，如果抓不住工作重点，那就如同在大海航行中把握不住方向。为此陈云提出：“在经济工作人员中进行政治教育十分重要。经济干部一天到晚是打算盘搞数字，很少看到全局。为克服这个缺点，使他们不犯错误，每星期抽两三个钟头学政治是必要的。”②

1956 年 7 月 21 日，在全国各省、自治区、直辖市商业、农产品采购厅局长和供销合作社主任会议上，陈云提醒与会的领导干部要重视务虚，要注意思考战略性问题。他说：“过去旧商人中，有一种头戴瓜皮帽、手拿水烟袋的，他们专门考虑‘战略性问题’，比如什么货缺，应该什么时候进什么货。我们县商店的经理一天忙得要死，晚上还要算账到十二点，要货时，再开夜车临时凑。看来，我们的县商店，也应该有踱方步专门考虑‘战略性问题’的人。”③

党的八大之后，陈云兼任商业部部长。11 月，他在商业部部务会议上发表《做好商业工作》的讲话，告诫商业工作者不能忘记务虚。他说：“我们是商人，但不是普通的商人，而是从事商业工作的革命家。我们应该站得高一点，看得远一点，要上屋顶，不要老呆在地下室。”④12 月，陈云再次告诫商业部门的领导同志，一定要有政治观点。“商业工作，包括卖鸡、卖蛋，都有其政治意义。”⑤ 整天忙于具体的经济工作，对于思想政治工作注意

① 《陈云文选》第 2 卷，人民出版社 1995 年版，第 61 页。
② 《陈云文选》第 2 卷，人民出版社 1995 年版，第 138 页。
③ 《陈云文选》第 2 卷，人民出版社 1995 年版，第 334—335 页。
④ 《陈云文选》第 3 卷，人民出版社 1995 年版，第 33 页。
⑤ 《陈云文选》第 3 卷，人民出版社 1995 年版，第 44 页。

不够，很容易产生事务主义。如果不注意扭转，就会变得目光短浅。为了克服经济工作的盲目性，陈云提出“七分经济，三分政治”的口号。他要求从事经济工作的各级领导干部要把学习政治理论作为指导工作的不可缺少的一部分，作为一项重要任务。他强调说：“这要成为一个章程。领导干部不解决这个问题，就没有尽到领导责任。”① 正是由于陈云注重务虚，注重对经济工作者开展全局意识和战略眼光的培养教育，一大批胸怀全局、目光远大的经济工作者逐渐成长起来，从而为新中国经济建设的快速发展打下了坚实的干部基础。

三、通过务虚提高政治鉴别力

改革开放新时期，中共中央确立了以经济建设为中心的基本路线，全党形成了发展才是硬道理的共识，经济工作成为全党全国关注的焦点。陈云与全国人民一样关注经济工作，但同时他敏锐地意识到，在发展经济的同时切不可放松思想政治工作。他密切关注党风问题、社会风气问题和意识形态问题，曾多次在党和国家建设事业发展的关键时刻，反复告诫全党注意这些问题，呼吁加强思想政治教育和宣传工作，加强社会主义精神文明建设，不断提高党员干部和人民群众对错误思想的政治鉴别力，这可以视为陈云善于务虚的又一体现。

改革开放初期，思想战线在冲破“左”的思想禁锢的同时，在某些问题上又出现了右的倾向。例如，有些人怀疑和否定毛泽东思想，要脱离社会主义轨道，摆脱党的领导；还有些人思想软弱，对错误倾向不敢进行批评和斗争。这种状况引起了陈云的警惕。1980 年 12 月，他尖锐地指出：经济工作搞不好，宣传工作搞不好，会翻船的。陈云已经敏感地意识到宣传工作虽然是“务虚”，但意义同样重大。“务虚”工作做不好，就会让搞敌对宣传的人钻空子，使人们在大是大非面前失去政治鉴别力，照样会导致社会主义建设事业的失败。

随着经济改革的逐步深入，商品经济得到大发展，对人们的观念形成了巨大的冲击。这种冲击既带来了很多积极的变化，也不可避免地造成“一切向钱看”的思想抬头，从而导致党风和社会风气受到严重侵蚀。陈云

---

① 《陈云文选》第 3 卷，人民出版社 1995 年版，第 45 页。

敏锐地洞察到这个问题的严重性，再次提出要重视务虚，要加强思想政治教育工作，加强精神文明建设。1984 年 10 月，陈云提出了“物质文明和精神文明要一起抓”的方针。他说：“我们在抓物质文明建设的同时，必须抓精神文明建设”[①]，两个文明一起抓，才可能克服改革开放过程中出现的消极现象。“我们是社会主义国家，我们既要有高度的物质文明，也要有高度的社会主义精神文明，这是我们永远要坚持的奋斗方向。”[②]1985 年 6 月和 9 月，在全国端正党风工作经验交流会和中央纪委第六次全体会议上，陈云反复告诫全党，必须在思想上纠正忽视精神文明建设的现象，并指出，这种现象已相当普遍，“绝不是一个小问题，全党同志务必高度重视。”[③] 他警告说，不重视精神文明建设，就不可能有好的党风，也不可能有好的社会风气，我们的整个事业就有可能偏离马克思主义，偏离社会主义道路。1985 年 9 月，在党的全国代表会议上，陈云强调指出：改革过程中出现的一些消极现象，“同我们放松思想政治工作、削弱思想政治工作部门的作用和权威有关，应引以为训。”[④]

在邓小平和陈云等人的推动下，1986 年 9 月，党的十二届六中全会通过了《中共中央关于社会主义精神文明建设指导方针的决议》。这是我们党全面系统地论述社会主义精神文明建设的纲领性文件。遗憾的是，这一方针在实际工作中未能得到很好的贯彻实施。思想政治工作实际上被弱化，精神文明建设严重滑坡，人们对党风和社会风气的不满日益积累，资产阶级自由化思潮越来越有市场，最终酿成了 1989 年的政治风波。这场风波过后，邓小平进行了深刻的反思。他沉痛地指出：“我对外国人讲，十年最大的失误是教育，这里我主要是讲思想政治教育，不单纯是对学校、青年学生，是泛指对人民的教育。对于艰苦创业，对于中国是个什么样的国家，将要变成一个什么样的国家，这种教育都很少，这是我们很大的失误。”[⑤] 由此可以看出，陈云在改革开放全面展开的初期，就反复提醒全党一定要注意务虚，要加强思想政治工作，加强精神文明建设，是多么富有远见！

在国内发生政治风波的前后，东欧剧变、苏联解体也相继发生。陈云

---

① 《陈云文选》第 3 卷，人民出版社 1995 年版，第 338 页。

② 《陈云文选》第 3 卷，人民出版社 1995 年版，第 338—339 页。

③ 《陈云文选》第 3 卷，人民出版社 1995 年版，第 355 页。

④ 《陈云文选》第 3 卷，人民出版社 1995 年版，第 352 页。

⑤ 《邓小平文选》第 3 卷，人民出版社 1993 年版，第 306 页。

联系历史和现实、国内和国际，得出一个主要结论：帝国主义侵略的手段在不断发生变化，但侵略本性始终没有改变。帝国主义的侵略、渗透，过去主要是“武”的，后来“文”“武”并用，现在“文”的（包括政治的、经济的和文化的）突出起来，特别是对社会主义国家搞所谓的“和平演变”。陈云敏锐地意识到，社会主义国家如果不高度重视意识形态工作，就会有被帝国主义国家“和平演变”的危险。所以他谆谆告诫中央负责同志要增强政治鉴别力，认清帝国主义的本性，并说：“这个问题，到了大呼特呼的时候了。”①

帝国主义对社会主义国家进行“和平演变”的重要手段之一就是利用宗教进行渗透。1990 年 3、4 月份，陈云看到几份有关利用宗教进行渗透日益严重、特别是在新形势下披着宗教外衣从事反革命活动日益猖獗的材料，深感忧虑。他给时任中共中央总书记江泽民写信说：“利用宗教，同我们争夺群众尤其是青年，是国内外阶级敌人的一个惯用伎俩，也是某些共产党领导的国家丢失政权的一个惨痛教训。现在是中央应该切切实实地抓一抓这件大事的时候了。”②

总之，改革开放新时期，在全党工作中心转向经济建设的年代，陈云反复告诫中央负责同志，抓经济工作的同时不能忘了务虚，不能放松思想政治工作，不能忽视社会主义精神文明建设，不能对帝国主义的“和平演变”阴谋掉以轻心，充分体现了他作为老一辈无产阶级革命家的远见卓识。真可谓用心良苦，其心可鉴，其情可明！

从延安时期开始，陈云虽然担负重要的领导职务，做了大量的工作，但在工作中很少出现失误，更不要说重大失误。毛泽东和邓小平都曾经多次公开称赞陈云的意见常常是正确的。陈云为什么能够做到这一点？奥秘就在于，他能够很好地把务实和务虚结合起来，通过务虚掌握正确的思想方法，树立全局观念，具有战略眼光，提高政治鉴别力，以此指导具体工作，脚踏实地干事业。陈云能够始终如一坚持这样做下去，所以真理常常就掌握在他手里。

由此我们得到一个重要的启示：无论做任何工作，都要既重务实，又善务虚，把二者有机结合起来，不能出现偏颇。正如习近平所说：“如果说

---

① 《陈云文选》第 3 卷，人民出版社 1995 年版，第 370 页。
② 《陈云文选》第 3 卷，人民出版社 1995 年版，第 374 页。

务实是‘决胜千里之外’的实践，那么务虚则是‘运筹帷幄之中’的谋划，两者可谓并蒂之花、相辅相成，辩证统一于全部领导活动之中。务实是务虚的出发点和归宿，务虚的目的就是为了更好地务实；而务虚是务实的前提和基础，没有做好务虚，务实就如同无头苍蝇，只能盲目瞎转。”① 在推进中国特色社会主义伟大事业的进程中，我们既要大力弘扬求真务实、脚踏实地、埋头苦干的精神，也要注重务虚并且善于务虚，要毫不放松地抓好理想信念教育、思想道德建设、意识形态工作，大力培育和弘扬社会主义核心价值观，要认真学习马克思主义哲学，掌握正确的思想方法，提高战略思维、历史思维、辩证思维、创新思维、底线思维能力。只有这样，才能在各项工作中掌握主动权，成功化解矛盾，驾驭复杂局面，更好地把中国特色社会主义事业推向前进。

（作者单位：河南大学）

① 习近平：《之江新语》，浙江人民出版社 2007 年版，第 269 页。

陈云与新中国成立以后的中苏关系

陈东林

2019年是新中国成立70周年，也是中国和苏联（俄罗斯）建交70年。陈云不仅在红军长征时期，曾经受中共中央委派前往苏联，向共产国际汇报工作，而且在新中国成立之后两次访问苏联，商谈苏联为中国提供经济援助问题，回国后又领导苏联援助中国的156项重点工程的筹划和执行。陈云一生中，对苏联有着特殊的关注和感情。研究陈云与中苏关系的历史，对于我们总结经验和教训，在当前发展和巩固中俄经济文化合作交流，有着重要的学术和现实价值。

一、在中苏关系的蜜月时期

新中国成立前夕，陈云在东北就广泛接触了苏联红军驻东北的高级将领，了解到苏联政策的两重性，一方面受《中苏友好同盟条约》制约，要把大城市交给国民党政府；另一方面又愿意尽可能帮助中国共产党发展力量。因此，陈云等人一起向中共中央提出了主动撤出大城市、把力量分散到广大农村和中小城市建立根据地的正确主张，并被采纳。东北解放后，陈云为了尽快恢复在战争中遭受破坏的重工业，提出大量聘请苏联专家的建议，并得到苏联政府的积极响应。

1951年1月，中共中央政治局扩大会议决定从1953年起开始实施第一个五年计划。在陈云的组织领导下，中财委于1951年试编了我国第一个五年计划纲要。1952年8月，中共中央派出以周恩来为团长，陈云、李富春为副团长的代表团，带领三十多名专家访问苏联。经过一个多月的紧张工作，访问取得了圆满成功，苏联同意帮助我们设计一批企业并提供设备。争取到苏联对中国工业化的援助，是这次访问的最大成果。由此，陈云正式开始负责全国“一五”计划建设和与苏联的合作，成为中央领导人中和苏方接触最多的一人。

1953 年初，陈云根据苏方的建议，组织中财委对“一五”计划进行第三次编制。3 月，斯大林逝世，但苏联对援助中国“一五”计划的态度仍然十分积极。4 月，苏联政府经过研究，就中国“一五”计划的问题提出了正式答复意见。中国国家计委根据这些意见，对“一五”计划进行了第四次编制。1954 年初，中共中央决定成立由陈云任组长的编制五年计划纲要八人工作小组，加快“一五”计划的编制。1955 年 7 月，一届全国人大二次会议审议并正式通过了“一五”计划。

对于“一五”计划各项目的实施，陈云极其重视与苏联的配合。苏联帮助设计和建设的 156 项工业建设项目，不少是由陈云亲自召集专家、技术人员和有关干部认真审查后才决定具体方案的。而且，他亲自视察了“一五”计划全部地区已经完工或接近完工的工厂，这种认真、勤奋的态度是十分惊人的。①

陈云学习苏联经验是虚心和真诚的。当时有人说，我们自己也有很高的文化，在历史上有占显著地位的科学发明。陈云说：这些当然不能否认。但它们不会因为向外国学习就丢掉。现在应该首先学习我们所没有的东西。② 他后来还说：恢复时期和“一五”时期内，在重点项目的建设上，我们还是小学生，先生就是苏联。那时无论工厂的设计、施工、安装、试运转及事故的处理，主要是苏联包下了的。

1950 年 12 月，周恩来批准规定，每月由周恩来、陈云、李富春、薄一波分别向苏联专家作一次关于中国政治情况和各种政策问题的报告，帮助苏联专家了解中国各方面情况。③ 其中，涉及专家们在财经工作中的业务方针问题，主要由陈云负责联系苏方专家予以解决。陈云积极召开与苏联专家座谈会，及时向他们介绍中国相关财经工作的方针政策、预定计划等方面情况，为苏联的工作尽可能提供便利。同时，陈云还要求中方与苏联专

---

① 1957 年 12 月 6 日，陈云在给周恩来和中央的汇报信中说，“一五”计划中，已经完工或接近完工的工厂，尚未看过的只有西安、洛阳和西南各省的了。根据《陈云年谱》，1958 年陈云去了成都视察企业，1960 年去了洛阳视察企业，但没有视察西安企业的记载。2017 年，笔者在西安调研“156 项目”企业，在军工企业航空电器厂看到了陈云视察该厂的照片，时间在 1958 年 10 月，说明这一时期陈云也视察了西安的工厂。

② 《陈云年谱（修订本）》中卷，中央文献出版社 2015 年版，第 245 页。

③ 《中共党史资料》第 82 辑，中共党史出版社 2005 年版，第 6—8 页。

家一同工作的同志，无论职务高低，都要充分尊重苏联专家的意见与建议，虚心向苏联专家学习，强调要从工作条件、生活设施等方面给苏联专家以细心周到的照顾。

向苏联认真学习，把他们当作自己人。即使发生了矛盾，首先检查自己的不对。这个态度当时是中央确定的。如 1958 年 5 月 16 日，毛泽东在二机部党组的报告上批示道："苏联专家都是好同志，有理总是讲得通的。不讲理，或者讲得不高明，因而双方隔阂不通，责任在我们方面。就共产主义者队伍说来，四海之内皆兄弟，一定要把苏联同志看作自己人。"①

当时，中方为聘请苏方设计组需要支付约 4700 万卢布的设计费，这对于新中国来说是笔大数目，然而陈云认为这是"一种迅速、省钱又十分稳当的办法"。在中国高级技术人员没有培养出来之前，中方投入这些钱聘请苏方设计组，可以减少各项工程在开工初期由于不熟练而产生的各种浪费。②

在编制和实施"一五"计划的过程中，陈云很好地处理了充分利用苏联援助和自力更生的关系。1952 年 1 月 16 日，中国驻苏联大使张闻天写信向中央提出，中国今后工业化的方针，必须把自力更生同充分依靠与信任苏联的援助密切结合起来。他主张轻工业工厂和一般制造业我们应当尽量自力更生，自己设计，自己生产。中央请陈云邀请相关同志研究后给予具体答复。③陈云于 1952 年 2 月 8 日致信毛泽东、周恩来并中共中央，肯定了张闻天对存在问题的看法，并召开中财委党组干事会，讨论张闻天的信和有关来电，研究制定了相应措施：（1）凡我不能自制的装备，必须依靠苏联供应。（2）苏方要我自制者，只有在下列条件下才能自制，即成品的质量相符，又能如期制成者。但确能如期制成、质量又能符合的器材，不应推脱自制的责任。④

这一时期，陈云对苏联援助是给予高度评价的。1957 年秋，陈云两次公开谈到苏联对中国的帮助时指出："我国的基本建设取得了很大成绩，苏联帮助设计了一百五十六项，我们自己搞了八百多项，不是社会主义制度

① 《陈云年谱（修订本）》中卷，中央文献出版社 2015 年版，第 590 页。
② 参见《陈云传》（上），中央文献出版社 2005 年版，第 808 页。
③ 程中原：《并肩战斗 情长谊深——陈云和张闻天交谊述略》，《中共党史资料》2008 年第 3 期。
④ 参见《陈云文集》第 2 卷，中央文献出版社 2005 年版，第 347 页。

是办不到的。”“‘一五’计划是苏联帮我们搞的，这个计划基本上是合理的”。①

同时，陈云也强调不能照抄照搬苏联经验，要与中国的实际情况相结合。当时各行各业广泛聘请苏联专家，1957年陈云就指出，我们需要苏联专家，但有些部门过去请得多了些，以后要严格控制。对于苏联专家提供的报表，陈云提出：苏联专家搞的表太复杂，不能完全照办，必须和我们的现状结合起来。中国是农业国，不可能把每家有几个鸡、几头猪都统计起来。中国开始建设时，计划的线条是粗的，将来由粗到细。

他认为，借助苏联设计工作开展建设的过程中，必须以新中国实际情况为一切工作的出发点。如设计新疆汽车修理厂时仅兴建房屋就需花费2600万斤米，新疆医院的设计建筑时间要10年之久。陈云明确要求，应向苏联专家说明，帮助设计项目时应根据我国目前财政状况，坚持因陋就简和实用的原则。②

1952年，中国要从捷克斯洛伐克进口大型机床，捷克方面说从投料到供货要五六年，陈云说时间太长了，要求上海重型机器厂研制。1959年他多次听取一机部副部长沈鸿汇报，搞成了1.2万吨水压机。开始苏联人还不相信，派捷克专家来看，看到中国的焊接技术确实成功，才表示信服。

陈云特别主张在学习苏联的经验中，走自己的路，进行探索，尤其是在财政、商业、金融和计划管理方面。

陈云后来回顾说：苏联当年用新币换旧币，采取的办法是：分阶级，即工人阶级和农民阶级，国营企业与合作社、集体农庄实行两种兑换比率；限时间，即规定几天期限，超过期限旧币作废。这个办法损害人民群众，尤其是损害广大农民和边远地区居民的利益，而且两种比价实际上也很难真正实行。我们没有学他们，而是不分阶级，工农一个比价，都是一万比一；不限时间，允许新币、旧币在一定时间内同时流通，收旧发新，直到将旧币全部收回。实践证明，这个办法比苏联的办法好，既完成了货币更换的任务，又稳定了人民生活。③

1956年8月，陈云出席全国新公私合营企业工资会议，并在会上发言

---

① 《陈云年谱（修订本）》中卷，中央文献出版社2015年版，第559、562页。

② 《陈云年谱（修订本）》中卷，中央文献出版社2015年版，第115页。

③ 《陈云年谱（修订本）》下卷，中央文献出版社2015年版，第338—339页。

说，苏联的生产无论大小一律纳入计划，我们可否来个大计划小自由，即在主要产品方面有计划，对次要产品搞自由市场。这种自由市场是国家市场的补充，不是资本主义无政府状态下的自由市场。总之，要适应中国的实际情况。他还说：我们实行计划经济，学习苏联是对的，但也要学习和吸取我们自己原有的好经验。对私营企业的利润过去实行“四马分肥”的办法，公私合营后要改变，要通过税收办法交给财政。

1956 年 11 月，陈云在国务院五办办公会议上发言指出：现在商业方面的主要问题是中央统得过多，而地方权力过小，特别是县一级。要基本上否定苏联那一套层层管死的办法。要注意充分发动群众，发挥他们的创造性。要成立民主管理委员会，必要时可以罢免经理。总之，要改变教条，打破过去不适合实际情况的商业制度。①

他后来总结说，50 年代来了很多苏联专家，搞工业、搞计划都可以。在像财政、商业、外贸、金融等领域，虽然也有些苏联专家起了些作用，但主要是我们自己的探索，在这些方面照搬苏联是最少的，我们自己的工作有了成果，搞出了自己的突破。

毛泽东对陈云的这一态度十分赞赏。1956 年，毛泽东在听取国务院重工业各部汇报时指出：学习苏联也不要迷信。对的就学，不对的就不学。陈云同志管财经工作，苏联有些东西，他也不学。②

中苏关系破裂以后，1961 年陈云对苏联计划管理的弊病作了认真、全面的清理评析。他在主持中央化肥小组会议时说：中国共产党的特点是不被框子框住。对苏联的计划经济方法，我们应当既有吸收，也有扬弃。五个并举（即工业农业并举、重工业轻工业并举、中央工业地方工业并举、大型企业中小型企业并举、洋法生产土法生产并举）和群众路线就是针对苏联的一长制和忽视农业等缺点提出来的。③9 月 1 日，陈云在中共中央工作会议大区书记汇报会上发言说，综合平衡与抓重点没有矛盾，有计划按比例本身也是有重点的，苏联和我国的第一个五年计划都以重工业为重点。国家计委的工作过去主要是搞基本建设，今后要转到以搞生产中的综合平衡为主。在发言过程中，毛泽东插话说：“讲得好，请陈云为‘工业指示’写

---

① 《陈云年谱（修订本）》中卷，中央文献出版社 2015 年版，第 501 页。

② 《陈云年谱（修订本）》中卷，中央文献出版社 2015 年版，第 444 页。

③ 《陈云年谱（修订本）》下卷，中央文献出版社 2015 年版，第 82 页。

一条综合平衡。”[①]

1964 年 5 月，毛泽东在中央工作会议上讲话，提出了农轻重综合平衡的方针。毛泽东说：过去我们制定计划的方法基本上是学苏联的，先定下多少钢，然后再根据这来计算要多少煤、电、运输力量等等，再根据这些计算增加多少城市人口，多少生活福利。要改变计划方法，我们的方针是以农业为基础，以工业为主导。制定计划时先看可能生产多少粮食、棉花和其他经济作物，再看需要多少化肥、农药、机械、钢铁。[②]

这是新中国前十几年社会主义建设和探索的重要经验总结之一，其中也有陈云的重要贡献。

二、在中苏关系的乌云密布时期

1958 年起，中苏关系出现了裂痕。苏联最高领导人赫鲁晓夫贸然提出和中国共建“长波电台”和“联合舰队”的问题，在主权问题上触动了中国的国家利益；1959 年，中苏在禁止试验核武器协议、中印边界冲突、台湾问题上发生了分歧。1960 年 6 月下旬，在罗马尼亚的布加勒斯特会议上，赫鲁晓夫在最后发言中猛烈攻击中国共产党，中共代表团予以反击。

1960 年 7 月 16 日，苏联政府突然照会中国政府，单方面决定全部召回在中国的 1390 名苏联专家，同时废除了两国政府签订的 12 项协定及 343 个专家合同和补充书、257 个科技合作项目。[③]苏联的这种粗暴做法，不仅使中国蒙受了巨大的经济损失，也极大地伤害了中国人民的感情，给中苏关系带来了难以弥合的创伤。

当时，苏联派到中国来处理撤走专家、中止合同事务的负责人，是苏联援助中国的经济总顾问阿尔希波夫。他的态度，使他成为陈云毕生的老朋友。

阿尔希波夫是斯大林在 1950 年亲自选派到中国来的，一直工作到 1958 年。1950 年 1 月毛泽东在访问苏联期间，向斯大林提出希望苏联派出总顾问的问题。斯大林说，我们将向你们派出熟练的专家。于是，斯大林特意为中国选派了一位“年富力强，精力充沛，有造就、有经验、非常能干、

---

① 《陈云年谱（修订本）》下卷，中央文献出版社 2015 年版，第 105—106 页。

② 《陈云年谱（修订本）》下卷，中央文献出版社 2015 年版，第 146 页。

③ 王泰平主编：《中华人民共和国外交史》第 2 卷，世界知识出版社 1998 年版，第 236 页。

积极，为人正派，认真负责，行政管理能力、组织能力都很强，对经济建设有经验、有思想”（师哲评语）的阿尔希波夫。实践证明，斯大林没有看错人。在中国工作期间，阿尔希波夫处处为中国着想，日夜操劳，做了大量工作。他同周恩来、陈云、李富春、薄一波、姚依林等国务院领导人，联系密切，精诚合作，结下了深厚友情。

阿尔希波夫完全不同意苏联撤走专家的做法，他后来回忆说：撤退苏联专家是我们方面施加的压力，是对中国人桀骜不驯的一种惩罚。撤退专家是苏共中央首先提出的，也是它下令撤退专家的。赫鲁晓夫要求一周内撤完专家。为此，成立了由下述人员组成的特别委员会：外交部副部长普希金、国家经济联络委员会第一副主席阿尔希波夫、铁道部部长和航空部部长等。当时，在华专家大约 1300 人，加上他们的家属，将近 5000 人，他们分散在中国各地。撤退专家用了一个月。这种“火速”撤专家的做法，遭到世界社会舆论的消极评论。当然，尤其受到中国人方面非常不好的反映。我们撤退专家的主要理由是说我们当时国内迫切需要这些专家。中国人说，他们理解我们的问题，但他们请求推迟撤退。

1960 年夏，阿尔希波夫奉命到中国安排撤走苏联专家事宜，周恩来在北京会见了他，建议推迟一年、一年半或两三年撤退专家。在成都，陈云会见了他。两位老友相见，心情都很沉重，谈话坦率、真诚。陈云说，为了两国人民的利益，无论如何不能让事态进一步恶化。苏联应当采取一切可能的步骤来防止决裂，要修补好两国关系上已经出现的裂痕尚为时不晚。阿尔希波夫立即把同周恩来、陈云的谈话用密电报给了莫斯科。回国后，在他的请求下，苏共中央主席团听取了他关于中国之行的报告。他讲完后无一人发言，无一人表态。他也曾想单独同赫鲁晓夫本人谈谈，向他转达周恩来、陈云谈话时的真情实意，以及他们不想使事情发展到决裂地步的诚意。几天后，赫鲁晓夫的助手转告阿尔希波夫说：赫鲁晓夫表示，没有必要谈了。阿尔希波夫后来回忆说：这样，我们就采取了国际惯例上没有先例的行动，因为只有遇到特殊情况，如爆发战争，才能中止国家间签署的协议。原则上讲，在这种情况下，中国人蛮可以向我们提出巨额索赔，向国际仲裁法庭提起诉讼。但是他们并没有这样做。①

---

① 阎明复:《忆阿老》,《当代中国史研究》2007 年第 3 期。

阿尔希波夫在中苏关系面临严重危机的时候，挺身而出，虽然无法阻止中苏关系的进一步恶化，但是他为了中苏团结的大局，不顾个人仕途的安危而坦诚直言，也得到了中国人民特别是陈云的尊重。

苏联撤走专家，给中国受援在建企业带来了严重困难。陈云对此强调要自力更生。

1960 年 10 月，陈云到洛阳对“156 项目”中的洛阳矿山机器厂、第一拖拉机制造厂、洛阳轴承厂和河南柴油机厂进行视察。当时，基层干部、群众对于中苏关系内幕还不十分了解，希望请苏联专家再回来。陈云指出：不要再想苏联专家。依靠我们自己的力量搞下去，我们更扎实点，而且完全可以搞出来。派专家是有贸易合同的。你想回去就回去，谁还能相信？所以我们也不干，以后自己搞。苏联十月革命成功后靠谁援助？也是靠自己。①

以后，中苏关系经历了由论战到兵戎相见的寒冬时期。陈云仍然关注着苏联，并经常以苏联为借鉴进行比较和思考。

1973 年，经过毛泽东的同意，周恩来、李先念、余秋里等人组织国家计委提出了一个从西方国家引进计划总价 43 亿美元的成套冶金、化纤、化肥技术设备的“四三方案”，开始了新中国自“156 项目”以后的第二次大批引进。刚刚复出的陈云也积极献计献策，建议引进时要注意配件。同年 5 月 5 日，陈云在与外贸部负责人谈话中，提出要注意研究资本主义经济问题。他说：现在，外贸比重变化很大。从前，我们对苏联、东欧，价格大体上是定了的。那时，苏联外贸部副部长库米金提出了一个作价原则，当时叶季壮讲，不同意他的那个原则。罗马尼亚很同意我们的意见，因为当时他们和我们一样，也是以出口农产品为主的。那时，我们的外贸，对苏联、东欧这些国家占了 75%，对资本主义国家只占 25%。现在正好是倒了一个个儿。

陈云关于外贸重点要由东方转向西方的判断，在五年后的改革开放时期得到了证实。

三、为恢复中苏关系正常化的努力

1978 年党的十一届三中全会以后，中国进入了改革开放新时期。1979

---

① 杨晋毅：《陈云同志与洛阳一五六建设》（未刊稿）。

年 3 月，陈云受命负责中央财经领导工作。他同时对苏联的计划经济和今后我们的社会主义经济建设道路探索进行了反思和展望。

他说：1917 年后苏联的经济计划和 1949 年后中国的经济计划，都是按照马克思所说的有计划按比例办事的。当时苏联和中国这样做是完全对的，但是没有根据已经建立社会主义经济制度的经验和本国生产力发展的实际状况，对马克思的原理（有计划按比例）加以发展，这就导致现在计划经济中出现的缺点。60 年来，无论苏联或中国的计划工作制度中出现的主要缺点，只有“有计划按比例”这一条，没有在社会主义制度下还必须有市场调节这一条。他也肯定说，即使那时，我们的经济工作也是按照中国的实际情况办事的，没有完全套用苏联的做法。

当时，中苏关系还处在冰封时期。陈云通过委婉的方式，建议中央不再使用“社会帝国主义”的提法。其后，他主要做了两件事。

一是正确评价历史上苏联对中国的帮助。1981 年 3 月，陈云四次与负责起草《关于建国以来党的若干历史问题的决议》工作的邓力群谈话。陈云说：要写国际上对我们的帮助。我们党是在共产国际的帮助下成立的，建党初期共产国际也起了好作用。抗日战争期间，苏联还是援助了中国，最后出兵打垮关东军。如果不把关东军打垮，抗日战争的胜利起码要推迟好几年，我们也要晚一些进到东北，东北很难首先全部解放。还有第一个五年计划中的 156 项，那确实是援助，表现了苏联工人阶级和苏联人民对我们的情谊。这样一些问题，《决议》应该如实地按照事情本来面貌写上去。要通过对这些历史问题的论断，再一次说明中国共产党人是公正的。

陈云这些话虽然不多，但在当时中苏仍然对峙的时候，掷地有声。《决议》吸收了陈云的意见，写了苏联及其他友好国家对中国“一五”时期建设的支援。1981 年，《决议》在党的十一届六中全会上通过。1983 年，陈云又针对有人说“一五”时期搞 156 项是走了弯路的说法，在中央常委会上讲话表示：这种看法不是历史唯物论，是唯心主义。①

二是通过会见老朋友阿尔希波夫，传递了希望中苏两国关系正常化的信息。时任陈云秘书的朱佳木，对此有详细的回忆。1983 年，苏联方面提出部长会议第一副主席阿尔希波夫要在 1984 年 5 月访华，他们通过外交途

① 《陈云年谱（修订本）》下卷，中央文献出版社 2015 年版，第 371 页。

径提出，希望在华期间能见见陈云。陈云立即表示要见，说阿尔希波夫对中国十分友好；指示朱佳木为他草拟一个会见讲话稿，并交代了讲话的要点。他更深的用意在于要抓住这次机遇，向苏联当时的领导人传递一个善意的信息，以求早日打破两国关系长期以来形成的僵局。由于出现了一些曲折，阿尔希波夫的行期被确定为1984年12月。在这一年里，陈云反复修改他的讲话稿，直到会见前几天还在修改。

1984年12月24日，陈云在中南海亲切会见了阿尔希波夫。陪同会见的有20世纪50年代协助陈云分管经济工作的薄一波和负责对外贸易、当时分管经济工作的副总理姚依林。四位老人紧紧地长时间地拥抱在一起，眼睛里都充满了泪花。这次会见经当晚电视新闻中播出后，在中苏关系尚未正常化的情况下，引起了强烈反响。主客落座之后，陈云拿出了事先准备好的讲话稿。阿尔希波夫显然没有想到老朋友会面要宣读讲话，有些吃惊。陈云首先说："在五十年代制订和实施我国第一个五年计划过程中，我们彼此合作得很好。无论在革命战争时期还是在和平建设时期，苏联政府和人民给予我们的援助，中国政府和人民都没有忘记，也是不会忘记的。"然后，陈云话锋一转，按照中央要求讲道：中苏两国要做到关系正常化，必须排除越南侵占柬埔寨，苏联在中苏边境、蒙古驻军，以及出兵阿富汗的三个障碍。

最后，陈云特别意味深长地指出："这里，我想指出的一点是，中苏两国贸易和经济合作规模的扩大，在今天这个世界上并不是人人都感到高兴的。有人手里拿着先进的东西，自己不肯卖给我们，又不让别人卖给我们。因此，在转让尖端技术这类问题上，希望苏联方面要看得远一些。"陈云的这篇讲话无疑是在代表中国政府向苏方表明，中苏双方完全可以在排除关系正常化障碍的同时，先在一些容易做的事情上，比如双边贸易和科技、文化交流方面改善和发展关系。在座的苏联大使谢尔巴科夫迅速地记录，把这一信息传递回国。

从那以后，中苏关系逐渐松动，直到1989年5月，邓小平会见来华访问的苏联最高苏维埃主席、苏共中央总书记戈尔巴乔夫，两国关系开始正常化。那年10月1日，陈云在天安门联欢晚会上再次会见了以苏中友协第一副主席身份来华的阿尔希波夫。1991年，改任俄罗斯俄中友协名誉主席的阿尔希波夫来华访问，专程由北京到上海会见了陈云。这是两位老人

1984 年之后的第三次会面，也是他们的最后一次会面。

朱佳木回忆，陈云晚年只要一有机会，就要提起苏联人民在历史上给予中国革命和建设的帮助。1983 年，他在谈到东北解放战争的历史时指出，解放战争的第一个大战役之所以能在东北打响，首先是由于苏联红军出兵东北。“那时，苏联党对我们的力量估计不足，并有雅尔塔协定的约束，但他们还是尽力帮助我们的。”1984 年，他在听取关于沿海部分城市座谈会情况汇报时又说：“苏联是社会主义国家，那时他们对我们的援助是真心诚意的。比方说，苏联造了两台机器，他们一台，我们一台。”[①]1987 年 12 月，陈云同胡启立谈话时又指出：说“过去我们学的是苏联那一套”。那时我们不能不学苏联。美国和西方其他国家对中国实行封锁政策，学美国、英国、法国行吗？只能结合中国实际向苏联学习，而且，苏联那时对我们的援助也是真心实意的。[②]

四、陈云对待中苏关系的三点启示

首先，对待中苏两国关系，要坚持中国国家主权和民族利益至上，保持平等互利的国与国睦邻友好，不可因接受援助多少而过热或过冷。1949 年，陈云致电中共中央，请示有关苏联方面提出的由他们负责在黑龙江两岸设立通航灯塔，其所有权属于他们的问题。陈云在电报中提出了由我们出资，所有权归我们的建议。周恩来为中共中央起草复电，表示同意陈云等的建议，由苏方派出技术人员在黑龙江我岸指导修建灯塔，一切经费由我们负担，所有权也属于我们。[③] 这个原则和 1958 年中苏“长波电台”“联合舰队”风波时，中央的原则是一致的。1950 年，陈云同薄一波就国民党政府所欠苏联债务事致电毛泽东并周恩来，指出：华东贸易部未经请示，即把原来国民党政府欲交而未交的偿还苏联债款的部分货物交给苏联，这样处理是错误的，但已造成的既成事实不可能追回。我们认为，此事关系外交，且涉及我对国民党政府所欠外债的整个政策。有关经济部门只应奉命办理经济事宜，涉及政治、外交之事，应先行请示中央，然后办理。[④] 反

---

① 朱佳木：《追忆陈云同志与阿尔希波夫交往的一段往事》，《当代中国史研究》2007 年第 3 期。

② 《陈云年谱（修订本）》下卷，中央文献出版社 2015 年版，第 460 页。

③ 《陈云年谱（修订本）》上卷，中央文献出版社 2015 年版，第 706 页。

④ 《陈云年谱（修订本）》中卷，中央文献出版社 2015 年版，第 84 页。

之，在中苏关系最寒冷的时期，陈云也冒着一定政治风险强调，不能忘记苏联对中国的援助。

其次，在与苏联交往中，要遵守党的纪律和国家法律，不能因党际关系亲密、意识形态相近、个人感情好就放弃原则，同时又要注意采取适当的方式方法，避免造成误解。早在 1948 年，陈云就在中共中央东北局例会上提醒大家说：苏联同志在许多重要问题上给我们提出了正确的建议，而且在实际斗争中对我们进行了帮助，给了我们许多物资。但是，对苏贸易应是商业性的而不应是一种政治关系。对苏联同志说话也要十分注意，不能到他们那里去反映党内的争论，否则就是违反纪律。①1956 年国务院常务会议讨论苏联援助我国第二个五年计划建设项目谈判情况的报告，陈云发言说：苏联在帮助我国的过程中，有留一手的现象。这点我们早就感觉到了，再仔细观察一下，暂且不讲，观察好了以后，可以正式和他们谈。②

最后，要不忘老朋友，公正对待历史。1984 年，阿尔希波夫首次表示希望访华时，陈云了解到，尽管中苏关系经历了乌云密布和暴风骤雨，阿尔希波夫没有讲过一句不利于中国的话，没有做过一件不利于中国的事。听到这个汇报，陈云的眼中饱含着泪花。陈云与阿尔希波夫两人的友谊，是把握这一尺度的楷模。

时光过去了 70 年，昔日的苏联解体后，俄罗斯继承了它的国际权利、义务。中苏（俄）两国关系从过去的“剪不断，理还乱”，走上了新的最好历史时期。2015 年 5 月，国家主席习近平在莫斯科会见俄罗斯援华专家和亲属代表。习近平说，中国有句老话，“吃水不忘挖井人”，中国人民感谢为中国建设和发展作出贡献的专家们。

（作者单位：中国社会科学院当代中国研究所）

---

① 《陈云年谱（修订本）》上卷，中央文献出版社 2015 年版，第 645—646 页。

② 《陈云年谱（修订本）》中卷，中央文献出版社 2015 年版，第 489 页。

陈云对美国问题的观察与思考

董振瑞

陈云是中国社会主义经济建设的开创者和奠基人之一，是中国共产党第一代和第二代中央领导集体的重要成员。在他的一生中，基于对党和国家前途命运的深刻思考，对中国特色社会主义道路的探索，对世界各国发展经验的总结与反思，对世界头号强国——美国的相关问题进行了持续不断的观察与思考。

当前，伴随着美国战略东移，整个国际形势特别是中国的周边安全形势都呈现一种十分复杂的局面。在此背景下，深入学习和研究陈云对美国问题的观察与思考，不仅对于全面认识他的国际视野和战略思维有着重要意义，还对于我们总结历史经验有着重要价值。

一、“东北问题的实质是美苏关系问题”

从目前已公布的材料来看，陈云对美国问题的观察与思考，早至商务印书馆工作时期、晚至 20 世纪 80 年代末 90 年代初，时间跨度七十余年，其内容则涵盖国际政治、对外经济、中美国情比较，以及美国在粮食、工业等问题上的成功经验等诸多领域。

早在 1925 年商务印书馆工作期间，陈云就已经开始关注美国。这期间，他撰写的《职工在现社会的地位》一文，从中国同欧美国家相比较的角度，提出：“欧美工人已取得相当地位，而中国工人阶级没有集会、结社、言论、出版的权利，深受几重压迫”[①]。其后，他在 1930 年担任中共江南省委常委兼组织部部长期间，针对上海美资花旗烟草公司锡包车间女工因反对降低工资而罢工一事，坚决主张要利用美国资本家因此事开除二百余名

① 《陈云年谱（修订本）》上卷，中央文献出版社 2015 年版，第 27 页。

中国工人的蛮横做法，积极发动斗争，扩大该厂的党支部。[①] 再往后，在延安期间，陈云作为中共中央领导层成员之一，又参与处理过筹备庆祝中英及中美间废除不平等条约[②] 群众大会、听取美国总统罗斯福私人代表赫尔利与毛泽东会谈情况等涉美外交的重大问题。不难看出，在陈云的思想发展历程中，他较早时就已经注意到了美国问题，十分清醒地认识到中美两国所存在的客观差距，并且十分熟悉党在对美外交上的政策沿袭。

抗日战争结束后，陈云对美国问题进行了更为系统的深入思考。其原因就在于日本战败投降后，国共两党围绕东北地区所展开的激烈争夺及由此所牵连出的美苏两个大国之间的战略博弈。其主要内容有：

第一，东北问题的实质是美苏关系；如果苏联不与国民党政府订立条约，美国势力一定会完全进入东北。他认为，蒋介石为了赶苏联走，所以叫美国出面干涉，以使东北问题国际化。在美国的积极支援下，国民党军队除了业已“占领了山海关到锦州一线”之外，还“准备向三大城市及长春铁路干线前进”；苏联则一方面将三大城市及长春铁路干线正式移交给国民党，另一方面却要求中国共产党退出大城市及交还已接收的政权，并且“禁止我们在三大城市中一切足以妨碍他们公开执行中苏协定的措施”。在这一判断的基础上，他提出了一个重要战略判断，即在美苏激烈博弈之下，我们党“还须经过一个与国民党进行艰苦斗争的过程”[③]，“国共之间还要打仗”[④]。

第二，在东北，国共两党的斗争十分尖锐，是停停打打的长期战争局面，其原因就在于美国政府采取两面手法，准备尽一切办法把中国变为它的殖民地。据此，他有针对性地提出：“我也需要准备两手，慎重对待之。不能寄希望于国际条件的变化。”[⑤] 并且强调：“我军必胜，但敌人仍得到美国援助，尚有力量，不能有速胜观点。”[⑥]“我应不放松有利条件，也不能存在侥幸心理，应在思想上作最坏的打算。”[⑦]

---

① 《陈云年谱（修订本）》上卷，中央文献出版社 2015 年版，第 112 页。

② 1943 年 1 月 11 日，中英、中美三国政府分别在重庆和华盛顿签订关于废除英国和美国在华治外法权及有关问题的条约与换文，英、美两国同时宣布废除在华特权。

③ 《陈云文选》第 1 卷，人民出版社 1995 年版，第 301 页。

④ 《陈云年谱（修订本）》上卷，中央文献出版社 2015 年版，第 549 页。

⑤ 《陈云文选》第 1 卷，人民出版社 1995 年版，第 316 页。

⑥ 《陈云年谱（修订本）》上卷，中央文献出版社 2015 年版，第 625 页。

⑦ 《陈云文选》第 1 卷，人民出版社 1995 年版，第 315 页。

第三，从全国范围革命力量与反动势力斗争的发展过程来看，革命力量在上升，反动势力在下降，中国共产党的力量空前强大，中国革命一定能够胜利。他认为，“国民党反动派勾结美国坚持内战的结果，高树勋、潘朔端将军的继起者一定会出现”。据此，他对东北地区的前途十分乐观。在1947年8月辽东军区召开的师以上干部会上，他明确指出：“时机到了，我们要有打大仗的精神准备，要敢于胜利。”①

可见，在解放战争时期，陈云对于美国问题的观察和思考，着眼点在于如何争取东北地区的早日解放。围绕这一点，他对美国的对华政策及美苏两国进行战略争夺的实质都进行了深刻的思考。这些思考，进一步丰富和深化了他对美国问题的认识。

二、“要准备帝国主义的长期封锁，但也要看到他们不可能把我们完全封锁死”

1949年7月，陈云受命担任中央财政经济委员会主任。其时，随着新生人民政权的诞生，以美国为首的西方国家对新中国奉行经济封锁、政治遏制和军事包围的政策。为应对这一严峻形势，陈云提出了“国防第一，稳定市场第二，其他第三”的财经工作方针。在该方针指导下，他还就新中国的对外经济关系特别是对美关系提出了许多重要见解。具体来说有以下几点：

第一，要准备帝国主义的长期经济封锁，但也要看到他们不可能把中国完全封锁死，中国同他们之间的贸易也不会完全停止。新中国成立后，中央人民政府积极发展同世界各国的对外贸易。但是，1950年12月2日美国政府却下令，凡出口至中国和中国香港、澳门地区的货物许可证一律作废，已启运的货物一律停泊于美国岛屿接受检查，否则一律予以没收。面对这一局面，基于对以美国为首的资本主义国家的深刻了解，陈云认为：一方面，“我们要准备帝国主义的长期封锁，不仅是目前的军舰、飞机、水雷的封锁，在经济上也要准备他们不买我国出口的货物，不卖给我们需要的东西。”②另一方面，也要认识到，“他们不可能把我们完全封死，南北我们都有通路。帝国主义之间是有矛盾的，我们要利用他们之间的矛盾，尽

---

①《陈云年谱（修订本）》上卷，中央文献出版社2015年版，第629页。

②《陈云文选》第2卷，人民出版社1995年版，第2页。

量与外国做生意。”[1]在他的指导下，自 1950 年 7 月起，中财委和贸易部开始大力抢购物资，至是年底抢购到各类物资共计 2 亿美元；同年 12 月，美国政府对华的禁令下达仅 10 天后，中财委即针锋相对地提出了“即令各地停开一切向美日的进口购买证及出口许可证”“即令贸易部限期退回一切已开美日两国的购买证”等七项紧急应对之策。这一做法，既尽可能挽回或者减轻了新中国的经济损失，又充分利用了美欧各国之间的固有矛盾，有效地缓解了当时西方各国对华的严重经济封锁。

第二，各有关机构应随时掌握时机，利用一切有利条件防止美元外汇被美国冻结或因其他因素造成我方损失。新中国成立后，面对百废待兴的国内形势，如何确保中国的美元外汇不受经济封锁和朝鲜战争的影响而蒙受损失，始终是陈云反复考虑的一个重要问题。为此，朝鲜战争刚一爆发，陈云就同薄一波签署了关于金融物价情况的通报，明确提出：“对目前所存外汇，为防止被美国冻结与减少因美元贬值的损失，须迅速运用，并注意用之得当。”[2]1950 年底，陈云又进一步提出要冻结美国在华的有关资产。由他签署的中财委《关于处理被冻结美汇的决定》就此明确规定：“一九五〇年十二月被美国冻结的我方美汇，虽暂时不能运用，但不能认为已经损失而不注意解冻复活的工作。各有关机构应随时掌握时机，利用一切有利条件争取解冻复活，以减少我方损失。”[3]历史证明，陈云在这一问题上的见解，既体现了他对世界经济特别是美国经济及美元外汇的深刻洞察，又尽可能避免了中国外汇的损失。

第三，面对美国的经济封锁，我国对资本主义国家的贸易，困难将越来越多，危险也将越来越大。基于这一判断，他提出了一系列有针对性的应对之策。例如，要加强城乡物资交流，并认为“这是中国经济的钥匙”；要把我国的外贸工作重点转移到华南，以利用香港作跳板，多做小宗买卖，积少成多；要坚持易货制度，加强缉私工作，等等。他还以粮食、棉花问题为例对此进行了阐发，强调为打破美国的经济封锁，需要切实加强城乡内外的物资交流。他指出：“美帝国主义说，没有他们的粮食，我们便不能

---

① 迟爱萍：《新时期对外开放方针的先声——对陈云对外经济工作思想再思考》，《中共党史研究》1998 年第 4 期。

② 《陈云年谱（修订本）》中卷，中央文献出版社 2015 年版，第 86 页。

③ 《陈云年谱（修订本）》中卷，中央文献出版社 2015 年版，第 221 页。

生存。现在，我们把东北、西南等地的余粮运出来，解决了大城市解放后的吃粮问题。”[①]

可见，在新中国成立初期，在领导全国财经工作的实践中，陈云对美国问题观察与思考的立足点在于如何打破美国的经济封锁及确保国民经济迅速恢复。围绕着这一立足点，陈云对美国的各类问题特别是美国的经济问题、美元问题进行了更有针对性的深入研究，从而形成了一系列影响深远的重要认识。

三、“我们对资本主义要很好研究”，“要研究像尼克松国情咨文那样的东西”

1956年，随着社会主义改造的基本完成，中国进入了全面建设社会主义时期。在此背景下，为探索适合中国国情的社会主义建设道路，陈云以苏联经验为鉴戒，紧密结合中国的具体实际，对美国的政治、经济、农业、工业及金融等问题进行了进一步研究，并提出了一系列重要思想。具体说有如下几点：

第一，“美国承认中国也可以，不承认中国也可以，不承认不一定是坏事。”在对美关系上，按照毛泽东提出的“打扫干净屋子再请客”的外交方针，他认为美国是否承认中国并不重要，重要的是我们要“多打扫房子”，“把他们在中国的基础打扫干净”。他说：“等把他们在中国的基础打扫干净，他们再来就找不到了，悔之晚矣。”[②]

第二，中美两国国情差异很大，中国只能走适合自己的农业发展之路。20世纪60年代初期，针对三年经济困难期间所出现的严重粮食问题，陈云着重研究了中美两国的国情差异及美国成功解决粮食问题的经验。通过研究，他认为：美国在一战后的几年中粮食增长了60%，主要就是靠大力推广良种和发展化肥。而中国的国情则与此大相径庭，中国不仅地少人多，且化肥工业十分落后，因此中国只能走适合自己的农业发展之路。就此，他明确指出：“在农业生产方面，中国不是苏联、美国型的国家。苏联和美国地多人少。中国是地少人多”[③]。中国“解决肥料的方针必须是土洋结合，

---

① 《陈云年谱（修订本）》中卷，中央文献出版社2015年版，第120页。

② 《陈云年谱（修订本）》中卷，中央文献出版社2015年版，第551页。

③ 《陈云文选》第3卷，人民出版社1995年版，第79页。

有机与无机结合。”“粮食是大头，大头紧，各头紧；大头宽，各头宽。”[①]

基于上述认识，为了缓解其时全国粮食工作的紧张局面，陈云又提出解决中国的粮食问题立脚点虽在自给，但这并不意味着要排除进口粮食。他认为，“换粮食进来，我们的日子就会好过一些”[②]。为此，1961 年在庐山召开的中央工作会议期间，他果敢地向毛泽东请示了购买美国粮食一事。毛泽东表示可以。此后，按照他的这一主张，我国积极开展了国际粮食贸易。实践证明，此举不仅减轻了农民的负担，提高了农民的生产积极性，还稳定了全国的粮食市场，对整个国民经济的恢复都起到了十分有利的作用。

第三，“对资本主义要很好研究”。进入 20 世纪 70 年代，随着国内外形势的发展变化，中国的对外经济工作出现了前所未有的发展机遇，同西方国家发展对外贸易不仅成为可能，而且发展势头很快。在此背景下，在国务院业务组协助周恩来抓外贸工作的陈云适时提出了“对资本主义要很好研究”的重要主张。他指出：“过去对外贸易百分之七十五面向苏联、东欧国家，百分之二十五面向资本主义国家。现在反过来了，这个趋势是定了。”[③]在这其中，他对诸如美国在贸易和货币方面存在的问题及可能采取的措施等各种信息尤为重视。

通过对上述问题的深入研究，陈云逐步得出了一系列重要结论。例如，他认为：美元同黄金的关系已割断，不可能再恢复；今后金价仍会看涨，美元还要继续“烂”下去；美元虽软，但在较长时期内却仍是国际主要货币，没有别的货币能代替它，拿美元同国民党的金元券相比是错误的，等等。为此，他提出建议：“我们外汇储备较多，存银行要吃亏，除进口一部分生产所需物资外，可考虑买进黄金。”[④]他还强调：我们对资本主义要很好地研究。要研究像尼克松国情咨文那样的东西，康纳利、舒尔茨、德斯坦[⑤]的讲话材料都要研究。“不研究资本主义，我们就要吃亏。不研究资本主

---

① 《陈云年谱（修订本）》下卷，中央文献出版社 2015 年版，第 55 页。

② 《陈云与新中国经济建设》编辑组编：《陈云与新中国经济建设》，中央文献出版社 1991 年版，第 258 页。

③ 《陈云年谱（修订本）》下卷，中央文献出版社 2015 年版，第 196 页。

④ 《陈云年谱（修订本）》下卷，中央文献出版社 2015 年版，第 198 页。

⑤ 康纳利即约翰·康纳利，时任美国总统国内外事务顾问。舒尔茨即乔治·舒尔茨，时任美国财政部部长。德斯坦即吉斯卡尔·德斯坦，时任法国财政部部长。

义，就不要想在世界市场中占有我们应占的地位。”①

可见，在1956年后的二十多年时间里，基于对中国社会主义建设中所碰到的各种艰难险阻，陈云从借鉴美国经验、深刻观察世界经济发展趋势及其深层次矛盾等角度，对美国问题又进行了更为深入的研究。这些研究，不仅对于中国社会主义建设特别是对外经济工作具有重要指导意义，还推动全党深化了对于美国问题的思考。

四、“现在有了中美上海联合公报，可以直接向美国买粮食”

党的十一届三中全会以后，陈云在为带领全党进行思想路线、政治路线和组织路线的拨乱反正，为制定和执行党的“一个中心、两个基本点”的基本路线和成功开创中国社会主义事业发展的新时期等方面，都作出了重大贡献。在此过程中，他也始终紧密结合改革开放的历史实践，就有关美国的各种问题提出了一系列新的重要思想观点。主要有：

第一，明确表示“可以直接向美国买粮食”。基于“文化大革命”结束后严峻的国内经济形势，陈云不仅提出“粮食进口多一些不要紧”的意见，还明确表示“可以直接向美国买粮食”。他说：“进口粮食的时间，不只是三五年，时间还可能长些”。“农民稳住了，事情就好办了。”“这是大计，是经济措施中最大的一条。”②

第二，既要“看到外国的情况”，又要看到“本国的实际”。陈云提出，实现四个现代化是我国史无前例的一次伟大进军，必须既积极又稳重。既要“看到外国的情况”，又要看到“本国的实际”。他说：“我们也不能同南朝鲜、台湾比，它们是美国有意扶植的，而且主要是搞加工工业，我们是要建设现代化的工业体系。”③“有的国家和地区发展快，有美国的特殊照顾。”④

第三，要借鉴美国的成功经验，大力提拔中青年干部。进入新时期以后，面对党内干部青黄不接的严峻局面，陈云反复呼吁要成千上万提拔培养中青年干部，并认为这是各项工作中的当务之急。对于这个问题，他十

---

① 《陈云文选》第3卷，人民出版社1995年版，第218页。
② 《陈云文选》第3卷，人民出版社1995年版，第236页。
③ 《陈云文选》第3卷，人民出版社1995年版，第237页。
④ 《陈云文选》第3卷，人民出版社1995年版，第252页。

分注意研究并且参考、借鉴美国政府的成功做法。1980年党的十一届五中全会成立了中央书记处，但是书记处成员的年龄都在60岁以上。就此，美国一名新闻记者评论说：这个领导班子力强，年还不富。因为离70岁，离80岁，时间很少了。陈云十分重视美国新闻界的这一评价。其后，他又从一份内刊上了解到，美国卡特政府中的一个办公室主任只有32岁，里根政府中的一个办公室主任也只有40岁。美国方面的这些成功先例，使陈云深为触动。1981年7月2日，在各省、区、市党委书记座谈会上他就此十分感慨地说："外国人一定比我们聪明，我们中国人一定笨一点吗？并不是这样。"他强调要大胆提拔40岁以下的干部。他说："比如提一万人，其中大多数，百分之七十以上，应该是四十岁左右、四十岁以下的人。"①

第四，要把搞外汇当作"一个大题目"，并且手头一定要有足够的外汇储备。长期领导经济工作的陈云，始终对外汇问题高度重视。进入20世纪80年代，随着改革开放的逐步推进，他鲜明地提出："要找增加外汇收入的来源，把它看作很重要的题目。""补偿贸易、合作生产、加工订货都可以搞。总之，搞外汇要成为一个大题目。"他还以石油开采为例强调指出："其他资源，像石油，美国的勘探技术高，就用美国的技术搞。把石油搞出来，可以很快见效。"②此外，针对党内对外汇储备认识不足的问题，他提出了尖锐批评。他说："我认为，我们有一百亿、一百五十亿、二百亿美元外汇，不算多。我们是个大国，储备一二百亿美元外汇，有风吹草动的时候可以应付。"③他还强调，要紧紧抓住外汇控制和组织好出口货源两个方面，以此来确保外汇储备的稳定，"否则搞不好的话，计划就要翻船。"④

第五，应从历史唯物主义观点来看中国同西方国家的交往。他认为，过去中国向苏联学习、同苏联打交道多是历史形成的；现在，随着我国国际地位的提高，同西方国家打交道多起来了。对此，"应从历史唯物主义观点来看"。他说："说'过去我们学的是苏联那一套'。那时我们不能不学苏联。美国和西方其他国家对中国实行封锁政策，学美国、英国、法国行吗？只能结合中国实际向苏联学习，而且，苏联那时对我们的援助也是

① 《陈云文选》第3卷，人民出版社1995年版，第300页。
② 《陈云文选》第3卷，人民出版社1995年版，第254页。
③ 《陈云文选》第3卷，人民出版社1995年版，第344页。
④ 《陈云文选》第3卷，人民出版社1995年版，第345页。

真心实意的。随着我国国际地位的提高，同西方国家打交道多起来了，从一九五七年开始举办了广交会。”对这些问题，都应从历史唯物主义观点来看。①

可见，进入新时期以后，基于改革开放的历史实践，陈云主要从国内的经济形势、中国国情的特殊性、中国与其他国家实现现代化所面临的不同挑战、干部年轻化，以及如何看待美元外汇及美苏关系等角度，深入阐发了他对于美国问题的思考。这些思考，不仅具有很强的现实针对性，也对当代中国产生着重要影响。

五、结语

第一，陈云对于美国问题的观察与思考，始终紧紧立足于中国的基本国情。纵观陈云一生对于美国问题的观察与思考，虽然他观察的对象是美国，但他的出发点却都是中国的基本国情。解放战争时期，他虽然始终密切关注美国的对华政策，但出发点却始终都是如何尽可能地扬长避短、迅速发展壮大我党的基本力量；20 世纪 70 年代初，他虽然反复强调“我们对资本主义要很好研究”“要研究像尼克松国情咨文那样的东西”，但出发点却始终都是如何尽快打开我国对外经济工作的格局，尽快推动我国对外贸易的开展；改革开放初期，他虽然反复提及美国政府的要员年纪普遍很轻，但出发点却始终都是如何尽快推动干部年轻化。立足于中国国情对美国问题进行观察与思考是陈云的一个显著特点。

第二，陈云对于美国问题的观察与思考，始终与党带领人民进行革命、建设与改革开放的历史实践紧密相连。在革命时期，陈云所关注的是美国的对华政策及其美苏进行战略争夺对于国共两党的深刻影响；在建设时期，陈云所关注的是以美国为首的西方国家对中国所实行经济封锁及中国所应采取的应对之策；在改革开放时期，陈云所关注的是中国与美国及其他国家实现现代化所面临的不同挑战。换言之，陈云对于美国问题的观察与思考，始终具有很强的现实针对性和深刻的历史借鉴意义。

第三，陈云对于美国问题的观察与思考，始终与党带领人民探索中国特色社会主义建设道路紧密相连。不论是借鉴美国在解决粮食问题、化肥

① 《陈云年谱（修订本）》下卷，中央文献出版社 2015 年版，第 460 页。

问题上的成功经验，还是在推动对外经济工作特别是推动中国与西方发达国家经济合作方面；不论是在深刻研究布雷顿森林体系解体后美元与黄金的长期走向方面，还是在强调中国的社会主义现代化不同于他国、必须既积极又稳重方面，陈云对于美国问题的观察与思考，立足点和落脚点都是他对建设中国特色社会主义道路的探索之举。从这个意义上说，对于美国问题的观察与思考，浓缩着陈云对于如何建设中国特色社会主义道路的思想要点。

（作者单位：中共中央党史和文献研究院）

一部翔实再现陈云伟大一生的力作

——读《陈云年谱（修订本）》

赵士刚

为纪念陈云诞辰110周年，中共中央文献研究室重大课题《陈云年谱（修订本）》，将由中央文献出版社出版发行。该书的修订工作始终在中共中央文献研究室室务委员会的领导下进行，中共中央文献研究室主任冷溶主持审定，中国社会科学院原副院长朱佳木（该书第一版主编）主持修订。

该书第一版于2000年出版，至今已有15年时间了。这期间，随着中国特色社会主义事业的不断推进，广大干部和群众包括青年学生要求了解、研究陈云的热情越来越高。不论从陈云在党史、国史中的重要地位上看，还是从陈云思想、作风对党和国家产生的深远影响上看，或是从纪念和宣传毛泽东、邓小平、陈云等老一辈革命家对于当前高举旗帜、凝聚力量、继续奋斗的重要作用上看，对该书进行修订再版，都是一件迫切需要做的事情。

修订本同原版一样，坚持以历史唯物主义为指导，坚持以资料性、学术性、思想性、传记性相统一为方针，在大量占有新材料的基础上，从多方面对第一版作了提升。

一、进一步增补和充实陈云在中国革命、建设和改革开放历史进程中的史料，使修订本的内容更加丰富翔实

（一）广泛收集史料

修订本的史料来源广泛：一是利用中央文献研究室、中办档案局、中央档案馆、上海陈云纪念馆保存的一些有关陈云的尚未公开的档案；二是大量收集陆续出版的党和国家领导人的文献、年谱、传记、回忆中与陈云相关的史料；三是大量收集一些老同志发表的回忆录和纪念文章或日记中

涉及陈云活动的记述；四是大量收集权威部门新近编辑出版的党史、国史、经济史书籍中与陈云相关的部分；五是收集当年的报刊文献如《人民日报》载有陈云活动的报道等。这样广收史料，为修订本打下了一个很好的基础。

（二）大量撰写新条目和充实改写原条目

为了尽可能全面、准确地反映新收集的史料并对原条目的内容进行增补充实，修订工作分几步进行：先由各执笔人将史料收集起来，写成新条目；随后由主编对全书所有条目进行修改、增补和充实；然后经专家初审，再由主审对全书所有条目进行取舍、审定。据初步统计，全书新写条目和作出较大充实改写的原条目达3000多条，新增字数近30万字。

（三）精心修订陈云在中国革命、建设和改革开放各个时期的条目，注重增补陈云一生关节点上的重要经历

同第一版一样，新修订的条目是逐年、逐月、逐日展开的，这些条目遍布陈云参加领导中国革命、建设和改革开放的各个历史时期。可以说，每个时期都有新的史料增补，但也不是有闻必录。修订本把所有有关陈云的文献史料融会贯通，突出主线，着重再现陈云生平事业中一些重大关节点上的重要经历。

例如，陈云1917年入学的颜安小学实行新式教育并聘请一些接受新文化的进步老师传播新思想；他1919年在上海商务印书馆发行所文具仪器柜台当学徒后勤奋读书；他1925年转入上海商务印书馆虹口分店后开始接触马克思主义的书，感觉这些书讲的道理比三民主义更好；他在1925年6月参加商务印书馆工人罢市游行斗争，8、9月间在大革命的潮流影响下加入共产党，年底便成为中共商务印书馆总干事、委员。这些关于他早年求学和在上海商务印书馆参加领导工人罢工的内容，对理解他走上革命道路的过程是很重要的。

再如，大革命失败后，陈云在白色恐怖极为严重的上海领导农民运动和工人运动，在极其艰难的情况下从事党的地下斗争。这一时期的许多增补条目反映了陈云逐步成熟的成长经历。如他在1929年11月18日至26日中共江苏省第二次代表大会上发言，强调革命形势“开始复兴”和“成熟复兴”是有差别的，要求把示威和飞行集会分开，说“为示威而示威这不是我们的路线”；他在1930年3月1日出席中共江苏省委常委会时强调

不顾客观条件搞同盟罢工、政治罢工是非常困难的，他的这种态度在会上受到省委负责人的批评，认为“这是右倾病”。我们从中可以体会到，陈云对当时“左”倾冒险路线并没有盲从，而是在复杂的斗争形势面前坚持独立思考。

又如，1935 年 6 月陈云离开长征队伍，为恢复党在白区的组织于 7 月到达上海，随后又到苏联向共产国际汇报中国工农红军长征和遵义会议情况。他在共产国际的报告引起苏共中央的关注，12 月 3 日，他应斯大林的邀请到其办公室谈话，回答斯大林提出的关于中国工农红军长征和遵义会议的问题，同时也向斯大林提出支援中国红军武器装备的问题。年底，他又应邀出席斯大林为招待陈云举行的便宴，继续商谈有关苏联援助中国工农红军武器装备的问题。1936 年 9 月 11 日，共产国际作出决定，在中国红军攻占宁夏地区后提供 1.5 万到 2 万支步枪、8 门火炮、10 门迫击炮和相应数量的外国制式的弹药。11 月底，共产国际和中共驻共产国际代表团派陈云等人回国，任务是护送这批枪炮弹药给中国工农红军。但到苏联边界时，因国内发生西安事变，他们只好在原地待命。1947 年 4 月下旬，他们接到共产国际的命令去新疆，此时所担负的“任务已经变更”成为到星星峡去把西路军的残部援救到新疆安全地点。这些新条目均带有填补文献史料空白的性质，不但丰富了有关陈云个人生平活动的记载，也从一个重要角度展示了西路军的历史面貌。

有关陈云在新民主主义革命时期的新修订条目，比较多地集中在东北解放战争时期。他在东北前期与中共中央东北局并中共中央的大量往来电报（有时一天有七封之多），再现了他参加领导建立东北根据地的情况；他在东北后期领导东北财经委员会时的讲话、指示、电文，反映了他在革命战争时期领导经济工作的一段重要经历，从中可以看到他领导恢复和发展东北经济、支援解放战争的情况。

陈云在新中国成立初期和“一五”时期主持全国财经工作时的史料，也在新版本中增补和充实了很多。包括这一时期的大量日常电报、信函、批示，特别是增补充实的这一时期的大量重要讲话，从他要求财经机构设置和人员调配时精简节约这样的小事，到他参加制订国家经济建设方针、政策等一系列重大事件，丰富展示了他作为新中国经济建设重要开创者和奠基人的历史贡献。

反映陈云在拨乱反正和改革开放新时期的条目，也有许多重要的新增和充实。例如，陈云在粉碎“四人帮”之前有过一些党内谈话，但过去一直苦于没有见诸文字的材料可依。修订本新增的1976年8月4日、10月3日陈云同谷牧的两次谈话，披露了这一史料。陈云在前一次谈话中讲了四点意见：军队要稳住，坚决拥护华，老一辈要延年益寿（投票时有用），主席的旗帜要高举；在后一次谈话中讲了八点意见：团结，高举主席旗帜，鼓励新手，控制二杆子（谷牧理解是不要轻举妄动、等待高层的动作），守住阵地，先上两个（叶、李）后上四人，要有民主，等待时机要有时间。这两次谈话材料，反映了陈云这一时期党内谈话的主要内容。另外，修订本对陈云10月初同叶剑英谈话的内容也作了修订。陈云应叶剑英之请，前往叶在西山的住所面谈。叶剑英将毛泽东生前在中央政治局会议批评“四人帮”的讲话记录拿给陈云看，说：“把他们几个人抓起来，你看怎么样？”陈云回答：“赞成。这场斗争是不可避免的。”在这一对话中，“抓起来”这三个字是修订本增加上的。这些史料具体表明了陈云在粉碎“四人帮”斗争中的态度和作用。

再如，粉碎“四人帮”后，陈云在党内同一些人谈话，坚决主张邓小平复出抓全党工作。1977年3月13日，他在中共中央工作会议上作书面发言，带头呼吁让邓小平重新参加党中央领导工作。这一发言因受到当时主持中央工作的负责人压制未能在简报上刊登。鲜为人知的是，当晚华国锋来到陈云家中长谈，请陈云修改当天的发言，被陈云拒绝。这一新增条目反映了陈云在历史转折关头支持邓小平复出的坚定立场。尽管陈云发言未刊入会议简报，但这一意见不胫而走，产生很大影响。在会议临近结束时华国锋不得不在舆论的压力下表态说，要在适当时机让邓小平出来工作。

陈云同邓小平在开创中国特色社会主义道路上互相支持、默契配合，修订本中也有许多史料的增补。这方面的新增内容，显示出陈云作为党的第二代领导集体的重要成员，在推动改革开放和社会主义现代化建设事业中发挥的重大作用。

除了对谱主直接活动的增写和充实外，修订本还收入一些背景条目，有些属于重大历史事件，有些则直接反映陈云的工作成果。如1938年底新增的背景条目是：“年底，党的组织有了很大发展，全国的中共党员人数从四万多增加到五十多万，许多原来没有党组织的地区建立起党的组织和领导机构。”这一历史背景反映了在中共中央及以陈云任部长的中央组织部领导下，各地党的组织和党员队伍得到了迅速发展。

另外，修订本还对新增条目中出现的一些事件、文献和机构名称，以及一些人名、地名（包括铁路、港口名称等）增加了注释，并对原注释作了必要的修订。这些注释对于理解正文有重要价值。如 1950 年 10 月 28 日的正文为：“任弼时于 10 月 27 日在北京病逝。此后，陈云正式递补为中共中央书记处书记”。这里新增了一条注释说：“这时的中共中央书记处，是中共中央最高决策机构。邓小平后来说：‘我们党的领导集体，是从遵义会议开始逐步形成的，也就是毛刘周朱和任弼时同志，弼时同志去世后，又加了陈云同志。’”这个注释表明，陈云此时已正式成为党的第一代中央领导集体的重要成员。

（四）对有不同说法的史实作了认真考证

在修订工作中时常遇到同一事件有不同说法的情况，对此，修订本均多方印证，力求作出最可靠的判断。如在日期确定上，在原版中 1954 年 7 月 26 日晨，陈云同毛泽东等中共中央领导人乘火车赴北戴河。而查得《人民日报》的报道，当晚陈云在北京举行宴会，招待前来出席中华全国合作社第一次代表大会的苏联、东欧等国的合作社代表团。经过认真查证，发现合作社代表大会已于 25 日举行闭幕式，宴会理应当晚召开。又查证原条目出处为中央警卫记录，故判断当时《人民日报》报道有误，确定原 26 日条目不变，而把宴会放在 25 日晚。对于因史料缺乏，仍然无法判明确切时间的条目，修订本仍采取原版的办法，在尽量接近事发日期的原则下，适当定得宽泛一些，以求严谨无错。

可见，修订本补充新发现的陈云在中国革命、建设、改革开放各个时期的史料，同时对原条目进行必要的增补充实，使书中的史料更为丰富翔实、严谨准确。

二、进一步补充和提炼陈云关于中国革命、建设和改革开放带有规律性的思想观点，使书中的思想性更加鲜明、系统

（一）精心补充和提炼陈云思想的基本理念和重要思想观点

陈云思想的基本理念，指的是陈云一生中的各个时期一以贯之的基本出发点。他认为，只有在共产党的领导下，中国人民才能取得革命、建设

和改革开放的胜利。而党要成功地进行领导，无论搞新民主主义，搞社会主义，还是搞改革开放，都必须使党的方针、政策和措施有利于人民，让人民满意，真正做到全心全意为人民服务。修订本对此作了充分的反映。如对原 1950 年 10 月 1 日条目陈云在《人民日报》发表的《中华人民共和国过去一年财政和经济工作的状况》作了补充提炼："人们惊奇中央人民政府为什么有效力，为什么一个命令就能实现现金管理这样的措施，答案很简单，就是这个政府是共产党人领导的全心全意为人民服务的政府。国民党时期，通货膨胀、物价波动那样大，重要原因就是因为官僚、军阀、豪门偷窃挪用了国家的现金，用于投机，操纵市场。"再如，新写的 1951 年 2 月 23 日条目反映陈云在全国公路会议上的报告："全国五百二十万纱锭远不能满足需要，如不增加几百万纱锭，人民将会不满意。""如果国家只争取财政收支平衡和经济建设投资，不注意整个经济发展，不关心整个人民切身利益，就不是好政府，人民就不会满意。""如果生产出来的东西卖不出去，人民也不会拥护我们。离开这些谈为人民服务就是一句空话。如果我们不替老百姓解决这些具体问题，那就不是为人民服务。"这两段谱文实录很有代表性，展示了陈云思想的基本理念。

与此相同，修订本对陈云提出的许多重要思想观点，如关于工农运动方式和战略，关于党的思想建设、组织建设、作风建设，关于开创东北根据地的思想和接收大城市，关于平抑物价、统一财经、调整工商业，关于稳妥进行资本主义工商业和小商小贩的社会主义改造，关于国民经济有计划按比例发展和综合平衡，关于建设规模要与国力相适应，关于工业化建设中速度与效益、数量与质量的相互关系，关于农业的基础地位，关于计划和市场的相互关系，关于积极谨慎地利用外资，关于党的纪律不能"松绑"，关于执政党的党风是事关党的生死存亡的问题，关于社会主义精神文明建设，等等，也都作了这样的补充提炼。

这些反映陈云基本理念和重要思想观点的条目，在文字表达上主要是提炼陈云的原话，用大段落，同时也是用平实、精练的语言，对陈云思想内容作客观、全面的介绍。

（二）鲜明反映陈云思想的发展过程

《陈云年谱》第一版即已对陈云不同时期提出的治党治国的理论观点和政策措施，按时间顺序逐年、逐月、逐日作了提炼和记述。修订本在许多地方通过对陈云思想个性化语言的提炼，使陈云思想的发展过程表现得更加鲜明。

例如，新中国成立之初平抑物价、统一财经后，由于银根紧缩，从1950年3、4月开始出现商品滞销、生产减缩、商店歇业和工人失业增多等问题。为解决这个问题，陈云思想的发展过程有几个关键词：一是1950年5月25日他在中财委召开的七大城市工商局长闭幕会上作总结讲话中说的“两筐鸡蛋”，即把稳定金融物价和促进工商业发展之间的矛盾，形象地称作“政府挑着‘两筐鸡蛋’，不要碰破一头”。要想扭转工商界的经营困难就要增发货币，但发行一多便有物价波动的危险。怎样在增发货币时防止物价波动呢？二是“转大圈子”，即陈云随后提出的城乡交流、货币下乡措施。城市商人到农村收购土产，农民卖掉土产后便会有钱购买工业品，即“以百分之九十的农业和手工业经济带着百分之十的工业经济转动”，形成工厂开工、失业减少、税收增加的局面。三是“钥匙”，即陈云在1950年底总结这一经验时说的，打通城乡交流转大圈子“是中国经济的钥匙”。四是1951年6月15日他在政务院第八十九次政务会议上的讲话中提出的“把圈子扩大”，即把苏联的、新民主主义国家的和中国的生产平衡起来。比如苏联就要铁砂与铁，可以卖给它，再拿赚到的钱买其他东西。这几个关键词，把陈云在开创新中国经济建设时期的一个重要思想过程鲜明地再现出来。

再如，陈云对钢铁工业发展一向十分重视。1950年1月13日，他在政务院第十五次政务会议讨论钢铁问题时发言说：“‘钢铁工业是一切工业之母’，不能不着重来搞。”为了促进钢铁工业发展，他在1952年1月6日签发了中财委关于抽调技术干部支持鞍山钢铁公司一事给华东、中南、西南三大行政区财委会、重工业部、燃料工业部等的命令，决定“除已由重工业部钢铁工业局等单位急抽技术干部七十余名前往协助工作外，决定再抽调各大行政区及中央各部门技术干部一百五十六名到鞍钢服务二年。”他希望加速发展钢铁工业，但不赞成不切实际片面发展钢铁工业。“大跃进”时期钢指标定得很高。他在列席1959年4月29日、30日邓小平主持的中共中央书记处会议时，同周恩来一致建议把钢铁指标调下来。1960年10月21日，他在同中共河南省委负责人谈话时说：“日本现在年产一千万吨钢，但轧钢能力有三千万吨。他们只有三百万吨钢时就可以当帝国主义，侵略别人。钢材品种规格问题不解决，就不能搞成独立的工业体系。”他的这一思想一以贯之。1981 年 11 月 25 日下午，他在中共中央政治局扩大会议讨论五届全国人大四次会议《政府工作报告》稿时强调要在科学技术上组织攻关，再次说：“日本一九二九年不到三百万吨钢可以当帝国主义”。“日本钢铁厂老板之间有协定，最好的技术不卖给中国。我们不攻关不行。我们在原子弹、火箭、卫星回收等方面都已过了关，说明我们已经到了攻关的时机，只要集中力量，许多关可能突破，应该有自信心，不应说我们什么都不行。”由此，我们不难理解，他为什么在 1979 年 3 月 21 日中共中央政治局会议上的讲话中说：“共产党员谁不想多搞一点钢？过去似乎我是专门主张少搞钢的，而且似乎愈少愈好，哪有这样的事！我是共产党员，也希望多搞一点，问题是搞得到搞不到。”“我不光看你那个数目字，钢要好钢，品种要全。冶金部要把重点放在质量、品种上，真正把质量、品种搞上去。”他所设想的工业现代化目标，不只是数量上走到世界前列，而是在品种、质量上也要达到世界先进水平。

这里所摘录的，只是谱文中相关该条目中带特点的文字，意在展示陈云对党的经济工作规律带有个性特点的表达。修订本对陈云许多重大思想和重大决策作了这样的文字提炼：用陈云形象的语言表明起因、再现过程、给出经验总结，使陈云思想的发展过程表现得更鲜明、完整。读者既可对陈云某一段时点的某一认识进行查阅，也可对某一时期的决策过程进行研究，还可沿着这个线索对陈云思想发展过程进行纵深探究。

（三）注重反映陈云的思想方法和工作方法的特点

陈云从中央苏区时起，就十分注重思想方法和工作方法问题，写过《这个巡视员的领导方式好不好》一文。他在延安整风中总结出“不唯上、不唯书、只唯实，交换、比较、反复”15 个字。他在 1947 年 2 月中共中央南满分局第一次扩大会议和 1962 年 2 月参加七千人大会的陕西省全体干部会议上，讲“怎样才能少犯错误”和“怎样使认识更正确些”，都讲到要“交换、比较、反复”。修订本均作了一些修订，例如在 1962 年的这次讲话中加写：“只要勇于开展批评与自我批评，坚持真理，改正错误，我们共产党就将无敌于天下。”从中可以看到陈云为什么对正确的思想方法和工作方法如此重视。

倡导学哲学，是陈云为了把全党思想方法和工作方法搞对头的一项重要举措。对此，修订本也加写了一些条目。例如，1987 年 2 月 16 日，他同刚接任中共中央组织部部长的宋平谈话，叮嘱他好好学习哲学，并送给他自己花钱托人到书店里买的书，一本是艾思奇主编的《辩证唯物主义历史唯物主义》，一本是韩树英主编的《马克思主义哲学纲要》。1989 年 9 月 4 日，他给姚依林打电话，询问送给他的《辩证唯物主义历史唯物主义》和《马克思主义哲学纲要》，以及题写的条幅“实践是检验真理的唯一标准”是否收到了。当听说已收到后又说道：“还是要读书啊！”1989 年 9 月 14 日，他同薄一波、宋任穷谈话，提出应该组织中顾委常委和在京委员学习马克思主义哲学。他倡导学哲学得到邓小平的赞许。1981 年 3 月 27 日，邓小平在同解放军总政治部主任梁必业、副主任华楠谈话中说：“陈云同志建议，要提倡学习，主要是学哲学，学习毛泽东同志的哲学著作，例如《实践论》、《矛盾论》等。这个意见很好。我看应当搞学习运动，认真学习马克思、列宁和毛泽东同志的著作。”

修订本还特别注重反映陈云日常工作中运用十五字诀的思想方法和工作方法的事例。如 1953 年 10 月 7 日，陈云在叶季壮关于出口油脂问题的信上批示：“油脂出口（包括花生仁）要把国内外需要都计算一下。出口一些是必要的，但油脂是主要副食品之一，如出口多了，国内副食品物价就要上涨，故须计算出口与内销数量，权衡一下利害。”这反映了“比较”的特点。再如，陈云在 1961 年 9 月 1 日中共中央工作会议期间召开的中央局第一书记汇报会上的发言中讲怎样进行调查研究时说，一是派工作组下去调查研究，一是由综合机关主持召开五六个单位参加的小型座谈会。修订本加上了“参加会的人，老工人、技术干部、行政干部和看法左、中、右的都要有”一句，还增补了一段毛泽东的插话：“讲到第二点时，毛泽东插话说：‘赞成陈云同志提的办法，主要开小型会议，要取得一致认识，然后去做，接近客观实际就好办。’”这反映的是“只唯实”和“交换”的特点。这一类陈云反复交换、摸清情况、权衡比较、慎重决策的例子，书中有很多。

可见，修订本对陈云在探索中国革命、建设和改革开放道路中揭示的基本理念、重要观点和经验、方法等，作了进一步的增补充和充实，使书中的思想性更加鲜明，也更加系统了。

三、注重增加叙事的连贯性，更清晰地再现陈云在重要时刻发挥重要作用及陈云与其他领导人互动的历史情形，并注重反映陈云的精神世界和崇高风范，使记载更具传记性

传记性是同资料性、思想性相统一的。修订本反映谱主的史料更加充实，思想更加鲜明系统，自然就会增加叙事的连贯性，其传记性的特点也就自然会更浓一些。这里，再从修订本在反映陈云作为党的卓越领导人在历史重大关头、重要历史事件中的态度、作用，陈云与其他领导人的互动，以及陈云精神世界的角度举些例子，说明修订本更便于读者作为一部传记作品来阅读和研究。

（一）通过连贯的叙事，更清晰地反映陈云在关键时刻发挥关键作用的情形

陈云参与了党中央在不同历史时期一系列重大决策的制定和实施，在关键时刻发挥了十分重要的作用。修订本对一些历史关键时刻的史实作了许多增补和充实。例如，1935 年 1 月 2 日条目，修订本保存原文“同刘伯承率军委纵队由江界河渡过乌江。到团溪时，应张闻天之约谈了一次话，了解到反第五次‘围剿’中由于领导错误而造成的损失。”然后加写了一段话：“后来陈云回忆这一段思想发展过程时说：‘我在五军团时总觉得在困难中以团结为是；到黎平会议知道毛、张、王与独立房子的争论内容；团溪时洛甫找我谈过一次，告诉我五次‘围剿’时错误中的损失。所以，遵义会议上我已经很了解了当时军事指挥之错误，赞成改变军事和党的领导的一个人。’”这表明，陈云在遵义会议召开之前，就已经站到支持毛泽东正确主张的一边了。

再如，对“大跃进”受挫后陈云为了解决粮食困难问题向毛泽东建言“分田到户”或“包产到户”一事的相关条目，也作了一定的充实。如 1961 年 3 月 21 日陈云在出席中共中央在广州召开的工作会议时说：“一月中央开会时，我是怕包产的，李先念问我对粮食包干的意见，我说包不了。以后姚依林召集几次会议研究，又同我谈过，说地方党委有这个要求，农民有这个要求。现在我赞成包，主要考虑需要调动群众的积极性，而包产到户对调动积极性有好处。是现在决定还是秋后再定，我赞成现在就定。”这反映出陈云想法转变的原因所在。

再如，1989 年春夏之交北京发生政治风波后，陈云于当年 5 月 7 日从杭州返回北京。5 月 19 日晚，他听取李先念、杨尚昆受邓小平委托作关于中共中央政治局常委扩大会议决定在北京部分地区实行戒严的通报，当即表示拥护中央的决定，并说："北京定，天下定。"5 月 20 日上午，他前往邓小平住所，同邓小平、李先念、彭真、杨尚昆、王震、李鹏、乔石、姚依林、宋平等开会，一致同意邓小平的意见：问题和根子出在党中央内部；提议江泽民任中共中央总书记。5 月 23 日上午，他在住所同李先念、彭真、王震谈话；下午在住所同薄一波谈话，提议召开中共中央顾问委员会常委会议，说："这个局面不能再退，没有余地了。要拥护邓小平，拥护中央常委。""这个时候，我们老同志不出来讲话不行了。"5 月 24 日上午，他继续找一些老干部和老将军谈话。5 月 26 日，他主持中共中央顾问委员会常委会议，就反对动乱问题发表讲话，强调现在是关键时刻，不能后退。我们作为老同志，要坚决拥护以邓小平同志为核心的中国共产党。同时要主动地多做干部和群众的工作。会议坚决拥护中共中央和国务院为制止动乱、稳定局势所作出的正确决策。6 月 8 日，他批示同意《中共中央政治局常委会关于赵紫阳同志在这场否定党的领导否定社会主义制度的动乱中所犯错误情况的报告（草稿）》，并批示说："倡导改革开放的，是以邓小平同志为核心的党中央"。这些条目叙事连贯，环环相扣，清晰地展现了陈云在维护国家长治久安的关键时刻发挥关键作用的情形。

（二）注重反映陈云与其他领导人的互动，以及其他领导人对陈云的评价

修订本特别重视反映陈云同其他党和国家领导人之间互动的情形。例如，1951 年 10 月 17 日，陈云把自己将要在全国政协会议上作关于经济形势的报告稿送给毛泽东。第二天，毛泽东把这一报告稿批送刘少奇说："陈云同志的报告写得很好，请少奇同志看一下退陈云同志。"随后毛泽东又批复陈云，请他注意校对勿使有错。又如，1954 年 12 月 29 日，陈云致信邓小平说："对于供销合作总社关于提高零售价格的指示，以及五办关于合作社提高零售价和取消或保留某些优待的意见，都是同意的，但这些都带有原则性，因此在中央讨论一下为好。如果因为讨论而推迟发出，那末迟一个月调整零售价格也是可以的。"次日，邓小平将陈云的信转送刘少奇，并提出："这是一个比较大的问题，以提政治局批准为宜。调整价格时间我已

在原报告上改为二月一日。如同意，请将此件审核后交尚昆拟一批复电，连同两报告印发政治局会议各同志，并列入最近的政治局会议议程。”刘少奇于12月31日批示“同意”。1955年1月4日，中共中央政治局会议讨论通过全国供销合作总社《关于供销合作社调整零售价格的指示》。再如，陈云1955年3月12日就第一个五年计划报告的修改稿致信刘少奇，问可否由中央讨论一次，以便再改。两天后，刘少奇复信陈云说：“此件我在今早赶着看了一遍，很好。有些意见，写在上面，请你酌定。请你在起床后打电话给主席，问他已否看了此件？如他未看，可报告他”。这些条目展示了领导人之间在关于形势和任务等重大问题上互相交换意见的情形。陈云的许多思想和党的许多重大决策，都是在这种交流互动中提出并发展起来的。陈云与其他领导人之间既有相互赞同、支持的时候，也有相互切磋、不同的时候，这反映了他们为共同的目标进行艰苦探索的过程。

同时，修订本也新增了一些展示陈云与其他领导人在日常工作中相互关心、爱护的条目。例如，陈云1959年因劳累过度心肌缺血，医生建议他休息三个月，但他仅休息了一个月就开始工作。医生不得不给毛泽东写信，反映陈云病情，建议“最好休息半年。”毛泽东6月8日接到医生的信后马上批请刘少奇、周恩来等人阅，并批示陈云“先休息三个月，再休息三个月。”再如，1979年1月7日，陈云在外交部《关于邓副总理访美有关新闻工作的请示》上批示：“安全必须做得万无一失。”1月中旬，他又专门就邓小平赴美访问的安全保卫问题同中共中央警卫局副局长孙勇谈话，希望警卫人员高度重视，尽心尽力，在从未接触过的复杂环境里集中精力保证邓小平的安全。要做到护守邓小平“惊险去，安全回”。这些条目，反映了领导人之间的同志情、战友情。

在党的第一代、第二代领导集体中，陈云领导财经工作的卓越才能为毛泽东、邓小平所赞扬。这方面的内容《陈云年谱》第一版就有许多介绍，修订本也有一些增补。两相对照，我们可以看到，陈云的经济思想反映了中国经济建设的规律。

例如，毛泽东在1959年7月中旬纠正察觉到的“大跃进”中“左”的错误时说：“现在实际上是反冒进，反冒进的头子是我”，“经济工作还是由陈云挂帅好”。在20世纪60年代，毛泽东多次讲到“大跃进”的教训，赞扬陈云提出的综合平衡观点是正确的。1970年11月13日，毛泽东在会见外宾时还指出："管理经济很不容易，早先我们不会搞，经过几个周折才会了一点。例如，有一年北戴河会议，提出一年要搞一千八百个建设项目，结果物力和财力都不够，要什么没有什么。没办法就砍，一砍，又砍得太多了，只剩下八百项。……现在许多人觉悟了。今后有可能上去，但是不要太急了，急了会吃亏的。现在要防止有些人动不动就要翻一番。"

再如，1979 年 3 月 30 日邓小平在理论务虚会上的讲话中，明确支持陈云和李先念提出的调整方针，说："现在中央决定，成立财政经济委员会，由陈云、李先念两同志挂帅，统一管理全国的财政经济工作和目前的调整工作。"面对调整工作受到的阻力，邓小平在 1980 年 12 月中央工作会议上作题为《贯彻调整方针，保证安定团结》的讲话，就陈云在 12 月 16 日开幕会上的讲话指出："我完全同意陈云同志的讲话。这个讲话在一系列问题上正确地总结了我国三十一年来经济工作的经验教训，是我们今后长期的指导方针。""一九七八年十二月党的十一届三中全会以后，陈云同志负责财经工作，提出了调整方针，去年四月中央工作会议对此作出了决定。但因全党认识很不一致，也很不深刻，所以执行得很不得力。直到现在，这种情况才有了变化。""我们这次调整，正如陈云同志说的，是健康的、清醒的调整。这次调整，在某些方面要后退，而且要退够。""我完全同意陈云同志的意见，今后一段时间内，重点是要抓调整，改革要服从于调整，有利于调整，不能妨碍调整。"

又如，1983 年 6 月 30 日，陈云在中央工作会议上强调建设要有重点，要分轻重缓急。重点只能由中央根据全局的长远的利益，经过综合平衡来确定。全党全民应集中财力、物力保重点。这几年，有些地方和部门乱上基本建设项目，乱涨价，乱摊派，乱发奖金，把资金分散了。中央手里的钱，除去行政、科研、文教、国防的经常费用，剩下的可以说办不了什么大事。这次有劳在座的"各路诸侯"跑一趟，把口袋里的钱再拿一些出来。否则，像现在这样下去，四化没有希望。邓小平在讲话中表示，完全同意陈云的讲话，并指出："看过去，看过来，要再次肯定计划经济为主、市场调节为辅，这个原则要坚持，相应地要解决集中统一和适当分权的关系问题。"这一时期，邓小平赞成陈云提出的"计划经济为主"，是从集中力量搞重点建设的角度讲的。1987 年 2 月 6 日，邓小平在谈党的十三大报告起草问题时，从改革的实际情况出发，明确提出"计划经济为主，现在不要再讲这个了。”这以后，陈云也再没有使用过“计划经济为主”这个提法。他针对资金分散、经济过热的情况，反复强调“改革中不能丢掉有计划按比例这一条”，强调要加强“宏观控制”和必要的“国家干预”，强调“中央要有权威”，防止把经济搞乱。他关于“中央要有权威”的提法，也深得邓小平的赞同。

由此，我们可以体会到，陈云这些反映经济建设规律的思想，同毛泽东、邓小平关于中国经济发展的思想，在根本上是相通的。

（三）注重展示陈云的精神世界及其作风、品德，展示一代伟人的革命情怀

陈云为党和人民的事业奉献了一生，无论斗争如何艰巨、情况怎样复杂，无论是顺境还是逆境，他都表现出坚贞不渝的无产阶级党性。

陈云在 1925 年 8、9 月间加入中国共产党，修订本引述他后来在《自传》中说的话：“我自觉入党时经过考虑，而且入党以后，自己觉得此身已非昔比，今后不是做成家立业的一套，而是要专干革命。这个人生观上的改革，对于我以后有极大的帮助。”“做店员的人，有家庭负担的人，常常在每个重要关头，个人利益与党的利益有冲突时，要不止一次的在脑筋中思想上发生矛盾。而这种矛盾的克服，必须赖于革命理论与思想，去克服个人利益的思想。”他一生始终牢记入党时的誓言，从未丝毫动摇。

陈云严于律己，始终遵守党的纪律，克己奉公。1986 年 1 月 15 日，他在住地观看德国产“奔驰”、日本产“皇冠”、国产“上海”牌轿车后说：“买进口车是需要外汇的，国家外汇是有限的，买汽车花那么多外汇，别的大事就干不成了。我不坐外国车，坐着心里也不安、不踏实，还是坐国产车心里踏实。”

陈云淡泊名利，从不计较个人得失。1989 年 8 月 7 日，他致信江泽民并中共中央政治局，表示不同意电视台放映电视剧《陈云出川》，说：“这一段经历是很平常的，不值得做这样的宣传。”“剧中很多内容是虚构的，与当时的实际情况不符，流传开来会产生很不好的影响。”他请中央将这封信批转有关部门，今后不要再放映这部片子。

陈云对党和人民的事业始终充满着一往无前的必胜信念。他对红军长征途中的一段感受说：“赤军之渡金沙江为自离江西以来，最险要亦最得意之事。”“我曾亲自渡过金沙江，我亦觉此事为平生一大幸事，使我永远

不能忘却者”。在这段话中，一场艰苦卓绝的战争渡险如同一段游记中的传奇，展示着无产阶级革命家的无私无畏精神。新中国成立之初，面对长期战争留下的一片废墟，陈云说：“我们接收的摊子本来就是破破烂烂的。破破烂烂我们见得很多，从一九二七年井冈山开始到抗日战争，都是破破烂烂。那时没有城市，更没有火车、汽车，在延安时只有毛驴子，在辽西战役、淮海战役时只有农村用的大车小车，但我们将美国武装起来的敌人打倒了”；“帝国主义者正在幸灾乐祸，逃亡到海岛上的一小群反动分子也在梦想大陆发生粮食危机。让他们去做梦吧！……那些幻想我们发生粮食危机的人们，是注定要失望的。”从这段话中，我们不难体会，他把混乱而艰难的局面看作家常便饭，显示了一位新中国经济领导人不畏艰难、勇挑重担的勇气。晚年，他在同江泽民和其他党和国家领导人的谈话中指出，“改革开放已经搞了十年，应该很好地总结一下得失利弊。兴利除弊也是改革”，强调要“防止外国把中国苏联化”，强调要维护党中央的领导，强调社会主义中国是大有前途的。他始终支持党中央的工作，关注党和人民事业的前途命运，为这一伟大的事业坚贞不渝地奋斗到最后一息。

修订本在资料上更加翔实准确，在内容上更加丰富全面，真实再现了陈云为实现中华民族和中国人民的解放，为实现中国的独立、统一和富强，为建设中国特色社会主义的伟大事业而奋斗的波澜壮阔的一生，为广大干部和群众及青年读者学习、研究陈云和党的历史，继承光荣传统，提供了一部内容丰富的参考读物。真理永在，风范长存，陈云的思想和精神必将永载青史，光照千秋。让我们学习陈云的光辉思想、品德和风格，坚定对党和人民事业的必胜信念，在以习近平同志为核心的党中央领导下，为实现中华民族伟大复兴的中国梦而努力奋斗吧！

（作者单位：中共中央党史和文献研究院）

历届研讨会新闻报道

第八届陈云与当代中国学术研讨会在杭州举行

2014年5月19日至20日，由中国社会科学院当代中国研究所、浙江省委党史研究室、陈云纪念馆和中华人民共和国国史学会联合举办的主题为“陈云与党史国史的研究”的第八届陈云与当代中国学术研讨会在杭州举行。中央组织部原部长张全景，中共浙江省委常委、秘书长赵一德，中国社会科学院原副院长、当代中国研究所原所长、国史学会常务副会长朱佳木等出席开幕式并讲话。中央党史研究室原副主任、国史学会副会长张启华以及陈云同志的子女、亲属和来自全国各地的四十多位与会专家学者出席了会议。开幕式由中共浙江省委党史研究室主任金延锋主持。

朱佳木在开幕词中指出，党的十八大后，以习近平同志为核心的党中央高度重视、大力提倡认真学习和正确认识党史、国史，深刻总结和善于借鉴历史经验，并把这些作为统一思想、凝聚力量、实现“两个一百年”奋斗目标的重要措施。与此同时，西方敌对势力仍在借攻击、丑化、抹黑我们的党史、国史，对我实施西化、分化；以否定中国革命和中国共产党领导为目的的历史虚无主义思潮，也在继续蔓延。在这个大背景下，第八届陈云与当代中国学术研讨会把“陈云与党史国史的研究”作为会议主题，具有重要的现实意义。

朱佳木说，陈云同志作为以毛泽东同志为核心和以邓小平同志为核心的党的第一代、第二代中央领导集体的重要成员，同毛泽东、邓小平等老一辈革命家一样，非常重视和关心历史的研究、宣传、教育工作，并且在对待历史问题的认识、分析和历史经验的总结、借鉴方面，有许多独到、精辟的见解；在将历史唯物主义用于解决实际问题的方面，为我们树立了光辉典范，值得我们认真学习和深入研究，从中汲取智慧。朱佳木以丰富例证阐述了陈云同志一生与党史国史息息相关的特点和对党史国史研究工作关心、支持并给予大量具体指导的事迹，指出这些工作为解决党史上许多长期弄不清楚的疑难问题起到了重要作用，也为用历史唯物主义指导党史研究作出了示范。

朱佳木表示，习近平总书记最近反复强调，要牢牢把握党的历史发展的主题和主线、主流和本质，要正确看待党史、国史特别是改革开放前后两个历史时期的关系，要从党的辉煌历程和伟大业绩中获得继往开来的强大动力。党中央也一再指示，要警惕历史虚无主义等错误思潮，认清当前意识形态领域渗透反渗透、颠覆反颠覆斗争的本质，在错误思潮面前要旗帜鲜明、敢于亮剑。这次会议的宗旨，就是通过研讨陈云对待历史的态度和方法，进一步落实以习近平同志为核心的党中央关于学习历史、总结经验、反对历史虚无主义的一系列指示精神，为中国特色社会主义事业的不断发展提供智力支持。

张全景在题为《实事求是地研究和宣传党史国史》的讲话中指出，陈云同志是党史、国史上许多重大事件、重大决策的亲历者、参与者，一生与党史、国史密不可分。陈云同志的光辉思想不仅是党史、国史研究的重要内容，同时也是研究党史、国史的活的灵魂。陈云同志是实事求是的典范，一以贯之地坚持和弘扬实事求是的优良作风。他曾鲜明提出了“不唯书、不唯上、只唯实，交换、比较、反复”等一系列重大原则。实践证明，只有坚持这些原则才能把问题把握得更全面、更准确。

张全景指出，我们要认真学习陈云同志的实事求是的精神，不仅运用于各项工作，而且要运用于党史、国史研究。只有实事求是，不唯书、不唯上、不盲从，才能洞察历史事实；只有实事求是，坚持唯物辩证法，才能对重大历史事件、历史问题有正确的把握；只有实事求是，坚持唯物史观，才能正确总结历史的经验教训；只有实事求是，才能凝聚党心民心，不断坚定全党全国各族人民为建设中国特色社会主义伟大事业而奋斗的信心和决心。

张全景强调，党的十八届三中全会作出了全面深化改革的重大决定，认真学习、贯彻三中全会精神是当前各行各业、各条战线的首要任务。我们党史、国史工作者要立足本职，找准结合点，抓好全会精神的落实，努力为实现中华民族伟大复兴的中国梦作出新的贡献！

赵一德在欢迎词中说，陈云同志与浙江有着不解之缘。革命战争年代，他曾在余姚、嘉善等地领导农民运动。新中国成立后，他先后三十多次来到浙江工作或休养，特别是20世纪八九十年代，几乎每年都来浙江调查研究，休息疗养，听取工作汇报，作出重要指示，在经济建设和党的建设方面阐述了许多重要思想。赵一德向与会代表介绍了党的十八大以来，浙江全省努力推进物质富裕、精神富有的现代化浙江建设的情况，以及省委省政府正在做的重点工作。

开幕式上，陈云同志长女陈伟力代表陈云亲属发言。她深情回顾了陈云同志对党史、国史学习、研究与宣传的高度重视，以及在实际工作中坚持以实事求是态度对待党史、国史的往事。她指出，在新的形势下，学习党史、国史有助于了解中国共产党和中华人民共和国的奋斗史和发展史，并从中吸取经验、教训和力量，进一步坚定中国特色社会主义的道路自信、理论自信和制度自信。她说，习近平同志最近指出，学习党史、国史是坚持和发展中国特色社会主义、把党和国家各项事业继续推向前进的必修课。这门功课不仅必修，而且必须修好。回顾和学习陈云同志关于党史、国史的论述，对于学好这门功课具有重要意义。面对实现中华民族伟大复兴的中国梦，学习和宣传好老一辈无产阶级革命家关于国史、党史问题的思想，就是对伟人精神的最好缅怀和传承。

本次学术研讨会共收到论文80余篇，经会前严格评选，入选论文55篇；另有特邀论文12篇。这些文章从不同方面阐释了陈云同志伟大的一生与党史、国史的密切联系和伟大贡献。研讨会用两天时间进行了大会发言和分组讨论，并参观了中国共产党廉政建设史展览。在闭幕式上，交流了各组讨论情况，当代中国研究所副所长、国史学会秘书长张星星作了学术总结，朱佳木致了闭幕词。当代中国研究所副所长武力、陈云纪念馆馆长徐建平等有关方面负责人参加了会议。

第九届陈云与当代中国学术研讨会在上海举行

在陈云同志诞辰110周年前夕，为深切缅怀陈云同志的丰功伟绩，深入持久地开展陈云同志生平与思想研究，由当代中国研究所、陈云纪念馆和中华人民共和国国史学会联合举办的主题为“陈云在历史关键时期”的第九届陈云与当代中国学术研讨会，于2015年6月1日至2日在上海陈云纪念馆举行。

开幕式上，陈云同志长女陈伟力宣读了全国政协副主席、陈云同志长子陈元的致词。中国社会科学院原副院长、当代中国研究所原所长、国史学会常务副会长朱佳木致开幕词，中共上海市委宣传部副部长、市文明办主任潘敏致欢迎词。中共中央组织部原部长、国史学会顾问张全景，中央纪委驻中国社会科学院纪检组原组长、国史学会顾问王庭大，中央纪委驻文化部纪检组原组长、国史学会顾问李洪峰分别发表了讲话。当代中国研究所副所长、国史学会秘书长张星星宣读了中国社会科学院党组成员、当代中国研究所所长荆惠民的贺信。宝钢集团原党委书记刘国胜，军事科学院战略与战争理论研究部原副部长齐德学，陈云同志的二女儿陈伟华及入选论文作者、有关部门负责人、媒体记者百余人出席会议。开幕式由陈云纪念馆馆长徐建平主持。

陈元的致词深情回顾了父亲陈云同志在中国革命、建设、改革的若干关键时刻所作出的重要贡献，同时指出，陈云同志的伟大业绩与他崇高的品格和精神风范密不可分，其中包括坚贞不渝的理想信念、实事求是的工作作风和勤政为民的崇高风范。这些正是陈云同志留给我们的宝贵精神财富。

陈元强调，当前我们党正在进行具有许多新的历史特点的伟大斗争，正在推进“四个全面”的战略布局，中华民族伟大复兴展现出前所未有的光明前景。站在新的历史起点上，我们党担负着历史的重任和人民的重托，同时也面对着新的历史条件和考验。我们要继承和发扬陈云等老一辈革命家的优良传统、高尚品格和精神风范，坚定理想信念，始终保持共产党人的政治本色；增强宗旨意识，始终把人民放在心中最高位置；增强责任意识，始终保持奋发有为的精神状态，积极应对前进道路上的各种困难和挑战，坚定不移地把老一辈革命家开创的中国特色社会主义事业推向前进，这是我们的历史责任，也是对老一辈革命家最好的纪念。

朱佳木在开幕词中指出，再过十几天便是伟大的无产阶级革命家、政治家，杰出的马克思主义者，中国社会主义经济建设的开创者和奠基人之一，党和国家久经考验的卓越领导人陈云同志诞辰 110 周年的日子。陈云同志在长达 70 多年的革命生涯中，无论进行地下斗争还是领导根据地建设，无论在基层拼搏还是身居要职，无论处于顺境还是逆境，始终忠于党、忠于人民、忠于社会主义和共产主义的信念，始终坚持真理、坚持原则、坚持实事求是的思想路线，始终崇尚真抓实干、埋头苦干、脚踏实地的工作作风，始终摆正个人和党的关系、顾全大局、维护团结、谦虚谨慎、淡泊名利。越是在革命和建设事业遇到困难的关头，他的忠诚、气魄、胆识、担当、智慧、才干、风格就越是表现得充分。他在历史关键时期的所言所为，凡是当时发挥了积极作用的，他从不居功；凡是当时未被采纳而经过一段时间反复后才发挥作用的，他从不自持；凡是很长时间未被采纳，甚至因此遭受批判、受到长期政治冷遇的，他从不气馁不消沉。他的这种表现，充分显示了一个无产阶级革命家的忠诚、坚毅、襟怀坦荡的优秀品格和崇高思想境界，充分说明他不愧深受全党全军全国各族人民的尊敬和爱戴，不愧在国内外享有崇高威望，不愧是我们学习的光辉榜样。他说，当前，我们正处在以习近平同志为核心的党中央带领全党全军各族人民营造出的良好政治、经济氛围之中，本届研讨会在这样的背景下召开，一定会开出新水平，取得新收获。

潘敏在欢迎词中代表上海市委宣传部向陈云与当代中国学术研讨会的召开表示热烈祝贺，回顾了青浦区练塘镇在陈云同志童年和少年时期成长中的作用，以及陈云同志在家乡领导农民运动和新中国成立后四次回家乡调查研究，晚年关心家乡发展的情况，并向与会者介绍了陈云纪念馆为陈云同志诞辰 110 周年而进行的多层次、多角度宣传陈云同志光辉业绩的一系列纪念活动。

荆惠民在贺信中代表当代中国研究所向出席陈云与当代中国学术研讨会的领导和专家学者表示诚挚谢意，指出在陈云同志诞辰110周年之际，举办以“陈云在历史关键时期”为主题的第九届陈云与当代中国学术研讨会，对深入研究陈云同志辉煌业绩、深邃思想和崇高品德，具有特别重要的意义，并向陈云纪念馆和积极参加研讨会的专家学者表示衷心感谢。

张全景在讲话中回顾了陈云同志在党的革命、建设、改革的若干关键时刻所提出的一系列主张，进行的一系列工作，并指出，陈云同志之所以能在关键时刻作出关键性贡献，源于他对共产主义的坚定理想信念，为人民服务的高尚情操，实事求是的思想方法，注重调查研究的工作作风，坚持原则、严于律己的崇高品格，尤其源于他善于运用马克思主义哲学的立场观点方法分析问题、解决问题的能力。

王庭大的讲话以《学习陈云同志，践行“三严三实”》为题目，他指出，全党当前正在开展“三严三实”专题教育，老一辈革命家在这方面给我们作出了榜样，是我们在专题教育中学习的典范，而陈云同志更是其中的杰出代表。“三严三实”突出的是“严”和“实”，陈云同志恰恰最讲“严”和“实”，是“三严三实”的楷模，在全党有口皆碑。

李洪峰在讲话中指出，陈云同志的一生之所以伟大而光辉，最根本的一点就是他言行一致地做到了永远不脱离实际，永远不脱离群众，永远把人民摆在心中的最高位置。这是陈云品格中最宝贵的地方，也是最值得我们学习的地方。

在开幕式上，由中华人民共和国国史学会陈云与当代中国研究中心和陈云纪念馆共同主办的陈云研究网站举行了开通仪式。

此次研讨会共有76篇论文入选，其中60%以上的论文作者的年龄在40岁以下。开幕式后，会议进行了大会发言和分组讨论。

研讨会共进行了一天半，6月2日举行了闭幕式。闭幕式上，先由三个小组的代表分别介绍了本组讨论的情况。然后，张星星作会议学术总结，朱佳木致闭幕词。

会议闭幕后，与会嘉宾及专家、学者前往陈云铜像广场参加由中央文献研究室和中共上海市委主办、陈云纪念馆承办的陈云生平业绩展与陈云文物展开展仪式，并参观了两个展览。

第十届陈云与当代中国学术研讨会在沈阳举行

在陈云同志诞辰111周年前夕，第十届陈云与当代中国学术研讨会于2016年6月6日至7日在沈阳东北大学召开。这次会议由中华人民共和国国史学会和中国社会科学院陈云与当代中国研究中心与陈云纪念馆主办，东北大学马克思主义学院承办，主题为“陈云的思想与‘四个全面’战略布局”。在开幕式上，陈云与当代中国研究中心理事长、中国社会科学院原副院长朱佳木致开幕词，东北大学校长赵继致欢迎词，国史学会副会长、国防大学原副政委李殿仁中将讲话。陈云同志秘书、国家安全部原部长许永跃，陈云与当代中国研究中心副理事长、军事科学院军事历史研究部原副部长齐德学少将，陈云同志子女陈伟力、陈伟华、陈方，以及入选论文作者、有关部门负责人、媒体记者近百人出席开幕式。开幕式由陈云与当代中国研究中心副理事长、中央党史研究室原副主任张启华主持。

朱佳木在开幕词中说，今年的研讨会是在习近平总书记去年6月12日纪念陈云同志诞辰110周年座谈会上发表重要讲话之后，全党正开展“两学一做”学习教育活动，我国“十三五”规划建设开始启动的背景下召开的；研讨会的主题是“陈云的思想与‘四个全面’战略布局”。因此，这次会议对于深入学习贯彻习近平总书记“6·12”重要讲话精神，配合“两学一做”学习教育活动，宣传“十三五”建设的基本理念，以及协调推进“四个全面”战略布局，都具有积极的现实意义。我们要以习近平总书记“6·12”重要讲话的精神为指导，深入研讨陈云的思想和革命实践，为协调推进“四个全面”战略布局、把老一辈革命家开创的伟大事业继续推向前进，贡献党史、国史工作者的智慧和力量。

朱佳木指出，党的十八大以来，以习近平同志为核心的党中央从坚持和发展中国特色社会主义的全局出发，逐步形成并积极推进全面建成小康社会、全面深化改革、全面依法治国、全面从严治党的战略布局。它是新一届党中央治国理政的总方略，是对毛泽东思想和中国特色社会主义理论体系的继承和发展。只要回顾陈云的经济思想、改革思想、党建思想和思想方法，我们就不难发现其中的内容与“四个全面”战略布局之间有许多相互契合、高度一致之处。他在大量列举陈云著作中与“四个全面”战略布局相通、相近的论述后说，学习和研究陈云的思想，无疑有助于我们深入理解和掌握“四个全面”战略布局的精神实质。

朱佳木最后说，沈阳是在解放战争时期由共产党领导的革命军队解放的第一座特大城市，也是陈云同志兼任沈阳特别市军事管制委员会首任主任的地方。他亲自起草的《接收沈阳的经验》，曾被党中央作为成功经验转发给当时的各中央局和各前委，对我党我军后来顺利接管大城市起到了重要作用。因此，研讨会在沈阳召开，具有特别的纪念意义。

赵继代表东北大学向第十届陈云与当代中国学术研讨会的召开表示热烈祝贺。他在欢迎词中简要回顾了陈云同志为东北解放战争和发展东北地区财经事业作出的突出贡献，并向与会代表们介绍了东北大学正在为建设中国新型工业化进程中起引领作用的高水平研究型大学的具体目标和举措。

李殿仁在讲话中说，今年是陈云同志诞辰 111 周年，从时空角度讲，他离我们越来越远了，但是站在历史和现实的交汇点，我们更深深感到陈云同志的宝贵思想堪称经典，穿越时空，历久弥新，常学常新，越学越亲。在当前进行的具有许多新的历史特点的伟大斗争中，我们要大力学习和弘扬陈云同志的担当精神，就要学习他勇于任事、担“事”不避的崇高风范，学习他为党进言、担“险”不畏的忠心义胆，学习他敢于负责、担“责”不推的无私情怀，学习他终身学习、担“学”不辍的治学态度。

学术研讨会共进行了一天半，其间 11 名学者作了大会发言，用半天时间进行了分组讨论。在闭幕式上，三个小组的代表分别介绍了本组讨论的情况，国史学会秘书长、当代中国研究所副所长张星星作了会议学术总结，朱佳木致了闭幕词。

此次研讨会共收到 100 多篇应征论文，经过专家组成的评委会严格而认真的评审，共有 69 篇论文入选。其中具有高级职称的学者占 58%，40 岁以下的年轻学者占 61%。

第十一届陈云与当代中国学术研讨会在哈尔滨举行

在陈云同志诞辰 112 周年前夕，为深切缅怀陈云同志的丰功伟绩、深入持久地开展陈云同志生平与思想研究，同时也为积极配合“两学一做”教育活动的开展、做好迎接党的十九大胜利召开的思想理论准备工作，中国社会科学院陈云与当代中国研究中心和黑龙江省社会科学院、陈云纪念馆、中华人民共和国国史学会于 2017 年 6 月 5 日至 6 日，在哈尔滨联合举办了主题为“陈云与新中国的治国理政经验”的第十一届陈云与当代中国学术研讨会。

学术研讨会开幕式上，中共黑龙江省委常委、宣传部部长张效廉同志致了欢迎词，中国社会科学院原副院长、陈云与当代中国研究中心理事长、国史学会会长朱佳木致了开幕词，中共中央组织部原部长、国史学会顾问张全景，陈云与当代中国研究中心副理事长、军事科学院原军事历史研究部副部长齐德学和中共黑龙江省委副秘书长、黑龙江省社会科学院党委书记武凤呈分别讲话。陈云同志的子女陈伟力、陈伟华、陈方，以及入选论文作者和有关部门负责人、媒体记者近百人出席了开幕式。开幕式由黑龙江省社会科学院院长朱宇主持。

张效廉在欢迎词中代表黑龙江省委向第十一届陈云与当代中国学术研讨会的召开表示热烈祝贺。他回顾了陈云为解放战争胜利和新中国成立初期东北老工业基地建设立下的不朽功勋，并且介绍了黑龙江省情和党的十八大以来黑龙江经济社会的发展情况。

朱佳木在开幕词中指出，东北解放战争时期陈云同志曾在哈尔滨战斗过，为创建北满根据地作出过重要贡献。作为党的第一代和第二代中央领导集体的重要成员，他在新中国建立、建设和改革开放初期，积累了大量治国理政的宝贵经验。研究这些经验，对于我们深入理解和贯彻以习近平同志为核心的党中央治国理政的新理念新思想新战略，具有重要促进作用。

朱佳木在开幕词中扼要论述了陈云治国理政的基本经验以及总结经验的基本方法后强调，这些经验虽然主要形成于20世纪50年代至80年代，而现在无论社情、国情、政情、党情还是世情都发生了很大变化，许多当年突出的问题，现在已经不突出甚至反过来了，但是只要认真学习习近平总书记关于五大发展理念、以人民为中心的发展思想，以及“四个全面”战略布局等问题的系列论述，我们就不难发现，陈云治国理政经验中的许多基本理念、主要思想、重大原则，今天仍然有着重要的现实意义。

张全景在讲话中说，陈云同志在七十多年的革命生涯中，经历了我们党领导的革命、建设、改革各个历史时期，参与了党中央一系列重大决策的制定和实施，发挥了不可替代的作用，建立了卓越功勋。我们今天学习和继承他的宝贵思想和治国理政经验，对于做好当前各项工作，推进国家治理体系和治理能力现代化建设，赢得具有许多新的历史特点的伟大斗争具有重要指导意义。

齐德学在讲话中说，陈云同志的治党治国思想是一座十分丰富的宝库，不但在新中国近70年的历史上发挥了重要指导作用，而且在当前和今后贯彻落实以习近平同志为核心的党中央治国理政思想、实现“四个全面”战略布局和“五位一体”整体方略、不断推进国家治理能力和治理体系现代化、全面建设社会主义现代化强国中，仍具有重要的现实价值和深远的历史价值。

本届学术研讨会共进行一天半，11位入选论文作者先后作了大会发言。与会者还在分组讨论中交流了学习和研究陈云思想生平的心得体会。最后，朱佳木主持了闭幕会。会上，三个小组的代表分别介绍了本组的讨论情况，国史学会秘书长、当代中国研究所副所长张星星作了会议学术总结，陈伟力代表陈云同志家属讲了话。

本届学术研讨会共收到100多篇应征论文，经过专家组成的评委会评审入选60多篇。入选论文作者中40岁以下的占63.4%，是以往历届会议中这一群体占比最高的一届。

第十二届陈云与当代中国学术研讨会在龙岩举行

2018 年是全面贯彻党的十九大精神开局之年，也是改革开放 40 周年。为了贯彻十九大精神，总结改革开放历史经验，深入开展陈云生平与思想研究，中国社会科学院陈云与当代中国研究中心和龙岩学院、陈云纪念馆、中华人民共和国国史学会合作，于 2018 年 6 月 7 日至 8 日在福建龙岩举办了主题为“陈云研究与改革开放新时代”的第十二届陈云与当代中国学术研讨会。

在学术研讨会开幕式上，中共龙岩市委常委、秘书长兼宣传部部长詹昌建和龙岩学院党委书记王耀华分别致了欢迎词，中国社会科学院原副院长、陈云与当代中国研究中心理事长、中华人民共和国国史学会会长朱佳木致了开幕词，陈云与当代中国研究中心顾问、陈云同志长女陈伟力代表陈云同志亲属讲了话。国家安全部原部长、陈云与当代中国研究中心顾问许永跃和军事科学院原军事历史研究部副部长、陈云与当代中国研究中心副理事长齐德学，陈云同志子女陈伟华、陈方，以及入选论文作者和有关部门负责人、媒体记者近百人出席了开幕式。开幕式由龙岩学院党委副书记朱闽主持。

詹昌建代表龙岩市委、市政府向学术研讨会召开表示衷心祝贺。他回顾了陈云同志为中央苏区经济和工人运动发展建立的历史功绩，介绍了龙岩的市情和贯彻落实党的十九大精神、推进龙岩经济社会发展的基本情况。

王耀华代表龙岩学院向与会的专家学者表示热烈欢迎，并简要介绍了学院的发展历程，以及党的十八大以来为传承闽西红色文化、研究苏区革命历史、促进老区经济社会发展所做的工作和发挥的积极作用。

朱佳木在开幕词中说，陈云与当代中国学术研讨会自 2006 年创办以来，一直沿着陈云在革命年代和新中国建设时期的足迹，与有关地方和单位合作办会，并结合中国特色社会主义实践研讨陈云思想与生平，今年已是第十二届，刚好走到革命圣地之一的龙岩。1933年初，时任临时中央政治局常委的陈云由上海经粤东北和闽西龙岩地区进入中央苏区首府瑞金，并两次赴今属龙岩市的汀州调研工人状况和苏区劳动法执行情况。所以，龙岩也是陈云留下革命足迹的地方。

朱佳木指出，陈云自从在党的十一届三中全会上当选为党中央副主席后，作为以邓小平同志为核心的党的第二代中央领导集体的重要成员，为改革开放作出了重大贡献。从一定意义上说，他的贡献主要体现在协助和支持邓小平把握改革开放健康发展的三个关键性问题上，即在改革开放的核心问题上，主张处理好政府与市场的关系，做到在宏观控制下搞活经济；在改革开放的方法问题上，倡导先行试点，“摸着石头过河”；在改革开放的方向问题上，强调不能放松共产主义思想教育，败坏党风，损害人民利益。

朱佳木强调，党的十八大以来，以习近平同志为核心的党中央贯通总结改革开放前后两个时期的历史经验，在改革开放的核心、方法、方向等问题上，提出了一系列更加成熟的方针和措施，从而校正了党和国家的前进航向。我们研讨陈云与改革开放新时代，就要用这一研究为新时代中国特色社会主义事业，提供更多有实践意义和理论价值的智力支持。

陈伟力在讲话中说，本届研讨会主题定为“陈云与改革开放新时代”，具有极强的理论意义和现实意义。她代表陈云同志子女，向主办和承办单位为筹备会议付出的辛勤劳动表示衷心感谢，向入选论文作者表示热烈祝贺，并希望与会学者在会议期间踊跃发言、积极交流，通过深入研讨陈云生平与思想，为推进中国特色社会主义伟大事业、决胜全面建成小康社会、开启全面建设社会主义现代化国家新征程贡献更多智慧。

本届学术研讨会共进行了一天半，12位入选论文作者先后作了大会发言，全体与会者分为三个小组交流了学习和研究的心得体会。最后，朱佳木主持了闭幕式。各小组代表在闭幕式上介绍了本组讨论情况，中华人民共和国国史学会秘书长、当代中国研究所副所长张星星作了会议的学术总结。

本届研讨会和历届一样，仍为全国征文。经专家评审，共入选论文72篇。作者中有高级职称的占近一半，年龄最高的82岁、最小的24岁。

第十三届陈云与当代中国学术研讨会在洛阳举行

为迎接新中国成立70周年，缅怀陈云同志为建设新中国作出的杰出贡献，进一步推动党的十九大精神的深入贯彻，中国社会科学院陈云与当代中国研究中心、中华人民共和国国史学会、陈云纪念馆、河南科技大学、中国一拖集团有限公司，于2019年6月3日至4日在河南洛阳联合举办了主题为“陈云与新中国70年”的第十三届陈云与当代中国学术研讨会。

学术研讨会开幕式上，陈云同志长子、第十二届全国政协副主席陈元应邀就中美贸易战等问题作了报告。中国一拖集团有限公司党委书记、董事长黎晓煜和河南科技大学校长孔留安分别致欢迎词，中国社会科学院原副院长、中华人民共和国国史学会会长、陈云与当代中国研究中心理事长朱佳木致开幕词，国防大学原副政委、中华人民共和国国史学会副会长李殿仁讲了话。陈云同志的子女和入选论文作者及有关部门负责人、媒体记者近百人出席了开幕式。开幕式在洛阳拖拉机厂大礼堂举行，由河南科技大学党委副书记李漪主持。

陈元在报告中首先感谢会议主办方的邀请，并对会议的召开表示祝贺。他说，洛阳拖拉机厂是我国“一五”建设的156个重点项目之一，在国家发展和农业现代化建设中作出了重要贡献。以“陈云与新中国70年”为主题的学术研讨会在这里召开，具有特殊的意义。

随后，陈元就中美贸易战的一些问题向与会者作了报告。他说，中美贸易战已经持续了一段时间，事情还在继续发展，还没有看到结束的迹象。这件事已引起经济界、理论界的极大关注，对一些人原来的看法形成了很大冲击，也使一些对美国抱有幻想的人从中受到了教育，开始清醒起来。他认为，中美贸易战的根源在于双方的发展目标不同，美国的目标是保持其霸主地位，让全世界都为美国打工，而中国的目标是发展自己并最终惠及世界。美国对中国进行贸易战的核心在于遏制中国的科技发展，加征关税只不过是手段和方法。其本质是一种经济制裁和封锁，是想用这种方法阻挡中国的前进步伐。然而，中国并不是没有经历过制裁和封锁，相反，是在制裁和封锁中成长起来的。只要我们做好各种可能的准备，加快补上短板，壮大自己的实力，就一定能在这场博弈中取得胜利，形成互利共赢的全球氛围。

朱佳木在开幕词中说，习近平总书记在纪念陈云同志诞辰110周年座谈会上的讲话中指出："陈云同志为确立社会主义基本经济制度、建立独立的比较完整的工业体系和国民经济体系做了大量卓有成效的工作，为探索我国社会主义建设道路作出了杰出贡献。"事实充分说明，陈云同志作为以毛泽东同志为核心的第一代中央领导集体重要成员和全国财经战线的主要领导人，面对世所罕见的困难和无比艰巨的任务，创造性地执行党中央关于社会主义工业化的路线、方针、政策，在主持制定和组织实施第一个五年计划的过程中，成功解决了一系列矛盾，为使我国建立独立完整的工业体系发挥了独特的不可替代的作用。

在列举了陈云同志为中国工业化建设所起到的六个方面的作用后，朱佳木指出，当前我国在某些高端技术领域虽然还落后于少数发达国家，但已由近代以来不断被列强凌辱的落后农业国成为经济总量位居世界第二、工业化处于中等程度的工业国，是目前世界上唯一一个拥有联合国产业分类中全部工业门类的国家，则是不争的事实。今天，当我国正由制造大国向制造强国迈进并将制造业向"一带一路"沿线国家辐射时，当世界各国都在羡慕我国工业门类的齐全并争相和我们进行工业品贸易和制造业合作时，当个别霸权主义国家妄图阻挡我国工业化、信息化前进步伐而显得力不从心、无可奈何时，我们都不禁由衷地钦佩以毛泽东同志为代表的老一辈革命家们的高瞻远瞩，发自内心地感激当年广大工人、农民、知识分子和干部的艰苦奋斗与奉献牺牲，情不自禁地为伟大祖国的辉煌成就而自豪。我们回顾和研讨陈云同志为新中国建设作出的巨大贡献，就是要沿着无数前辈开辟的道路，在以习近平同志为核心的党中央带领下，为把我国早日建成伟大的社会主义现代化强国而继续奋斗。

李殿仁在讲话中说，陈云同志对党和国家、人民的贡献是全方位的、巨大的、深远的。他在党的建设和经济建设方面的独到建树和思想，尤其是处事稳重的高尚品格，格外值得我们学习和研究。这对于当前开展具有许多新的历史特点的伟大斗争，对于保持我们的坚定立场、清醒头脑、战略定力，坚持稳中求进，都具有重要现实意义和深远历史意义。

在一天半时间里，来自中国社会科学院、中共中央党史和文献研究院、中国政法大学、南开大学等二十多个单位的六十余位专家学者和在校研究生，围绕“陈云与新中国建设”等问题进行了分组讨论，九位论文作者作了大会发言。最后，朱佳木主持了闭幕式，三个小组的代表分别汇报了分组讨论的情况，当代中国研究所原副所长、陈云与当代中国研究中心秘书长张星星作了会议学术总结。

会议期间，与会者参观了洛阳拖拉机厂和洛阳矿山机械厂。会议由河南科技大学马克思主义学院承办。

后　记

《陈云与当代中国》论文集，收录历届陈云与当代中国学术研讨会入选论文中的优秀成果。在 2010 年、2014 年已经先后出版了第一、第二辑。本次出版的第三辑，由朱佳木主编，武力、陈东林为副主编。从第八至十三届（2014—2019 年）陈云与当代中国学术研讨会约 400 篇入选论文中收录了领导讲话及特邀论文 13 篇、经过评审的入选论文 49 篇。少数论文，因为字数超过了征文启事规定的 8000 字，由编者根据征文启事的授权，进行了删减。

第三辑在编辑出版过程中，得到了中国社会科学院马克思主义研究院副院长于俊霄同志、当代中国研究所科研办狄飞同志，中华人民共和国国史学会尤丽娟同志和当代中国出版社总编辑冀祥德同志的大力协助，当代中国研究所邱霞同志和当代中国出版社编辑姜楷杰同志对书稿做了大量的修改加工工作，特此表示感谢。

编　者

2022 年 11 月